От **Ленина**

中东观察

до **Путина**

на Ближнем и Среднем Востоке

俄罗斯的

中东政策

〔俄〕阿列克谢·瓦西里耶夫｜著

唐志超　等｜译

从列宁到
普京

社会科学文献出版社

SOCIAL SCIENCES ACADEMIC PRESS (CHINA)

От Ленина до Путина на Ближнем и Среднем Востоке
Алексей Михайлович Васильев

中文版序言

    值此本书中文版出版之际，对中国读者说几句话。

    当前，中国不仅是有影响的地区大国之一，也是负有全球责任的全球性大国之一。中国提出的"一带一路"倡议覆盖亚洲、欧洲和非洲。中东是三大洲的枢纽。中东之所以重要，是由于它是世界三大宗教——犹太教、基督教和伊斯兰教的发源地；中东之所以重要，是由于它是现代经济的血液——石油和天然气的主要产地；中东之所以重要，是由于它的潜在冲突牵涉到了所有超级大国。

    这就是我希望俄罗斯的百年中东政策历史——从阿富汗到也门，从土耳其到苏丹，会吸引中国的政策制定者、商人、教授和学生以及普通民众的原因。在本书中，我调查了俄罗斯中东政策的起起落落，成功与失败，意识形态和对国家利益的强调，并考虑了当地社会和国际竞争的现实，以及极端主义和恐怖主义的威胁。

    近六十年来，我一直作为一名学生在研究俄罗斯的中东政策，有时也是一名参与者，并试图在本书中留下个人印记。

阿列克谢·瓦西里耶夫

2019 年 4 月 3 日

目 录

i · 前 言

001 · 第一章 弥赛亚主义与实用主义的渊源

021 · 第二章 尼基塔·赫鲁晓夫的沉浮

055 · 第三章 走向衰落：列昂尼德·勃列日涅夫时代

131 · 第四章 "热忱的革命者，忠诚的朋友"：苏联与共产主义运动

165 · 第五章 阿拉伯世界的一朵奇葩

179 · 第六章 决策过程

221 · 第七章 阿富汗：俄罗斯的未愈之伤

257 · 第八章 弥赛亚主义的衰落：戈尔巴乔夫时代

273 · 第九章 外交与内政：苏联、以色列和巴勒斯坦人

297 · 第十章 "沙漠风暴"

329 · 第十一章 被诅咒的 90 年代

375 · 第十二章 重返中东，路在何方？

431 · 第十三章 孩子们的革命

485 · 第十四章 叙利亚的悲剧与恶魔降临

539 · 第十五章 空天力量的试验

570 · 结 论

583 · 译后记

前　言

　　那一年是 1969 年。我们在位于阿拉伯半岛阿曼苏丹国西南部省份的佐法尔。这是阿拉伯世界最偏远的一个地方，处于欧亚大陆的尽头，距离莫斯科有几千公里。我们住在一间覆盖着棕榈枝的棚屋里。屋里的地上铺着牛皮，一袋袋谷物挂在横梁上，以防被老鼠偷吃。一个没有戴面纱、鼻子上挂着一个大鼻环的女人，给我们端来了晚餐：米饭、鱼干，还有茶。全副武装的山民挤进了小屋，屋里拥挤得让人喘不过气来。这些人到这里来看我们——两个俄国人/苏联人。我们是"阿拉伯湾被占领土人民解放阵线"的客人（阿拉伯国家称波斯湾为阿拉伯湾），是苏联亚非国家团结委员会的代表。我们俩一个是《真理报》的记者，另一个是军事情报官员。我们的工作任务就是观察和了解这个人民阵线是什么样的组织，是真实的还是虚构的，然后向苏联共产党中央委员会（CPSU）提出工作建议。

　　但是，现在大家的关注对象不是我们，而是一名来自萨拉拉的非洲裔阿曼人，一个奴隶之子。他的演说既随意又充满激情，政治口号犹如诗歌般脱口而出，他的话既合情合理又符合人心，我出神地听着……

　　"我们深陷无知的汪洋之中，我们的脸深埋在泥土里、田野里、商店里，当我们试图拯救我们的皮囊时，我们因恐惧而颤抖。苏丹和谢赫们将我们出卖给帝国主义者。他们住在装有空调———一种在天气炎热时会释放出凉气的机器——的宫殿中……"听众们啧啧称奇。"而属于我们的命运是什么呢？"他继续说，"是泥巴，是我们用辛勤汗水完成的工作，是耻辱。但我们不是奴隶，我们要在反抗中崛起。我们的未来是光明的，将来不会有人以牺牲他人为代价来生活，权力属于人民。我们的孩子将去上学，医生将会来到我们的小屋，我们的石油将帮助人民富裕起来，我们将沿着伟大的列宁所开创的、俄国十月革命为我们指引的道路前进。"

　　我离开了小屋。阿拉伯半岛的夜晚非常暖和，天空中悬挂着满月和低垂的硕大的星星。除了附近的骆驼偶尔发出的大声号叫外，这里非常安静。一个战士怀抱着冲锋枪，藏在被岩石遮挡的暗处睡着了。

对来到此处后的所见、所闻、所思，我不知道应该感到高兴还是难过。我不再像年轻时那样，那时我是一个思想浪漫的共青团员，随时准备为全世界"即将到来的共产主义胜利"事业而献身。

我心里思考着尖锐而痛苦的问题：为什么共产主义思想能在我们地球上最落后的地区扎根（比如在这里，还有我最近去过的老挝）？为什么在匈牙利、捷克斯洛伐克和民主德国这样的发达国家却被迫动用坦克？我们在这里，在中东，想要得到什么？是石油吗？但此刻似乎——尽管它似乎不再如此了——我们自己有足够开采的石油。还是出于我们经济形势的需要？但是我们没有什么可以用来交易的。我们要赶走当地的谢赫和国王吗？但是他们真的打扰我们了吗？传播共产主义对我们究竟是有利还是有害？而且"我们"是谁？苏联吗？俄罗斯吗？党的最高领导层吗？俄罗斯知识分子吗？还是西伯利亚的矿工或普通农民？很明显，"我们"，即我们国家的人民，不希望任何英国或美国的战斗机在阿拉伯半岛的天空中盘旋，因为它们携带的原子弹也可以打到我们……还有其他的吗？

那一年是 1969 年，是苏联在中东影响力达到顶峰的一年。很少有人能预测到苏联衰落的速度会如此之快。即便是苏联的中东问题专家，他们质疑苏联地区政策的目标以及实施的方法和手段，追问这些是否符合或违背苏联的国家利益，责问"国家利益"概念的内涵是什么，什么是内外政策的平衡；他们也在追问，是谁做的决策，以及一旦做出决策，这些决策又是如何执行的；他们还想知道我们在西方、在阿拉伯国家、在土耳其、在伊朗或在阿富汗是被如何看待的……

自那以后，一直到 20 世纪 90 年代前，不知道有多少河水从伏尔加河和尼罗河流淌过，不知有多少沙土被狂风吹到了鲁卜哈利（the Rub'al-Khali）沙漠，我也开始创作《俄罗斯的中东政策：从弥赛亚主义到实用主义》一书。如今，苏联已经不复存在。现在是诚实而清晰地写下我的观察、采访和推测，以及事实和文献的时候了。

苏联解体之后，紧接着出现一个问题：当我们谈到过去和未来时，我们正在处理的是哪个国家的外交政策？当然是俄罗斯的政策，我们不应该欺骗自己。在过去，苏联就是俄罗斯，在历史进程中，许多国家和人民加入了苏联，或被加入。苏联的外交政策实际上就是穿着"苏联外衣"的俄罗斯外交政策。这就是为什么当本书使用"苏维埃联邦"或"苏维埃社会主义共和国联盟"（USSR）这些词语时，作者指的是带有苏联政治体制的俄罗斯。

我感兴趣的一直主要是阿拉伯国家。然而，要想准确描绘阿拉伯国家在苏联外交政策中的地位和作用，需要概要地讨论苏联对土耳其、伊朗和阿富汗的政策。由于苏联与这三国有着更广泛的关系，只能粗略地介绍一下纲要。不过，在本书第二部分，涵盖米哈伊尔·戈尔巴乔夫（Mikhail Gorbachev）之后时期，对之会有更详细的描述。

当然，要做到绝对准确描绘是不可能的，如果没有研究许多——不是全部，毕竟一个人要阅读所有已经发表的东西是不可能的——西方分析家的作品的话。

在苏联时期，人们对近东和中东的兴趣是如此浓厚，以至于出版了几十本关于苏联在该地区政策的书。西方学者也很熟悉苏联的文献资料。此外，与同一事件相关的西方消息来源比苏联的消息来源更充分、更清晰。例如，我从未在苏联文献中找到1973年阿以战争期间任何关于苏联空降部队处于戒备状态和美国军队处于核警戒状态的信息。然而，无论是苏联作者还是西方作者——不管后者的价值观如何——都无法避免自己研究的"意识形态化"。他们运用"零和博弈"的研究方法：苏联的赢，就是美国的输；反之亦然。有时，甚至事实也被更改以便符合措辞。苏联解体后，人们对俄罗斯在该地区政策的兴趣几乎消失，直到21世纪初才开始恢复。历史残余的教条主义和救世主精神玷污了大多数西方作家的作品，尽管也有例外，读者可以在本书中找到相关参考。

我在20世纪90年代给自己设定的任务是相当复杂和雄心勃勃的。不过，即使只取得了部分成功，我还是希望能有助于人们对苏联在近东和中东的政策有新的了解。主要的想法是试图找到不同层次的或现实的组合，或至少在分析中考虑到这些组合。第一层次是促使苏联外交部门采取行动的近东和中东形势。第二层次是苏联自身的运作法则，包括苏联官僚机构，它们是根据某个意识形态指令来决定外交政策（至少过去是这样）的。第三个层次很少被研究，包括参与决策或执行某一外交政策路线的个人，即那些或有能力或无知或聪明或愚蠢的人，那些或怀有信念或持有偏见的人，那些或有兴趣或盲从的人，那些或勇敢或懦弱的人。很明显，我属于第四种人。按照命运的安排，我献身于中东地区研究，曾是某些事件的见证人，并有几次机会直接参与了这些事件。因此，我的地位、思维方式、经验、知识，可能还有偏见，都可以在本书中找到。

像任何其他历史学家一样，我也要依据政治或历史的记录，诸如文件、宣言、声明、演讲、照片和协议。然而，很多文献依然难以获取。主要外交政策机构的档案依然不对外开放。因此，我采访了一些过去时代的人物以及仍然在工作岗位上又愿意交谈的人物。

寻觅材料和中东政策决策者的使命把我引到了索科尔（Sokol）地铁站附近一套普通的两居室公寓里，那儿住着 86 岁的德米特里·谢皮科夫（D. T. Shepilov）。1956 年 11 月 5 日，正是他将著名的核导弹最后通牒递交给英国、法国和以色列三国驻苏大使。他本来很有机会成为苏联领导人，可惜最终没能做到。或许，这是他生命中最后一次接受采访。

我还到访了位于库斯基铁路（Kursky railway）地铁站附近的伊利扎佫瓦（Elizarova）大街一座简陋的大厦，这里是苏联对外政策协会所在地，我采访了协会主席爱德华·谢瓦尔德纳泽（Eduard Shevardnadze）先生。1990 年 12 月，在关于一伙右翼分子即将发动政变的消息传出之后，这位苏联外交部部长宣布辞职，为此而声名鹊起。1992 年，在格鲁吉亚共和国宣布独立后，他成为该国的首任元首。

我还采访了亚历山大·谢尔盖耶维奇·扎索霍夫。他在很长时间里一直是苏联亚非国家团结委员会事实上的领导人，并出任苏联驻叙利亚大使。在 1991 年政变前，他被任命为苏联最高苏维埃对外关系委员会的主席，并成为苏共中央政治局委员。后来，在当选为俄联邦议会的一名议员后，他成了俄罗斯北奥塞梯共和国总统。我的采访是在 Prechistenka 大街（原 Kropotkinskaya 大街）的团结委员会大楼里进行的。

在 1991 年"八月政变"之前，我在斯塔拉亚（Staraya）广场的苏共中央委员会办公大楼里与苏共中央政治局前委员、书记处书记鲍里斯·尼古拉耶维奇·波诺马廖夫（B. N. Ponomarev）有过一次会见。尽管他已被中央委员会免去职务，但他仍然坐在一间空荡荡的办公室里（1991 年 8 月后有更多这样的办公室）收集没人要的报纸，他正在为撰写一本也已没有人需要的关于苏共历史的课本收集材料。他是唯一一个在我们交谈时拒绝让我使用录音机或做笔记的被采访者。所以，当我回到家的时候，不得不凭借记忆赶紧写下内容本就不多的谈话。

我与波诺马廖夫先生的助手乌里亚诺夫斯基（R. A. Ulyanovsky）有更深入的交流，他与波诺马廖夫很熟，当时他住在时尚的亚历山大·托尔斯泰街（史比里道诺夫卡街）的一套三居室公寓里。在所有 20 世纪 30 年代受迫害被清洗后来又恢复名誉的那些人当中，他是 1956 年之后唯一一位跃升到较高地位的人，成为苏共中央对外联络部副部长。他是一个有魅力的人。在他的一生中，他一直信奉神话，并为之进行辩护和宣传，也在一定程度上创造了神话。与我谈话时，他眼神茫然，似乎在看着一座曾经似乎坚不可摧的建筑物的废墟。

很多苏联精英阶层的代表人物现在都住在斯坦尼斯拉夫斯基（Stanislavsky）街的一座公寓楼里。在其中一套公寓里，我与埃格里切夫（N. G. Egorychev）进行了交谈。埃格里切夫在 20 世纪 70 年代曾担过任莫斯科市委书记。他曾是一位冉冉升起的政治明星，也是一位潜在的苏联领导人，但他遭遇了竞争对手——列昂尼德·伊里奇·勃列日涅夫（L. I. Brezhnev），他失败了。但是，与斯大林时代政治对手会被消灭不同的是，埃格里切夫被"流放"到丹麦做大使。后来，戈尔巴乔夫当政，他又被任命为驻阿富汗大使，当时苏联军队正在从阿富汗撤离。

除了一些大使外，还有很多外交官，以及前苏共中央对外联络部、苏联国防部军事情报局、国家安全委员会（克格勃，现在的对外情报局前身）第一局（PGU）以及对外经济部门的人员同意跟我见面，接受我的采访。一些人不希望自己的名字被提及，而其他大多数依然在工作岗位上的人则宁愿匿名。因此，在与我交谈过的那些人中，大多数人的名字不会在本书中被提及，这在一定程度上降低了这些内容的价值。我承诺，在引用匿名采访对象的谈话内容时，将保留他们所谈内容，不会添加任何东西。我常常认为匿名者所讲的内容往往比那些愿意具名的人的讲述更可靠。

在我的两位学生的帮助下，本书的质量和可靠性得到了保证。这两位学生分别是伊瑞拉·阿波拉莫娃（Irina Abramova）和奥勒根·列文（Oleg Levin），他们都获得了博士学位。前者成为一名杰出的研究人员和科学的组织者，2015 年接替我成为俄罗斯科学院非洲所的所长。后者成为一名高级外交官，2015 年被任命为俄罗斯驻约旦大使。

……将近半个世纪过去了，这部《俄罗斯的中东政策：从列宁到普京》

新版本涵盖了100多年时间，其中包括了后戈尔巴乔夫时期。先前的内容得到更新，但基本的判断保持不变。本书的第二部分——"务实主义的局限性"，讨论了后戈尔巴乔夫时期。经常性访问这些地区国家以及与西方同事的会见，使得我多年来始终能够了解形势的发展。因此，我决定在"前言"部分增加一些新的体会。

……我们现在在华盛顿，时间是2011年1月。一群俄罗斯东方学家正在和美国同事见面。电视节目里正在热播"超级秀"——阿拉伯革命。一个美国记者在开罗熙熙攘攘的解放广场进行了完美的报道："抗议者没有表达任何反美情绪。"而在他的身后，贴着一张用阿拉伯语书写的海报："滚开，懦夫！美国代理人！（指穆巴拉克总统）"。所有从俄罗斯来的与会者都认为伊斯兰主义将会在阿拉伯世界兴起，而美国同事则都对此保持沉默。

……解放广场。开罗。2011年2月。穆巴拉克已经放弃了权力。贾迈勒·艾尔－吉塔尼（现已去世）是一位杰出的阿拉伯作家，或许是阿拉伯世界最好的作家，他并不掩饰自己的情绪：

> 大约1月25日前一周，我参加了总统府的一个招待会，一些人被授予国家最高荣誉——尼罗河勋章。我感到沮丧。我看到了一个宫廷，有男仆，有典礼，有说谎者，有阿谀奉承者。一切都显得死气沉沉，毫无希望。"它还能持续多久？"——我问自己。当然，在1月24日我听说第二天青年人将会通过互联网组织一场示威时，作为一个老一辈的人，我根本不相信互联网会取得成功。不过，它后来真的成功了！亚历克斯！最终成功了！这场革命将所有穆斯林和科普特人、富人和穷人、知识分子和文盲团结在一起。这是一场全国性的狂欢。虽然会有困难、苦难和牺牲，但是旧的、垂死的政权将永远不再回来了。

"我亲爱的朋友！我忠实、诚实、才华横溢的朋友。我真想相信你！我真的很想相信我深爱的埃及的未来。但是我来自俄罗斯，在过去的一个世纪里它经历了那么多的革命和反革命！看着我的国家的现状，我是多么痛苦。"我没有说出这些话，以免伤害他。

解放广场自身已经成为埃及革命的品牌名称，象征着坚定、自由、勇敢。在这18天时间里，这里始终激情澎湃，一刻也没有停息。示威者在这里发表演讲、辩论、朗诵诗歌和放声歌唱，与警察、警察雇用的暴徒甚至骆驼骑兵展开搏斗。数百万人对穆巴拉克总统高呼"滚开!!!"然后,警察就消失了。广场和小巷里停着坦克,但军队没有干预事态发展。穆巴拉克总统真就下台了。接下来会发生什么?接下来迎来的是埃及的困难时期。

我又在问自己一个老问题:"我们,俄罗斯,想从这里得到什么?"它恳求一个答案:"不要干涉!不要干涉埃及和阿拉伯的事务!"

在这一点上,我们没有成功。

在21世纪,俄罗斯仍渴望重返中东。于是,叙利亚成为门户。

……大马士革。2016年4月。我正在俄罗斯驻叙利亚大使亚历山大·亚历山大维奇·金斯查科(Alexander Alexandrovich Kinschak)的办公室里与他谈话。偶尔会听到远处传来的重机枪轰鸣声。"他们正在对大马士革郊外的目标进行打击,距离这里有5~7公里,"亚历山大解释说。这些地区处于叛乱分子——"伊斯兰国"或努斯拉阵线(Jabhat al-Nusra)的控制之下。政府军只袭击没有当地居民居住的区域。武装分子躲藏在地下隧道里。这些区域和其他有人居住的地区都被军队封锁了。"我能到前线阵地去吗?""不,我对您的安全负责。在城里,您只能乘坐我们的车,它是装甲车,安全可靠。"

在叙利亚和黎巴嫩的边境,我受到了两辆汽车的欢迎,车上俄罗斯特种部队的成员穿着黑色军装,携带着枪支和无绳电话。我先被带到大马士革市中心的一家旅馆,然后一辆车在没有护卫的情况下将送我到了大使馆。大使馆里面由俄罗斯士兵守卫,外面由叙利亚警卫保护。通向使馆的这条道路两侧是高高的混凝土墙。大使馆附近的一个立交桥已禁止车辆通行。我就开着这辆车在城里转来转去,去开会和拜访大学。

好吧,规矩就是规矩,但好奇心还是占了上风。我付了小费叫了一辆出租车,司机带我看了可以乘车前往"伊斯兰国"首府拉卡(也就是内战的前线)的公交车站、拥挤的咖啡馆、嘈杂的老城街道,然后他开车到了叙利亚军队的阵地,那里设卡阻断了前往雅尔穆克巴勒斯坦难民营的道路。难民营里没有帐篷,这是大马士革的一个贫民窟。在两个伊斯兰组织发生冲突后,雅尔穆克难民营的部分地区被"伊斯兰国"控制,另一部分被努斯拉阵线控制,而有些街区完全被废弃,武装分子则躲在地下隧道中。

一名年轻的军官在听到我的请求后检查了我的俄罗斯护照,在经过长时间交谈和他致电某个人之后,他同意带我去一个观察哨。"没有我的允许,你不能走一步,那边有狙击手。""我同意。"我回答道。我们沿着一条很深的战壕来到一所被废弃的房子前，在那里你可以从一堵水泥墙的上方通过望远镜看到武装分子控制的区域：一个废弃的广场，周围都是破旧的建筑，被毁坏的汽车残骸。"我们在这里观察，如果观察到任何动静，我们就把坐标传送给炮兵，他们就会打击目标。"我被禁止留在这里。临别时，这位官员重申了他对俄罗斯的感激之情，几乎是逐字逐句地重复了巴沙尔·阿萨德总统在最近一次演讲中讲过的话。政府军的政治教育很好。

我访问叙利亚时，俄罗斯在那里首次展示了其军事实力，这是自苏联解体以来的第一次。这次访问留下了许多没有得到解答的问题，无论是对这个国家，还是对中东地区。在《实用主义的局限性》一书的第二部分，我将尝试回答其中的一些问题。

不过，抛开时间先后顺序，我将讲述 2015 年 12 月对阿联酋的访问。佐法尔的革命者们曾希望"解放"这个国家以及阿曼，以建立一个"幸福的社会主义社会"。

……我们在阿拉伯半岛，迪拜。2015 年 12 月。一架电梯毫无声息地将我带到了世界最高的摩天大厦哈利法塔的第 161 层。它总共有 200 层，高 828 米。在观景台上，你可以欣赏到高达 60～70 层的摩天大楼、高速公路立交桥，再往东是大海，往西是沙漠。当我 1969 年访问阿联酋时，那里还都是渔夫们简陋的小土屋和贝都因人的帐篷，当时阿联酋刚刚独立，我是第一位访问阿联酋的苏联人，或许也是历史上第一个访问阿联酋的俄罗斯人。

在哈利法塔，你可从一层走到另一层去参观：它简直可算作世界上第一座垂直的城市，可以容纳 3.5 万人。里面有公寓、酒店、写字楼、饭馆、商店以及各种消费服务项目。日落时分，你可以下到酒店较低的露台，欣赏粉色的人工湖上的喷泉，喷泉的水柱随着爵士乐或阿拉伯音乐而起舞。你也可以沿着一排排百货店、商店和精品店走走，也可以一边喝着咖啡，一边浏览俄语杂志或一沓厚厚的当地阿拉伯语或英语的报纸。夜晚在旅馆的房间里，你有数百个电视频道可以选择。你将被淹没在印刷媒体和电子媒体提供的信息（或虚假信息）海洋里，被眼花缭乱的汽车、珠宝、鞋子、手表、香水、艺术展品、音乐会和旅游等广告搞晕——所有这些都是可以出售的。

我已到了不可能像 17 岁男孩那样浪漫的年纪，但当看到世界某个地方有一个标价为 60 万美元的双人晚餐的广告时，你的灵魂仍然在抗议。只要你付了钱，你就能得到一个"全包"：两个人的头等舱航班，甚至是飞往世界某个角落的专机，还有与此相称的酒店套房、酒水和美味佳肴。然而，在旁边，在邻近的也门，生活在简陋棚屋里人们若能拥有一些装在小袋子里的粮食就会感到很幸运了，这些小袋子用绳子悬挂起来，以防老鼠偷吃。他们经常没有足够的食物和水，被苍蝇追逐着的孩子常常饿着肚子上床睡觉。

这里有一则关于一支俄罗斯队和一支瑞典队在阿联酋进行冰球比赛的消息。在俄罗斯总领事馆一名年轻雇员的汽车后备厢里，我看到了一双溜冰鞋。他解释说：他全年都在和待在这里的俄罗斯人打冰球；他们的对手有十几个队。即使在 45～48 摄氏度的高温下，这里的溜冰场也能进行训练和比赛。好吧，在阿联酋，你还可以发现可进行特殊障碍滑雪赛的雪山。

2014 年，有 60 万名俄罗斯人访问阿联酋。他们在这里消费了 12 亿美元。2015 年，这一数字有所下降。有游客、部长、商人，不仅仅是他们。在一家高档饭店的餐厅里，几个男人正在愉快地用俄语叫嚷着什么。一个侍者低声对我说："这些人都是俄罗斯黑手党的教父（俄语意思是'权威'）。这里没有人敢碰他们，他们也没有去打扰别人——在这里他们只是非常慷慨的顾客。"

在沙迦，阿联酋七个酋长国之一，最近建造了一座使徒圣菲利普五圆顶教堂，成为圣坛。有些人来这里是为了在阿拉伯半岛这座唯一的东正教教堂的寂静中沉思，而另一些人则是为了祈祷宽恕和忏悔自己的罪过。

那时阿联酋正好在举办一个军事航空展——"2015 迪拜航空展"。俄罗斯有 23 家公司参展，展示了 200 多种现代化军事装备——从多用途战斗机到侦察和通信系统。它不仅仅是展销：俄罗斯国家技术集团（Rostec）与阿联酋塔瓦宗控股公司（Tavazun）还建立了一家合资企业，生产武器弹药，包括 BMP-3 步兵战车。

在阿联酋，我还参加了一个由阿布扎比战略研究中心举办的关于波斯湾（阿拉伯湾）安全的国际会议。该中心有 300 多名来自世界各国的员工。他们的作品很严肃，涵盖了安全、经济、社会和宗教等最热门的话题。该中心主任贾迈勒·萨纳德·阿-苏瓦迪（Jamal Sanad Al-Suwaidi）送了我一本他的著作《从部落到"脸谱"：社交网络在社会转型中的作用》（*From a Tribe to Facebook：The Role of Social Networks in the Transformation of Society*）。

像邻国科威特和卡塔尔一样，阿联酋也是独特的：稀少的土著居民拥有巨大的石油和天然气财富，传统的领导人一直能够有效地利用这些财富。为此，他们吸引了一些精英人士和低技能的外籍劳工，在阿联酋，这些外籍劳工的数量是当地人口的 10 倍。

当然，这并非重点。重点是俄罗斯需要这里的什么东西？答案出奇地简单：互利的贸易、军售、共同的经济项目，以及吸引阿联酋对俄的投资和旅游，没有意识形态成分。自然，俄罗斯对波斯湾的安全也有兴趣，尽管其参数需要特别考虑。

在撰写本书第二部分的时候，我意识到后戈尔巴乔夫时代的许多秘密和决策机制依然是"一本被密封的书"。与之前相比，许多苏联领导人已相当坦率地讨论过那一个时期的决策情况，而后戈尔巴乔夫这一时期的相关信息则很难得到。当代的外交官和情报人员甚至在匿名的情况下也不愿透露更多。

因此，我不能不怀着感激之情记录那些内容丰富、有助于理解许多事情的谈话。我与叶夫根尼·马克西莫维奇·普里马科夫（Yevgeny Maximovich Primakov）的会晤是或在商会大楼或在莫斯科世界贸易中心的办公室进行的。他曾是我在《真理报》的同事，也是俄罗斯科学院的院士，是著名的政治学家、经济学家、记者，曾成功地出任情报局局长、外交部部长和俄罗斯联邦政府总理。叶利钦在"家族"和寡头们的煽动下解雇了他，此后，普里马科夫担任了多年的商会主席。在他 80 周岁的纪念会上，我发现自己置身于一个由约 200 名宾客组成的"小圈子"中。普京称普里马科夫为"伟大的公民"。此外，普京还说了下述一段话："在俄罗斯濒临深渊的那些年代，是像普里马科夫这样的人将她从悬崖边拽了回来。"然后他们一起唱了一首关于列宁格勒的歌曲——"湍急河流上的城市……"

我在采访俄罗斯前外长和联邦安全会议秘书伊万诺夫（I. S. Ivanov）时也收益良多。我们在他创立的位于马纳扬亚基芒卡大街（Malaya Yakimanka Street）上的俄罗斯国际事务委员会的办公室里相见。

关于能源在俄罗斯联邦外交政策中的作用，前燃料和能源部部长，现任俄罗斯油气生产商联盟（the Russian Union of Oil and Gas Producers）主席尤里·沙夫尼科（Y. K. Shafranik）向我做了详细介绍。

另一位公开与我交谈的人是库利克（A. S. Kulik），他曾是苏联中东情报部门的负责人。退休后，他仍然保持着一颗年轻的心和信念，甚至是关系，但他已经病得很重了。他是一个罕见的苦行僧——他按原则依然住在自己的"赫鲁晓夫卡"（Khrushchyovka）公寓里，而没有搬到一个更舒适和更有名气，也更符合克格勃少将局长身份的住所去。

我最要好的老朋友谢赫拉维勒·盖努丁（Sheikh Ravil Gainutdin）是俄罗斯穆夫提委员会的主席、俄罗斯欧洲地区穆斯林精神管理委员会主席，他也没有拒绝与我见面。我们约在他的办公室会谈，对面是一座华丽的建筑——莫斯科大清真寺。附近有东正教教堂、亚美尼亚大教堂和奥林匹克体育场，这里是俄罗斯希望所有俄罗斯公民合作与团结的象征，只是还缺一个犹太教教堂和一个佛教寺庙。

关于 2011 年之前俄罗斯与埃及关系的那一节，是在俄外交部副部长、前驻以色列和埃及大使博格丹诺夫（M. L. Bogdanov）的论文基础上编写的，我曾有幸指导他的论文。博格丹诺夫同意我对他做一个专访，内容涉及"阿拉伯之春"后的俄罗斯中东政策。

有关俄罗斯对叙利亚的政策，特别是关于俄罗斯空天军参与叙利亚内战的细节，是由联合国叙利亚问题特使斯塔凡·德·米斯图拉（Staffan de Mistura）的高级顾问、著名学者维塔利·纳乌姆金（V. V. Naumkin）向本人透露的。

对斯特尼伊（P. V. Stegniy）的采访，实际上是斯特尼伊与我合作撰写了一些章节。他曾任俄罗斯驻科威特、土耳其、以色列的大使，是一位历史学家、一位才华横溢的作家。本书第一部分提及的匿名"外交官"，大部分都是对他的采访。

我在《真理报》的老同事，当时也是《今日亚非》（*Asia and Africa Today*）杂志的员工、克格勃第一局的鲁萨科夫（E. M. Rusakov）上校不仅同意做本书第一部分的编辑，还让我就他的自身经历做了一次采访，这非常有助于"从美国视角"来看待事件。

我的同事们——东方学家考若塔耶夫（A. V. Korotaev）、伊萨耶夫（L. M. Isaev）、特卡琴科（A. A. Tkachenko）、菲林（N. A. Filin）、拉万迪－法代（L. M. Ravandi-Fadai）、霍杜诺夫（A. C. Ходунов）和前俄罗斯驻伊斯坦布尔总领事曼朱辛（L. I. Manzhosin）参与了本书个别章节的讨论，为我补充了不少史实和事件。本书第二部分大量的编辑工作是由我的助手、《今日亚非》杂志的 O. I. 捷杰林完成的。

刚开始的时候，我的助手楚卡诺夫（S. A. Chukanov）帮助收集了大量的事实材料。他还用英语、俄语和阿拉伯语与外界保持联系。一句话难以表达我对他的谢意，直至他病重去世，他的工作才中断。

科斯特亚内兹（S. V. Kostelyanets）负责英文翻译工作，研究生梅什切瑞娜（K. V. Meshcherina）负责翻译成阿拉伯语。事实上，如果没有我的长期助手波鲁尼娜（S. V. Polunina）的辛勤工作，这本书永远不会为人所知。波鲁尼娜是唯一能够辨认出我的潦草字迹和记录下我的快速口述的那个人。

因此，这本书可以被看作一部集体作品。虽然我与采访对象、同事和助手肯定有许多优点，但本书所有的缺点和违规行为都归于我本人。

第一章

弥赛亚^①主义与实用主义的渊源

我们把富人赶走，

我们在全世界燃起了一把火，

血淋淋的火焰燃遍了全世界，

主啊，保佑我们的灵魂。

——亚历山大·布洛克（Alexander Blok，1880－1921），俄国诗人、戏剧家

---

① 弥赛亚是《圣经》中的一个词语，希伯来语的意思是"受膏者"，即上帝选中的人，是被上帝"委任担当特别职务的人"，这些人具有特殊的使命和权力。在俄文中，Мессианизм 一词，音译为"弥赛亚主义"，意译为"救世主义"。在俄罗斯，"弥赛亚意识"不是指一种宗教现象，或只是某种概念术语，而是俄罗斯民族一个非常重要的文化观念。"救世主义"的思想和大国理念依托深厚的宗教基础，贯穿了俄罗斯社会千年来的发展史。——译者注

1917 年十月革命爆发时，布尔什维克的口号是"打倒××××"。这些革命口号带有巨大的潜在负面影响，布尔什维克谴责让 200 万俄国人丧命的内战，剥夺了俄国贵族的特权，甚至生存权（之前俄罗斯绝大多数耕地都属于贵族）。布尔什维克还谴责沙皇独裁政权剥夺了绝大部分人的民主权利，其中也包括资产阶级的民主权利（尽管当时俄国的资产阶级还没有与工人阶级形成一个融洽的合作共存关系），猛烈抨击帝国体系下国家与人民的关系模式以及脆弱的准民主制政府。

在极端环境下喊出这些极端和激进的口号似乎也符合情理，并能打动人心。布尔什维克的宣传与鼓动让俄国人情绪激昂："人民应该拥有和平，把土地交给农民，把面包发给饥饿的人，把工厂交给工人。"1917 年 11 月 2 日颁布的《俄罗斯各族人民权利宣言》包括以下内容：

（1）俄国各族人民的平等和自主权；
（2）俄国各族人民享有完全自决乃至分离并建立独立国家的权利；
（3）废除任何民族和民族宗教的一切特权和限制；
（4）居住在俄国境内的各少数民族与部族的自由发展。[1]

在苏联时期，这份权利宣言的内容几乎是神圣不可侵犯的。在革命的年代，它毋庸置疑地在苏联国内外产生了巨大的吸引力。1917 年 12 月 20 日，列宁发表的《告俄国和东方全体穆斯林劳动人民书》也做出了类似的承诺。公开信指出，阿拉伯人和全世界的穆斯林都应该有权成为自己国家的主人，并且有权按照自己的意愿决定国家和民族的前途。[2]

对于那些疲惫不堪、饱受苦难的民族，布尔什维克给其送来了救世主式的救赎概念，即上帝存在于人世间的王国，有一个新的、之前不为人所知的

---

[1] *Документы внешней политики СССР*. Т. 1. М., 1957. С. 15.
[2] Там же. С. 35.

神秘名字——"社会主义"或"共产主义"。一个自由、平等、公正、幸福和爱的理想社会近在眼前。人们只要追随布尔什维克并信任他们就行了。人民拒绝旧的那一套东西（如权力、财富、法律、道德、宗教），认为可以使用一切手段将之清除干净。早期的文明，甚至人类自身，往好了说可被视为筑墙的材料，用来修筑美丽的散发着芳香的共产主义社会大花园的围墙；往差了说则被视为花园里可用的肥料。但是，尽管这些"职业革命家"中没有谁知道新社会是什么样子，也不知道如何去建设一个新社会，但是几十年的社会稳定使他们能够笃信这一史无前例的新政权和党的专制具有顽强的自我保护和自我修复能力，相信自己有能力可以依次在工人阶级、流氓无产者（或者如现在所说的第三世界中的"被边缘化群体"）中找到支持自己的社会基础，这一社会基础能够动员群众加速发展未来战争所必需的重工业。

以新的救世主思想为核心的多层次和触角很深的宣传网络，连同报复机器，构成该系统必要的不可分割的组成部分。从马列主义的理论学习到广播报纸的宣传，不仅能将共产主义意识形态的各个部分有机串联，还能将那些需要新宗教或新信仰的人紧密地联系在一起。

这些理念或者说是带有魔力的言辞，吸引了好几代苏联人，还特别俘获了西方的新知识阶层、左翼知识分子以及东方的"民族解放战士"。多年后，埃及历史学家沙菲伊（Al-Shafii）这样写道："这些新生国家宣告成立是人类的全新事业。'各国实现和平！全世界工人们团结起来！殖民地被压迫的民族实现民族解放！我们向全世界所有寻求解放的人民提供精神和物质上的支持……'这是人类历史上第一次有一个大国公开表示不愿殖民其他国家，不愿占领或掠夺别国，相反，它选择站在全世界解放力量的一边。这个新生国家曾向萨阿德·扎格鲁尔（Saad Zaghloul，约 1860~1927，曾于 1924 年任埃及首相）张开热情的臂膀，但扎格鲁尔惊慌失措地拒绝了苏联的帮助。"① 事实上，在 1919 年埃及革命期间，一些地方机构也使用了俄语"苏维埃"一词。

这一思想宣传与现实经常是不完全相符的，不过这对西方社会主义的支持者或东方的"民族解放战士"来说无关紧要。首先，苏联的这些朋友绝大

① *Аш–Шафии Ш. А.* Развитие национально–освободительного движения в Египте（1882—1956 гг.）. М., 1961. С. 56.

部分并不了解苏联国内的真实情况，他们了解到的都是苏联宣传机器发布的信息，或者是经过精心选择的信息，无论真实的还是虚假的。其次，他们本身也不愿意了解真相，因为他们需要的只是理念、口号，或是为他们自己政治行为或态度寻找成功的"样板"。再次，从他们的角度看，苏联的俄罗斯人或其他民族所做的都是为了全人类更美好的明天，在任何情况下救世主思想认为做出牺牲是理所应当的，尤其是为他人。最后，也是主要的一点，苏联在国际舞台上的行为得到了支持，尤其是当它与东西方各种各样的革命者，以及在一些国家刚刚掌权的新政治精英们的利益、目标与斗争结合在一起的时候。

在俄国掌权的布尔什维克们其实并不了解东方。十月革命的一些领导人曾经在伏尔加河流域的一些穆斯林地区或高加索地区工作过，这些经验对他们认真分析东方的形势、趋势和社会政治发展是完全不够的。过去几十年里，深陷无能和教条主义泥潭的他们一直在试图解释亚非国家高度复杂的现实，以适应马克思主义的口号和"理论"。从十月革命到 20 世纪 90 年代苏联解体，苏联专家在东方问题研究方面推出的重要作品绝大部分都是对西方学者研究成果的汇编，只不过用马列主义的辞藻来加以润色罢了。

为何布尔什维克的某些口号能够长期有效呢？这些口号要么是被单独运用，要么已被融合成为一个"科学理论"。研究社会真相的方法，不论是对自然科学还是对社会科学，要么就是全面分析、研究历史的进程，比较各种耦合式争论；要么就是意外地得到天启，一下子就能洞悉事物的本质。对布尔什维克来说，他们谴责旧的世界秩序，包括殖民制度和一些国家对其他国家的政治依附关系，正是得到了这样一种天启。从今天的观点来看，对列宁的帝国主义理论提出批评非常容易。因为有大量论据证明，鲁道夫·希法亭（Rodulf Hilferding）和约翰·阿特金森·霍布森（John Atkinson Hobson）在其著作中所描述的并构成列宁思想基础的殖民制度，实际上是一种更为复杂的现象。

关键的是，列宁的一些重要政治结论是从这些前提中得出来的。比如，批评或号召用革命手段摧毁旧的世界秩序，因为在旧的世界秩序中一些国家剥夺或简单粗暴地限制了另一些国家的政治独立。由此我们可以得出一个实际结论，即承认支持各种形式的反殖民地和半殖民地统治斗争、民族解放运动和民族自决权的合法性。

不管细节差异，这意味着列宁及其支持者们所追求的道路恰巧与东方

（包括中东和近东）的历史进程重合了。他们的政治口号，可以完全或部分地服务于东方国家民族解放运动的领导人，特别是其中的最激进派别，以及大部分人民的政治需要。这也意味着，英国和法国领导人认为其在第一次世界大战中击败德国及其盟友从而使其在中东和近东建立的殖民帝国获得合法性的想法是违背历史潮流的，必将面临来自中东和近东日益增长的政治独立需求。

在 1917 年十月革命之前，列宁在文章中曾经写道，支持被压迫人民争取完全的民族解放是社会主义者的义务，"支持他们使用任何方式实现解放，包括起义和战争"[①]。不过仅仅过了 40 年，苏联共产党的最高领导层就开始建议使用和平斗争方式了。列宁认为，苏维埃俄国对外关系必须以新独立国家为基础……必须同资产阶级文明世界的野蛮政策彻底决裂，这种政策把少数几个特殊民族的剥削者的幸福建筑在对亚洲和一切殖民地以及小国亿万劳动人民的奴役之上。[②] 因此，有观点提出，苏维埃俄国"胜利的工人阶级"（指布尔什维克及其领导人）需要与正在开展反对"帝国主义"（例如西方）的东方的"被压迫民族"结盟。

列宁认为西欧国家的统治阶级从其东方殖民地掠夺财富，既然这些资产阶级是布尔什维克最主要的反对者，就应该想办法削弱他们，特别是将他们从殖民地赶走。令人惊异的是，列宁起草的加入共产国际的 21 个条件中有一条这么规定，凡是愿意加入第三国际的党，都必须无情地揭露"本国"的帝国主义者在殖民地所干的勾当，不仅在口头上而且要在行动上支持殖民地的一切解放运动，要求把本国的帝国主义者赶出这些殖民地。[③] 列宁认为，每一个共产主义政党对待民族解放运动的态度是其能否忠诚于"无产阶级国际主义精神"的试金石。换句话说，它也是能否为苏维埃俄国奉献，更准确地说是能否忠诚于已夺取政权的苏联布尔什维克及其领导层的试金石。

列宁关于"敌对环境"的实际担心来源于十月革命之后的内战，以及随之而来的外国入侵。当时，在前线和边疆地区都有敌人存在，最终他们都将被德国、法国和英国的无产阶级革命所消灭。苏联领导人所想象的世界末日

① *Ленин В. И.* О карикатуре на марксизм и об ? экономическом империализме? // Полн. собр. соч. : В 55 т. Издание пятое. М. , 1967—1975（далее — ПСС）. Т. 30. С. 84.

② *Ленин В. И.* Декларация прав трудящегося и эксплуатируемого народа // ПСС. Т. 35. С. 222.

③ *Ленин В. И.* Тезисы ко II конгрессу Коммунистического Интернационала. Условия приема в Коммунистический Интернационал // ПСС. Т. 41. С. 207—208.

就是：在发达资本主义国家内部无产阶级与资产阶级的内战，再加上殖民地国家争取民族解放的斗争共同开创人类历史的新纪元。列宁写道："社会主义革命不会仅仅是或主要是每一个国家的革命无产者反对本国资产阶级的斗争。不会的，这个革命将是受帝国主义压迫的一切殖民地和国家、一切附属国反对国际帝国主义的斗争。"①

在苏维埃俄国的领导层看来，民族解放运动可以彻底地破坏帝国主义统治的基础，使帝国主义丢掉其有利可图的势力范围，失去资本、人力、矿产资源，以及战略要地。帝国主义将不再可能靠从其殖民地掠夺重要资源来获取丰厚利润，它的海外市场也会萎缩，帝国主义收买其国内工人阶级上层的可能性将大大下降。这反过来又会为资本主义国家无产阶级的反抗创造良好条件，激化帝国主义国家内部的阶级矛盾。自然，所引用的事实和数据都不能证实西方殖民地外围所具有的作用，当然这并非必需的。苏维埃俄国"胜利的无产阶级"需要这样一种革命形势，如果没有，就去创造一个。在现实与愿景不太相符或与马克思主义的某些原则发生冲突时——特别是马克思主义谴责民族主义，而支持无产阶级国际主义时——就有各种各样的解释可供选择。列宁说："被压迫民族的资产阶级只要同压迫民族进行斗争，我们无论如何总是要比任何人都会更坚决地给予支持的。"②

假定的反馈机制是，民族解放运动的成功依赖于苏维埃俄国和西方发达国家无产阶级革命的成功。苏联对抗西方国家、西方国家内无产阶级对抗资产阶级这一对阵态势为被压迫民族解放斗争的胜利创造了有利条件，因为帝国主义的地位和武装力量遭到了削弱，其在殖民地和半殖民地领地的行动自由受到了限制。

当时列宁这样写道："我们无论过去、现在或将来，一贯主张各先进国家的觉悟工人同一切被压迫国家的工人、农民和奴隶最紧密地接近和融合。""一切被压迫国家（包括殖民地）的一切被压迫阶级不要同我们分离，而要尽可能紧密地同我们接近和融合。"③

---

① Ленин В. И. Доклад на II Всероссийском съезде коммунистических организаций народов Востока 22 ноября 1919 г. // ПСС. Т. 39. С. 327.

② Ленин В. И. О праве наций на самоопределение // ПСС. Т. 25. С. 275—276.

③ Ленин В. И. О карикатуре на марксизм и об ? экономическом империализме? // ПСС. Т. 30. С. 120.

1920 年 7 月，列宁指出，随着各国被压迫和被剥削的工人阶级走上革命道路，再加上长期被历史所忽视的亿万人民走上革命道路，这两股力量汇合成的滚滚洪流必将导致世界帝国主义走向灭亡。①

在帝国主义真的灭亡之前，"我们应该追求的政策是苏维埃俄国与所有民族、殖民地解放运动结成最紧密的联盟"②。然而，这项建议并不准确，也缺乏现实逻辑的支撑。事实上，西方发达国家不知何时才会发生革命，很难产生吸引力。布尔什维克党的领导层只能寄希望于东方，如果东方发生大规模的民族解放运动，那么将极大改善苏联的外部环境。由于推行"战时共产主义"政策，苏俄政府已陷入危机，遭遇了巨大的困难。鉴于这一目标，并考虑到当时可用的物质资源，苏联举办了一次盛大的活动，这成为在 20 世纪50～80 年代举行无数次声援亚非人民大会的前奏。由此，一场波澜壮阔的全球性民族解放运动登上历史舞台，这也成为 20 世纪 50～80 年代席卷亚洲和非洲民族解放运动的先驱。来自土耳其、伊拉克、伊朗、叙利亚、巴勒斯坦的代表参加了大会，不过他们只能代表自己或一部分与其境况相似的人们。这次盛大活动中所做的"宣言"与参会人员的知识和文化水平是保持一致的。"你们这些恶犬，不要啃咬东方人民了！你们这一小撮可怜的压迫者，不要把千百万东方的农民和工人变成你们奴役的对象！"宣言作者还直接向英国资本家和统治阶层喊话："你们一口吃得太多了，你的牙齿啃不动的，你会被噎死的！"宣言最后还呼吁东方被压迫的人民"为全体东方人民赢得政治独立和生活幸福，为那些被英国压迫的数百万农民和工人的解放而开启一场神圣的战争"③。

列宁在 1920 年 10 月 15 日的演讲中高度评价了东方人民代表大会所做的工作："共产党人在莫斯科举行的代表大会以及东方各民族的共产主义者在巴库举行的代表大会所取得的成果，是不能立即加以估量的，是无法直接计算出来的，但是，这是一种比某些军事胜利意义更大的成就，因为它向我们表明：布尔什维克的经验、活动、纲领以及反对资本家和帝国主义者的革命口

① *Ленин В. И.* II конгресс Коммунистического Интернационала 19 июля — 7 августа 1920 г. Доклад о международном положении и основных задачах Коммунистического Интернационала 19 июля // ПСС. Т. 41. С. 233.

② *Ленин В. И.* Тезисы ко II конгрессу Коммунистического Интернационала. 1. Первоначальный набросок тезисов по национальному и колониальному вопросам // ПСС. Т. 41. С. 163.

③ Народы Востока. 1920. № 1. С. 60—61.

号，已经为全世界所公认；7 月在莫斯科、9 月在巴库所取得的成果，将在今
后的几个月里被全世界的工人和农民所逐步领会和接受。"①

全世界无数的基督徒分支和基督教文化来源于少数的基督追随者。列宁创
建的"工人阶级解放斗争协会"最终孕育了布尔什维克政党、苏联共产党、苏
联以及世界范围内的社会主义体制。巴库会议还没有准备好发挥那样的作用，
它就是一场宣传活动，并没有什么实质性结果。布尔什维克主义——共产主义、
马克思列宁主义、科学社会主义——作为一个政治理论、一种政治实践或者政
治组织，在阿拉伯世界或者土耳其、伊朗并没有扎根。几十年过去了，伊拉克
和苏丹的强大的共产主义政党如同昙花一现，在南也门和阿富汗也进行了大规
模的悲剧式的试验。稍后我们将详细讨论共产主义运动在中东的命运。

此外，旨在摧毁旧的国际关系体系的努力还包括公开"谴责秘密外交"
和公布从俄罗斯外交部门档案中提取的秘密协定。后者的一个重要例子是关
于瓜分奥斯曼土耳其帝国亚洲部分的《赛克斯—皮科协定》，这是英法两国于
1916 年 5 月 16 日签署的协定，当时沙俄参与了协调。奥斯曼帝国政府仅仅被
告知了协议内容，协议文本交给了领导希贾兹地区反土耳其人的"阿拉伯大
起义"领袖谢里夫·侯赛因（Sharif Hussein）。这份秘密协议的公布虽然使谢
里夫与英国的关系受到诟病，但并没有改变阿拉伯人反抗土耳其的事业，也
没有改变殖民国家瓜分中东的计划。时任英国首相劳合·乔治（Lloyd
George）在其回忆录中透露，关于决定奥斯曼土耳其境内阿拉伯土地命运的
秘密协议被公布后，引发了阿拉伯世界的强烈愤慨。②

两次世界大战之间的这段时期，苏联在中东没有什么机会。这是因为当
时英国和法国在中东的势力过于强大，反抗力量并不成熟且过于分散，苏联
并不能从莫斯科、伦敦和巴黎的中东政策差异中获利。然而，就如同历史一
再重复的那样，权力到达巅峰之时也是权力终结的开始，从旧时的罗马帝国
到最近的"社会主义共同体"的解体都是如此。英法在中东的霸权也不例外，
英法帝国的崩溃和苏联在中东短暂的成功都是始于第二次世界大战结束之后。
与此同时，苏联作为一个大国在近东和中东的实用主义外交政策也逐步形成。
苏联宣布要彻底废除旧的国际秩序，但同时又接受与别国共处的一些条件，

---

① *Ленин В. И.* Речь на совещании председателей уездных, волостных и сельских
исполнительных комитетов Московской губернии 15 октября 1920 г. // ПСС. Т. 41. С. 357.

② *Троцкий Л.* Моя жизнь. Т. 2. Берлин, 1930. С. 99.

被迫要遵守一些国际上早已形成并只需略加修改的行为规范。意识形态与现实、苏联建立之初所确定的救世主思想与这个巨大国家的现实利益，形成了矛盾的统一体，可以决定和解释苏联的行动，也可以决定和解释其在中东和近东的一系列外交行动的成功或失败。

克里姆林宫的决策者们很快就清楚地认识到，曾被寄予厚望的西方和东方的革命潜能最终被证明是虚幻的事情。在个别国家某些党的权力必须得到加强，在世界舞台上，有必要确保这些党的权力的合法性，确保这些国家边界的安全，确保能够找到盟友。因此，当南部前沿国家土耳其、伊朗和阿富汗的"社会主义化"和"共产主义化"发生问题时，苏联政府开始灵活快速地与它们建立起正常的友好国家间关系。也就是在这一时期，苏联与第三世界国家的关系模式开始受到考验。为了巩固这些国家的独立和中立，特别是能够增强它们与西方的对抗，加强其与苏联的安全合作，莫斯科不得不对这些国家的内政睁一只眼闭一只眼，比如它们对"兄弟阶级"或"共产主义意识形态的盟友"进行打压。

苏联与土耳其找到了共同的敌人——以英法为首的协约国集团，协约国集团不仅瓜分了奥斯曼帝国的阿拉伯领土，还试图瓜分土耳其本土。的确，领导土耳其人民开展民族独立斗争的穆斯塔法·凯末尔（Mustafa Kemal Atatürk）虽然在意识形态上是反布尔什维克的，但为了建立共和国和进行改革，而与苏俄走近。1921 年 3 月 16 日，土耳其与苏俄在莫斯科签署了《俄罗斯苏维埃社会主义联邦共和国与土耳其友好条约》，解决了两国边境划分问题。苏联政府宣布，不承认任何强加给土耳其的国际条约，除非条约得到了土耳其大国民议会的批准。首先就是 1920 年的《色佛尔条约》，该条约的目的是肢解土耳其，并使其依附于协约国。1921 年 10 月 13 日，土耳其与已建立社会主义制度的外高加索共和国签署了《卡尔斯条约》，作为莫斯科条约的补充协议。1922 年 1 月 2 日，伏龙芝（M. V. Frunze）访问安卡拉期间，土耳其与乌克兰在安卡拉签署了和平协议。1925 年 12 月 17 日，苏联和土耳其又签署了《中立和互不侵犯条约》。

1921 年 2 月 21 日，波斯哥萨克人在礼萨·汗的领导下在伊朗发动军事政变，齐亚·丁（Zia al-Din）领导的新政府（在政府中，礼萨·汗先是出任国防大臣，后直接自封为伊朗国王，建立礼萨·汗王朝）宣布废除 1919 年签署的《英伊协定》，并于 1921 年 2 月 26 日决定签署《苏俄与伊朗条约》。根据这份协议，苏联谴责沙俄政府的帝国主义武力政策，宣布放弃沙皇俄国政府与伊朗签署的全部不平等条约。协议还规定，双方都不允许在本国领土上存在反苏或反伊的组织。协议第 6 条规定："签约双方一致同意，如果伊朗领土被第三国利用并以武装行动对伊朗发动侵略或寻求将伊朗变成军事进攻苏维埃俄国的基地，威胁到苏维埃俄国及其盟友的安全，伊朗依靠本国力量不能防护自己的独立时，苏俄政府出于自卫有权派军队暂时进入伊朗以消除军事威胁。一旦威胁消除，苏俄保证立即从伊朗撤军。"

苏联学者和苏联政治家都称赞这份条约是"平等条约的典范"[1]。

1919 年 2 月，阿曼努拉·汗（Amir Amanullah）上台，开始统治阿富汗。他领导的政府受到"青年阿富汗人"思想的影响，宣布阿富汗独立，以争取军队和阿富汗大部分民众的支持。1919 年 3 月 3 日，英国政府拒绝了阿富汗要求与英国建立平等关系的建议，发动了第三次英阿战争。同月，苏俄宣布承认阿富汗政府的主权，是世界上第一个宣布承认阿富汗独立的国家，并表态已准备好与阿富汗互派大使（在 1919 年 5 月列宁致喀布尔的信中提出）。英国人未能打败阿富汗人，英国被迫签署《拉瓦尔品第条约》。根据该条约，英国初步承认阿富汗的独立。1921 年 2 月 28 日，苏俄与阿富汗签署了友好条约，直到这时英国才正式承认阿富汗的独立。1926 年，苏联和阿富汗的关系进一步升温，双方签署了《中立和互不侵犯条约》[2]。1928 年 5 月，阿富汗国王阿曼努拉·汗应邀访问苏联。

1924 年，苏联官方的一位代表访问了希贾兹[3]外交使团的驻地吉达，苏联和希贾兹开始建立外交关系。1925 年底 1926 年初，希贾兹被它的邻居内志攻占，一个联合国家成立了（也就是 1932 年正式成立的沙特阿拉伯）。苏联政府第一个宣布承认沙特，并与之建立外交关系。1926～1927 年，苏联向沙特输出了很多商品，包括糖、油和纺织品等。

1926 年，苏联承认也门的独立。当时也门政府正面临着与英国和意大利的严重冲突。荷台达省省长穆罕默德亲王（Saif ul-Islam Muhammad）写信向苏联政府求救。"目前，贵国政府坚定地宣布，希望同东方各国人民，特别是那些具有进步思想和反对帝国主义压迫的人民建立关系。伟大的俄国政府坚

---

① Документы внешней политики СССР. Т. 3. М., 1959.
② Там же. С. 551—553.
③ 1932 年并入沙特阿拉伯王国，现分属沙特阿拉伯塔布克省、麦地那省和麦加省管辖。——译者注

定地保护东方的利益。帝国主义正在动用大量财力，动用军事和政治力量来打击我国政府，他们想阻止东方人民追求自由的努力。我国政府正在赢得被压迫民族的同情。我们希望贵国政府能尽快与我们建立良好的关系。"①

1928 年，英国军队从也门南部和北部邻国沙特两个方向夹攻也门，也门遭到了更大压力，并正式向苏联驻希贾兹的全权代表发出请求，希望能够与苏联建立官方贸易关系。不久，来自苏联的生活基本必需品陆续运抵也门的荷台达港。1928 年 11 月，苏联与也门签署了《友好与贸易协定》。协议的序言指出，条约签署的基础是"协议双方都承认国家和人民的权利和义务一律平等"。协议的第一条特别强调："苏联承认也门政府及国王完全绝对的独立。"②

在这一点上，人们似乎必须支持苏联对土耳其、伊朗、阿富汗和独立的阿拉伯国家的政策评估，承认这是符合俄罗斯和苏联人民利益的实用主义和清醒意识的成功表现。当然，苏联所有关于这个问题的文献都对我们上面所描述的措施做出了这种解释，这些措施在某种意义上不同于发动革命，或是打倒"帝国主义走狗"和"嗜血鬼"等的要求。不过，需要了解，在苏联领导人眼中，经济总是要为政治利益服务的。苏联的内外政策是由两类人制定的：一类是有信仰的人，这些人为了意识形态的"原则"，随时准备违背社会道德和法律规范，牺牲他人，有时甚至牺牲自己（尽管很少）；另一类是那些为了个人的生存、晋升和物质利益而随时可以不择手段的人。由于官僚结构不适合那种理想主义的"思想家"，因此第二类人"吞没"了第一类人，或者说是第一类"意识形态家"蜕化为第二类人了，尽管他们总是试图将马列主义付诸实践。事实上，在"意识形态"模范实践者中，也有一些人认真对待言论和口号，尽管他们中最诚实的人也参与了与他们所宣扬的理想相去甚远的政治实践。

在接到穆斯塔法·凯末尔的援助请求后，列宁下令迅速援助土耳其 6 万支步枪，每支枪配发 2000～3000 发子弹，还有 18 门野炮、12 门重炮，以及 1000 万金卢布现金援助，上述物资在 1921 年全部运抵土耳其。这 1000 万金卢布现金

---

① Красная новь. 1920. Кн. 6. С. 144.
② СССР и арабские страны. 1917—1960 гг. Документы и материалы. М., 1961. С. 69—70（далее — СССР и арабские страны）.

可以在苏联国内购买 6 万公斤面包[①]。在那个年代，面包就意味着生命。当时苏联的伏尔加河流域正在发生饥荒，大量的老百姓死于饥荒，甚至还发生了多起人吃人的惨剧。如果这 1000 万卢布能够用来进口粮食，成千上万的人可能就不会被饿死。如果这笔钱能够换成面包，起码能供这些人吃一两个月。为了向土耳其做出友好姿态，苏联政府无意救济伏尔加河流域的饥民。

这些数字可能未必精准。哪怕这些钱真的用来进口粮食，送到灾民手中也可能太晚了，或者数量严重不够。但毫无疑问的是，"苏联无产阶级领袖们"出于政治目的，即"援助"土耳其并与之合作，牺牲了数十万苏联民众的生命，而且这所谓的"援助"事实上还包括将沙俄夺取的数千平方公里土地归还土耳其。即使在六七十年后的今天，我们依然很难想象这一政策是务实的、是符合国家和民族利益的。如果这样的行为是例外就好了！

20 世纪 30 年代早期，苏联国内集体化农庄政策摧毁了农业和农民。有着世界上最黑最肥沃土地的乌克兰和俄罗斯南部发生了饥荒，数百万人饿死，人吃人的事件不断上演。然而苏联生产的面粉、谷物、食糖、油却大量出口到希贾兹、也门、厄立特里亚、吉布提和埃及。

15 年后，到了 40 年代末，战后的苏联忍饥挨饿，但仍继续向外出口粮食。这项政策和"对外经济联系"的荒谬程度难以言说，它不只是要求成千上万的苏联老百姓勒紧自己的裤腰带，甚至有的人还会因此饿死。至于"外交政策"，这个词就像"国内政策"一样，给人的印象是一个毫无意义的词语组合，在具体应用到实践中时更是一派胡言。

布尔什维克的统治以一场内战拉开序幕，这场内战造成的死亡人数大概是俄国在第一次世界大战中死亡人数的 3～4 倍。随后苏联又发生了大规模的人口被迫迁移和几次严重的饥荒，还有数百万人死于国内的集中营。由于没有预料到第二次世界大战会爆发，苏联曾大规模清洗高级军官，上千万人死于非命。即便此后苏联经历了一个发展阶段，取得了一定的进步，但这种自我毁灭的模式仍在苏联发生。1990 年，虽然取得了前所未有的农业大丰收，苏联却又一次面临严重的食品短缺，以至于不得不接受国外的慈善援助。当然，还有另一个事实：尽管有各种各样的不幸，在这几十年里，这个领土辽阔的国家一直在生活、创造、生产、建设，不断会有英勇的壮举和发明，为

---

① Рассчитано по: *Международная* торговля и внешняя торговля СССР. М., 1941. С. 214.

世界文明做出巨大贡献。事实上，这个国家的内政与外交一直充满了矛盾：理性与愚蠢、崇高与卑劣、逻辑与荒唐构成了统一体。

20 世纪的 20 年代和 30 年代，苏联在中东和近东的外交并不活跃。它和伊朗、土耳其的贸易合作依然在继续，包括在土耳其建设了几家纺织厂。苏联和埃及的经济关系在这一时期没有得到发展，因为苏联驻埃及的贸易代表被指控进行颠覆活动并被驱逐出境。1930 年，苏联政府向土耳其提供了一笔 800 万美元的贷款，让其购买苏联的机器设备。[①]

1937～1938 年，正是斯大林对党内和政府官员进行大清洗时期，苏联驻吉达的外交使团全部被召回，包括大使哈希莫夫（K. A. Khahimov）在内的多名外交官被处死。形式上，苏联与沙特的外交关系还保持着，但事实上已经中断。莫斯科没有人评估这种状况可能导致的后果，因为苏联领导层当时被迫将主要注意力放在了欧洲。当时，纳粹德国及其轴心国同伙正日益上升为苏联面临的最主要的现实威胁。共产国际第七次代表大会决议指出，反法西斯主义的最有效战略是重建广泛的统一战线。会议一致同意，"所有的民主国家"应组成一个统一战线，以对抗"独裁政权"。全世界的共产主义政党和全体工人阶级不得不与苏联的关注保持一致，因为"保卫苏联的利益决定了全世界无产阶级对待战争的态度"[②]。全球范围内的反英和反法活动暂时被排在了第二位，当然，苏德两国签署《苏德互不侵犯条约》[③] 后那一短暂的时段例外。

在莫洛托夫与里宾特洛甫的谈判中，苏联的人民外交委员谈到了苏联对巴库以南、朝向波斯湾的势力范围的兴趣。在谈判《苏德互不侵犯条约》期间，苏方谈判代表、外交人民委员莫洛托夫提出了苏联在巴统—巴库一线以南直到波斯湾的势力范围问题。这些模糊的提法让后世的历史学家们用"帝国主义扩张"来解读苏联的外交政策，并提出俄罗斯"长期以来一直为寻找暖海而斗争"的观点。这里有人可能会提出另外一种解释：苏联和德国进行这次谈判并最终达成协议是源自苏联担心英法的绥靖政策导致自己被迫与德

① *История* внешней политики СССР в 20 - х годах. Т. 1. М., 1982. С. 356.
② VII конгресс Коминтерна. Вып. 5. М.；Л., 1935. С. 9.
③ 《苏德互不侵犯条约》是 1939 年 8 月 23 日苏联与纳粹德国在莫斯科签订的一份秘密协议。苏方代表为莫洛托夫，德方代表为里宾特洛甫。该条约划分了苏德双方在东欧地区的势力范围。——译者注

国法西斯的战争机器面对面作战。苏联获得了近两年的和平，用来为即将到来的与德国的战争做准备。如果在全球范围内进行势力范围划分，那将意味着克里姆林宫希望消除英国在苏联南部边界外地区的影响力，并阻止德国主导该地区。依照这个解释，那么苏联外交政策的目标是保护苏联自身的安全，而且也不会违背该地区人民的利益。

纳粹德国对苏联发动进攻后，苏联此后的中东政策也必须从战争的逻辑和自身的生存出发了。英国在苏联宣传中的形象也发生了天翻地覆的变化，从当初《巴库宣言》中的"帝国主义大国"或"肮脏的压迫者"，变成了"反抗纳粹病毒的伟大民主国家"。由于当时伊朗政府采取亲纳粹政策，苏联做出了占领伊朗的决定。1941 年 8 月 25 日，苏联出兵伊朗。《真理报》报道说："一个满头银发的伊朗老人称，'鉴于你们遵守了 1921 年条约的第 6 款，我向你们致敬'。"① 与此同时，英国军队占领了伊朗的南部。礼萨·沙阿·巴列维国王被迫退位，并流亡海外。1943 年，苏联与埃及建立了外交关系。

第二次世界大战的结束使国际力量平衡发生了急剧变化。苏联以极大的英雄主义精神赢得了伟大的卫国战争，付出了数百万人牺牲的巨大代价。苏联红军——世界上最强大的陆军，驻扎在西欧的心脏以及中国东北。战败的德国和日本成为废墟。英国和法国实际上退出了世界大国的行列。东欧快速地开始了"社会主义化"进程，变成"人民民主国家"，成为"社会主义大家庭"的一员。实际上没怎么受到战争影响的美国，拥有世界一半的工业潜能和核武器，认为"美国治下的和平"（Pax Americana）时代已经到来，尽管在战争中遭到重创但仍在展示肌肉的苏联对此表示反对。

到这个时候，阿拉伯世界的反英和反法运动才真正开始风起云涌，不过克里姆林宫对此没有太多的兴趣。苏联更感兴趣的是它的两个邻国——土耳其和伊朗。土耳其领导人既不信任也不同情俄罗斯或共产党人，在战时采取了不太友好的中立政策。有一个后来广为流传的说法是，时任土耳其领导人的萨拉若卢（Sarajoglu）与纳粹德国驻土耳其大使冯·巴本（Von Papen）会谈时曾指出，他希望"在这场战争中被击败"②。

备受战胜德国如此强大敌人的鼓舞以及自恃拥有强大的军队和坦克，苏

① Правда. 26. 08. 1941.
② Milliyet. 14. 09. 1967.

联领导人决定迫使土耳其做出最大限度的妥协，即允许苏联军事控制土耳其海峡。苏联宣布废除 1925 年 12 月 17 日签署的协议，提出要求在海峡沿岸设立军事基地（以联合保卫海峡的安全），并且要求土耳其政府归还原卡尔斯（Kars）和阿尔达汉（Ardahan）两省，它们原本属于沙皇俄国，但根据 1925 年条约苏联把这两块领土送给了土耳其。苏联提出要回这两块虽然贫瘠但战略地位重要的领土，可能是为了实现其主要目标，即在海峡沿岸部署军队。当然，正如这些事件的参与者所证实的那样，斯大林让军队做好了入侵土耳其的准备。

不过，苏联人高高举起的重拳最终没有落下。苏联对土耳其采取军事行动的难度非常大，闪电战注定会失败，同时斯大林也没有准备好在控制海峡问题上与美国和英国发生冲突。最后通牒不过是虚张声势，最终适得其反。因为它推动土耳其社会在民族主义、反苏和反俄的基础上团结起来，并促使土耳其政府远离中立政策，并被劝说加入北约，土耳其在北约中成为中东反苏军事集团的发起人和参与者。这意味着苏联试图加强南部边境地区安全的努力不但落空了，而且还造成在接下来几十年里苏联战略地位的恶化：拥有 50 万人军队的土耳其加入北约后，北约的南翼直接扩展到苏联的边境。随后美军在土耳其建立了空军基地和装备"朱庇特"中程核弹道导弹的导弹基地（1961～1963 年开始部署），其射程可以覆盖苏联主要的经济发达地区——乌克兰、俄罗斯南部、外高加索地区、伏尔加河流域。

美国专家认为，斯大林对土耳其海峡的欲望成为冷战爆发的主要原因。但这样说更合乎逻辑：两方的确想要对抗，并得到了一个很好的借口。1947 年 3 月，美国总统哈里·杜鲁门在美国国会发表演讲，公开声称要向土耳其和希腊提供必要的军事和经济援助，以捍卫它们的"自由"。这一声明以"杜鲁门主义"闻名，通常被视为冷战的起点。不过，也有人认为，1946 年 3 月丘吉尔的富尔顿演说才是冷战的起点。

苏联与土耳其的对抗对很多无辜的人的命运产生了悲剧性影响。曾经生活在格鲁吉亚的数万名梅斯赫提（Meskheti）人，被驱逐到中亚。1989 年，这些人成了乌兹别克斯坦大屠杀的牺牲品。流落在苏联各地的这些人试图回到格鲁吉亚时被拒绝接收。有一种阴谋论认为，当年苏联的秘密警察头子贝利亚怂恿斯大林以此举威胁土耳其政府，不过目前没有任何公开材料能证明这种说法。

　　如此这般错误的、不负责任的做法，也体现在苏联对伊朗的政策上，只是形式不同而已。1945 年 12 月，英国和美国的占领军完成了从伊朗的撤军，苏联军队却没有执行约定，迟迟不见撤军行动。此时，将伊朗纳入苏联势力范围的诱惑对斯大林来说实在是太大了。战时的伊朗呈现在斯大林面前的是这样一番景象：孱弱的军事力量、以伊朗人民党（Tudeh party）为代表的左翼激进运动在国内风起云涌、伊朗阿塞拜疆省和库尔德斯坦省的民族解放运动力量不断增长。如果发生……想象的空间太大了。苏联为在伊朗境内成立阿塞拜疆和马哈巴德（库尔德斯坦）两个自治共和国开了绿灯，它希望在苏联的监护下这两个共和国的自治或独立将得到加强，而这将对德黑兰构成长久的压力。

　　不过，这一次斯大林又打错了算盘。阿塞拜疆和库尔德斯坦这些势力都还未做好认真地对抗中央政府的准备，同时历史再次表明，由各地区和少数民族构成的伊朗所拥有的向心力比离心力强得多。此时，冷战已经在国际舞台上拉开了大幕，美国总统杜鲁门向斯大林发出一份备忘录，这一几乎形同公开的最后通牒要求苏军立即从伊朗撤军。当时，美国正在生产更多的原子弹，而苏联却还没有一枚原子弹。如同在土耳其问题上发生的一样，斯大林此时还没有准备好因伊朗而与西方进行军事对抗，于是苏军很快完成了撤军，伊朗国王礼萨·汗的军队很快将阿塞拜疆和马哈巴德自治共和国镇压下去了。

　　为了挽回面子和从伊朗攫取更多经济利益，苏联与伊朗首相卡瓦米·萨特内（Kavame Saltane）签署了一个协议，苏联获得了在伊朗北部地区开采石油等一些特权。不过，随着苏联从伊朗完成撤军，阿塞拜疆共和国和马哈巴德共和国被镇压下去，伊朗议会拒绝批准这份协议。这个举动意味着此后多年德黑兰和莫斯科的关系一直保持敌对，当然这种状况不像苏联与土耳其的敌对关系那么严重。其实，英国与伊朗在石油和不平等条约问题上的分歧是如此之大，以至于如果苏联采取更明智、更灵活的政策，完全有可能获得更高的回报。然而，此时苏联领导层已经认可了"民族资产阶级敌对论"，即亚洲和非洲国家的民族主义者和改良主义者对共产主义、民族解放运动及苏联的利益充满敌视。

　　这一版本的"第三世界"观念为苏联的全球政策蒙上了阴影，不仅与伊朗和土耳其的关系如此，苏联与以色列的关系同样面临着麻烦。苏联与以色列的关系我们将在本书的后面详细讨论，这里我们先简单介绍一下，斯大林将以色列变成中东对苏友好国家的希望遭遇了挫败。苏联在第三世界的另一个政治挫败导致国内出现了排犹运动，导致非洲和亚洲一些国家对反西方（反帝）运动产生了负面认知。苏联的"理论家"和学者朱科夫（E. Zhukov）如此解释："无情批判各种形式的反动的民族资产阶级的意识形态，包括凯末尔主义、甘地主义、犹太复国主义和泛阿拉伯主义，加快了殖民地和附属国家的人民寻求民族和社会解放运动的步伐。"他还指出："这些国家的民族改良派虚伪地坚持反对使用武力，声称他们要在美苏'意识形态冲突'中'保持中立'，但事实上他们与资产阶级反动派站在一起，异口同声地诋毁苏联，他们实际上是帝国主义的帮凶。"①

很多年后，艾森豪威尔总统时期的国务卿杜勒斯批判"不结盟运动"是"不道德的"，是极端主义的。苏共十九大报告指出："发展中国家的资产阶级已经丢弃了民族自由的大旗。"② 与此同时，苏联的"社会科学界"开始了应声虫般无休止的批评，他们把伊朗著名的民族资产阶级领导人穆罕默德·摩萨台（Muhammad Mosaddeq）抨击为"帝国主义的走狗"，把埃及反西方的民族主义者加麦尔·阿卜杜勒·纳赛尔（Gamal Abdel Nasser）批评为"美国的代理人"和"法西斯分子"。

苏联的宣传与官方声明的共同主题可以反映出苏联领导层的思维逻辑。在反对"德国法西斯主义和日本军国主义"的战争中结成的前盟友们发现自己被"冷战"的战壕、前线和边界分隔开来。两极世界体系已经形成，它是两种颜色的世界——黑与白。它包括"他们"和"我们"、"发动战争的反动势力"和"和平与进步的势力"。不存在黑白之外第三种力量。这就是苏联领导人思维中对世界的简单两分法，而在华盛顿的美国领导人对世界的看法也很相似。苏联的社会科学学者以及理论家们宣称，资本主义已经进入总危机的第二阶段，"共产主义、人类的光明未来"即将实现。社会主义革命将会爆发，并以工人阶级武装夺取政权的形式发生，革命将在共产党的领导下，以劳动群众发起针对本国以及外国资产阶级运动的方式展开。因为暴力是历史的助产士，国际关系只是阶级斗争的表现形式，而战争只是另一种形式的政治的继续，美国领导的资本主义国家正在准备对苏联发动战争。因为"帝国主义深知"，苏联和其他社会主义国家一直支持西方工人阶级的斗争，也支持

① Вопросы экономики. 1949. № 5. С. 27.
② Материалы XIX съезда КПСС. Т. 1. М., 1952. С. 26.

着亚非的民族解放运动，所以苏联和盟友必须结成一个堡垒，以坚决反对"帝国主义阴谋"，准备打一场不可避免的战争。列宁教导我们，殖民地和半殖民地国家人民的反抗斗争最终将削弱帝国主义的力量，为此主要的社会主义国家和整个"社会主义阵营"都应该对其给予支持。在中国的内战中，中国共产党取得了胜利。"十月革命一声炮响，给中国送来了马克思列宁主义。在中国人民和中华民族的伟大觉醒中，在马克思列宁主义同中国工人运动的紧密结合中，中国共产党应运而生。中国产生了共产党，这是开天辟地的大事变，深刻改变了近代以后中华民族发展的方向和进程，深刻改变了中国人民和中华民族的前途和命运，深刻改变了世界发展的趋势和格局。"[①] 但斯大林对这个出现在苏联边境的共产主义巨人十分谨慎：朝鲜和印度支那正在爆发战争，仅依靠武力就可以决定人民以及他们走向"美好明天"的行动的命运。然而，核武器的出现对实现这一"光明未来"的路径提出了挑战。

核武器的出现和美国关于"核武器俱乐部"有效性的声明对苏联国家安全及其国际地位构成了直接威胁。苏联采取的对策是研制核武器，并最大限度地提高自己的核武器生产能力以及投放能力。即便是"自由世界"的领导人也别无选择。这尤其在英国和法国得到验证。两国也陆续拥有了核武器，以增强它们在国际政治舞台上的发言权。

如果跳出本书的讨论框架，我们需要指出的是，1947 年 3 月美国总统杜鲁门正式拉开冷战大幕并引发严酷对抗的演讲，同样反映了这位美国领导人的黑白世界观以及其在处理与苏联关系上的错误选择。这一西方政策被毛泽东形象地描绘为"针尖对麦芒"，这种政策迫使苏联必须巩固政权，强化国家镇压机器，确定经济与科技发展上的军事和工业化方向，短期看，是西方在客观上帮助苏联巩固了政权。事实上，人与人之间的接触、开放的边界、谈判与交流，都可能"腐蚀社会主义社会"。30 年后，所有这些都会出现——但这是另一个话题了。

客观地讲，尽管脱离了中东与近东的现实情况，但是斯大林时期苏联在阿拉伯世界的表现不算太糟糕。除了苏联在一段时间与以色列有过眉来眼去外，苏联成功地对阿拉伯国家提供了姿态上的及时支持。随着苏联支持埃及

---

① 《习近平：在庆祝中国共产党成立 100 周年大会上的讲话》，新华网，http://www.xinhuanet.com/2021 - 07/15/c_1127658385.htm。

人民要求英国撤军，要求允许黎巴嫩、叙利亚以及利比亚的独立，苏联在阿拉伯世界中的形象也日益变得正面。1952～1955年，苏联驻联合国代表一直积极参加关于突尼斯和摩洛哥事务的讨论，支持它们争取独立的斗争。

如同过去一样，苏联政府一直不在意本国人民的需求是否得到满足，而是继续寻找能够出口到阿拉伯国家的商品，并与阿拉伯国家进行商品贸易。苏联从中东交换的商品虽然也是自身需求的，但远远比不上自身对粮食短缺的需求。比如1948年，苏联虽然当时面临严重的粮食短缺，却依然同意拿出23.5万吨小麦去换埃及的3.8万吨棉花。[1]

1951年10月，美国、英国、法国、土耳其政府建议阿拉伯国家和以色列参加所谓的"中东联合保护中东司令部"。该建议要求，设立西方军事使团，并在中东国家的领土上部署外国部队，这些国家应该再给中东司令部分配一些军事基地。中东各国统一将军队置于一个联合司令部的指挥下，并将军事基地归"中东司令部"指挥，外国军队可以进驻这些国家的领土。这一建议遭到了苏联政府的强烈谴责，开罗电台当时评论说："埃及完全同意苏联政府的看法，阿拉伯国家一旦加入这个联合司令部将会丧失主权，不得不屈服这些大国的自身利益。"[2] 叙利亚和黎巴嫩的领导人也发表了类似的声明。1951年10月20日，埃及很有影响力的报纸，也是执政党华夫脱党控制的报纸《埃及人报》发表评论称："近些日子的事态发展毫无疑问地表明，埃及不可能指望从这些帝国主义国家身上获得什么好东西……我们所能做的只有转向我们的新盟友，他们赞成我们的政策，将会帮助我们实现自己的民族理想。"[3] 1951年5月，叙利亚国会议员阿布德·尤尼斯（Abd al-Latif Yunis）这样写道："我要求叙利亚政府和其他阿拉伯国家政府在最短的时间内与苏联缔结协议。"[4]

---

[1] СССР и страны Африки. 1946—1962 гг. Документы и материалы. Т. 1. М., 1963. С. 94—97.

[2] Центральный государственный архив Октябрьской революции, высших органов государственной власти и органов государственного управления СССР. Ф. 4459. Оп. 27/1. Ед. хр. 12848. Л. 103（далее — ЦГАОР）.

[3] Аль-Мысри. 26.10.1951.

[4] ЦГАОР. Ф. 4459. Оп. 27/1. Ед. хр. 12846. Л. 20.

▶ 第二章

尼基塔·赫鲁晓夫的沉浮

只有先加入战斗，然后你才会明白道理。

——拿破仑

1953 年 3 月，约瑟夫·斯大林（Josef Stalin）的接班人接手了苏联这一超级大国的治理重任，成为日益壮大的"社会主义阵营"的领袖。当时，社会主义阵营囊括了地球上三分之一的人口，摆在苏联新领导人面前的是一系列亟待处理的政治问题。头号问题也是最重要的政治问题是权力争夺，或者说是个人在高层权力梯队中的位置。在这样的权力争夺当中，尼基塔·赫鲁晓夫（Nikita Khrushchev）显示出超凡的政治能力，连连赢得胜利，当然，他最终还是以失败收场。第二大政治问题是苏联国内状况。社会主义阵营内部的状况被排在了第三位。第四大政治问题是在冷战和军事敌对背景下，苏联与美国及整个西方世界的关系问题。第三世界的问题并不在亟待解决的政治问题之列。

苏联领导人都继承并有着——或多或少是真诚的——斯大林的基本意识形态和政治观。赫鲁晓夫是一个白手起家的人，有点像一颗未经雕琢的钻石。他在克里姆林宫之外有着丰富的实践经验，并成长为一位杰出的政治领袖，尽管他是个悲剧人物，而不是喜剧人物。事实上，他对世界的看法远没有他的大多数同僚那样狭隘，他的政治本能促使他和他的随从拒绝他的前任曾用来统治苏联的做法。他关闭了集中营，寻求新的方式与西方世界和平共处以及开展交流。第三世界也逐渐引起他的注意。

教条主义的布尔什维克经常宣扬的口号是"不是朋友，就是敌人"。赫鲁晓夫把口号改成"不是敌人，就是朋友"。1955 年末，赫鲁晓夫访问印度、印度尼西亚，与印度总理贾瓦哈拉尔·尼赫鲁（Jawaharlal Nehru）、印度尼西亚总统苏加诺（Sukarno）建立了友好关系。他还与时任苏联部长会议主席的尼古拉·布尔加宁（Nikolai Bulganin）一道出访阿富汗，他确信这些国家的形势并不都符合斯大林提出的模式。他意识到，在 1955 年 4 月万隆会议上采纳和平共处五项原则或简称为"五则"（panchashailat）的亚非国家所实行的政策，事实上与苏联的政策并不矛盾，相反，这些国家与西方国家的鸿沟正不断扩大。赫鲁晓夫和他的亲密同僚早就关注到，在许多阿拉伯国家存有巨大的反西方（"反帝国主义"）力量，并明显地察觉这些力量有与苏联合作的意愿。

赫鲁晓夫在苏共二十大上向中央委员会所做的报告，不仅揭露了"个人崇拜"，还首次在报告中对第三世界国家给予很大关注。报告强调，列宁所预言的世界历史新阶段已经到来，在这一新阶段东方民族将积极参与决定整个世界命运的事务，在新阶段应注意到一个事实，即与战前不同的是，大多数亚洲国家作为拥有独立主权或独立外交政策制定权的国家，正积极活跃在世界舞台上。"国际关系已超出以白种人为主的国家关系边界，开始真正具有世界范围的国际关系属性。"[1] 这一思想在苏共二十大的决议中也得到体现，决议首次宣布，"和平的力量"得到了相当的增强，因为许多热爱和平的欧洲和亚洲国家出现在世界舞台上，这些国家宣布将不加入军事集团作为其外交政策的原则。因此，在全球诞生了一个巨大的"和平区"，它包括欧洲和亚洲的社会主义国家，也包括热爱和平的非社会主义国家，"涵盖了一半以上的世界人口"[2]。

1959年1～2月举行的苏共二十一大进一步评估了第三世界的实际状况。大会宣布，大多数国家不久前还是殖民地或半殖民地，充当"帝国主义后方和储备"的这一状况已一去不复返。大会进一步指出，拥有不同社会制度的国家都在与"帝国主义、殖民主义做斗争，以争取人民自由和民族独立"[3]。1961年10月的苏共二十二大走得更远，它宣布，刚刚获得解放的新生的亚非国家在世界舞台上的崛起以及这些国家在解决战争与和平问题上所发挥的积极作用，"已经实质性地改变了力量对比，也根本上改变了整个国际关系体系，并有利于人类热爱和平的力量（指苏联及其盟友）"[4]。苏共二十一大、二十二大都提出，在一些新获独立的国家掌权的民族资产阶级，其具有的进步性还没有消亡，他们能够参与解决紧迫的国家问题。尽管如此，民族资产阶级并不可信，因为他们越来越显示出这样的倾向，即一国内部"只要还存在着尖锐的阶级斗争，民族资产阶级就会向帝国主义和国内反动派妥协"。

政治实践比以往来得更灵活也执行得更成功了，它要求纠正依然存留的救

---

[1] XX съезд КПСС. Стенографический отчет. Т. 1. М., 1956. С. 25.

[2] Там же. С. 25, 411.

[3] *Материалы* внеочередного XXI съезда КПСС. М., 1959. С. 120.

[4] *Материалы* XXII съезда КПСС. М., 1962. С. 26.

世主式口号——没有这些口号，苏联就不可能存在，要求摒弃那些根深蒂固的模式。赫鲁晓夫团队很快就找到了适用于那个时代的新说辞，这份说辞可在理论上和宣传上美化第三世界政策，提出的新口号有"非资本主义发展道路""革命民主""民族民主"等。因此，世界不再只分为黑白两个世界，也不再分"他们"和"我们"。"光明的未来"发展道路一片美好，流血并非必要手段，世界力量的发展正日益变得"有利于社会主义"，使阻止"帝国主义的侵略行动"有了可能。各种形式的社会主义过渡都可以践行，包括通过发展走向和平革命。

受教育程度不高、精力充沛而富有激情的赫鲁晓夫，不太可能质疑列宁—斯大林主义中关于"资本主义总危机"和"以科学为基础向共产主义形态过渡"的观点。

弗拉基米尔·马雅可夫斯基（Vladimir Mayakovsky）有一首韵律考究的小诗：

> 纽约城很好，我承认，
> 但我不稀罕，我有自己的皇冠，
> 我们苏联人也有自己的骄傲，
> 我们瞧不起你们资产阶级的把戏！

赫鲁晓夫本可以满腔真诚地引用马雅可夫斯基天真的诗句。但是，这位新苏联领导者却拒绝将不可避免的流血冲突作为任何形式变革的必要元素，他的想法着实新奇。当他对美国人说"我们会埋葬你们"的时候，只是出于社会政治的角度，而非出于军事和人类意义上的角度。他拒绝核时代战争是"政治以其他方式延续"的观点（尽管实际上他虚张声势做得煞有成效，而且下的赌注也很大）。他真诚地赞成和平共处的理念，但是在竞争的基础之上，包括军事和政治领域的竞争（不发动全球核战争），他仍期待着苏联人的社会主义终将获得胜利。

阿纳托利·葛罗米柯（Anatoly Gromyko）是苏联/俄罗斯知名的国际关系和非洲问题专家，其父亲安德烈·葛罗米柯曾任苏联外长长达25年。笔者问他，哪一个事件对他父亲及其他苏联领导人影响最大，他的答案是"1941年6月22日"。[①] 这一答案不出意外地与老一辈参与制定和执行苏联外交政策的政治领导人的回应是一致的，虽然形式不同，重点不一。不能正确理解

---

① 与葛罗米柯的谈话（1990年5月）。

这一事件，就不可能正确地评价米哈伊尔·戈尔巴乔夫上台之后苏联领导人对世界的看法，也不可能正确地评价中东的局势。1941 年 6 月 22 日是苏联卫国战争爆发的日子，虽然苏联及其盟友赢得了战争，但是这是近几个世纪乃至整个人类历史上最残酷、最具破坏性的战争。这场战争带来了巨大的牺牲和破坏，战争的严重创伤决定了苏联后来两代人的国内和国际政治行为。"亲爱的，我希望战争并未发生"，这是一首俄罗斯流行歌曲的副歌，这句歌词表明苏联公民，尤其是俄罗斯人，为避免战争什么都愿意放弃。要避免战争，他们不得不经历苦难和接受损失，要避免战争他们就得自强，这样才没人敢贸然对苏联发动攻击。

美国认为核优势是"遏制"苏联的重要工具，而苏联在欧洲部署的占据优势的地面部队和坦克师则被莫斯科视为"遏制"美国的工具，它们随时能对北约国家，包括大西洋彼岸的北约国家进行沉重打击。这两大对立的集团根本不可能互相理解对方。

或许西方政治学者是对的，他们认为苏联领导人"执迷于"安全问题。美国领导人以及美国的政治学和社会科学的学者、理论家很难理解这一点，因为美国社会从未经历过这样的国家悲剧；没有炸弹曾投掷到美国本土。然而，"痴迷的"俄罗斯人被迫与身边的美国和英国的军事基地共同生活了几十年，这些基地配备了先发制人的打击武器，从地图上看，这些基地已将整个苏联包围了起来。即使对"非痴迷的"美国领导人来说，这样的威胁程度也是他们绝不能接受的。1962 年，赫鲁晓夫冒险赌博，试图在古巴部署苏联的中程导弹，聪明、自律、果敢的美国总统约翰·肯尼迪把美国带到了核战争的边缘。在他看来，他让美国人暴露于他们强加于苏联人的相似威胁之下是太冒险了，不过赫鲁晓夫的这场赌博失败了。然而，不到 10 年后，随着洲际导弹储备上升，这两个大国终于达到了平衡。两国都具备了多次相互摧毁的能力，这为限制战略武器的发展开辟了道路。

在这里我们可以补充一下：美国人不理解苏联领导人大脑中的想法，就像莫斯科不理解美国的外交政策一样，尤其不明白决定外交政策的美国国内因素。这就解释了为什么莫斯科如此严肃看待 1956 年三方侵略参与者的核讹诈——这件事情在下面会进一步详细讨论。只是在古巴导弹危机之后，尤其是尼克松上台、1969 年启动限制战略武器谈判之后，双方才逐渐开始理解对方。尼克松下台后，双方各自内部的鹰派势力重新得势，又使得缓和的气氛逐渐消失。

碰巧，我们的兴趣也不在于此。"执迷于"安全的以及有着"1941年6月22日情结"的那些人的心理是否影响了苏联的中东政策？答案是肯定的。西方在中东和近东建立了军事基地，必须让其撤走，这就意味着要支持那些主张驱逐这些基地的势力。也许此处提示一下会很有用：美军基地遍布摩洛哥、利比亚、土耳其、巴基斯坦、沙特阿拉伯、希腊、意大利和西班牙，而英国基地建在伊拉克、利比亚、埃及、苏丹、巴勒斯坦、约旦以及英国的阿拉伯半岛属地和塞浦路斯。苏联领导人认为，区域军事联盟是北约的一种延续，是对苏联发动军事行动的潜在集结地，因此，必须削弱这些联盟，必须支持要求解散这些联盟的力量，不管其是民族主义的、宗教的还是反共的。

依照列宁的理论，这些国家是被帝国主义剥削的储备地和后方，这里的帝国主义就是指西方国家、美国及直接"威胁"苏联的国家。因此，削弱帝国主义在该地区的政治经济地位符合苏联的利益。这一方法源于赫鲁晓夫的构想（这也是继承自列宁的思想），即如果苏联帮助中东国家赢得胜利，并巩固独立地位，就会加速西方资本主义的消亡。因为没有原材料、没有市场、没有廉价劳动力，西方国家就不可能存活。因此，苏联确定了一个目标，就是要在整个中东地区建立一批拥有政治独立且保持中立的国家，在它们的领土上既没有外国军队，也没有外国基地，同时在经济、政治和其他方面都与苏联保持着友好关系，这类似于两次世界大战时苏联与土耳其的关系。这一目标虽然并没有很明确地表明，但显而易见。同样明显的是，尽管有不同的前提和不同的因素，苏联领导人和当地民族主义者的政治目标是一致的，或者至少对两党来说是相同的。至于这些国家可能会向社会主义转变，这只是一种理想的结果，并不是苏联政治努力的直接结果。毕竟，人类总体上正在走向社会主义，该地区各国最终也会走向社会主义。此外，即使中东地区出现一些新的社会主义国家，"人民民主"也已让苏联付出了高昂的代价，苏联无法再将自身都稀缺的资源浪费在这些国家身上了。

这又一次说明，指导赫鲁晓夫并促使他对中东采取正确和成功政策的并不是他对当地的具体局势有多么了解，而是依靠他自己的直觉、政治才干以及对两个超级大国之间全球斗争逻辑的某种认识。对苏联来讲，整个地区，尤其是阿拉伯国家，就像是一张白纸，任由赫鲁晓夫这位容易激动而又任性顽固的领导人在上面大胆地书写自己的历史。

总的来说，中东和第三世界的事务是在正常的事态发展过程中，按照其自身的内在规律和逻辑发展的。英国和法国（更不用说荷兰、比利时和葡萄牙了）领导人顽固地不愿放弃"白人的负担"，不愿承认其时代已经过去，这激起了这些国家和第三世界人民的敌意。中东国家政治精英对西方是持反对态度的，但是他们原则上是可以和西方合作的。实际上，老牌殖民列强既没有实力，也没有财力，更没有推行帝国主义政策的意愿，只能向西方世界强大的领导者美国寻求帮助和支持。美国在中东没有帝国主义的历史，在这些国家中新阶级的代表和许多知识分子都被"美国梦"所吸引，因此美国在这里的受欢迎程度特别高。

虽然美国不赞成其同盟国的行为，但也不会采取行动与之作对。对美国国务卿约翰·福斯特·杜勒斯来说，美国主要的敌人就是共产主义，在某种程度上，他也在喊着20世纪20~30年代共产主义者中宗派主义的口号："不是我们的朋友，就是我们的敌人。"为了"对抗共产主义和苏联的扩张"，中东一些国家的领导人"不得不"同意加入以西方国家为首的军事集团。土耳其和伊朗领导者对西方的号召做出了积极响应，但是阿拉伯人根本无法理解这些呼吁。事实上，美国、英国、法国向阿拉伯国家的施压产生了反作用，杜勒斯的努力实际上反倒帮助苏联在第三世界推行自己的政策，尤其是在中东和远东地区。群众政治运动（这些运动的领导人后来在很多阿拉伯国家掌权）的任务之一就是赢得并巩固国家独立，这意味着他们要撕毁与欧洲母国在政治上的不平等条约。他们的另一项任务是摆脱西方的军事存在，特别是消除外国军事基地，加强自己的武装力量，将此作为捍卫国家主权和威望的手段，并作为新的"平等"地位的象征。这些运动也旨在培育独立的经济，废除外国资本的特权，尤其是外国石油公司的特权。一种外部力量、一个国家或一个国家集团，如果能够把自己的政策同这些国家民众的期望和政治精英的野心结合起来，就会成为它们的天然盟友。英国或法国在该地区的敌人自动成为阿拉伯国家和其他人民团体的朋友。

把房间打扫干净，桌子摆好，就等客人来了。这位客人只能是苏联，因为只有苏联的政策在客观上响应了中东地区的历史总体发展趋势和人民的情绪。然而，在最终向苏联发出"邀请"之前，双方都必须克服各自的障碍。对中东地区领导人来说，他们的难度更高一些。他们害怕共产主义的蔓延，这一恐惧源于其民族主义和社会的本能，源于西方开展多年的反苏宣传战以及苏联官方所做的无神论宣传。不过，当地共产党力量的薄弱、群众对共产主义意识形态的无知，倒也平息了他们的忧虑。据他们讲，苏联的共产主义首先是苏联自己的事情和自己的选择，其次苏联的宣传机器、苏联社会政治模型的某些元素、苏联军事和工业的成功，加上阅兵式时大量苏联坦克威风凛凛地在大街上驶过所构建起来的形象，在很大程度上吸引了当地的政治精英。"社会主义"（当然不是"共产主义"）这个词变得时髦起来，而"资本主义"这个词则成为西方政治、经济和军事霸权的同义词，带有贬义。

苏联方面不需要付出多大努力，只需要在中东和第三世界的非共产主义领导人身上摘掉"走狗"和"合伙人"的标签就够了。苏联应该清楚：按照中东地区的事态发展，这很有可能开启新的前景。如果理论和实践都能比斯大林时代得到更为灵活的运用，地区的这一形势发展将与苏联救世主般的世界观及其加强自身安全的愿望保持完美一致。

1955 年 2 月 24 日，土耳其、伊拉克、英国、巴基斯坦、伊朗签署了《巴格达条约》，建立了一个军事联盟，并向埃及、叙利亚、黎巴嫩和其他阿拉伯国家施压，要求它们也加入该组织。1955 年 4 月 16 日，苏联外交部发表了《关于中东安全的声明》，表示反对该条约。该声明指出，建立一个包括中东国家在内的军事集团，是"出于某些西方列强将地区国家捆到殖民绑带之中的愿望"，是因为西方列强已经失去了"之前用于建立和维护它们在该地区主宰地位的手段……它们打着保卫中东国家安全的幌子，希望把中东国家绑架进侵略性的军事集团中去"①。声明进一步宣布，苏联"将坚决捍卫中东国家的自由、独立，不会干预地区国家的内部事务"②。

1954～1955 年，苏联的新领导层自然希望越过中东的北部地带，向阿拉伯国家的政权伸出援手。出于自身的原因，这些阿拉伯国家拒绝参与西方筹划的军事联盟。埃及作为阿拉伯世界最有影响力且人口最多的国家，是苏联进入阿拉伯世界、开辟美好前景的关键所在。不可否认，就在不久前的 1952～1953 年，埃及的新领导人还被苏联贴上"资产阶级民族主义"的标签，并被称为西方帝国主义的代理人。但是，只要有共同的政治利益，谁又会在乎这些激进的言论呢？！埃及政府没有把苏联看作敌人。他们认为，英国才是"敌

① *CCCP и* арабские страны.
② Там же. C. 120.

人"，它同埃及在阿拉伯世界的主要对手——伊拉克王朝关系密切。

贾迈勒·阿卜杜勒·纳赛尔的目标是建立一个强大的埃及，有自己武器精良的军队。自从19世纪中期穆罕默德·阿里遭到耻辱性失败和英国占领者将埃及军队削弱成一支象征性存在的军队之后，埃及人就一直梦想拥有自己独立而高效的武装力量。受制于不向中东国家提供武器装备（他们不想增强以色列对手的力量，也不想把武器送给不可预测的政权）的限制，西方国家拒绝满足纳赛尔的愿望。是否能够得到武器供应，要取决于纳赛尔是否参加西方正在组建的军事集团，取决于其是否接纳美国向埃及派遣军事使团。

纳赛尔开始考虑获得另一种武器来源的途径，尽管并不是无所顾虑。究竟是苏联主动向埃及提出了武器交易，还是埃及向苏联提出了购买武器的要求，这不过是细节问题，关键在于两国都在稳步向对方靠近。

纳赛尔是"积极中立"和不结盟政策的最早倡议者之一，也是不结盟运动的发起人之一。作为一名年轻的上校，他与印度总理尼赫鲁、印度尼西亚总统苏加诺以及南斯拉夫领导人约瑟普·布罗兹·铁托建立了密切关系。1955年2月中旬，像纳赛尔一样坚决反对《巴格达条约》的尼赫鲁和铁托访问了埃及。当时，埃及正在与伊拉克对峙，印度和巴基斯坦之间也存在分歧，而南斯拉夫长期以来对土耳其有着强烈的不信任。纳赛尔非常尊敬尼赫鲁，视他为战友和杰出的政治领袖。尼赫鲁和铁托很有可能向他建议，怎样才能利用东西方之间的对抗为自己谋得最大好处。在1955年的万隆会议上，纳赛尔还会晤了中华人民共和国国务院总理周恩来。那时他很可能已经得出结论，如果他与共产主义集团走得更近，将会抬高其与西方谈判的筹码。然而，他低估了这一博弈的风险，同样执着于自己信条和思维定式的西方领导人也开始视纳赛尔为敌人和共产主义代理人。

1955年2月28日，以色列突袭加沙，摧毁了埃及驻军总部，导致38人死亡。仓促之下，埃及做出了请求苏联军事援助的决定。军力虚弱使得纳赛尔不得不立即采取行动。1955年9月27日，纳赛尔宣布，埃及和捷克斯洛伐克签署了一项有关军事和技术合作的协定。赫鲁晓夫在裁军问题上同西方下了很大的赌注，他可能觉得，在这个时候通过捷克斯洛伐克进行操作是权宜之计。事实上，1956年7月26日，纳赛尔承认了埃及和苏联之间的协议，根据该协议埃及将用棉花换取总计2.25亿~2.5亿美元的重武器装备。苏联承诺提供米格-15和米格-17战斗机、11~28架轰炸机、中型和重型坦克、火炮、潜艇、鱼雷艇、两艘驱逐舰等军事装备（本信息是笔者从西方消息源获得，截至目前，俄罗斯学者仍然很难从档案馆中获取尚未解密的苏联或俄罗斯时期的军售档案）。埃及军官最初会在捷克斯洛伐克和波兰接受培训，然后直接到苏联接受培训，苏联和东欧的军事教官也会去埃及。

西方领导人，尤其是美国和英国领导人，被埃及彻底激怒。他们对来自埃及的消息做出激烈和负面的反应。然而，西方越是批评纳赛尔，纳赛尔在埃及乃至整个阿拉伯世界的声望就越高，越受尊敬。1953～1956年，他与中国及东欧国家签署了一系列经济、技术和文化合作协议。1955年10月，他还与叙利亚及很多人未曾意料到的沙特阿拉伯签署了一项防务协定，以加强埃及安全。1956年4月，也门也加入这三国的防务协定。

毫无疑问，在埃及将苏伊士运河公司收回国有之前，西方领导人一直在思考怎么"惩罚"纳赛尔，并以此来警告整个第三世界。1956年7月26日，纳赛尔在亚历山大的一次群众集会上宣布了苏伊士运河国有化的消息，随即伦敦和巴黎决定通过武力恢复现状，同时教训一下这位爱惹麻烦的埃及总统。虽然围绕这个问题的谈判和对话还在进行，但一项代号为"火枪手行动"的吸纳以色列参加的军事行动计划正在精心策划和筹备之中。当然，人们对那几个月里的事情的来龙去脉已经进行了广泛的分析和讨论，而最近公布的1956～1957年的英国档案文件为我们提供了许多新的线索。

危机刚一爆发，埃及政府立即宣布会对苏伊士运河公司的股东进行赔偿，并严格按照1888年《君士坦丁堡自由航行公约》①的规定和精神办事。1956年8月，苏伊士运河使用方大会在伦敦举行，由外交部部长德米特里·谢皮洛夫（Dimitri Shepilov）率领的苏联代表团参加了这次会议。西方政府试图强加给埃及一个方案，即允许英国和法国继续控制运河。不过，与会者们分歧巨大，最终没有做出任何决定，由于苏联代表团和不结盟国家的共同努力，反埃及计划受到了挫败。但对和平解决争端毫无兴趣的英法两国继续全力准备发动"火枪手行动"计划。1956年10月30日夜晚，以色列军队首先采取行动，入侵西奈半岛。以色列进攻埃及问题立即被提交到联合国安理会讨论。与此同时，英法两国依照它们精心策划的方案，向埃及和以色列同时发出最

---

① 该公约是一份旨在保障在苏伊士运河自由航行的国际公约。由奥匈帝国、英国、德国、西班牙、意大利、荷兰、沙俄、土耳其、法国等国共同签署。之后，又有更多国家加入了该公约。——译者注

后通牒，要求它们从运河地带撤出军队。10 月 31 日，英法战斗机开始轰炸运河地区、开罗和亚历山大，此举招致苏联的强烈抗议，苏联也在联合国开展了大量外交行动，以支持埃及。

"火枪手行动"计划制订得不错，但实施起来却不太成功。埃及军队失败了，但它努力进行了顽强的抵抗。尽管战败，纳赛尔的政权仍存活了下来。在军事行动开始之前，反西方情绪在阿拉伯国家甚至在全球就十分高涨，因此美国明确地选择了与盟国保持距离，后来还在联合国谴责了盟友们的军事行动（苏联文献关于中东问题的传统观点之一是，美国"纵容侵略者""迎合……并与侵略者勾结"，但这只不过是例行公事发表的反美言论而已）。

对苏联领导人来说，这是一个不容错过的黄金机会。苏联所有的外交力量和宣传机器都动员起来攻击西方列强，如此一来，苏联赢得了很多新的支持者。针对埃及的敌对行动和匈牙利发生的反抗苏联主宰以及强加给匈牙利"斯大林式社会主义"政权的"起义"恰巧同时发生，这让赫鲁晓夫以最小的政治损失平息了匈牙利叛乱。这还不是全部。在开展军事行动的高峰期，赫鲁晓夫意识到美国对之所采取的消极态度，因此他采取了一种巧妙的策略，先是威胁动武，进而又进行核恫吓。

1956 年 11 月 5 日，谢皮洛夫外长给联合国安理会主席发了一份电报，要求紧急召集安理会会议讨论英国、法国和以色列不遵守联合国大会特别会议所通过决议的问题，并立即采取措施制止对埃及的侵略。这封电报里还包含一封决议草案，草案提出，如果停止军事侵略的要求被拒绝，那么所有联合国成员国，首先是美国和苏联，将向埃及提供军事援助。苏联政府确认："它准备通过向埃及派遣为此目的所必需的空军和海军，为遏制侵略者、保卫侵略受害者和恢复和平做出贡献。"[1] 值得一提的是，事实上当时苏联根本没有可派遣到中东地区的空军部队和海军部队。1956 年 11 月 6 日晚，苏联政府首脑致函英国首相安东尼·艾登（Anthony Eden）、法国总理居伊·摩勒（Guy Mollet）和以色列总理戴维·本 – 古里安（David Ben-Gurion），称苏联"决心用武力粉碎侵略者，以恢复中东的和平"[2]。

这个核武器的最后通牒——是核时代第一次也是唯一的一次——在西方

---

① *CCCP и арабские страны.* C. 255.
② Там же. C. 259.

文献当中总是讳莫如深。有趣的是，最近英国公布的档案中并没有其对最后通牒的反应和对苏联可能采取的行动的评估方面的文件，这些文件在未来30年内还将保密。不过，本人幸运地在英国的档案中发现了一份文件，它是英国参谋长联席会议在苏伊士运河危机前夕，为新西兰政府准备的一份备忘录。这份备忘录分析了当时英国（可能还有法国）的反应。

备忘录的作者坚持认为，"共产主义阵营"没有放弃在全世界实现共产主义的长远目标。他们还认为，苏联领导人意识到使用现代的大规模杀伤性武器发动全球战争将导致不堪设想的共同毁灭，所以出于理性的政治行为，苏联及其盟国不会发动世界战争，也不会在任何有可能导致全球战争爆发的场合下冒任何风险。

因此，备忘录的作者们认为，"和平共处"方针为共产主义集团扩大影响力提供了最有利的机会，不过两个方面的误判可能引发世界大战：一是反共国家在特定情况下可能对对方的反应做出错误评估；二是双方可能会卷入本质上跟自己无关的争端。由于苏联阵营支持非自身集团的国家或由于苏联采取"竞争性共处"的政策，苏联可能会卷入西方国家和非西方集团国家之间的争端，比如英国和埃及之间的争端。作者认为，在当前形势下，局部战争的风险主要来自误判。

因此，斯大林的行为是可以预测的，而赫鲁晓夫则可能采取"误判"的行动。根据评估，苏联不太可能冒发动一场核战争的风险。但如果没受过多少教育，又特别情绪化的赫鲁晓夫不是在虚张声势呢？如果美国不支持它的盟友们呢？那最好还是撤退。

1990年9月17日，笔者在得克萨斯州的奥斯汀会见了艾森豪威尔政府的顾问沃尔特·罗斯托教授（Walter Rostow）。他对笔者说："美国政府对赫鲁晓夫可能采取的行动的评估几乎与您所发现的文件上的内容一模一样。这是亨利·卡伯特·洛奇（Henry Cabot Lodge）告诉我的，他是艾森豪威尔总统和时任美国驻联合国大使的亲密朋友。"①

在苏伊士运河危机期间，苏联在中东的政策不断获胜。至于赫鲁晓夫，这场危机却成了他个人的胜利。以下是笔者与德米特里·特罗菲莫维奇·谢皮洛夫（D. T. Shepilov）的谈话，他当时任苏联外长，也是苏共主席团候补委

---

① 与罗斯托的谈话（1990年9月17日）。

员，对话时他可能是那个时代苏联政治领导人中最后的幸存者。我保留了谈话的一些细节，主要因为这些细节能反映参与这一历史性事件的苏联领导人的态度以及当时的总体氛围。①

德米特里·特罗菲莫维奇·谢皮洛夫： 英法人的行为是十分专横的。他们使用诸如威胁、最后通牒等手段。毕竟苏伊士运河是埃及人辛辛苦苦修建的。我第一次访问埃及第一次见到纳赛尔的时候，就对他有了非常好的第一印象。他是个诚实的人，全心全意为阿拉伯国家和人民着想。记得有一次我参加了一次集会，有成千上万的人参加，那一幕我永远不会忘记。纳赛尔在演讲中说："如果有必要，我将牺牲一切，我将献出我体内的鲜血，每一滴，为阿拉伯民族的解放事业……如果纳赛尔不能履行诺言，那就处死纳赛尔吧！"成千上万的群众慷慨激昂地呼喊起来，声浪如潮。这其中有种说不出的神秘。我感受到他是多么受人们欢迎。他领导了一群来自不同社会阶层的人，掌权后，他希望让国家摆脱外国统治。而在他采取的重大行动中，一项重要措施就是实现苏伊士运河国有化。这是完全合法的行为。当西方做出激烈而危险的反应时，我们随即决定避免在该地区发生武装冲突。我们的主要政治路线不允许在这一世界敏感地带爆发武装冲突。

顺便说一句，赫鲁晓夫是个喜怒无常的人，他一会儿说"是"，一会儿又说"不"，所以他会给你各种各样的惊喜。我告诉你们一件事。就在伦敦举行的苏伊士运河使用方会议即将结束时，我突然收到一份来自赫鲁晓夫和布尔加宁的密电。电报上写道："在最后一次新闻发布会上要让帝国主义者焦头烂额，缴枪投降……"当一切结束时，我们赢得了胜利。我们发现自己与印度、印度尼西亚和锡兰的立场完全一致，而杜勒斯的建议没有被采纳。所以我想："我为什么要在最后一次新闻发布会上加剧矛盾呢？"于是我冷静地处理好了事情。回到莫斯科后，我给赫鲁晓夫打了电话。"好吧，"他说，"到我这里来一趟。"

笔者： 他用的称呼是"你"还是"您"？

德米特里·特罗菲莫维奇·谢皮洛夫： 是"您"，一开始，他对我的态度很好。他接受了我的建议。他常常说："好吧，为什么要问我？自己看着办吧。关于国际问题和意识形态方面的问题你自己拿主意。"他常常找机会要见

---

① Cм: Public Records Office, DF-5, Chiefs of Staff Committe. 1956. № 72. C. 49—53.

我，与我一起讨论各种问题。和他在一起很有趣。他很擅长讲故事，也有非凡的记忆力。

笔者：他不是教育水平不高吗？

德米特里·特罗菲莫维奇·谢皮洛夫：他差不多就是一个文盲。不过，他还是学会了阅读，只不过不会写东西。但他的记忆力出奇好。他是一个有天赋的人。不过，我们可以看到，一个人一旦拥有了无限权力后，会逐步发生什么样的变化。他对权力产生了兴趣，并开始做出一些古怪的事情：他一会儿在美国的眼皮底下向古巴运送导弹，一会儿到处种玉米，从苏呼米种到雅库茨克……他嫉妒地注视着每一个人。哪怕是对他提出微不足道的反对意见，也会招致严重的惩罚——甚至是组织措施（"组织措施"是党派术语，意思是罢免某人的职位）。让我打个比方，比如中央主席团正在召开会议。他们开始辩论钢铁产业问题。捷沃斯杨（Tevosyan）告诉他："尼基塔·谢尔盖耶维奇，我比你更了解（情况）。毕竟，我在克格勃工作过。"捷沃斯杨因他说的这句话被免职，后来他被发配到日本做大使，再后来他就生病了。简而言之，这是拿破仑式的独裁。他把事情弄得一团糟……最初的时候，他几乎每个星期天都来我家，不是他一个人来，就是跟尼娜·彼得罗夫娜·赫鲁晓娃（Nina Petrovna，赫鲁晓夫的妻子）一起来，或是带着全家一起来。我们常会一起出去走走，边走边讨论一些问题。我记得，伦敦大会结束后，他召我过去，对我说："你瞧瞧，你为什么不执行我和尼古拉的命令？你为什么不痛击帝国主义者？"我对他说："尼基塔·谢尔盖耶维奇，没有必要那么做的。这个大会很成功，我们赢了，埃及夺回了运河。杜勒斯关于建立运河使用者协会的计划失败了。所以再恶化关系有什么意义呢？我们得到了想要的东西，为什么要破坏别的东西呢？为什么要破坏与别国，比如与美国的关系呢？没有必要呀。"他说："好，你的确是个危险人物。你非常危险。难道你想搞一个你自己的外交政策吗？"我说："我没想过要搞自己的外交政策。我很明白谁在执行外交政策。请不要误解我。那是没必要的。我向你保证，在那种情况下，我们没有必要实施报复。""不！不！不！你是个危险人物。我们欣赏你在大会上做的杰出工作，但我们也发现你不听从指挥。"顺便说一句，那个时候没有对我采取任何"组织措施"。

笔者：在会上，你是否知道美国和英法之间有严重分歧呢？

德米特里·特罗菲莫维奇·谢皮洛夫：我当然知道，我们也了解这些分歧的重要价值。事实上形势非常紧张，尤其对英国来讲。我飞到伦敦，到达著名的唐宁街，艾登不顾寻常礼节，走出门来迎接我。他是个非常聪明、富有魅力而又颇具影响力的政治家，尽管他没察觉出事态在向什么方向发展。他对我说："部长先生，请理解我们。把苏伊士运河拱手让给阿拉伯人，尤其是纳赛尔这个性格反复无常的人，对我们英国人来说，就像……"他把手伸过脖子，"这就是苏伊士运河对英国的意义，因此，我们对纳赛尔国有化苏伊士运河的主张反应如此强烈，也是有原因的，希望您能理解。"我告诉他，他们不应该做出那样的反应，因为那本来就是埃及的领土，运河也是埃及人建造的，他们有权利收归国有化。我还说到他们可能会规定条件，但我也只能说到此为止。

笔者：你已经知道苏联会采取什么措施对抗英法吗？

德米特里·特罗菲莫维奇·谢皮洛夫：一开始，我就坚决而明确地表示绝不能让这一对抗发展成武装冲突。至于赫鲁晓夫，他脾气不好、反复无常，总说"我们会让他们没有好果子吃的！"之类的话，他会做出一些出格的事。但倘若与他进行一场冷静而清醒的对话后，他对整件事情会有很好的把握。

笔者：苏联的核导弹最后通牒是一个经过深思熟虑的骗局，对吗？

德米特里·特罗菲莫维奇·谢皮洛夫：当然，我们坚决不会把事情发展到武装冲突的地步。不过，我设计了一些心理战策略，并付诸了实践。比方说，我在深更半夜召见法国、英国和以色列的大使。想想看：在深夜，他们的眼睛里充满血丝，因为他们一夜未眠，这种情况非同寻常，我的声音也很严肃，我给他们一个警告。俄语词意很丰富。你知道，"警告"这个词并不一定意味着我们就要采取行动。

笔者：但是他们并不确定，对吧？

德米特里·特罗菲莫维奇·谢皮洛夫：他们不确定。很快，我们就发现他们在想方设法摆脱这种混乱局面。赫鲁晓夫的放肆言行也起到了一定作用。"谁知道他在玩什么把戏？"我的策略也是顺水推舟。当然，我们广泛使用了心理手段。但我们始终牢记一点，那就是要想方设法避免战争。

笔者：你在采用这种边缘政策时，会不会因为难于预测对方做出何种反应而感到惊慌？如果对方已经决定先发制人呢？

德米特里·特罗菲莫维奇·谢皮洛夫：这在当时是不可能的，主要是因为美国的立场。英国人没有勇气这么做，美国人也不想为英国而开战。美国没有什么严重或复杂的理由去发动武装冲突，这对我们有利。

笔者：你的这个策略表明你的判断是正确的。为了证实这一点，我想提一下我在英国档案馆找到的一份文件，文件中表达了完全相同的观点：这位新任苏联领导人的情绪化性格，在爆发核战争的情况下，成为一个不可预测性和容易误判的因素。

德米特里·特罗菲莫维奇·谢皮洛夫：在此基础上我们有理由让别人相信，苏联随时会准备干预，因为赫鲁晓夫个性太不稳定，他对自己说的每个字似乎都不负责任（这一点不同于前几任领导人）。

笔者：你不觉得正是边缘政策的成功及赫鲁晓夫在维也纳与肯尼迪会面后形成的对肯尼迪的错误判断，才促使他冒险在古巴部署导弹吗？他相信，他会又一次取得与苏伊士运河事件般的成功？

德米特里·特罗菲莫维奇·谢皮洛夫：你说的没错。当然，当时我已不在政界了，我已经被流放到吉尔吉斯斯坦。肯尼迪敢于面对冲突。他过去曾是一名海军军人，他是一个非常坚定的人，个性坚毅。

笔者：你认为政策主要是赫鲁晓夫制定的，还是布尔加宁制定的？

德米特里·特罗菲莫维奇·谢皮洛夫：当然，所有的外交政策，好的和不好的，都是赫鲁晓夫制定的。布尔加宁……他一点也不聪明。他心胸狭窄，愚蠢无知。无论是从主观上还是从客观上看，赫鲁晓夫的放肆任性有时还是有一些道理的。布尔加宁既没有主动性也没什么创新性想法。

笔者：你的前任 V. M. 莫洛托夫呢？你对他的评价怎么样？

德米特里·特罗菲莫维奇·谢皮洛夫：这个问题很难回答。莫洛托夫自二大以来就一直是党内成员。他曾和列宁共事过。他似乎是一个无可指责的人；他工作非常勤奋，不分白天黑夜……我们都不知道他与斯大林的罪行有牵连。他是排在斯大林之后的二号人物。我还记得参加斯大林葬礼的情形。那时候格奥尔基·康斯坦丁诺维奇·朱可夫就站在旁边。他拿着一个垫子，上面有斯大林发的勋章——所有元帅都拿着小垫子，上面搁着他们获得的各类勋章和奖章。我走过去问他："你认为谁会接替斯大林的工作呢？"

他回答说："没什么好想的。看事情进展吧，可能是莫洛托夫。你知道我对他的看法。莫洛托夫是一个刻板的管理者；他有时采取的措施十分严厉。"

尽管如此，赫鲁晓夫还是设法登上了权力顶峰。

谈话结束后，这位曾经有可能成为我们国家领导人的 86 岁老部长，向我描绘了他是如何"联手"莫洛托夫、马林科夫（Malenkov）和卡冈诺维奇（Kaganovich）一起反对赫鲁晓夫，他自己是如何失去机会的，他是怎么被冠以苏联最长绰号"附庸于人的谢皮洛夫"的。话题有点扯远了。

基思·凯尔（Keith Kyle）在其巨著《苏伊士运河：大英帝国在中东的终结》（*Suez：Britain's End of Empire in the Middle East*）中努力描述了西方国家对苏联最后通牒的反应。在给本－古里安的一封信中，苏联领导人历史上唯一一次质疑了这个犹太国家的存在。这给特拉维夫泼了一盆冷水。英法两国都收到以下消息："我们决心用武力回击侵略者，恢复东方的和平。"在致美国总统的信中，苏联提出两国采取联合行动以防止侵略。当然，美国对此反应消极，但同时也不支持其盟友。

艾登的内阁成员注意到英国驻莫斯科大使威廉·海特（William Hayter）发来的密电上的信息。海特在电文中说，只有英美两国明确达成一致立场，"才能阻止这些人（俄罗斯人）做出疯狂的行为"。艾登的诸多顾问都有这方面的担忧。对苏联在中东采取"真正的行动"的恐惧是存在的。美国驻巴黎大使道格拉斯·狄拉克（Douglas Dillak）于凌晨 2 时受邀前往马提尼翁（Matignon）。在那里，法国总理居伊·摩勒（Guy Mollet）问道格拉斯，如果苏联向法国发射导弹，美国将做何反应。据大使描绘，出席马提尼翁会面的法国内阁成员"吓得要死"。狄拉克回复说，美国将按照北约条约采取行动。居伊·摩勒希望立即得到华盛顿的确认，但狄拉克表示，此刻美国正在进行大选，未来几个小时就不要指望华盛顿的回复了。艾登和居伊·摩勒都准备停火了，但是不能丢了面子，因此是"在美国的支持下"，而非在"苏联的压力"下停火的。据美国情报机构从莫斯科发回的报告，苏联可能会向中东派遣志愿军，并向叙利亚机场派遣苏联空军。

三个侵略国完全被孤立了。到 1956 年 11 月 6 日上午，埃及和以色列已经同意停火。① 在美国人的推动下，英镑贬值，英国面临破产。由于缺少华盛顿

---

① 与谢皮洛夫的谈话（1990 年 5 月）。

的支持，11 月 6 日晚，巴黎和伦敦终于同意停火。①

早在 1956 年 11 月 6 日，艾登就致信苏联部长会议主席，告知英国政府已指示其驻埃及部队于 11 月 6 日午夜执行停火协议。法国总理居伊·摩勒也向苏联部长会议主席发出信息，只要以色列和埃及表达类似意图，联合国部队准备好履职后，法国也将同意最后在埃及停火。11 月 8 日，本 - 古里安也向苏联发出类似的信息，证实以色列军队同意在埃及停火。

没有什么比成功更值得宣传的，苏联不断在对外宣传上得分。1956 年 11 月 10 日塔斯社的一份声明指出，苏联人民不会是国际强盗行为的看客，如果侵略者没有按照联合国决议从埃及领土撤军，苏联政府"不会阻止苏联公民帮助埃及人民争取独立的正义之举，他们或将作为国际志愿者（奔赴埃及）"②。对这场重大的成功骗局而言，这只不过是一次小小的虚张声势。

阿拉伯国家将阻止针对埃及的军事进攻的胜利归功于苏联所采取的立场。叙利亚总统在 1956 年 11 月 6 日致苏联最高苏维埃主席的电报中称："苏联对殖民主义国家针对埃及的野蛮和罪恶的侵略所采取的公正、高尚和大胆的立场得到了渴望实现和平、自由和主权的阿拉伯民族的热烈拥护。"约旦众议院议长也在电报中表达了类似的赞扬："贵国根据联合国现有原则采取政治和军事措施遏制这种侵略的不朽决定，保障了阿拉伯世界和贵国的持久友谊和彼此的认可。"③

苏联选择闭口不谈美国总统艾森豪威尔也对这三个国家提出了停止敌对行动、撤出西奈半岛和苏伊士运河区的要求。

英国和法国政府对苏伊士运河国有化的反应毫无疑问是帝国梦想的最后破灭，并暴露了其希望阻挠阿拉伯以及整个第三世界争取独立或巩固民族独立这一历史进程的企图。夺取苏伊士运河并推翻纳赛尔政权，并不是英国和法国领导人与以色列合谋实施这种大胆的"三方侵略"的唯一原因。为了使大英帝国的影响力至少保持在 20 世纪 50 年代中期的水平上，英国投入大量部队参加战斗；法国是为了保住其在阿尔及利亚及非洲的殖民地而与埃及作战；以色列参战的目的是削弱埃及这个最大和最危险的阿拉伯国家，并想借此重返

① См.：*Kyle Keyth*. Suez. Britain's End of Empire in the Middle East. I. B. Tauris Publishers, London, New York, 2003. P. 456—460.

② Ibid. P. 467—476.

③ *СССР и арабские страны*. С. 266.

西方集团。但它们在苏伊士运河战争中无论是政治上还是国际影响上都失败了。不久，英国和法国从苏伊士运河区撤军，而以色列——在美国的压力下——从西奈半岛撤军。很快，英国和法国都失去了它们在世界上残存的殖民地。

在20世纪50年代和60年代，中东和近东的反西方民族主义潮流此消彼长，并在该地区引起了一些分歧，但总体上民族主义仍呈上升势头。由于莫斯科支持阿拉伯人反对西方，并反对以色列（尽管并非毫无保留）——在阿拉伯人眼中其已成为该地区"定居者殖民主义"的象征和该地区的"西方前哨"，苏联的影响力和声望不断升高。尽管之后发生了危机和彼此间幻想的破灭，但当时苏联与地区国家的关系普遍加强，合作也在扩大，当然偶尔也会因地区国家反共镇压或意识形态争端（这在今天看来相当可笑）而出现关系紧张或中断关系的情况。

英国和法国未能维持西方在该地区的地位，加之苏联影响力和声望的增长，给美国政府发出了警告信号，并促使美国人采取行动。1957年1月5日，艾森豪威尔总统向国会发表讲话（被称作"艾森豪威尔主义"）的主题是美国在中东国家的政策。在讲话中，艾森豪威尔称该地区形势"危急"，要求国会允许他在认为有必要时，无须依宪法规定向国会提出申请就可以向中东派出美国武装部队。他还公开针对苏联，要求运用全部力量向该地区国家提供军事和经济援助，同时呼吁阿拉伯国家断绝与苏联及其盟国的关系。

苏联政府迅速做出回应。1957年1月13日，塔斯社受权发布了一份声明，称艾森豪威尔主义是"对阿拉伯国家内政的粗暴干涉"，违反了联合国的原则和目标，并"对中东的和平与安全构成严重危险"。艾森豪威尔主义的意图显然是自私的，旨在强加"军事保护制度"，并阻挡"这些国家的发展"。声明指出，所谓的苏联对阿拉伯国家的威胁是一种"有意捏造的诽谤"，因为苏联的利益仅限于"维护与其边界直接相邻的中东地区的和平"以及巩固该地区国家的"经济和政治独立"。塔斯社的声明进一步强调，美国人若在中东动武，"美国政府必须为此可能导致的严重后果承担全部责任"①。

1957年2月11日，苏联政府提交了《苏联、美国、英国和法国政府关于中东和平与安全及不干涉该地区国家内政宣言》的基本原则草案。这些原则包括以下内容：

---

① *CCCP и арабские страны.* C. 212.

——在谈判的基础上，以和平方式解决冲突，维护和平；

——不干涉中东国家内政，尊重其主权和独立；

——摒弃让这些国家参加与大国相关的军事集团的任何企图；

——从中东国家领土上撤出一切外国军事基地和外国军队；

——共同停止向该地区提供武器。①

在评估苏联政府的照会时，很明显它包含了许多建设性因素，倘若对之加以修改、润色并达成一致的话，肯定会增强中东的和平与安全；美国人的声明也包含了积极的想法。然而，这是不可能的。在冷战背景下莫斯科或华盛顿不太可能考虑采取任何实际行动，只是为了在宣传上得分。考虑到西方国家中弥漫的反苏气氛，杜勒斯拒绝苏联的倡议也就不足为奇了。在杜勒斯看来，苏联的倡议是为了使西方承认苏联在中东地区的主导地位而玩的一个把戏，苏联在中东有其自己的议程。人们或许还会认为，只要苏联领导人成功地利用了反西方言论，并在该地区取得了重大政治进展，他们就不会对与西方达成束缚自己手脚的真正安排感兴趣。

1957 年 8 月，叙利亚国防部部长哈立德·阿泽姆（Khalid al-Azm）在莫斯科与苏联签署了一项军事和经济合作协议。在他返回大马士革后，美国驻叙利亚大使馆的三名工作人员被宣布为"不受欢迎的人"，理由是他们涉嫌参与旨在复辟此前被推翻的阿迪卜·施舍克里（Adib Shishekli）亲西方独裁政权的阴谋。人们对伊朗发生的反摩萨台政变以及美国在其中所扮演的角色还记忆犹新，因此美国情报机构参与了反叙利亚阴谋的说法几乎毫无疑问地被接受。阿泽姆随后任命阿费夫·比泽里（Afif al-Bizri）为总参谋长，他因亲共立场而闻名。在华盛顿和其他西方国家看来，这意味着共产党人马上就要在叙利亚上台了，来自贝鲁特、巴格达和安曼的外交和情报报告也佐证了这种观点。显然，这些报告严重夸大了叙利亚共产党人的能力和影响力，以及苏联干涉叙利亚事态发展的能力。

艾森豪威尔的回忆录记录了美国政府达成的共识，即叙利亚现政府必须下台，以防止共产党在那里掌权。土耳其将军队集中部署到了叙利亚边境附近，美国第六舰队开入东地中海，美国还开始向约旦、伊拉克和黎巴嫩运送

---

① *CCCP и арабские страны.* С. 288—289, 291.

武器。苏联对土耳其、美国和巴格达集团展开了密集的宣传攻势，并向土耳其政府传递了一系列严厉的信息。1957 年 9 月 10 日，苏联部长会议主席致信土耳其总理，他在信中强调，鉴于中东地区接近苏联边界，苏联不能任由该地区可能引发冲突的局势自由发展，它呼吁土耳其政府不要参与任何针对叙利亚的武装干涉，而是要帮助缓和局势。信中进一步警告说，如果土耳其听从那些毫无兴趣维护中东和平的外国势力的建议，那么就会陷入"严重麻烦"①。1957 年 10 月 19 日，塔斯社发布关于中东局势的声明也表达了相同的主张：苏联呼吁联合国立即加以干预，"以避免战争发生，激起民愤"，并确认，如果叙利亚受到攻击，叙利亚不会孤军奋战，苏联将"采取一切必要措施来帮助遭到侵略的受害者"②。苏联和西方宣传的语调都变得越来越严厉。不过，尽管苏联摆出了威胁姿态，实际上它却无意干预。

1957 年 9 月，一支苏联海军舰队对叙利亚拉塔基亚港进行了友好访问。9 月底，原本打算加入反叙利亚行动的阿拉伯领导人放弃了他们的冒险主义计划，因为他们开始意识到，由于反西方情绪普遍存在，这种做法既不受欢迎，也会给他们自身带来危险。的确，土耳其这张牌依然掌握在西方人手中，但是不论在政治上还是在军事上，这都是一张危险的牌。作为友好姿态，纳赛尔于 10 月 13 日将埃及军队空运至叙利亚。10 月 24 日，苏联政府任命二战期间的杰出指挥官康斯坦丁·罗科索夫斯基（Konstantin Rokossovski）为外高加索军区司令，并开始在南高加索和黑海地区举行陆海军联合演习。这场危机似乎已经达到了高潮。

不过，苏联和美国都有意避免冲突。尼基塔·赫鲁晓夫出人意料地出席了土耳其驻苏联大使馆举办的招待会，并表示希望和平解决这个问题。西方大国也放弃了直接军事干预叙利亚事务的想法，危机开始平息。

10 月下旬，对叙利亚的国际压力停止，不过由于力量对比还不明晰，叙利亚国内局势仍然很不稳定。随后，对共产党人心存警惕的叙利亚领导人和高级军官决定与埃及联手。1958 年 2 月 1 日，两国合并成立了一个名叫阿拉伯联合共和国（UAR）的单一国家。这一政治进程似乎是为了在泛阿拉伯主义大旗下加强阿拉伯世界的团结，并最终扩大新成立的共和国，但这将损害

---

① *CCCP и арабские страны.* С. 307 – 308.

② Там же. С. 361.

其他阿拉伯国家的利益。伊拉克、约旦和黎巴嫩的亲西方政权非常清楚这一局面的危险性，伊拉克和约旦这两个由哈希姆家族①统治的国家开展了紧密合作。早在 1957 年就已宣布接受艾森豪威尔主义的黎巴嫩，国内反西方和亲纳赛尔的情绪都格外高涨，内战一触即发。

英美两国的军队开始集中部署到东地中海地区，并讨论让伊拉克军队也加入进来的干涉计划。1958 年 7 月，伊拉克总理、国王叔父努里·赛义德（Nuri Said）派军队到约旦参加针对叙利亚的联合行动，以防黎巴嫩受到威胁。不过，出现了相反的结局，由阿卜杜勒·卡里姆·卡塞姆（Abd al-Karim Qassem）指挥的军队攻入了巴格达并推翻了君主制。努里·赛义德被绞死，费萨尔二世国王被杀。1958 年 7 月 14 日，伊拉克共和国宣布成立，很快伊拉克宣布退出《巴格达协定》。纳赛尔秘密访问了莫斯科。

同时，黎巴嫩和约旦政府请求美方援助，美国部队最早于 7 月 15 日登陆黎巴嫩，英国部队则经以色列领空空降到约旦。刚从莫斯科返回的纳赛尔再次奔赴莫斯科，想搞清楚苏联的意图。但赫鲁晓夫显然无意干涉，他唯一的反应是宣布在土耳其—保加利亚边境举行联合军事演习。实际上，苏联和美国在中东的言行已变成一种仪式。各自发表了声明，做出了威胁姿态，但同时采取一切措施避免发生直接冲突。

1958 年 7 月 19 日，赫鲁晓夫向美国总统、英国首相、法国总理、印度总理发去提议，大意是苏联政府拒绝西方关于"阿拉伯联合共和国干涉约旦和黎巴嫩内政"的指控，并宣称对阿联所采取的行动"严重违反了联合国宪章，是无端的侵略"。与此同时，他提议应该立即召开由苏联、美国、英国、法国和印度政府代表以及联合国秘书长参加的峰会，商讨采取紧急措施以防冲突。除其他事项外，该议程还包括停止对中东的武器供应②。苏联政府还严厉谴责并警告了土耳其，因为土耳其允许美国在英吉利克设立军事基地并将其作为将美军运送至黎巴嫩的中转站。随后在联合国舞台呈现的是惯常的言辞、指控和反控、外交照会和声明。西方列强对赫鲁晓夫提议的答复态度积极，但西方提出的附加条件被莫斯科拒绝。双方似乎都不准备谈判，也没有采取实

---

① 哈希姆王朝是由穆斯林统治家族哈希姆家族——先知穆罕默德的圣裔——建立的。先后统治了汉志（1908～1925）、叙利亚（1918～1920）、伊拉克（1921～1958）等地。从 1921 年至今，一直是约旦的统治者。——译者注

② *СССР и арабские страны.* С. 394 – 406.

质性努力去推动谈判。

在黎巴嫩—约旦危机期间，美国和英国显示它们愿意采取果断行动支持盟国，这两个国家的亲西方政府继续掌权。苏联开展了大量反西方的政治和宣传行动，而对采取实际行动较为谨慎，在阿拉伯世界赢得了不少新的支持者。1958 年 10 月 2 日，英国军队从约旦撤军，随后美军于 10 月 25 日撤离黎巴嫩。

莫斯科对阿拉伯联合共和国的成立感情复杂。一方面，阿拉伯联合共和国似乎增强了中东地区"反帝国主义"（反西方）的力量；另一方面，莫斯科对叙利亚的左翼势力和共产党曾寄予厚望，这些人比纳赛尔更值得信任，在怀有偏见的苏联领导人眼中，纳赛尔是"小资产阶级民族主义者"。同在埃及一样，纳赛尔在叙利亚显示他不会容忍包括共产主义组织在内的任何独立政治组织。

当黎巴嫩—约旦危机无果而终后，政府开始驱逐那些反对自己国家与阿拉伯联合共和国合并的人。伊拉克和叙利亚共产党也发动了一场激烈的反纳赛尔运动，纳赛尔则以在埃及和叙利亚大肆逮捕共产党人作为回应，完全不区分反对派和愿意与之合作的人。之后，纳赛尔又利用他控制的大众媒体发动了大规模的反共、反苏运动。苏联相当不情愿地对埃及媒体的论战做了回应。1959 年 1 月 27 日，赫鲁晓夫在苏共二十一大所做的报告中指出：

> 我们共产党人和一切进步力量天然同情那些为社会正义而战的人。我们不否认阿拉伯联合共和国的一些领导人与我们存在意识形态分歧。然而，在反对帝国主义斗争和巩固那些已经从殖民主义中解放出来并正在与战争危险做斗争的国家政治和经济独立的问题上，我们的立场与他们的立场是一致的。①

1961 年 1~2 月，《真理报》刊登了意大利共产党报纸《团结报》的消息，声称埃及当局逮捕了 200 名共产党分子及其同情者，并将他们押送到一个已有 800 多名"民主战士"被关押数年的地方。② 1961 年 5 月，《真理报》刊登了黎巴嫩共产党领导人法拉贾拉·赫卢（Farajallah Helou）死亡的报道，

---

① *СССР и арабские страны*. С. 528—556；Объединенные нации. Доклад Совета Безопасности ГА ООН за период с 16 июня 1958 г. по 15 июля 1959 г. ГА ООН. Официальные отчеты. XIV сессия. Дополнение № 2 (А/4190). Нью - Йорк, 1959. С. 44.

② *Материалы* внеочередного XXI съезда КПСС. С. 69.

他在大马士革被捕后被"埃及秘密警察折磨致死"①。苏联报纸也刊登了国际组织要求释放赫卢先生的声明。《真理报》还刊登了一篇署名"评论员"（署名"评论员"暗示这篇文章已获苏共中央对外联络部的批准）的文章，对《金字塔报》（*Al-Ahram*）和周刊《画报》（*Al-Musawwar*）的反共攻击做了回击②。

然而，两国很快就意识到，使它们团结在一起的利益要比分裂它们的利益更真实。伊拉克不会加入阿拉伯联合共和国，这不是由于伊拉克共产党态度消极，而是因为卡塞姆本人不愿意放弃独裁者的地位。在叙利亚，与埃及合并这一事件已引起了人们普遍的不满，埃及国有化的法令实施之后，叙利亚中上层资产阶级的不满情绪尤为强烈。1961年，一群不满的高级官员发动了反纳赛尔政变，叙利亚随即恢复了独立。这对纳赛尔的泛阿拉伯主义愿望和他的个人尊严是相当大的打击，但纳赛尔明智地得出结论，叙利亚发生的这起事件既没有得到共产党的支持，也没有得到苏联的支持，因而他可以恢复与莫斯科务实合作的政策。

苏联领导人意识到他们需要依靠埃及，这是因为埃及作为阿拉伯世界最具影响力国家的地位及其所具有的战略重要性，也是由于与革命后的伊拉克建立密切合作的欲望给克里姆林宫带来了极大痛苦和挫败感。在最初对卡塞姆政权表现出热情之后，很快苏联领导人开始焦虑起来，因为与巴格达的关系发展得不如莫斯科所希望的那样顺利，而且伊拉克的国内局势持续不稳定。在巴格达庆祝革命胜利一周年之际，伊拉克北部城市基尔库克发生流血事件，库尔德人和土库曼人因明显的政治分歧而发生激烈冲突。当地的共产主义者（有的是真正的共产党人，有的自诩为共产党人）介入冲突，清算自己的政治对手（"反动分子"）。在摩苏尔，数百名复兴党成员被杀死。卡塞姆同样也用暴力回击，镇压了动乱。共产党及其盟友们通过马达维上校（Colonel Mahdawi）领导的革命法庭实行政治恐怖主义，就算没有数千人的话也有数百人受到惩罚，其中许多人被处死。由于害怕且不信任共产党，独裁者卡塞姆开始迫害共产党人，并判处一些人死刑。他还试图建立另一个共产党，以削弱真正共产主义者的支持基础。即便如此，直到他的政权接近尾声时，真正的

---

① См: Правда. 22.01.1961.

② Там же. 29.05.1961.

共产主义者也不敢反对卡塞姆。

苏联文献从来没有抨击过伊拉克共产党的恐怖行为，也没用遗憾的语气议论或提起过这件事，这可能是因为苏联领导人和莫斯科"理想主义的"共产党人一直宣扬"红色恐怖"的合法性，且牢记着"红色恐怖"在俄罗斯内战时所起到的"功效"。也许，按照他们的思维方式，暴力就是"历史的助产士"，新的牺牲是无可避免的。为了取得进步和光明的未来，肯定会在与"反动派"和"帝国主义走狗"的冲突中付出牺牲。但是，阿拉伯共产主义者为伊拉克的大屠杀付出了惨痛的代价。就像伊拉克的大众媒体一样，来自西方和纳赛尔主义者的宣传千方百计把共产党比作刽子手和杀人犯，致使共产党的声誉多年来一直受到玷污。与此同时，苏联继续与卡塞姆统治的伊拉克开展合作。

要考察苏联对1990~1991年海湾危机的态度，回顾一下30年前莫斯科对科威特的态度是有帮助的。1961年6月19日，英国废除了1899年与科威特签订的保护国条约。6天后，卡塞姆宣布科威特是伊拉克不可分割的一部分，而沙特阿拉伯政府则坚持科威特属于沙特阿拉伯。7月1日，应科威特酋长的要求，英国军队抵达科威特。7月6日，卡塞姆坚持，尽管"合并"或更确切地说是"统一"，仍是伊拉克政府对科威特政策的官方目标，但其只会采取和平手段实现这一目标。而苏联政府则配合伊拉克，反对科威特加入联合国。但是，当卡塞姆政权于1963年2月8日被推翻时，苏联迅速改变了立场。1963年5月7日，安理会一致同意科威特加入联合国。

卡塞姆四面受敌，他的政权注定要灭亡，因为他已经失去了所有的社会基础。另一场政变开始酝酿，而且不久之后就发生了。当时在伊拉克的许多苏联外交官以及许多伊拉克共产党人都认为共产党足够强大，足以推翻卡塞姆，但他们为什么没这么做，一直不得而知。可能是因为苏联政府的反对，也可能是因为共产党在伊拉克军队中没有得到足够的支持。在这次政变中，卡塞姆被复兴党主导的一个团体推翻；阿卜杜勒·萨拉姆·阿里夫（Abd al-Salam Aref）将军成为总统，得到复兴党①支持的艾哈迈德·哈桑·巴克尔（Ahmad Hasan al-Baqr）将军出任总理，复兴党伊拉克支部总书记阿里·萨利

---

① 复兴党（阿拉伯复兴社会党）成立于1947年，由叙利亚的米歇尔·阿弗拉克（Michael Aflaq）、萨拉赫·丁·比塔尔（Salah al-Din Bitar）创建。该政党宣称自己是泛阿拉伯主义政党。其在叙利亚、伊拉克、黎巴嫩、约旦和其他阿拉伯国家有分支。——译者注

赫·赛义迪（Ali Saleh al-Saidi）出任副总理、内政部部长以及所谓的国民卫队（激进的复兴党武装）总司令，萨利赫·马赫迪·阿马什（Saleh Mahdi Ammash）上校担任国防部部长。

1963年2月11日，复兴党政权得到苏联、美国、英国的承认。掌权不久，伊拉克很快就发生了暴力事件，共产党人和纳赛尔主义者集体被捕并被杀害（主要由国民卫队实施），他们没有经过任何审判或调查就被杀害了，这场如同噩梦般的逮捕、折磨和谋杀在社会各个阶层蔓延开来。大屠杀的规模非常大，迫使苏共中央委员会在2月16日发表了一个非同寻常的声明，谴责针对伊拉克马克思主义者和共产主义者的"血腥恐怖"。3月9日，军事总督拉希德·米斯利赫（Rashid Mislih）将军宣布处决三名共产党领导人萨拉姆·阿迪勒（Salem Adil）、穆罕默德·侯赛因（Muhammad Husain al-Ith）和哈桑·乌瓦尼（Hasan Uwaini）。这引发1963年3月14日在伊拉克驻莫斯科的大使馆门前爆发大规模示威，还伴有威胁和砸窗行为，当时莫斯科爆发此类抗议还是很少见的，这表明苏联领导人对伊拉克局势的深深关注。7月，伊拉克共产党中央委员会政治局的两名成员贾马尔·海达里（Jamal al-Haidari）和穆罕默德·萨利赫·阿巴吉（Muhammad Saleh al-Abaji）也被处决。

当时，苏联正在支持卡塞姆时期就已开始的库尔德叛乱。库尔德问题本身可以在紧急情况下向伊拉克政府施加充分压力。然而，随后的事态发展表明，库尔德叛乱已经形成自身的动力机制，超出了莫斯科的控制范围。6月16日，苏联官方控诉伊拉克政府对"未受保护的库尔德乡村和城镇的和平居民"实施种族灭绝政策，这一政策"不符合基本人权和联合国宪章"[①]，四天后《真理报》刊登了一篇题为《停止伊拉克的犯罪行为》的评论员文章[②]。到1963年秋，尽管苏联与伊拉克依然保持着外交关系，但苏联媒体反伊拉克的宣传语气开始变得严厉无情。

1963年夏天，复兴党内部出现了严重分裂，温和分子和他们临时的盟友，包括纳赛尔派人士及阿拉伯民族主义者，转而开始支持赛义迪（Saidi）。复兴党内部分裂为相互敌对的三个派系，这让阿里夫将军发动的军事政变有机会获得成功。

---

① Правда. 31. 05. 1961.

② Известия. 16. 06. 1963.

这次的军事政变让莫斯科松了一口气，因为尽管新政府对共产党并不同情，但这个政府的确解散了国民卫队。随着反共镇压的减弱和肉体消灭政策的停止，赫鲁晓夫的地位也得到了巩固。苏联政府鼓励巴格达和库尔德人和解，在1964年2月15日给阿里夫的电报中赫鲁晓夫祝贺"针对库尔德人的自相残杀战争"的终结①。

在马格里布地区，在法国保护国爆发的民族解放斗争使摩洛哥和突尼斯于1956年宣布独立，不过它们与西方依然保持密切关系。阿尔及利亚反抗法国统治的血腥战争仍在继续，苏联支持阿尔及利亚共和国临时政府，而阿尔及利亚宣布独立后，阿与法国的关系急剧恶化，苏联是第一个支持艾哈迈德·本·贝拉（Ben Bella）政府的国家，尤其是他宣称忠于"社会主义的选择"。本·贝拉政府于1965年被推翻，但他的继任者布迈丁（Boumedienne）继续与苏联保持着密切的关系。

伊拉克的"反对帝国主义"和苏联对阿尔及利亚的同情并没有改变埃及作为苏联在中东和非洲政策的主要堡垒的地位。两国间的合作日益密切，赫鲁晓夫对埃及进行了被视为胜利的访问，使两国关系达到新的热度。为保证赫鲁晓夫访问获得成功，纳赛尔释放了大部分被囚禁的共产党人。

1964年5月9日，赫鲁晓夫乘"亚美尼亚"号抵达埃及的亚历山大港，面对的是一大群兴高采烈前来迎接他的人，他们热烈欢迎的程度远远超过了所有传统的礼节标准。一个外国政治领袖很难对埃及人最真诚的接待无动于衷。在许多人的眼中，赫鲁晓夫是一个来自伟大国家的领导人，他曾冒着风险阻止三方侵略埃及，向埃及军队提供了现代化武器，并为埃及提供了大量的技术和经济援助，使埃及得以开始大规模工业化。最后，但并非不重要的一点是，他还同意帮助实现埃及梦——修建阿斯旺大坝。两个月前，中国总理周恩来作为客人访问了埃及，只是受到了标准的礼遇。纳赛尔已经在赫鲁晓夫身上下了赌注，他不想因与中国交好而惹恼赫鲁晓夫。

纳赛尔向赫鲁晓夫颁发了埃及最高勋章——尼罗河勋章，赫鲁晓夫则以列宁勋章回敬纳赛尔和阿卜杜勒·哈基姆·阿密尔（Abd al-Hakim Amer）元帅，并授予他们"苏联英雄"称号，这让他们相当尴尬，也让苏联公众感到不快。此前，阿尔及利亚的本·贝拉是唯一一位获得这一殊荣的非共产主义

---

① См.：Правда. 20.06.1963.

领导人。阿纳托利·葛罗米柯告诉我："赫鲁晓夫在这件事上没有征求我父亲或其他人的意见。"① 1964 年 5 月 13 日，赫鲁晓夫和纳赛尔同时按下了炸掉围堰的按钮，把尼罗河的水引向了一条排水运河。这是建造阿斯旺水坝新阶段的开始。

苏联领导人肯定对纳赛尔印象深刻，而赫鲁晓夫也无疑被他的个人魅力、机智和政治才能所吸引。无论是在阿拉伯世界、在非洲，还是在非阿拉伯的亚洲，纳赛尔都成为苏联外交政策的宝贵支持者。1962 年，也门爆发了一场与埃及协调一致的革命，新政权面临得到沙特阿拉伯支持的君主主义者的威胁，纳赛尔派出军队帮助共和党人。埃及是不结盟运动和非洲统一组织的坚定支持者之一，开罗吸引了一大批反西方的阿拉伯和非洲革命者。纳赛尔将外国资本或驱逐或"埃及化"，将中上层资产阶级的财产国有化，进行了两次土地改革，将政府机构中 50% 的名额留给"工人和农民"，并制定了一个《全国行动宪章》，其中包括许多与苏联意识形态教条相似的条款。在赫鲁晓夫访埃前夕，《真理报》热情洋溢地写道：

> 我们这个时代的强大的革命力量——日益强大的世界社会主义制度、资本主义国家的无产阶级斗争和民族解放运动——正在汇成一股洪流，对帝国主义和殖民主义制度发起决定性的打击。这些力量的日益团结、加强和发展是建设一个没有战争、没有人剥削人的新世界的坚强保证。②

纳赛尔在各方面都令人钦佩，但是……他唯一的缺点是，与菲德尔·卡斯特罗不同，他未能接受"科学社会主义"，未能成为一名马克思主义者。如果他这样做了，苏埃关系就会完全和谐了。原始的弥赛亚主义理想依然盘踞在赫鲁晓夫的大脑中，偶尔在他的演讲中会浮现出来。在开罗的一次青年集会上，赫鲁晓夫对成功地"反对资本主义剥削"的"热爱自由的埃及人民"表示了钦佩，并补充说："社会主义是让我们在短时期内摆脱贫困和落后，确保所有辛劳的人享有自由幸福生活的唯一途径。我希望你们，正在走上社会主义建设道路的阿拉伯联合共和国的年轻人，在这条道路上取得巨大成功。"③纳赛尔的官方宣传已经开始把埃及社会描述为社会主义社会，而这位最高的

---

① 与葛罗米柯的谈话（1990 年 5 月）。

② Правда. 11. 05. 1964.

③ Аль - Ахрам. 12. 05. 1964.

客人则认为发展中国家只是刚开始"沿着社会主义建设的道路前进"，即他们朝着这个方向才迈出了第一步。包括埃及在内的这些发展中国家怎样才能继续前进呢？当然是按照苏联模式。赫鲁晓夫提到"苏维埃大地上取得的成就"，如工业国有化和农业集体化，赫鲁晓夫真诚地总结道，由于这些成就，苏联已从经济落后的国家转变为强大的社会主义国家。简言之，跟随我们沿着这条"唯一正确的道路"前进吧。①

在阿斯旺，赫鲁晓夫对伊拉克总统阿里夫（Abd al-Salam Aref）的演讲感到不满，阿里夫的讲话强调了阿拉伯民族主义和伊斯兰教，他在回答问题时偏离了事先准备好的文稿，说出了内心的想法。赫鲁晓夫声称，苏联无意帮助"一般的阿拉伯人"，而是愿意帮助"参与反对帝国主义和殖民主义斗争的"埃及人民，"这样工人阶级、农民、正在挣扎的知识分子以及全国一切进步力量，就能够在建设新生活的道路上奋勇前进"。正是运用了列宁主义哲学，苏联才赢得了胜利，并且社会主义最终"在许多其他国家"赢得胜利。对他来说，阿拉伯团结的概念意味着"所有阿拉伯工人和所有反对帝国主义、剥削、殖民、垄断的劳动人民的兄弟般团结，以及劳动人民的胜利"。本质上，他建议用"阿拉伯工人、阿拉伯农民、进步的阿拉伯知识分子和所有劳动人民团结起来为争取自由和独立、为更美好的生活、为反对本民族资产阶级和外国资产阶级的剥削而斗争"来取代"阿拉伯人团结起来！"的口号。对于俄罗斯人，对于其他民族的人民，对于"所有那些依靠自己的劳动，为自由、更美好的生活和人民幸福而斗争的人们"② 来说，这种团结都是有空间的。③

纳赛尔对客人的回答语气温和，不过他重申了自己对阿拉伯团结的看法。这个口号"不是种族主义的"，因为它反映了一个深刻的历史现实，即阿拉伯人一直是一个以"物质生活和共同意识相统一，有着共同世界观"为特征的统一的民族。④

访问临近尾声时，埃及人在苏伊士运河附近为赫鲁晓夫、纳赛尔、本·

---

① Аль‐Ахрам. 12.05.1964.

② Там же. 14.05.1964.

③ 应该指出的是，这些讲话反映出赫鲁晓夫诚挚的政治信仰。可以证明的材料来自一本尚未正式出版的关于赫鲁晓夫的书，它最早刊于《今日亚非》2016年第4期，第58页。不知出于何种原因，1970年在西方出版的《赫鲁晓夫回忆录》并没有记录上述语句。——译者注

④ Аль‐Ахрам. 14.05.1964.

贝拉和阿里夫安排了一天安静的捕鱼活动。然而，由于赫鲁晓夫与阿拉伯领导人在民族主义和宗教问题上发生了情感冲突，"哈里利亚"（Hurriyya）号游艇上几乎没有捕鱼活动。在这里，我引用一段已故的翻译家、外交官、文学家、钱币收藏家和埃及文物收藏家奥列格·科夫图诺维奇（Oleg Kovtunovich）讲述的一件事：

> 赫鲁晓夫和其苏联领导层的同事们都认为阿拉伯领导人在宗教问题上"疯了"。这就是赫鲁晓夫决定要教育教育他们的原因。带着这个想法，他对游艇上的同伴们说："我记得我们村子里有一个牧师。他有个情妇。他杀了她并肢解了她的尸体。现在，你可以看到信仰宗教和上帝能给人带来什么。"他的同伴们对此感到有些困惑。纳赛尔温和地说："嗯，这个例子可能与宗教无关。我认为，有好的牧师，也有坏的牧师。或许一些共产党人也会犯罪……"赫鲁晓夫突然感到很受伤，说："嗯，我明白了。大便里会有覆盆子的味道！"这让我绞尽脑汁思考如何把这句质朴谚语的精髓传递给阿拉伯领导人……①

尽管如此，赫鲁晓夫访问的结果似乎对双方都非常有利。尽管他情绪激动，这位苏联领导人还是赞同阿拉伯民族主义的原则，并接受了纳赛尔根据自己的判断建立埃及社会的权利。他热情支持纳赛尔提出的从该地区撤出所有外国军事基地的要求，谴责以色列是"帝国主义基地"，并支持阿拉伯人在约旦水权问题上的立场。埃及已经证明自己是反"帝国主义"，即苏联反西方的"民族解放运动"的重要组成部分，与埃及的合作符合苏联领导层的弥赛亚主义和务实主义的目标，而这些目标正开始融合为一。

赫鲁晓夫的慷慨并不仅限于他给予埃及领导人的两个"苏联英雄"金色勋章。他还承诺向他们提供 2.5 亿卢布的长期贷款，用于经济发展。1964 年9 月，埃及总理阿里·萨布里（Ali Sabri）访问莫斯科时，双方就这方面的具体建议达成了一致。苏联承诺合作在赫勒万建设一座年产超过 100 万吨的钢铁厂，在亚历山大附近建设一座装机容量为 20 万千瓦的热电站，并在苏伊士建造一家石油处理厂。

1964 年 10 月 14 日，尼基塔·赫鲁晓夫被大多数政治局委员通过"静悄

---

① 与科夫图诺维奇的谈话（1979 年）。

悄的阴谋"推翻。对他统治的不满主要是由内部因素引起的。党的组织机构强烈反对他企图削弱党对社会的控制，隐秘的斯大林拥护者对赫鲁晓夫揭露斯大林时期的暴行感到不满，群众厌倦了赫鲁晓夫唯意志论式的试验，而知识分子对他日益走向专制和对他在与作家、艺术家等会面时的表现，例如常常无礼咆哮感到震惊。

然而，我们应公正地评价赫鲁晓夫。他的政策是极端天真的救世主主义和政治实用主义的混合体。他似乎很希望看到所有种族——白人、黑人和黄种人——在共产主义的红色旗帜下共同前进；他在阿拉伯世界和整个第三世界的行动通常都非常巧妙：把坚定与谨慎、乡巴佬式的固执与政治家的智慧结合了起来。必须指出的是，除了其他事情外，赫鲁晓夫在倒台之前一直是幸运的。这并不仅仅因为，如其他地方所指出的，他的政治路线符合第三世界特别是中东历史进程的总方向。他作为一个大国的领导人，似乎使国家看上去正在以比西方更快的速度发展其工业潜力。随着工业潜力的增长，苏联庞大的军事机器和军事实力也在增长，广泛的经济发展的可能性尚未耗尽，苏联的自然财富似乎是无限的。虽然苏联已经开始进口小麦，但它的农业并没有过度紧张，"行政命令制度"的完全无效尚未显露出来，经济改革的怯懦尝试也受到遏制。西方刚刚进入信息技术、计算机和高级服务的后工业社会——西方和苏联社会在质量上的差距直到20世纪70年代或80年代才变得明显。

在赫鲁晓夫时期，苏联与阿拉伯世界的经济和文化关系得到了进一步发展，这得益于苏联日益增长的技术和经济潜力。在20世纪五六十年代，苏联与埃及（1958年）、阿尔及利亚（阿尔及利亚共和国临时政府，1958年）、伊拉克（1959年）、也门（1956年）、叙利亚（1957年）、苏丹（1963年）签订了经济技术合作协定。

苏联与埃及的经济合作最为活跃。1965年两国贸易额是1953年的10倍。从1956～1957年开始，苏联多年来一直是埃及的主要贸易伙伴，是埃及棉花的最大买家。1958年1月29日，两国签署了《苏联与埃及经济技术合作协定》，苏联为埃及提供援助，在埃及建造了120多个工业项目和其他设施。20世纪70年代，在苏联的帮助下，赫勒万钢铁厂的年产量达到了150万吨。苏联还协助埃及在赫勒万建造了一家工程机械厂，在阿布扎巴尔建造了一家抗生素制药厂，在亚历山大港建造了两座炼油厂和一家造船厂，在开罗建造了一家无线电工厂。

苏埃合作的重点是阿斯旺大坝。1958 年 12 月 27 日，苏联与埃及签署了关于建设大坝第一阶段的经济和技术援助协议，随后于 1960 年 8 月签署第二阶段建设协议。阿斯旺水利枢纽是非洲最大的水利设施。该综合体包括一座大坝、一座装机容量为 210 万千瓦的水力发电站、一条长达 2000 公里的高压输电线路，以及相关的灌溉设施和一座容量为 1300 亿立方米的水库。阿斯旺水利枢纽工程于 1971 年 1 月竣工。

在伊拉克，苏联一开始帮助建造了一个农机厂、一个拖拉机装配厂和一个生产电动机和电力变压器的工厂，后来又促进了鲁迈拉北部国有油田的开发。在苏联的帮助下，伊拉克修建了长达 750 公里的巴格达—巴士拉铁路。在叙利亚，苏联帮助修建长达 737 公里的阿勒颇—拉塔基亚—卡米什利铁路。在苏联的帮助下，也门修建了荷台达港。[1]

在苏联专家的帮助下成千上万的阿拉伯专家和军事人员在本地或在苏联的大学和中等专科学校里接受了培训。

文化合作——艺术家、演员、运动员的交流——规模较小，但相当成功。1959 年，在开罗成立了芭蕾舞高等学院，苏联芭蕾舞大师在那里授课。到 20 世纪 60 年代中期，第一家埃及芭蕾舞团成立。

斯大林去世后不久，新的苏联领导层开始对土耳其、伊朗和阿富汗示好。1952 年加入北约的土耳其是最难对付的。1953 年 5 月 30 日，苏联照会土耳其，表示希望恢复自 20 世纪 20 年代以来存在的良好关系，并通过谈判讨论现有的分歧。这份照会指出，苏联"对土耳其没有领土要求"，苏联政府如此公开地承认斯大林先前所采取的政策是错误的，这是很罕见的。然而，尽管苏联领导人不断示好，向土提供贷款和扩大贸易与经济合作，土耳其领导人对苏联的敌意惯性仍然持续了几年。直至 1963 年后，土耳其开始逐步采取与苏联有限缓和的政策。在土耳其，反美运动愈演愈烈，美国的军事存在正在减少。

伊朗对苏联的提议反应谨慎，并不顾苏联的不满，加入了巴格达条约组织。不过，两国的利益一致促进了彼此关系的改善。1956 年 6 月，巴列维国王访问了莫斯科，并受到了隆重的接待。1963 年，伊朗国王宣布他不会允许

---

① *Внешняя политика СССР. Сборник документов. 1953.* М., 1954. С. 134.

美国在伊朗建立导弹基地，之后苏伊两国关系取得了显著的进步。

20 世纪三四十年代，阿富汗与莫斯科保持着距离。但在 20 世纪 50 年代，阿富汗首相达乌德决定接受苏联武器，以增强军队能力抵抗来自巴基斯坦的压力；他希望在普什图斯坦问题上得到苏联的支持。1954 年 1 月 27 日，喀布尔和莫斯科签署了一项关于经济合作的协定，数额不大，只有 350 万美元。随后苏联的援建项目接踵而至，如协助建设灌溉工程和发电厂、开发阿姆河沿岸港口、建造石油储存设施、成立喀布尔理工大学、扩大道路、建设现代化机场。到 20 世纪 50 年代末，阿富汗在接受苏联经济援助的"非社会主义国家"中排名第三，仅次于印度和埃及。据说，其外交政策完全满足了苏联领导层的要求。

赫鲁晓夫中东政策的资产负债表似乎是有利的。通过帮助阿拉伯国家和阿富汗加强独立，赫鲁晓夫非常有效地让这些国家采取中立的政治立场。英国在阿拉伯半岛的殖民主义已经奄奄一息，外国军事基地正在从埃及、约旦、伊拉克和苏丹消失。尽管规模有限，埃及和叙利亚（在某种程度上也包括伊拉克）成了苏联的盟友。

据报道，在得知赫鲁晓夫被免职后，纳赛尔曾说："我们必须从头再来。"[1] 其他阿拉伯领导人似乎也发出了同样的感叹。然而，无论是他们还是赫鲁晓夫的继任者都不需要从头开始，他们只需要延续之前的路线和关系。至于这条路线所固有的矛盾在不到十年的时间里不断加深并开始瓦解苏阿关系的大厦，那是另外一回事。世界各地——西方、苏联和中东——社会政治和经济环境正在发生变化，特别是苏联的经济资源正在绝对和相对地减少。苏联和美国之间的破坏性对抗强加在所有其他关系之上，对双方造成了损害，但主要是对苏联造成了损害。

① *Heikal M.* Cairo Documents. N. Y., 1973. C. 158.

第三章

走向衰落：列昂尼德·勃列日涅夫时代

在发展中国家，与在其他地方一样，我们支持进步、民主和民族解放力量，我们视他们为朋友和同一战壕的同志……苏联全力支持新生国家的合法斗争以及它们彻底摆脱帝国主义剥削的决心。

——列昂尼德·勃列日涅夫

在每一个遥远的动荡地区，只要了解足够深入，你就会发现苏联在那里发挥作用，扩张其帝国主义野心。

——罗纳德·里根

尼基塔·赫鲁晓夫下台之后，苏联在中东的政策没有发生改变。与美国对抗的逻辑促使勃列日涅夫及其同僚寻求与反西方政权的和解，而"从背后捅帝国主义一刀"的观念意味着要支持那些借鉴苏联社会经济模式中某些要素和那些追随莫斯科所宣扬的所谓"社会主义方向"的国家。苏联的国家安全利益要求与中东国家实现"关系正常化"和"睦邻友好"，把政治和宣传工作的目标对准西方在该地区参与的军事联盟以及建立的外国军事基地。美国海军在地中海和印度洋的存在所带来的战略危险也促使苏联领导人采取具有军事和战略性质的回应措施。

与埃及的合作仍是苏联中东政策的基石。1964 年 10 月，纳赛尔得到苏联新领导人的保证，他们对埃及的政策不会改变，将继续依照和平共处精神进行合作，随后双方高级别代表团进行了互访。双方都试图建立个人联系，在 1965 年 8 月 27 日至 9 月 1 日纳赛尔正式访问苏联之后，他似乎找到了与苏联新领导人之间的共同语言。其将前埃及共产党员纳入官方权力架构也为与苏联的合作创造了有利条件。1966 年 5 月 10 ~ 18 日，由苏联部长会议主席阿列克谢·尼古拉耶维奇·柯西金（A. N. Kosygin）率领的苏联代表团访问了埃及。

20 世纪 50 ~ 60 年代，出于国内社会经济的考虑，另一个对苏联很重要的国家——叙利亚——也采取了反以色列和反西方的立场，从而建立了扩大与莫斯科合作的基础。叙利亚复兴社会党版的阿拉伯民族主义和社会主义使其有更多与苏联政策接触以及与苏联领导人对话的机会，这增进了相互理解，同时叙利亚的战略地位也使其成为苏联的重要伙伴。1966 年 2 月 23 日叙发生政变后，由努尔丁·阿塔西（Nureddin Atasi）领导的左翼复兴党派上台掌权，加速了叙利亚与苏联的和解。苏联增加了对叙利亚的武器供应[①]，并同意帮助建设幼发拉底河大坝联合工程，其政治意义相当于埃及的阿斯旺大坝，该大

---

① CM.：*Smith G. A. Soviet Foreign Trade: Organization, Operations and Policy 1918—1971. N. Y.*, 1973. C. 41.

坝可灌溉 150 万费丹①（feddans）的耕地，并在此建造一个大型水电站。联邦德国原本承诺参与这一项目，但叙利亚在 1965 年中断了与联邦德国的外交关系，以抗议联邦德国承认以色列，为此该项目需要新的赞助人，而苏联同意接手。不幸的是，叙利亚领导人没有预料到还需要就幼发拉底河的水量分配问题与伊拉克和土耳其达成一致，这后来给叙利亚与邻国的关系带来了严重问题。

1967 年 1 月，叙利亚和苏联的领导人开始初步接触。苏联对叙利亚复兴党抱着较为浪漫的想法，希望它会朝着"正确的"（比如"苏联的"）方向发展。然而，对大多数人来说，包括许多连续参与叙利亚政变的军官，社会主义的措辞只不过是他们在争夺权力和个人财富斗争中必不可少的工具。阿拉伯世界不相信苏联的"社会主义理想"和激进主义，许多复兴党军官与阿拉维教派②的关系暧昧不明，他们真正的意图与民族主义或社会主义没有一点关系。

叙利亚统治阶层主要出于国内政策的需要，为了巩固自己的权力，以"犹太复国主义、帝国主义和反动派"的军事挑衅来恐吓公众，并试图在民众中形成一种"被包围的心态"，人为地制造一种危机气氛。当然，外部势力确实有针对叙利亚的阴谋并企图发动政变，这种四面楚歌的气氛，有时是歇斯底里的，又经常被苏联媒体推波助澜，从而促使叙利亚人与以色列的对抗不断升级。巴勒斯坦游击队从叙利亚领土上对以色列进行突袭，而且在约旦河水的分配问题上叙利亚也与以色列存在相当大的摩擦。

苏联支持阿拉伯世界与西方的对抗（尽管没有把事情推展到让自己卷入冲突的地步），在试图加强阿拉伯人的独立、武装力量和经济发展的努力中，苏联的政策目标相当明确且卓有成效。然而，苏联越多参与地区事务，就越需要考虑当地发生冲突的因素和根源，而这常常将苏联领导人置于尴尬境地：影响越大、参与越多，麻烦也就越多！该地区之前的殖民帝国主人——英国和法国以及现在的主导力量美国对这种情形非常熟悉，苏联也难逃厄运。结果就是，也门交战各方使用苏联武器发动内战，巴格达政府使用苏联武器镇压库尔德人并威胁科威特，喀土穆政府用苏联武器打击苏丹南部的叛军。苏联在阿拉伯国家中间巧妙周旋，并在它们的相互对抗中尽可能谨慎地不偏袒

---

① 埃及表示面积的单位，1 费丹等于 4200 平方米。——译者注
② 阿拉维教派是 10 世纪在叙利亚北部什叶派人群中兴起的一个伊斯兰教分支。阿拉维教义包含了一些基督教和之前宗教的元素。——译者注

任何一方。不过，由于外交政策形成中的一些怪癖，苏联在埃及的利益使得其在中东倾向于以埃及人的眼光看待问题。

1961 年叙利亚脱离阿拉伯联合共和国后，其与埃及的关系变冷，这曾令苏联领导人左右为难，尽管苏叙两国的外交利益日益一致。苏联致力于调和埃及与叙利亚的关系。1966 年 12 月，柯西金终于设法使叙利亚和埃及达成了和解协议。

苏联在中东冲突的核心问题——阿拉伯人和以色列人之间的冲突——上的优先目标从一开始就是错位的。虽然承认以色列有生存权，但苏联领导人认为以色列是该地区的"帝国主义基地"，因此阿拉伯人为抵抗以色列人的进攻而加强武装力量的努力被苏联视为合法的。以色列在 1956 年的苏伊士运河危机（或苏联所用的"三国入侵埃及"说法）中还没有表明其作用和意图吗？以色列认为，邻国民族主义和极端主义的政权日益增长的军事潜力危及其生存。阿拉伯世界的统治者没有支持当时巴勒斯坦领导人艾哈迈德·舒凯里（Ahmad Shukeiri）"把犹太人扔进海里"的号召吗？"先有蛋还是先有鸡"纯粹是一个理论问题吗？究竟是阿拉伯人还是以色列人先开始军备竞赛的？军备竞赛升级到如此程度，到 20 世纪 80 年代，中东已成为一个军备集中程度可比肩北约组织和华约组织国家的区域。即便在 20 世纪 90 年代后期，竞争也很激烈。

解释苏联和阿拉伯人的合作时，苏联宣传倾向于忽视这一事实，即阿以冲突起源于两个民族主义的冲突，源于以色列和巴勒斯坦两个民族围绕一块领土的争端。后来巴勒斯坦问题在 20 世纪七八十年代变得更加突出。

从失败到成功

1967 年第三次中东战争前夕，苏联领导人确信自 1956 年战争以来的 11 年里，由于苏联的援助，埃及和叙利亚军队已经具有足以应对任何冲突的武器装备。在苏联看来，在中东出现了均势，即双方的武器装备数量和军队数量相当，而阿拉伯世界无限的人口潜力则是优势，因此苏联天真地以为，犹太人"不知道该如何发动战争"，而且以色列先前的军事行动没有能推翻这一观点。所有这些助长了一种对即将到来的军事冲突掉以轻心的态度：不会允许阿拉伯人去摧毁以色列，但稍微动摇一下它也是有益的；能避免战争是最好的，但如果避免不了，它应该是有限的，绝不能让阿拉伯人战败。

笔者被告知，所有来自以色列的关于以军在真实备战和以色列军事行动计划的情报均被视作误报而放弃。相信这些情报就等于怀疑苏联领导人的智慧和政治洞察力，质疑埃及和叙利亚的军事机构多年来所做的工作，而此时勃列日涅夫正需要军方的支持来巩固其在国内的地位。俄罗斯有一句谚语："不到打雷时，农民不会祷告。"好了，现在打雷了。

以色列领导人似乎不反对军事解决方案，他们或许甚至渴望军事解决，他们认为军备竞赛的气氛有利于发动战争。阿拉伯国家的领导人对自身军队实力和战备状态的盲目自信让他们降低了警惕性，妨碍了采取实际措施去组织战斗训练和开展动员。埃及军队相当大的一部分（约7万人）卷入了也门内战，与共和党人一起对抗得到沙特阿拉伯和西方武器供应支持的君主主义者。叙利亚军事政治最高集团的内斗令人怀疑叙利亚领导人能否有效地行使权力。由于古巴导弹危机，苏联本身已经从武器库中排除了核恫吓，又没有能力或必要的手段将部队迅速部署到冲突地区。对以色列领导人来说，此时的战略优势显而易见。当时，许多以色列人重视"战略纵深"的概念，认为占领阿拉伯土地将扩大以色列控制下的领土范围，使其能够巩固在戈兰高地、约旦河西岸和西奈半岛的地位。现在很难说，以色列当时是否打算要完全或部分地吞并东耶路撒冷、约旦河西岸、加沙和戈兰高地，对移民定居者实施殖民；或以色列领导人是否准备采用"以领土换和平"的方案来解决问题。但推翻叙利亚和埃及的反西方和反以色列的民族主义政权，替代以愿意实现和平与妥协的温和政府，这对以色列是最合适不过的。

被越南战争缠身的美国不反对以色列打击它的阿拉伯邻国，美国政府也意识到各方军队和战备状态的实际相关性。将苏联从中东驱逐出去一直都在美国的政治议程中，如果能够打击苏联的威望，打败其阿拉伯盟国和朋友，并最终颠覆埃及和叙利亚的政权，那是最符合美国利益的。纳赛尔与叙利亚一起冒险的行动给了以色列人一个进攻的借口。

1967年初，主要出于国内政策考虑，叙利亚的反以色列宣传越来越多，沿着停火线的军事示威也日益增多。[1] 以色列领导人反对叙利亚的言论也伴之以威胁性军事演习（叙利亚情报部门和苏联媒体可能对此夸大其词），以色列

---

[1] 以色列和阿拉伯国家不承认彼此的边界。——译者注

领导人发表了一系列好战声明。以色列一位高级人士称，如果叙利亚继续在以色列进行破坏活动，其将立即采取军事行动推翻叙利亚政权。[①] 1967 年 5 月 18 日，纳赛尔要求联合国部队从停火线和蒂朗海峡撤军。5 月 23 日，他在亚喀巴湾沿岸地区部署了埃及军队，禁止以色列船只通过蒂朗海峡进入红海，从而封锁了以色列的埃拉特港。正如拉克尔所指出的："苏联领导人无疑希望埃及在以色列南部边境展现实力，但他们希望封锁蒂朗海峡和战争吗？证据相互矛盾……纳赛尔在未征求苏联意见的情况下就迈出了第一步。那么，在某一点上，撤退已是不可能的了。"[②]

没有任何迹象表明哪一位苏联领导人想在中东发动战争，但是他们被迫在道义和政治上支持阿拉伯人。苏联政府 1967 年 5 月 23 日的声明清楚地表明，如果阿拉伯人受到攻击，莫斯科将站在阿拉伯人一边。[③] 即便如此，纳赛尔也得到了苏联不会支持其对以色列发动敌对行动的暗示。在政治上支持纳赛尔的同时，苏联也在外交上寻求为危机制定一个"双方都能接受的公正和平的解决方案"[④]。就苏联的战略利益而言，谁控制蒂朗海峡或以色列船只能否通行都无所谓，因此，苏联准备支持任何妥协的解决办法，不允许仅仅因为几艘船不能从亚喀巴湾航行到红海就发动战争。

但是，苏联控制不了埃及或叙利亚，而且苏联当时认为不能对联合国施压以通过一项要求恢复蒂朗海峡原状的决议，这是纳赛尔不能接受的，通过这样的决议将会羞辱和得罪其在中东的主要盟友。美国也没有表现出寻求政治解决的强烈意愿。苏联媒体沉溺于一些极其笨拙的军事演习的报道，包括叙利亚正受到在中情局和石油巨头指挥的来自以色列和约旦联合入侵的威胁。[⑤] 同时，约旦国王侯赛因于 5 月 30 日与纳赛尔签署了共同防卫条约，并加入了反以色列联盟。为此，他卷入了与以色列的战争，结果失去了东耶路撒冷和整个约旦河西岸。

1967 年 6 月 5 日战争打响，在战争开始的头两天，苏联的报纸和电台报道了阿拉伯方面早就提前做好战争准备的消息，它们称埃及和叙利亚军队正

---

① Цит. no: *Laqueur W.* The Road to War 1967. L. , 1968. C. 75.

② Ibid. P. 82.

③ См. : Правда. 24. 05. 1967.

④ См. : *Примаков Е.* Конфиденциально… C. 120—122.

⑤ См. : Красная звезда. 27. 05. 1967.

在深入以色列领土，阿拉伯国家的空军正在空袭以色列境内的目标。当第二天情况变得明朗的时候，阿拉伯国家的空军已被完全摧毁，陆军遭到了灾难性的失败，而此时苏联还未做好军事干预这场冲突的准备。正如预期的那样，苏联开始了支持阿拉伯国家的政治和宣传活动。在 6 月 5 日发表的一份特别声明中，苏联政府谴责"以色列的侵略"，宣布"坚决支持"阿拉伯国家政府和人民，并敦促以色列首先采取步骤，"立即无条件地停止敌对行动，并从停火线撤军"①。苏联驻联合国代表费德林（N. Fedorenko）在安理会紧急会议上提出一个类似草案，但美国和英国的代表反对将撤军条款纳入决议草案。

"虽然苏联和美国在 1967 年战争中分别支持敌对双方是个事实，但两个超级大国都试图阻止这场战争升级为全球性对抗。"普里马科夫②写道："两国领导人之间有一条直拨'热线'。"③

苏联驻美国大使多勃雷宁（A. F. Dobrynin）回忆道："……在决定性的事件过程中，约翰逊总统与国务卿迪安·腊斯克、国防部部长麦克纳马拉和首席顾问们一直待在白宫的战情室里。"在克里姆林宫，政治局也一直在开会。"热线"在保持莫斯科和华盛顿之间的持续联系方面发挥了难以估量的作用，它使白宫和克里姆林宫能够及时了解事态发展，并防止两国政府的意图和行动出现危险的模棱两可。④

然而，6 月 6 日，安理会一致通过一项决议，呼吁作为第一步，所有有关政府应毫不拖延地立即采取一切必要措施在中东停火和停止敌对行动。但是，以色列的进攻仍在继续。

6 月 7 日，应苏联代表的请求，安理会再次开会，确定停止敌对行动的确切时间，一致同意应在 7 日格林尼治标准时间下午 8 点停止敌对行动。

6 月 7 日，约旦宣布接受停火建议。6 月 8 日，埃及政府知会联合国秘书长吴丹（U Thant），称若对方愿意停火，埃方也会同意停火。然而，这项决

---

① *Внешняя* политика СССР и международные отношения: Сб. док - тов. 1966. М., 1967. С. 147—148.

② 叶夫根尼·马克西莫维奇·普里马科夫（1929 ~ 2015 年），苏联/俄罗斯政治家，曾任俄罗斯联邦总理（1998 ~ 1999 年）、外交部部长（1996 ~ 1998 年）、苏联中央情报局局长（1991 年）、俄罗斯对外情报局局长（1991 ~ 1996 年）、苏联最高苏维埃联盟院主席（1989 ~ 1990 年）。他也是经济学家、东方学专家、阿拉伯研究专家和苏联科学院院士。——译者注

③ *Примаков Е.* Конфиденциально⋯ С. 122.

④ Добрынин А. Ф. Сугубо доверительно: посол в Вашингтоне при шести президентах США（1962—1986）. М.: Автор, 1977. С. 146.

议没有包含恢复原状的条款。

6月8日，苏联政府发表了一份新的声明，警告以色列必须按照联合国的要求立即停火，否则苏联将重新审视与以色列的关系，不排除与以色列断绝外交关系。① 6月9日，吴丹通知安理会，埃及、叙利亚和约旦三国已同意停止敌对行动。然而，以色列军队继续在叙利亚前线开展陆地和空中军事行动。尽管安理会第三次要求其立即结束作战行动，以色列仍继续进攻叙利亚，并轰炸了大马士革。

6月10日，安理会举行会议，苏联代表在会上呼吁立即采取果断措施"阻止侵略者并以国际法的全部严肃性谴责以色列"②，而美国代表虽然呼吁双方停火，但反对谴责以色列。6月10日，苏联宣布与以色列断绝外交关系，并强调除非立即停止侵略行动，否则苏联和其他"爱好和平"的国家将"对以色列实施制裁，并由其承担随之产生的一切后果"③。苏联还通过热线警告美国，若以色列不停止敌对行动，苏联将不排除采取军事行动的可能。④

6月10日，在收到苏联照会3个小时后，以色列停止了在所有战线上的军事行动，该国领导人已经完成了自己既定的军事战略任务。他们可能希望进一步扩大占领区以便获得更多谈判筹码，但苏联和大多数东欧国家与以色列断绝了外交关系，并用尽了施加政治压力的手段，这造成了一种不确定的情况，苏联未来的反应变得难以预测。因此，以色列领导人决定停止行动。显然美国也认为，在以色列已经获得胜利并可以安静离场收获政治果实的时候，去挑衅苏联采取不可预见的行动是草率的。

以色列发动战争之初在多大程度上得到了美国的支持呢？是以色列领导人自己做出了开战决定，他们有信心取胜，但在出现复杂情况时以色列就需要依赖美国。美国对打击苏联的声望和地位感兴趣，这是其阿拉伯盟国和朋友战败的必然结果，而这一结局也可能带来埃及和叙利亚的政权更迭。把苏联赶出中东始终在美国的政策议程中。

---

① *Добрынин А. Ф.* Сугубо доверительно: посол в Вашингтоне при шести президентах США (1962—1986). М.: Автор, 1977. С. 148–149.
② Объединенные нации. Доклад Совета Безопасности ГА ООН за период с 16 июня 1966 г. по 15 июля 1967 г. ГА ООН. Официальные отчеты. XXII сессия. Дополнение № 2 (A/6702). Нью-Йорк, 1967. С. 70.
③ *Внешняя* политика СССР. С. 155—156.
④ *Развивающиеся* страны в мировой политике. М., 1970. С. 14.

美国总统林登·约翰逊在回忆录中说，他本已说服以色列不要发动战争，这场战争的到来对他来说是一个意外。[①] 美国深陷越战泥沼，不想卷入中东的任何军事行动。真正的问题是，美国总统曾用什么样的口吻说服他的盟友不要发动战争。无论如何，以色列的迅速获胜符合约翰逊的心意。[②] 美国实际上为以色列采取军事行动开了"绿灯"。然而，约翰逊支持苏联在联合国安理会提出的停火建议。该决议获得一致通过。6月7日，以色列表示同意此项决议，但条件是恢复原状，即开放亚喀巴湾和埃及军队撤出西奈半岛。埃及和叙利亚没有立即回应这个由苏联提出并得到美国支持的决议。根据约翰逊的说法，该决议允许以色列占领西奈半岛、东耶路撒冷和戈兰高地。6月8日，埃及接受了停火协议。6月9日，叙利亚宣布接受决议。6月10日上午，以色列同意遵守决议。但时间已经错过了。

约翰逊这样总结"六日战争"："……我很遗憾以色列人选择袭击部署在其边境的阿拉伯军队，也为纳赛尔拒绝接受我们要求立即停火和重新开放亚喀巴湾以及双方都从西奈半岛撤军的建议感到遗憾。发动一场战争远比缔造和平容易得多。如果当初纳赛尔接受了我们的建议，那么以色列发动袭击的复杂因素可能很快就能搞清楚。原本可以促成以色列从西奈撤军，可以迅速着手制定中东和平解决方案，并对早日实现这方案抱有希望。阿拉伯人的拖延导致了战争，结果以色列军队占领了叙利亚、约旦和阿联的部分地区。"[③]

事实上，这是约翰逊的主观看法，他倾向于粉饰美国人和以色列人。阿拉伯人对此持不同立场，他们不会自责，而是责备以色列人和美国人，而且他们自己的解释也不完全一样。

"自1948年以色列成立以来，我们一直支持该地区所有国家的领土完整，"约翰逊写道，"我们虽然没有将此承诺写入任何条约，但它是强有力的。它根植于1950年的'三方宣言'，美国、英国和法国三国共同承诺反对任何以武力改变中东国家边界的行为。四任美国总统——杜鲁门、艾森豪威尔、肯尼迪和我本人——都公开重申了这一承诺。"[④] 但问题是在1967年以色列实

---

①　См.：Johnson Lyndon Baines. The Vantage Point. Perspectives of the Presidency. 1963—1969. New York etc. 1971.

②　См.：*Примаков Е.* Конфиденциально… С. 118.

③　*Johnson Lyndon Baines.* Op. cit. P. 303.

④　Ibid. P. 287—288.

际上没有国际公认的边界。

事后看来，苏联领导人与以色列断绝外交关系是错误的，当然这是事后诸葛亮，事后做出这样的判断很容易。苏联本可以召回大使、降低外交关系级别，在中立旗帜下（像芬兰一样）在以色列保留一个联络处，这样可以保留苏联与以色列政府和其他政治力量进行接触的渠道，这也有利于苏联参与未来的和平进程。苏联的举动通常被西方学者解释为对阿拉伯人的支持。然而，苏联外交部的一位高级官员给出了不同的解释。

外交部高级官员： 有时候外交部采取的措施不利于我们的外交政策，比如 1967 年与以色列断绝外交关系。这显然是一个错误的举动，浪费了我们一大笔钱。然而，我们为什么要承担这个代价呢？我记得列夫·门德尔维奇（Lev Mendelvic）曾告诉我一个关于该事件的幕后故事。在政治局会议上，是葛罗米柯在最后一刻提出了断交建议，以避免卷入"鹰派"当时所坚持的大规模军事冒险。这是对我国"鹰派"的一种安抚。

笔者： 当时谁是"鹰派"成员？

外交部高级官员： 门德尔维奇没提到名字……葛罗米柯担心我们会与美国发生冲突，担心 1962 年的导弹危机会重演。与以色列断绝关系是国内政策博弈的举措，而不是对阿拉伯人的支持。

1967 年 6 月 9 日，纳赛尔宣布他将辞去总统职务，并组建新的领导层。然而，数百万埃及人走上开罗街头要求他继续掌权，6 月 11 日，他恢复总统职位。纳赛尔挫败了阿密尔（Amer）元帅企图发动的军事政变。阿密尔随后自杀。

尽管苏联未能阻止阿拉伯国家在战争中被击败，但苏联确实设法去帮助他们避免政治和战略上的崩溃。战后不久，苏联开始向埃及和叙利亚大规模运送武器和设备，向两国派遣了许多顾问，还提供了大量的经济援助。苏联媒体发起了一场反以色列和反犹太复国主义的攻势，指责以色列人的"野蛮行径"[1]，《真理报》甚至使用了"种族灭绝"[2] 一词。以色列国防部部长摩西·达扬被称作"摩西·阿道夫维奇"（Moshe Adolfovich，暗示他是希特勒的

---

[1]　Известия. 10. 06. 1967.

[2]　См. : Правда. 16. 06. 1967.

信徒），国际犹太复国主义被描述成一帮歹徒、华尔街银行家的工具，有时又被称作华尔街的控制者。犹太复国主义不被看作一种政治潮流，而被视为一个针对所有热爱和平民族的犯罪阴谋。据说，受犹太教义启发，犹太复国主义一直被贴着种族主义的标签：它的目的是统治世界。苏联媒体声称，"以色列的侵略"未能实现其主要目标，因为"进步的"阿拉伯政权没有被推翻。①

1967 年 6 月 21 日，苏共中央委员会举行全体会议，苏联的中东政策成为讨论的主题，会议决议称，"以色列的侵略"是"以美国为首的世界帝国主义最反动势力策划的一个阴谋，旨在反对民族解放运动，反对为了劳苦大众利益而选择渐进式社会经济转型道路且反对帝国主义政策的先锋阿拉伯国家"②。该决议进一步指出，苏联中东外交政策的任务是"继续……坚决挫败帝国主义阴谋，揭露帝国主义不受欢迎的真实面目……"③。此后，苏联学者和记者们不断重复这些理论和观点。

1990 年，笔者和皮林（E. D. Pyrlin）④ 谈到了这个问题，他是苏联外交部中东司副司长，后来成为中东问题专家。

笔者：这么多年过去了，现在你还认为美国对发动 1967 年战争感兴趣吗？

皮林：非常可能有兴趣。当时我们写的东西包括很多事实。美国确实希望让纳赛尔和叙利亚复兴党难堪，或推翻这些政权。可能其目标只是推翻其中一个，也可能两个都是目标。

笔者：然而，以色列的政治领导人和学者都说，他们的军队没有集结到叙利亚边境。

皮林：以色列能在一天之内就动员好军队。以色列发动战争所需要的就是做出一个政治决策，而这一决策似乎早已做出。然后，纳赛尔让联合国军队撤走并封锁了蒂朗海峡，给了以色列一个借口。我们本来可以干涉，明确告诉纳赛尔取消其封锁的决定。但是我们不敢，因为我们害怕惹他生气。⑤

---

① См.：Известия. 03. 07. 1967.
② Правда. 22. 06. 1967.
③ Там же.
④ 皮林（1932~2001 年），苏联/俄罗斯外交官、东方学家。——译者注
⑤ 与皮林的谈话（1990 年 5 月）。

阿拉伯舆论和许多政治领导人指责苏联未能阻止其阿拉伯朋友的失败。

总体来说，自责和自我批评在阿拉伯民族性格中很少见，相反这是俄罗斯民族的性格特征。阿拉伯人将失败归咎于命运（前定）、帝国主义者、苏联——除了阿拉伯人自己。不过，军事失败和阿拉伯民族主义所受的耻辱只是在几个月后才出现，但自我批评仅限于极少数左翼知识分子。

苏联媒体把以色列的军事胜利归因于突然袭击、西方武器供应、与美国的合作以及以色列人的沙文主义情怀等，而纳赛尔的失败则被归因于"军事资产阶级"的背叛，特别是空军司令部的背叛。据称过激的反以口号给阿拉伯人的事业带来了巨大危害，有人声称埃及和叙利亚的进步政权被打败是因为其不够进步。为了变得更强大并夺回失去的领土，这些政权需要清除所有政治和军事机构中的反动分子和反苏分子。

苏联继续积极地在中东问题上打外交牌，同时向其盟国埃及和叙利亚提供军事和经济援助。1967 年 6 月 19 日，作为对两天前举行的联大第五次紧急会议的回应，苏联总理柯西金提出一项决议草案，它特别要求联大应该：（1）坚决谴责以色列的侵略行径及其对埃及、叙利亚和约旦部分领土的继续占领，这是违反国际法的侵略行径；（2）敦促以色列将所有部队撤出这些领土，撤至全面停火协议划定的分界线内。[①] 有人再次指出，该草案没有提及巴勒斯坦人，而巴勒斯坦人几年后将成为阿以冲突的核心。美国及其盟国阻止联大通过苏联的草案，但也未能通过他们自己所提的草案。

1967 年 6～7 月，苏联接待了阿尔及利亚总统（布迈丁）、伊拉克总统（阿里夫）和叙利亚总统（阿塔西）三位阿拉伯领导人的来访。同年 7～8 月，苏联最高苏维埃主席团主席波德戈尔内（N. V. Podgorny）访问了开罗、大马士革和巴格达。1967 年 10 月，约旦国王侯赛因访问莫斯科。1968 年 7 月，纳赛尔又访问了苏联。

1967 年 11 月 9～22 日，安理会讨论了中东危机政治解决的原则，并于 11 月 22 日一致通过了由英国提出的本质上是妥协性的第 242 号决议。该决议特别规定："以色列军队撤出在最近冲突中占领的领土。"投票之后，苏联代表说，他投票赞成英国草案，是因为它规定以色列军队将撤出"因 1967 年 6 月 5 日发动侵略而占领的所有阿拉伯领土"。这项决议承认以色列的生存权，仅

---

① См.: *Косыгин А. Н.* Избранные речи и статьи. М., 1974. С. 402.

把巴勒斯坦问题作为一个涉及难民的难题来处理。

苏联驻叙利亚大使切尔尼亚科夫（Y. N. Chernyakov）① 在接受笔者采访时提到了这场外交斗争背后迄今为止不为人知的一面。

切尔尼亚科夫：美国人过去和现在都不用对付阿拉伯人，因为以色列是阿拉伯的主子。

笔者：你认为以色列决定着美国政策吗？

切尔尼亚科夫：至少决定了美国对阿拉伯国家的政策。

笔者：我对此持中立态度。

切尔尼亚科夫：我可以给你举个例子。1967 年战争期间，我与美国保持着联络。美国人关心以色列比关心自己还要多。苏联驻美大使多勃雷宁跟随葛罗米柯率领的苏联代表团来到纽约，葛罗米柯离开后，多勃雷宁留了下来。美国方面参与讨论决议的主要人物是美驻联合国代表戈德堡。各方通常会为人为设计的文本产生分歧，这个文本可以用不同的方式来解释。这一次也准备了这样一份模棱两可的文案，戈德堡可能没有理解问题的实质，他起初同意采用一种适合我们和阿拉伯人的提法。当给以色列人看后，戈德堡明白过来了，他又收回了提议。然而，他已把初稿交给了多勃雷宁，初稿不是打印的，也没有签名，但是他亲笔写的，多勃雷宁也没有还给他。当戈德堡大喊他从没有给出这样的提议时，多勃雷宁质问："那么，这是谁写的呢？"戈德堡就犯晕了，但他还是否认了自己的提议。后来，英国的版本被采纳了。②

1968 年底，苏联政府提出了一项实施第 242 号决议的计划。以色列和邻近的阿拉伯国家将同时宣布，在以色列从被占领的阿拉伯领土撤军后，双方愿意结束战争状态，和平解决问题，并且以色列将承诺在某个指定日期开始撤军。此外，在指定日期，阿拉伯国家和以色列都将在联合国监督下在联合国总部交存关于结束战争状态、尊重和承认该地区所有国家主权、领土完整和政治独立，以及在第 242 号决议规定的安全和公认的边界内生活的权利的文件。关于安全和公认的边界、保证该区域国际水域航行自由、公正解决难民问题以及保证中东各国领土不可侵犯和政治独立的问题，都可以在联合国

① 切尔尼亚科夫（1918～2004 年），苏联外交官，曾任苏联驻阿拉伯叙利亚共和国特命全权大使（1977～1979 年在任）。他撰写了若干国际关系方面的书籍和文章。——译者注
② 与切尔尼亚科夫的谈话（1990 年 3 月）。

的主持下达成一致。① 一年后，即1970年1月，苏联重申了该计划的主要条款。②

与此同时，该地区的危机促使苏联、美国、英国和法国领导人共同寻求解决办法。他们的外交机构负责人就如何执行安理会决议进行了磋商，③ 四位外长与联合国秘书长会晤之后，于1969年11月22日发表了一份公报，特别指出参与磋商的四方重申支持并执行安理会1967年11月22日通过的决议，同意必须在中东建立持久的和平，并承认所有中东国家作为独立主权国家拥有不可剥夺的生存权。苏联似乎已成为中东政治进程中的成熟伙伴，但这种会议以后再也没有召开过。

不久，苏联关于解决中东问题的建议中出现了一条新内容，即要求"巴勒斯坦人民能够行使其合法权利"，这一点在1971年3月的苏共二十四大决议中被提及。④

尽管阿拉伯盟国的战败打击了苏联的威望，但是苏联在过去10年中在该地区建立起来的影响力并没有因为1967年阿以战争而崩溃。相反，20世纪50年代和60年代初兴起的社会政治进程在其自身惯性下继续发展，甚至因战争得以加速，阿拉伯国家的舆论认为这场战争是"以色列与美国勾结的侵略"，这与苏联的提法一致。反西方（反帝国主义）情绪的不断增强推动了1968年7月伊拉克复兴党的新政变、1969年5月苏丹的激进左派政变和1969年9月1日利比亚的革命。从多方面复制苏联社会政治模式尚未完全丧失吸引力。越南和古巴在军事和政治上取得的成功显示出激进左派政权的动员潜力，阿拉伯世界领袖埃及也正沿着这条路越走越远。

然而，实质上事情已完全不同。

苏联领导人已向世界表明，他们不会允许友好政权垮台，他们拥有防止这种事情发生的各种手段和能力；对埃及和叙利亚提供的大量军事援助足以让其恢复甚至增加军事潜力；一些与苏联合作的具有划时代意义的重大工程仍在继续，比如阿斯旺大坝、幼发拉底河大坝、赫勒万钢铁厂等；越来越多的埃及人、叙利亚人和伊拉克人前往苏联接受教育。然而，与此同时，从20

---

① См.：Правда. 14. 12. 1968.

② Там же. 27. 01. 1970.

③ См.：*История* внешней политики СССР. Т. 2. М.，1971. С. 432.

④ *Материалы* XXIV съезда КПСС. М.，1971. С. 18.

世纪 70 年代早期开始，其他一些势力也在日益发展，并开始削弱苏联在中东的影响力。这并不是说革命的专制政权没有能力解决其国内问题，这在一定程度上是有原因的——毕竟可以将此归咎于帝国主义和犹太复国主义的阴谋以及国家处于"战争状态"，阿拉伯人的内部危机不久之后就会显现。

问题的症结在于苏联对阿以冲突的态度具有内在矛盾。一方面苏联在武装埃及和叙利亚，另一方面苏联既不希望也没有计划动用军事手段来解决问题，或让阿拉伯人获得决定性优势，或有意改变现状。首先，苏联领导人害怕阿拉伯国家再次遭遇失败。其次，如果出现这样的失败，苏联将不得不深度参与冲突，以挽救其盟友和投资。再次，这种行为可能激起美国的反应，导致对抗。最后，解决阿以问题将会降低阿拉伯国家对苏联支持的依赖度。事实上，苏联有意维持"不战不和"的局面，尽管表面上苏联外交似乎在不遗余力地致力于解决冲突。苏联驻埃及大使维诺格拉多夫（V. M. Vinogradov）在接受笔者采访时，完全否定了这种利益考量。① 他可能参考了勃列日涅夫的官方声明："苏联过去、现在和将来都非常希望中东早日实现持久、公正的和平。"②

阿拉伯领导人在喀土穆峰会（1967 年 8 月 30 日至 9 月 1 日）上通过了"三不"政策，即不承认以色列、不与以色列实现和平、不与以色列直接谈判，阿拉伯人还没有做好政治解决或妥协的准备。然而，拖延解决冲突正在摧毁埃及和叙利亚政权的权力基础，并迫使其领导人采取苏联领导人总体上不太希望的军事行动。纳赛尔逐渐重新控制了国家，并在军队中除掉了他的对手，包括他昔日的朋友阿密尔元帅，后者曾是埃及的另一位"苏联英雄"。纳赛尔在同情苏联的左派和倾向于恢复与西方合作、放弃社会主义试验的右派之间小心周旋。然而，1967 年战败的民族耻辱和以色列对西奈半岛的继续占领束缚了他的自由度。与以色列和西方的艰难对抗迫使纳赛尔继续与苏联友好。当然，对苏联来说，与埃及的合作仍然是苏联在该地区的最优先事项。由于苏联的武器供应和军事顾问的支持，埃及军队正在迅速恢复战斗力。两国高级别代表团继续往来，纳赛尔与左派和马克思主义者的合作给苏联制造了一种假象：埃及仍在朝"正确的"方向前进。1990 年，笔者与波诺马廖夫

① 与维诺格拉多夫的谈话（1990 年 6 月）。
② Брежнев Л. И. Ленинским курсом. Т. 5. М., 1974. С. 36.

（B. N. Ponomarev）讨论了这个问题。

波诺马廖夫：纳赛尔是一位进步的领导人，是苏联的朋友。他希望埃及走社会进步的道路。

笔者：在你的理解中，社会进步是指逐渐接近苏联模式，对吗？

波诺马廖夫：当然，我是这个意思。我记得有一次纳赛尔在巴尔维卡（莫斯科郊区接待苏联高级官员和外宾的疗养院）接受治疗，我去那里拜访他。我们进行了交谈，他对我很坦率。他说他想在埃及发展社会主义，希望社会进步，要更接近社会主义。显然，无论是从与苏联友好，还是从反帝斗争即社会主义斗争的角度上，纳赛尔都在朝着有利于我们的方向发展。我向最高当局汇报了此事。①

苏联的武器也流进叙利亚，以弥补叙因战争造成的损失。1968年3月，苏联国防部部长格列奇科（A. A. Grechko）访问了大马士革。叙利亚战败的原因之一，是从前线撤回了几支战备部队以保护复兴党统治者和增强国内安全，比起来，叙利亚领导层更害怕国内敌人，而不是以色列人。这一政策被证明是有效的，反对党变得软弱，缺乏应变。在开展军事合作的同时，苏联和叙利亚也进行"意识形态"合作，复兴社会党的一个团队被派往莫斯科参加"意识形态讨论"。

灵活的叙利亚人毫不费力地喊出了让苏联人听起来顺耳的口号，这增加了他们接受苏联援助的机会。叙利亚需要保护，在战略上和经济上也有可交换的东西。然而，对于苏联来说，叙利亚仍然是一个令人不安的盟友，其行动不受控制，往往难以预料，并会造成复杂情况。大马士革呼喊的极"左"口号（比如发起反对以色列的"人民战争"）在莫斯科没有得到热烈回应。新上任的叙军总参谋长穆斯塔法·特拉斯（Mustafa Tlas）是个游击战理论家，他甚至翻译了切·格瓦拉的作品，而后者在苏联领导人中并不是特别受欢迎。

为了提高在国内的声望和向以色列施加压力，埃及和叙利亚的领导人需要采取一定的反以色列的行动，决定实行一些不那么激烈的敌对措施，而以色列仍对埃及、叙利亚和约旦采取有选择性的军事行动，这也起了推波助澜的作用。1969年3月，埃及发动了"消耗战"，包括交火、空战以及派出突

---

① 与波诺马廖夫的谈话（1990年7月）。

击队跨越苏伊士运河对盘踞在运河东岸巴列夫防线后的以色列军队发动突袭，埃及人遭受了一些损失。4月，开罗正式宣布不再受停火承诺的约束。在经过一番犹豫后，苏联决定不反对埃及的这些行动。正在埃及训练埃及军人的苏联教官也遭受了一些伤亡，有一段时间，驻扎在苏伊士运河沿岸的苏联军人和埃及军人之间形成了一种"兄弟情谊"。埃及领导人慷慨地发表一些声明，以取悦苏联。① 1970年4月，纳赛尔称赞说："多亏苏联的援助，我们已经成功恢复了阿联的防御能力，现在我们能够用大规模行动来回应以色列的进攻。"②

然而，没过多久，以色列决定凭借其较强的军队战斗力、优良的军事组织能力和空中优势，通过攻击埃及军事、经济和民用目标让"消耗战"深入埃及领土。以色列空军对埃及的突袭在1969年12月达到高峰，导致埃及国内政治局势恶化，纳赛尔的威望受损，以至于他在1970年1月22日秘密访问莫斯科时，史无前例地要求苏联给他派一些常规防空部队和军用飞机。接受纳赛尔的要求就意味着超出了苏联以前的所有义务，这必须由苏共中央委员会政治局全体成员以及苏联武装力量司令来做决定。③ 然而，苏联领导人是否接受请求，不仅取决于其是否试图挽救纳赛尔政权，还要考虑苏联自身的军事和战略利益。

苏联的中东军事战略

第二次世界大战结束初期，苏联南部面临的战略威胁来自美国和英国在该地区的军事基地。然而，从20世纪50年代末开始，美国第六舰队的航空母舰有了新装备，美军战斗机能够进入苏联南部地区和苏联在巴尔干地区盟友的领土。苏联需要应对来自美国的这一新挑战。

早在20世纪30年代，苏联军事指挥层就清楚地理解，全球战略任务需要苏联海军，但二战前夕苏联的地理位置、薄弱的工业基地和军事技术能力限制了其海军力量的发展，海军注定只能被用作支援地面作战的辅助力量。

① См.: Аль - Ахрам. 24.04.1970.
② Там же. 12.04.1970.
③ См.: *Heikal M.* The Road to Ramadan. L., 1975. C. 88.

不过，苏联已经制订了一个在未来 15～20 年内建造数十艘战舰和重型巡洋舰的计划，尽管该计划由于战争被搁置，但并没有被取消。笔者没有关于海军发展计划的相关图表和文件或数据，但是根据与海军参谋们的对话以及来自西方的信息，我描绘了关于苏联海军发展的大致图景。

20 世纪 50 年代初，一系列大型船舶已在建造中，到 1953 年斯大林去世时，计划建造的 24 艘"斯维尔德洛夫"级巡洋舰中已有 6 艘造好，14 艘正在建造中。① 当然，这些是几年前或二战前夕设计的，同一时间具有核动力的远洋潜艇也在设计中。这表明那种认为苏联大规模海军建设计划始于 20 世纪 50 年代中期的说法可能是不准确的，提出这个时间段的理由可能是此时戈尔什科夫（S. G. Gorshkov）出任了海军总司令。我这里不是要讨论这位苏联军事领袖的优缺点，但可以肯定的是，当赫鲁晓夫因苏联火箭制造业的成功而欣喜若狂，并大胆地下令将那些近乎建造完成的巡洋舰拆成碎片的时候，赫鲁晓夫认为它们是"不必要的"，而戈尔什科夫并没有为此辞职。辞职是一个合理的战术，能让他说服赫鲁晓夫和政治领导层同意建造一支远洋潜艇舰队（包括核潜艇和常规潜艇）和能够进行反潜作战的现代化舰艇。②

1955 年，美国第一艘核动力潜艇和可以搭载喷气式飞机的"福莱斯特"（Forrestall）号航母开始服役。20 世纪 50 年代苏联建成柴油动力远洋潜艇以及 20 世纪 50 年代末 60 年代初建成核动力潜艇，表明其建造计划一定是从 40 年代末 50 年代初就开始了。1962 年在古巴的失败似乎也是一个改良和发展一支远洋海军的理由。与此同时，苏联海军航空兵的能力也在不断提高。

20 世纪 60 年代初，受制于黑海"瓶颈"，苏联黑海舰队只能执行防御性功能。英国在埃及、伊拉克和巴勒斯坦的空军基地已经被废弃，相反美国在该地区的海军和空军力量显著增强。1963 年美国开始在地中海部署可搭载北极星导弹（约 2500 公里射程）的潜艇后，苏联面临的威胁急剧增大。这些导弹大大增强了第六舰队舰船上搭载核弹的飞机的首次打击能力。

由于海军迅速扩张，苏联决定将海军舰艇派往地中海。我们记得俄国海军舰艇 18 世纪曾在地中海出现过。1770 年，俄国海军在切什梅（Chesma）

---

① См.: *Moore C. J.* The Soviet Navy Today. L., 1975. C. 105—106; *Morris E.* The Russian Navy: Myth and Reality. L., 1977. C. 32, 573; *Macgwire M.* The Structure of the Soviet Navy. Soviet Naval Development. L., 1975. C. 151—162.

② См.: *Горшиков С. Г.* Морская мощь государства. М., 1976. C. 226.

战役中打败了奥斯曼帝国海军。在18世纪70年代，斯皮里多夫（G. Spiridov）指挥一个中队去支援阿里·贝伊，他尝试建立一个独立于奥斯曼帝国的埃及国家。拿破仑战争期间，俄国船只在地中海活动，俄国沙皇保罗甚至获得了马耳他骑士团大团长（Grand Master of the Order of Malta）的头衔，不过这些事件并没有产生什么政治军事成果。作为与英国、法国联合舰队的一部分，俄国参与了在阿丰（Afon，1807年）和纳瓦林（Navarine，1827年）的一系列针对土耳其的海战，获得了胜利。1854～1855年克里米亚战争失败后，对黑海舰队的规模实行了限制，但19世纪末20世纪初，俄国海军舰艇出现在东地中海、红海、波斯湾和印度洋上，但1917年十月革命后，俄海军舰艇就从海平面上消失了……

1963年，时任海军总司令的戈尔什科夫撰文说："目前我们的海军舰艇和海军航空兵在支援地面部队方面发挥了辅助作用。现在……我们应该为发动大规模进攻行动做好准备，以便在世界任何海洋和任何海岸点，对帝国主义的海上目标和陆地目标进行粉碎性打击。"[1] 四年后，他指出，"帝国主义列强已经失去了海洋霸权"，迟早"它们会明白它们根本没有至高无上的权力"，并补充说，"苏联海军的旗帜现在骄傲地飘扬在所有海洋上"。[2] 1963～1964年，苏联海军舰艇开始定期出现在地中海，并于1968年组建了地中海分舰队。没有航空母舰或空军支援来保护分舰队，并（而且一直）比美国第六舰队要弱得多，不过，根据美国数据，分舰队却有着发达的防空系统和反潜作战的手段，包括直升机。在发生核战争的情况下，该舰队显然被赋予了一种可牺牲的高级特遣部队的角色，即其会发起进攻然后被对方摧毁，这种牺牲将抵消或削弱美国从地中海发动的核攻击。不过，依照冷战的逻辑，该舰队的作用注定不会发挥出来，因为若对其进行攻击，就犹如苏联对西欧的地面部队发动攻击一样，将意味着全球冲突的开始。

苏联海军舰艇在地中海活动缺乏陆地基地的配合，这是一整套的"装备"：由多艘船只组成的运输队要运送和供应燃料、水，还要负责维修和保证弹药补给。这样一来成本非常高，而且无疑降低了舰队的战斗效能，因为船员们尤其是潜艇的船员个个筋疲力尽。因此，后勤保障需要有陆上基地，以

---

① Коммунист Вооруженных Сил. 1963. № 7. С. 8.
② Горшков С. Г. Указ. соч. С. 101.

降低地中海舰队的脆弱性和耗费。与阿尔巴尼亚关系的破裂使苏联失去了位于弗莱拉（Flera）的舒适的潜艇基地，1958～1961年苏联舰队曾驻扎在那里。苏联开始与埃及就使用埃及海军基地的可能性进行了谨慎探讨。①

但是在其他国家的领土上建立军事基地，无论是作为一种特权，还是作为休息或进行维修的基地，明显都与苏联的外交政策原则相抵触，这一原则曾经有效地在该地区为其赢得朋友、招募盟友，即中东不应该有外国军队的存在。阿拉伯人已经拆除了英国和美国的军事基地，而且不允许它们建立新的基地，尽管西方"解释"说，其在阿拉伯地区设置基地，是为了抵御"共产主义侵略"和"苏联扩张主义者的意图"。现在问题出现了，苏联要在该地区建立军事基地，就必须解释其这么做是为了抵御"犹太复国主义的扩张"和反对"帝国主义者的阴谋"。

埃及和叙利亚在1967年遭受的失败迫使它们去满足苏联人的愿望。正如纳赛尔在1968年所说："六月战争之后，只有俄罗斯人帮助我们，给我们提供从小麦到战斗机的紧急援助，而美国人在帮助我们的敌人。苏联人不要求任何补偿，只想让其海军在塞得港和亚历山大港有一些特权。"② 苏联在亚历山大港和塞得港建造了燃料库和零配件库，苏联军舰进入埃及港口的手续变得更简单。这些安排是在共同利益的基础上进行的。埃及当然乐意看到苏联海军舰艇的存在，这样可以防止以色列可能发动的袭击。1967年7月10日，塞得港停泊了8艘苏联舰艇——导弹巡洋舰、驱逐舰和登陆艇，亚历山大港有6艘。③ 苏联舰艇也开始出入叙利亚的拉塔基亚港。

在埃及建立防空系统似乎是为了挽救纳赛尔政权而做出的一个政治决定，不过毫无疑问也考虑到了苏联海军的需求。1970年2月，苏联战斗人员开始抵达埃及三角洲，部署了18个萨姆-3防空导弹连、80架米格-21战斗机和米格-23战斗机以及几架米格-25战斗机，还有约2万名苏联军事人员来到埃及，包括在埃及军队中任顾问。一些机场和导弹设施完全由苏联控制。④ 到20世纪70年代中期，苏联海军在亚历山大港、塞得港和塞卢姆港建立了基

---

① См.: *El Hussini M. M.* Soviet – Egyptian Relations, 1945—1985. N. Y., 1987. C. 137.

② The Times. 10. 11. 1968.

③ Ibid. 11. 07. 1969.

④ См.: *El Hussini M. M.* Op. cit. Soviet – Egyptian Relations. C. 186.

地，后来在马特鲁港和伯尼斯港也建立了军事基地。[①] 苏联空军和防空部队也在埃及存在，对缺少航母的苏联地中海舰队而言这也许是一种增援。在相关苏联文件公开后，有关信息可能会更加清晰，不过有一种猜想得到了非正式对话的支持。

笔者：苏联领导人是否有这样的考虑：地中海舰队、埃及的机场和海军基地都是为了应对与美国发生全球冲突所做的部署？

某格鲁乌[②]官员：埃及的基地旨在加强地中海舰队并扩大其生存能力。但对中东和北非而言，海军舰队的作用主要是政治性的：展示旗帜，向盟国表明我们与他们关系密切，并在政治上限制美国的行动。没有人认真考虑过要进行大规模战争。

笔者：你认为我们在阿拉伯世界的政策没有受到军事战略考虑的影响吗？

某格鲁乌官员：没有，主要是基于政治和战略考虑。纯粹的军事考虑并不是首要关注的问题。外交部也持相同意见，在此问题上其观点似乎与军方是一致的。

从 1968 年起，苏联军队在印度洋保持经常性存在，而苏联太平洋舰队的舰艇开始出现在整个太平洋地区。与此同时，英国从苏伊士以东地区撤军，而苏联与中国的紧张关系加剧。苏联国旗出现在摩加迪沙、马德拉斯、孟买和海湾地区。美国潜艇最早携带的是北极星弹道导弹，然后是波塞冬型导弹（射程为 5300 公里），80 年代是三叉戟 - Ⅰ型导弹（射程为 7400 公里），后苏联时代是三叉戟 - Ⅱ型导弹（射程为 11300 公里），当其出现在印度洋时，给苏联带来了新威胁。但是，一些美国作家认为这些潜艇是在大西洋和太平洋执行战斗任务。

全球军备竞赛即将开始。在印度洋建立海军基地的需要使得军事逻辑高于宝贵的政治原则（"反对在我们领土上设立外国军事基地"），苏联在索马里的伯贝拉（Berbera）和也门的亚丁获得了基地"特权"。然后，大国间"交换"了盟友，苏联用索马里"换来"埃塞俄比亚，从而在埃塞俄比亚建了一个基地，而美国获得了伯贝拉。正是在这些租借年代里，美国政治学家

---

① См.：*El Hussini M. M.* Op. cit. Soviet - Egyptian Relations. C. 191.
② "格鲁乌"是苏联武装力量总参谋部情报总局的简称。——译者注

发明了日后被广泛使用的术语——"零和博弈"来描述这种情况。

　　美国——20世纪领先的海军大国——对苏联海军发展做出了意料之中的反应。此外，它还与国际局势恶化、在欧洲部署中程导弹和苏联军队在阿富汗的行动结合在一起。一位美国观察家指出，有着"恐俄症"的美国把苏联海军看成对美国自身的直接威胁，并指出这两个大国之间的对抗类似于第一次世界大战前夕英国和德国之间的对抗。[①] 同时，由于从黑海经曼德海峡到远东的海上航线不断扩大，苏联在东地中海的存在更加重要，其对苏联经济的重要性也在稳步增加。

　　但还是让我们回到地中海。早在1967年4月，勃列日涅夫就建议美国第六舰队从地中海撤离，但美国当时（包括后来）忽略了这一建议，因为美国海军在地中海地区的优势太大了，不能放弃。[②] 1968年，安德烈·葛罗米柯声明："苏联是黑海大国，因而也是地中海大国，始终关注其南部边界相邻地区的和平与安全……苏联海军舰艇在地中海的存在有助于维护整个地中海地区的安全。"[③] 埃及和叙利亚赞同这一观点，并多次宣布自己视苏联海军为抵御美国第六舰队侵略的盾牌。法国、意大利和西班牙对苏联地中海舰队的出现持保留态度，而西方在东地中海的盟国希腊、土耳其和以色列则表示出相当大的恐惧和不安。土耳其外交部在1968年公布的数据表明，1967年在黑海海峡航行的苏联舰艇数量达到创纪录水平，包括阿以战争爆发后的107艘舰艇。[④] 以色列有其担心的理由，特别是在埃及用苏联制造的导弹击沉以色列的"埃拉特"号驱逐舰之后。但这一时期，苏联也没有足够强大的力量在中东进行任何重大干预。

　　20世纪60年代初，美国开始实施"大规模报复"战略，相互破坏的危险变得越来越现实，苏联和美国都开始采取预防措施以避免核战争。美国提出"有限核战争"原则，这意味着不会直接对苏联使用核武器，但是可以在美国和西方利益普遍受到威胁的任何军事行动区部署核武器。克里姆林宫和白宫之间建立了"热线"。1963年签订《部分禁止核试验条约》，1968年签订《不扩散核武器条约》，1972年签订《限制进攻性战略武器的某些措施的临时

---

① *Rubinstein A.* Moscow's Third World Strategy. N. Y., 1988. C. 30—31.

② См：Правда. 25.04.1967.

③ *Документы* внешней политики СССР. Т. 12. М., 1969. С. 109.

④ См.：Millyet. 03.02.1968.

协定》（第一轮战略武器限制谈判）。这两个大国试图通过这些条约和协议来降低核战争的风险，但这个过程充满困难和曲折，双方都不知道如何在新的世界秩序中彼此共存，存在一定的试错因素。美国和苏联之间日益增加的理解并没有延伸到中东，中东仍是"冷战"的战场。

如前所述，苏联在埃及的军事存在没有能避免损失。苏联机组人员驾驶的几架飞机被以色列击落，苏联军事当局最初低估了以色列空军使用电子设备的能力。然而，埃及防空力量的增强和由此造成以色列飞机的损失迫使以色列人减少空袭，由此导致的僵局迫使双方在 1969 年 11 月接受美国提出的"罗杰斯计划"，并同意于 1970 年 8 月 7 日停火。随后埃及将防空导弹发射基地转移到苏伊士运河西岸，重建了整个防空系统。以色列认为这违反了停火协议，但没有采取行动，因为当时重新开始敌对行动不符合以色列的利益。

到 20 世纪 60 年代后期，巴勒斯坦在中东越来越多地发声，表达自己的主张，不仅仅限于难民问题和维护自身权利问题。巴勒斯坦运动本身已成为该地区的一个政治军事因素。以色列对整个巴勒斯坦的占领和在占领的部分阿拉伯领土上建立定居点剥夺了巴勒斯坦人的权利和人格尊严，甚至剥夺了巴勒斯坦人对建国的幻想。如今，这种幻想仍然留在在以色列领土上居住和流亡海外的巴勒斯坦人心中，强大的团结意识不断增长。各种巴勒斯坦政治和军事组织纷纷成立，并于 1964 年合并为巴勒斯坦解放组织（PLO）。毋庸置疑，在以色列占领下成长的一代巴勒斯坦年轻人通过发动"因提法达"（intifada，即始于 20 世纪 80 年代末的非武装起义）给以色列制造了麻烦。但就目前而言，被巴勒斯坦军事政治组织带来不稳定的不是以色列，而是受战争影响最严重的约旦。黎巴嫩的转折点还没有到来。

在约旦，巴勒斯坦组织巩固了自己在难民营内的地位，并对因 1967 年战争失败而权力遭到削弱的约旦统治者发起了挑战。以约旦为基地的左翼激进巴勒斯坦组织分子劫持国际航班的事件引起了高度关注，该国正在形成两个政权。面对政治生存问题，侯赛因国王在其皇家军队支持下，开始对巴勒斯坦武装组织采取军事行动。1970 年 8 ~ 9 月，在安曼和约旦其他地区爆发了激烈战斗，导致成千上万人伤亡，冲突一直持续到 1971 年 7 月，约旦军队最终恢复了对国家的全面控制。约旦局势给国际关系造成了严重困难，有可能在中东引起新一轮敌对行动。巴勒斯坦得到了叙利亚的全力支持，也得到了伊拉克的支持。战斗期间，叙利亚装甲部队已进入约旦北部，有说法是其与约旦军队发生了冲突，在遭到失败后撤退了。还有一种说法（苏联军事专家告诉笔者）是，两支叙利亚装甲部队在黑夜迷了路，误打误撞地相互发生冲突，战斗给彼此造成相当大的损害，只得从原路撤退。苏联顾问习惯于粉饰报告，所以他们没有把这一信息传回莫斯科，否则会被官僚们斥责："你们怎么教叙利亚人的？你们的工作做得'不好'！"

事实上，中东局势的不稳定不是因为叙利亚在约旦北部遭遇军事失败，而是由于以色列和美国对叙利亚施加了巨大的军事和政治压力。在危机最严重时，美国将第六舰队开到了东地中海，尼克松总统还发出威胁说，如果叙利亚和伊拉克向巴勒斯坦游击队提供援助，美国或以色列将对约旦进行军事干预。①

苏联还没有做好介入冲突的准备。苏联领导人被巴勒斯坦极端主义所排斥，这就是为什么1970年9月20日塔斯社的声明、② 9月24日外交部的声明③和10月2日勃列日涅夫在巴库的讲话④中都只包含惯用的对"帝国主义和反动势力阴谋"的严厉抨击，重申对"阿拉伯人民正义斗争"的支持，却连将采取积极行动的暗示都没有，尽管苏联大众和媒体确实同情巴勒斯坦人。此外，苏联领导人的注意力集中在更重要的一件事情上：纳赛尔总统退出世界舞台。

1970年9月28日，纳赛尔去世，他的离去标志着苏联与阿拉伯世界关系中一个完整时代的结束。当纳赛尔在20世纪50年代采取大胆的步骤，通过选择购买苏联武器来挑战西方时，他没有预料到自己的政治生涯和埃及本身的命运将会与苏联有如此紧密的联系。他在苏联领导人中的声誉很高，他们对纳赛尔本人的尊重有助于埃苏关系在某些紧张时期得以维持。葛罗米柯在他的回忆录中指出："……如果这个人再多活几年，该地区（中东）的情况可能会完全不同。"⑤ 在笔者的采访中，皮林发表了以下评论：

> 我所接触过的人里面，纳赛尔给我的印象最深，我对他的评价与众相同。纳赛尔是一个有个性的人，无论过去还是现在，这位领导人都远远超过阿拉伯东部的其他领导人。与纳赛尔的对话会让人记忆深刻，因为他非常坚韧。换句话说，他可以立刻回答一个难题，而且能从整体上

---

① Cм.: Washington Post. 05. 09. 1970.

② Cм.: Правда. 20. 09. 1970.

③ Там же.

④ Там же. 03. 10. 1970.

⑤ *Громыко А. А.* Памятное. Кн. 2. М., 1988. С. 190.

把握问题。许多人往往抓住一个具体细节不放，而不顾事物的全局。纳赛尔能抓住整个问题。我和他一起参加过八九次会议，每次都给我留下深刻印象，尤其是因为这些会议常常持续五六个小时，而他已经是个病人了，已经快走到生命的尽头。他患有血管并发症……他无法坐在一个位置上超过 3 分钟，尽管如此，他还能忍受那些无聊的谈话和极其枯燥的谈判，而且每次都能找到一些新论据或观点来支持他的想法。[①]

苏联的支持三次挽救了纳赛尔——1956 年、1967 年和 1970 年，苏联与埃及的军事和经济合作在第三世界达到了前所未有的规模。但是，这种合作也给埃及造成了损害，它暂时中断了长期以来与西方建立起来的联系，把苏联社会政治制度中某些不成功的内容复制到了埃及。纳赛尔经历过胜利和失败，但他仍然是第三世界的巨人之一，与尼赫鲁、苏加诺和恩克鲁玛（Nk-rumah）一样，代表了整整一个时代，把自己从西方政治统治中解放出来，并与苏联开展合作。

在纳赛尔主义时代，苏联的影响力在中东迅速发展。20 世纪 60 年代后期，沃尔特·拉克尔（Walter Laqueur）评论说：

> 苏联在中东的地位比十年前更强大。这不是侵略的结果，也不是隐形渗透的结果：苏联是受邀而来并成为中东地区具有强大影响力的国家。苏联没有占领任何军事基地，而是由埃及、叙利亚、阿尔及利亚和也门政府自愿为其提供所需设施……苏联没有接管任何一个国家，也没有试图强加共产主义政治和社会制度。一些国家发生了变化，但那是其内部发酵的结果，而不是迫于外部压力。苏联影响力的增长，不是因为共产主义思想的传播，而是其在不同层面上努力结交朋友和影响人民的结果：贷款、武器供应、政治援助、支持阿拉伯国家与西方和以色列对抗……不要求给予意料之中的军事基地、石油或政治整合作为回报。苏联愿意与国王、酋长，也愿意与激进的革命者合作。这些领导人中有些人极为反共，但这不是障碍……以色列是唯一的例外，但是在这种情况下，苏联与以色列的敌对也并非出于意识形态，而是苏联不得不在阿拉伯国家和以色列之间做出选择。苏联选择了规模更大也是其认为更强的一边……

---

① 与皮林的谈话（1990 年 5 月）。

苏联在中东的政策目标很容易定义：消除西方在该地区的影响，尽可能增强苏联的地位。在一定程度上让土耳其和伊朗中立化。①

20 世纪 70 年代初，以色列学者西蒙·沙米尔也指出，经过 15 年相互矛盾却从不间断的渗透，苏联已成为地中海大国，其在中东拥有获得认可的利益，它在那里经营经济投资，施加政治影响，并使用军事基地。②

人们可以列举出西方和以色列的政治领袖和政治学者所表达的许多类似观点，几十年过去了，现在很容易对其进行驳斥或批评。但在当时情况下，在西方（除了一些例外）、阿拉伯国家和苏联这是被广泛认可的。在苏联有没有怀疑论者质疑苏联在中东成功的基本原则和标准呢？的确有一些人——不是参与制定外交政策的或领导层的人，而是少数持不同政见者和少数专家、知识分子。他们可能对中东政策的最终成功表示过怀疑，但他们的意见不为公众所知，而且当时苏联在越南的成功、苏联坦克在布拉格街头的出现以及智利的政变都让西方国家表现出了在其政治利益受到侵犯时的丑陋一面，这也让这些人沉默了。

……有 500 万埃及人来为纳赛尔扶棺送行。失控哭泣的人群甚至把赶来参加葬礼的柯西金挤到了护卫总统遗体的摩托车队一边。

苏联领导人不是特别信任埃及新总统穆罕默德·安瓦尔·萨达特（Muhammad Anwar Sadat），但他们没有干涉纳赛尔去世后埃及国内发生的权力斗争。1971 年 5 月，萨达特成功地战胜了对手——亲苏联的阿里·萨布里（Ali Sabri Groups）集团——并把他们关进了监狱。萨达特巩固了自己的地位，但在解放被以色列占领的西奈半岛问题上他没有取得任何成功，他的地位仍然不稳。因此，他开始了双重博弈。一方面，他假装继续加强与苏联的关系，于 1971 年 5 月 15 日与苏联签署了《友好与合作条约》。③ 他希望通过这种手段利用苏联的武器装备来强大埃及的武装部队，以备与以色列爆发另一场战

---

① *Laqueur W.* Struggle for the Middle East. L. , 1969. C. 181.

② *Shamir Sh.* , *Confino M.* （eds.）. The USSR and the Middle East. N. Y. , 1973. C. 68.

③ 这个条约为苏联和其他 12 个国家之间签订类似的条约提供了范本：印度（1971 年）、伊拉克（1972 年）、索马里（1974 年签署，1977 年破裂）、安哥拉（1976 年）、莫桑比克（1977年）、埃塞俄比亚（1978 年）、越南（1978 年）、阿富汗（1978 年）、也门民主人民共和国（南也门，1979 年）、叙利亚（1980 年）、刚果（1981 年）和阿拉伯也门共和国（北也门，1984 年）。——译者注

争之需，还可以有能力与美国讨价还价。苏联也需要维持与埃及的关系，甚至使之正式化。

另一方面，萨达特开始与美国建立联系，这是他内心真正想做的，他徒劳地希望美国会向以色列施压，迫使其做出让步。萨达特和尼克松开始交换信息，但是苏联军队在埃及领土上的存在严重阻碍了埃及与美国的和解。美国也不太信任埃及新总统。

1971 年 3 月，萨达特访问莫斯科，希望说服苏联领导层给他更多的武器，提供对"友谊"的适当保护和"共同开展反帝斗争"。他得心应手地恭维苏联。1971 年 6 月 10 日，他宣布："我们与苏联的友谊不是暂时的……而是永久的。我们已经并将一直留在世界反帝的革命统一阵线内。"① 他还表示："苏联毫不犹豫地、无条件地把经验传授给那些为经济发展奋斗的年轻独立的国家，而且捍卫它们的独立。这是我们亲身经历的事实，不是我们道听途说而来的。"②

但是，苏联武器的交付不断推迟，使埃及和苏联彼此间的怒气和不理解不断增长。1971 年 10 月，为平息事态，萨达特再次前往莫斯科，1972 年 2 月，又一次到访莫斯科。尼克松和勃列日涅夫会晤前夕，4 月 27 日，萨达特再赴莫斯科，因为他逐渐确信阿以冲突在苏联的外交政策中已经失去了首要地位。他对勃列日涅夫与尼克松的会晤也极为多疑，担心他们会就对他不利的事情达成一致。当然，苏联不会为了满足萨达特的要求而牺牲与美国缓和局势的努力。7 月 6 日，勃列日涅夫在发给萨达特的消息中含糊地介绍了他与尼克松的谈判细节以及苏联支持阿拉伯事业的口头保证。③

萨达特决定采取行动。1972 年 7 月 7 日，他通知苏联驻开罗大使，15000名苏联专家必须在 7 月 17 日前离开埃及，④ 并要求苏联放弃由苏联军事人员管理的所有苏联武器装备。一些观察家认为，萨达特在与美国的接触之后采取这一决定并非巧合，但也有可能这完全是他个人决定的，因为他需要减少苏联军事存在对他所构成的威胁，这在武装部队和广大人民中引起动乱，这也是对美国人做出的一种姿态。如果对美示好没有获得成功，军事选择仍然

---

① Аль – Ахрам. 11. 06. 1971.

② Там же.

③ См.：Правда. 06. 07. 1972.

④ См.：*El – Sadat Anwar*. In Search of Identity：an Autobiography. N. Y.，1978. C. 156.

存在。笔者与库利克和维诺格拉多夫讨论了这些事件。

库利克： 有必要考虑萨达特的心理特征，他有做强者的情结，却发现自己处于纳赛尔的从属地位。他甚至不是这个国家的二把手。在掌权后，他试图做与纳赛尔相反的事情。因此，他奉行与美国和解、与以色列和平、与苏联决裂的政策——甚至对苏联持敌对态度。

萨达特的个人心理情结是与埃及农民的政治盘算和清醒头脑相结合的。

笔者： 萨达特知道苏联领导人从一开始就不信任他吗？

维诺格拉多夫： 当然，他感觉到了，因为在我们这边，我们在信息回复和实际交付武器装备上有各种各样的延迟。美国人知道萨达特性格的某些方面——脾气急躁、猜疑心重——并充分利用了这些方面。例如，1971 年 5 月，勃列日涅夫和尼克松在莫斯科会晤时，萨达特对此非常担心，他对苏美可能背着他达成协议感到紧张。会晤后发布了公报，其中只有一句话说双方都同意就限制向中东运送武器问题进行谈判，没有什么可怕的内容。但这就成为我们试图欺骗他的直接证据。

笔者： 撇开情感和萨达特与苏联讨论问题时那种令人不快和厌烦的方式，埃及重新考虑其外交政策重点是否具有客观依据？

维诺格拉多夫： 萨达特不得不做出战略选择。他可能很明白，他不会和苏联走得太远，他知道我们在开展军事行动方面的克制。我们的立场如下：帮助我们的朋友，但这可能会使我们面临国际冲突。我们需要冲突吗？不，我们不需要。应该通过政治途径解决。萨达特了解我们的观点，这激怒了他……美国人以出色的方式完成了他们的政治工作。尼克松上台后，美国人宣称自己是埃及的朋友。他们说："事实上，误会已经产生，但如果你告诉我们如何去改正，我们会帮助你。"对萨达特来说，解放被占领的西奈半岛已从外部问题变成了内部政治斗争问题，他的个人政治权威因此受到了影响。每个埃及人都拿萨达特开玩笑。他无法理解，他也不是一个强势的政治领袖。他只是偶然成为总统，为势所迫……他想寻求一种方法来维护自己，使自己远离苏联，所以他开始对苏联提出无数的要求并指责苏联。他一直在说美国的飞机、大炮和导弹比苏联的好，但这是有争议的，值得商榷。事实上，1973 年的十月战争证明了苏联武器的优越性。

笔者： 有没有想过在某些情况下苏联可能要干涉埃及内部的政治斗争？

维诺格拉多夫：这是绝对不可能的。正确的做法是：绝不干涉内政。内政是不可预测的，是内部事件发展的结果。

笔者：我们在哪个阿拉伯国家违反过这个原则吗？

维诺格拉多夫：没有，我想我们从来没有过。也门、叙利亚、伊拉克和苏丹都存在各种各样的问题。苏丹确实发生过几次政变。但是，我们从未干涉过。

笔者：中情局干涉伊朗事务，推翻了摩萨台，我们在阿拉伯国家犯过类似罪行吗？当然，我不是在谈东欧国家和阿富汗。

维诺格拉多夫：绝对没有。我们的人没有受过这种训练。[1]

笔者对波诺马廖夫的观点也很感兴趣。

波诺马廖夫：起初，萨达特与我们签订了一个很好的条约，但是他很快就放弃了与苏联的友好关系，把局势推到了崩溃的边缘，然后把我们的军人和其他专家都赶走。他不是一个进步的、聪明的、有文化的人。至于他的妻子……她有一半英国血统，可能来自塞浦路斯，是典型的中产阶级女性，唯一的人生目标就是发财和把萨达特捧上天。据我所知，他的女儿嫁给了一位富有的石油大亨。

除此之外，萨达特还酗酒，当然我们很难见到这种情形。但他总是喝烈性酒，喜欢伏特加。有一次，我去参加我们大使馆的招待会。当时的大使是维诺格拉多夫，萨达特对他说："你给我的伏特加不够，为什么不送去总统府呢？"维诺格拉多夫答应给他送整箱的伏特加。

在我参加阿拉伯社会主义联盟大会期间，苏丹发生了政变。尼迈里的游击队集结兵力，逮捕了所有共谋者。我收到一封来自莫斯科的加密电报："争取得到萨达特的帮助，让他去影响苏丹领导人，这样他们就不会处决共产党领导人。"我们和大使一起去了萨达特的别墅，距开罗大约40公里。他光着上身坐在树荫下，当时非常热，有40摄氏度左右，桌子上摆着一瓶伏特加和一碗冰块。在那么可怕的高温下他还在喝伏特加！他邀请我们坐到桌子旁，给大家斟满了酒。我们只喝了一点点，但他往自己的杯里放了一些冰块，在我们眼前干了一杯。我们把请求告诉他。他去打了一个电话，然后回来说已

---

[1]　与维诺格拉多夫的谈话（1990年6月）。

经太迟了……他真是个酒鬼。显然任何想破坏埃及与苏联友好关系的人都利用了这件事。最后，爱国力量组织起来除掉了他。之后，我们的关系改善了，重新接近。①

笔者相信，波诺马廖夫的个人观点几乎无须评论。

苏联以非常复杂的感觉看着苏联军事人员被驱逐出埃及。在埃及这样一个具有重要战略意义的国家让出军事阵地对苏联领导人来说是痛苦的，他们显然把这视为政治失败。甚至被驱逐的方式也是一种侮辱，毕竟最初苏联军事人员是在埃及迫切要求下派来的。但与此同时，也有一种轻松的感觉：苏联摆脱了直接参与军事对抗的威胁。与美国缓和的幻想尚未破灭，正如后来发生的那样，萨达特的决定确实搬走了苏联与美国关系道路上的绊脚石。

但是，美国和以色列都没有表示要为这一戏剧性变化支付"报酬"，萨达特已经明白对以色列的战争无法避免，因此仍然有必要继续与苏联合作。1972 年 12 月，他命令国防部部长艾哈迈德·伊斯梅尔通知苏联驻开罗大使，将 1968 年《埃苏协定》中有关海军特权的内容再延长五年。② 苏联仍然保有继续与埃及发展"特殊"关系的希望。因此，军事装备交付继续以适当的速度进行，经济合作也继续开展。

从一半成功到完全失败

1973 年夏，萨达特和阿萨德做出了对以色列发动战争的决定。双方都冒着巨大的军事和政治风险，由于在以色列撤军的问题上没有取得进展，而且未能找到一个双方可接受的解决方案，他们不得不承受来自国内的难以忍受的舆论压力。埃及和叙利亚的武装力量似乎从 1967 年"六日战争"中吸取了教训，并且在苏联的援助下恢复了作战能力。士气显得非常高涨。似乎至少取得一个有限的军事胜利是有可能的。当然，埃及和叙利亚领导人明白美国不会允许他们完全击败以色列，不过他们还是希望像以前一样，万一他们没有取得胜利，苏联也不会允许自己的朋友被彻底击垮。

---

① 与波诺马廖夫的谈话（1990 年 7 月）。

② См.: *Fahmi I.* Negotiating for Peace on the Middle East. London, Canberra, 1983. C. 127.

1973 年 10 月 6 日下午 2 时，埃及和叙利亚对以色列在西奈半岛和戈兰高地的阵地发动了空袭。埃及军队越过苏伊士运河，保护在东岸的阵地，叙利亚军队在戈兰高地发动了进攻。以色列将所有兵力集中到北部，几乎摧毁了所有参与进攻的叙利亚坦克，并向大马士革挺进，但无法获得制空权，因为叙利亚在苏联的帮助下迅速部署了现代防空系统。在以色列在北部发动反攻期间，西奈半岛的埃及军队基本没有发挥作用。以色列将埃及战线视为主要目标，停止在叙利亚的密集行动后，开始将其主力转移到南部。10 月 12 日，萨达特下令进攻，但遭遇了挫败，埃及人不得不撤退到他们最初的阵地。可能有人对向东深入西奈半岛有顾虑，因为覆盖西奈半岛的防空系统部署在运河西岸。也许萨达特不是真心想让埃及军队深入西奈半岛。

然而此时，以色列在人员和军备方面的损失也显而易见，以致其领导人绝望地请求美国提供援助。当美国决定安排空中救援时，以色列实际上已经损失了 1/3 的飞机和 1/3 以上的坦克，并且某些弹药储备只够用几天的了。[①]核武器"以防万一"地被部署在战斗阵地。

据美国消息来源称，以色列在战争开始时遭受重大挫折的原因是特拉维夫和华盛顿犯下了一系列错误。首先是对埃及军队的低估和以色列情报机构判断失误，中情局也用了以色列提供的情报。

萨达特要比以色列和美国想象得更为狡猾，也更有先见之明，因此他能够下很大的赌注。

"2007 年 7 月，纳赛尔的女婿阿希拉夫·马尔万（Ashraf Marwan）在不明情况下于伦敦遇害，他曾与萨达特保持相互信赖关系。他在英国定居，是一个有着不错生意的商人，也是一个军火商。事实证明，1973 年战争爆发之前，他自愿成为以色列的有偿特工。他把对国家极为重要的绝密文件交给以色列，给以色列人留下了深刻印象。他成了可靠的信息来源。1973 年，他曾两次警告以色列关于埃及和叙利亚将要发动战争的企图。以色列进行了昂贵的部队动员，却是徒劳无功，什么也没有发生。十月战争前一天，马尔万再次向以色列报告关于埃及和叙利亚领导人的战争计划。此时以色列已不再相信他，结果被打了个措手不及。他成为以色列间谍是埃及领导人为了误导以色列而故意操作的吗？穆巴拉克的儿子和埃及情报局局长出席了马尔万的葬

① См.: Washington Post. 29. 11. 1973.

礼。他们不会向以色列间谍致敬……"

此外，尼克松深陷"水门丑闻"，任由基辛格操纵外交政策，基辛格是美国历史上第一位也是最后一位兼任国家安全顾问和国务卿的人。尼克松在他的回忆录中写道，他在迈阿密附近的基比斯坎（Key Biscayne）收到果尔达·梅厄夫人（Golda Meir）关于即将与叙利亚和埃及开战的消息后，"我们感到非常惊讶"。前一天中情局还报告说，中东不太可能发生战争，埃及军队的大规模行动只是常规的年度演习。①

以色列发现自己所处的局势充满戏剧性，基辛格都没能马上弄清楚，更不用说尼克松了。此外，美国在观望其他阿拉伯国家的态度，尤其是沙特阿拉伯，五角大楼里有一个强大的亲阿拉伯游说集团，以国防部副部长威廉·克莱门茨（William Clements），一名来自得克萨斯州的石油商人为首。他得到美国国防部部长乔治·施莱辛格的支持，施莱辛格与基辛格有过激烈竞争，早些时候他反对向以色列提供军事物资，认为这将在未来妨碍美国在以色列和阿拉伯人之间扮演"诚实中间人"的角色。不过，当时他和基辛格以及尼克松本人都深信，1967年"六日战争"的场景会重现，阿拉伯国家很快就会被以色列打败。因此，特拉维夫的援助请求没有得到迅速回应。10月9日晚和10日，根据果尔达·梅厄的命令，以色列驻美国大使狄尼斯（S. Diniz）恳求基辛格提供帮助，并相当明显地暗示，以色列准备采取"极端措施"……后来证实，当晚以色列内阁决定给杰里科②装上核弹头。③

根据五角大楼的数据，10月13日至11月15日，通过海运美国连续向以色列运送了22600吨武器装备，包括坦克、火炮系统、导弹和弹药。④

苏联领导人在冲突初期采取了合理的方针，建议萨达特和阿萨德寻求停火，考虑到埃及和叙利亚军队占据的有利位置，即使以色列在某些地区强迫他们撤退，他们也会取得全胜。⑤ 如果能够促使以色列领导人认真考虑和平协议的话，对以色列的适度打击可能也符合美国的需求。但是，由于以色列在冲突开始后几天内遭受的失败比预期得更糟，以色列领导人不得不发动一场

---

① The Memoirs of Richard Nixon. C. 920.

② 杰里科为以色列研制的短程弹道导弹。——译者注

③ CM.: *Isaakson Walter*. Kissinger. A Biography. Simon & Schuster, New York et al., 1992. C. 517.

④ The Memoirs of Richard Nixon. C. 927.

⑤ 时任埃及外交部部长伊斯玛伊尔·法赫米也持这种观点。CM.: *Fahmi I*. Op. cit. C. 33.

严重的战争，美国别无选择，只能支持自己的盟友（客户）。苏联也必须做完全相同的选择，去帮助叙利亚和埃及。战争开始后第四天，苏联开始了有史以来规模最大的一次武器空运行动，安 -12 和安 -22 运输机进行了 900 多次飞行，向埃及和叙利亚运送武器、作战车辆、装备以及弹药。其他通过海运的物资直到战争结束时才抵达。

苏联在东地中海部署了一支大型舰队，到 10 月底时估计有 96 个作战单位，其中包括 34 艘战舰和 23 艘潜艇①，旨在警告以色列不要试图破坏苏联的供应（当时已经有一艘苏联干货船在拉塔基亚沉没）。显然苏联舰船能够收集有关军事行动发展的信息，并密切注意着美国第六舰队的动向。西方国家将苏联加强地中海舰队解读为一个信号，即如果苏联军队被派往冲突地区，这支舰队将起到支持作用。

苏联军事人员承担非战斗职能，把坦克从登陆口岸开到前线，操作雷达装置，修理坦克、作战车辆和其他军事装备。我没有找到能证明苏联顾问参与前线作战的任何信息。但是，当时我在大马士革，苏联军事顾问公开告诉我，苏联军官在操纵叙利亚防空系统，该系统在以色列突袭大马士革后得到了加强。我可以肯定的是，以色列空军遭受了相当大的损失，因而没有继续对该城市进行空袭。

10 月 16 ~ 19 日，苏共中央政治局委员和部长会议主席柯西金出现在开罗。他试图说服萨达特有必要寻求停火。前线形势对埃及不利，他向萨达特提出了这样的建议。

10 月 16 日，以色列军队从大苦湖地区两支埃及军队之间的某个空当越过苏伊士运河，并沿运河东岸向红海方向发起进攻。正如 1967 年时一样，以色列人不顾联合国安理会的停火决议，一直打到 10 月 25 日。似乎再过几天，他们就能再次取得胜利。但最大的未知数是埃及士兵为保卫领土究竟做了怎样的准备。确实埃及军队在苏伊士镇进行了英勇抵抗，同时苏联的供应迅速补充了埃及和叙利亚在坦克和其他武器方面的损失，伊拉克装甲部队在向叙利亚挺进，埃及正在等待阿尔及利亚的军队到来。然而，苏美的立场在 10 月 25 日结束埃以战线敌对行动和次日结束叙以战线敌对行动方面发挥了主要作用。

① См.: Middle East Journal. 1979. № 1. C. 38.

联合国安理会在 10 月 9～12 日讨论了中东局势。苏联坚持认为，要解决问题，首先以色列要从被占领的阿拉伯领土撤军，而美国要求停火并且双方都撤退到 1973 年战争前已经存在的脱离接触线。

苏联代表和美国代表之间的直接接触增加了。10 月 20～22 日，美国国务卿亨利·基辛格与勃列日涅夫和葛罗米柯在莫斯科进行了谈判，美国和苏联政府提交了一份得到埃及支持的决议草案，供安理会 10 月 22 日会议审议。10 月 23 日，安理会以大多数支持票数（中国弃权）通过了第 338 号决议，它要求立即停火，各方军队于 10 月 22 日停止一切敌对行动。决议在呼吁停火的同时，要求全面实施第 242 号决议。

埃及确认愿意执行第 338 号决议，并在对等基础上停止敌对行动。以色列也表示同意该决议。但是，10 月 22～23 日晚，以色列军队对苏伊士运河西岸发起了进攻，切断了苏伊士—开罗公路并直达苏伊士湾，从而将部署在运河两岸以及南部的埃及第三军团隔离开来。10 月 23 日，应埃及请求，安理会举行临时会议，通过了由苏联和美国提出的新决议（中国再次弃权），决议要求立即停火并停止在中东的一切敌对行动，各方军队应该撤回到 10 月 22 日占领的阵地，但以色列不予理会，继续其军事行动。

"勃列日涅夫通常很安静，不倾向于采取强硬行动，10 月 23 日，他被迫使用'热线'向尼克松传达了一个不太符合外交礼仪的信息。"普里马科夫写道。这个消息是："你清楚以色列为什么会背信弃义。我们认为目前扭转局势和履行协议的唯一机会是迫使以色列立即遵守安理会的决议。"这则消息暗示，美国的不作为将导致缓和政策崩溃："涉及的利害关系太多——不仅是中东，还有我们的关系。"美国明白了局势的严重性。同一天，尼克松回复说，美国将"负责确保以色列完全停止所有军事行动"。"我们共同达成了历史性的协议，"尼克松在给勃列日涅夫的信中写道，"并且我们不允许它被毁掉。"

然而，以色列继续蔑视联合国安理会关于停火和将军队撤回第 338 号决议通过时占领阵地的要求。莫斯科举行了一场激烈的政治局会议。萨达特的电话进一步升高了人们的情绪，他请求采取任何行动"拯救他和被以色列坦克包围的埃及首都"。在开罗的首席苏联军事顾问立即被联系到，他向勃列日涅夫报告说，萨达特得知有几辆以色列坦克越过苏伊士运河后有些失去理智，但对开罗尚没有直接威胁。虽然报告这么说，但一些政治局委员仍呼吁采取紧急的军事和政治措施。①

在 10 月 24 日的特别声明中，苏联政府要求以色列立即停止所有军事行动，撤回到 10 月 22 日的停火线，并警告如果继续对埃及和叙利亚的"侵略"，将会出现"最严重后果"。② 此外，勃列日涅夫还向尼克松发出了紧急告知："如果你发现不可能在这个问题上与我们一起采取行动，我们将不得不立刻考虑单方面采取适当措施的必要性。"③

10 月 24 日，苏联的七个空降师宣布处于戒备状态，西方分析家认为其中一些可能已被派去营救被包围的埃及第三军团，无法确定的是，采取这些步骤是因苏联领导人确实准备实施救援，还是为了配合勃列日涅夫发出的警告而使部队处于戒备状态，或者是考虑到了美国对此可能做出的反应。更可能这是给美国和以色列发出一个信号：苏联不允许埃及失败。但美国反应过度，并且做出让其核力量进入备战状态的姿态，这一行动引起了盟国的恐慌。美国消息来源称，美方的这一行动是虚张声势，是基辛格在尼克松不知情的情况下发出的指令，尼克松事后给予批准。苏联当然不希望这种情况发生，它接受了美国提出的派遣文职观察员的提议。④

对于如何共存和如何避免冲突，冷战有着自己不成文的规则。两个大国紧盯着悬崖，到崖边后急忙后退。以色列停止了军事行动，但没有撤回到 10 月 22 日时的阵地。苏联空降部队取消戒备状态，美国取消核战备。"也许，我在危机期间被冲昏了头脑，"尼克松总统对苏联大使多勃雷宁说。⑤ 毕竟，萨达特已经让苏联军队撤出埃及，并秘密表达了与美国合作对抗苏联的意愿，美国为什么要用一个不确定的胜利来打败萨达特呢？苏联又为什么要派兵去拯救一个前途未卜的政权呢？

10 月 25 日，苏联同意了安理会的一项提议，派去监督停火的联合国部队应排除五大国家的军队，但应包括苏联和美国的观察员。当然，有关 1973 年十月战争在文献中已有充分记载。不过，也许你会有兴趣看看苏联对这一事件的评价，如笔者与苏联高级官员对话中所呈现的。

---

① *Примаков Е.* Конфиденциально… С. 415.

② Правда. 24. 10. 1973.

③ Цит. по: *Heikal M.* The Road to Ramadan. С. 95.

④ См. : *Isaakson Walter.* Kissinger. A Biography. Simon & Shuster, New York et al. , 1992. С. 528—532.

⑤ *Добрынин А. Ф.* Сугубо доверительно…

　　笔者：我看到有一位美国学者提出，苏联领导人在 1973 年春天以前反对阿拉伯和以色列之间爆发战争，后来由于苏联领导层间的派别斗争，那些试图破坏缓和的人开始推动敌对行动。

　　皮林：这是把问题极端简单化了。问题不在于有人想破坏缓和：我们的领导人直到最后一刻都反对战争，而且在一定程度上是意见一致的。

　　笔者：但我们却教埃及人如何渡过运河，还给他们送去浮桥？

　　皮林：纳赛尔去世后，萨达特在第一次与柯西金会晤时说："那么，浮桥在哪里呢？"柯西金叫醒在谈判中睡着的瓦西里·瓦西里耶维奇·库兹涅佐夫（Vassily Vassilievich Kuzhnetzov）问："浮桥在哪里呢？"库兹涅佐夫回答说："浮桥已经交付给他们了！""好，"柯西金说，"当心点，别像雷达那样被偷了！"但这不是问题：实际上，准备战争和发动战争是两件不同的事情。到 1973 年 6 月，我们的领导人终于明白：阿拉伯人已经失去耐心。如果我们仍呼吁克制，可能对我们不利，会带来严重的负面后果。

　　笔者：不过，那时萨达特已经开始与美国谈判，难道没有人知道这已经产生了副作用？

　　皮林：可是他们都不想相信。这就是他们决定那样行动的原因。"如果你们这帮人希望的话，可以去战场，看看会得到什么。"

　　笔者：我们的领导人不相信他们会成功，是吗？

　　皮林：他们非常怀疑。[①]

　　在我与时任苏联驻埃及大使维诺格拉多夫[②]和另一位苏联高级官员对话时出现了对该事件的另一种解释。

　　笔者：您知道战争即将发生吗？

　　维诺格拉多夫：我接到莫斯科的指示让我通知萨达特总统，由于局势紧张，苏联领导人决定撤离妇女和儿童。我们安排晚上撤离，其中一些人登上了"塔拉斯·舍甫琴科"（Taras Shevchenko）号轮船。我无法想象这些活动会逃过以色列情报机构的眼睛。10 月 6 日早上，萨达特派人来请我，跟我说："形势越来越紧张。以色列变得越来越傲慢。我希望你一直待在这里。你应该

---

　　① 与皮林的谈话（1990 年 5 月）。
　　② 与维诺格拉多夫的谈话（1990 年 6 月）

一直待在我打电话可以找到你的地方。"我刚回到大使馆，就接到萨达特从城里某处打来的电话："我们现在已在苏伊士运河东岸了！"

笔者：埃及人渡到运河东岸后，萨达特真的不敢继续进攻吗？他做出这样的姿态就足够了——宣布胜利并告诉美国人"来吧，解开这个结"，这是真的吗？

维诺格拉多夫：萨达特从来没想过埃及军队能在三小时内渡过运河，而不是原来计划的三天。根据早期的计算，穿越如此巨大的水上障碍可能将损失数千人，约占进攻部队的30%。但实际上这一切来得太简单了、太成功了，损失也少得多。在苏联的帮助下，军队已经做好了充分准备，武器装备优良。毫无疑问，埃及军队在追求有价值的目标方面取得了历史性飞跃。但许多观察家认为这一切都是事先策划好的。很多事情没法解释。第二和第三军团在运河东岸登陆，它们之间的侧翼没有保护。为什么这样做？军事行动的基本知识要求密切关注战斗队形的接合处或接缝处。以色列在东岸只剩下一个据点，位于大苦湖地区，这里正是以色列坦克后来渡过运河的地方。以色列主要力量集中在北部，用以对抗叙利亚。萨达特没有继续进攻。他在等待叙利亚崩溃。但此后没人能阻止以色列把军队调到南方来。约旦国王侯赛因愿意向萨达特和阿萨德提供援助，阿萨德接受了，但萨达特拒绝了。以色列严重损害了美国技术的声誉。埃及人非常认真地发动战争，他们能让一个装甲旅失去作用。

笔者：美国和以色列有没有互相勾结？

维诺格拉多夫：这只是一个假设，在各种秘密文件被披露之前，没办法证明。萨达特总统的政治目标是与美国合作。美国有必要扮演一个崇高的角色。以色列军队一次精心控制、有限的小失败和埃及军队的胜利，将确保美国以调停者的角色出现。但即使在安理会10月22日通过决议后，以色列仍继续进攻并不断扩大在西岸的滩头阵地，萨达特每隔两小时就给我打电话说："美国人是骗子。他们欺骗了我！"他们以什么方式骗了他？开罗出现了恐慌，萨达特发现自己处于非常难堪的境地。他敦促苏联和美国联合派遣军事特遣队来，或一方拒绝了另外一方单独派遣，以便击退以色列的进攻。苏联政府向美国提议双方应共同派出特遣队以制止违反安理会决议的行为。据说还表示，如果美国拒绝，苏联将采取单独行动。此时，以色列停了下来，显然是收到了美国的指令。

笔者：这是苏联伞兵部队接到命令时发生的吗？

维诺格拉多夫：当时我完全不知道。

笔者：是否做出了允许阿拉伯人发动战争的决定？苏联领导人是否打算授权阿拉伯人，还是他们的行动并没有得到我们的许可？

某格鲁乌官员：这一切都没有经过我们的批准。我可以明确地这么说。我们得到报告说，正在进行某些准备工作，但我们没打算阻止。我们向他们暗示："这由你决定，这是你们自己的事。"但是我们没能正确地预测这两场战争的结果。1967年的失败对我们来说很意外，我们也没有料到阿拉伯军队在1973年战争第一阶段的行动会那么成功，我们以为阿拉伯人会很快被打败，所以事先疏远了他们。

笔者：为什么会这样？

某格鲁乌官员：因为1967年的失败和埃及在消耗战中一些可耻的失败给我们留下了深刻的印象。

笔者：但是我们的飞行员被击落是我们自己的错误，不是吗？我们草率地低估了敌人。我们的人说："以色列人听到俄国人的诅咒就会逃走。"但是以色列设置了一个陷阱，我们的飞行员在没有地面指挥的情况下盲目地战斗，而对方则表现得如同照着乐谱弹钢琴一样。这有没有向政治局报告？

某格鲁乌官员：是的，是那么回事，但是报告被做了修饰，所以看起来并不令人担心，都是些相当无关紧要和无害的内容。

笔者：我们的一些军人告诉我苏联军舰在拉塔基亚被击沉时的反应。据说勃列日涅夫被告知此事后说："要采取措施！"但没人敢问应该采取什么样的措施，因为他们不够勇敢。"采取措施"这一命令随后按照惯常的"链条"一级一级传递下去，包括地中海舰队司令官，他给战舰下达了同样的"命令"。其中一艘驱逐舰的指挥官挠了挠头，然后下令："准备开火。"其他指挥官也照做。他们只能自己负责。此后，以色列飞行员开始与我们的军舰和运输船保持距离。但是，如果真的发生了什么事，那些承担责任的人或许会因此被送上断头台，会是这样吗？

某格鲁乌官员：很可能是这样，这很可能是真的。勃列日涅夫和他的助手非常害怕做决定。他们希望所有的事情都能自行解决。

笔者：你认为埃及和美国有没有相互勾结？

某格鲁乌官员：有勾结。来自其中一个国家的情报说，基辛格和萨达特达成意向开展一次可控的小型行动，并且基辛格还暗示了他希望达到的目标。我还不能确切地说，以色列领导层中有谁知道这个战争的版本——以色列的领导层有非常复杂的平衡力量。但事实是：以色列人已经铺设了一套管道系统，这样他们可以用石油填满整个苏伊士运河，并在战争开始时点燃它，因为你无法越过火墙。但这个系统并没有被利用。

笔者：也许是偶然失败，或者是因为埃及人采取了预防措施，以色列人无法启用这个系统？我读到过关于埃及"突击队"行动的情形。

某格鲁乌官员：有太多"偶然"了。以色列至少提前一天就知道第二天会爆发战争。对战争的准备不可能不被以色列人发现，而且以色列总理果尔达·梅厄宣布了动员令。但是美国人说："无论做什么，你不要成为最先挑起（战争）的那个角色。"

笔者：你认为事实上这不是对叙利亚和埃及意图的错误判断，而只是单纯的角色分配吗？

某格鲁乌官员：我认为确实是角色分配。

笔者：那么这背后的意图呢？

某格鲁乌官员：首先，萨达特将在国内树立起胜利者的形象。之后，他将邀请美国提供解决方案，这样他就能彻底赶走苏联人。美国将为以色列和埃及提供担保。第二个目标是推翻大马士革的复兴党政府，但以色列在那里的行动速度不够快。

笔者：当时我在大马士革，我看到伊拉克装甲部队设法抵达叙利亚，苏联专家部署了新的防空系统。由阿萨德弟弟指挥的叙利亚精锐装甲旅最终没有投入战斗，因为它在保卫总统，这个政权最后安然无事。

某格鲁乌官员：此后，战争按照其自身规律发展。在真正能够打击到埃及人之前，以色列不需要停战协定。

笔者：苏联领导人对战争的态度如何？

某格鲁乌官员：我们不需要战争，我们害怕战争。"不战不和"的形势最适合我们。我们不想与美国发生冲突。但是我们无法阻止阿拉伯人。战争发生后，我们和美国就失去了控制。

笔者：苏联领导人坚决反对消灭以色列。1973 年，我刚从叙利亚回来，齐米亚宁（M. V. Zimyanin）告诉我："如果以色列的存在受到任何威胁，那么我们的伞兵将和美国的'绿色贝雷帽'一起到那里去。"

　　某格鲁乌官员：这句话准确地反映了我们领导人的心情。

逐渐走向衰落

　　看起来，对苏联中东政策来说 1973 年似乎是成功的一年。首先，阿以战争以平局告终，但在该地区特定条件下，以色列没有获胜就意味着失败，它被由苏联装备和训练的阿拉伯军队打败。其次，与 1956 年和 1967 年的危机不同，现在苏联的军力投射能力得到了增强，比如可将海军力量集中在东地中海，保障与叙利亚和埃及的海上联络，并反制美国在冲突时可能的干涉。苏联组织空中补给的军事航空运输能力明显增强，如对埃及和叙利亚的空中补给线。最后，苏联表现出强烈的政治参与意愿，甚至愿意冒险，以防这些国家失败。美国再次表明自己支持以色列、反对阿拉伯国家。对西方国家来说，石油禁运特别痛苦，油价上涨导致西方经济出现危机，这对苏联来说却是实实在在的收益（对油价上涨的最终分析是其有利于加快西方的经济重建，不过这完全是另外一回事）。

　　在中东这个舞台上，演员和他们扮演的角色看起来与 1967 年相似，而且可能他们就是根据早前的情节在演戏。然而，事情发生了向不同方向的转变，而这不可能仅仅是萨达特先生的个性因素使然。

　　苏联因"应邀"而获得其在埃及的军事和政治地位，成为真正在中东有影响力的大国，因为其在 20 世纪五六十年代的政策与该地区政治进程的总体发展趋势相一致。然而，阿拉伯人与西方的对抗开始有了不同的内容。这一次，那些获得政治独立的国家不再是为了要与以前的统治者和西方国家保持距离而进行斗争，而是因为美国充当了西方的领导者和以色列的保护者。当地的政治精英认为，他们现在已经能够在阿拉伯范围内自己决定自己的命运。不过，国内社会政治形势的发展趋势已与 20 世纪五六十年代不同。在这个意义上，埃及再次成为彰显阿拉伯世界发展趋势的先锋。萨达特只不过是在独立进程中贴上了自己的标签，他的行动力是从纳赛尔那里继承下来的总统控制力和专制政权促成的。

　　尽管对大土地所有者、外国资本家和大部分中上层资产阶级的活动实行了严格的限制，埃及国家机器的行政和军事顶层仍在朝着"资产阶级转变"。

除了纳赛尔总统的个人立场外，这一进程没有受到任何严重阻碍。除了官僚机构之外，其内部出现了一个所谓的"寄生资产阶级"，通过合同、投机、贪污、贿赂等逐渐变大。富有的农民阶层（kulaks，马克思主义术语中的富农）在农村重新崛起，成为大城市之外的主导力量，他们的客观利益，不同于深入推进左派转变和改革的进程，甚至在纳赛尔统治的最后几年他们已可以施加某种压力。埃及的"民族"资产阶级也在不断抵制那些迫使他们以模糊的、全民的名义而牺牲个人和阶级利益的措施。

埃及国内，由军事和行政机构高层以及"寄生资产阶级"和"民族"资产阶级组成的统治阶级，依靠的是试图摆脱发展障碍的富裕农民、城市商人和工匠这一庞大基础。埃及社会上层被激进的变革吓坏了，准备采取所有可能措施来阻止变革。他们不愿向下层让步，竭力利用公共部门谋取自身利益，这得益于中东地区出现的一个新的重要因素——阿拉伯石油君主国的经济和政治实力，它推动了埃及资本主义的发展。到了20世纪70年代，埃及发生"不流血的"转向的时机成熟了。

理所当然，崛起的新势力的代表——乡村或城市资产阶级——以及有着自由民主或宗教传统的知识精英，因陌生的意识形态和社会政治结构等而与苏联保持距离，寻求与西方合作。从苏联模式复制的某些要素已证明它们对埃及的社会经济发展没有用，与以色列的军事对抗正在耗尽国家资源，经济上需要比埃及资产阶级所希望的更广泛的国家干预。当一个摆脱战争和之前的社会政治体制，再加上摆脱与苏联的半联盟关系的机会出现时——无论付出什么代价——重新崛起的埃及精英毫不迟疑地迅速抓住了这个机会。

从现在的观点以及历史地来看，萨达特从革命的伪民主（革命威权主义）走向市场经济，即经济自由–威权政权的资本主义，似乎是合理的。然而，如果有像纳赛尔那样更高超智慧的领导人处在萨达特的位置上，可能会在这一切发生的同时仍保留苏联的援助，同时也获得美国更多的补偿。美以合作和西方对"犹太复国主义计划"的利益认同阻碍了这一趋势的发展，这似乎对苏联有利。但是，"以色列扩张""犹太复国主义""巴勒斯坦问题"很显然早已成为大多数阿拉伯领导人的政治修辞和"通行货币"。效忠巴勒斯坦解放事业、解放耶路撒冷及伊斯兰圣地的誓言沦为阿拉伯政治精英进一步推动民族主义和使宗教合法化的手段。他们的反以声明并没有真正影响大多数阿拉伯国家政府与以色列的主要赞助国——美国的关系，也没有在其与苏联的关系中发挥任何重要作用。与以色列有直接对抗的叙利亚和埃及暂时是个例外，但萨达特的政策显示，仅仅依靠苏联并没有什么特别重要的意义。

当然，政治进程的各个方面不一定要有统一的指导。一些阿拉伯国家（如南也门、阿尔及利亚、利比亚，某种程度上也包括叙利亚）的"左"倾趋势持续了几年，这让当权者能够找到与苏联的共同点，继续与苏联开展合作，合作基础在早期的"反帝国主义"内容中新增了一套反以色列的宣传。应当指出的是，革命威权政权的失败绝不意味着这种模式已变得完全没有吸引力：世界不同地区有着不同的历史进程。因此，由于边缘资本主义的矛盾发展，这种试验继续进行并发展着，甚至在 20 世纪 80 年代，苏联社会政治模式中的某些方面依然有吸引力，包括对南也门、安哥拉、埃塞俄比亚、莫桑比克、刚果和阿富汗。

然而，对苏联中东政策造成影响的主要因素来自苏联内部和其他"社会主义"国家的情况。在军事力量鼎盛时期，苏联建立并强加于十几个国家的那套行政指挥制度开始面临越来越多的困难。苏联以数千万名廉价劳动力和约占地球六分之一的最丰富资源为基础的粗放式发展，开始逐渐衰退。苏联和其他社会主义国家根本无法进入新时期。社会和体制性问题阻碍了增长和创新，不利于质量的发展，仅仅有数量的发展，工业、农业、原材料供应、环境、社会、智力、道德以及国籍等各方面都出现了日益严重的危机。以无数的牺牲和苏联整个社会经济结构的扭曲为代价，唯一还在发展的领域是致命武器和军用装备的生产。苏联的军事力量持续发展到 20 世纪 80 年代初期。按照多次摧毁人类能力这个标准，苏联是一个"超级大国"。

美国在越南的失败和美苏军事均势的建立似乎在它们之间达成了一种力量平衡，再增加风险变得毫无意义，因此开启了缓和时代。确实，赫尔辛基进程表明，欧洲"缓和"有真正的前途。然而，除了已经谈妥的某些军事安排之外，苏联领导人还没有为真正的缓和做好准备。

1953～1956 年的"解冻"和 1968 年的"布拉格之春"仍让人记忆犹新，它们提醒人们，即使最强大的独裁和极权国家在实行镇压后，哪怕只表现出一些最轻微的放松，甚至只打开与西方人员和商业交往的一线缝隙，都会导致制度受到威胁，本国人民不仅会质疑制度的稳定性，还会质疑其存在的合法性。为了延长苏联模式社会主义的存在，宣传"帝国主义的威胁"是必不可少的。

西方也没有做好缓和的准备。从 1947 年 3 月 12 日杜鲁门在国会的演讲，到里根称苏联是"邪恶帝国"，西方政府一贯奉行对抗政策。20世纪70年代末80年代初，西方主要国家新保守主义势力的胜利加强了其对苏联采取的这一政策。1973年的战争以以色列的不胜不败而结束，这在西方相当有影响力的部分犹太社会团体中激起了反对苏联的情绪，也导致缓和政策的失败，当然笔者并不认为这是该进程中的决定性因素。得到上层批准的苏联反犹太复国主义运动，不只是针对以色列和有影响力的西方犹太人，尽管实际上，反犹太主义的论调（有时并不明显）阻碍了与西方犹太人和自由主义者的对话，与此同时，在苏联社会中，越来越多的犹太人感到自己被疏远了，这是导致系统性危机的另一个方面。

在第三世界政策方面，苏联和美国也是根本不了解对方。对美国而言，欧洲的"缓和"意味着维持第三世界的现状，但是20世纪70年代，西方正从非洲和亚洲的一些地区撤出，就跟英国和法国在20世纪50年代在中东所做的一样。其结果是，一些国家的殖民当局和其他国家的封建王权被强烈反对西方的革命政权替代，这些政权开始得到苏联军事、政治和一定程度上的经济支持。美国对这种现象的负面反应确实有些过度，但不管怎么说，全球对抗加剧了。顽固的苏联领导人认为，苏联新朋友的暂时成功进一步证实苏联早期的政策主张是正确的，而实际上他们已脱离了现实。

赫鲁晓夫在那句"我们将要埋葬你"的名言中所表达的救世主般的信念，暗含着"社会主义将迈向胜利"的意思。越南不是已经证明了苏联可以在第三世界取得胜利，而美国（"帝国主义"）则可能退却吗？早期弥赛亚口号被误认为是社会主义思想传播的新动力，而西方的惰性和错误也让莫斯科的幻想保持着活力。社会正在腐烂，但"我们终将战胜"的希望依然存在。亚洲、非洲和拉丁美洲的一些事态发展似乎证实了削弱西方在第三世界国家地位的战略的成功。

葡萄牙殖民帝国长期违背历史进程发展趋势，导致民族解放运动领导人变得激进，使他们易受苏联口号的影响，并倾向于复制苏联模式。在埃塞俄比亚，这个因素被证明更加有效，封建帝国拖延退出政治舞台，干旱、饥荒以及日益"左"倾的军官使其陷入深渊。在拉丁美洲，克里姆林宫的政治老人帮对尼加拉瓜的年轻革命者很满意，他们似乎就是尼古拉·奥斯特洛夫斯基的意识形态宣传小说《钢铁是怎样炼成的》中的人物。在南也门，民族阵线正相当认真地将其转变为共产党，除名字以外。

莫斯科的领导人不愿认真解读来自有着"社会主义趋向"的国家发出的

信号，甚至忽视了这样一个事实，即尽管苏联的政治盟友先前作为革命者、游击队员和战士，以苏联适度投资为代价给"亲帝国主义"政权造成了巨大破坏，但是现在情况则完全相反了。自20世纪70年代末以来，安哥拉、莫桑比克、埃塞俄比亚、尼加拉瓜和柬埔寨的"亲苏"政权一直对"反革命""土匪""反动派""帝国主义雇佣军"发动战争，苏联为此付出了沉重代价。

阿富汗的悲剧早已注定。这种一厢情愿的思维方式在苏联最高阶层早已司空见惯、屡见不鲜，以致后任者无法从克里姆林宫的老人政府那里承继任何其他东西。因而苏联不得不为其违背历史发展进程的做法在政治、道义和物质上付出代价，甚至让苏联公民（在阿富汗）为此付出生命。苏联社会主义模式的危机越加深，接受某些苏联模式要素的政权的失败就越明显，莫斯科"社会主义方向理论"拥护者的呼声越高，对与"革命民主派"合作政策的追求就越顽固，即使在20世纪80年代。虽然国际现实促使苏联领导人扩大了与埃及、摩洛哥、土耳其等国温和政权的联系，但是同那些发誓要与苏联和"社会主义"保持友好关系的领导人打交道似乎更容易、更令人愉快。

与美国领导人不同的是，苏联领导人仍然认为缓和适用于欧洲，也可能适用于中东，但"第三世界"必须继续保持"革命的进程"，以削弱和破坏"敌人"的阵地。

苏联和美国都感受到了互相了解与合作的必要性，两国都找到了可以务实互动的领域，遵循平行路线或至少在某些场合力图不加深彼此的矛盾，这就是双方在伊朗和伊拉克的战争中以及非洲之角所采取的行动。然而，这些都是例外的情况。

中国成为决定苏联在中东政治行为的次要但仍然重要的因素。中苏同盟关系的破裂，随即从当时的密切合作转为与北京敌对，是冷战以来苏联在外交上遭遇的最大失败。

这是一个庞大而复杂的话题。双方友好关系的破裂与其说是赫鲁晓夫各种滑稽行为或外交错误的结果，不如说是一种规律。对两只"熊"而言，"共产主义的小屋"太过拥挤了，而美国从未与中国发生过领土争端。当然，台湾问题需要特别讨论，但中美之间已经达成共识，或者说是已达成互相理解。

苏联与中国无止境的边界冲突甚至武装冲突、国际共产主义运动的分裂、中国与美国恢复邦交，都给世界政治格局带来了新变化。当时在中东地区中国无论是在军事上、经济上还是在政治上都无法与苏联竞争。但是，只要苏联说"是"，北京几乎总是说"不"，反之亦然。中国与巴勒斯坦人和该地区所有的左派和共产主义者接近，使他们反对苏联。苏联被迫疲于"证明"其自身是"反帝国主义"和"革命主义"的，这增加了苏联政治中的教条主义和弥赛亚主义，阻碍了苏联采取务实政策。

然而，与美国在政治、军事和经济领域的竞争仍然是决定苏联在第三世界整体政策的主要因素，但在经济上苏联已没有对抗西方的优势。20世纪60年代的竞争力甚至已经成为历史记忆，苏联领导人往往忽略经济现实，但也发现已经越来越难为他们在包括中东在内的第三世界的政策提供哪怕是微弱的经济支撑。值得注意的是，尚无法衡量与中东国家的经济合作对苏联是否有利，其原因不仅在于苏联商品的价格和实际社会必要价值之间的差距，还在于无法评估苏联在国内外投资的回报率。

苏联建造阿斯旺大坝的所有费用都由埃及人承担，并且它的全部债务都已清偿。如果考虑到实际的建筑费用可能已经超过最初的预算，那么对于投资年利率仅为2.5%的苏联来说，这是一项经济上有利可图的资本投资吗？不能排除这可能是一种亏损经营。有谁能预见到，即便是在苏联，比如在中亚或在外高加索进行类似项目的同等投资，会否给苏联带来与阿斯旺大坝及发电站同等的回报呢？甚至可能会更糟，因为土壤中毒和盐碱化，加速了咸海干涸等负面环境后果。

从20世纪60年代开始出现了一种新现象，促使苏联外交政策从经济援助转向军事援助。在赫鲁晓夫时期，前者稍微多于后者，[①]但在20世纪60年代末，由于向北越、埃及和叙利亚提供武器，导致军事援助占了主导地位。西方专家估计，到20世纪80年代初，苏联对外军事与经济援助的比例是三比一或四比一。[②]目前还不清楚苏联对中东国家军事供应的实际成本是多少——没有官方统计数据，连不完整的数据都没有。实际的信贷数额、武器价格、免费供应数量、核销债务总额都没有数据。任何将武器价格与其社会必要价值进行比较的尝试都注定会失败，因为苏联在各部门和各企业的供应

① См.：Hosmer T.，Wolfe Th. W. Soviet Policy and Practice toward Third World Conflicts. Lexington，1983. C. 18，24.

② См.：Pajak K. F. Soviet Arms Transfers as an Instrument of Influence. Survival. 1981. No 4. C. 166；Brzosha M.，Ohlson T. Arms Transfer to the Third World 1971—1985. N. Y.，1987；Ofter G. Soviet Military Aid to the Middle East—an Economic Balance Sheet in Soviet Economy in a New Perspective. —U. S. Congress. Joint Economic Committee，94th Congress，2d session. C. 216—239.

中形成了完全不切实际的价格关系。苏联经济中的军事部门比非军事部门获得了更多的投资、资源和熟练劳动力，而且材料质量更高，交货条件更可靠，技术更先进。所有这些都以牺牲民用工业，特别是轻工业，以及损害人民的生活水平为代价，因此计算重工业和军事工业产品的价值时，还需要考虑轻工业和农业的资本扭曲。在这种情况下所有数据看起来都是可疑的——它们完全失控了。因此，尽管可以认为军火贸易是有利可图的，还是很难估计对中东的军事供应给苏联经济带来的是利润还是损失。

除了极少数例外，苏联不对外提供最新型号的武器装备。仓库中储备了大量各种各样的武器，以备重大战争时使用。由于过时，它们需要定期更换。但是，销售新型号也有利可图，因为生产新型号可以更有效地发挥军事工业的能力。此外，关于武器供应的决定最容易得到执行，特别是在苏联管理体制逐步瘫痪的背景下，军事部门比任何其他部门都更有效。可以比较国际市场上类似武器的商业硬通货价格，如苏联和美国的坦克，或米格–21和幻影战斗机。通过对当时苏联商品与西方同样商品的竞争价格比较，可以得到一个数字；而如果用卢布来表示，得到的数字将非常不同；考虑支付手段和条件，会得到第三个数字；如果把国际市场上没有竞争力的本地商品的付款考虑在内，就会出现第四个数字。

20世纪80年代中期，苏联向40多个发展中国家供应武器，尽管从70年代中期开始，苏联超过90%的出口武器销往利比亚、叙利亚、越南、古巴、阿尔及利亚、伊拉克、印度、埃塞俄比亚和南北也门。[1] 除了印度、越南、古巴和埃塞俄比亚，其他都是中东国家。通过向叙利亚、伊拉克和利比亚等国家提供只有在苏联技术人员协助下才能运行和操作的尖端武器，苏联确保了有相当数量的军事专家在这些国家的存在。[2] 从1955年苏联与埃及的第一笔武器交易打破西方在这一领域的垄断开始，30年里苏联已成为第三世界的主要武器供应国，这无疑给苏联带来了巨大的政治影响力，它也意味着苏联有能力将地区冲突升级到更高水平，并具有防止其局势朝有利于美国的盟国（客户）发展的能力，这导致在20世纪七八十年代一系列旷日持久的冲突以

---

[1] Советские данные по этому вопросу отсутствуют. См.: U. S. Arms Control and Disarmament A-gency, World Military Expenditures and Arms Transfers. 1986. Wash., 1987. C. 151—153.

[2] См.: *Dawisha A. and K.* The Soviet Union on the Middle East: Policies and Perspectives. N. Y., 1982. P. 156—159.

姗姗来迟的平局结束，尽管这些冲突并不都涉及苏联和/或美国的利益。

苏联的武器主要供应给那些因为国内政策需求而反对美国的国家，即使十年后，也不可能知晓对也门、索马里、埃塞俄比亚、叙利亚、伊拉克和利比亚的庞大武器供应是否实现了苏联的政治利益、国家利益或意识形态利益。仅从硬通货收益角度来看，收入也并不确定。或许苏联军方只是为了大量储存武器装备，万一发生"大"战，派往这些地区的苏联军队就可以使用这些库存，而美国在伊朗和沙特阿拉伯的武器储备似乎也有相同原因。然而，所有这些计划都基于无法想象的可能性：再次发生世界大战。我跟切尔尼亚科夫提到过这件事。

笔者：人们的行为和观点是由他们的经验决定的，尤其是在危急情况下的经验。我们的军队对中东的态度也是如此吗？

切尔尼亚科夫：是的，百分之一百五十！无论如何，我们在南边受到了来自地中海的美国舰队以及英国和美国的军事基地的威胁。军队应该从军事准备上思考威胁。当然，第二次世界大战的经历对每个人来说都很典型。以格列奇科（Grechko）为例。战争期间，他指挥了在图阿普谢（Tuapse，北高加索附近）的第十八军。他非常有能力。后来世界发生了变化，军事战略扩展到全球规模层次，核导弹出现了。然而他对图阿普谢仍然记忆犹新。从心理上讲，曾在那场战争和其他战争中作战的指挥官，其目标就是必须获得军事优势，获得一把更大的剑，但剑是双刃的。①

友好政权的军事化——无论以反美还是以反苏为基础——意味着政治的军事化：使用军事力量成为一种可能的政治选择，冲突可能由此升级为内战或国家间战争。该地区发生的所有事情都证实了这一点。对此，客观的观察家不会简单地责难美国或苏联。不过，苏联的悲剧在于，由于经济的衰退，武器供应成为其主要的，有时甚至是唯一可支配的手段，而美国有着更广泛的选择，从粮食供应到直接的经济援助，这些都是苏联负担不起的。一般来说，奉行不受限制的军事化政策的政权，通常将其与加强威权结合在一起：在最好的情况下，不过是阻碍政治结构的民主化改变，忽视建设一个保持正常运转的经济的需求；在最坏的情况下，会残忍地迫害政治对手。苏联和美

---

① 与切尔尼亚科夫的谈话（1990 年 3 月）。

国向该地区某些国家输出的武器已超出了它们正当防卫利益的界限，破坏了一些民事规则，造成了有利于军事工业的经济扭曲。建立大规模的武装部队（即使这些武器实际上是免费供给的）破坏了脆弱的不发达的经济结构，致使国民经济所需的高技能工人和专家错配。这就是纳赛尔、巴列维国王、穆罕默德·西亚德·巴雷（Mohamed Siad Barre）和海尔·马里亚姆·门格斯图（Haile Mariam Menghistu）采取这一政策的后果。苏联支持任何宣称"反帝国主义"的政权，美国支持任何宣称"反苏"和"反共产主义"的政权，这两种政策都是政治犬儒主义和非理性对抗的表现。

中东的军备竞赛没有促进安全与和平。战争变得更加频繁和更加血腥，稳定不再，人们的人身安全也没有保障（然而，正如冷战后军备竞赛继续表明的那样，该地区内外政策的军事化是根深蒂固的）。

许多中东领导人需要树立一个外国敌人，最好是有一场军事胜利，以巩固其在国内的地位，而在追求这一目标的过程中，他们却使自己的国家在军事上遭到失败，或走向灾难。巴列维统治下的伊朗使用这种政策或依赖美国武器就是一个例子；然而事实表明，这种行为在革命—威权政权国家更加普遍。诉诸军事力量，若战败，他们会更加脆弱。1967 年，正是因为对自己的军事实力有信心，纳赛尔和叙利亚领导人卷入了一场以失败告终的危机。1973 年，叙利亚和埃及几乎输掉了战争。索马里的西亚德·巴雷受拥有远远超出国家需要的苏联武器的鼓舞，对埃塞俄比亚发动了一场不成功的战争。那些将军事力量作为实现政治目标手段的专制领导人，被一种错觉所迷惑，即他们的政治优势可能通过军事化获得。

苏联向中东国家提供经济技术援助的能力在下降，政策向军事化方向发展，用以评估社会经济发展总体方向的不正确标准，以及不能有效参与中东问题的解决，所有这些导致苏联从 20 世纪 70 年代开始在该地区地位的削弱。但是，这场危机并不限于苏联的政策，包括外交决策机制在内的政治结构也受到了一种进步性功能失调的影响，我们将在后面谈到这一点。

1973 年阿以战争后，苏联开始迅速偏离以前在中东所持的积极立场。作为苏联的盟友和该地区的主要前沿基地，萨达特领导的埃及开始对苏联持敌对态度，并愿意与美国进行尽可能广泛的合作。苏联逐渐被排挤出中东问题解决进程，这一进程由于美国斡旋埃及和以色列达成了双边（"独立的"）协议而具有了不同的特征。第一次（也是最后一次）日内瓦中东和平会议于

1973 年 9 月 21 日举行，会议持续两天，叙利亚没有参加。然而，美国、埃及和以色列直接开始了游戏，它们并不需要苏联有限的存在，苏联试图重启会议，但没有成功。早在 1974 年 1 月 18 日，在日内瓦会议框架之外，埃及代表团在开罗到苏伊士的高速公路 101 公里处与以色列人举行了会晤，签署了双方部队脱离接触协议。在美国的调解下，协议规定以色列从运河撤退到米特拉（Mitla）和吉迪山口（Giddi）（距运河 32 公里），而埃及人同意对运河东岸的部队和军备数量进行控制。这就出现了运河重新通航的可能性。苏联领导人虽然心里不高兴，但表面上还是积极评价这一协议。[1]

看到尼罗河两岸的风向变了后，苏联加强了与叙利亚的联系。1974 年 3 ~ 5 月，苏联外交部部长葛罗米柯三次访问大马士革，阿萨德总统率领的代表团于 4 月回访莫斯科。苏联与叙利亚的军事、经济和文化合作扩大了。这帮助苏联挽回了颜面，使其能够同美国一起担任日内瓦中东和平会议的联合主席，当时两个大国的代表见证了叙利亚和以色列签署脱离接触协议，根据该协议，叙利亚将收回包括库奈特拉（Kuneitra）在内的戈兰高地的一部分，条件是要在这一地区实现非军事化，并由联合国维和部队驻扎。

最初莫斯科并没有放弃改善与埃及关系的希望，1974 ~ 1975 年曾两次讨论勃列日涅夫访问埃及的可能性。[2] 这表明苏联虽然表面上装作若无其事的样子，并为埃及开启新路线送上祝福，以维持其在埃及的地位和影响力，但实际上苏联越来越觉得萨达特是个叛徒，认为他对苏联的威望和利益造成的打击日益严重。[3] 1975 年 5 月，萨达特下令限制苏联舰船进入埃及港口，不过仍然可以使用亚历山大港的维修设施。苏联抵制了 1975 年 9 月 1 日在日内瓦签署的第二份脱离接触协议。随着苏埃两国关系日益紧张，苏联推迟了签署 1976 年贸易协定，并拖延或终止向埃及提供军事物资。与此同时，一场反苏、反共和反纳赛尔的运动在埃及媒体上愈演愈烈。纳赛尔领导下建立起来的政治结构正在迅速瓦解，而有利于自由资产阶级发展的开放政策（infitah）得到了法律上的批准。萨达特正在断送自己的前程。

1976 年 3 月 14 日，萨达特通知议会他将废除《苏联与埃及友好合作条约》，第二天如橡皮图章般的议会顺从地批准了这个决定，只有两个人表示反

① См.：Правда. 21. 01. 1974.
② См.：Fahmi I. Op. cit. C. 145—149.
③ 关于萨达特仇恨苏联的个人性质，см.：Ibid. P. 135.

对。所有苏联军事人员必须在一个月内撤离亚历山大港。两国关系以如此突然的方式被切断，萨达特用如此侮辱的言辞来形容苏联政策，以至于今后似乎不可能再恢复任何关系。这可能是为了让美国人相信，他的"革命历史"已经结束，埃及已义无反顾地走上了新道路。1976 年 11 月，埃及外长伊斯梅尔·法赫米（Ismail Fahmi）与葛罗米柯在索菲亚会晤以及 1977 年 6 月与勃列日涅夫会晤，试图使两国关系正常化，但均未成功。后来埃及要求苏联恢复军事供应，苏联要求埃及必须以现金支付，因为苏埃之间已经不再有"特殊关系"①。

库利克（A. S. Kulik）：1976 年 3 月，我碰巧在莫斯科。我立即被安德罗波夫召见。第一总局的所有高级官员都在那里。他们和我进行了严肃的谈话，谈了很多。我表达了我的立场——没什么可担心的。休会后，安德罗波夫突然向我走来，好像来说"再见"，他悄悄对我说："亚历山大，无论如何要告诉我，埃及有没有可能出现一个年轻上校去推翻萨达特，然后继续推行对我们有利的政策？"我回答说："尤里·安德罗波夫，首先我们没有这样的数据。其次，我有时夜里会冒冷汗醒来，因为我梦到一些'左'派分子推翻了萨达特掌权。"他睁大眼睛盯着我，等我解释。我说："埃及有 5400 万人（1976 年数据），尤里·安德罗波夫，5400 万埃及人……我们必须养活他们，我们也有自己的问题。"他看了我一眼。好吧，我想我的职业生涯到此为止了。他说了声"再见"。没有人听到这段对话。但后来发生了什么？这段对话发生在1976 年，1981 年安德罗波夫在莫斯科任命我为中东局局长。"他不是阿拉伯专家，但是他能应对。"有很多人反对我的任命，包括基尔皮琴科（Kirpichenko）。

笔者：这说明他还记得你说的话。此外，时间已经到了 1981 年，安德罗波夫刚吞下阿富汗的苦果。

库利克：是的，的确如此。

笔者：您在那个职位上待了多久？

库利克：五年，从 1981 年到 1986 年。

1976 年，埃及接受了美国的 C-130 军用运输机，随后还有战斗机和其他

---

① См.：*Fahmi I.* Op. cit. C. 178.

武器。作为对埃及改变政治方向的奖励，美国、阿拉伯产油国和西欧国家给埃及提供了财政援助。① 1977 年 7 月，当利比亚边界局势有可能演变成武装冲突时，埃及的宣传机器开始谴责苏联。随后，埃及从苏联和东欧国家召回所有本国的学生和军人。1977 年 10 月 26 日，萨达特宣布推迟十年偿还所有对苏的军事债务。埃国内形势也非常严峻。1977 年 1 月提高食品价格导致席卷开罗和全国的大规模骚乱，萨达特绝望地需要用和平来改善埃及的经济状况。

1977 年 10 月 1 日，安德烈·葛罗米柯和赛勒斯·万斯（Cyrus Vance）签署了一份关于中东问题的联合声明，其中特别规定在即将到来的 12 月召开日内瓦会议，还提到了"巴勒斯坦人民的合法权利"，苏联外交看到了与美国合作共同决定中东政策的一线希望。新一届卡特政府希望与苏联在一些全球事务上达成协议，首先将其思路转向最终就中东问题达成协议。然而，以色列领导人不愿意让苏联扮演这样一个角色，加上美国政治体制中相当一部分人认为应该将苏联排除在中东之外，因此埋葬了在几天内达成书面协议并公之于众的机会。② 但埃及和以色列已经开始秘密谈判，这为美国支持下的和平条约的签署铺平了道路。11 月 9 日，萨达特通知埃及议会他准备与以色列谈判。在前所未有的宣传浪潮中，萨达特于 1977 年 11 月 19 日至 21 日访问了耶路撒冷。

埃及邀请叙利亚、约旦、黎巴嫩、巴解组织、苏联、美国、以色列和联合国秘书长在开罗米纳宫酒店（the Mena House）召开会议。只有以色列和美国的代表出席了会议，最终启动了《戴维营协议》的和平进程。1978 年 9 月 17 日，埃以在戴维营签署了关于"缔结中东和平框架"和"缔结埃及和以色列和平条约框架"的协议。1979 年 3 月 26 日，以色列和埃及在华盛顿缔结和平条约，条约于一个月后生效，届时两国将建立外交关系。到 1982 年 4 月，以色列从西奈半岛完成撤军，实际上西奈半岛实现了非军事化。

当然，这个和平条约是弱的一方（埃及）和强的一方（以色列）根据美国和以色列的利益缔结的，通过中断埃及与苏联的所有关系，萨达特实际上把他所有的鸡蛋都放进了美国这一个篮子里。不过，客观地讲，埃及需要和

① См.: *Fahmi I.* Op. cit. C. 183.
② 对这一声明的评价，см.: Ibid. C. 234—238.

平。埃及将摆脱与以色列的对抗，并收回西奈半岛。苏联不得不满足于扮演一个持批判立场的观察员角色，并且不得不将其地区政策与那些比埃及更加挑剔的政治对手——利比亚、叙利亚、阿尔及利亚、南也门、伊拉克和巴解组织有风险地关联在一起。毫不奇怪，苏联把《戴维营协议》评价为"单独的协议""投降协议""破坏阿拉伯团结"，认为它是"为了反动和帝国主义利益而采取的行动"，而且苏联认为萨达特个人对此有罪。葛罗米柯写道："逐渐变得越来越清楚，萨达特的路线是改变埃及和苏联的关系，目的是限制这一关系……萨达特知道他在干什么。他的行为不是判断失误或犯了错误，而是有意为之，暴露了他的根本观点。"[1]

然而，尽管苏联不能阻止埃及和以色列之间的和平进程，但其有足够的影响力阻止美国的政策在叙利亚、黎巴嫩和巴解组织身上获得成功。

失去的机会

萨达特的行动在整个阿拉伯世界激起了愤怒和抗议活动，并使大多数阿拉伯国家团结起来反对埃及。叙利亚、利比亚、阿尔及利亚、南也门、伊拉克和巴解组织尤其活跃，并于 1977 年 12 月组建了所谓的"坚韧与反击阵线"（Front of Fortitude and Counteraction）。1977 年 12 月 5 日，埃及断绝了与这些国家的外交关系。

在《戴维营协议》签署后，"坚韧与反击阵线"领导人在大马士革举行会议，并宣布这些协议"非法"，并强调必须发展和加强与苏联领导的社会主义阵营的友好关系。1978 年 10 月，叙利亚总统阿萨德访问了莫斯科，随后阿尔及利亚的布迈丁和巴解组织领导人亚西尔·阿拉法特接踵而至。1976 年 11 月，反对戴维营进程的阿拉伯首脑会议在巴格达召开，意味着叙利亚与伊拉克、巴解组织与约旦、巴解组织与伊拉克的暂时和解。甚至沙特阿拉伯也加入了谴责埃及的阵营。埃及遭到全面抵制，其在所有阿拉伯组织的成员资格都被暂停，阿拉伯联盟的总部从开罗迁至突尼斯。只有苏丹、阿曼和索马里继续与埃及保持外交关系。以上这些，是在阿拉伯首脑会议后萨达姆·侯赛

---

① *Громыко А. А. Памятное.* С. 191—192.

因访问莫斯科之后不久发生的。

戴维营进程以及埃及与美国的联盟似乎标志着苏联的严重政治失败。然而，就当时而言，这次失败被掩盖了，因为阿拉伯世界几乎一致谴责《戴维营协议》，美国在该地区的政策受到了严重阻碍。中东北部地区的发展对美国尤其不利，却似乎有利于苏联。1978 年 4 月 27 日，阿富汗爆发革命，当地亲苏维埃的马克思主义者上台掌权，而在伊朗，巴列维王朝面临崩溃，苏联与这些事件并无直接的关联。彼时，伊朗与美国之间有军事协议，美国军队和顾问大量涌入伊朗，尽管伊朗是中央条约组织成员，甚至整个政权腐败不堪，对左右翼两派的反对者进行镇压、暗杀，以酷刑相威胁，苏联仍支持伊朗，其对伊朗政策的主要支柱仍然是实用主义，伊朗也以各种方式对苏联予以回应。在长达 2500 公里的苏伊边境线附近，伊朗几乎没有进行任何大规模的军队部署，没有美军基地的存在，只有电子跟踪站。双方高层互访和信息的交流仍在继续。1972 年，两国签署了友好条约并划分了边界。在 20 世纪六七十年代，苏伊签署了几项互利的贸易和经济协议，包括建设一条通往苏联边境的天然气管道、伊斯法罕的钢铁厂，以及阿拉克（Arak）的工程机械厂，以此换取天然气和传统出口商品。苏联甚至以商业方式卖给伊朗一些军用硬件。

然而，这些都没有改变伊朗与美国之间密切的军事、政治和经济合作。尼克松认定（1971 年），依照巴列维国王的野心，伊朗注定要扮演"地区宪兵"的角色。通过与华盛顿的合作，德黑兰开始帮助伊拉克库尔德人破坏反美的伊拉克复兴党政权，在 1975 年与巴格达达成谅解备忘录后伊朗又背叛了库尔德人。伊朗在佐法尔（阿曼）镇压了一场极端的左翼起义，并努力使自己成为海湾地区的主导力量。它向以色列提供石油，并依靠美国无限制的武器供应，启动了一项该国历史上前所未有的军备计划。在新一轮油价上涨后，油价上涨了 4 倍，伊朗利用石油美元将军费开支从 14 亿美元增加到 94 亿美元，并与以色列、埃及和沙特阿拉伯一道成为 20 世纪 70 年代中后期美国在该地区最具影响力的支柱国家之一。苏联无力参与竞争。然而，随着靠石油美元支撑的伊朗国王政权走向毁灭，局势发生了变化。掌握着实权的贪婪腐败的官僚机构进行了面子上的改革，其结果适得其反。伊朗政权的寄生性是彻底和可耻的，伊朗的资本主义正在以一种可怕的病态形式发展。上层社会和下层社会之间的差距越来越大，引发了人民的不满、抗议和绝望。政府对秘密抵抗人士逮捕、折磨和处决。人民群众脱离了传统的经济、日常生活和道德形式，在这个伪现代社会中没有立足之地，转而求助于宗教作为精神支柱和政治旗帜。在阿亚图拉霍梅尼的领导下，伊朗神职人员站在反对派运动的最前沿，霍梅尼所提出的"伊斯兰就是一切"口号，得到了数百万人的赞同。他呼吁推翻暴虐的巴列维国王，将伊朗从美国的统治下解放出来，废除伊朗与美国的协议，并解散秘密警察萨瓦克。"不要西方，不要东方，只要伊斯兰！"阿亚图拉和数百万人不断重复着这句话。自由派、革命民主党和共产党组成的反对派都在孔雀王座的崩溃中发挥了各自的作用。但伊朗的情况在当时的第三世界中是独一无二的，因为神职人员成了革命的领导者。

苏联的政策并没有在 1979 年伊朗伊斯兰革命获得成功上面发挥什么作用，这部分是由于"越南综合征"，但部分也是因为苏联在伊朗边境的存在，使美国未能严肃策划干预伊朗的计划。1978 年 11 月 18 日，苏联政府宣布反对"任何人以任何形式和任何借口干涉伊朗内政"[1]。尽管苏联领导人有身体和精神残疾，但他们没有忘记 1921 年《苏伊条约》的第六条，如果美国军队出现在伊朗，他们很可能采取直接行动。

早在 1974～1975 年，即四月革命在阿富汗进一步发展的前几年，在伊朗伊斯兰革命之前，美国就已开始准备将登陆部队派往海湾：这些部队是快速反应部队（RDF），于 1977 年 8 月根据第 18 号总统令正式创建。[2] 在 1979 年伊朗革命以及阿富汗均爆发革命的背景下，美国修订了其近东和中东战略，并提出了所谓的"卡特主义"，其中包括"任何外部势力企图控制海湾地区的行为，将被视为对美国重大利益的侵犯，美国应以一切手段加以回应"[3]。美国开始在西印度洋部署大规模海军力量，并在那里建立和扩大了海军基地，最重要的是在迭戈加西亚岛（Diego Garcia）建造了系泊设备、武器和弹药库，建造了 B-52 战略轰炸机的跑道和其他军事设施。阿曼、索马里和肯尼亚也同意允许华盛顿使用其领土上的军事基地。

1979 年 10 月，当伊朗学生攻占美国驻德黑兰大使馆并将一些工作人员扣押为人质时，美伊关系恶化为严重危机。莫斯科按惯例指出各方应遵守国际法的原则和标准，并尊重外交豁免权，但这些言辞无法掩盖其对事态发展的满意之情。意识到自身在政治和军事上的弱点，美国及其盟国发起了针对苏

---

[1]　Известия. 18.11.1975.

[2]　См.: Новое время. 1977. № 10. С. 9.

[3]　*История* международных отношений и внешней политики СССР. Т. 3. М., 1988. С. 328.

联的宣传攻势——"凶猛的俄罗斯熊，时刻准备举起利爪夹击伊朗，吞下西欧，分食石油盛宴"，类似的宣传经常出现在西方报纸上。甚至拿破仑在1812年入侵俄罗斯前夕发表的伪造的"彼得大帝的遗嘱"都被再次提起。

特别是丧失在埃及的地位后，目前的局势似乎为苏联在本地区扩张和恢复影响力并开始一场新的政治游戏提供了机会。但此时，苏联既没有力量、资金，也没有政治决心来支撑这种扩张了。美国的损失并没有转化为苏联的收益，因为伊朗伊斯兰领导人非常清楚地将苏联描述为"大撒旦第二"。伊朗新当局对共产主义的敌意与对西方的敌视一样，对伊朗境内左翼分子的残酷镇压甚至比在巴列维国王统治下更为严重。伊朗伊斯兰政权向阿富汗武装反对派提供了实际援助，而暂时中断了伊朗与苏联的经济联系。

1980年伊朗与伊拉克战争打响后，伊朗与苏联的关系略有改善（因为苏联暂停了对伊拉克的武器出口），但到了1982年，当战争转移到伊拉克领土并且苏联向巴格达恢复了武器供应后，伊朗与苏联关系再次恶化。在德黑兰重新出现了反苏示威活动，伊朗媒体上也发起了反苏宣传。特别是由于在镇压图德（Tudeh，即伊朗人民党）方面存在分歧，苏联外交官被驱逐出伊朗，苏联在海湾的船只亦遭到袭击。在此情况下，伊朗发表的谴责1921年《苏伊条约》的声明没有引起莫斯科的重视。然而，正如后面将要讨论的那样，现实政治的迫切需要和追求正常关系的共同愿望，最终使两国走向接近，促使它们共同寻找一个共存与合作的平台。

当阿富汗局势恶化时，年迈的苏联领导人反应过度，所采取的行动完全不符合他们制定的第三世界政策。公平地讲，阿富汗四月革命对莫斯科来说是一个意外，相当长时间里苏联领导层拒绝对阿富汗进行军事干预。但直到今天还没有完全搞清楚的一系列致命事件导致了决策错误，并导致了严重的政治失败。美国政府的反应非常消极，卡特总统对出口到苏联的粮食实行部分禁运，限制向苏联出口高科技产品，从美国参议院撤回了SALT-2条约，并禁止美国运动员参加莫斯科奥运会。1983年，里根政府为美快速反应部队建立了军事人员的上层机构——中央司令部。

苏联与该地区的北部地区国家——土耳其——的关系时好时坏，但无论哪个党执政，甚至是军事政变，都没有令两国关系发生急剧转变。华盛顿在1964年塞浦路斯危机期间拒绝支持土耳其，影响了土耳其政治领导人的思想和行为。从这个意义上说，他们欢迎苏联的平衡政策，尽管莫斯科与塞浦路斯总统马卡里奥斯大主教关系密切，这激怒了安卡拉。土耳其政府不会改变与西方，特别是与美国合作的方向，但愿意在某种程度上改善与北方邻国的关系。更独立的外交政策符合土耳其的政治传统，也可满足安卡拉的政治野心。在这一行动框架内，土耳其不断扩大与苏联的关系。

土耳其总理苏莱曼·德米雷尔于 1967 年 9 月访问了苏联，并就经济、边界和政治问题与苏方达成了谅解。德米雷尔评价说，他的访问结束了两国之间的敌意，"苏联对塞浦路斯的看法与我们的立场足够接近"[①]。这种关系的基础是尊重博斯普鲁斯海峡和达达尼尔海峡公约，这符合双方的利益。在一个洲际导弹和核平衡时代，海峡的战略重要性有所下降，尽管在 1967 年和 1973 年的危机期间，仍有数十艘苏联战舰经过海峡前往地中海。苏联的军事存在令土耳其人不高兴，但他们明智地认为，苏联海军待在地中海要比待在黑海更好。苏联载有直升机的航母（或苏联术语中的大型反潜舰艇）的出现带来了一些问题，但土耳其也找到了妥协的办法：当土耳其人被告知这种类型的船只将通过海峡时，土耳其会允许它们通过，但随后会进行抗议，再之后不了了之。

双边经济关系的发展令土耳其得到好处。苏联提供技术和经济援助，用来建设位于伊斯肯德伦的钢铁厂和斯蒂瑟尔（Seidisehir）的氧化铝厂。如前所述，无法确定苏联从这样的外贸业务中是获得了利润还是遭受了损失。1968 年苏联干涉捷克斯洛伐克内政让苏土关系和苏联外交政策的意图再次受到质疑。苏联军队进入捷克斯洛伐克促使土耳其加强了与北约的关系。然而，苏土之间的高级别访问（1979 年 4 月波德戈尔内访土和 1975 年 12 月柯西金访土）仍在进行，这既加强了双边经济关系，也是双方保持密集政治对话的一种方式。

土耳其政治主要被其国内问题所占据。由于土耳其选择了西方社会政治模式的特征，这个国家正处于痛苦的转型期，并被政变所打断。与西方的接近并没有解决土耳其与希腊的冲突，1974 年在希腊军政府设计的土耳其未遂政变之后，土耳其出兵塞浦路斯，并占领了该岛 2/5 的地区。这些事态发展使希腊和土耳其之间的关系处于战争的边缘，破坏了北约的东南翼，以至于美国停止了在土耳其军事基地的活动。如果没有苏联采取积极的中立政策，

---

① Millyet. 30.09.1967.

土耳其政府将无法完成其在塞浦路斯的行动，为此苏土关系进一步升温。1978 年 6 月，土耳其总理埃杰维特访问苏联，双方签署了一份政治文件，其中双方同意避免相互军事威胁或使用武力，并不允许本国领土被用作对外扩张的基地。此外，双方还签署了关于黑海大陆架划分的协定。

然而，苏联对阿富汗的军事干预重新唤起了土耳其原有的对其北方邻国意图的担忧，这一事件发生在土耳其被左翼和右翼极端主义活动搞得四分五裂、正逐渐走向内战的时候。1980 年，土军事政变中断了土耳其的民主体制进程。直到多年之后，土耳其才逐步恢复民主进程。20 世纪 80 年代初，美国在土耳其的军事基地重新开放。值得注意的是，尽管土耳其媒体在 20 世纪 60 年代和 80 年代都采用了"共产主义颠覆"和"莫斯科之手"等陈词滥调，但该国领导人包括文职和军方都很明白，苏联并没有干涉土耳其内政，只是对土左翼势力表示了有限的同情，并与主要流亡在外的软弱的共产党开展常规合作。因此，一定程度上的政治紧张并没有阻止务实的土耳其人于 1984 年 12 月 26 日与苏联达成一项有关经济、贸易、科学、技术合作与发展的长期规划协议。①

军事干预阿富汗给苏联造成了极大破坏，不仅在与土耳其关系方面，还波及苏联与整个伊斯兰世界的关系。苏联早期积极支持中东国家政治和经济独立的正面形象，被干涉阿富汗的行动所摧毁，取而代之的是一个"共产主义侵略者"的形象，一个"一直渴望暖水区"、意欲将海湾置于其控制之下的帝国形象，这其中也有西方宣传机器积极鼓噪的功劳。只有南也门和埃塞俄比亚对苏联的行动给予了谨慎支持，阿尔及利亚、叙利亚、北也门和利比亚避免公开谴责，但包括伊拉克在内的其他伊斯兰国家采取了一致的反苏立场，伊斯兰会议组织经常发表各种谴责声明。对阿富汗武装反对派的积极支持首先来自巴基斯坦、伊朗和沙特阿拉伯。然而，在伊斯兰国家从未出现过统一的反苏阵线，主要是因为以色列的政策转移了人们而对阿富汗的关注。苏联的宣传机器充分利用了在巴勒斯坦被占领土上发生的镇压事件，并利用以色列吞并东耶路撒冷和戈兰高地，利用 1981 年和 1986 年美国和以色列同意进行"战略合作"，以及 1982 年以色列入侵黎巴嫩等事件大做文章。但即便如此，苏联也没有收获实实在在的政治红利。

---

① См.: Дипломатический словарь. Т. 3. М., 1986. С. 315—316.

由于苏联入侵阿富汗，美国在该地区的地位确实得到了加强，这也有助于美国对冲伊朗革命带来的不利影响以及阿拉伯人对《戴维营协议》做出的负面反应。1980 年，美国与埃及开始举行联合军事演习，而 1980 年两伊战争的爆发有效地使这两个反美政权沉寂了多年，并且分裂了阿拉伯世界——叙利亚和利比亚采取了支持伊朗的态度，但约旦、沙特阿拉伯和埃及支持伊拉克。反萨达特阵线的瓦解也帮助埃及重返"阿拉伯大家庭"。1981 年，中东地区发生了各种各样的紧张状况——以色列和叙利亚围绕叙利亚在黎巴嫩部署防空导弹的冲突、以色列轰炸伊拉克核反应堆及袭击贝鲁特，以及利比亚和美国在锡德拉湾发生冲突……苏联领导人的反应一如既往，只是泛泛地发表一些无关痛痒的宣言和声明。

与此同时，苏联与埃及的关系正在走下坡路。早在 1977 年 12 月，萨达特就关闭了开罗的苏联文化中心和亚历山大、塞得港和阿斯旺的苏联领事馆，还留在埃及的苏联专家只有那些从事特定项目的人。双边贸易关系仍在维持。1981 年秋，萨达特宣布埃及将向阿富汗反对派提供援助，同时作为以色列撤军总体协议的一部分，将允许美军特遣队在西奈半岛部署，并把位于拉斯贝纳斯（Ras Benas）的红海基地交给美军快速反应部队使用，这使埃苏关系达到了自 1952 年埃及革命以来的最低点。在国内，萨达特的处境十分危急，因为他四处出击，猛烈打击左派、右派、资产阶级自由主义者、科普特人以及宗教激进分子。像往常一样，苏联对外政策被指控为"颠覆行动"。1981 年 9 月，包括大使在内的苏联外交官以及数百名剩余的苏联专家被驱逐出埃及。

1981 年 10 月 6 日，在 1973 年十月战争纪念日，萨达特被宗教激进分子暗杀。虽然他离开的方式令人反感，但莫斯科还是为这位令人憎恶的人物离开政治舞台感到欣慰。葛罗米柯评论说：

> 他伪造事实的本领真是惊人。重要的是，政治家、记者和历史学家通常不会提及他的言论或引用他的话，以防自己陷入尴尬的境地。萨达特一生都狂妄自大。可能有人会说，在他担任总统期间，正是这种病态性格决定了他作为一个政治家和一个人的行为。他常将自己与宏伟的埃及金字塔相比拟，竟然一点不觉得这很荒谬可笑。①

---

① *Громыко А. А.* Памятное. С. 194.

在萨达特的葬礼举行时，开罗街道上空无一人。他的棺椁旁只有他的亲密伙伴、三位美国前总统、以色列总理梅纳赫姆·贝京（Menachem Begin）和一些外国代表团成员。没有任何一位著名的阿拉伯国家领导人或政治家出席，人们保持着沉默。

华盛顿对暗杀行为做出了非常紧张的反应，令第六舰队和快速反应部队处于警备状态，西方领导人需要面对一些非常令人不安的问题：伊朗的事件会在埃及重演吗？《戴维营协议》会被遵守吗？然而令其欣慰的是，埃及对美国及整个西方的社会、经济和政治取向没有改变，这主要是因为埃及社会政治力量的内部平衡，以及埃及在经济、金融和粮食等相关领域均严重依赖美国，要发生改变是不可能的。胡斯尼·穆巴拉克在他统治的最初几年里，恢复了基于共识的埃及民主，并开始与世俗和温和的宗教反对派展开对话，从而在国内外政策上留下了自己深刻的烙印。在阿拉伯世界内部，他发起并最终成功地实现了与阿拉伯世界关系的正常化进程。经过缓慢的恢复，埃苏关系也走上正轨，而苏联在当时或后来都再没有企图不切实际地离间埃美关系。

随着苏埃关系在 20 世纪 70 年代日益恶化，叙利亚开始在苏联的中东政策中具有更重要的地位。出于国内政策方面的考虑以及泛阿拉伯主义的野心，叙利亚领导人强烈反对与以色列达成任何和解方案，而萨达特的外交政策对阿萨德总统来说是不可接受的。作为反萨达特和反美"坚韧与反击阵线"的组织者之一，叙利亚的立场符合苏联在该地区的政策框架。1980 年 10 月 8 日，莫斯科与大马士革签署了友好合作条约，正式确立了双边关系，阿萨德希望借此让以色列不再干涉叙利亚事务，并收敛其在黎巴嫩的军事行动。

某外交官：在 20 世纪 60 年代，我们太罗曼蒂克地看待叙利亚了，就像人们现在说的是一种"意识形态思维"。然而，公平地说，我们设法与叙利亚的所有政权都保持了稳定关系，首先是在独立宣言发表后立即成立的资产阶级政权，然后是舒克里·库阿特利（Shukri Qatli），再后是极"左"势力，最后是阿萨德的温和的复兴社会党政权。

笔者：可在我看来，我们从 20 世纪 70 年代中期开始有些忘乎所以了。我们把太多的赌注压在了叙利亚这个盟友身上，我们给了它太多的武器。

某外交官：我认为我们在《戴维营协议》之后并没有在叙利亚问题上押任何赌注。我们从不认为它能取代埃及。只是出于惯性，我们才将主要援助放在了加强叙利亚的军队和武器供应上，尽管我们从未相信，我们与叙利亚的关系可能会改变中东地区的力量平衡。

笔者： 苏联对叙利亚的政策是否有过什么摇摆？

某外交官： 叙利亚人是不好处的伙伴。对我们来说，他们总是令人向往却不好相处的伙伴。1973 年以后，我们面临的主要问题是中东问题国际会议，但在那时，叙利亚的座席一直是空的。他们决定不派代表团前往日内瓦。这是会议最终失败的原因之一，我们未能说服叙利亚人前往日内瓦。

笔者： 他们有自己的理由吗？

某外交官： 他们不相信他们的埃及伙伴。他们认为埃及可以轻松解决西奈半岛问题，而不必冒任何风险。他们害怕与以色列面对面。从他们的角度来看，他们可能做出了正确的选择，认为他们通过远离会议而获得了更多收益。在两三个月内，他们与以色列就前线部队脱离接触达成协议——也就是说，他们在军事意义上保证了自己的安全。所以他们认为没有必要急于采取其他政治措施。

笔者： 黎巴嫩怎么样？

某外交官： 这正是问题的关键。人们可以非常清楚地看到叙利亚在黎巴嫩的政策就是为了寻求失去戈兰高地的补偿。

1973 年以后，叙利亚对以色列的态度似乎变得灵活和平衡许多，尽管大马士革不时谈到"解放耶路撒冷"，有时甚至是"建立大叙利亚"。这些实际上无法实现的政治口号使它能够在现实政治层面上进行相当广泛的活动，并与以色列达成谅解，或者与以色列采取平行的做法，黎巴嫩则被许多不同的势力所划分。即便如此，直接的军事冲突还是发生了。1982 年 6 月，贝京总理受他的"鹰派"国防部部长阿里尔·沙龙的怂恿，决定利用福克兰岛（马尔维纳斯岛）危机以及英国和阿根廷之间的短暂战争为掩护，入侵黎巴嫩。以色列的目的是摧毁巴解组织在黎巴嫩的半国家体制结构和军事基地，并帮助黎巴嫩基督教地区长枪党中的亲以色列分子夺取贝鲁特的权力，同时叙利亚在贝卡谷地的防空部队也是以色列攻击的目标之一。据以色列消息来源说，巴解组织部队被迫撤退到贝鲁特，而以色列空军在最初的战斗中击落了约 90 架叙利亚飞机并摧毁了其导弹设施，对叙利亚人造成了相当大的破坏。[①] 因为

---

① См.: Jerusalem Post. 28.06.1982.

获得了最先进的硬件和所有必要的电子支持，以色列人获得了明显的军事优势。

对 1982 年 6 月至 9 月期间以色列对黎巴嫩的干预以及以色列对贝卡谷地叙利亚军队的袭击，苏联反应平静，仅限于声明和抗议，并强烈谴责以色列和美国在联合国的活动。勃列日涅夫正进入其生命的最后日子，克里姆林宫的老人们正专注于权力斗争，没有时间专门研究黎巴嫩、巴勒斯坦或叙利亚的问题；阿拉伯世界也是如此。当时的阿拉伯世界本身也缺乏团结，未能采取支持行动。令巴勒斯坦人失望和绝望的是，莫斯科甚至没有做出使以色列难堪的象征性姿态。苏联军事装备的声誉受到严重损害的同时，苏联在阿拉伯世界的政治威望也受到了损害。正如一位观察员所说的："许多美国官员从此事件中推断出，体弱和衰老的勃列日涅夫仍占据着领导地位，这使苏联正在经历不知道自己该做什么，或实际上又能做什么的危机。使人难以相信克里姆林宫保持着清晰的看法和知晓处理问题的优先顺序，尽管它有这么做的长期记录。"①

克里姆林宫的老人的确缺乏明确的观点，甚至缺乏对优先事项的认识。克里姆林宫持续多年的政治惰性只满足于保证叙利亚政权不会太虚弱以至于被推翻，或不会发生反苏行为，因为那样将急剧削弱苏联在叙利亚的地位，导致美国影响力相应上升。莫斯科再次采取了预料之中的行动，通过向叙利亚提供可以削弱以色列军事优势的武器来提高对抗水平，以色列再次失去了空中优势。双方都不断增加赌注，直到 1982 年秋天，尤里·安德罗波夫（Yuri Andropov）成为新的苏联领导人，大马士革接收了有雷达支持的先进的萨姆-5 地对空导弹，此外还有相当数量（西方预测为 5000~6000 人）的苏联军人（两个防空团）被派往叙利亚，以监督该系统的正确运作并培训叙利亚人使用。② 这是苏联第二次派数千名苏联军人去保护一个受到以色列威胁的友好国家，以此证明苏联不会允许任何打破军事平衡的事情发生。尽管两年后的报告显示，许多苏联防空人员已从叙利亚撤出。③

在黎巴嫩，在美国主导的多国部队监督下，巴勒斯坦战斗人员在被围困数周后被迫从贝鲁特撤出。以色列人实现了对西贝鲁特的占领之后，右翼极

---

① *Rubinstein A.* Op. cit. P. 50.

② CM. ; Reuter. 24. 02. 1983 ; The New York Times. 16. 03. 1983.

③ Radio Liberty. RL 145/85. 1985/ May.

端主义分子与占领军勾结，在萨布拉（Sabra）和夏蒂拉（Chatila）难民营对巴勒斯坦难民进行了大屠杀。苏联似乎遭受了外交失败，但黎巴嫩军事和政治斗争的钟摆仍在摆动：内战仍在继续，主角们失去了旧盟友，但又找到了新盟友；叙利亚和以色列仍不断插手黎巴嫩内战，并对各方施压；巴勒斯坦的一些武装人员逐步渗透并重返黎巴嫩。

苏联自1975年以来对黎巴嫩事务的态度可以概括为"没有政策也可被视为一种政策"。莫斯科对左派、穆斯林和巴勒斯坦人表示同情，但莫斯科并没有干涉黎巴嫩内战。尽管叙利亚在黎巴嫩的行动在莫斯科并不受欢迎，但苏联无法承担与叙利亚发生争吵的代价；而苏联同样无法公开与以色列翻脸，即便它在各种声明中对以色列极尽贬损之能事。苏联主张和平解决冲突，维护黎巴嫩的独立、主权和领土完整，强调以色列军队应从黎巴嫩南部撤出。米哈伊尔·戈尔巴乔夫时期，苏联继续坚持这一政策，这让莫斯科和华盛顿在黎巴嫩问题上找到了共同语言。它们在1989年9月23日发表了关于黎巴嫩问题的联合声明，其中重申："该国的问题没有军事解决办法。实现全国和解的唯一合理方式是在黎巴嫩人之间开展建设性对话，他们必须在利益平衡的基础上就实现黎巴嫩和平达成持久协议。双方再次重申坚定支持黎巴嫩主权、领土完整和独立。苏联和美国谴责任何扣押人质的行为，并敦促释放他们……不管是谁都可能被他们扣押。"[①]

以下是笔者和库利克的交流。[②]

笔者：也许最后一句反映了苏联在黎巴嫩的经历，1985年巴勒斯坦人扣押了苏联人质，其中一人被杀害。

库利克：除正式场合外，我和（叙利亚总统）哈菲兹·阿萨德还有着广泛的工作关系。他在1985年我们解救在黎巴嫩的人质方面发挥了非常重要的作用。我直接参与了这件事，尽管我当时在莫斯科担任的职务是负责高层政治领域的事务。但我仍建议克留奇科夫把我派到黎巴嫩和叙利亚去。

10月27日我与哈菲兹·阿萨德会面。我把我们人质下落的信息告诉他。然后我说："总统先生（有一位翻译在场），鉴于我们两国之间的传统友谊，

① Известия. 23.09.1989.
② 与库利克的谈话（2014年10月）。

请协助我们。"我们知道他不想干涉这件事。那时他已开始与美国人就解决黎巴嫩问题进行谈判。但第二天，巴勒斯坦人释放了人质。阿萨德告诉我们，他已向包括阿拉法特在内的所有巴勒斯坦人发出了最后通牒：如果苏联人质没有被释放，我们将开始对你们所有人采取全面行动。这的确吓坏了巴勒斯坦人，他们立刻释放了我们的人。

我与哈菲兹·阿萨德的关系已经很成熟……是的，特别是在90年代。叙利亚人执行了有利于我们的政策。所以，我认为我们应该尽一切努力来支持哈菲兹·阿萨德。不幸的是，2000年他去世了……

1968年复兴党发动政变之后，1972年4月9日苏联和伊拉克缔结了友好合作条约，两国关系正式固定下来。1975年，伊拉克与经济互助委员会（CMEA）签署了一项特别协议，经互会旨在建立一个由苏联和各"社会主义国家"组成的"共同市场"。1973年之后，国际油价大幅上涨，这使得伊拉克能够选择西方和日本作为自己的经济伙伴，而后者的技术水平高于苏联。[1]与此同时，苏联对伊拉克复兴党在20世纪70年代早期对共产党人采取的宽容政策感到满意，而武器销售和若干个工业建设项目以及其他项目的合作所带来的经济优势也相当明显。正如外交部官员告诉我的那样，巴格达当局惯常的"反帝"论调为扩大这种合作提供了政治动力。

实际上，我们在20世纪70年代促进了伊拉克复兴社会党政权的巩固。我们在政治和经济上支持他们，尽管我们中间的许多人预测到了可能的结果，可我们还是支持他们与库尔德人达成协议，与共产党缔结了短命的国民阵线协议。根据1967年和1972年达成的协议，我们开始帮助他们开采北鲁迈拉油田。后来当伊拉克当局开始向共产党人和库尔德人动手时，纯粹的财政考虑起了主要作用。伊拉克成为我们非常重要的硬通货来源。我们真的别无选择，因为我们必须赚钱，我们的观点相当玩世不恭：如果我们不向伊拉克提供武器，其他人也会这么做。

苏联对大马士革和巴格达之间的巨大分歧感到不满，阿列克谢·柯西金曾亲自尝试去弥合分歧，但没有成功。1978年，伊拉克共产党人被处决使苏

---

[1] 苏联也受益于油价的上涨，但后来油价的下跌促成了戈尔巴乔夫时代严重的经济危机，并最终导致苏联解体。——译者注

伊关系恶化，但莫斯科既不能也不愿意放弃与巴格达的合作，它欢迎伊拉克反《戴维营协议》的活动，尽管有点冒进，但伊拉克在阻挠美国实现其在中东建立"美国治下的和平"（Pax Americana）的企图。1980年9月伊拉克发动对伊朗的战争后，苏联和伊拉克的关系再次得到改善，但随后又急剧降温。苏联当然对解决库尔德问题感兴趣，并欢迎1970年达成的协议，该协议赋予库尔德人自治权。伊拉克库尔德人领导人毛拉穆斯塔法·巴尔扎尼（Mullah Mustafa Barzani）在靠近伊朗边境拉文多兹（Ravendooz）的总部私下用他那带有浓厚高加索口音的俄语对我说："我永远不会去巴格达。我根本不相信他们。在我看来，复兴党人在我的头巾下面隐藏了一名间谍。他们永远不会进行自由选举，但他们会召唤他们的克格勃、他们的民兵、他们的代理人去制造他们希望得到的选举结果。"[1]

在斯大林时代巴尔扎尼曾在苏联待过多年，已习惯于使用特殊的苏维埃术语。巴尔扎尼是库尔德民主党的领导人和库尔德民族主义的象征，1946年伊朗库尔德共和国垮台后他和他的数百名支持者前来苏联避难。1958年7月，新的伊拉克独裁者卡塞姆允许库尔德人回国，但到1961年夏天，库尔德人和伊拉克军队发生了武装冲突。尽管1963年2月卡塞姆政权被推翻，但他的继任者阿里夫政权继续对库尔德人采取敌对行动。1963年7月9日，苏联警告伊朗、土耳其和叙利亚不要对库尔德人民采取镇压行动。[2] 伊拉克新的复兴党政权签署了库尔德自治协议，但无论是巴格达还是库尔德人都没有真正将此协议付诸实施。

苏联发现自己不止一次地处于微妙的地位，即无法决定自己对外国内部种族冲突的态度。库尔德人问题是最痛苦的难点之一：如果苏联政府支持库尔德人的民族运动，就随时可能会在安卡拉、德黑兰或巴格达产生负面反应。因此，苏联不得不夹在两个凳子之间，无法找到更合适的立场，通常情况下只能闭上眼睛无视库尔德人遭受的镇压。当苏联与各政府的关系恶化时，库尔德人这张牌则会再次发挥它的作用。1972年，库尔德斯坦地区的敌对行动恢复了，伊拉克库尔德人得到了伊朗的积极支持，显然也得到了美国和以色列的协助。伊拉克军队使用苏联提供的包括战斗机在内的武器在库尔德人居

---

① 与穆斯塔法·巴尔扎尼的对话（1970年7月17日）。

② См.：Известия. 10. 07. 1963.

住的山区"打击帝国主义"。尽管最终巴格达在1974年3月11日宣布"库尔德斯坦自治"，但这并没有带来和平。

在这一点上，伊朗提出要求，伊朗与伊拉克之间的边界应该沿着阿拉伯河谷的最低部分而不是沿着伊朗一侧的河岸来划分。考虑到苏联主张苏联与中国之间数千英里长的边界是沿着阿穆尔河（黑龙江）的中国一侧而不是沿着河流的最低点划分的，而这也是中苏危机的重要原因之一，也是中苏采取公开敌对行动的一个根源，苏联在伊朗与伊拉克的这场特殊争吵中明智地保持了沉默，其主要目的是让伊拉克承认伊朗在边界争端中的主张。库尔德人在政治游戏中再次成为棋子。当双方于1975年3月5日同意达成妥协时，数百名被伊朗背叛的库尔德人被迫逃往伊拉克或西方。穆斯塔法·巴尔扎尼最后在美国去世。本人遇到过许多来自伊拉克的库尔德移民，他们与苏联妇女结婚，并试图获得苏联签证，但未获成功。根据他们的说法，苏联官员给他们设置了障碍，告诉他们："伊拉克宣布了大赦，你可以回到那里。"他们与穆斯塔法·巴尔扎尼一样，完全不信任萨达姆·侯赛因（Saddam Hussein）政权，这也没有错。苏联对库尔德人的诉求持"半积极"（Semi-Favourable）态度，但从未公开批评过巴格达。即使是在伊拉克与伊朗结束敌对、萨达姆·侯赛因使用包括毒气在内的手段对库尔德人实施无情的肉体灭绝时，莫斯科仍旧保持沉默。

20世纪80年代初，由于两伊战争的出现，中东地区的军事冲突中心已经转移到海湾地区，但依然需要寻找解决阿以冲突的办法，相关各方要么是认真对待此事，要么只是出于表明政治立场的需要。事实上，解决巴以冲突的条件尚未成熟。里根和勃列日涅夫各自推出的巴以问题解决方案均遭到失败就证明了这一点。1982年9月1日，里根呼吁以色列停止在约旦河西岸建造定居点，不承认以色列对约旦河西岸的主权要求，要求以色列的边界退回1967年以前的停火线位置，而耶路撒冷应当保持为统一的整体。里根还呼吁阿以进行直接谈判，重申美国反对在约旦河西岸建立一个巴勒斯坦国，而建议在约旦境内建立一个完全自治的巴勒斯坦实体。苏联的宣传机器仍如往常一样，猛烈抨击这些提议。在这种情况下，紧随里根的新方案之后，阿拉伯国家领导人在菲斯峰会上提出了一项新方案，恰巧该方案接近苏联的政策立场，一切便顺理成章起来。苏联外交部借用了菲斯计划中的新内容，为勃列日涅夫在1982年9月15日会见南也门总统阿瑟·纳赛尔·穆罕默德（AH

Nasser Muhammad）时的讲话做了补充。

苏联的建议是，以色列军队从包括黎巴嫩部分地区在内的所有被占领土撤出，撤至 1967 年的停火线，应在约旦河西岸和加沙建立一个巴勒斯坦国，保证各地区所有国家的安全和独立的生存，以色列和阿拉伯国家之间结束战争状态。从阿拉伯国家方案中借来的要素包括：巴勒斯坦难民有权返回家园或获得被没收财产的补偿，将东耶路撒冷归还阿拉伯人并将其纳入未来建立的巴勒斯坦国，三大宗教的信徒都可以自由出入耶路撒冷的圣地，最终解决方案应得到联合国安理会的保证。勃列日涅夫呼吁召开一次由所有有关各方参加的国际会议来解决问题，而巴解组织作为"巴勒斯坦人民的唯一合法代表"也应该参加会议。①

在安德罗波夫和康斯坦丁·契尔年科（Konstantin Chernenko）领导期间（1982 年 11 月至 1985 年 3 月），苏联在中东政策上没有采取重大步骤。这两个人都长期为疾病所困，因此无论由安德罗波夫这样杰出的独立的政治家领导，还是由契尔年科这样任由自己助手操控的政客来领导，苏联的中东政策都没有太大的区别。此外，两人都太忙了，没有精力关注中东。举个例子，1982 年 12 月，安德罗波夫在菲斯与侯赛因国王、沙特阿拉伯外交大臣沙特·费萨尔及其代表团举行了会晤，即便有这样一个有希望的开端，也没有取得重大成果。苏联向叙利亚提供萨姆–5 和 SS–21 导弹显然是事先计划好的，安德罗波夫似乎不反对交付，也不反对将操作武器系统的军事人员一起派往叙利亚。鉴于苏联与美国的对抗，苏联的政策只能强化与叙利亚以及黎巴嫩的关系，即便这两国的行动一再使莫斯科处于尴尬境地。苏联对埃及和其他"保守的"阿拉伯政权也继续做出和解姿态。

当美国卷入黎巴嫩的敌对行动并开始攻击德鲁兹人和叙利亚的阵地时，莫斯科变得非常焦虑。然而，美国在黎巴嫩的冒险行动来得快去得也快。美国海军陆战队在贝鲁特的基地遭到袭击，造成 240 人死亡，这促使美军在几周后就迅速撤离了。没有了美国的支持，黎巴嫩总统阿明·杰马耶勒被迫于 1983 年 5 月 17 日与以色列签署了一项和平协定。1984 年 3 月 8 日，为了向叙利亚请求援助，杰马耶勒又宣布放弃这项协定。

1984 年 2 月，安德罗波夫去世，契尔年科接替了安德罗波夫，莫斯科开

---

① Правда. 16. 09. 1982.

始了新一轮针对美国和以色列的惯常宣传攻势。安德烈·葛罗米柯对黎巴嫩局势的评论呼应了当时普遍的情绪："全世界都称他们的政策为国际土匪行径。完全没有根据……当提到黎巴嫩对以色列这个美国的战略盟友构成的所谓危险时，真正的事实是以色列发动了对黎巴嫩的侵略并占领了其领土的一部分。事实其实很简单：是一个强大的侵略者欺侮了一个小国。"

"黎巴嫩人民和整个世界都不会忘记美国历史上这可耻的一页，就如不会忘记 1986 年美国对利比亚犯下的侵略罪行一样，华盛顿通过外交渠道所做的一切……都是在为美国的政策服务。"[1]

对美国的这种态度自然排除了两国观点接近和相互理解的可能性。在这种情况下，莫斯科没能从美国在该地区的政策失败中获利，而只是在大众媒体上发表了人们可以预料到的关于黎巴嫩、伊朗、两伊战争前线和海湾地区等事件的宣传和声明。苏联与阿拉伯各国领导人的例行会晤仍在继续，但 1985 年 2 月阿拉法特和侯赛因在安曼签署关于打破僵局并寻求解决方案的协议，以及紧随其后埃及提出"穆巴拉克倡议"后，莫斯科对此做出了可以想象得到的负面反应，其原因仅仅是上述协议受到了华盛顿的欢迎。由此苏联在中东的政策陷入了僵局。

人性的维度

如果你认可这种观点，即任何政策不仅意味着国家、政府层面的互动，而且涉及人与人之间的互动，那么就有必要从人性的角度来审视苏联的中东政策。人们不能忽视社会精英和街头大众对苏联"跨越边境"的看法。苏联领导人倾向于用理想主义和救世主般的期待将政治精英的代表描绘为"进步政权"，然而这些政权的领导人比苏联领导人更精于务实的算计。当然也有一些例外，比如南也门的新马克思主义者确实被苏联所吸引，他们甚至让自己的孩子和亲人去苏联学习，以强调这是他们的长期选择。然而，虽然激进主义运动的兴起和狂热的宗教徒在一些国家参政，导致这些国家，在政治上、精神上、文化上，有时甚至在个人日常生活上拒绝西方价值观，但这并不意

---

[1] *Громыко А. А.* Памятное. С. 314—315.

味着出现了接受"苏联生活方式"的有利条件，而一个在西方接受教育并熟悉西方生活方式的苏联人士，甚至是共产党人，却可能在心理上成为西方价值观的崇拜者。

即便如此，实用主义和一些阿拉伯国家领导人的专制野心还是为其与苏联的合作提供了心理基础，与苏联领导人的合作经历似乎总体上是积极的。苏联确实没有干涉这些国家的内部政治斗争，它在对这种关系的宣示方面始终保持高度敏感，例如只使用"反帝国主义""革命力量的团结"等词语。尽管存在着风险，但每当伙伴国遇到国内外的威胁时，苏联都会去拯救"革命民主政权"。在形势最严重的情况下（1956 年、1967 年、1970 年和 1973 年），苏联向埃及提供了四次援助，它对叙利亚也是如此（1957 年、1967 年、1973 年、1982～1983 年）。在这种情况下，双方之间是否存在着正式条约并不是决定苏联领导人是否采取行动的因素。当与苏联签有条约的索马里入侵埃塞俄比亚的欧加登省时，苏联还是站在了埃塞俄比亚一边；而在两伊战争期间，苏联暂时停止了向伊拉克提供武器；甚至埃及和叙利亚与苏联根本没有签订任何条约，它们仍继续得到苏联的大量援助。

虽然当地的政治精英们明白，他们的生存在某种程度上取决于其与苏联的合作，但他们与苏联发生对抗的事情并不罕见。切尔尼亚科夫大使告诉我，由于相互误解，苏联和阿拉伯人之间的关系发生了几次碰撞："大多数阿拉伯朋友都认为苏联想从阿拉伯人那里获得一些东西，因此他们的任务就是避免达成一个坏的交易。这意味着，总体上来说我们根本不对路……"[①] 但是阿拉伯人对苏联的评估还是比莫斯科预想得更为审慎。正如埃及前外长伊斯梅尔·法赫米（Ismail Fahmi）评论的那样：

> 当相互信任时，苏联领导人愿意倾听，甚至重视与他们不同的意见。他们了解情况，但他们在处理与外国不同制度、不同文化和不同传统的关系方面太缺少经验，更不用说了解宗教在一些国家的重要性了。任何与苏联打交道的人都必须明白，俄罗斯熊并不那么可怕，它面临许多限制。第一个限制便是来自第二次世界大战的持久记忆……因此，苏联领导人不愿采取任何可能导致战争和进一步毁灭人类生命的行动。而其中他们最不希

---

① 与切尔尼亚科夫的对话（1990 年 3 月）。

望采取的行动就是与美国发生核对抗。苏联政治家的最高优先事项是改善与美国的关系，并就重大国际问题与美国达成协议。这就是为什么中东不能指望苏联把中东的问题放在最优先的位置上，或者指望苏联为了中东的利益而对美国亮剑。第二个限制是苏联与美国相比较只有有限的资源。第三个则是苏维埃制度的性质。决策过程太过缓慢，在国际形势迅速变化时几乎不可能指望苏联政策会同步发生快速的调整。①

在苏联领导人与地区国家的利益产生分歧时，"花好月圆的婚姻"常常导致劳燕分飞的结局，就像在埃及和索马里发生的街头示威一样。然而诡异的是，在土耳其、伊朗和阿富汗这三个国家，它们的反苏主义与昔日对俄罗斯帝国的扩张恐惧叠加在一起，成为具有一定动员能力的口号，但在阿拉伯国家中，几乎没有发生过"自下而上"的大众层面的反苏活动，它们的反苏活动不曾超越因对苏联援助"不足"而不满的范畴。当然，这里的反苏活动确实爆发过，但作为一个惯例往往是"自上而下"发起的，而不是"自下而上"，而且很快就会消失。阿拉伯国家、土耳其、伊朗与苏联关系的规模、深度和多样性，都比不上它们与西方的关系。在与西方的关系中，这些国家有成千上万的人参与商业和个人的交往——度假、教育和休闲旅行，无论是人员往来还是资本流动都是双向的。而苏联无法与阿拉伯国家发展这种关系，无论是在数量上还是在质量上。

俄罗斯人和"苏联人"肯定在阿拉伯国家、伊朗和土耳其给人们留下了相互矛盾的记忆。一方面，苏联人在任何地方都不像"白人老爷"那样，这表明了他们对当地居民的民主态度；另一方面，出于多种原因，他们在正式工作时间之外都过着非常隐秘的生活，使当地人无法接近。苏联"专家"和军人根据两国的合约而住在他国，对于他们中的许多人来说，这是其购买汽车、家用电器、电视机、磁带、录像机和其他消费品难得的机会。因此，他们努力节省每一分钱，例如在最便宜的商店购买食品，而这些小店是与他们社会地位相近的当地同事更不用说西方专家永远也不会光顾的地方。这种生活方式不利于与当地人接触，也未能激发当地人对苏联的尊重。一位苏联专家可以在药房里购买纯酒精，将其与可口可乐混合成酒精饮料招待他的苏联

---

① *Fahmi I.* Op. cit. P. 124.

同事，但当他的阿拉伯国家、伊朗或土耳其同事来家中拜访他时，这是不可能发生的。语言和文化的隔膜也阻碍了大多数苏联人与当地人建立联系，而另一个严重的限制则是安全官员和党组织人员的存在（直到最近还存在），他们积极劝阻并严格控制驻外人员在工作场合以外与当地人"未经批准的接触"。这就是为什么善于交际的翻译或对当地语言有合理知识的专家常常会被视作可疑的人（为什么他们更喜欢与当地人联系，而不是看我们的电影节目，或参加晚会和会议？或他们生活得过于奢靡，他们招待了太多客人，他们的钱是从哪里来的？）。苏联驻外人员如此普遍的吝啬，不仅可以用他们的购买欲来解释，也可以用苏联当局试图通过向他们支付尽可能少的工资来节省国家开支来解释。

在中东的西方专家的工资比他们的苏联同事要高好多倍，因此，在一个国家，苏联社区越大，"大街上的人"对待它的态度就越差。苏联前驻埃及大使维诺格拉多夫证实了我的观点：

> 甚至在萨达特 1972 年（驱逐苏联专家）之前，我就曾向上级建议过，应该削减驻埃及的苏联专家人数。在那时已遇到了一些困难。我们的同志在心理上是很脆弱的。埃及军队是由英国人培养的，它拥有自己的习俗和传统，特别是在军官中。我们军官的行为和方法与英国军官的行为和方法有很大不同。当我们的许多顾问出现在社交场合时，他们看起来笨拙，他们可能是优秀的专家，却无法与外国人发展私人交情。我投入了大量精力创造条件，让我们的军官能够与他们的埃及同事交朋友。他们在建设和训练埃及军队方面做得很好，我们试图让他们在工作之余也能与埃及人建立个人联络，但我们没有成功。举个例子，假设埃及人正组织一个大型聚会，那好，你会看到埃及军官们都聚集在一个角落里，而我们的军人则聚集在另一个角落里。我们的人不懂阿拉伯语或英语。无论如何，我们圈子的总体氛围是不适宜发展私人社交的。当然，这些会引发埃及军队内部关于苏联军队的各种谣言。[①]

穆罕默德·海卡尔也对苏联和埃及军事人员关系中存在的困难进行了评论，他指出："俄罗斯人有时给人的印象是，他们只在意追求更高军衔，而冷

---

① 与维诺格拉多夫的对话（1990 年 6 月）。

落下层官员，因为这是一支'阶层严明的军队'。"①

　　随着时间的推移，特别是当众多苏联专家和他们的配偶离开时，早期的日常摩擦被遗忘了。即使是那些不喜欢苏联人的商人们，他们曾被苏联专家们小气和不礼貌地讨价还价惹恼，也会带着一些温暖回忆起苏联专家，因为苏联人购买了西方游客或西方专家甚至连碰都不会碰的消费品。人类的记忆只保留积极情绪的机能和苏联对与其合作国家经济的真正贡献，对塑造苏联的积极形象非常有益。然而，苏联人很少与国外个人保持友好的关系，唯一的例外是一小群外交官、记者和学者。

　　阿拉伯年轻人在苏联接受教育成为苏联与中东地区国家民众之间交往的唯一的重要桥梁。1961 年，尼基塔·赫鲁晓夫在莫斯科建立了卢蒙巴友谊大学（the Patrice Lumumba Friendship University）。当然，它期望在苏联接受教育的第三世界国家的年轻人最终将在自己的国家占据重要岗位或领导地位，从而对他们各自国家的内外政策发挥具有实质性的亲苏影响力。不过，从西方大学毕业的学生往往带着"左"倾思想回到家乡，而熟悉"苏维埃生活方式"的许多亚非学生却成为反共分子。从苏联高等教育机构毕业的学生往往在各自国家遇到学历认证难的问题，即使在获得认证的情况下，他们的学位和证书价值也往往低于西方高等教育的证书。此外，许多留学归国的学生被怀疑已为苏联秘密机构所招募。

　　尽管如此，苏联教育的影响总体上有利于苏联和地区国家的双边关系。在苏联大学毕业的学生通常对度过自己"生命中最美好岁月"的国家留下积极的回忆，并对俄罗斯人、乌克兰人、白俄罗斯人和他们所居住地的其他民族保持着温暖的感情。当然，很少有土耳其、伊朗或阿富汗的学生来苏联学习，尽管阿富汗在 1978 年 4 月政变后派遣了数万名年轻人到苏联学习。大约有 1/4 的阿拉伯学生在苏联结了婚，并把苏联妻子带回家。根据非官方数据，到 20 世纪末，阿拉伯国家有大约每 10 万个家庭的家庭成员中至少有一名是俄罗斯人。然而，成千上万与外国人结婚的女性被苏联当局视为"残缺的肢体"（severed limbs），她们被用贬义词形容为"苏联女公民"（Sovgrazhdan-kas）。她们被当地苏维埃社区和大使馆粗暴地排斥在外，这些混合家庭的子女不得在当地的苏联学校上学。皮林和在阿拉伯国家工作过的记者斯米尔诺

---

　　① *Heikal M.* The Road to Ramadan. C. 176—179.

夫（A. F. Smirnov）向我描述了这些政策。

皮林：我们对此无能为力。这不是我们的错，但这是我们的不幸。我国的制度不允许我们发展正常的人际关系。①

斯米尔诺夫：苏联社会的自我孤立是我们发展与阿拉伯世界关系的主要障碍。成千上万的阿拉伯公民在苏联接受教育，数千名来自阿拉伯国家的政治移民和其他人在苏联定居，他们需要克服相当大的困难。尽管如此，阿拉伯和俄罗斯文化仍几乎没有相互渗透，阿拉伯人不可能参与我们的内部事务。而在美国，布什总统的重要助手是黎巴嫩人——约翰·苏努努②，直到最近美国驻摩洛哥大使还是一名黎巴嫩人。在美国定居不久的阿拉伯人或阿拉伯裔也在扮演着重要角色——医生、商人、政治家和外交官，他们中的许多人都没有忘记阿拉伯语。与此同时，在我国，一名阿拉伯外科医生是不太可能被允许参与重要手术的——如果手术最后不成功，谁将负责？在我们APN③的海外办事处，如果我想和一位我已认识30年并在我们国家服务过的阿拉伯记者谈话，相当不容易，我必须填写几份调查表格，被安排在一个特殊的隔离室谈话，之后还要提交一份我们的谈话记录，等等。在我们这儿，那些主要面向中东媒体工作的阿拉伯人，只扮演着纯粹的技术角色，如翻译或配音，等等。在美国和英国的大学里，阿拉伯人和西方的东方学家共同合作编撰学术出版物。在我们这里，除了苏联专家和他的阿拉伯同事共同编写的字典外，我从未见过任何其他严肃的合著作品。④

笔者：我们国内的困难在外部也能感受到，不是吗？

斯米尔诺夫：那又如何！向国外派遣人员的选择方法值得商榷。我们在阿拉伯国家的建设项目和联合项目中，有太多是"裙带关系代理人"。他们中有许多是中小规模企业的老板，他们在各自的领域并没有受过训练，对研究新技术、学习阿拉伯语或者任何欧洲语言毫无兴趣。

确实，在赫鲁晓夫的时代，大多数苏联专家都是真正的国际主义者和对工作充满热情的人。然而，贪财的人也并不罕见。

---

① 与皮林的对话（1990年3月）。

② 约翰·萨努努是一位有着阿拉伯血统的参议员，是美国第110届国会最年轻的参议员。——译者注

③ 该记者所属机构。——译者注

④ 在过去的1/4世纪里，至少在这方面已变好了。——译者注

笔者：我们的人民有义务节约，即使以体面为代价，不是吗？

斯米尔诺夫：外交官可不是这样，他们经常出国。但总的来说，我们的做法注定了苏联海外专家，无论他的技能如何，都过着半乞丐的生活，没有任何权利。众多阿拉伯人都看到了这一点，并且非常了解苏联同事的状况。

笔者：但是，如果从更广泛的角度来看，人们可能会得到不同的印象。

斯米尔诺夫：仅是在某些方面。例如，在埃及，我们的许多军人在国外受伤或牺牲，他们将留在埃及人的记忆中。在内战爆发的国家，苏联平民专家也被杀害或被俘，对莫斯科友好的政权会对此进行官方宣传和缅怀。然而，与西方进行的援助相比，我们常常缺乏人道主义援助。在 1982 年冲突期间，在被围困的贝鲁特医院工作的是西方医疗队，而不是我们的医生。来自西方国家的志愿者在巴勒斯坦医院工作。当也门南部发生灾难性洪水时，我们的微薄援助远远晚于英国和意大利的慷慨支持，甚至晚于当时与南也门敌对的沙特。就贝鲁特而言，当巴勒斯坦人和左翼分子任由命运摆布时——在那里的苏联公民也是如此——我们甚至没有派出一艘船去撤离他们。

笔者：所以，整体结果会怎么样呢？

斯米尔诺夫：从阿斯旺大坝到也门的职业学校，我并不想一笔注销我们取得的许多积极成就。在 20 世纪 50 年代，我们从零开始，但现在我们可以依靠我们早期工作的结果。我不赞成一些批评苏阿合作的材料，比如在《论据与事实》（*Argumenty i Fakty*）周刊上发表的文章。我们自己也是艰难地从极权主义的泥潭中挣扎出来的；我们确实不是帮助阿拉伯人制定法律并教会他们如何使用西方式民主的合适人选。我们不要再把自己的意识形态强加于人了。事实上，整个阿拉伯世界（尽管可能不是苏丹和某一两个国家）是一个充满活力的地区，它并非没有自己的问题，但它是许多新旧事物交织在一起的地区。我们有近 1/4 的同胞是穆斯林，他们在精神上与阿拉伯人接近。出于人性和务实因素，我们不能远离阿拉伯世界。我们的共同情义仍然存在，他们仍然是我们的财富。[①]

回顾本章所覆盖的内容，显然几乎没谈论苏联与本地区共产党之间的关系，但这是否意味着意识形态成分已经从苏联的外交政策中消失了呢？不，

---

① 与斯米尔诺夫的对话（1990 年 11 月）。

虽然实用主义和神话主义的比例发生了变化，但苏联领导人的思想和行为仍然充满了弥赛亚思想，这些思想歪曲了苏联政策中应有的优先次序和具体行动。惯性和宣传的负担继续影响着那些做出政治决策的人。

库利克：我合作过的大多数共产党都是在我们的帮助下创建的，而并非是这些阿拉伯国家社会形势发展的自然产物。我们支持所谓的左翼运动——社会主义、共产主义，但事实上，这往往反倒对我们中东政策的发展产生了负面影响。①

---

① 与库利克的谈话（2014 年 10 月）。

第四章

"热忱的革命者，忠诚的朋友"：
苏联与共产主义运动

如果有人用监狱里的共产党人来做钉子的话，
那么世界上就没有比这更坚硬的钉子了。

——尼古拉·吉洪诺夫

如果帝国主义是资本主义发展的最高和最后阶段，那么在受帝国主义压迫的资本主义边缘国家和资本主义的据点，就需要有一批人去带领人民朝着人类社会发展的典范——苏维埃式的、斯大林—勃列日涅夫模式的社会主义——迈进。

自然，这个角色注定要由苏联"热忱的革命者和忠实的伙伴"——来自东方和西方的共产党来担当。在理想中，他们是斗争的先锋队，在西方他们将人民从资本主义压迫中解放出来，在东方他们将人民从殖民地或半殖民的枷锁中解放出来。为实现这一目标，他们需要在工人和其他劳动者中建立自己的社会和政治基础。

布尔什维克，作为共产主义国际的一部分，被认为与其他党派/派别是平等的。外国共产党的主要任务之一就是要保护苏联的利益和安全。在共产国际支部已经掌权的国家应该支持其他那些以无产阶级革命并以在各自国家夺取政权为最终目标的共产党支部。很长一段时间内，这些观念并没有在苏联或外国共产党人的思想中造成混乱。共产主义的奠基者不是早就说过"工人们是没有祖国的"吗！苏联的支持与当地劳动者的利益，与将他们的国家从殖民枷锁中解放出来的事业不是一致的吗？对苏联的忠诚，原则上是"真正共产主义者"信仰体系的一部分。对苏联的忠诚在原则上是"真正共产主义者"的信条。

在 20 世纪 20 年代、30 年代和 40 年代，很少有外国共产主义者发现苏联的发展令人不爽，否则足以使他们偏离自己救世主的思想：苏维埃宣传所呈现的"胜利的社会主义"国家的景象，完全掩盖了斯大林荒诞和血腥统治的现实。而那些真正在苏联生活过且在 20 世纪 30 年代大清洗中幸存下来且仍坚守自己信念的外国共产党人，在意识到口号和现实之间巨大的差距后，开始经历可怕的沮丧。他们中的一些人，似乎变成了行尸走肉（mankourts），鹦鹉学舌般重复着诸如"全人类的伟大领袖"之类的说辞；另一些人则犬儒般地愿意做任何事，只是为了活着，并赚够每天的生活费。还有一些死于监狱的阿拉伯的、土耳其的和伊朗共产党人，其命运仍待调查。

　　土耳其和伊朗的共产党成立于 1920 年，巴勒斯坦共产党于 1921 年成立，埃及共产党成立于 1923 年，叙利亚—黎巴嫩共产党于 1924 年成立，伊拉克共产党于 1934 年成立。在马格里布国家，他们最初以法国共产党的支部出现。英法在阿拉伯国家的殖民政府都非常关注布尔什维克思想的传播。一名在伊拉克的英国殖民官写道："布尔什维克主义的种子正在四处传播……在美索不达米亚和印度，还有土耳其都有不少……"① 随后的事态发展表明，这些担忧其实被夸大了，但与此同时，殖民统治者采取了最有力的措施来根除这些"种子"。

　　第一次世界大战后，该地区的社会政治趋势包括，由历史上注定失败的传统主义领导的极右势力，他们代表地方封建地主的利益，因其与西方合作而名誉扫地。例如，埃及和伊拉克的王室政权和伊朗的巴列维政权，除也门以外的阿拉伯半岛的新古代传统（neo-archaic）政权，以及苏丹和黎巴嫩的宗教—政治领导人，则不在此列。

　　另一趋势是朝着自由资产阶级方向的，它的理想和观念借鉴于西方。其领导人的目标是在本国引入西方的社会政治模式，尽管和平的方式是首选，但也准备好为独立而战。当英法政府不愿放弃帝国幻想，推迟在该地区的军事和政治撤离时，那些已经沉溺于政治阴谋和无原则妥协的政党，陷入了一场长期而深刻的危机，就像埃及的华夫脱党（Wafd）和叙利亚的资产阶级政党那样。民族解放运动中的"革命专制"（在苏联被称为"革命民主"）势力则迅速采纳了一种更为鲜明的民族主义，这种民族主义产生于西欧并被移植到阿拉伯国家的土壤中，也采纳了共产党的革命组织结构以及共产党人的一些理想与幻想。在 20 世纪 30 年代，阿拉伯世界中革命专制的趋势在某种程度上呼应了土耳其的凯末尔主义，但只是到了 20 世纪 50～70 年代，其成功的条件才成熟。此时，萨提·胡斯里（Sati al-Khusri）正在一家开罗宾馆里撰写论文，以证实泛阿拉伯主义理论，而包括贾迈勒·阿卜杜勒·纳赛尔在内的年轻军官们，正梦想着埃及的伟大复兴，他们在探讨埃及未来政治秩序的模式。与此同时，20 世纪初的宗教改革家，如阿富汗尼（al-Afghani）和阿卜

---

① Цит. по: *Котлов Л. Н.* Подъем национально – освободительного движения в Ираке в 1818—1924 гг. Великий Октябрь и народы Востока. М. , 1957. С. 315.

杜（Abdu），他们的思想已经被20世纪二三十年代强大而非政治主导的宗教运动所继承，比如，宗教激进主义者、穆斯林兄弟会以及其他的运动（他们在数年后变成了强大的社会政治运动）。

就共产党人而言，他们似乎能够在政治运动中占据比实际情况更为突出的位置。在两次世界大战之间，他们未能获得重要成功，而他们意识形态上的兄弟正在中国和越南为未来取得的巨大成就奠定基础。阿拉伯世界共产党人成绩乏善可陈的原因是什么呢？对所有国家而言，答案既不简短，也不一致。一些观察家认为，由于缺乏发育良好的工人阶级，这些地区的共产党缺乏社会基础。然而，即使在无产阶级大量存在的国家中，他们仍无法获得那样的社会基础。无论如何，俄国的布尔什维克和中国共产党都不完全依赖于产业工人。另外需要指出的是，即使20世纪二三十年代整个地区大规模的反共镇压摧毁了新生共产党的组织结构，也只能给出部分原因，因为中国和越南的共产党人也遭受了迫害。

在土耳其，穆斯塔法·凯末尔（后来又加上"阿塔图尔克"）很快建立了一个极权体制，他借鉴了苏维埃政府的组织结构和工作方法（如一党制和集权制）。与此同时，他不能容忍一个拥有外来意识形态的独立政治组织存在，该组织有着潜在的力量与野心，并明显同情外部政治力量。也许永远不会有人知道，土耳其共产党的创建者穆斯塔法·苏卜希（Mustafa Subhi）及其同伴，到底是被凯末尔下令杀死的，还是被地方安全部门的领导下令杀害的，或只是单纯地死于黑海的划船事件。但即便他们还活着，该党的命运也不大可能有所不同。

在伊朗，当地的共产党人为了他们的共产主义理想犯下了幼稚的错误，败坏了自己的声誉。当时，他们成立了古兰（Gilan）"苏维埃"共和国，试图复制俄国战时共产主义的方法。

巴勒斯坦共产党最初支持犹太复国主义的反殖民活动，因而疏远了潜在的阿拉伯支持者。在叙利亚、黎巴嫩和埃及，共产主义运动的创始人中有大量基督教徒和少数族裔（犹太人、希腊人和意大利人）的代表，这一事实削弱了阿拉伯阶层接受共产主义思想的信心，削弱了他们自己的民族主义愿望，从而削弱了他们在阿拉伯群众中受欢迎的程度。

共产主义者背负着两个污名，既被视为无神论者，又被视为苏联的支持者，甚至是"代理人"。在像土耳其和伊朗这样具有反俄和反苏传统的国家，第二个污名使政治活动家身处险境，但在阿拉伯国家则不然。然而，共产党在阿拉伯国家没有取得群众信任，是因为他们的无神论。即便如此，这样的分类解释也可能是不准确的，因为政教分离主义（世俗主义），甚至是一种明显的反伊斯兰态度，都未能阻止凯末尔主义者在土耳其专权 30 年。

共产国际以及共产党和工人党情报局的指示，还有苏共中央的"理论"、口号和报告，使外国共产党脱离了现实，苏共却指责他们陷入内部的宗派主义和失去群众的信任，直到 1935 年共产国际七大召开时，仍在敦促他们同资产阶级的"妥协政策"做斗争，这似乎对中东地区的共产党人造成了巨大的打击。在西欧，共产党人正在挑战社会民主党人，这为法西斯主义上台铺平了道路。在中东，共产党人正在攻击"资产阶级改良派"，后者正在努力实现或加强政治独立，但共产党人不接受他们的方法和步伐。

之后，法西斯主义成为主要敌人，共产党很快改变了策略。虽然纳粹在中东的宣传是针对在这里被视为西方帝国主义化身的英国和法国，并以反犹主义的论调来迎合阿拉伯民族主义感情，但共产党的立场出现新的动摇，这绝不可能增强其政治地位。《苏德互不侵犯条约》的签订，使他们在 1940 年伊拉克拉希德·阿里·盖拉尼（Rashid Ali al-Ghailani）反英起义时选择支持亲纳粹的领导人。然而，在德国入侵苏联后，轴心国列强再次成为敌人，共产党又开始动员追随者支持苏联。

第二次世界大战后，纳粹崩溃，苏联取得伟大胜利，成为全球性超级大国，苏联在东欧的"胜利"推动了社会主义，社会主义在中国获得胜利，法国、意大利和其他地区共产主义运动高涨，这些都激起了中东对马克思列宁主义思想的浓厚兴趣，为加强和扩大共产党在中东的影响创造了新的可能性。但是，尽管阿拉伯国家对苏联的同情与日俱增，但其近邻的情况有所不同。由于苏联不明智地威胁和提出领土要求，反苏主义和"恐俄症"在土耳其占据了主导地位。此外，在伊朗，尽管苏联的外交政策存在诸多失误，但英国仍是其主要敌人，反西方情绪要强于反苏情绪。然而，莫斯科却宣称，自由资产阶级的领导人摩萨台是帝国主义的走狗，煽动人民党（Tudeh）反对他，而不管摩萨台愿意与人民合作，甚至为人民党提供了政府部长的职位。这后来成为中情局在 1952 年策动亲美军事政变的原因之一。

1945 年以后，在埃及、叙利亚和黎巴嫩，在烟雾缭绕的知识分子沙龙中，共产主义成为时髦的思想，在一些工会领导人中也受到欢迎。正如阿拉伯国家经常发生的那样，这束光并非直接来苏联，而是反映了当时法国和意大利的情况，当时在这两国几乎所有的知识分子都自称是"红色"或至少是"粉红色"的。马克思主义丰富了该地区政治思想和政治运动的光谱色调。

战争结束后，许多阿拉伯共产党人隐藏了他们的反伊斯兰主义的立场，可能是受斯大林与东正教会甚至穆斯林宗教领导人合作的影响，并努力让自己适应民族主义。这些共产主义政党的"阿拉伯化"进程始于20世纪30年代，在战后时期显著加速，并取得了一些成果。然而，正如共产国际七大之前的情况一样，莫斯科发出的关于民族资产阶级具有"调和性和机会主义的本质"并必须与其做斗争的口号，削弱了这些国家共产党人的地位。然而，赫鲁晓夫上台后，不仅部分地批判了斯大林主义，还带来了关于"广阔的和平地带"的"理论"，包含了现在通常指的第三世界地区，这是莫斯科推动的结果。根据他们自己的经验，阿拉伯国家的共产党人获得了一些灵活性，尽管为时已晚。

在阿拉伯世界，新形式的反西方斗争带来了包括阶级矛盾在内的痛苦的社会转型，苏联的声望和影响力日益增长，总体氛围似乎扩大了共产党人的影响力和可能性。一些共产主义政党宣布，它们已经准备好与其他反帝即反西方的力量合作，建立（进步的、民族的）统一阵线。在约旦、伊拉克、叙利亚和苏丹，有一些共产党人或亲共的人士甚至担任了政府部长。然而，这些共产党在任何地方都没有真正获得权力。苏丹和伊拉克的例子是典型，在那里共产主义力量在旧政权崩溃前曾经快速上升。但民族主义的革命威权势力证明他们有能力战胜共产党，并把共产党人贬为三流角色。纳赛尔主义者、复兴党人和阿尔及利亚民族解放阵线也采用了许多共产党组织的要素、口号和术语。苏联社会政治模式的许多特征对他们具有吸引力：一党制，可以长期维持政权的相对稳定；全能国家，国家对经济的控制，符合阿拉伯—奥斯曼社会的传统；希望快速实现工业化；政权动员群众参加各种运动的可能性；有效的镇压机制，以及国家和社会的军事化。在纳赛尔的《国家行动宪章》、复兴社会党的纲领以及阿尔及利亚《国民宪章》中，多次提到"社会主义""与剥削者做斗争""阶级斗争"等口号。

在这种情况下，共产党人不得不对其同路人的角色感到满意，并更加巧妙地创造口号，准备好加入革命政权或为其服务，以换取微薄的甚至是虚幻的权力分享，甚至只为换取生存的权利。事实证明，共产党人的这种策略是苏联最容易接受的，因为他们确保了革命威权政权与苏联领导人之间更好的理解。事实也很快清楚地表明，虽然自己的意识形态兄弟受到了迫害，但苏联领导人仍准备继续与这些国家进行国与国之间的合作，尽管他们希望对共产党人的迫害不要太过分和太血腥。

苏联模式不仅对共产党人具有吸引力，对左翼、民族主义者和社会主义者同样具有吸引力。首先因为苏联有明显强大的军事力量，其次因为苏联不遗余力地宣传，最后因为该地区对西方的宣传有负面看法。西方大众媒体的诋毁产生了反作用，在受众中制造了反西方的情绪，促使他们从苏联模式、苏维埃社会主义甚至是共产主义中寻找可借鉴之处，同时又能对苏联的经济决定论、历史唯物主义和无神论宣传充耳不闻。在艾资哈尔清真寺，一直支持纳赛尔和萨达特政权的乌莱玛发布法特瓦确认，伊斯兰教和社会主义之间不仅没有矛盾，而且社会主义从一开始就体现在伊斯兰教之中。

事实证明，在阿拉伯世界推行社会主义更为适合，因为它更容易适应伊斯兰教和阿拉伯社会的传统价值观，即便只是暂时的，即便它是世俗主义的，是无神论的。就像复兴党一样，它承认私有制，拒绝无产阶级专政，更符合阿拉伯左翼领导人的民族主义愿望。国际主义对于他们来说是陌生的，因为他们正在为加强民族独立、为自己国家或整个"阿拉伯民族"的地位和尊严而斗争。社会主义就像一件意识形态外衣一样被证明是多余的，例如，对阿塔图尔克来说，他在土耳其缔造的政府形式、政治和社会制度、意识形态学说和经济结构都和20世纪五六十年代阿拉伯左派的构想相似，但他从未提及"社会主义"。

反西方的革命威权政权作为一种新的历史现象出现，要求对苏联早期意识形态的外交政策原则做一些修改。在寻找论据的过程中，苏联的社会和政治学者一如既往地扑到经典著作中，查阅了列宁文集后他们毫不费力地发现，早在1921年，列宁就告诉一个蒙古国的代表团，落后国家可以通过"非资本主义特点"的革命改革来实现社会主义，从而"超越社会发展的一个历史阶段"①。在第六届共产国际代表大会上，奥托·库西宁（Otto Kuusinen）提议恢复"非资本主义发展"的议题，得到了代表们的支持。② 这就是"非资本

---

① Ленин В. И. Беседа с делегацией Монгольской Народной Республики 5 ноября 1921 г. ПСС. Т. 44. С. 233.

② См.: VI конгресс Коминтерна. Вып. 4. М.; Л., 1929. С. 52.

主义发展道路"这一定义的起源。这个理论一直在马克思列宁主义的社会主义革命和无产阶级专政理论中处于从属地位。直到苏共二十大和二十二大后，这个论点才以新的扩展形式复兴，并被重新归并到"民族主义民主"这一概念之下，而非"革命民主"或"社会主义方向"。

共产国际的资深工作者波诺马廖夫（B. B. Ponomarev）、波捷欣（I. I. Potekhin）和乌里扬诺夫斯基（R. A. Ulyanovski）倡议保留和重新解释这个概念。这得到大批社会和政治科学家的支持，他们当中既有坚定的信仰者，也有纯粹出于投机目的而利用该"理论"的人。他们采用了无数的新概念，如"社会主义方向的国家""先锋政党""革命民主政权"。这些学说根基深厚，甚至在 1986 年的苏共第二十七大上，"社会主义方向"的概念也被赋予积极的内涵。[1] 莫斯科世界经济和国际关系研究所的研究人员列出了它的主要原则：权力集中在那些能促进劳动者利益、表达劳动者诉求的群体手中，剥夺了中上层剥削资产阶级的权力；国有部门在经济中起决定性作用；限制小型私营企业；清算封建土地所有制和地主主义，保持土地改革的社会主义方向和农业合作化；限制外资活动；与社会主义国家的工人阶级和第三世界受压迫群众结盟；以及为逐步过渡到社会主义生产关系创造条件。[2]

但是，苏联社会理论家发明的"理论"未能在革命威权国家获得任何被广泛承认的发展。在发展中国家，直到 20 世纪 60 年代，在共产主义者、左派和潜在的马克思主义者及其青年追随者以及知识分子眼中，共产主义理想已经开始消退。尽管在他们的西方兄弟中，这种幻灭在 20 世纪 50 年代末就已经出现，在苏共二十大之后。在中东，昔日斯大林主义的残酷现实深深印入共产党人和其他左翼分子的思想和灵魂中，他们中许多人的马克思主义思想来源于西方。在 20 世纪 60～80 年代，苏联作为可以效仿的模式所具有的声望，在西方国家已经无可挽回地消失了，因为知识分子拒绝苏联式的共产主义以及当地的共产主义政党。他们中的一些人更喜欢南斯拉夫、古巴或中国模式。西方共产党开始寻求他们自己的"欧洲共产主义"方式，阿拉伯国家、土耳其和伊朗的左翼分子紧随其后，寻找更适合自己的意识形态样本。正统的苏联的共产主义者被来自左翼（毛主义、德勃雷主义、切·格瓦拉主

① См.: *Материалы XXVII съезда КПСС*. М., 1986. С. 8—10.
② См.: *Тягуненко В. Л.* Проблемы современных национально - освободительных революций. М., 1966. С. 193.

义和亲古巴主义）和右翼（"欧洲共产主义"、"民主社会主义"和社会民主党）的一系列攻击淹没了。但在中东，20 世纪 50 年代末到 70 年代初，社会政治生活的轴心在向左转，共产党人抓住了生存机会，在某种程度上加强了地位。20 世纪七八十年代，形势急剧变化，他们的处境变得复杂，与苏联领导人一样，他们仍然受着旧口号的禁锢。

苏联的中东政策，通常由其国家利益决定，尽管以意识形态的形式呈现。这给官方的共产党造成了许多问题。例如，对于被羁押在埃及阿布·扎巴勒（Abu Zaabal）集中营的共产党人来说，当他们在监狱中蒙受屈辱，甚至遭到殴打时，就很难接受苏联对埃及的援助"在客观上是进步的"这一定性，或是认同《真理报》上《尼罗河边的欢愉》这篇文章，开罗的广播很乐于援引这篇文章。土耳其和伊朗的共产党人也以大致相同的方式回应苏联扩大与他们各自国家统治政权的政治与经济合作。苏联政策的模糊与存在的内在矛盾，引发了内部冲突，导致共产党内部的无数次分裂，尽管这并不是造成这种混乱的唯一原因。政党内部出现敌对派系并争夺领导权——当他们互相贴上"苏联修正主义者"和"毛派"的标签时，其实是标签化的相互指责，而不是他们实际政治信仰的反映。

20 世纪五六十年代，伊斯兰教在政治中的作用在中东似乎看不到了，虽然诸如伊斯兰教在土耳其的再生、伊朗什叶派及其教士潜藏的力量，以及伊斯兰教继续作为海湾君主制国家意识形态的基础等这些事情使研究者难以得出明确的结论。正如沃尔特·拉克尔在 20 世纪 50 年代中期所写："在中东国家现有和潜在精英的思想斗争中，伊斯兰教逐渐不再是共产主义的主要对手。"[1] 因此，包括作者在内的许多观察家都对随后的"政治伊斯兰的复兴"感到惊讶，这个复兴是对伊斯兰社会政治体制的自由资产阶级、资产阶级威权主义、传统主义和革命威权模式遭遇的危机的反应。

直到 20 世纪 60 年代末 70 年代初，中东地区所有政治方向、意识形态，以及其政治、社会和经济实践的失败才清晰显示出来，尽管这些问题在阿拉伯国家、土耳其和伊朗是以不同的程度和形式表现出来的。泛阿拉伯主义或整个阿拉伯民族主义的危机，只有在阿拉伯世界分裂和所有试图修复它的努力都失败后才变得明显。胡斯里所宣扬的大统一理想，在 20 世纪整个 50 年

---

[1] *Laqueur W.* Communism and Nationalism in the Middle East. L. , 195ft. C. 6.

代和 60 年代，是阿拉伯激进派的梦想，但这一理想未能实现，1967 年阿拉伯国家在战争中的失败也是阿拉伯民族主义的失败。在 1973 年战争中获得一般胜利后，民族主义感情开始具有"一个国家"或地区民族主义的特征——因此有了埃及、叙利亚、伊拉克、也门或马格里布的多种民族主义。在伊朗，民族主义被等同为腐败、亲西方和反伊斯兰的巴列维王朝，遭到了伊朗社会的拒绝，这种民族主义试图诉诸古波斯帝国的昔日荣光来再生泛伊朗主义，但是笃信宗教的伊朗大众对此毫无回应，也导致其他非伊朗人的少数族群颇感疏离。

土耳其的情况有所不同。正如 20 世纪 70 年代中期塞浦路斯危机期间的民族主义情绪浪潮所表明的那样，民族主义仍是主要政治势力的信条，包括希望成为马克思主义者的左派，尽管它已不再是自由资产阶级和宗教政党的首要信条。那种作为在奥斯曼帝国废墟上巩固土耳其国家主权、支援反西方入侵斗争的民族主义意识形态，正让位于更自由的民族主义，这种民族主义既要保卫民族权利，又要在争取与西方保持最紧密合作的同时，维护国家的政治和经济利益。当然，在反对少数族群时，这种民族主义变得残酷甚至无情，尤其是在对待希腊族人和库尔德人问题上。

从阿尔及利亚到伊拉克和南也门，在这些国家，直到 20 世纪 70 年代初，"阿拉伯社会主义"仍无法建立一个自我发展和正常运作的经济、社会制度，而其政治，特别是国家结构，处于持续不断的危机之中。革命威权主义的试验阻碍并扭曲了市场关系的发展，但无法阻止它，也无法实现充分的民族和谐，尽管在建立更大的社会平等方面取得了一定的成功。苏联社会及其社会经济潜力的停滞不前，使得模仿苏联社会政治和经济模式的可行性受到质疑，在中东从未成为严肃政治选择的共产主义也日益淡出政治领域。和从前一样，它被等同于莫斯科和无神论，对政治精英和大众都失去了吸引力。然而，资本主义的发展加剧了社会的紧张局势，不管政治体制是革命威权、右翼民族主义还是（新）传统主义或其他什么，在资本主义发展过程中，大众的社会地位和物质生活条件不断恶化，并且以丑恶和痛苦的形式表现出来。西方的影响和资本主义生产关系的强制引入，冲击着在宗教传统框架中产生的道德和伦理准则。

在这种情况下，大众从伊斯兰教中找到了一种抗议形式，用来反对外部强加给他们的生活方式，反对拜金主义，反对日益扩大的贫富差距。在伊斯兰国家，不仅大众被剥夺了受教育的权利，而且受教育阶层也感受到心理压力，无法将来自欧美的生活方式和社会理想，与当下传统的家庭和社区生活相调和。以欧美为蓝本的国家和社会制度，从未适应中东社会。因此，一大部分受过教育的、客观的、代表民族资产阶级利益的中产阶级，也开始转向伊斯兰教的传统价值观，试图从中找到当下面临的关键问题的答案，并利用伊斯兰机构作为其行动的适当渠道。

矛盾的是，1973 年"石油繁荣"后，石油美元的涌入一方面加速了阿拉伯国家和伊朗社会的资本主义转型，另一方面加剧了社会政治和教派矛盾。伊朗的反君主伊斯兰革命显示了伊斯兰复兴的真正力量，并成为这一类型的试验场。关于伊斯兰教本身是不是资本主义市场关系发展的障碍及其能否契合公共价值的问题，仍待历史学家去研究，社会历史进程也不得不对这一难题做出决断，即在为"国家资本主义"或"自由市场"铺路这一方面，伊斯兰教法和其他规范的实施究竟会否卓有成效。

当反西方情绪披上宗教的外衣，包括否定西方的生活方式尤其是其外在形式之后，它与同情社会主义甚至共产主义理想便再无相似之处。穆斯林活动家可以同时反对西方和苏联，尽管并非总是如此，也不是在所有情况下都这样。基于神启的伊斯兰意识形态和基于唯物主义来阐释社会发展的共产主义意识形态，在全球范围内都是相互排斥的——如果我们纯粹地把共产主义和伊斯兰教这两种包罗万象的学说结合起来看，它们似乎是不相容的。伊斯兰教的核心和本质是信仰安拉为唯一的神、是最高主宰和世界审判者，其主导着个人和社会的全部命运。根据《古兰经》记载的神启和《圣训》的阐释，人们制定出一套行为准则，规范了人们从出生到死亡的所有人际关系。即便如此，伊斯兰意识形态和社会从未能以一种纯粹的形式存在，或将伊斯兰教的所有方面作为一种制度加以应用，而共产主义在这方面甚至更不成功，因为，与伊斯兰教不同，它甚至从未成为一种准文明。把共产主义提升到奥威尔式（Orwellian）的极权主义水平，仅仅是苏联社会的一种趋势，朝鲜在这方面甚至也不能与之相提并论。

然而，政治伊斯兰与苏联或亲苏的共产主义之间的契合点似乎远比乍看起来多得多。苏联共产主义拒绝西方的社会政治和经济制度、西方的生活方式以及西方对亚洲、非洲和拉丁美洲国家的政策。中东国家各种政治趋势所提出的反西方的口号和学说，或多或少与马克思主义的口号和理论相吻合，尽管否定西方一切的论点往往来自欧洲的社会政治理论。伊斯兰政治复兴之所以极端反西方，是因为西方在放弃其政治统治后，仍然主导着它们的经济和精神生活。马克思主义和共产主义只不过是一个遥远的外部危险，而以美国和以色列为代表的西方则是现实的最大敌人，这推动了基于伊斯兰情感的反美态度。此外，西方的威胁还在于，它在穆斯林内部招募了众多支持者。尽管西方文化和本土文化的二元论已经非常普遍，伊斯兰文化生活的二元性质从未将俄罗斯/苏联文化视为与本土文化对等和竞争的部分。大多数穆斯林拒绝接受西方社会的价值体系，认为这是根植于西方文明之中的腐败、下流和物质主义的体现。伊斯兰国家的反苏行为只是出现在苏联入侵阿富汗并试图将其"共产主义化"之后。

共产主义和伊斯兰教的理论与实践都拒绝政治自由主义、个人自由和多党体制。对苏联和当地的共产党员来说，"资产阶级民主"意味着资产阶级的专制，他们操纵公共舆论，掌控投票箱，合伙无休无止地剥削人民。承认大多数人拥有通过投票来决定自己社会命运的权利，对伊斯兰教来说是一个陌生的概念，伊斯兰教的概念是"协商"（ijma）原则即由教法学者或博学者达成的共识。虽然新现代主义精英的一些代表承认西方民主的优点，但他们认为它的许多特点和制度对落后的社会来说有点奢侈，至少在不久的将来是如此。但是，反对西方民主的主要因素，无论是在政治上还是在情感上，还在于西方列强的政策，昔日的宗主和今日主导其经济与信息的力量——尽管西方提倡自由与民主，但仍广泛地通过经济甚至政治和军事控制来支配和占有绝大部分伊斯兰世界的财富。在许多穆斯林看来，正是这些因素持续削弱着所谓西方民主自由的政治价值。

在西方自由主义体系、共产主义体系和伊斯兰社会的框架中，对"自由"这一概念的诠释各有不同。对穆斯林来说，"自由"（huriyya）意味着一种法律地位，是奴隶的对立面；而对共产主义者来说，这个词意味着从剥削中"解放"出来。伊斯兰教和共产主义中的个人要服从集体、团队、社区或国家。安拉的意志由乌莱玛诠释，由政权执行，这决定了个人在社会中的行为、权利和义务。这些权利不是单独存在的，而是作为整体、小群体或大群体或社群的一部分存在。西方自由主义思想的个人权利和义务不同于伊斯兰教概念中人与社会的关系。共产主义者也认为个人需要服从社会发展的意志，其中，经济基础（生产力的发展）决定了（但仅"在最后分析"时）社会关系的命运，因此个人仅仅被视为一颗沙粒、一个细胞或一个原子。他必须服从集体——例如集体农场、生产小组、工会、政党、阶级或国家。

马克思主义者将私有制作为一切社会问题的根源加以排斥，伊斯兰政治科学家和经济学家也想限制私有制的规模，由此在这两种相互排斥的意识形态体系之间建立起了共同点。尽管这两种意识形态绝对不相兼容，但政治上的接近使它们之间的相互理解和联合行动成为可能，不论是在国内层面（在共产党或潜在的马克思主义政党与伊斯兰政治组织之间），还是在国际层面（在苏联及其后的"社会主义大家庭"其他成员与将激进的政治伊斯兰作为意识形态的国家之间）。在国内政策上的合作通常在伊斯兰主义者获胜后就停止了，因为他们无法容忍任何其他政党，尤其是马克思主义政党或潜在的马克思主义政党。然而，国际政治的现实决定了苏联与伊斯兰国家之间需要某种协调，无论是什叶派的伊朗，还是瓦哈比派的沙特阿拉伯。伊斯兰激进主义浪潮让苏联与西方一样感到震惊，但苏联无法利用新运动的反西方态度。与"反帝"的民族主义不同，伊斯兰激进主义不可能成为苏联的盟友。激进主义攻击西方在中东的盟友，只是因为西方比苏联更强大。但其反苏和反共的潜在意识不可避免地会渗透苏联，并影响那里的局势，毕竟那里有着6500万或更多的穆斯林人口。

当苏联放弃与西方对抗时，莫斯科与激进的反西方政权以及各种"反帝"政治力量的合作基础也就崩塌了，中东地区共产党的命运不可能不因此受到影响。

但在我们讨论它们之前，有必要回答这样一个问题：苏联领导人和苏共中央委员会在处理与"兄弟党"关系的机构——中央委员会国际联络部（IO）中，究竟是如何看待中东的这些共产党的？中央委员会国际联络部是苏共中央委员会的下属部门，负责处理苏共与其他"兄弟政党"的关系。答案很明显。我们可以参考布鲁坚茨（K. S. Brutents）的观点，他是该部门的一名高级职员，后来成为该部的第一副部长。

他在《老广场的三十年》一书中写道：

> 实际上，我们的领导人假定，外国共产党人，在遵循自身利益或无条件与苏联保持团结思想的指导下，必须为我们的外交政策利益服务。
>
> ……与此同时，一些共产党蒙受了损失而且相当严重，因其活动服

从了苏联外交政策的利益。大多数政党支持我们的外交政策行动（从镇压布达佩斯和布拉格的起义到阿富汗事件），这既受冷战逻辑的支配，又受苏联政策的支配。[①]

在评价长期担任中央委员会国际联络部部长的波诺马廖夫时，他说：

> 波诺马廖夫……有一种特别的职业狭隘性，尽管有时他似乎完全或甚至根本就明白一切。他认定自己对共产主义运动负有责任，对此，鲍里斯·尼古拉耶维奇（Boris Nikolayevich）以指挥家的形象来描绘他：波诺马廖夫就像一只指挥着整个鸡群的公鸡。他并不是没有得到一些部门同僚的支持，他迅速而真诚地回击各种背离苏联政策的异端邪说，毫不迟疑地通过在这些党内建立反对派甚至组建平行的政党等这些久经考验的手段来对付背离者。
>
> 然而，这种政策不仅不符合苏联宣称的政党间关系形式，也是愚蠢和无效的。[②]

在处理与外国共产党的关系上，波诺马廖夫坚持共产国际的传统。其中首要的原则就是：苏联共产党是绝对正确的领导力量，实际上就如大家庭中父亲的地位一样。[③]

但是，在与大多数欧洲共产党的关系中，这种家长式的、庇护者的语气是绝不可能被接受的。尽管如此，在与土耳其、伊朗及阿拉伯国家共产党的关系中，苏共仍旧如此行事。

库利克：我相信，在苏联时期，我们的精英犯下的一个关键错误是：试图在世界各地输出社会主义制度，却没有考虑到我们国家的真正利益和经济与政治的机会。

共产党、左派和极"左"运动在土耳其的历史已经大大超出了本书的研究范围，这在其他文献中有详细记载。这里我们只将讨论限定在土耳其与苏联的关系上。在意识形态和政治上，这些运动中最接近苏联的是非法的土耳

[①] *Брутенц К. Н.* Тридцать лет на Старой площади. М., 1998. С. 133—134.

[②] Там же. С. 145.

[③] См.: Там же. С. 191.

其共产党（CPT），其主要在国外活动，拥有自己的出版社和土耳其语广播电台。土耳其共产党遭到了残酷的镇压，其成员在土耳其监狱中遭受了极端严酷的对待，尤其是在 1971 年和 1980 年政变之后。1960 年政变后，贝希杰·博兰夫人（Mrs Behice Boran）创建了土耳其工人党（WPT）——与共产党关系密切，但有一点欧洲共产主义色彩。1968 年，该党部分领导人谴责苏联对捷克斯洛伐克的军事干涉，致使该党发生分裂。1971 年军事政变后，土耳其工人党被禁，但在 1974 年大赦之后又合法化了。该党持续活动一直到 1980年，发生政变后，就像它之前的共产党一样，工人党也被宣布为非法。

20 世纪 80 年代，土耳其恢复了有限的民主。1987 年之后，土耳其共产党和土耳其工人党开始了积极的和解，目的是实现土耳其共产主义运动的合法化，并颁布了新的纲领。两党的领导人，海德尔·库特卢（Haidar Kutlu）和尼哈特·萨尔金（Nihat Sargin）宣布两党合并，他们于 1987 年 11 月 16 日回到土耳其，公开挑战禁止共产党活动的土耳其刑法第 141 条和第 142 条（从法西斯意大利的法典复制而来）。1988 年底，土耳其联合共产党（United Communist party of Turkey）在联邦德国的奥伯豪森（Oberhausen）举行了第一次代表大会，萨尔金和库特卢分别当选为党的主席和总书记。该党纲领要求在土耳其建立民主政权，禁止军方干预政治生活，同时放弃了"共产党在政治斗争中起先锋作用"的提法，代之以支持各种政治力量的广泛合作。

前土耳其共产党和土耳其工人党通常都与苏联有着非常好的关系，但它们总是强调自身的独立性，这符合土耳其的传统，或许也符合土耳其的民族性格。在 20 世纪 60 年代至 80 年代，极"左"组织和团体在土耳其的整个左翼和民主运动历史上打下了极深的极端主义烙印，将苏联视为与美国勾结的"国家资本主义"、"社会帝国主义"和"机会主义"国家。这些还不是土耳其极"左"分子加诸苏联的最坏标签。土耳其社会经济的快速发展严重扰乱了社会力量的平衡，加速了人口的地域和社会流动，加剧了原有的社会矛盾，同时也产生了新的矛盾。这一过程与伊斯兰文化中二元主义和西方化（欧化）传统叠加，导致了社会结构的崩溃，对这种严重不平衡的回应就是滑入内战和军事政变。土耳其左翼运动在过去和现在都有着广泛的社会和文化基础，但土耳其共产党面临的困难，一方面来自该国的反共传统，另一方面来自苏联解体以及"社会主义阵营"瓦解所导致的社会政治危机。

在伊朗，礼萨·沙阿（Reza Shah）国王原先禁止了共产党。1941年，当苏联军队进入伊朗后，数百名伊朗共产党员被从监狱中释放出来，他们构成了人民党（Tudeh）的核心。该党在很短时间内就发展成一个群众性政党，其领导人声称拥有约40000名党员。即便这个数字有所夸张，它至少也会有上千名党员，而它的集会能吸引数万名群众。这种上升态势一直持续到1944年，当时伊朗政府开始镇压人民党。当苏联军队占领了除德黑兰外的从阿塞拜疆到霍拉桑的伊朗北部地区后，考虑到当时的情况，人民党领导人于1944年来到伊朗的阿塞拜疆地区，试图巩固他们的地位。笔者采访了当时住在莫斯科的一位人民党领导人，他说道："我们没有在德黑兰与国王开战，而是决定在阿塞拜疆首府大不里士建立我们的武装力量。我们在等待一个进攻时机，然后开启征程，就像中国红军长征那样。苏联军队甚至向我们提供了坦克和阿塞拜疆①的士兵。"

当苏军撤出伊朗后，国王迅速将他的军队调往阿塞拜疆，击败了人民党的薄弱武装。苏联随后开放了边境，为大约3000名人民党武装人员提供庇护，此外还有人民党党员及其家属约1万人逃往阿塞拜疆苏维埃共和国。白沙瓦里阿塞拜疆共和国（Peshawari Azerbaijani Republic）②的领导人死于一场车祸，有消息称车祸是巴吉罗夫（M. A. Bagirov）一手策划的，他是当时阿塞拜疆共产党③中央委员会的第一书记，也是该国斯大林主义大清洗的主要组织者。1953年，秘密警察的领导人贝利亚（Lavrenti Beriya）被逮捕并被处决，他的镇压机器也被部分解散。后来轮到巴吉罗夫了，但他在人民党党员中很受欢迎，关于他的罪行和被处决的报道并没有给他们留下深刻印象。

至此人民党似乎已经走到了尽头，但是第二次世界大战结束后，随着反西方的民族主义浪潮兴起，人民党在德黑兰再次复兴，又成为一个群众性政党。他们积极做农民工作，特别是在吉兰、马赞达兰和呼罗珊。20世纪40年代末，人民党甚至要求分享政治权力，而1949年成立的民族阵线的领导人穆罕默德·摩萨台则为该党提供了政府中部长级职位。人民党的领导人仍讨价

---

① 此处应指苏维埃阿塞拜疆社会主义共和国（Azerbaijan SSR）。该国在1922年成为苏联的加盟共和国，在苏联解体后成为今天的阿塞拜疆共和国。——译者注
② 该国是1945年11月至1946年12月在伊朗北部建立的一个未被承认的国家，定都大不里士。该国政府的前领导人贾法尔·皮谢瓦里（Jafar Pishevari）于1947年死于车祸。——译者注
③ 此处应指苏维埃阿塞拜疆社会主义共和国的共产党。——译者注

还价，要求更多的政治权力，并迅速成为政府的反对派，当时许多人民党官员向莫斯科寻求指示。苏联的宣传机器为摩萨台贴上了"英帝国主义的跟班和西方的密探"的标签，这些宣传得到了人民党的附和。1949 年因人民党企图谋杀国王，国王下令禁止人民党，并逮捕了该党所有的活动人士。

在反国王的革命时期，人民党的口号和行动都带有极端主义色彩。早在20 世纪 40 年代，该党就决定驱逐所有到清真寺做礼拜的党员。直到 1975 年，它才删除党章和党规中暗示相信真主的人不能成为党员的条款。在这个笃信宗教的国家，人民党的地位因其坚持无神论而遭到削弱，其领导人坚称，他们的政党没有"同路人"。① 1953 年后——已经为时过晚——他们才理解到与各种民族主义力量建立联盟的必要性，但他们的行动仍然受到极端主义思维的影响。直到 1979 年，该党才放弃了在伊朗建设发达社会主义社会的口号。

人民党领导人在 1953 年受审时，有 7 人逃至苏联，最初生活在杜尚别（当时塔吉克加盟共和国的首府名为斯大林纳巴德），后来又迁往德意志民主共和国，在那里在苏联的领导下建立了一个由移民组建的政党。1946 年后，在阿塞拜疆避难的几千人加入了该党，并成立了一个地方支部，许多人保持了党员身份。人民党的广播电台最初被称为"Sadae Iran"，后来又改称"Peike Iran"（伊朗之声），地址设在杜尚别，1955 年迁往莱比锡。1974 ~ 1975 年，民主德国与伊朗建立外交关系后，广播电台又被迁到保加利亚，1979 年迁至喀布尔。从 20 世纪 60 年代末到 70 年代，人民党经历了一系列派系纷争和分裂。其中一些成员在 1965 年成立了一个毛主义政党，仍保留了人民党的名字，但没有产生任何重大影响。1965 年，在又一次刺杀国王失败后，该案的主要被告之一尼克 - 汗（Nik-Khan）招供，他打算建立一个新的共产党，因为人民党几乎失去了所有的革命精神。在此期间，居住在国外的伊朗革命青年同情"新左派"，而不同情亲苏联的正统共产党。

在伊朗国内，试图保存党组织的工作或多或少地失败了。该党在知识分子中也有秘密小组，但都是些小圈子，不能算党组织。不论在国内还是在国外，人民党的组织结构都遭到了萨瓦克（SAVAK）特工的渗透。到 1979 年，伊朗人民党几乎消失了。在军队中有一些人民党成员，包括高级军官在内。

人民党热情地接受了霍梅尼的伊斯兰革命，将此视为重返伊朗政治舞台

---

① См.: Вопросы истории КПСС. 1981. № 10. C. 98.

的机会。该党的领导人试图避免曾经在摩萨台身上犯下的错误，决定与霍梅尼合作，希望霍梅尼能赏识他们反帝国主义的立场。当霍梅尼及其同事迫害阿塞拜疆和库尔德民族主义者以及左翼革命者，尤其是拉贾维（Rajawi）领导的"圣战者"（Mujaheddin）时，人民党支持了政府的政策，显示了令人难以置信的政治盲目性。在苏联，对伊朗伊斯兰革命的积极评价是从其反美倾向出发的，这超出了常识的范围。没有人能预见伊斯兰对人民、对社会、对政治行为有多深的影响。直到后来，莫斯科的领导人才逐渐认识到，霍梅尼是另一条路上的人。但他们仍然抱有希望，认为霍梅尼政权的性质可能会发生改变，但事实恰恰相反。

当国王被逐下王座后，人民党的领导人回到了伊朗，党的许多活动家都获释出狱。在德黑兰，伊朗人民党（People's Party of Iran，PPI）① 创办了《人民报》（Nameye Mardom）日报和《世界》（Dunya）杂志，他们宣布支持阿亚图拉霍梅尼的社会政治纲领，认为该计划具有"客观进步性"，并号召"所有革命力量参与国家管理"。伊朗人民党中央委员会第一书记努里丁·卡亚努里（Nureddin Kiyanuri）宣布："我们党已经准备好，在民族统一阵线的框架内，与革命运动的所有派别合作，只要他们接受革命的主要目标，即清算帝国主义统治、根除国王的残余势力、保障民主自由……"② 人们可能会认为，党的领导人为了保住地位，即便只是作为政权的小跟班也可以，但阿亚图拉不准备与任何人分享权力。他和其他宗教精神领袖一样，从未忘记或原谅人民党的反伊斯兰立场。人民党对霍梅尼抱有太多幻想，以至于当局对他们横刀相向时，他们仍不愿放弃合作。

在遭到逮捕并饱受折磨后，卡亚努里被迫在电视上公开承认自己是苏联间谍。他没有被处决，而是被送回监狱，在那里他给朋友们发消息，忏悔自己因害怕受刑而撒谎。得知这一消息后，霍梅尼的秘密警察再次残忍地折磨了他，并再次让他在电视上重复自己的伪证。同样的事情也发生在该党的首席理论家伊赫桑·塔巴里（Ehsan Tabari）身上。人民党的活动家帕塔维

① 此处恐为讹误。"People's Party of Iran"，即伊朗人民党，其存在时间为1957年至1975年，联系下文可知，作者似乎将图德党与人民党混用。图德党的英文全称为"Party of the Masses of Iran"，也有"人民大众之党"的含义，努里丁·卡亚努里于1979~1984年任该党第一书记。——译者注

② См.：Вопросы истории КПСС. 1981. № 10. С. 99.

（Partawi）在国王的监狱中饱受折磨，熬过了 25 年，却没能熬过霍梅尼的折磨。1982 年，《人民报》被禁，人民党（PPFs）① 的中央党部和图书馆也被洗劫一空。1983 年，人民党被宣布为非法，随后又遭到了新一轮的镇压。

要讨论该党在伊朗的政治前景并不容易。一些幸存下来的领导人在流亡期间曾试图重建政党，流亡委员会放弃了推翻"反动政权"的目标，但保留了"做群众工作"的任务，以赢得信任。然而，"社会主义制度"的衰落以及苏联的危机与解体对人民党产生了深刻影响。人民党又被一个新的分歧撕裂了：党内在对苏联的改革和发展的看法上产生了分歧。流亡的人民党有数百名党员，但在伊朗境内的共产党员不到 200 人。该党做出决定，允许那些自认为身处险境的人公开否认自己的信仰，而这并不会让他们心存愧疚，因为从什叶派伦理的立场看，这种掩盖自己真实信仰的方法是可以接受的。

这些对人民党活动的回顾来源于我对苏联伊朗问题专家的采访，反映了莫斯科对该党命运的看法。然而，乌里扬诺夫斯基教授却提出了不同的观点，我们的问答如下。

笔者：您对人民党怎么看？

乌里扬诺夫斯基：这个政党在其 60 年的历史长河中一直遭受迫害，只有在战争时期获得合法地位和我军驻扎在伊朗时例外。这是一个英勇的政党。每一位中央委员都被逮捕过或被处决，每一个党员都冒着被绞死的危险……或在之前就遭受残酷的折磨。该党在一种恐怖气氛中运作，这种气氛在其他地方是看不到的，它与世界上最残忍的秘密警察萨瓦克进行斗争。事实上，是美国中央情报局给萨瓦克提供了建议……这个党中有很多聪明的人和优秀的马克思主义者，但是我认为，人民党在反对摩萨台这件事上是站错了立场，因为在当时反对摩萨台就是反对人民。

笔者：您认为 1978 年后人民党与霍梅尼政权合作的路线是正确的吗？

乌里扬诺夫斯基：是的，我想是的。

笔者：然而，当人民党公开支持他的时候，难道不等于把他们自己的头送进了狮子的嘴里吗？

乌里扬诺夫斯基：不完全是这样。可以说，这个党其实有两个层面，一

---

① 此处恐为讹误。《人民报》，按照前文的说法，应是 PPI 旗下的报刊，此处写作 PPFs 不知何意。——译者注

层极为隐秘，另一层则更加公开。那些公开的合法活动的党员被抓进了监狱，而那些在地下活动的人则幸存下来，目前仍在工作，主要是与伊朗各种民兵组织（Fedayeen）① 合作。这个政党并没有死，它仍然活着，尽管它因备受迫害和折磨而鲜血淋漓，但仍在进行着明智而谨慎的努力，尽管不合法，它正在逐渐恢复自己的地位……事实上，它已经在恢复了……②

对苏联领导人来说，与该地区其他国家相比，虽然在埃及共产主义运动的命运不那么有希望，但造成的问题也更少。20 世纪四五十年代，马克思主义在开罗和亚历山大的年轻知识分子中很受欢迎，在军队中也有一些吸引力，这很容易让人回忆起"红色少校"哈立德·毛希丁（Khalid Mohi al-Din）：他是参与 1952 年夺权的"自由军官组织"成员。作为民族进步党（Al-Tagam-mu）的领导人，直到 20 世纪 80 年代他仍积极参与政治生活。然而，多年来埃及共产党人和马克思主义者中间存在的观念分歧，使其一直未能建立起统一的共产主义政党。共产主义运动本身分成了两派，分别是"民族解放民主运动"（Hadethu）和"星火"（Iskra），此外还有一些较小的团体。1957 年底，经过重组，一个统一的共产党成立了（1958 年 1 月正式成立），囊括了两个主要派别。这个半合法的政党在当局的容忍下只存在了几个月。之后，叙利亚和伊拉克的共产党发动反纳赛尔运动，促使埃及总统对国内共产党采取镇压行动。1958～1961 年，该党的大多数成员（大约 600 人）被投入监狱。这自然引起了莫斯科的恼怒，苏联领导人对纳赛尔施加了谨慎的压力，要求其释放共产党人。1964 年，在赫鲁晓夫访问埃及前夕，大多数在押的共产党员被释放。

最终，达成了妥协：1965 年 4 月，共产党宣布解散，所有共产党人都获得了自由。尽管他们仍受到秘密警察的监视，一些人还不时被监禁，但总的来说，他们在阿拉伯社会主义联盟、大众媒体、出版组织以及文化、教育领域都获得了相当有影响力的职位。但没有前共产党人被安排在真正接近国家权力来源的位置上。合法的埃及马克思主义者的理论媒体是由卢特菲·扈利（Lutfi al-Kholi）主编的《塔勒法》（Al-Talfa）。该刊在那些接近苏共的理论、

① Fedayeen 有群众斗争、游击队等含义。伊朗的 Fedayeen 组织众多，且在组织上经历了多次分化和重组。此处原文并没有指明具体是哪一个 Fedayeen 组织。——译者注
② 与乌里扬诺夫斯基的谈话（1989 年 12 月）。

纳赛尔主义的折中理论和来自北京、哈瓦那和贝尔格莱德的各种理论争辩之间保持着微妙的平衡，莫斯科高估了埃及前共产主义者在纳赛尔政权中的作用，认为他们正在政治和意识形态上将政权推向"左"倾——换句话说，更接近苏联模式。

安瓦尔·萨达特上台后，在相当长的时间内，他仍然让几个重要的前共产党人留在其职位上，这显然是为了掩盖他的真实意图。1972 年，福阿德·穆尔西（Fuad Mursi）和伊斯梅尔·萨布里·阿卜杜拉（Ismail Sabri Abdalla）分别成为阿齐兹·西德基（A. Sidqi）内阁的供给部部长和计划部部长。然而，距离纳赛尔主义者和左派的最终失败已经不远了。几乎所有的共产党人都被开除了，除非他们完全改变自己的信仰。对萨达特来说，反共和反苏维埃的结合，为国内外政策的彻底改变提供了便利的意识形态掩护。此后，一些前共产党人加入了民族进步党，该党在哈立德·毛希丁的领导下，团结了很多来自不同支派的纳赛尔主义同情者。然而，即便是这个党，也没能在埃及成为具有影响力的政治力量，更不用说个别共产党员了。埃及的左翼纳赛尔主义者和共产党都受到了浪漫的"新左派"典范德勃雷（Debre）和切·格瓦拉的影响。笔者记得一群知识分子满怀敬意地聆听艾哈迈德·福阿德·纳基姆（Ahmad Fuad Najm）演唱的由谢赫·伊玛目（Sheikh imam）为切·格瓦拉创作的一首挽歌。然而，在埃及，左翼知识分子只是少数，尽管其中一些人属于知识精英阶层。

埃及共产党在决定自己对苏联的态度时，面临着如何将自己的知识、经验和发现与日益僵化的苏联体制相调和的问题，因为越来越多的年轻左翼分子不赞同苏联的意识形态教条。1975 年，埃及共产党人着手重建该党，莫斯科表示了审慎的认可，甚至欢迎，尽管此时它与萨达特政权的关系已经濒临破裂。共产党在埃及从来就不是一个重要的政治力量，但这并未阻止萨达特在 1977 年的粮食暴动之后将共产党作为镇压的目标。到了 1981 年，有更多的前共产党人和萨达特的其他反对者被投入监狱，不论是左翼还是右翼人士。当流亡国外的共产党人选择米歇尔·卡米勒（Michel Kamil）作为其国外代表时，其与国内共产党的严重分歧就暴露出来了。很难估计流亡党员的人数，不过他们更有可能是几十人，而非几百人，实际上他们更像是一个马克思主义者的俱乐部，或俱乐部联盟。

1979 年，埃及安全部门逮捕了 30 名共产党人，他们被控"建立组织并企图颠覆政府"，并被送去受审。① 法律诉讼持续了三年，直到 1982 年，所有被告均被无罪释放。获释后，他们恢复了政治活动，继续散发政党传单和出版物，包括非法的《胜利》（*Intisar*）报。官方媒体指责共产党人致力于"煽动并利用阶级斗争推翻现政权"并企图在埃及建立共产主义社会。

1985 年，34 名共产党员再次被送上法庭，其中一些人被判处不同年限的监禁。② 对共产党人迫害的另一个例子是，在 1987 年 4 月，有 10 名"共产党组织分子"被逮捕，他们被指控散发海报，要求民众投票支持民族进步（左翼）党提名的共产党候选人。③

总体说来，胡斯尼·穆巴拉克的掌权为埃及的政治气候带来了显著变化，包括共产党人的活动环境。他们现在享有相对的自由，尽管仍有个别的迫害行为。当局倾向于与共产党保持距离，尽管仍会逮捕一些罢工组织者。党的领导人和党员的身份对当局显然都是公开的秘密。在激进主义者日益壮大的普遍氛围中，让一些无害而忠诚的共产党人处于被监视之下对当局是有利的。埃及共产党人认为，反对"宗教极端主义"是他们的主要任务之一，党的纲领性文件承认在现实中可以信教，也承认这与党员身份并不矛盾。

在苏丹，一群共产主义者建立了"苏丹民族解放运动"，并于 1956 年宣布自己为共产党。在 20 世纪 60 年代初，共产党人在知识分子群体中取得了优势地位，并在盖兹拉（Gezira）地区的佃农和部分工会中产生了相当大的影响力。他们在 1964 年的政变中发挥了重要作用，并获得了临时政府中大约四分之一的部长职位，这与他们实际的政治力量不成比例。在议会选举中，由于一部分宗教力量抵制了选举，他们获得了 18% 的选票。共产党的成功激怒了它的敌人，导致共产党在 1965 年 12 月被禁。1969 年 5 月 25 日，发生了军事政变，新统治者加法尔·尼迈里（Jaafar Nimeiry）与共产党人建立了密切的合作，将他们安排在一些重要的位置上，甚至还采用了他们的一些口号。然而，共产党与政府之间的分歧却日益加深，一方面是因为共产党人要求分享更多的政治实权，另一方面来自共产党总书记阿卜杜·哈利克·马赫吉卜（Abd al-Khaliq Mahjoub）和尼迈里之间的竞争。这是一个和政治本身一样古老的问题——"有我无他"。共产党内部在对待尼迈里政权的态度上也存在分歧。

---

① Аль‑Ахрам. 13. 09. 1979.
② Аль‑Ахрам. 13. 09. 1979.
③ Аш‑Шааб. 30. 04. 1987.

1971年7月19日，早前被驱逐出革命指挥委员会的一些共产党人，策划了一场反尼迈里的政变，逮捕了尼迈里和他的一批支持者。7月22日，在埃及和利比亚的支持和帮助下，政变被镇压下去。获释后，尼迈里立即处决了政变的组织者和支持政变的共产党领导人，包括马赫吉卜、沙菲·艾哈迈德·谢赫（Shafi Ahmad al-Sheikh）和来自苏丹南部的约瑟夫·加朗（Joseph Garang），尽管有些人并没有直接参与政变。之后，共产党被取缔并遭到残酷镇压，尼迈里政权迅速而果断地向右转，并切断了其之前与苏联的紧密联系。

"20世纪50年代至60年代，苏联领导人倾向于支持阿拉伯国家的共产党，但这并未能掩盖一个事实：中东的共产党人没有什么前途，"普里马科夫写道，"我们一贯支持的阿拉伯共产党，从来不把他们的计划通报给苏共中央委员会，甚至打算发动政变，推翻与苏联关系友好的政权。这就是苏丹共产党领导人在1971年所做的事，他们积极参与了反对尼迈里的阴谋，而尼迈里政府与苏联有密切的合作。1985年4月，尼迈里在一场不流血的政变中被推翻，并移居开罗。从1989年到1999年是图拉比（al-Turabi）掌握实权的十年，这意味着该国变成了宗教极端分子的避难所。苏丹被美国列为支持恐怖组织的国家。本·拉登也在苏丹待过几年。"[1]

此后，赢弱的共产党转入地下工作，并通过苏丹救国联盟（Sudan Union of National Salvation）积极支持1985年4月的反尼迈里政变，该联盟的成员还包括乌玛（al-Umma）、民主联合阵线（UDF）、复兴党和其他政党。然而，在一个日渐被宗教激进主义浸染的社会中，共产党人越来越找不到自己的社会政治位置。1989年7月30日，苏丹发生另一场军事政变，新的军事领导人立即禁止了所有党派并逮捕了他们的领导人，其中包括共产党总书记穆罕默德·易卜拉欣·努古德（Muhammad Ibrahim Nugud）。一股迫害浪潮在苏丹全国掀起。

叙利亚共产党成立于1924年，是一个亲共产国际的组织。第二次世界大战后，叙利亚共产党享有有限但持续的影响力，促成自20世纪30年代以来就一直担任党的领导人的哈立德·巴格达什（Khalid Baghdash）在1954年当选为国会议员。莫斯科的领导人对叙利亚共产党人的未来抱有幻想，以为他

---

① *Примаков Евгений*. Ближний Восток на сцене и за кулисами (вторая половина XX—начало XXI века). М.: Российская газета. 2006. C. 85，89，90.

们具有进一步扩大影响和掌握政治权力的潜能。阿拉伯联合共和国成立后，共产党反纳赛尔主义的立场提高了他们的声望，这使他们在叙利亚恢复独立国家地位之后仍能位列政治力量的第二梯队，即便发动政变的领导人是反共的。

从 1963 年 3 月到 1970 年 11 月，叙利亚复兴党的各种派别分别统治着这个国家，国防部部长哈菲兹·阿萨德在当时的权力争夺中获胜。他们迫切需要盟友，但害怕国内的共产党，担心任何此类合作都会造成其在国际上的孤立，因为这会证实那些关于复兴党过于"左"倾和激进的指控。

1970 年 11 月 13 日，阿萨德领导的政变发生后，叙利亚共产党采取了中立立场，仍作为新政权的小伙伴。1972 年 3 月，国民进步阵线（National Progressive Front）成立，目标是联合包括共产党在内的五个政党，当然，要处于复兴党的监督之下。民族主义成为共产党意识形态的主要组成部分，它将执政当局定性为"反帝国主义"、"反犹太复国主义"和爱国的。[①]

在 20 世纪 60 年代、70 年代和 80 年代，叙利亚共产党经受了领导危机。哈立德·巴格达什是阿拉伯世界最年长的共产主义领导人，仍占据着总书记的职位，但他未来的对手、少壮派的优素福·费萨尔（Yusuf Faisal）在 1968 年成为他的副手。1986 年，该党遭遇了严重分裂。

共产党作为第二等或第三等的政治伙伴与复兴党联合，这符合苏联的利益，但在该党内部引发了一些不满。但是，在该党正式代表团访问苏共中央委员会期间，这些分歧并没有超越内部讨论和谨慎争辩的范围。

鲍里斯·波诺马廖夫告诉笔者："我们从未遇到过需要帮助拯救叙利亚共产党人性命的问题。他们与阿萨德建立了良好的关系。我曾见过阿萨德先生，他是一个有进步倾向的人。他尊重纳赛尔，他宣称自己在阿拉伯世界发挥着领袖作用，但党内也存在一些异议。哈立德·巴格达什虽然年事已高，却不愿辞职，而优素福·费萨尔和大多数党员都反对他，这种情况拖了很多年。"[②]

波诺马廖夫的副手乌里扬诺夫斯基的观点更明确，也不太乐观：

乌里扬诺夫斯基：叙利亚共产党的前景极不明朗。它不可能夺得政权。

---

① V съезд Сирийской коммунистической партии. Документы и материалы. М., 1982. С. 23.
② 与波诺马廖夫的谈话（1990 年 7 月）。

它对群众运动缺乏领导。它现在唯一的生存机会是与执政的复兴党达成共识，而非卷入与其不可解决的冲突中去。在一些问题上，共产党能够影响复兴党。

笔者：复兴党领导人对叙共产党的宽容，是对苏联的友好姿态吗？

乌里扬诺夫斯基：什么对叙利亚的当权者更有利？摧毁一个弱小且不独立的共产党，这个党除了演讲和报纸外一无所有，并以此暴露出其不民主和极权的本质，还是与该党合作呢？复兴党的领导人肯定不会忽视这样一个事实，即苏联会欣赏这种合作。①

黎巴嫩共产党原本是叙利亚和黎巴嫩联合共产党的一部分，1944 年 1 月才独立出来。1948 年该党被宣布为非法后，它重新与叙利亚共产党联合。1958 年，在阿拉伯联合共和国成立后，它又重新独立，尽管叙利亚和黎巴嫩共产党的联合中央机构一直保留到 1961 年。1964 年，一个反对"过度"支持纳赛尔的团体脱离了黎巴嫩共产党，这表达了对莫斯科对北京政策的不满。尽管这个组织从未采取过毛主义的立场，但它沉浸于火热的"革命式"术语中，呼吁发动一场反对以色列的"人民战争"。这种"革命主义"迎合了一些黎巴嫩人和强烈谴责哈立德·巴格达什的叙利亚共产主义者，他们转而将古巴作为新的精神源泉。内战期间，黎巴嫩共产党人参与了左翼势力的一方。他们的领导人继续表达对苏联的忠诚。

在阿拉伯世界，命运最悲惨的似乎是伊拉克共产党人。他们在努里·赛义德统治时期，实际上是在英国作为保护国期间，遭到了无情的迫害。1949 年，党的领导人优素福·萨利姆（Yusuf Salem）和两名政治局成员被处决。1958 年 7 月 14 日，在卡塞姆政变后，共产党人认为他们的时代到来了，他们沉溺于复仇的渴望，这在伊拉克的历史上是很常见的。许多共产党人参与了反对派的恐怖活动，特别是在 1959 年 7 月 14 日的基尔库克大屠杀中，仅马赫达韦（Mahdawi）的革命法庭就判处数百人死刑。当然，那些嗜杀的犯罪分子和反社会分子，也毫不犹豫地将自己描绘为共产党员。由于忌惮共产党的影响，卡塞姆极力限制其活动，并处决了一些共产党员。然而，党决定不与独裁者决裂，并继续支持他。1963 年 2 月 2 日，复兴党政变开启了一段残酷的反共恐怖时期，据推测，包括党的领导人在内的几千名共产党人被处决。这

---

① 与乌里扬诺夫斯基的谈话（1989 年 12 月）。

些行动引起了部分苏联领导人和大众媒体异常严厉的谴责。

1963 年 11 月 18 日，伊拉克共产党和莫斯科的领导人对阿里夫将军领导的右翼政变表示欢迎，他们都松了一口气。新政权虽然反共，但没有屠杀共产党人，尽管它并没有停止大量逮捕、驱逐甚至处决共产党员。1968 年，由巴赫尔－塔克里蒂（即萨达姆·侯赛因）领导的另一支复兴党力量发动了新的政变，使得共产党与新政权建立起紧密的合作伙伴关系。在当局的监督下，共产主义月刊《新文化》①（*Al-Thaqafa al-fadida*）得以出版，以信仰马克思主义而闻名的阿齐兹·谢里夫（Aziz Sharif）在内阁担任司法部部长。1972 年 5 月，两名伊拉克共产党人进入政府。1973 年 9 月 16 日，《人民之路》（*Tariq Al-Sha'b*）日报首次合法发行。

1973 年 7 月 16 日，复兴党和共产党的领导人就《民族行动宪章》以及伊拉克民族进步爱国阵线（Iraqi Progressive National Patriotic Front）中各成员党的活动签署了协议。然而不久，复兴党领导人就摧毁了所有其他政治组织。1974 年，他们通过了一项法律，禁止军队中所有非复兴党的政治活动。1975 年，在当局的压力下，共产党中止了在青年、学生和妇女组织中有一定影响力的工作。1978 年 5 月，媒体上出现了新一波反共浪潮，有 31 名共产党人被处决——他们是军人，被指控在军队中传播共产主义。

伊拉克共产党在 20 世纪 60 年代和 70 年代发生分裂，一些共产党人支持毛主义，另一些人试图发动反对当局的武装斗争。然而，党内的主要领导人仍然是亲苏联的，支持苏联反对北京的行动以及支持占领捷克斯洛伐克。在国内问题上，党内的分歧也不断加深。在镇压期间，许多共产党人在库尔德山区避难，这就是该党既支持库尔德自治运动，又避免使用分裂主义口号来加强自我认同的原因。该党总书记阿齐兹·穆罕默德（Aziz Muhammad）就是库尔德人。

1978 年夏末，政府开始采取措施，阻止共产主义报刊的发行。1978 年 12 月，政府开始镇压共产党的机构。"统一战线"瓦解了，共产党转入地下。萨达姆·侯赛因专权后，共产党公开地坚决反对其政权，并积极活动。苏共领导层冻结了与复兴党的所有联系，这使复兴党极为恼火，尽管国与国之间的关系仍在发展。1980 年 11 月，伊拉克民主爱国民族阵线（Democratic National

---

① 原文中作者并没有给出阿拉伯原文或英文译名。我们尝试译作"新文化"。——译者注

Patriotic Front）成立，该组织包括了伊拉克共产党、库尔德斯坦民族联盟和其他反对派组织。共产党人主张推翻萨达姆政权，他们称其为"法西斯"。萨达姆实行的镇压、逮捕、酷刑和处决几乎使共产党在伊拉克的影响力荡然无存，大多数活跃的共产党人都被迫移居国外。苏联和伊拉克之间一直持续到科威特危机爆发前的密切合作使得伊拉克共产党人的活动变得非常复杂，苏联领导人更倾向于实用主义，而忽略他们的"意识形态兄弟"。

约旦共产党成立于 1943 年，但直到 1951 年，它仍以巴勒斯坦民族解放联盟的形式存在。1951 年 6 月之后，它变得十分活跃，其领导人福阿德·纳赛尔（Fuad Nassar）是一位强有力的受欢迎的政治家。虽然他是一个基督徒，但他的同胞们尊重他的智慧、诚实、意志力以及演讲和组织能力。1953 年 12 月，约旦国民议会通过了一项关于展开反对共产主义斗争的宪法修正案，该法案规定要严惩共产主义活动分子。不过，共产党思想的影响力却在增长。在 1956 年 10 月 21 日的议会选举中，有三名完全认同共产党思想的国民阵线候选人当选为约旦众议院议员，其中一名是阿卜杜·卡迪尔·萨利赫（Abd al-Qader al-Saleh），他成为苏莱曼·纳布西（Suleiman al-Nabulsi）政府的农业部部长，也是阿拉伯世界的第一位共产党员部长。1957 年 1 月，国王限制了共产党的活动，并在 4 月解散了纳布西政府，与此同时，下令取缔共产党，包括议会成员在内的共产党领导人被逮捕并被判处长期监禁。

20 世纪 60 年代末，当局允许共产党再次出现在政治舞台上。国王和共产党玩着猫鼠游戏，有时把它的领导人关进监狱，有时任命他们担任重要但非关键的国家职务。宗教激进主义影响力的增强需要所有世俗势力的团结，共产党因而成为王权的一个不稳定但必要的盟友，尽管它的地位是次要的。福阿德·纳赛尔把他的职位让给了法伊克·瓦拉德（Fa'iq Warrad），他是老共产国际学校的领导，却一直努力紧跟时代的步伐。雅各布·齐亚丁（Yaqub Ziya al-Din）于 1986 年成为党的新一届领导人，该党经历了数次政治和个人原因造成的分裂，但得以幸存下来。

一位研究阿拉伯共产主义运动的苏联专家告诉笔者："国王仍然是一个十分明显的反共分子，是世界反共产主义联盟的领导人之一。但他又是一个开明的人。曾有一段时间，共产党人被视为苏联的代理人，这破坏了他们在国王心目中的声誉。现在，连国王都不把苏联当作敌人，自然也不觉得共产主义活动有什么危险。这就是他要摆出安抚共产党的姿态的原因。在 1990 年的选举中，一名共产主义者以独立身份赢得了议员席位，这显然离不开国王的支持。两条反共产主义的法案在约旦虽未被正式废除，但实际上已经无效了。"

20世纪70年代末，建立独立于约旦共产党组织的巴勒斯坦共产党的想法被提出。约旦共产党领导人起初反对这一想法，但到1982年不得不同意。苏共支持成立新党，除人民阵线和民主阵线外，苏联希望在巴勒斯坦解放组织内部有一个在意识形态方面跟苏联接近的派别，它可在巴解组织中代表共产主义意识形态。巴勒斯坦共产党与上述两个阵线都进行了合作，这两个阵线在被占领土之外拥有规模虽小但势力强大的武装。巴勒斯坦共产党副总书记苏莱曼·纳吉布（Suleiman al-Najib）成为巴解组织执行委员会的成员，同时他还成功地更新了党的领导层，吸收了许多中青年人员，以确保灵活应对形势发展。

马克思主义在犹太人中有着根深蒂固的传统，长期以来有众多犹太左翼分子参与共产主义运动，因此尽管苏联对阿以冲突持偏向阿拉伯人的态度，共产党在以色列生存了下来。1965年，该党分化出民族主义的马基派（Maki）和亲苏联的拉卡派（Rakah），并在1967年阿以战争后最终分裂。根据苏联的解释，马基派领导人"支持以色列的侵略战争，背叛了以色列工人阶级的利益"。1967年，苏联和"社会主义大家庭"中的大部分盟国，以及大多数未能执政的共产主义政党都承认拉卡派是以色列唯一的共产党，虽然罗马尼亚、荷兰、瑞士及北欧国家的一些规模较小的共产党仍与马基派保持接触，但马基派在以色列的政治影响力已经逐渐消亡。与此同时，拉卡派保持了影响力及在议会中的席位，因为以色列的阿拉伯公民在选举中除了投票支持共产党之外别无选择。拉卡派敦促政府无条件撤出其占领土，同时也谴责"个人恐怖主义"行为，不过它也反对发动反以色列的"人民战争"的想法。[①]

以色列共产党第十九次和第二十次代表大会（分别在1981年和1985年召开）提出："反对犹太复国主义的意识形态和做法的斗争……符合以色列劳动人民和全体人民的利益。"[②] 以色列共产党主张以色列军队完全撤出1967年占领的全部土地，承认巴勒斯坦阿拉伯民族的自决权，即在约旦河西岸和加沙地带建立一个独立的巴勒斯坦国家，支持公正解决难民问题，尊重以色列

① *Государство* Израиль：Справочник. М.，1986. С. 151.

② Там же. С. 152.

和阿拉伯国家作为主权国家的生存权①——这和苏联的立场完全一致。自1977年以来，该党似乎一直与巴解组织保持着经常的联系。

另外，我们需要考察苏联公民，换句话说，"新思维"影响下的所谓"公共舆论"是如何看待外国共产主义者的。在苏联内部，他们似乎被当成无所不包的宣传体系的组成部分，被用来证明，尽管存在一些"暂时的困难"，但"真正的社会主义"社会是人类文明的最高阶段，所有其他的民族都在"战斗"，以"推翻地主和资本家的权力，把自己从帝国主义的枷锁中解放出来"，而"苏联忠诚的朋友"——共产党应当领导这些斗争，或者至少作为先锋队。无论如何，"社会主义正在向全球进军"。没有人会去费心研究"社会主义方向"和"革命民主"的微妙细节。这些共产党领导人总会在苏共代表大会和"劳动人民游行的集会"上发表讲话，以展现共产主义运动和社会主义（"苏维埃"的别称）思想的广泛传播。他们会简短地叙述他们的斗争并赞扬苏联共产党，其中最狡黠的演讲者还会称赞在任的苏联领导人。外国共产党领导人的文章和讲话偶尔（虽不是经常）会在《真理报》和《共产党人》（Kommunist）上发表。

苏联大众媒体只是简短、随意和含糊地评论那些与苏联有着各种友好关系的国家发生的反共迫害活动，例如"好邻居"伊朗，或作为"世界革命进程三大联盟之组成部分"的埃及。苏联的"舆论"根本不了解在这些社会中困扰许多共产党人的真正痛苦和苦难。

外国共产党人对"苏维埃生活方式"的了解，不限于官方安排的酒店、演讲、观光、餐馆和剧院，也包括参观"百万富翁集体农场"、"种植园研究所"、模范学校和建筑工地。地方党部、工会和行政领导，有时在克格勃军官的协助下，苏联人总是亲切地接待来访者，他们通常以丰盛的美食和美酒待客。但他们之间不会建立任何个人联系，除非少数研究对象国事务的专家。然而，外国共产党人也不总是与真正的苏联生活隔绝。他们中的一些人与俄罗斯人或乌克兰人结婚，因此他们知道"苏联社会"的真实生活，甚至比苏共领导人还要清楚。的确，一些共产党人在心理上受到了伤害，因为他们的理想与苏联的现实之间有着巨大的鸿沟，而另一些共产党人则犬儒式地适应了这种境况并从中获利。

---

① *Государство* Израиль: Справочник. М., 1986. С. 153.

也有从其他渠道获得联系的，正如特鲁耶茨夫（K. M. Truevtsev）告诉作者的。他是一位阿拉伯主义者，也是俄罗斯民主运动中的政治人物。

特鲁耶茨夫：苏共中央领导下的社会科学研究所（ISS）是个幽灵式的机构，国内人民不知道它，在西方却众所周知。它的目的是，按照我们的教条，向外国共产党人和其他左翼分子灌输意识形态。不可否认的是，这个机构的老师——或者说至少40%的老师——和翻译，是莫斯科最熟练的专家。这可能是在他们与来自中东和北非的共产党人及左翼分子之间有一种信任氛围的因素之一。这些共产党人和左翼分子中的一些人是阿拉伯世界知识精英的代表。在20世纪60年代，他们同情"新左派"，有时也同情欧洲共产党。

在我们与中国决裂的时期，该研究所负责阻拦"新左派"，即阻止学生加入毛派。社会科学研究所在这方面发挥了作用。在一个非常狭窄但非常国际化的环境中，持续的友好交往得以维持。并非所有社会科学研究所的学生都保持了共产主义信仰，但都保留了必要的知识储备。在从摩洛哥、阿尔及利亚到亚丁、阿联酋的阿拉伯大学中都能看到他们的身影。

笔者：我们的教授和翻译如何看待学生们带来的思想？

特鲁耶茨夫：这是多方面的。他们中有些人只是同情学生，但是研究所是一个双向影响的渠道，学生们也在意识形态上影响了我们。在现有的框架内熟悉其他不同的思维方式，可能在这个国家目前的历史进程中发挥了重要作用。在研究所图书馆的特别机构中，有许多关于社会科学的"机密"信息，这促使那些思维尚未僵化的人产生了新的想法，包括关于中东事务的想法。当然，在当时令人窒息的社会氛围中，这是一种创造性的探索。

笔者：这些人中也有在《真理报》工作的。《真理报》和社会科学研究所都是体制的一部分。许多《真理报》的前任工作人员现已经成为民主运动的杰出领导人。

特鲁耶茨夫：是的，《真理报》和社会科学研究所都是为体制服务的。尽管如此，他们创造的副产品却注定要摧毁那个体制。[①]

为了从别的来源证实关于社会科学研究所的信息，作者采访了原在研究所担任翻译的谢斯拉温（P. A. Seslavin）：

---

① 与特鲁耶茨夫的谈话（1990年11月）。

笔者：你如何描述研究所中的学生？

谢斯拉温：我大致可以把我们的学生分为以下几类。首先，有些人是怀着纯粹的目的来学习马列主义及其在苏联开展的经验的。其次，有些人被派往研究所，是为了奖励他们为党所做的工作。再次，还有些人不是被送来学习的，而是为了到苏联享受更好的饮食和医疗。最后，还有一些人，你可能会说，他们生动地证实了其政党中裙带关系的根深蒂固。

笔者：那么老师又如何呢？

谢斯拉温：特鲁耶茨夫先生的估计是正确的，好老师的数量大约是40%。剩下的要么是绝望的斯大林主义者，要么原先是大使馆和其他外事部门的工作人员，因为不称职而被解雇，之后成为研究所的临时工。这里也不缺少"电话人"——所长接到中央委员会一位官员的电话，让他去接某某，然后那个人就被雇用了。

笔者：政治和意识形态上的离经叛道在这个研究所是显著现象吗？

谢斯拉温：只是在年轻的教师中。他们是在赫鲁晓夫时代成长起来的，当时斯大林主义受到公开指责，而政治观念上的微小分歧在某种程度上得到了容忍。

笔者：研究所会教授学生做地下工作的技巧吗？

谢斯拉温：他们要学习一门叫"政党工作组织"的特殊课程，它被非正式地称为"克格勃教程"。克格勃官员会向他们讲解，如何防止警察渗透进政党队伍中，如何防止信息泄露。据我所知，他们从来没有学过如何组织恐怖活动，尽管他们中的一些人要求这么做。

笔者：学生心目中"真正的社会主义"是怎样的？

谢斯拉温：他们中的大多数人并没有因为对苏联现实的了解而失望。我认为，他们与执政党的短暂接触已经让他们相信，像奥威尔笔下的大洋国①那样，划分核心党员、外围党员和无产者，这就是理想的社会主义。②

在1991年8月的事件发生之前，我曾询问过苏共国际部的一名工作人员，是否与中东共产党的任何接触都可能被视为腐败。

---

① 指乔治·奥威尔所著小说《1984》中的大洋国。故事中大洋国只有一个政党，社会成员也根据与该党的关系被分为核心党员、外围党员和无产者三个阶层。——译者注

② 与谢斯拉温的谈话（1991年11月）。

国际部工作人员：那要看你如何定义"贿赂"了。当然，很多外国共产党人很高兴能来苏联疗养。但是，把在苏联的治疗、休息或疗养描述为"腐败"就正确吗？这些人长期生活在一种斗争、不稳定和屈辱的环境中，经常受到监禁、酷刑甚至绞刑的威胁。

笔者：这些共产党能收到直接的资金援助吗？

国际部工作人员：资金很少能超过百万。连数十万美元的情况都很少，更常见的数额是几千或一万美元左右，用于印刷设施、纸张或交通。

当社会主义制度和共产主义意识形态的危机开始自我显现时，当"社会主义大家庭"开始崩溃，苏联在 20 世纪 80 年代陷入严重危机时，阿拉伯国家、伊朗和土耳其的共产党很快就发现，他们一直被悬在半空中，在苏联也难以得到任何支持。苏联社会与国外共产党没有任何真正的纽带或私人关系，也没有任何个人或集体有兴趣与他们合作，正如国际部工作人员告诉我的那样："在苏联，除了我以外，没有人对'我'党或任何其他政党感兴趣。没有人会把自己的生活和利益与这些政党联系在一起。中央委员会领导人的工作从来不包括国外共产党问题。阿拉伯国家、土耳其和伊朗的共产党人都绝望了，因为现在他们的未来成了未知数。"

业已解散的中央委员会的前任官员，衰落的团结委员会的工作人员，那些派驻在阿拉伯国家、土耳其和伊朗的大众媒体和学术组织及机构中的专家，业已关闭的社会科学研究所中的教师，或多或少地耗尽了对这些地区的共产主义运动的兴趣。1991 年 8 月的事件以后，在苏联已经无人理会国外共产党人的绝望以及他们面临的问题了。共产主义理想的崩溃、"社会主义大家庭"的瓦解、苏联社会的危机、与他们昔日在苏联及其盟国的"朋友"和赞助者失去直接联系，这些对许多外国共产党人来说是沉重的打击和最严峻的考验。以前，来自伟大的苏维埃土地及其执政党的光芒，照耀着那些最独立的共产党领导人，对于他们来说，一切都很明了：尽管困难重重，但苏联正带领人民胜利地迈向人类的光明未来，迈向共产主义。阿拉伯国家、土耳其和伊朗的共产党人根据他们特定的国情，也在为这一全球进程做出微小但独立的贡献。

原先的价值观体系崩溃了，中东的共产党人不得不寻找新的理想，寻找新的归宿。

让我们停留片刻。把我们的注意力从冷峻的历史分析中移开。让我们记住：在阿拉伯国家、土耳其、伊朗的共产党人中，有许多人以革命的名义，为了革命，为了他们所理解的正义而活着；他们是真诚的，不仅仅是口头上的；成百上千的人被关进监狱和集中营，遭受酷刑，许多人在断头台上结束了生命。他们是理想主义者吗？是的。他们是否犯过错误，甚至是严重的错误？是的。历史是否背离了他们？是的。但让我们以人类最深切的敬意对待他们，这是他们应得的。

在任何一个阿拉伯国家，共产党人都没有机会把他们的信条付诸实践，并引入苏联的经验。如果共产党在埃及和叙利亚掌权会产生什么结果，这只能靠纯粹的猜测。但有一个阿拉伯国家证明了苏联典范的吸引力：受阿拉伯民族主义影响的年轻革命者在那里夺取了政权，并试图复制苏联。这个国家就是南也门。

第五章

阿拉伯世界的一朵奇葩

当地居民是撒拉森人（Saracens），他们崇拜穆罕默德，憎恨基督。
这里有许多市镇和城堡，还有许多港口，停泊着载有印度土产的货船；
许多商人来到这里……
大量的货船和商人为亚丁的苏丹带来了巨量的收入和关税。

——马可·波罗

伊玛目叶海亚（Imam Yahya）对英国持敌对态度，英国在 19 世纪占领了也门南部，这成为 20 世纪二三十年代苏联与也门开展合作的基础。第二次世界大战后，在中东，任何一个与英国为敌的国家——无论是带有反英情绪的犹太复国主义者，还是有着中世纪神权式政权的偏远落后小国也门——都成了苏联的朋友。这是苏联同意在荷台达建造一个相对较大（按当地标准）且造价高昂的港口的唯一解释。（苏联）可能有计划要将其用作海军基地，但本人没有找到任何文献能支撑这一观点。苏联在政治声明中支持伊玛目叶海亚的反英立场。

1955 年，也门和苏联缔结了友好条约，一年后又签订了一项贸易协定。1956 年，王储巴德尔（al-Badr）访问了苏联，赠送了几袋精美的也门咖啡作为纪念礼品。荷台达港于 1961 年建成。一些二战期间的武器被送给伊玛目叶海亚，一批苏联军官到达也门。

1962 年也门发生革命政变，建立了共和国，但内战接踵而至，沙特和埃及毫不掩饰地干涉也门事务，其中沙特支持君主派。与此同时，埃及派出 7 万人的军队来支持共和派，苏联支持埃及和阿卜杜拉·萨拉勒（Abdalla al-Sallal）的共和派政权。

1967 年阿以战争失败后，埃及开始从也门撤军，放弃了干预阿拉伯半岛事务的计划，以换取沙特的财政援助。1967 年 11 月，萨拉勒被推翻，权力由总统委员会接管。1967 年 12 月，埃及撤离萨那，但君主派没能占领该城。在 11～12 月，苏联通过空中补给，向被围困的萨那提供武器弹药。一些观察者认为，这对维护共和政体起了决定性作用，当然也有其他观点。特鲁耶茨夫评论说："1967 年萨那被围时，我碰巧在那里，当时共和派政权还在坚守。然而，我们的援助并没有起到决定性作用。主要因素是重要部落联盟之间的力量平衡，他们认为，一个虚弱的共和国要比一个强大的君主统治对他们更有利。"①

———————————

① 与特鲁耶茨夫的谈话（1990 年 11 月）。

当战争在北也门肆虐时，一场反英武装斗争在南也门爆发，埃及和苏联在南也门解放阵线（the Front for the Liberation of Occupied South Yemen，FLOSY）身上下了赌注。然而，南也门解放阵线的对手国民阵线（National Front）上了台。由于根植于阿拉伯民族主义运动，国民阵线变得越来越激进，越来越"左倾"。它的领导人决定，不再对苏联"抱有怨恨"。在建立外交关系后，他们表示愿意与苏联密切合作。苏联船只很快在亚丁城获得了港口设施的使用权，苏联飞机也享有亚丁机场的设施使用权。不过，国民阵线领导层的内部斗争导致卡赫坦·沙阿比（Kahtan al-Shaabi）总统被推翻，"左派"获得胜利。一群打着各种激进旗号的领导人推动国家向"左"转，他们借鉴了苏联的所有经验——从高唱《国际歌》到在军队中设置政委。苏联的意识形态、政治结构、执政党的程序方法和经济管理的形式被引入南也门各个领域。

南也门最早的名称叫南也门人民共和国，后来改变为也门人民民主共和国（PDRY）。国民阵线和由巴阿齐布（Baazib）兄弟领导的规模很小的共产党以及复兴党联合起来，组建成一个政党。在苏联的压力下，该党定名为也门社会主义党（YSP，而非共产党）。与其他官方机构相比，南也门是苏共中央委员会国际部的"宠儿"。

苏联正受到来自印度洋的威胁，美国在那里部署了潜艇，先后装备了"海神"和"三叉戟"导弹。与此同时，苏联海军正在跨越世界各大洋，苏联旗帜开始在印度洋上飘扬，同时莫斯科加强了与非洲国家的关系。在这种情况下，亚丁城的战略重要性显然不容忽视，特别是在南也门领导人主动提出与苏联开展最广泛合作的情况下。虽然南也门领导人之间存在分歧，但在与苏联合作的问题上则无异议。总理穆罕默德·阿里·海提姆（Muhammad Ali Haitem）被驱逐出领导层；萨利姆·鲁巴亚·阿里（Salem Rubayya Ali）总统死于血腥的权力斗争。1977年9月，执政党主席兼执政党总书记阿卜杜勒·法塔赫·伊斯梅尔（Abd al-Fattah Ismail）与苏联签署了一项友好合作条约，他是在阿富汗问题上支持苏联立场的少数阿拉伯领导人之一。

1979年2月，南也门领导人实施了一项冒险计划，即发起对北也门的敌对行动，希望复制越南的成功经验，给苏联制造一个既成事实。然而，南方发起的革命运动还未在北方深入扎根，美国和沙特就迅速做出反应，向北也门提供了武器和军事顾问。南北也门的领导人都很快得出结论，他们最好不要采取敌对行动，并将部队撤回各自边境。在南也门，这一事件使得总理阿里·纳赛尔·穆罕默德（Ali Nasser Muhammad）的地位得到了加强，而阿卜杜勒·法塔赫·伊斯梅尔则被驱逐出境。过了一段时间，依靠其众多的支持者，伊斯梅尔回国并开始挑战现任总统阿里·纳赛尔·穆罕默德。他们的竞争开启了新一轮流血冲突。

"尽管与南也门的关系很密切——要比苏联与其他阿拉伯国家的关系都密切——大约有500名苏联军事顾问和1500～4000名苏联公民（在不同的时期）在南也门生活，但是我们还是无法直接影响这个小国家的事态发展。"布鲁坚茨（K. N. Brutents）写道，"南也门的传奇故事表明，在那些年里，左翼浪潮曾波及第三世界的那些黑暗角落，以及它是如何冲破落后和不适宜的条件的。最终，这部史诗证明，苏联有关'推进社会主义和支持天然盟友'计划的政策，看似十分自然和合乎逻辑，其实已被证明是非常不充分的，甚至可以说是乌托邦式的，它高估了自己的能力和革命民族主义者的潜力……

"1986年1月13日，在也门社会主义党（YSP）中央委员会的大楼里，这一天像往常一样开始。政治局成员在上午11点——这是会议开始的时间——之前陆续到达。10点50分，他们已全部就位，等待阿里·纳赛尔·穆罕默德。总书记的专车在11点前开到院子里，像往常一样，他的卫队队长穆巴拉克·萨利姆·艾哈迈德（Mubarak Saleem Ahmed）出现在会议室，手里拿着穆罕默德的包和一壶茶。在总书记通常坐的那张桌子旁，这位警卫放下了茶壶，从包里抽出一支机枪，朝那些坐着的人开火。站在门口的另一名穆罕默德的警卫也加入进来一起开火。多名政治局成员被打死，包括安塔尔（Antar）、国防部部长卡塞姆（Qassem）、控制委员会主席阿里·沙伊（Ali Shayi）。后来我亲眼看到了这面布满弹孔的墙壁——这场屠杀的一种纪念碑。与此同时，战舰靠近海岸，向包括伊斯梅尔家在内的许多设施和建筑开火。来自穆罕默德家乡阿比扬省的500多名支持者，也开始采取武装行动。他们被秘密带到亚丁，潜藏在亚丁省省长官邸里。穆罕默德本人则在70英里外等待结果。

"但穆罕默德的计划失败了，因为他的警卫失手了。伊斯梅尔和拜德（Ali Salem al-Baid）只是腿部受伤，S. S. 穆罕默德（S. S. Muhammad）也幸存下来（拜德日后成为也门社会主义党中央委员会总书记，穆罕默德成为他的副手）。在自己警卫的帮助下，他们逃了出来，并躲进了一间屋子……伊斯梅尔从那里通过电话向军方通报了情况。然后，他们跳出窗户走上街道，伊斯梅尔钻进一辆装甲运兵车里，但车很快被烧毁。伊斯梅尔被认为已经死亡，但他的尸体从未被找到。

"激烈的交战在城市中持续了近两个星期，造成了巨大的破坏和伤亡。穆罕默德输了，他和一群支持者逃往国外。

"……穆罕默德的恐怖主义行径让我们大为惊讶。我们从未想到他会这么做。"①

这一事件着实让苏联领导人大吃一惊，尽管在冲突前夜，就连亚丁大街上的小孩都叫嚷着局势紧张。"它不可能发生，因为它永远不会发生"，就是这样的逻辑。刚刚掌权的米哈伊尔·戈尔巴乔夫正忙于其他事务，没有人对事态做出决断。也门社会主义党两派相互残杀了近两周，数千人被杀或受伤。

两派都与苏联友好，没有人骚扰住在南也门的苏联公民。1月底，苏联顾问开始返回，苏联空运物资，提供紧急援助。3月，一个苏联军事代表团访问亚丁，也门社会主义党新任总书记阿里·萨勒姆·拜德（Ali Salem al-Baid）在第二十七次苏共代表大会上发表了讲话，并拜会了戈尔巴乔夫。事情似乎又回到原来的轨道上。伊戈尔·利加乔夫（Igor Ligachev）被授予调查南也门事件的任务，但他并没有时间来完成这项工作，结果就是莫斯科并没有对该问题得出认真的结论。

阿拉伯也门共和国（YAR）被莫斯科视为亲西方的国家。它得到了沙特和美国的财政及军事援助。1979年3月，在与南也门发生冲突后，北也门得到的援助和物资数量急剧增加，美国向其提供了价值3亿美元的武器，而沙特支付了这笔费用。然而，在1979年夏末，该国与苏联签订了一份武器供应协定，因为萨那希望保持独立立场，并打出与苏联友好关系的王牌，以平衡沙特阿拉伯和美国的力量。它继续与苏联在经济、军事和医疗领域以及人员培训方面进行合作，并于1984年与莫斯科签署了一项友好合作条约。

南也门（DPRY）的新任领导人看到了国家陷入僵局的情况，并正确地判断出苏联正打算削减对南也门的义务。因此，他们选择同意南北也门合并。这本该是个令人不安的过程，但南也门的统治精英中有许多北方人，反之亦然，这减轻了合并的难度。两个也门的合并已经让苏联的中东问题专家颇感意外了，更不用说合并的进展如此之快。人们甚至可能认为，与南也门打交道的莫斯科机构和官员会尽其所能阻止这一进程。然而他们并没有，也不可

---

① *Брутенц К. Н. Указ. соч. С.* 423，432—433.

能制造任何真正的障碍。事实上，这次合并对苏联在阿拉伯世界推行新政策有很大的帮助。它确实从莫斯科的肩上卸下了对南也门的意识形态和政治负担，同时使苏联保留了与两个也门都保持友好关系的所有优势。冷战结束后，苏联在亚丁的军事优势的重要性下降。在海湾危机期间，莫斯科完全忽略了也门领导人的亲伊拉克立场，传统上不干涉阿拉伯内部分歧的做法已经成为莫斯科的政治惯例。

以下是笔者对乌里扬诺夫斯基访谈的摘录，他与党内高层领导人关系密切，或许能部分揭示"高层"是如何看待也门事务的。

笔者：当我们在南也门的"宠儿"长大之后，我们的政治和意识形态目标与军事战略的考量是紧密结合在一起的。我还记得戈尔什科夫上将关于亚丁港的声明："该基地的战略价值相当于我们在印度洋驻守一半的海军。"主要目的是什么？

乌里扬诺夫斯基：我们的首要任务是支持一个进步的政府，其目标是我们在制衡美国的战略军事地位时能够依靠它。当然，我们的海军发挥了作用。

笔者：难道你不认为，南也门发生的改革，即我们所形容的"进步"，实际上不适合南也门的社会结构和特征吗？

乌里扬诺夫斯基：南也门是一个典型的英帝国主义殖民地。广大人民群众和工人阶级都是反英的。我们最近的做法就是攻击这些政权。反对国有化就是一个例子。有人说："不需要。让他们沿着资产阶级路线发展吧。"这种论断可能会使我们失去所有的盟友。

笔者：然而，东欧的共产主义政权也已崩溃。所有的国家都在朝着同一个方向——西方前进。

乌里扬诺夫斯基：我不同意这一看法。

笔者：现在，我们自身以及我们内在的发展原则都在发生变化。在这一背景下，借鉴了苏联模式某些特征的第三世界政权看起来就可恶了：商业过度国有化、农业过度集体化、工业过度强调国有部门，更不用说政治结构了。

乌里扬诺夫斯基：是的，他们把国家变成了经济的保姆。然而，发展工业所需的民族资产阶级在哪里呢？没有。地主也没有了——他们被农民赶走了。你称其为集体化，而我称其为合作。

笔者：抱歉，但我想这点可以商榷。在集体化或你所谓的合作之前，我去过亚丁，亚丁和所有海滨地区的市场上都有丰富的鱼和鱼产品。当渔民们被迫合作时，鱼立刻消失了。这是一个典型的例子。如果没有我们的影响，如果不是我们帮助他们成立的科学社会主义学院作为党校向他们灌输教条，这些过激的行为都不会发生。不能推卸我们的责任。

乌里扬诺夫斯基：不。我们不应承担这个责任。我们教给他们理论，他们把理论付诸实践。我们没有干涉实际政治。而且，我们总是告诫他们要小心谨慎，要按照他们自己的实际情况和条件行事。[①]

和乌里扬诺夫斯基争论是无用的。一个崭新的时代已经开始，只有那些从早年的信念和刻板印象负担中解放出来的年轻人，才能理解和接受它。佩列瑟普金（O. G. Peresypkin）曾任驻也门和利比亚大使，后任俄罗斯外交部下属的外交学院院长，之后又担任驻黎巴嫩大使，他的观点就很难被支持乌里扬诺夫斯基观点的人所接受。

笔者：您是否同意，我们对待革命威权政权的方式是受意识形态驱动，而这妨碍了我们的国家利益？

佩列瑟普金：我同意。在某些时刻，意识形态的考虑削弱了我国外交政策中的国家利益，促使领导人做出损害国家利益的决定。南也门被视为一个以"科学社会主义"和马克思列宁主义原则为指导的是"社会主义道路"的国家。我们帮他们复制了苏联所有的结构。我们派了很多顾问来教他们做我们现在拒绝做的事情。仅仅是党校和苏联教师，就足以造成也门人的意识形态混乱，并把他们变成教条主义者。数百名南也门人在苏联获得了人文科学博士和科学博士学位。我们对他们所有的党、政、军干部进行了再教育。

笔者：在我们与南也门的关系中，什么是占主流的内容？是使我们成为自己幻觉的受害者的政治和意识形态？还是战略方面？

佩列瑟普金：两者并行不悖。我们既追求战略目标，又追求意识形态目标。南也门被视为一个独特的案例，我们希望能轻松地为它解决所有问题，使得我们能够在这样一个小国，而非像埃及这样的大国，建立一个有效的模式。我们假设科学社会主义是一种普世理论，想要证明，一个不发达的阿拉伯小国，一个前英国殖民地，只要用科学社会主义的思想武装起来，就会向

---

① 与乌里扬诺夫斯基的谈话（1989 年 12 月）。

着光明的未来大步前进。

　　笔者：我们对那儿的经济衰退视而不见，不是吗？

　　佩列瑟普金：确实如此。然而，我们的目标是帮助他们"建设社会主义"。我们的专家制订了经济发展的项目和五年计划。几乎每一个政府部门都有两三名我们的顾问，这些顾问最多只能依靠自己的经验。我倾向于原谅那些让他们国家陷入僵局的南也门领导人。他们只是盲目跟从已经"建成社会主义"的"老大哥"，在有智慧、有经验的党的领导下，使他们广袤的国家富强起来。自然，他们按照我们的建议行事。这就是为什么在我看来，"社会主义方向的国家"的失败，是我们的援助和影响造成的，尽管还有其他因素。我们将错误的思想强加在地方传统和部落关系之上……而这两者都是生长恶之花的沃土。以 1986 年 1 月发生的事件为例，即使两个派系在章程、纲领和宣传语言上没有任何分歧，他们之间也爆发了流血冲突……

　　笔者：并使他们本来就少的精英丧失了数千名，这些人对这个国家来说是不可或缺的，不管是哪些人掌握政权。

　　佩列瑟普金：的确如此。这也证明我们不能免于责任。南也门的领导人要求我们帮助他们建立军队。我们认为，由于他们的财政收入非常有限，他们负担不起巨额的、非生产性的开支。然而，我们向他们提供了大量的武器，训练了他们的军官。然后我们给他们贷款来支付所有这些费用。

　　笔者：可能出于原则，我们没有唆使他们去和北也门、沙特或阿曼进行对抗。但是，通过加强他们的军队，通过给他们提供充足的武器供应——客观上，通过这些措施，我们推动他们采取僵硬立场。

　　佩列瑟普金：此外，我想指出，总的来说，我们向他们灌输了我们的精神和主流观点。我们的观点是，如果有人触犯了你，即使你被攻击的可能性很小，你也不应该去谈判，相反，你应该将自己武装到牙齿，时刻准备好击败进攻。我们就是这么做的。假设面临来自沙特阿拉伯的威胁，我们没有建议南也门去进行谈判并达成妥协，我们做了什么？这里有一百多辆坦克，还有更多的飞机……

　　笔者：正是在这种土壤中，一种非常危险的、犬儒式的冒险主义才得以成长。1979 年春天，当南也门对北也门发动战争时，当时相当紧张的小巴阿茨比（Baazib junior）对我说："是的，是我们发动了这场战争。如果我们赢了，我们将创造一个伟大的也门。如果我们输了，你们会干涉，会拯救我们。"

佩列瑟普金：谈到两个也门之间的关系，他们也不能幸免于意识形态的教条。南也门人主张，建设社会主义是他们的责任，但他们的国家又小又穷。他们认为："如果我们吞并更富裕、人口更多的北也门，将更容易实现我们的战略目标。"他们相信自己拥有"最先进的意识形态"，这减少了他们寻求妥协的机会，促使他们对邻国毫不妥协。与此同时，我们很高兴在每一件事上都能得到他们的支持，即使是在阿富汗事务上。

笔者：我们过于喜欢它了。我们有了一个"忠诚"的盟友，尽管从本质上说，沉浸于那些类型的国家的支持是自我毁灭的一个因素。

佩列瑟普金：这是我们今天的认识。但当时我们认为，我们的朋友是那些在联合国投票支持我们每一项提案的人，他们在最关键的时候给予我们"道义上"的支持。但坦率地说，这种支持是以商品来支付的。所有这些联合国投票和其他外交行动实际上都受到物资援助、经济补偿等条件的制约。我们理解这一点，但我们别无选择，因为我们需要他们在"道义和政治上的支持"。当我们的经济如此低迷之时，我们还怎么给他们回报呢？我们在南也门建了一个发电站和一个渔港……我想不起来还有什么大项目了。对于他们的政治支持，我们的回报只有新武器，其他什么都没有。

（克格勃第一局雇员：我同意佩列瑟普金的看法。这也是我经常面对的途径。建设社会主义的计划是一个"过重的包袱"。中央委员会国际部对苏日关系几乎没有发言权，对苏美关系也完全没有发言权，他们无法插手，以显示自己的存在。但他们在"也门人"那里找到了存在感。这是党和国家领导人在意识形态的祭坛上供奉的祭品。）

笔者：亚丁的军事战略地位对我们重要吗？我们必须考虑美国在迭戈加西亚和巴林的基地……不是吗？

佩列瑟普金：是的，的确如此……20世纪70年代，我们开始向印度洋派遣海军；以前只有西方军舰在那里巡航。因此，亚丁引起了我们极大的兴趣，因为我们在印度洋盆地没有可停泊的港口。我们和索马里交好的时候，只得到了柏培拉港。从这个意义上说，亚丁更好，它之前被英国人建设得很好。当我在亚丁遇到戈尔什科夫时，他确实强调了它的重要性。的确有一些事让我们追悔莫及：当他们把英国人赶出基地时，我们鼓掌叫好，现在我们却自己接管了基地！这在政治上也不方便……我们的领导人不会让戈尔什科夫建立一个真正的基地。我记得，我们在那里建立了一个重要的通信中心，就在亚丁城外的杰贝尔·法库姆。我们的军舰可以在那里进行维修，船员也可以在那里休息、轮班。那里还有一座军事医院和石油储存设施。渔船上的船员也在亚丁登岸。顺便说一下，索科特拉岛（Socotra）上没有任何军事设施，只有一个供水手使用的排球场。那里一年有六个月都刮着大风，没有港口，所以我们的船不得不在岛的背风处停泊。其中一些船可能就在海上进行维修。

笔者：你如何定义我们在红海的利益？

佩列瑟普金：由于我们的船只从敖德萨经印度洋驶向远东，我们需要与沿岸国家建立友好关系。我们在那里也确实有一些经济利益。我们在荷台达、吉达、马萨瓦、吉布提和苏丹港都设有贸易办事处，有些办事处早在 20 世纪 20 年代就已经设立了。

笔者：因此我们可以简要地定义利益：与沿岸国家的经济合作和自由航行。对吗？

佩列瑟普金：是的。

笔者：我们对北也门的态度是怎样的？

佩列瑟普金：我们在南也门的经历使其人民与我们对立，而北也门与我们的关系非常好。汉志（后来的沙特阿拉伯）是第一个与我们建立关系的阿拉伯国家，也门是第二个。在两国关系中，我们遵循了贸易和人道主义援助的道路模式，就像现在所说的那样，我们派遣医生到那里，并提供消费品。我们在荷台达兴建了一个大港口、道路和一个小型水泥厂。我们从未试图在那里传播我们的意识形态。我们在政治上支持他们反对英国，给这个小国以应有的尊重，仅此而已。甚至在 1962 年革命之前，对北也门的政策就是一个明智的例子：苏联这个庞大的社会主义国家与阿拉伯半岛上一个贫穷落后的小国建立了友好关系，与它签订了友好合作条约，并且不干涉它的内政。真的是这样。不干涉内政，完全不涉及意识形态，这是我们两国间健康、正常关系的基础。

笔者：我们对埃及远征军的援助是否改变了也门人对我们的态度？

佩列瑟普金：也门官方认为埃及的干预对也门的发展做出了积极的贡献。如果没有埃及人，革命可能会失败，因为君主派势力太强大了。当时存在对埃及人的敌意，但我们幸免于此。我们在政治、经济、贸易和防务领域进行了合作，但从未在意识形态方面有过合作。所以最终的结果是，我们发现，只有在意识形态近似的地方，我们的关系才会遭到破坏，我们没有试图帮助进行"社会主义建设"的国家，反而与我们保持了良好的关系、理解和合作。的确，这是一个悖论……

笔者：也许这个悖论背后有一个伟大的真相。我们不能忘记，从苏联大学和学院毕业的大学生实际上在也门的各个经济部门工作，服务于也门人生活的方方面面。

佩列瑟普金：自然。我们与北也门合作的一个例子，是在瓦迪·苏杜特（Wadi Surdout）的一个小农场。我们的一些人在那里工作。他们发现了水，挖了一口井，修建了花园和香蕉、番茄种植园，等等。这是真正的帮助。没有必要建立大型的农机站……

笔者：或者送"尼瓦"（Niva）牌收割机去哈德拉毛省（Hadramaut），它们弹出石头，这使每个人都笑了，但也激怒了他们。

佩列瑟普金：还在巴吉拉（Bajila）建了一个水泥厂，按我们的标准来说是很小的，因为年产量只有 5 万吨。它的产品用卡车、骆驼或驴来运输，被运送到也门各地，人们知道这行得通，因为每个人都要用这种产品。然后出现了一家由红十字会经营的经济实惠的医院……

笔者：我们对也门统一的政策是什么？

佩列瑟普金：我们必须利用我们与北方合作的积极经验，对我们与南方富有成果的关系进一步加以丰富，在合作中不带任何意识形态偏见。

笔者：我们对也门和沙特阿拉伯的关系持什么态度？

佩列瑟普金：完全的、绝对的不干涉。沙特人肯定会对这个新国家有些怀疑，因为它是半岛上人口最多的国家。然而，这是他们的问题，不是我们的问题。我们必须同他们双方保持同样友好的关系。①

波利亚科夫（V. P. Polyakov），曾任驻南也门大使，时任苏联外交部中东北非司司长，后来在第二个任期担任苏联驻埃及大使。他在也门问题上表达了相当不同的观点，思考方向也不同。

笔者：我们对两个也门合并的态度是什么？

---

① 与佩列瑟普金的谈话（1990 年 2 月）。

波利亚科夫：态度完全是积极的，他们也一直在争取统一。

笔者：我们对阿拉伯半岛国家的政策有什么失误吗？

波利亚科夫：最严重、最不可原谅的错误发生在 1937 年，我们从沙特阿拉伯召回了代表团。

笔者：你不认为我们赋予亚丁过多的军事和战略利益也是一个错误吗？

波利亚科夫：我一点也不认为这是个错误。现在有些人说："为什么要帮助南也门？""为什么要获取那里的军事设施？"但是，我们的合作是在具体的背景下进行的，即冷战背景，合作是基于我们的共同利益。现在，美国每年仅向埃及提供的经济和军事援助就高达 23 亿美元，尽管美国人知道永远不会得到回报。美国对以色列的援助更大。大政治必须花大价钱。我们必须出钱，才能让我们的海员至少可看到树荫，喝上淡水。顺便一提，我们不止一次地向美国提出，我们应该从地中海和印度洋撤出海军，但美国人不同意。当然，现在正在形成一个不同的局势，但当时我们也是从某种政治和战略形势出发的。①

为了完整地揭示苏联领导层对苏也关系的看法，作者附上了对特鲁耶茨夫采访的摘要，他见证了在亚丁发生的事件。

笔者：是我们的影响力决定了南也门领导人选择他们的政治路线吗？

特鲁耶茨夫：真理只能是具体的。苏联的马克思主义是某种形态，捷克或也门的马克思主义是另一种形态。南也门的许多政党领导人都是部落的代表。不管他们的官方头衔是什么，事实上他们是部落长老（sheikhs），我的意思是，红色长老。

笔者：他们现在变色了吗？

特鲁耶茨夫：目前他们还是粉红色的部落长老。他们没有和苏联争吵过。即使从普通群众的角度来看，我也不能百分之百地肯定我们与南也门的关系已经恶化。

笔者：我有不同的看法。从大众的层次看，几千个苏联大社区及其生活方式在南也门的强大存在，不能不使当地人对苏联的态度恶化。

特鲁耶茨夫：确实有负面影响，但似乎比其他阿拉伯国家要少。也门人

———————————

① 与波利亚科夫的谈话（1990 年 7 月）。

对俄国人没有那么复杂的心理情绪，像对英国人那样。后者占领了也门，但我们没有。我们是被邀请来的。甚至连军事设施也是他们主动提供给我们的。南也门强大的军队为国家的统一做出了有益的贡献。北方和南方的每一个地区，都尽其所能地做出了贡献。1986 年占领亚丁的一个南也门人在南北统一后成为国防部部长。

笔者：观察发展的动力是十分奇妙的。在发展的过程中，今天的消极因素可能会成为明天的积极因素，反之亦然。从这个意义上说，我们在南部阿拉伯半岛的投资可能会在某天增值。也门人自己说，他们对美苏在也门统一问题上达成的共识非常满意。现在，在阿拉伯半岛和整个地区，一种全新的力量平衡正在形成。①

---

① 与特鲁耶茨夫的谈话（1990 年 11 月）。

▶ 第六章

决策过程

　　人数最多的一派，多到100个中有99个，既不想要战争也不想要和平，既不想进攻也不想在德里萨营地（沙俄军队抵抗拿破仑军队的重要堡垒——译者注，本段下同）或者其他地方防御。不支持巴克莱（沙俄军队指挥官）也不支持皇帝（沙皇亚历山大一世），既不支持普弗尔（沙俄军队指挥官）也不支持贝格尼森（沙俄军队指挥官）。他们只想着一件事情，一件最重要的事，那就是自己得到尽可能多的利益与愉悦。在围绕着皇帝的相互冲突和相互交织的阴谋中，有可能以许多在其他时候无法想象的方式取得成功。有的人只是想保住自己有利可图的职位，他可以今天同意普弗尔，明天同意普的反对者，第三天又声称对这一问题毫无意见，从而逃避责任或者取悦皇帝。另一种人为了获取利益，会高声提出皇帝自己在前一天已经暗示过的意见，从而吸引皇帝的注意力，也会在会议上与人争执和咆哮，捶打自己的胸部，要求与有不同意见的人决斗，以此证明自己准备好为大局牺牲自我。第三种人会在没有反对者的情况下，在两次会议间歇直接要求为自己的忠实服务提供特别的报偿，因为他相信，人们此时没有时间拒绝他。第四种人会被皇帝意外地发现，他正在辛勤地工作。而第五种人，为了实现其长期以来希望陪同皇帝共进晚餐的目标，会固执地坚持某些刚被提出的意见的正确性或错误性，并为此提供或多或少的有说服力并且正确的论据。

　　这一派唯上的所有人都在拐弯抹角地获取卢布、勋章和官职，在追逐中唯一关注的风向标只有皇帝的偏好。只要注意到这一风向标偏向哪一方向，这犹如蜂群的一大伙人就会使劲往那个方向吹风，这样一来皇帝就更难改变主意了。

——列夫·托尔斯泰

人们越来越清楚地认识到，苏联或俄罗斯（目前为俄罗斯）在中东的
"国家利益"这一概念是多么模糊不清，而莫斯科在该地区的目标、任务和手
段在实际中又是多么含混和前后矛盾。但是，当我们试图要确定这些利益、
目标和任务是如何从现实人物的大脑以及随后的行动中反映出来时，我们就
进入了一个更不稳定甚至基本上是未知的领域。无论是对中东问题的决策，
还是整个外交政策的制定过程，我们都所知甚少，只能确定整个行动都是由
现实中的人执行的。他们要在特定的社会组织和结构的框架内活动，受到特
定的规则和行为习惯的制约。而这些规则和行为习惯则经历了有时名为"制
度演进"的转型。人员和社会结构的具体特点也会影响整个决策过程，包括
那些有关中东的问题，然而这些特征在不同时候表现形式也不同，要看当时
是正常情况还是需要做出快速和负责任反应的危机时刻。

在对苏联的研究中，很少有人关注组织、个人和集团在苏联外交政策形
成过程中的作用。斯大林、赫鲁晓夫和勃列日涅夫时代的回忆录直到最近才
出现，但它们多数都充满了对日常政治斗争的某种情绪，很少与我们的主题
直接相关，只是像通常的回忆录一样，旨在展示作者最好的一面。能够用来
研究个人、团体和机构对苏联中东政策某些问题的态度的文件仍然没有找到。
在这方面，笔者的个人经历以及对参与这些政治进程的当事人的访谈，将为
这一仍不完整的图景提供一个初步梗概。

重要的外交决策总是在国家领导层面做出的。问题在于，传递给领导人的信
息在多大程度上是准确的，它是否传递了事件的真实情况，是否呈现了他们或其
伙伴利益与机会的真实情况，以及这些领导人在何种程度上能够理解这些信息？
此外，这些领导人能否做出与苏联政策目标相符的适当决策，即便是基于他们自
己理解的这些目标？很自然，最后的结果会受那些收集、提炼、上报至高层、评
估信息和提出决策建议的人的影响，在那之后也会受实际执行决策的人的影响。
因此，所谓的"苏联外交政策"是这个体系中所有要素相互作用的结果。

从外部看——也就是从公众消费的角度看——真正的决策过程被精心挑

选的"世界上最进步的社会主义民主"的景象所掩盖，这首先在斯大林的宪法中被确定，然后在勃列日涅夫的宪法中被确定。在形式上，国家权力和国家行政机构之间是存在区别的，例如立法和行政之间的差别，前者为最高苏维埃，后者为由一名主席领导的部长会议。外交政策是由外交部和国家安全委员会（克格勃）承担的，而经济事务则由外贸部和国家对外经济关系委员会（1988年先被合并，之后停止存在）承担的。联邦委员会和民族委员会所属的外交委员会，在政治上都是无足轻重的，从来没有被人重视过。苏联最高苏维埃的成员都是从党的领导层仔细挑选出来的，每年举行两三次会议，以便聆听炫耀性的报告，并批准由党的高层官员已经做出和通过的决策。

所有人都知道，实际权力集中在党，更准确地说是党的政治局手中。国家的一号人物是党的领袖，他可以像独裁者般行事，能对其行动构成限制的仅仅是传统和党的顶层机构中的权力平衡。斯大林成了绝对的独裁者，而他的继承人则从未达到如此专权的程度。独裁者的职位并不重要，他可能只是苏联共产党中央委员会的总书记，也可能同时担任党的领导人、部长会议主席，或者最高苏维埃主席团主席、总书记或总统。在1934年联共（布）十七大上，改革派进行了最后一次反对斯大林的政治斗争，推出了谢尔盖·米洛诺维奇·基洛夫（S. M. Kirov），作为斯大林的替代选择。然而，约瑟夫·斯大林取得了胜利，而且很快，基洛夫在至今仍秘而不宣的情况下被谋杀，而十七大的多数代表后来也被清洗了。从那之后，斯大林、赫鲁晓夫、勃列日涅夫执政时期以及戈尔巴乔夫上台之前，所有党代会的召开都只是为了批准（伴随着"经久不息和暴风雨般的"的喝彩声）那些由党的机关制定并已得到政治局批准的未来四五年的政治规划。这些会议同样还要确认党内精英层的变动（指中央委员会、中央监察委员会委员及其成员资格），而这些变动已经由政治局甚至更小的圈子指定。党代会只不过是一种戏剧表演，目的是使体制内的力量平衡合法化，而这种平衡是官僚间斗争的结果。外交政策和行动从未在党代会上得到讨论，尽管在外长和其他与外交政策相关的人士登台发言时，相关段落会仪式性地出现在大会的报告和决议中。

1964年10月尼基塔·赫鲁晓夫被"宫廷政变"推翻后，中央全会决定将总书记（由列昂尼德·伊里奇·勃列日涅夫出任）、部长会议主席（A. N. Kosygin，阿列克谢·尼古拉耶维奇·柯西金）和最高苏维埃主席团主席（N. V. Podgorny，尼古拉·维克托罗维奇·波德戈尔内，自1965年起担任）三个职务交由不同的人担任。但是，每个人都知道，在总书记之后排名第二（有时甚至是第一）的最重要人物是米哈伊尔·苏斯洛夫（Mikhail Suslov），即"灰衣主教"，一个苦行僧和"理论家"，直到死的那一天还穿着胶鞋的人（根据未经证实的流言，正是因为苏斯洛夫，莫斯科的胶鞋生产一直维持到他去世）。在一段时间内，波德戈尔内作为最高苏维埃主席团主席，在国际政治中表现得十分活跃：正是他与埃及签订了条约。在勃列日涅夫1977年兼任总书记和最高苏维埃主席团主席之前，波德戈尔内所享有的宪法权力就常常被授予勃列日涅夫。之后，甚至形式上存在的合法性也不见了。在任何情况下，"党"就意味着"政治局"，所以当"中央委员会做出了决定"，那实际的意思就是"政治局的决定"，在当时如果政治局就某事项做出决定后，这一事项就不容再讨论了。我就此与前驻丹麦和阿富汗大使 N. G. 叶戈雷切夫[①]进行了讨论。

N. G. 叶戈雷切夫：外交方面的决策，跟经济及其他内政领域的决策一样，都是在一个很小的圈子内做出的，没有充分的讨论，没有坚实的基础，也没有专家的评估。决策通常由野心驱动，更不要提支撑讨论的理论之薄弱。一般来讲，每个问题，包括与中东相关的问题，都会汇集三个机构的意见：克格勃、国防部和外交部，当然也有中央委员会国际部的参与。但一切取决于发生地。如果在当地有重要军事利益，那么军方的意见当然会居于主导地位。但是我认为，仅就中东而言，军事考虑不是最重要的。我认为在那里有着复杂的任务，首要的是政治方面的任务，包括与埃及的关系。不过，军方渴望在埃及拥有军事基地，这是对的，因为美国人已经进入地中海地区。

伊朗是我们的邻国，国防部对美国在伊朗的军事行动自然不会无动于衷，对土耳其也是如此。美国在那里设立军事基地，这难道不会成为我们焦虑的来源吗？在这些案例中，考虑军方的意见是必要的。但是，如果通过外交努力能够让这些国家的政府理解到它们对发展与苏联关系负有责任，从而在其领土上限制甚至禁止外国的军事活动，那么军方显

---

① 叶戈雷切夫（1920~2005年），是一位杰出的苏联党和国家的领导人，曾任莫斯科市委第一书记（1962~1967年）、驻丹麦大使（1970~1984年）和驻阿富汗大使（1988年2~11月）。——译者注

然也会对外交努力表示欣赏。

关于重大政治和经济问题的决策是由政治局做出的，也只能由它做出。我们的行政机关，包括各个部委和部长本人，没有任何权力。他们必须尽其所能来执行已经做出的决策。他们拥有的唯一实际权力就是要求"加油，加油，加快！不惜一切代价去完成任务"！

通常，党和行政部门的精英对外交决策并无发言权，它们由特定部门和政治局做出，但人代会和党代会上也会向他们通报重要的举措和事件。冲突和争论很少会出现。有时会有关于某一事件的流言传播，例如 N. G. 叶戈雷切夫在担任莫斯科市委第一书记时，1967 年 7 月他曾批评苏联对中东的外交政策。有人说他正是因此而被免职。

笔者：这些传言与事实相符吗？

叶戈雷切夫：我认为，不完全是事实。我和勃列日涅夫之间的分歧日益加剧。我和其他年轻的中央委员一样（当时我 47 岁），都认为我们应当遵循党的二十大和二十二大所制定的路线。但首先是赫鲁晓夫，然后是勃列日涅夫都已开始偏离这一路线。勃列日涅夫热切希望我们作为党的领导层，应当支持他的权威。在我看来，斯大林是他的偶像。

笔者：你们之间的不合在一定程度上是由苏联的中东政策引发的吗？

叶戈雷切夫：我们主要的分歧在于党和国家应当采取的政治路线。在1968 年，我说过中东的冲突正在迅速发展，所以有必要在党的中央委员会全会上讨论国防议题，因为我担忧一些国防问题。之前的一些决定毁掉了我们海军的大型舰只，将对我们的国防能力造成损害。我们对空军的态度同样错了。我们关闭了或者说改变了我们在奥卡河附近飞机厂的生产线。我说过，我担心我们在莫斯科的防空系统，真的令我非常担心，因为旧的防空系统实在是无可救药地过时了。它距离莫斯科有 40～50 公里，射程也太有限了。但要建新的防空系统所需时间也太长了。我指出了我所认为的我们整体军事战略上的很多薄弱之处，并借此将我们的国防问题与中东政策联系在了一起。所以我被解除了莫斯科市委第一书记的职务，并被派到丹麦当大使，但这并不仅仅是因为中东。①

――――――――――

① 与叶戈雷切夫的谈话（1990 年 1 月）。

四边形：外交部、中央委员会国际部、国家安全委员会、国防部

政治局的权力平衡当然总是处于变化之中，但是越来越多的外交政策都是由勃列日涅夫个人所决定，而外交部部长安德烈·安德烈耶维奇·葛罗米柯完全是从勃列日涅夫那里接受指示。显然苏斯洛夫、柯西金、波德戈尔内、格列奇科（以及在他之后的乌斯季诺夫）和安德罗波夫的意见也会被考虑在内。同样地，当勃列日涅夫做出个人决策后，也不代表他一定取得了实际的权力。在 20 世纪 70 年代末期，勃列日涅夫已经是一个年老体衰的人，他和其他衰老的领导人一样，都是由其随从和助手精心操控的。政治局的决定要么是由党的正式机关所准备的，要么就是基于非正式的关系，这种关系考虑到了党和国家官僚机构中特定人物的实际分量。决策过程中官僚机构的各个部门进行了合作，最终可以达成共识。政治局的决定也不会通过投票做出，而仅是基于共识。

中央委员会被分为若干下设办事机关，其中有两个部门负责处理国际关系。其中一个被简称为"部门"，负责处理与"社会主义国家"的关系，另一个则是中央委员会国际部，自 1955 年起便由中央委员会书记 B. N. 波诺马廖夫领导，而他 1972 年还担任了苏共中央政治局的候补委员。当问题是关于民族解放运动、共产党和其他组织的时候，这就是国际部的任务了，它会直接处理这些事项，或者经由其他"民意机构"的协助，其代表有苏联亚非国家团结委员会和苏联和平委员会。后来中央委员会决定设立欧洲和平委员会和反对犹太复国主义委员会等，这些机构都从国家预算中获得了可观的拨款。

任命党的高级官员和提名高级别外交官都是由中央委员会的组织部门进行的。挑选执行外交政策的相关职员和其他要去境外工作的人员，则自 1971 年起就被交给了海外职员部，绰号叫中央委员会"出发部"。大使由政治局任命，其他次要职务则由中央委员会书记处任命，而后者在适当的初步阶段会就此征集意见。

外交部对外交政策的影响力随着党和国家官僚机构的结构变化而起落。维亚切斯拉夫·米哈伊洛维奇·莫洛托夫，虽有中断但他从 1935 年到 1955 年都担任外交部部长，是一个勤奋、聪明、残忍和不择手段的人，根据自己

的个人喜好来选择外交部的职员。他了解游戏规则，知道要花费怎样的代价才能作为领导国家的斯大林的得力助手，在统治集团顶层获取一席之地。他的手上如字面意思那样，是沾染了鲜血的。当前在外交部还能找到"被揭露"的"人民公敌"的妻子与儿女的档案，上面的"DP"两个字母（death penalty），是莫洛托夫部长一丝不苟地亲手写上的。莫洛托夫本人得以幸存，也仅仅是因为斯大林去世的时机。莫洛托夫在政治统治集团的顶层待得太久，知道得太多，也建立了太多关系，于是看上去斯大林已决心要摆脱他。莫洛托夫的夫人——波琳·热姆丘任娜已经因为她和以色列使馆的联系被逮捕和流放，他在外交部的门徒也遭到逮捕，围困"斯大林忠实伙伴"的网已经越收越紧。莫洛托夫不是例外。在斯大林周围的都是这样的人物。

但让我们回到更正式的组织架构中。在与"保守派"的斗争中，尼基塔·赫鲁晓夫把外交部从莫洛托夫手中夺走了。《真理报》的主编 D. T. 谢皮洛夫在 1956 年成为外交部部长并被派去中东。在 1957 年之前他是选择跟"保守派"们站在一起的，直到 1957 年赫鲁晓夫在朱可夫元帅的帮助之下，胜过了他们所有人，并且粉碎了党和国家统治者中的"莫洛托夫—卡冈诺维奇—马林科夫和加入他们的谢皮洛夫反党集团"。与赫鲁晓夫的新风格相符，这些人没有被杀，而是遭到羞辱，成为在政治上"无足轻重的人"。

安德烈·安德烈耶维奇·葛罗米柯作为职业外交官，在 1957 年成为外交部部长，他缺乏其前任们的分量，同时中央委员会的机构与部门已经增加了对外交决策的影响力。在那个时期，中东的形势似乎正在向左转，例如"革命民主"和"社会主义方向"的标签出现了。这些概念是意识形态化的，在谨慎的官僚鲍里斯·波诺马廖夫的领导下，中央委员会国际部的影响力似乎更强大。作为苏共中央政治局候补委员的波诺马廖夫，在一定时期内，在党和国家统治集团内的地位是高于葛罗米柯的。赫鲁晓夫被推翻、勃列日涅夫取得党和国家领袖地位后，葛罗米柯的下注赢得了他新老板的信任，而在 1967 年他的朋友安德罗波夫又成为克格勃的首脑和政治局候补委员。直到那时，也就是 20 世纪 60 年代中期，葛罗米柯才终于得以制衡波诺马廖夫的影响力。1973 年，与格列奇科和安德罗波夫一道，葛罗米柯进入了政治局，而波诺马廖夫则被边缘化了。1979 年，葛罗米柯成为部长会议的副主席和"外交沙皇"。

国际部作为整体并没有在外交政策上发挥主要作用，这与其他一些部门的情况是相反的，例如负责处理与社会主义国家执政党关系的"与兄弟政党关系部"的 K. 布鲁坚茨（曾任苏共中央国际部副部长——译者注）曾写道，外交部的官员通常对这些国家不感兴趣，主要是日常分工的缘故。

"外交部，以及拥有强大国外情报部门的克格勃，发挥了相对独立的作用。国防部在很多情况下，在外交政策上也有很大的影响力。外交部正如其他官僚机构一样，严密防守自己的势力范围，它试图不让'他人'进入这一范围，而采取的手段之一就是限制使馆信息的报送，特别是报给我们的部门……

"国际部的影响力很大程度上取决于其首脑的地位和分量，因此也会随时间改变。在一般和正常情况下，与任何国家的国家机器和官僚机构相比，苏联在 20 世纪 70 年代末 80 年代初的情况都是丑陋不堪的。外交部部长葛罗米柯利用勃列日涅夫健康不佳，以及自己与勃的良好关系，成为我们外交政策中无可争议的仲裁者。这对外交政策的影响是不利的。在波诺马廖夫短暂成为政治局委员候选人，而葛罗米柯只是中央委员会委员的那段时间内，国际部的作用曾暂时提升了。

"正常情况下，对外交政策中一些权力高度集中的领域，如在对美国的交往中，国际部始终没有发挥重要的影响。在欧洲方向，国际部更多只是起咨询作用，传达各国共产党的意见，仔细追踪社会力量间的平衡，以及评估社会因素。

"与发展中国家的关系情况则不同，特别是对阿拉伯世界。在这方面国际部起到了积极的作用，与外交部进行了密切配合。这是源自好几个原因。外交部及其领导关注西方，而发展中国家被置于二等地位。一个突出的例外是阿拉伯世界，这似乎是因为在那里与美国无法避免的互动。

"国际部及其领导对这个地区展现了严肃的关注。而且，国际部的人员与若干阿拉伯国家的领导及显贵都建立了良好的关系。最后，得益于与外交部相关部门的相互忠诚，这些部门受第一副外长 G. M. 科尼扬科和之后的 A. A. 别斯梅尔特内赫（他以惊人的速度学会了与阿拉伯人交流的方法与方式）的领导，国际部与外交部建立了密切的合作。"[1]

勃列日涅夫在中东事务上有自己的助手——叶夫根尼·萨摩特金（勃列

---

[1] *Брутенц К. Н.* Указ. соч. С. 164—165.

日涅夫 1983 年去世后他被"流放"去澳大利亚当大使）。美国政治科学家凯伦·达维沙评论道："也许这反映了勃列日涅夫、波诺马廖夫在中东政治上的分歧。"[1] 笔者不同意这一意见，因为尽管在苏联的政治结构中，同样分量的人物在同级别上会有分歧，但在一个领导和他的下级之间几乎从来没有分歧。

中央委员会国际部有一群顾问，即"思想家"，能对苏联领导层和勃列日涅夫本人的态度及政治行为产生特定影响。"这种模式使得每个助手都有对应的顾问。对 A. 亚历山德罗夫（勃列日涅夫助手、苏共中央候补委员——译者注）而言是 V. 扎格拉金，他先后担任国际部的副部长和第一副部长。对 G. 楚卡诺夫（勃列日涅夫助手、苏共中央委员——译者注）而言是 A. 博文，他是社会主义国家部顾问组的领导，以及之后的《消息报》专栏作家——N. 伊诺泽姆采夫和 G. 阿尔巴托夫。对 A. 勃拉托夫（勃列日涅夫的助手——译者注）是 N. 希什林，他取代博文成为顾问组的领导。他们经常在准备各种各样的材料时提供咨询，这些"资产"通过助手获得了通向总书记的通道，因此成为他最密切政治顾问圈子的一部分，并得到他不同形式的奖赏。阿尔巴托夫、扎格拉金和伊诺泽姆采夫都成为中央委员和苏联最高苏维埃的代表，而博文成为苏联共产党中央监察委员会委员和俄罗斯苏维埃联邦社会主义共和国最高苏维埃的代表。"[2]

这一群人中有一些人很有天赋。但在整个体制中他们对根本政治决策的影响很有限。他们中的许多人意识到了"人们不能再这样继续下去了"。但是他们的结论是极端的：要么"光明是从西方来的，所以让我们做什么都要像西方"，或者"让我们强化这个体系，清除对马克思列宁主义的扭曲，把事情整理好"。我记得在一次我组织的与俄罗斯联邦委员会主席 L. 米罗诺夫的会议中（会议开在美国入侵伊拉克的前夜），A. 博文富含激情和信念地说道："太好了，如果美国人接管并占领了伊拉克，他们就会带去民主和现代文明，正如他们在德国和日本做到的那样。"

在 1957 年 10 月朱可夫被从政治局和国防部解职之后，国防部的部长们（1957 年的 R. Y. 马利诺夫斯基和 1967 年后的格列齐科）直到 1973 年都未能进入政治局。即使这样，所有人都知道国防部以及附属于它的整个军工复合体，

---

① *Dawisha K.* Soviet Foreign Policy. С. 148.
② *Брутенц К. Н.* Указ. соч. С. 167.

在实际上仍然是苏联党和国家机构的主要组成部门。但是军方不太可能决定中东政策，即便其意见经常会被考虑在内。在阿拉伯国家出现大量苏联军事顾问，以及在埃及和叙利亚短暂出现战斗部队之际，军方自然会有追求自身政策、忽略外交部和苏联使馆的倾向。军方的意见在有关军事战略的讨论中有特殊分量，装备有"北极星"导弹的潜艇在20世纪60年代起便在地中海地区获得了基地，而80年代装备有"波塞冬"和"三叉戟"导弹的美国潜艇则在印度洋出现了。在事关相关国家时，军方的意见当然会被考虑在内。

有的西方研究者认为专门研究国际关系的学术机构，是能影响苏联外交政策的重要组成部分，包括对中东的政策。作为其中一个机构的雇员和之后的主任，笔者接受这一称赞，但要指出，客观的和独立的分析更多是一种源自西方的方式，而作为一种规律，外交部、中央委员会国际部、国家安全委员会、国防部以及其他党和国家机关会用一种相当傲慢的方式对待学者的研究。学者通常不被允许接触第一手信息，只能以西方的公开信息来源来发展自己的理论。即使这样他们也能够经常地对形势做出高效的分析，并做出与直接涉事人员假设不同的结论。但是只有能够到达"顶层"的"形势分析"、"对策说明"和备忘录，才能抓住高层官员的眼球并激发其创造力。如果学者的意见不同，其最好的结果就是被忽略（正如著名学者O.博戈莫洛夫反对向阿富汗派兵的信件一样）。

笔者还能想起那些时日，党的中央委员会全会更别提党代表大会，通过决定后，必须立即以"学术研究"加以巩固。学术研究会立即根据这些决定重新安排研究计划，让这些决定成为"科学工作的关键和主轴"。所有的机构，包括那些专门从事国际关系研究的机构，在安排自身活动时都需要考虑到这些决定。当然，这些机构早就学会采用一种诡计式的战略，即最主要的是调整或改变都只表现在研究标题和主题的名称上，而研究工作本身仍然按照既定计划进行。即使这样，每个学术中心和研究机构的领导人都太过了解，如果党代会或者党的领袖讲话之后不久，他的机构能够"生产出"几个"抢手货"的话，就会得到最高的奖赏。

外交政策的决策如果必须有四个签名，那么这四个机构自然就需要事先协调。在政治立场方面，它们由国际部和外交部制定，而更具体的方案则从军方和克格勃生成。并不罕见的是政治局的决定中包含具体的指示，如分配资金的总量、经济援助的额度、物资和弹药的数量，等等。在这些案例中，所有的数值都不得不提前协调好并经常写着"已与财政部协调"或者"已与某某部协调"：这说明，这些部委都参与了政治局做出决定的准备工作，因而这些决定将获得法律效力。

为了将这些"历史性（或者不是很历史性的）指引"（政治局、中央委员会和党代会的决定）付诸实际，就不得不需要"列宁主义的外交家"、"毫无畏惧的骑士，拥有干净的手、冷静的头脑和火热的心"（例如克格勃官员）和"光荣的苏维埃战士"。但一些细微的疑问仍会不时出现。

中东可能会沸腾和爆炸，问题可能会波及苏联家门口，直接影响苏联，并且震撼地区和整个世界。有时"政治局决定"可能会被推迟或拖延几个月乃至几年，这种局面对官僚机构的大部分机关来说都是方便而舒适的。"那里，在高层的人，他们更了解"如果没有政治局的决定，就可以舒适而安静地等待，不用做任何事情（也许有时候这对苏联和/或苏联的政策更好）。"主动性是会受惩罚的。"任何个人和任何政府机构都可以这样不做任何独立的决定，因为"共同的事业""每个人的事业"被坚定地理解为"没有人的事业"。

戈尔巴乔夫上台后的两三年间，共产党权威的消退和恶化已经日益明显，而国际事务已经逐渐从中央委员会的影响范围内溜走了。在国际部的工作活动中，曾经有一段短暂时期是与 1986 年 3 月 A. F. 多勃雷宁担任部门首脑和和中央委员会负责国际事务的书记相联系的。在当时，国际部承担着关于阿富汗、印度、南非和中东的工作，意见和方案都是直接送到戈尔巴乔夫的案头。但是多勃雷宁很快就被从他有影响力的职位上免职了，因为他太有能力、太专业了。中央委员会对外交政策的影响力则继续在走下坡路，在字面和比喻意义上都是如此。现实生活还在继续，越来越多的问题都是在没有国际部的参与，同时外交部提供的信息也越来越少的情况下被处理的。

"……缺乏一只整合的'手'，特别是在专业层面，这在很长一段时间内都在不利地影响苏联外交政策，"K. 布鲁坚茨写道，"既没有产生一个协调机构，也没有出现对外交决策有能力的、跨机构的准备和审查……""然而，也许所有国家都在执行协调良好的外交政策上面临困难。"K. 布鲁坚茨忧郁地注意到，"美国政治家的回忆录中充满了关于争吵和冲突、不同机构之间争夺影响力和个人参与外交政策领域的故事。但是这提供不了什么安慰"。[1]

---

① *Брутенц К. Н. Указ. соч.* С. 172，174.

当 V. M. 法林 1988 年 10 月成为国际部领导人时，官员们很少能见到他。在实践中，政治问题日益被集中到政治局（之后是总统安全委员会）和外交部。重要和重大的问题再也不会经过国际部，其作用被减少到在财政资源减少的情况下尽可能地与各国的政党维持关系。

在那些年里，中央委员会和外交部的关系中存在一定程度上的讽刺性，正如一名外交官描述的那样："从 1987 年到 1989 年，国际部觉得土地在从其脚下溜走。他们心急火燎地努力为新趋势做准备，以胜过激进的外交部。更不必说所谓的'社会主义方向'——一个我们的社会政治模式在被其他地方和其他人热情模仿的假象——就是在中央委员会国际部诞生的。1985 年以后，这个概念显然已经到了该改变的时候，正如在中东和非洲的政策一样。所以在 1988 年，外交部领导层采用并执行了一份备忘录，指出在实际政策术语中已经到了将'社会主义方向'删除的时候了，但不能公开也不能火速地执行，更不能疏远原来的朋友，而是要采取一种在改变路线时，将我们不得不承担的代价最小化的方式。在我们的决策机制并没有太大改变的时候，有必要找出通向中央委员会和政治局的新方式。然后发生了什么呢？在国际部里有着不是完全不知名和仍然很有影响力的各色人等，他们曾经因为宣传'社会主义方向'而赢得许多政治资本，他们说道：'不。外交部准备的东西并不充分。有必要坚决地与过去切割。我们不能将自己局限于权宜之计中。'部长本人被迫写了一份便笺给戈尔巴乔夫本人，以详细解释我们提案背后的论据。所有的事情都在消逝。到了 1988 年，情况已经到了政治局再也不就外交政策做任何重大决定的地步，这在很大程度上源自政治局已经无法达成共识。在实践中我们在毫无官方意见的情况下就开始对所谓的'社会主义方向'国家改变路线了。"

在 1990 年 7 月党的二十八大之后，关于国际问题的政治决定开始完全绕开中央委员会的机关。两名负责国际关系的书记被同时提名（G. I. 亚纳耶夫和 V. M. 法林），而这令所有人都感到尴尬：谁是老板？在二十八大上选举了一个有二十四名成员的庞大政治局，最理想的情况也只能一个月开会一到两次。这样秘书处自然再次发挥了重要作用。但是每个人都意识到中央委员会的机关，或者至少是国际部，已经变得仅剩下躯壳。一时间，当人们访问中央委员会时，能看到走廊上越来越空，那里的人都忙着跑到楼下的食堂去，那里是对访客开放的。对一个普通人来讲，即便都是以肉为原料，在特殊商店里制成的香肠，与外头需要排队的人把整个街道堵塞才能获得的难以下咽的"有些东西"相比较，就是一顿极好的美餐了。从 1988 年末开始，食堂的食物就不再与其所在的贫穷国家普通地方的食物有很大区别了——尽管它仍旧比学术机构里类似的"托什尼洛夫卡斯"（"呕吐的块肉"）要好一点！

对很多人来说，中央委员会权力的衰退变为与个人生活相关的戏剧性事件。很多有能力、有才华的国际部职员发现自己失业了。笔者的认知没有扩展到中央委员会的其他部门，但仅就国际部而言，招录进来的都是些有经验和技术熟练的人，尽管他们不被鼓励将任何原创或新鲜的观念付诸实践。经过多年的工作，他们当然在特定的问题和国别领域成为有能力和高效的顾问，虽然高层的决策是在并不需要能力和经验的层面上做出的（应当提到的是在笔者担任非洲研究所主任时，笔者招募了几位中央委员会国际部的阿拉伯和非洲专家。坦率地说，作为政治科学家和历史学家，他们的水平明显高出了研究所同级别的科研人员）。这种现象并不仅限于苏联，但在那里达到了特定的微妙程度。我熟悉的一位有才华的学者去了国际部，没有作为普通职员而是在更高级别作为顾问，应该是类似于一个"智库"或者"思想性"的职位，在地位上差不多等同于分部门主管。他被要求就解决一个复杂问题而有可能采用的新方法提供意见，他花了一个月的时间探索新观念，制定新方案，但当他看到最终被批准的版本时，他非常确信，那就相当于将一棵修剪得很好的冷杉树变成了一根电线杆，那东西他花几个小时就能写完的。他在这种氛围中忍受了几个月后就离开了。

当时在中央委员会工作的人还面临其他问题。

某中央委员会工作人员：17 年前在我加入中央委员会前，我已经是外交部的参事了。在当时这意味着一种极大的荣誉和可观的升职前景，而我则确信与外交部参事相比，中央委员会的工作更加重要。结果这么多年过去了，当年我训练的一些人都成了特命全权公使，其中一个已经成了大使。而我呢，我仍旧是国际部的一名职员。我没有比过去发展得更好；我没有任何储蓄，唯一的物质收获是一套好的公寓。一度在中央委员会工作以获得一辆轿车或者一座乡间别墅的想法被认为相当错误的，理由是一个人应该把他的所有投入到工作中，每天干十到十二个小时且经常熬夜，而作为回报，你会得到本该提供给你的所有东西。可现在完全没有人需要我了。

一般说来，官僚机构不同部门之间的关系是不会和谐的。最著名的矛盾就是在外交部和中央委员会国际部之间了。

笔者：在外交部和中央委员会的关系中会有冲突吗？

B. N. 波诺马廖夫：这不应该被讨论。外交部参与外交政策是作为国家机关的一部分，而中央委员会在社会团体和党的工作中起到了最重要的作用，而外交部是不干这些事情的。我们积极地利用团结委员会与各个公共团体和党组织进行联系。同时我也是苏联最高苏维埃外交委员会的主席。

笔者：您不认为党和国家在外交政策的方式上有分歧吗？

B. N. 波诺马廖夫：首要的是我要服从苏联的利益。我是苏联的爱国者，我在这一点上著述很多。

笔者：我被告知您和葛罗米柯之间的关系不好。

B. N. 波诺马廖夫：不讨论这件事了。①

但在波诺马廖夫不愿谈到这些事的同时，其他人却很愿意这样做。

大政治中的个人

笔者：如果不考虑意识形态问题，外交部体现的是国家意志，中央委员会体现的则是弥赛亚式的意志，这点在葛罗米柯和波诺马廖夫之间是如何体现的呢？

某外交官：没有体现。这是性格的问题，不是意志的问题。我可以给你很多例子来证实葛罗米柯和波诺马廖夫之间互相厌恶、互不信任和想要伤害对方。例如，在葛罗米柯担任外交部部长的后期，他的全能型助手瓦西里·格里戈里耶维奇曾禁止将任何外交部的文件送至中央委员会。

Y. N. 切尔尼亚科夫（曾任苏共中央国际部副部长——译者注）同样不羞于讨论这一话题。

---

① 与波诺马廖夫的谈话（1990 年 7 月）。

Y. N. 切尔尼亚科夫：外交部和国际部之间的关系变得对我们的政策有害和不健康，而且程度达到了你能想象的极限，尽管外交部和国际部成员之间的个人关系仍然可以很好。波诺马廖夫和苏斯洛夫一直在干预外交部的事务，直到葛罗米柯成为政治局委员。葛罗米柯和波诺马廖夫两人曾与斯大林共事，都有巨大的个人野心并极为狡猾，也一直十分固执己见。两人间的恶意曾在一些为了准备文件或制订政治计划的会议上爆发。

笔者：外交部作为部长会议的一部分会与中央委员会发生联系吗？

Y. N. 切尔尼亚科夫：完全不会。外交部是相当独立的。当然在列宁时代后，外交政策就是由中央委员会或者准确地是说是由总书记决定的，甚至更准确地说是由总书记的班子决定的，特别是在斯大林时代。那时不会有任何严重的冲突和分歧。基本上葛罗米柯刚当部长时，外交部的职能是比中央委员会国际部弱的。但 1964 年之后，葛罗米柯发现了勃列日涅夫和柯西金（时任部长会议主席，即一般所指的苏联总理——译者注）的关系不佳，而他选择站在自己老板的一边，也就是勃列日涅夫一边，并且在自己周围竖起完整的防御工事，甚至到了如果哪个部门的负责人敢在柯西金的要求下，未经葛罗米柯批准而将任何文件呈送给总理，那么这个人马上就会丢掉自己饭碗的程度，因为葛罗米柯会对这个人进行报复。柯西金和葛罗米柯甚至会在接见外国代表团时，当着外国人的面发生严重争执。例如，有一次阿萨德总统（指 1971～2000 年任叙利亚总统的哈菲兹·阿萨德——译者注）相当突然地要求苏联提供最现代的战机，并指出美国人向以色列人提供了类似的战机。为此我们的官员当着阿萨德的面争执了起来，为了缓和场面会谈暂停，各方被分开并返回了各自办公室。柯西金刻薄地说叙利亚人不知感恩，我们已经为他们修了一座大坝，提供了大量援助，而他们还想要更多，因此必须拒绝他们。葛罗米柯立刻采取了相反的立场，声称我们不能把叙利亚让给美国人。最后他们找到了一个折中的办法。

笔者：在中央委员会、外交部、克格勃和军方中，对政治局就中东政策做决策而言哪一个是最有影响力的？

Y. N. 切尔尼亚科夫：不同时期，最有影响力的机构不同。一般而言，外交部是影响力最小的……国防部部长格列奇科还算有影响力。①

---

① 与切尔尼亚科夫的谈话（1990 年 3 月）。

笔者同样与阿纳托利·安德烈维奇·葛罗米柯有过讨论，他是已故葛罗米柯部长之子。

A. 葛罗米柯：我不必告诉您意识形态因素对我们之前的外交政策有多么强烈的影响。我们一度甚至避免使用苏联的"国家利益"这样的表达方式。即使这样，外交部仍比其他一切机构都更多地维护了我们外交政策中的国家利益，包括我们在中东的政策。中央委员会国际部则更多由意识形态因素引导，这也是其工作的特殊本性。那时候在决策的过程中，似乎是强调国家利益还是意识形态这两个派别间的矛盾引起了中央委员会和外交部之间的摩擦。我可以明确地说，外交部行政负责人和中央委员会的领导人之间既不友善也不亲密，这主要是在安德烈·安德烈耶维奇（即谈话人之父、1957～1985年任苏联外长的葛罗米柯——译者注）和波诺马廖夫之间，与安德罗波夫间的关系就不一样。我可以肯定地说，我父亲与安德罗波夫的关系不像他与波诺马廖夫之间那样正式也不是与苏斯洛夫之间那种冰冷的关系，安德烈·安德烈耶维奇与尤里·弗拉基米罗维奇·安德罗波夫之间的关系是真正温暖而友好的。就我所知，外交部和克格勃是国家机关中两个意识形态化程度最低的部门。①

从军方的角度看，各个政府部门间的关系图景也没有显得更令人愉快，正如我与一位任职于总参谋部情报局（GRU，格鲁乌）军官的谈话所显示的那样。

笔者：从武装部队的角度，中央委员会、外交部、国际部和克格勃之间的关系会如何影响苏联在中东政策的制定？

某格鲁乌军官：首先，相比其他人军事力量会更加谨慎和克制。

笔者：为什么会这样？

某格鲁乌军官：外交部和克格勃能提供建议和方案，而国际部可以就意识形态说话兜圈子，但是在执行和行动方面，特别是在危机状态下，所有的决策是要由军方去实施并承担职责。这是第一点。例如，我知道总参谋长奥加尔科夫是反对出兵阿富汗的。第二，所有人都知道葛罗米柯和安德罗波夫

---

① 与葛罗米柯的谈话（1990年5月）。

关系很好，相互配合。他们的关系在 1972 年后更牢固了，因为随着葛罗米柯进入政治局，他们能够在绕过柯西金和中央委员会国际部的情况下，联手影响勃列日涅夫。

笔者： 但不包括国防部？

某格鲁乌军官： 国防部比他们更有分量，但这要取决于具体的问题。

笔者： 那格列奇科呢？

某格鲁乌军官： 他对中东的方式是完全实用主义的，用一种军事的方式——这也是为什么他支持将我们的努力仅仅集中在一些相对有限的点上。以南也门为例，他认为占领这个关键地点后，红海和印度洋都能向我们开放，而且他同样认为因为那里的人口不多，所以供养他们会更容易些。他并不喜欢埃及人。整体上我们的军队被赶出埃及的方式令我们的军事指挥官们颇为气恼。他们认为虽然得到了特权，他们也是被邀请到埃及的，而且他们认为埃及的军事失败对埃及自己的声誉也是重大冲击。相反，克格勃的人喜欢埃及。对他们而言在那里工作很轻松，也获得了很多有用的信息，作为奖励，他们获得了肩章上的星星和胸前的勋章。公平地说，克格勃确实曾警告过上层：萨达特已下定决心改变路线。

笔者： 那军方对叙利亚的态度呢？

某格鲁乌官员： 很谨慎。从头到尾我们都在担忧叙利亚人会把我们卷入一些出乎意料的复杂局面，其代价将由军方自行承担。

中央委员会的一名官员对此问题有另一种意见。

某中央委员会官员： 中央委员会和外交部对中东采取的各种立场是客观形成的。举例来说，中央委员会的官员与巴勒斯坦人会见和打交道的机会更多，因而对巴勒斯坦人的立场也更熟悉，这会对他们对地区事务的态度产生一定影响。而对外交部官员而言，他们与以色列人和巴勒斯坦人双方都保持联系，所以他们的意见更平衡。中央委员会与伊朗人民党（20 世纪 40 年代在苏联支持下建立的共产主义政党，1979 年伊朗伊斯兰革命后遭镇压——译者注）保持了密切关系并且同情它，你不可能只是做一个冷酷的愤世嫉俗者。当人民党成员不仅被迫害，而且还遭到酷刑和杀害的事实广为人知时，你就很难平静地看待霍梅尼或拉夫桑贾尼与戈尔巴乔夫正友好交往的信息了，尽管外交部和其他部门视其为必然的结果。

笔者：但是，这并不新鲜。因为这与我们和伊朗国王及复兴社会党人的关系是一样的。

某中央委员会官员：这是另外一件事。政治局的决议看上去是经过完善准备的，实际上缺乏任何经济方面的考虑，这是一个真实的祸害。我们确实不知道真实的经济数据，或者我们经济援助的总数以及其中有多少是无偿的。

笔者：现在有可能承认中央委员会执行的是一种更意识形态化的政策，并因此要对我们的误判和失败承担更多责任吗？

某中央委员会官员：当然。中央委员会有一种弥赛亚式的观念，使它在对国际关系的处理和态度上都更加意识形态化。但是外交部同样对未来也没有足够的眼光和愿景。它的弊病是总在粉饰太平。在特定情况下，中央委员会被证实是更实用主义的，例如在对待伊朗的宗教人士方面。这是关系到选择对抗还是让步的问题，而中央委员会捍卫了其观点，即认为与这些宗教人士争论是不值得的。

E. M. 鲁萨科夫：每只鸟都更爱自己的鸟巢。我对此的描述有点不同。当然，这不只是与中东政策有关，而是就苏联整体的外交政策而言。

从一些亲历克格勃立场形成者的经历判断，以及在一定程度上从我自己的经历判断，在20世纪70~80年代，国防部在很多外交政策问题上采取了"鹰派"的立场，特别是那些与限制军备竞赛相关的外交政策，而外交部则是"鸽派"，克格勃则占据了"中间"位置。

我不能同意文章中说只有军方需要行动，特别是在危机状态下，因此军方将为所有决策买单。情报官员和外交官同样得行动，虽然他们没有军方那些真正庞大的人力资源和科技资源。仅举一例：在20世纪80年代早期，一场可能会在波兰发生的军事冲突被Y. Y. 安德罗波夫从苏联一方、沃伊切赫·雅鲁泽尔斯基从波兰一方给阻止了。

更宽泛地说，在第二次世界大战之后和阿富汗战争之前，苏联军队是幸运的，只有极少的军事单位被直接卷入了军事冲突。主要的军事行动进行得并不频繁（1956年镇压匈牙利的政变和1968年入侵捷克斯洛伐克）。其他的行动（当然除了古巴导弹危机之外）当然也是非常重要，但那些是属于和平时期为了将战斗准备保持在适当水平的常规工作：操练、演习、掌握新的军事装备等。需要提醒注意的是与此同时，到70年代末期美国参与了两场高强度的战争：朝鲜战争（持续了三年）和越南战争（超过十年）。

军方根本没有太频繁地展示克制和谨慎。这个国家进行了难以负荷的军备竞赛，尽管这主要是西方"鹰派"和苏联政治领导层的责任，但军方对后者施加了强大的压力。

阿富汗的灾难是一个特殊的例子。作为一位经验丰富的军事指挥官，N.S. 奥加尔科夫（时任苏军总参谋长——译者注）是相当可能反对阿富汗行动的，但国防部是由 D.F. 乌斯季诺夫领导的，在他的领导之下军方的作用迅速扩大（从斯大林时代起乌就是国防工业复合体的首脑了）。安德罗波夫很快意识到在阿富汗问题上犯了一个错误。但是在我看来，当时已经很难迅速将错误纠正了。当安德罗波夫成为总书记时，他有机会积极寻求从阿富汗死结中退出的战略，但是他的离世与其他很多因素一道，极大减缓了这一进程。

至于安德罗波夫与葛罗米柯的协作，我没有信息，尽管知道克格勃的主席是尊重他的前老板的（安德罗波夫20世纪50年代在苏联外交部工作和出任驻匈牙利大使时，葛罗米柯时任第一副外长——译者注）。但正如查佐夫（曾任苏联卫生部部长，长期在克格勃工作——译者注）证实的，以及接下来的事件证实的那样（乌斯季诺夫据信在选举安德罗波夫为总书记时发挥了重要作用），安德罗波夫和乌斯季诺夫之间的关系更密切。

1974年11月，勃列日涅夫与美国总统乔治·福特在符拉迪沃斯托克会见之后，健康状况急剧恶化，不仅对外交（以及内政）政策产生了冲击，对国家领导层的情况也是如此。

1982年，安德罗波夫成为党和国家的领导人，他迅速地解决外交政策事项，经常直接指示信息部门与其他情报部门的首脑，甚至越过他最亲密的助手——克格勃第一情报总局局长 V.A. 克留奇科夫。同样的方法也被用在了准备与美国就限制中程导弹进行的谈判上。K.U. 契尔年科上台后的外交政策就乏善可陈了：它继续以惯性运行，政治局委员第一次有机会展现他们在外交政策上的主动性，例如 M.S. 戈尔巴乔夫和玛格丽特·撒切尔1984年在伦敦的会谈，据我所知那次会谈在政治局的"长者们"中引起了一阵骚动（很可能除了葛罗米柯之外）。

在1985年成为苏联共产党总书记后，戈尔巴乔夫也总是将决定最重要的外交政策任务交予克格勃，也就是其第一总局。他直接从克格勃主席 V.M.

切布里科夫那里接受后者签发的信息，而没有经由与外交部、国防部或者中央委员会国际部的协调。戈尔巴乔夫和他的助手们很可能咨询了其他机构，但之前合作准备文件的惯例已经被打破。

对中央委员会国际部而言，我希望能指出以下几点。

它在制定苏联对第三世界国家的政策时起到了作用，尽管看上去对象国家越重要，它起到的作用就越小。

在美国、西欧和日本，国际部主要或者说仅仅负责联系当地的共产党，国际部的立场也很少在做出重要决策时被考虑在内。对苏美关系而言，在20世纪70年代早期，在勃列日涅夫健康状况还许可的情况下，最重要的事项都是在他这一层级解决的，或者是通过苏联驻美国大使 A. F. 多勃雷宁（当然他知会了葛罗米柯）和基辛格之间的管道。

我希望以结果不言自明作为我的总结：苏联输掉了"第三次世界大战"（冷战），这同样是出自一些重大外交政策错误。体制似乎是主要的"问题根源"，但相关部门的领导层也难辞其咎。尽管戈尔巴乔夫犯了种种外交政策错误，但应当考虑到他在这个领域继承的遗产并不令人羡慕（鲍里斯·叶利钦在1991年接手的是遭到更严重破坏的遗产）。[1]

作为阿拉伯专家的 K. M. 特鲁耶茨夫对这一话题提供了一种"局外人"的视角。

K. M. 特鲁耶茨夫：我们在阿拉伯世界的政策是基于国家利益与意识形态之间的考虑，作为国家机关的外交部和中央委员会国际部之间存在分歧，而国际部总是扮演着意识形态教条代言人的角色。从这一观点出发，就可以解释对阿拉伯世界左派力量的支持了。

笔者：换句话说，在我们看来似乎就是阿拉伯世界应当建立一种跟我们越来越像的社会经济模式。在这层含义上，我们就是不能理解萨达特——不管他是什么样的人，他代表了另一种趋势。

K. M. 特鲁耶茨夫：在20世纪70年代初期，我们所有人普遍有这样一种观点——我不认为我自己是个例外，那就是在埃及发生的事情是暂时的挫折，是萨达特没有与我们保持步调一致，而整个阿拉伯世界仍然是在向左移动的。

---

① Русаков Е. М. —бывший сотрудник ПГУ КГБ СССР.

外交官呈送粉饰太平的报告，甚至是错误的信息，这可以由他们试图谋取私利并向意识形态教条靠近而得到解释。不然的话，他们就会被中央误解。在20世纪70年代和80年代，当事情没有依据在一定程度上更符合60年代和70年代初实际的武断想法发展时，我们中东政策中的不当就更严重了。由于惯性的力量，叙利亚人、巴勒斯坦人和南也门人被视为我们最密切的朋友，而整个阿拉伯世界则在向另一个方向行进。但外交部的很多官员，从他们的个人实际利益出发，描绘了能取悦领导层的图景。而领导层——勃列日涅夫见到阿里·纳赛尔·穆罕默德（曾任也门民主人民共和国即南也门党和国家领导人——译者注）的时候，在他身上看到了自己的影子。自然而然地，这一影子得到了勃列日涅夫的喜爱。

笔者：在与阿里·纳赛尔·穆罕默德的会见中，根据我们使馆的建议，勃列日涅夫被授予了一枚装饰着钻石的黄金勋章。

K. M. 特鲁耶茨夫：这没什么好奇怪的。在中东和我们的国家，赠予礼物或进行贿赂都是传统。这并不违背我们的原则。在这一点上，阿里·纳赛尔·穆罕默德看上去很像阿利耶夫、库纳耶夫或者拉希多夫家族的成员。①

现在笔者会呈现那些终究比其他所有人都更了解苏联在这一地区政策的人，即外交官的观点。

某外交官②：我认为如果我们想要转化为一个文明国家，拥有能对事态正确反应和能让我们在国际舞台上执行积极政策的政治结构，那我们就需要一个能独立并且高于其他政府机关的机构。这一机构应该处理并客观地准备从对国家利益重要的地区那里接收的信息，并且向领导层提供由专家制定的政策方案。在表面上，外交部被赋予了协调者的职能，特别是从20世纪80年代初开始，但是如果将游戏中其他行为体的野心考虑在内，那在实践中执行这项任务就总是很困难了。各个部门的本位主义时常会损害国家利益。一个高于其他官僚机关的机构在为国家利益谋划对策时，也许会有更多的行事

① 与特鲁耶茨夫的谈话（1990年11月）。
② 本章中的绝大多数说法都基于对匿名外交部代表的访谈，他们当时由时任外交部中东司副司长P. V. 斯蒂格尼领导。彼得·弗拉基米罗维奇·斯蒂格尼（1945年1月生），苏联/俄罗斯外交官、历史学家和作家，俄罗斯驻科威特特命全权大使（1992～1998年），俄罗斯外交部历史与档案司司长，俄罗斯驻土耳其特命全权大使（2003～2007年），俄罗斯驻以色列特命全权大使（2007～2011年）。——译者注

自由。

笔者：原本政治局是应该承担类似职能的。

某外交官：但实际上那是些不专业和无能的人，被意识形态、他们的过去以及他们过时的经验所蒙蔽。第二点，他们的主要工作就是刺探其他人的动向。第三点，他们剩余的时间都交给了国内问题。中东不是他们的兴趣所在。我相信在苏联国家的全部历史中，从来就没有关于制定中东政策或任意双边关系的整体概念。

笔者：无人反驳您的意见。但也采取了积极的行动……

某外交官：这就是为什么我们犯了大量的错误，就像二战后在土耳其和伊朗犯的错误那样。这损害了积极工作的动力，打击了人们的士气。在外交部和其他外交政策指挥与行政机关协同的系统中，工作是注定被动和机会主义的。这是它们的内在属性。它们总是比事态晚一步。我们从未预测到或在这些事情发生前抢先行动，因为我们确实没有一个决策机制，而我认为现在这已经不是秘密了。

笔者：机制是存在的，只是它并不完美，它对事情和问题的处理缓慢而且不规则。

某外交官：不！这完全是官僚机构的假象。表面上的决策只是满足了我们体制内的特定部门，它们因此就不用承担责任。

毫无特色的文件会被外交部赞扬为最优秀的工作成果。在任何情况下，只有那些不会威胁到任何人任何事的材料才会被批准。这些文件本身充满错误和不当，被越来越高级别也越来越无能的人用红色的铅笔加上新的失误与错算。专业人士不时想要将变化中的局势纳入考虑范围或者提出预防性措施，但这种努力会冲击中央委员会、外交部、克格勃和国防部的部门利益。他们的任务是不改变任何事，以及重新生产陈旧的、已经被验证的决定，这样在未来他们就不必太费力。这一点没有被公开谈及过——公开说的所有事情都是相反的——但这是制定任何决定的基本设置。

类似最终政治宣言和声明的文件需要在一定程度上谈及两国关系的实质，但即使是这样也是以一种听上去完全平淡无奇的方式写就的。我们发明了一个术语"卡普斯塔"（卷心菜）。这是一个有用的专门术语。在"停滞时代"，没有人会允许你在一份宣言中加入新的语句，除非你把"卷心菜"从之前的宣言里摘出来，并在加入草稿时写明出处。实际上，人们根本不在乎这些没有价值的东西，完全不关心该死的"卡普斯塔"的出处。

我们宣称具有重要政治意义的文件是以这样一种方式创造的，看似经过了大量准备，但实际上没有任何真实的工作。它们看上去像政策，实际上却不是政策。换句话说整件事是对现实的幻想，是镜子后面的土地。我们的国内经济决策也是以完全相同的方式做出的：它们是一系列的词句，注定要在党的会议上和通过社论像咒语一样发布的。

举例来说，在勃列日涅夫时期，我们建立了一个"友好条约"体系，这是宽慰我们自己的一种方式。当我们感受到一种新的、与20世纪60年代初期截然不同的趋势正在中东和非洲形成时，换句话说即那里正重新投向西方、发展资本主义生产关系并从与我们的密切合作中后撤时，我们试图以完全官僚的方式——用一些纸张——来对抗这一进程。

笔者：你说得不全对。如果这一趋势在中东是从20世纪70年代初开始日益明显的话，那么80年代在非洲一些国家便已出现第二波了。

某外交官：好吧，对……但我主要是在讨论阿拉伯国家。我们签订了协议，至少可以维持现状，阻止关系进一步疏远，至少在纸面上是如此。采取更具体的步骤？改变我们的政策？摆脱在20世纪60年代和70年代实际上损害了我们在中东行动的"不战不和"概念，有创意地寻找可以被我们利用的手段，正如我们现在试图做的一样，没有，所有这些事情我们都没有去做，反而以一种官僚的方式对事态进行反应。这些条约从一开始就是不成功的。更重要的是在包括埃及的许多案例中，这种方式损害了我们的利益。整件事情就是欺骗，是自我欺骗，因为它都是过去的过去，或者说很久以前的事了。我们经常以一种机械的逻辑对事态进行反应。在中东这个或那个国家的几乎每一场都违背我们意愿而骤然爆发的冲突中，我们的首要任务就是恢复现状，这样一来就不会糟蹋特定政府部门、使馆等机构的报告和纪录，所以要让所有事情都快速回到旧轨道上。

笔者：但是官僚机构本能般地追求维持现状，装作采取行动，提供言语而非行为。在20世纪70年代的后半段，这个机构已经时不时显现败象了。整个行政机器原本的设定是决策由最高层做出，可最高层的领导已经无法决定任何事情了，这在很大程度上是由于他们年事已高，健康不佳。即使这样，他们还是不得不会见外宾，进行会谈，做出决策和签署文件，难道不是这样的吗？他们是怎么做的呢？

某外交官： 从外界看来，对公众而言，所有事情看上去都是完美呈现的。例如，人们在"时代"电视节目中（指苏联中央电视台的晚间新闻联播节目——译者注）看到苏联与南也门或苏联与约旦的会谈，他们能看到克里姆林宫的橡木地板和金色涂层，人们的白衬衫、领带与深色套装——所有的配件都会恰如其分地得到安排。几乎没有人能猜到，勃列日涅夫和契尔年科几乎很难弄清他们会见的是谁。勃列日涅夫最后一次会见是在 1982 年 9 月会见南也门人，当时阿里·纳赛尔·穆罕默德为勃列日涅夫挂上了"两国人民友谊"勋章，勋章上有大约 200 克镶嵌着钻石的黄金。为此他被给予了半个小时的会面时间。

现实中领导人完全衰退的状态还体现在自 20 世纪 70 年代初以来，外交部开始为它的老板们准备所谓的"演讲版备忘录"。这意味着什么？哪怕是"你好，同志……我们衷心赞赏……现在请您讲话……"这样的词句和表达都被写在了纸上。然后会留出一大段空白，好让老板知道他此时应该保持安静，因为他要听客人的回答。然后无论对方说了什么，老板都会回到为他准备好的文本上，仅仅根据这些文本回答，即便它们与客人所说的话毫无关系。列昂尼德·伊里奇（即勃列日涅夫，此为其名字——译者注）和康斯坦丁·乌斯季诺维奇（即契尔年科，此为其名字）一次也没有偏离过这些事先准备好的文本，只是一直愉快地朗诵。葛罗米柯则是会回答具体问题的那个人。在勃列日涅夫统治的最后阶段，被称为所谓"可靠要点"的五页纸备忘录会被用非常巨大的字体写给他，好让他戴着眼镜能够阅读。

有一次，记不清是在会见叙利亚人还是巴勒斯坦人的时候，契尔年科在结结巴巴地读他的备忘录，而葛罗米柯坐在他的左手边给他翻页。但葛罗米柯一时开小差，忘了翻页，而那一页上原本写着三大段话，于是契尔年科就开始以平淡的语调，从头开始读同一页上的话，完全没有注意到根本没有翻页。谈判桌的苏联一侧出现了惊慌，人们耸动肩膀，彼此窃窃私语。此时所有的荣誉和赞扬都应归功于翻译，因为他以一张毫无表情的面孔说道："由于我们认为我们刚刚说过的话具有极其重大的意义，我认为有必要再重复一遍。"然后他继续将整页纸的内容再次翻译了一遍。一位外交官将翻译的话又翻成俄语给葛罗米柯听，而契尔年科根本没有察觉到发生了什么。

笔者： 这位翻译以什么方式得到奖励或者赞扬了吗？

某外交官：你可以说他被拍了拍肩膀……①

笔者：那安德罗波夫呢？

某外交官：他可把我们击倒了！安德罗波夫把这些备忘录扔在一边，自己亲自进行会谈，因为他能够立刻抓住问题的实质。当所有人都在放松，只是用一种模糊的、哲学式的方式闲谈时，这个人却能冷静地跷着二郎腿坐在巨大的、弧形的巴洛克式的桌子前，引用柏拉图或者笛卡尔的话。这是安德罗波夫的知识积累，而不是来自那些臭名昭著的"备忘录"。

笔者：这个国家再一次失去了拥有一位真正领袖的机会。

某外交官：还有一个关于勃列日涅夫的公开讲话是如何被准备的细节。一般我们会写一个一两页纸的讲话，它的第十一个或者第十二个版本会被采用。其中需要有一点点出彩之处，好弥补全文顽固的保守和死板。但是对一个正常人而言，准备这样的讲话是非常困难的。在勃列日涅夫末期，有一次在克里姆林宫，勃列日涅夫的助手萨摩特金像斗鸡般地猛冲向我的领导："是谁为列昂尼德·伊里奇写的这份演讲稿？"我的领导立刻说道："不是我！不是我！是他！"指的就是我。萨莫特金对我说："你是疯了吗？我告诉过你多少遍，不要把带唏辅音和咝辅音的词加入勃列日涅夫的演讲！昨天我与这位老人演练了四十分钟，但是他怎么也发不出这些声音来。"

笔者：我们的阿拉伯伙伴研究了我们领导人的个性特征、弱点以及他们的偏好吗？

某外交官：毫无疑问他们研究了。我们的伙伴能相当快地发现勃列日涅夫的弱点，并借此取得很大的成果，特别是在讨论类似提供武器和延迟支付债务等尖锐问题时。例如我们的"阿拉伯兄弟"曾这样告诉他："您，列昂尼德·伊里奇，是世界共产主义运动的一位杰出领袖，整个世界都熟知您。您被苏联授予了38枚勋章。"此时洋洋得意的勃列日涅夫会打断谈话者并说道："我想纠正您。事实上不是38枚，而是45枚。"这只是他的怪癖。但是在类似的交流后，他会同意很多事情，当然如此……

笔者：您是指他回应奉承与赞扬？

某外交官：是的，但不仅如此。英文中有个说法叫"动动嘴皮子"（lips

---

① 当时的翻译 S. N. 布金在外交官序列中成功晋升，担任过驻利比亚和黎巴嫩的大使，并在俄罗斯联邦外交部中东北非司副司长任上退休。——译者注

service），意思是说一些不真诚的假话。"给某人提供嘴唇服务"是指只是口头上肯定和认可一些事情，或者假意向某人保证忠诚和忠贞。很多事情都是依据这一原则而做成。只需要像念咒一样说出类似"对抗帝国主义""维护与世界自由运动领袖苏联的团结"，或者"努力建设社会主义社会"，一个国家及其领导人就会自动被划入我们的朋友类别，并且所有这些都会相当自然地与我们的实际政策配套，而这些政策实际上是损害我们利益的……

我并不是说勃列日涅夫在任何时候都会为了奖赏谄媚而做严肃或者具体的事。但是这些事情创造了一种有利的氛围，并且让我们的谈判者相信桌子另一边的人是我们的朋友，有必要从心底对这些好人予以同情。"如果他们需要轰炸机，见鬼，那就给他们飞机吧；他们是我们的人，难道不是吗？他们在用正确的方式思考……好吧，让我们同意延迟他们的债务偿还吧……"

笔者：那些专业人士呢？他们了解情况，不是吗？

某外交官：他们是了解，但是他们只会在大堂里小声嘀咕一下。口袋里可是藏着拳头的……一个人不可能抬起脑袋，因为所有人的脑袋上都旋转着利剑——这样做的人会损害自己的职业生涯，乃至冒丢掉工作的风险。

这位外交官的想法和观察被其他很多人所证实了，尽管是用不同的方式。我与 E. D. 皮林曾有过对话。

笔者：您参与过我们的领导人使用"备忘录"以及之后"可靠要点"的那些会谈吗？

E. D. 皮林：不止一次。

笔者：可不仅仅是我们有翻译，阿拉伯人也有他们的翻译吧？

E. D. 皮林：是的，而且他们了解游戏规则。

笔者：您觉得尴尬吗？

E. D. 皮林：我认为是的！我们的很多外交官都蒙上了双眼并且捧着头。

笔者：在制定我们的中东政策时，您会单列出我们的哪位领导人呢？

E. D. 皮林：我会说柯西金。他总是有他自己的意见，并且准备捍卫它们。他是一个执着的人，他在谈判中的表现是很棒的。他能很快地抓住材料，即使对他而言这些材料是全新的。我从未见过另一位领导人有这样的能力。他本应该更早掌权的，但是太晚了……他本可以完成那些他们现在正试着做的事情，但是会以更聪明和更有延续性的方式。他不会每天都改变路线，从这里冲到那里，然后毁了国家，因为从一开始起他就会抓住对我们最重要的考虑因素——原则。让国家得到秩序——这也符合人民的心理。但他太迟了，太迟了……他经历了斯大林时代却没有沾上任何淤泥，这是很关键的……谢皮洛夫老人家是另一个错失的机会。显然，他被赶出领导层是因为他太与众不同了。

笔者：那您怎么评价葛罗米柯呢？

E. D. 皮林：在我看来葛罗米柯的缺点太多了——他思想僵化，没有必要地被灌输了教条，在意识形态上也被蒙蔽到了一定程度……

笔者：我可以就葛罗米柯的意识形态信念提供一个例子，这是来自他的回忆录，他在其中写道："舒尔茨（1982～1988年任美国国务卿——译者注）毫无疑问是主要资本主义势力的代表，他表达了世界上另一种社会的观念。你可以说他是一个被写入了某种社会编码的人。作为一个政治家，他代表美国统治阶级的利益，真诚而忠实地为一个志在取得世界主导地位的大国服务。他理解另一种社会经济范畴——社会主义——是历史发展的客观结果吗？他能理解所有想要打压或者完全消灭我们社会主义的志向和企图都毫无前途吗？"①

E. D. 皮林：现在这些话都像是过时了。但是人们不能否认葛罗米柯的专业程度的确是达到了最高水准，除了他的人为失误和其他缺点……他赞赏下属的也是他们的专业精神。他不精通中东事务，但他会请教有能力的人。即便如此，他还是不喜欢中东。事实上，他一点也不喜欢东方。他是一个纯粹以西方为导向的人，一个纯粹研究美国的人。他有两个最喜欢的话题：联合国和狩猎，狩猎和联合国。在所有的私人谈话中，他没有涉及任何其他话题。无论情况如何，即使他被激怒了或正在生气，总有可能通过谈论联合国或打猎来哄得他开心。绝不建议讨论中东或者阿拉伯—以色列冲突，在任何情况下都是如此。

笔者：如果聪明的葛罗米柯能够鼓足勇气站出来，反对出兵阿富汗，那将是他最光荣的时刻。他会经历一场真正的炙烤，他会失去工作，但他会被载入史册，因为他做成了一件伟大的事情。

E. D. 皮林：他做不到。他不可能反对勃列日涅夫，哪怕勃列日涅夫只是

---

① *Громыко А. А. Памятное. С.* 192.

一个生病的、衰朽的老古董。无论如何，如果军队没有进入阿富汗，也不会有人赞扬他牺牲的真正意义。

笔者：这是非常可能的。他不可能采取其他行动，哪怕他支持的缓和已经偏离了轨道。在这个国家，或者任何一个群体中，还有谁对缓和的破裂感兴趣呢？

E. D. 皮林：可能没有人了。国际紧张局势的缓和被简单地解读为现状，这就是为什么人们不感兴趣的原因。在那个时候，派系的问题，就我们这次谈话中使用该术语的意义而言，根本不存在。在顺应总书记和宣布目标这方面而言，整个官僚机构是团结的，尽管这种团结是有缺陷和软弱的。没有人对当烈士感兴趣，也没有人显得对冒险感兴趣。

笔者：官僚的行为法则暗示，你做得越少，你需要承担的责任和活动就越少，而你就能获得更多的安全。

E. D. 皮林：是的，你肯定会生活得更舒适，更安全。

E. M. 鲁萨科夫：我不会简单地把勃列日涅夫的"早期"和"晚期"混在一起，甚至连契尔年科都不会。

勃列日涅夫的病越严重，我们的活力就越减退。但尽管有了"语音备忘录"，严肃的决定仍然是在高层做出的，国家机关也在运转正常。然而，这主要是涉及与美国、中国、主要西欧国家、印度乃至芬兰的关系，这些国家"传统上"都是由苏斯洛夫监管的（他甚至在《真理报》上刊登了几篇有关这些国家的长文）。但包括埃及在内的中东国家，在 1973 年后开始脱离了"被选定"的圈子。在 20 世纪 60 年代，几乎一半的苏联部长理事会成员访问过日本，但在 1976 年一名苏联飞行员驾驶米格－25 战斗机叛逃至日本，而日本又长期推迟归还战机后，甚至日本也被排除在这个圈子之外。

一般意义上，这是一个重大的哲学和政治问题，即到底何者是更好的？是一个软弱的领导人进行集体领导好，还是有一个专制而"无所不知"的领导人，其他每个人都只是为他跑腿好呢？是一个经常醉酒但意志坚强的领导人好，还是最聪明但软弱的戒酒者好呢？毕竟里根的才智并不出众，但在美国他被认为是最优秀的总统之一。

事实上，外交部必须撰写"卷心菜"报告，而情报界要写的报告，则是关于外界对总书记的讲话或五一劳动节庆祝活动的反应，事实上世界上几乎没有人听到过这种反应。我甚至不是在说花五六年时间来为纪念十月革命 50 周年和列宁 100 周年诞辰做准备。这些任务不仅落在驻外记者头上，也落在外交官和情报官员头上。

没有必要夸大所有这些小题大做的意义（它无处不在，只要看看三流美国参议员的到来，会给美国大使馆带来多少麻烦就知道了）。那些想要工作的人，或者那些在智力上不能或不想工作的人，都被迫去做这些事情，否则他们就会被送回家"荣誉流放"，再也不会被允许穿越苏联边境。

安德罗波夫本人直接推动了许多事情。在我看来对安德罗波夫而言，外交政策（以及作为外交政策组成部分的情报）是一个安全阀，让他得以逃离勃列日涅夫的疾病、政治局内的争吵和国家的混乱。情报机关自身也提出了许多倡议，但不是所有的都被接受，有的甚至被当作烫手山芋而雪藏，但不走运的"狂热分子"最多只是被指责一下而已。

让我们把视野放宽，超越对外情报的有限视野。美苏关系转向就限制战略武器与缓和关系达成协定，难道不是一项全球创新吗？至少在近十年来，缓和确保了美苏关系的相对稳定。这一转变是由我国的领导层，以及在不同程度上由所有部门促成的。这些部门（以及美国的"鹰派"），在这一点上，后来也"埋葬"了这个国家。

至于安德罗波夫，他是能把对细节的真实兴趣与战略愿景结合在一起的少见政治家之一。他当然有自己的意识形态偏见，对权力斗争的积极参与也留下污点，同样也犯过错误。但他强大的才智、直面真相的能力、组织协调的技巧以及改善国家状况的真诚愿望都是不可否认的。[1]

我个人并且我也不是唯一对这个问题的答案感兴趣的人——诸如国籍、祖先的宗教信仰以及他们的民族或宗教认同感或冷漠感等特征，对我们领导人的政治行为有影响吗？如果特定政治领袖的父母是穆斯林，那他会对阿拉伯人更有好感吗？举个例子，是什么会让一个乌克兰人转而反对以色列呢？我们能在某个领导人的行为中找到反犹的元素吗？个人观察和与"高层"人士并不频繁的接触都支持这一观点，即在日常生活中，"大俄罗斯"沙文主义或反犹主义是明显的，正如在伊斯兰社会中，对某些伊斯兰理想的忠诚也同

---

[1]　与皮林的谈话（1990 年 5 月）。

样能被观察到一样。事实可能如此，但这些感受几乎从未反映在"大政治"中。对那些已经爬上党国权力阶梯的人而言，主导他们行为模式的是专注于升迁事业：他们必须做什么，以及他们应该怎么做，才能往上更进一步，或是怎样才能保住他们已有的位子。这种专注需要他们付出所有的力量、精力、时间和信心。如果宗教或国籍能有所帮助的话，它们就会被利用（就像现在最愤世嫉俗的人那样）。如果他们被告知为了得到提拔，他们需要去教堂、清真寺或犹太教教堂，他们都会这么做。但是，"无神论"是官方宣称的"宗教"的一部分，每个人都对它既熟悉又坚定。"对共产主义理想和共产党的忠诚"是其"宗教"的另一部分——每个人都是忠诚和虔诚的。

笔者也与一位总参谋部情报局的军官进行了讨论。他能接触到对高级别官员的调查。

笔者：你在领导层中遇到过反犹主义吗？

某格鲁乌军官：从来没有。日常生活中的反犹主义会阻碍一个人的事业，因此就被抛弃了。的确在考虑到国内政治时，犹太人可能会被视为不可靠和心怀不满的群体，但这种态度并没有情感色彩，而是完全出自政治考虑的基础。

笔者：但这会造成恶性循环。你认为某人不忠，于是他的行事就变得不可靠。这不过是极权社会的标志。

某格鲁乌军官：毫无疑问，是的。无论是在格鲁乌还是在克格勃，都有不少才华横溢但有犹太血统的人被从与中东相关的一线工作中调开，转去其他部门。这是极不公平的（这使笔者回忆起一位军事情报官员，他是犹太人和阿拉伯事务专家。1967 年"六日战争"前不久，我在越南见到过他，在我们的谈话中，他大致正确地预测了 1967 年战争的走向，尽管他本人离中东有几千公里之遥）。

笔者：这一切是否意味着我们对以色列在政治上的消极政治立场，受到了反犹主义的影响？

某格鲁乌军官：从来没有。

笔者：您确定吗？

某格鲁乌军官：绝对确定。也许这同样是简单的实用主义权衡：如果以色列明天就消亡，那么阿拉伯人在后天就会忘了我们。

外交官：他们的长处、短处、能力

大使过去以及现在仍是驻外外交工作中的关键人物。他由国家元首正式任命，使馆工作人员组成他的工作班子。从彼得大帝时代起，大使就正式与元帅同级，直到现在，在国庆节那一天，大使在招待会上接见宾客时会穿着黑色（或白色，取决于气候）的带有金色条纹、绶带、肩章金箔的制服，佩戴着各种各样的勋章和奖章。一些自视甚高的大使也会在远没有那么正式的场合穿上全套制服。在形式上，大使被毫无例外地看作驻在国家所有苏联公民的上帝、父亲和总司令。秘密的指令要求除最高苏维埃主席团主席和苏联部长理事会主席外，任何苏联官员在出访时都必须服从驻该国大使的命令。

我记得瓦西里·塞奥佐罗维奇·格鲁比亚科夫——我们明智而经验丰富的驻土耳其大使——某天晚上被土耳其外交部的电话叫醒：在没有事先通报的情况下，一艘苏联巡洋舰从爱琴海进入了土耳其领海，并正在驶向达达尼尔海峡。根据《关于黑海海峡的蒙特勒公约》的规定，类似情况需要由总参谋部通过苏联大使馆事先通报。一定是莫斯科的某个地方出了大错；这种事情很少发生，但在当时的情况下，后果可能会非常糟糕。土耳其人已经安排与苏联军舰舰长进行直接电话联系，并建议格鲁比亚科夫和舰长通话。非常谨慎和机智的瓦西里·塞奥佐罗维奇的手在颤抖。他有些艰难地握住电话，用一种后来转为高声呼啸的声音喊道："苏联驻土耳其共和国特命全权大使格鲁比亚科夫正在和你讲话。所有在土耳其领土上的苏联公民都要服从我的命令！我命令你……"对方回答道："我不用服从你的命令。我服从海军总司令的命令。""你必须服从我的命令，"大使尖声说，"我命令你立刻离开土耳其领海并等待进一步命令！"这艘巡洋舰的指挥官足够明智，立刻就掉头了。

现实中正如任何一位大使都知道的那样，他在党和国家等级中的真正地位，要比许多访问过他驻在国家的部长们和其他大老板要低，因此必须相应行事。前面提到的格鲁比亚科夫不得不忍受一位来访部长毫无节制的粗鲁行为。这位部长在其整个访问土耳其期间都没有处于清醒的状态。他曾几乎只穿着内衣就下到豪华酒店的大堂，使女士们受到惊吓。在正式的会谈中，他说的都是十足的垃圾。土耳其人对这一切都视而不见，因为他们需要这位部长，就连一向敏锐、狡猾、咄咄逼人的土耳其记者也避免评论他的可怕行为。陪同代表团的苏联外交官们好多天都无法睡觉，而瓦西里·塞奥佐罗维奇曾试图让这位形式上应接受他命令的部长明白道理。大使能做到控制会谈的政治后果，但在其他方面，他不得不默默受罪，忍受后果，因为如果这位访客在勃列日涅夫、柯西金或葛罗米柯面前辱骂他，那他就会被冷藏很长一段时间。

大使的职业生涯取决于其接待的高级别访问者及其圈子中人对他的意见。在日常工作中，他必须考虑到部门、私人和亲属关系的影响，有时还要考虑到克格勃和格鲁乌负责官员们的能力和脾气，他们通常在大使馆的"掩护"下工作。如果在驻在国有军事存在的话，大使还必须考虑军事顾问和苏联军队司令的意见，有时也会考虑中央委员会派来的书记的意见……我所认识的所有外交官都毫无例外地一致表示，在外交中应对苏联官员在海外的活动，要比处理与有关国家领导人的关系复杂得多。N.G. 叶戈雷切夫和其他人对我谈起过这一点。

N.G. 叶戈雷切夫：当我听到有人说我们所有的政府部门和机构，包括外交部，都没有人考虑穷人的意见时，我回答道，如果我们外交部的工作人员要采纳并保持原则立场，这些都会被考虑到。但是，我们的麻烦和不幸之处在于所有时候，包括勃列日涅夫统治时期和今天都一样，采取不择手段的行为和一种适应老板意见的行事方式，都曾经并且仍然在造成巨大伤害。我记得有一位外交部的高级官员，我不愿提及他的名字，曾与我在疗养院的餐厅共坐一桌。他的妻子当着他的面说，他在国外工作遇到的最困难的事情就是想知道莫斯科想从他那里得到什么。①

某外交官：我们很少谈及大使的智慧、人格和专业水平，但这些都影响了我们在中东的政策。例如，在维申斯基（Vyshinsky）负责招聘期间，有一位极其无能的大使被派到了我们外交部。战争期间，这名大使是一名军事检察官；他的业余爱好是画钢笔肖像画，以及用他的书法秘密谴责自己的属下。他在外交方面既没有能力也没有技巧，对他被派往的国家也毫无了解。他驻在国家的领导人曾五次要求解除他的职务。但是，不知是因为部门利益，还

---

① 与叶戈雷切夫的谈话（1990 年 5 月）。

是因为他在中央的某个地方有人相助，反正他没有被召回。

笔者：有可能将我们的大使与美国、法国和英国的大使进行比较吗？

外交官：当然你会发现他们是完全不同类型的人。但我会把他们与我们新一代的高级外交官相比较。现在，在大多数中东国家中，我们都有专业人士在工作。他们与被党提拔起来的人相比有天壤之别。

有影响力的 E. A. 谢瓦尔德纳泽曾在一次访谈中对我说，当他进入外交部时，他不得不依靠专业人士来评估中东局势：

> 我十分尊重他们的知识和经验。但除此之外，专业主义也意味着一定的思维僵化和天生的保守主义。在专业人士的头脑中存在着特定的信念和成见，为了前进有必要跳过他们。①

我也征求了 Y. N. 切尔尼亚科夫大使的意见，② 他是偶然来到中东任职的。我也继续与某外交官和 E. D. 皮林讨论。

Y. N. 切尔尼亚科夫：专业人士是不同的。当我发现我成了驻叙利亚大使时，我最初相当害怕我们的阿拉伯专家。我从美国的角度来理解美国事务和阿拉伯事务，我认为阿拉伯专家对所有事情要比我了解得多，我会发现自己处于困惑之中。后来我开始有点恐惧，仅仅是因为他们过度的"阿拉伯主义"。这些专家对阿拉伯世界的了解已经如此深入，以至于他们无法想象在现实中世界的样子。他们从阿拉伯的视角来看待一切，而不是从苏联的角度。

笔者：这只是外交部的古老悲剧：那些开始在西方工作的人永远都不愿改变这种专业分工，而东方主义者通常始终是东方主义者。你还记得那个脑筋急转弯吗？"为什么外交部没有 KVN？"（KVN 是一个很受欢迎的电视节目，在英文里相当于 CMQ，Club of Merry and Quickwitted People，意思是"快乐而机敏者俱乐部"）。答案是："因为快乐的人在亚洲，机敏的人在欧洲。"然而，阿拉伯学家相对来说有更开阔的视野，至于突厥学家，他们一生都在土耳其度过，完全没有到过其他任何地方。这当然是他们的不幸，但他们不应该受到责备。

---

① 与谢瓦尔德纳泽的谈话（1991 年 8 月）。
② 与切尔尼亚科夫的谈话（1990 年 3 月）。

Y. N. 切尔尼亚科夫：我们的拉丁学家也是如此。他们是些可怕的人。他们认为世界上只有拉丁美洲，其他什么也没有。

某外交官：在我们的行当里，很多东西都来自艺术，很多事情都取决于个人，取决于他的个人品质。因此，外交部非常高兴地看到"富余人员政策"已经成为过去时；那时候，失势的政党或者主管经济事务的领导人，会被很快派到当时所说的"社会主义国家"担任重要职位，同样在政治上失势但级别较低的官员则被打发到阿拉伯和非洲国家。

Y. N. 切尔尼亚科夫：我们部曾有这样一位大使，他先是在一个阿拉伯国家工作，后来又去了一个非洲国家。他是个十足的傻瓜，还喜欢挑衅。即使外交部也没有多少像他这样的人。他粗暴地干预所在国家的政府事务，并且在评论该国国家元首时出言不逊，以至于当他的话被磁带录下来并报告给那个国家的总统后，后者立即宣布他为不受欢迎的人，还想和我们断绝关系。当时，米高扬——他是一个贝利亚式的令人吃惊的人，但甚至更为狡猾——不得不飞到那个国家，和他一起把整个事情解决了。

某外交官：我们在中东也有几个像这样的大使。在所在国家待了一两年后，这样的人就把自己视为一个"政客"，"已经掌握所有需要知道的了"，自高自大得像一只骄傲的青蛙，对全体人宣布他正在"塑造"苏联对那个国家的政策。他经常"教育"其所在国家的领导人应"如何生活"。其政党的或者更准确地说其自己的意识形态野心不仅是翻倍而已，而是增加了十倍。他关于其所在国家最重要的政治报告，是建立在党的官僚主义咒语的基础上的。这些咒语有如连绵不断的洪水般涌动，当然，这也是安全和完好的。

笔者：*这些咒语仍然源源不断……*

某外交官：已经比以前少多了。这位大使最重要的指导思想是：自己的报告在莫斯科是否会被愉快地阅读。当一位经验丰富且执拗顽固的党的官僚出任大使后，他非常清楚谁会读他的报告，这就是为什么他只会写"播种类"报告的原因。我们领袖的名字将被提及，歌功颂德倾泻而出，阿谀奉承的烟雾逐渐升高。

笔者：*我也不会把职业外交官列为天使……*

某外交官：但规模是不同的。职业外交官是来自另一个学派的。对于那些党干部类型的人，这就是生活本身。顺便说一句，谢瓦尔德纳泽来我们这里的时候，第一件事就是毫不留情地斥责那些用奉承惹恼了他的人，尽管他无法完全改掉阿谀奉承的习惯，但他的确减少了歌功颂德的泛滥。要完全改掉一个习惯是不可能的，想要告诉老板一些喜人的事情已经进入了任何官僚机构的血液，尤其是那些带有半东方专制传统的机构。我们曾经生活在这种专制之下，我们也保留了这种专制里的很多方式。

E. D. 皮林：大使们可以是不信神的说谎者，一些有趣的轶事就因此产生了。1973 年，我在十月战争前夕去了大马士革。穆希迪诺夫大使正坐在那里，口述一份他与阿萨德总统谈话的秘密电报。但事实上当时他根本没有和阿萨德见过面。当事情被揭露时，他说他和阿萨德的兄弟曾有过一次谈话。但阿萨德的这位兄弟当时也不在大马士革。[1]

某外交官：大使们能承受与正常行事相比相当大的偏差，以掠夺开始，以情妇般的行为结束，更不要说政治谎言了。他可以跟他相同级别的人争论，在他所在级别上更清楚地定义问题。但是，如果要质疑这个有其神话和意图的体制，那就意味着把自己的脖子暴露在这个体制不断旋转的剑下。出于所有的实际目的，他都会被无情地斩首和抛弃。每个人都知道这个游戏规则，并遵守它们。

笔者：我看过战后驻中东的大使名单。他们中大约有60%是由党提拔的。

某外交官：中东不是一个典型的地区。无论情况如何，我们总是有34%的大使来自外交部。除了极少数例外，去阿拉伯国家工作从未被包括在所谓的"黄金般的机会"之内。在那些国家工作是困难、复杂和令人烦恼的。你不得不努力工作，还会遇到很多阻碍，很容易就会丧失热情或折断脖子。卢森堡或肯尼亚就平静多了。

接下来听听 V. P. 波利亚科夫的看法。

V. P. 波利亚科夫：我永远不会同意一些西方作家和当下俄罗斯一些人的断言。他们说当年我们在叙利亚或南也门操纵局势，甚至可以决定这些国家的外交政策。但是这不是事实。我们同他们共同工作，争取相互理解，没有干涉他们的内政。这里举一个例子。我曾担任驻南也门大使。有一次，我被现在已故的阿卜杜勒·法塔赫·伊斯梅尔请去见他。他说："你或许已经知道，很快将在阿尔及利亚举行一个泛阿拉伯会议，由各国元首和政府首脑参

---

① 对 E. D. 皮林的访谈。

加。我们应该做什么——我们应该参加还是不参加呢？"我跟他关系很好。我告诉他："我不能给你任何建议。"他回答说："我跟您说并不是把您当作大使，而是当作朋友。""不，"我回答道，"参不参会这是您的事，也是南也门领导层的事。如果我对您说了什么，那您可以在政治局引用我的观点了，即苏联大使说了这个那个。"我相信我们所有的大使都持同样的立场。例外是存在的，但这些大使很快就被撤职了。①

Y. N. 切尔尼亚科夫：我是这样被任命为驻叙利亚大使的。在 K. K. 库兹涅佐夫担任外交部第一副部长的时候，有一次在对大马士革进行例行访问回到莫斯科后，他的主要提议之一是立即将驻叙利亚大使穆希季诺夫解职，因为他正在破坏我们的政策。寻找继任者的工作开始了。葛罗米柯是一个难以相处、说话直接的人，我和他的关系在相当长时间内都很糟糕。在几次与他的争吵中，我都坚持自己的立场，奇怪的是，他竟然喜欢我。当时我担任的是外交部秘书长，工作非常有趣。我不想去叙利亚。但葛罗米柯当时确信我切尔尼亚科夫不是一个流氓，他把我请去，告诉我有必要把更换叙利亚大使视为当务之急。"原因我们都很清楚了。他在那儿把我们的事搞得一团糟，把叙利亚人搞得一团糟，把自己也搞得一团糟。但他已经在那里干了 11 年了。我们仔细考虑这件事已经很久了，我们决定派你过去。"我说我从未处理过阿拉伯事务，也不是一个阿拉伯专家。"有个不会说谎的人是必要的。我们现在相当缺少这种人……你会在那里待大概两年。"几天后我给安德罗波夫打了电话。1956 年，我在匈牙利时受他领导，而且他认识我。我告诉他我被给予一个新任务，被任命为驻叙利亚大使。尤里·弗拉基米罗维奇（即安德罗波夫的名字——译者注）被惊到了："为什么在担任外交部秘书长之后，你还会掉到这种洞里？""这不是一个洞，"我告诉他，"我们认为它真是一个重要的站点。""好，去吧。但你最好把真相写出来，因为有些大使除了谎言以外什么都不写，这给我们造成了很大的损失。举个例子，看看 X 大使吧。"他提到的这位大使是驻在一个西方主要国家的。我知道安德罗波夫是一个非常克制的人，总是对人做出平衡的评价。很显然他发现 X 是个巨大的麻烦，但这并不能阻止 X 被派去另一个主要的欧洲国家，并在那里待了十多年。②

---

① 与波利亚科夫的谈话（1990 年 7 月）。
② 与切尔尼亚科夫的谈话（1990 年 3 月）。

对派驻海外的苏联官员而言，发回客观信息是他们应尽的职责，但这在现实中往往变成不可能完成的任务。他们应该发回什么信息呢？是到底发生了什么，还是老板们想要听到什么？大多数官员显然选择了后者。很难想象一个对其职业发展和老板意见全神贯注的外交官，会敢于定期发送信息——即使是不加评论的信息，而这些信息是与书面或非书面的指示背道而驰的。"高层"为了证实其选定路线的正确性，总是有可能从这里或者那里找到信息，或者假设形势会恶化到最坏的情况来编造大大小小的事实。但在官僚体系中，不同层级的官员需要将信息逐级传递到上层，这等于是与虚报情况的人相同行事。这样一来，集体责任的联系就产生了。但是需要明确的是指示和决策绝非总是错误的，传递的信息也不会总是故意出错或者歪曲事实。问题是官僚机构的所有部分都有日益增长的倾向，即要粉饰和掩饰所有事情，用一厢情愿的想法取代现实。

E. D. 皮林：结果如何呢？1970 年 7 月……就在纳赛尔来访前夕，传来了一份加密电报。我把它握在手中。我不会告诉你它来自哪个国家或者哪个部门，但它来自一个非常可靠的人。它没有标记（应该报呈给谁）……信息的要点是，埃及的最高领导层已完成了一个计划，而纳赛尔因为已经病重，将被迫接受这一计划，让另一个人代他掌权，而这个人会依照最高层小圈子的指示行事。这一计划准备让埃及最大限度地接受苏联武器，同时在两三年内对苏联做一些让步，之后埃及会断然拒绝苏联援助特别是苏联军事顾问，然后埃及会向以色列发动有限的军事行动，并邀请美国来到中东，充当中立的调停者，借此消除苏联的影响。我再次向你保证我亲眼看到了这封电报。葛罗米柯对这份电报火冒三丈："真是太丢人了！大家都知道这次访问马上要开始了！在访问前夕来了这么封电报！难道你不知道，发回这样的东西是不可能的吗？列昂尼德·伊里奇会怎么说！他会怎么看待我们！"做出了销毁那份电报的决定，它没有存在过，就是那样……①

笔者：换句话说，就是希望见到一个想象中的世界。

E. D. 皮林：是的，就是社会主义的现实。不是现实中存在什么，而是党想要什么，就必须是什么。许多年后，我碰巧遇到了那个人，那时他已经退

---

① 与皮林的谈话（1990 年 5 月）。

休了；他预测到了中东的事态发展，冒着生命危险获取了这一消息，但他始终无法得知他发出的电报的下落。我把事情原原本本地告诉了他。这位可敬的老先生差点为此中风！

现在是第二个故事。我从叶夫根尼·普里马科夫那里听到的。他得知苏联军事人员将会很快被埃及驱逐出境，并把这个消息带给了 V. M. 维诺格拉多夫。

这位大使几乎不能自持。

"你来了一段日子了，却得出了惊人的结论，"他紧张地说，"我每周和萨达特见五次面，相信我，我比你更了解情况。"

"您从莫斯科得到了指令，允许我发送加密电报，我会通知中央，而您可以附上您的意见，即这完全是歪曲事实。"我同样也开始发火了。

"我不会发送您的电报的。因为我不想误导领导层。"

我飞到贝鲁特，并将这一信息从那里的使馆发了回去。S. A. 阿奇莫夫大使不了解埃及事务，允许将其发往莫斯科……

我从贝鲁特发回了三封密电，都是发给最高领导层的——发给所有的政治局委员和候选人、中央委员会的书记们，以及外交部——葛罗米柯和他的第一副手 V. V. 库兹涅佐夫。我一到莫斯科，扎米亚京①就邀请我写一篇大文章，总结我的印象以发表在所谓的《零号》上。《零号》是一份包含机密材料的出版物，而塔斯社会将其发给极少数的苏联高级官员。

我写了这篇文章，以下是该文的主要观点：我们与萨达特签署条约的积极意义，都不能保证这些条约可以作为灵丹妙药来医治埃及国内形势和其外交政策中有悖于和不利于苏联的变化。

在《零号》出版后，我接到了叶夫根尼·萨莫特金的电话。他是勃列日涅夫的顾问，他说总书记对这篇文章产生了兴趣，甚至把它带回家仔细阅读。当然，我受到了鼓舞。然而，两天后萨莫特金再次打来电话并简洁地说："我救了你。"原来波德戈尔内已经开始制造丑闻，要求撤回《零号》，而塔斯社照办了。能看到《零号》的人比能看到我密电的多，结果我的文章把这个问题描述得更加尖锐。波德戈尔内并没有就此止步。在审阅苏联共产党中央委员会的名单以提交下一届党代会选举时，他剔除了扎米亚京的名字，后者只

_____

① L. 扎米亚京曾任塔斯社社长。——译者注

成为中央监察委员会的一名成员。[①]

应当指出的是在那之前几个月，可能是在 2 月或 3 月我在亚丁的时候，另一位在埃及有消息来源的西方记者给了我同样的信息。我去见了斯塔采夫大使。"到底为什么在亚丁的我们要去管埃及的事情呢？"他说道，"这就像小虫吱吱叫。"他拒绝报送这一消息。

笔者：*即便普里马科夫的主动行为没有效果，难道他们就不想知道真相吗？*

E. D. **皮林**：没人想。难道当时勃列日涅夫给萨达特写信时，不会用"亲爱的朋友和兄弟"吗？人们非常认真地对待这类称号。当然以现在的观点看来，这样的事情似乎是可怕的。

笔者：*您确定现在事情已经改变了吗？情况是否已经发生了很大的变化？*

E. D. **皮林**：原则上讲，也许还是一样的。也许这是另一个螺旋。在我看来这似乎与东方专制主义传统有关：你看着老板的嘴巴，你思考他在想什么，你只告诉他令人愉快的事情——这意味着你聪明、友好、活跃。外交部代表国家利益，它不该只是向最高领导层提供经过粉饰、变得更易于接受的信息。这是我们整个系统的特征，而不仅仅是外交部门的。一个阿拉伯国家准备与我们断绝关系，但是在痛苦的结局到来之前，大使仍在继续发回闪闪发光的报告，正如那首著名的歌曲"一切都好，我美丽的夫人"中唱的那样。顺便说一句，与外交官同处一国的克格勃官员会发回更平衡、克制和有时非常令人警醒的信息。但是这些信息的意义没有被人认识到，并引起了负面情绪："你对严肃政治一无所知。你在夸大事实。"适合莫斯科的信息，也就是最高领导层所能接受的信息，才会被传递到最高层。

笔者：*换句话说，我们生活在幻想的王国里。所有为长居克里姆林宫之人准备的报告都被粉饰到了这种程度，以至于失败和胜利已没有什么区别。意识到这一切后，是否还能假定外交部在中东的活动反映了全部的国家利益呢？*

E. D. **皮林**：我不想夸大其词，但如果你把外交部和中央国际部相比，那

---

① *Примаков Евгений.* Конфиденциально: Ближний Восток за сценой и за кулисами (вторая половина XX—начало XXI века). М., 2012. С. 143, 145.

这就是毫无疑问的。但外交部的传统就是粉饰一切，将棱角磨圆，回避复杂情况并且压制不同意见。当然，事情迟早会发生，并且令人痛苦。但是如果有人一开始就提出真正的问题，讨论那些对我们利益的威胁，愤怒的喊叫就会立即出现："你到底为什么要去反复执着于脏床单呢？"

笔者：官僚体制的本质之一就是要展现貌似合理的外表和幸福的表象，而不一定是真实或者效率。

E. D. 皮林：这就是为什么我不会说"部门间的分歧"。分歧是出在部门内部的：一边是现实、专业的实用主义者，诚实正直的人；另一边是骗子、流氓、野心家、暴发户、话匣子和那些由党提拔的人。

笔者：我们社会的疾病也传播到了所有的外交政策机构，但由于它们是与西方竞争的机构，那里还是有一些高水平的专业人员。

E. D. 皮林：不幸的是他们并没有在整体上决定全局。

一个残酷的反讽是，衰老而僵化的苏联领导人能做到的最好事情就是——什么都不做。让中东局势自然发展，让克里姆林宫里的老人们过自己的生活，以赞扬、奖励和《真理报》上的文章相互取乐……因为一旦他们开始行动，其结果就将是悲剧性的，这不仅仅是因为他们身体和精神上的虚弱、他们的无能、他们意识形态上的盲目，还因为绝对缺乏对他的行动结果做出客观监督和评价的社会机制。国内政治和中东之外的外交政策已不是本书要讨论的题目了……我们将转而讨论阿富汗问题。

第七章

阿富汗：俄罗斯的未愈之伤

阿富汗与苏联的南部接壤，
是一个多山国家。英帝国主义反复张开血盆大口
试图奴役热爱和平的阿富汗人民。

——地方志
1925 年，莫斯科

阿富汗问题今天仍然具有现实意义。时至今日，阿富汗战争仍是活着的人们的痛苦记忆，也是人们的历史记忆。此外，就如 19 世纪至 20 世纪初的大英帝国和 20 世纪末的苏联一样，美国及其盟国继续重复着同一个错误。历史上有用的教训从没有得到很好的汲取。

在过去二十多年时间里，大量有关阿富汗的文献发表：档案文件、回忆录、历史著作，这些有助于我们厘清苏联在阿富汗战争中的很多史实和判断。笔者对苏联/俄罗斯的阿富汗悲剧的主要解释没有多大变化，不过有些新材料可以提供一些更具平衡性和更为完整的画面。本章将聚焦在苏联阿富汗政策的决策过程，而非阿富汗战争本身。

1917 年苏维埃政权在俄国建立后，直到 1978 年 4 月 27 日喀布尔发生军事政变，这期间苏联和阿富汗对彼此的关系一直都是满意的。

1955 年 12 月，苏共中央总书记赫鲁晓夫和苏联部长会议主席布尔加宁在访问印度和印度尼西亚途中访问了阿富汗，喀布尔给他们留下了深刻印象。按照苏联的分类，阿富汗王国被纳入了"和平地区"，苏阿两国的合作开始不断扩大。

在政治上，由于历届喀布尔政府长期对英国和巴基斯坦怀有敌意，苏联和阿富汗走到了一起。在被美国替代之前，英国一直是苏联在中东的主要对手。为了吞并阿富汗，大英帝国曾连续三次徒劳地入侵阿富汗。不过，通过强加"杜兰线"（Durand line）①，英国人成功地切断了普什图部落曾居住的相当大一部分领土，普什图部落曾构成阿富汗的核心，它现在成了英属印度的西北边境省，后来又成为独立的巴基斯坦的领土。

普什图人的问题成为阿富汗政府对巴基斯坦保持敌视态度的主要原因。1955 年，巴基斯坦加入巴格达条约组织再次引发阿富汗的强烈不满。阿富汗

---

① 1893 年签署的英国殖民者划分英属印度与阿富汗的边界协议。该协议以当时英属印度殖民地政府外交部长杜兰的名字命名。他在喀布尔与阿富汗埃米尔阿卜杜拉赫曼·汗（Abdurrahman Khan）签署了这份协议。——译者注

与巴格达条约组织的另一成员国伊朗的关系也非常复杂。在美苏全球对抗的格局下，美国在巴基斯坦、伊朗的利益迫使阿富汗寻求与苏联建立更加密切的关系。推动阿富汗采取亲苏政策的另一个刺激因素是中国在 20 世纪六七十年代的政策——与苏联敌对，这意味着中国在反印度、反苏联，因而是反阿富汗的基础上加强了与巴基斯坦的全面合作。

苏联与阿富汗的共同立场体现在两国在军事事务上的广泛合作，从提供大量苏制武器到在苏联训练阿富汗军官。苏联教官也被派到了阿富汗。

两国也开始了广泛的经济合作，包括开采天然气，在贾拉拉巴德修建农场，在喀布尔组建工业研究所，在贾冈拉卡建立修理厂，开展地理调查，建立电力发电系统等。苏联对阿富汗发展最重要的贡献之一，是修建了公路交通网，广泛的半圆形辐射网，从靠近苏联边境的库什卡（Kushka）开始，修筑了坎大哈—喀布尔公路，然后向北，穿越萨朗关口（Salang Pass），苏联在此修筑了重要的隧道，然后一直延伸到马扎里沙里夫，又回到苏联的边境。公路交通网的修建，不仅具有重要的经济意义，也是帮助阿富汗政府加强中央集权的一个重要工具。

苏联每年向阿富汗提供数千万卢布的援助。以使阿富汗有效地保持中立，维持苏联和阿富汗 2000 公里漫长边界线的和平，以及确保阿富汗不会存在有敌对苏联的外国军队设施，这个援助金额还是合适的。苏联在中亚维持最低战斗水平的驻军所带来的经济收益，是苏联对阿富汗援助所造成"损失"的很多倍。

苏联对阿富汗事务采取的明显且真正不干涉的以及"去意识形态"化的政策，使得阿富汗领导人很信赖苏联，阿富汗民众也对俄罗斯人和舒拉威人（Shurawis，即苏联人）持广泛同情态度。

笔者曾在阿富汗革命前多次访问阿富汗，也曾与苏联驻喀布尔大使馆的外交官、苏联外交部以及苏共中央国际部的官员多次进行交流，我完全可以确认，在当时，即便在查希尔汗（Zahir Shah）统治时期，苏联领导人也能接受阿富汗的现状，无意改变任何事情。

但是，阿富汗的历史和内部形势发展决定了不同的结果。

阿富汗僵化的中世纪王朝体制，正日益成为不断壮大的中产阶级和资产阶级，以及商业、企业家和知识分子无法承受的负担，它不再能对不断增长的要求变革的呼声做出充分的回应。20 世纪 70 年代初的饥荒和天灾，使得阿富汗局势开始动荡。1974 年，国王的亲戚穆罕默德·达乌德（Mohammed Daoud）领导了一场政变，宣布建立共和国。

尽管一切都没有改变，政府的权力还是因政变遭到削弱，一股与马克思主义结盟的极端政治力量日益壮大，这就是"阿富汗人民民主党"。旧政权越是拖延改革，国内反对派中的积极力量就越向左转，这是在埃塞俄比亚、利比亚、安哥拉、莫桑比克、南也门等国都出现过的众所周知的典型现象，在阿富汗大量有激进倾向的军官纷纷加入阿富汗的左翼马克思主义组织。当时，苏联的社会主义模式已在全世界很多国家失去了吸引力，但在阿富汗人看来依然代表了光明，尤其是他们在看到自己国家和相邻的中亚地区存在的强烈反差时。在阿富汗的马克思主义者眼中，中亚地区国家生活中的一些负面问题与其取得的成绩相比是次要的。

1965 年，阿富汗人民民主党（PDPA）在两位普什图人——努尔·穆罕默德·塔拉基（Nur Muhammad Taraki）和哈菲佐拉·阿明（Hafizullah Amin）领导下于喀布尔秘密成立。1967 年，塔吉克族人巴布拉克·卡尔迈勒（Babrak Karmal）领导的旗帜派（Parcham）从人民民主党分裂出来。人民民主党的其余大部分依然以人民民主党的名义活动，也被称为人民派（Khalq），以其机关报命名。党的分裂主要是个人因素和民族矛盾，同时也有策略上的分歧。人民民主党的军事力量大部分归属人民派领导。

1977 年 6 月，为了推翻达乌德的统治，人民民主党的两支力量重新合并。1978 年 4 月 27 日，达乌德在一场流血政变中被罢黜，这场政变也被称为"伟大的四月革命"。4 月 29 日，由 35 人组成的革命委员会成立。1978 年 5 月 1 日，塔拉基政府宣告成立，内阁成员中有 10 名旗帜派，11 名人民派。卡尔迈勒担任政府副总理，阿明担任外交部部长，政府大权掌握在塔拉基手中，他同时兼任人民民主党总书记、革命委员会主席、总理、武装部队总司令四个职务。值得一提的是，21 名内阁成员中有 10 人曾经在美国留学，3 人曾经在苏联留学。[①]

没有证据表明苏联是政变的幕后主使，即使是在反苏宣传运动最激烈的时候，严肃的西方消息来源也从未提出过这样的指控。1979 年 9 月 28 日，美国情报系统跨部门的一份备忘录称："尽管共产主义者掌握了政权，但是没有

---

① *Брутенц К. Н. Указ. соч. С. 453.*

证据表明是苏联在阿富汗发动了政变。"① 苏联的阿富汗问题专家 Y. V. 甘科夫斯基（Y. V. Gankovski）教授告诉笔者："作为诗人和作家的塔拉基以嘉宾的身份应邀到莫斯科参加作家大会，苏共中央最高层领导没有人接见他。只有一位苏共中央国际部的官员与他进行了会谈，这位官员认为阿富汗的革命并不是一次成熟的社会主义革命。"② 苏联的外交情报人员在得知政变计划后甚至建议阿富汗人民民主党领导层取消政变计划，但是没起作用。

阿富汗革命的时机已经成熟，问题是这将是一场什么样的革命？由什么样的力量来领导？之后将执行什么样的计划？

阿富汗人民民主党吸收了伊朗人民党极端派幼稚的浪漫主义（甚至是犯罪上的幼稚）的理念，新政府对伊斯兰教采取蔑视态度，从而在宗教气氛浓厚的阿富汗招致宗教人士的强烈反对。

当时笔者正在开罗，一直等待阿富汗人民民主党政府下令为一座清真寺奠基并进行集体祈祷的命令，但这并没有发生。在阿富汗掌权的马克思主义者并没有想到这种简单却实用的办法。

革命者们颁布了雄心勃勃的计划，包括土地改革，发展教育和文化改革，减税，发动反腐败、反裙带关系、反走私和禁毒等运动，但新政没有结合阿富汗社会的政治现实和精神导向。

土地改革不仅面临着来自地主阶层的天然抵抗，而且面临来自农民的抵抗，他们在心理上还没有准备好接受自己的新社会地位。土地改革也没有考虑到不同地区的土地和水分配系统的特点以及地主和农民之间现有关系的特点。教育和文化领域的改革措施以及女性地位的变化，有违伊斯兰传统。政府的反走私运动阻碍了普什图部族人的传统行业，并惹恼了他们。部落酋长和封建领主们也反对中央集权体制。

布鲁滕斯（K. N. Brutents）在他的大作《老广场的三十年岁月》（*Thirty Years at the Old Square*）一书中写道："通过支持新政权，苏联成了宗派、不成熟和不平衡势力的人质，而这些势力是苏联无法控制的。莫斯科被迫加入了一场不断加大赌注的游戏并陷入了困境，因为它无法指挥这场游戏，更不用说赢得这场游戏了。"③

---

① *Брутенц К. Н. Указ. соч.* С. 451.
② 与甘科夫斯基的谈话（1990 年 1 月）。
③ *Брутенц К. Н. Указ. соч.* С. 453.

格林诺夫斯基（O. A. Grinevsky）在《苏联外交的秘密》一书中写道："葛罗米柯嘟囔着：一切都很顺利，他们看起来是顺从的好邻居——就像'南方的芬兰人'。现在我们能从这些疯子们那里期待什么呢？"

然而，负责国际事务的党内理论家——苏斯洛夫（Suslov）和波诺马廖夫——很快就重新联合起来，开始把阿富汗视为另一个即将建成社会主义的国家。他们把它当作"第二个蒙古国"，可以大胆地跃进，直接从封建主义过渡到社会主义。

最初，克格勃第一总局局长克留奇科夫对在阿富汗建立社会主义政权也激情满怀，但他的老板——克格勃主席安德罗波夫（Yu. V. Andropov）则有点低调。[①]

5月中旬，苏共中央委员会专门举行了一次关于阿富汗问题的会议，进行了奇怪的讨论。这次会议的与会者克里延科（G. M. Korniyenko）在其回忆录中写道：

> 尽管人人都说，阿富汗社会距离社会主义发展阶段非常遥远，但像苏斯洛夫这样的人视阿富汗为"第二个蒙古国"，认为阿富汗可以直接从封建社会跨入社会主义社会……我清楚记得在一次讨论阿富汗局势的中央委员会会议上，我质疑"第二个蒙古国"这一提法，并指出，如果阿富汗如上帝所愿能保持中立成为亚洲版的芬兰，就可以完全满足苏联的利益。从西方可以接受的角度看，这也是代价最低的选择（美国国家安全事务助理布热津斯基明确暗示了这一点）。

> 波诺马廖夫对我的话感到很不满："你怎么能把阿富汗和芬兰相提并论，芬兰是一个资本主义国家。"我反问他："难道阿富汗社会主义革命的时机已经成熟了？"波诺马廖夫的得力助手、主要负责第三世界国家事务的乌里扬诺夫斯基连忙以教育者的口吻回答我："当今世界上没有任何一个国家不具备建成社会主义的成熟条件。"[②]

苏联领导层带着复杂的心情关注阿富汗局势的发展。一方面，苏联政府一直与阿富汗前政权保持着友好关系，另一方面，"最好的往往是敌人"，当阿富汗完全落入苏联手中时为何要拒绝呢？阿富汗王室事实上是反动、腐败、

---

① *Гриневский О.* Тайны советской дипломатии. М., 2000. С. 114.
② *Корниенко Г.* Холодная война. Свидетельство ее участника. М., 2001. С. 372—373.

封建和亲西方的，而一个兄弟的马克思主义政党在这个邻国掌权了有什么不好呢？新的社会主义国家的出现，自然会进一步扩大社会主义大家庭。蒙古国的例子不是已经清楚地表明了可以绕过资本主义而直接跃进到社会主义并大踏步迈向共产主义的可能性了吗？

"不能失去阿富汗"

1978 年 12 月 5 日，穆罕默德·塔拉基与莫斯科签署了一份为期二十年的《睦邻友好合作协议》，从而使已经建立的两国关系正式化。

莫斯科的支持不可避免地会导致苏联更多介入阿富汗事务，利害关系随之增加，阻力也不断增加，增加的利益面临危险，这反过来要求更多地介入阿富汗……这形成了无限制的恶性循环，但此时已没有人敢建议停止对阿富汗的更多投入了。苏联对阿富汗的军事援助在增加，先是数百名，后来增加到上千名苏联顾问被派到阿富汗军队。越来越多的克格勃特工进入阿富汗收集情报，与阿富汗合作伙伴展开合作。苏共中央在组织上帮助人民民主党，苏联还帮助阿富汗建立宣传网络、大众媒体、文化和经济机构。换句话说，苏联的各种社会结构都被积极移植到了另一个国家——一个绝对没有能力接纳这一套的国家。最终，这一切开始适得其反，首先倒霉的是在阿富汗的苏联公民。

塔拉基和阿明不断寻求苏联援助，希望苏联向阿富汗派遣更多部队。

但是，各种苏联顾问的大量存在和大量实际战斗部队的存在，这之间是有区别的，而且是本质上的区别。同任何正常状态下一样，苏联自然已经采取了所有的预备措施。苏联军队和必要的运输工具已集中部署到了中亚，这是军队的通常工作，他们领取国家俸禄，为不可预见的局势和任何可能发生的事态做好准备。但是，究竟是什么推动苏联领导人做出这个冒险的政治决定呢？

这个问题的答案非常复杂，不能由结论来决定或受制于结论，这一结论框架最终来自十年后，即 1989 年 12 月 24 日。苏联全国人民代表大会通过了《关于对 1979 年 12 月派遣苏军进入阿富汗决议的政治评估》的决议，该决议指出："大会……认为，该出兵决定应该受到政治上和道德上的谴责。"①

---

① Правда. 25.12.1989.

1978 年 9 月，阿富汗国内反政府的地下活动演变为军事对抗，并呈现一定的规模。这些力量最初获得巴基斯坦和美国的积极支持，随后中国、沙特、伊朗、埃及和科威特也加入援助大军。在巴基斯坦建立了反对派训练营。先是数千人，后来有数万名阿富汗军人投奔反对派，很多人还携带武器投诚。由于人民民主党内部的斗争，阿富汗政府的政治和民族基础越来越缩小。早在 1978 年 8 月，人民民主党（旗帜派）的许多人士开始被政权清洗，遭到逮捕、受到酷刑，最后被枪决。旗帜派领袖卡尔迈勒被革命委员会除名后，被贬为阿富汗驻捷克斯洛伐克大使。随后卡尔迈勒又被要求返回喀布尔，他不得不选择在布拉格寻求政治避难。

1979 年 3 月，阿明开始担任阿富汗总理兼国防部部长，并开始不断增强自己的地位，而塔拉基依然控制着其他重要职位。一山不容二虎。到 1979 年秋，塔拉基与阿明的矛盾达到白热化的地步。就在阿富汗最高层为争权发生分裂的时候，1979 年 3 月 14 日，部署在赫拉特省的阿富汗政府军几个团发动叛乱。多名苏联专家及其家属在当地被杀。在首先与莫斯科进行了令人安心的交流之后，3 月 18 日，塔拉基邀请苏联军队进驻阿富汗，"攻击赫拉特"以"拯救革命"。

3 月 17 日、18 日和 19 日，苏共中央政治局连续举行会议。

"我们无论如何都不能失去阿富汗"是 3 月 17 日会议讨论的主题。苏共领导层认真讨论了是否有必要部署苏军。柯西金建议："我们需要集结部队，制定规则，并秘密出兵。"乌斯季诺夫（D. F. Ustinov）表示："我们已制定了两套军事行动方案。"基里连科（A. P. Kirilenko）进行了总结，提出了采取行动的步骤："……第五，我认为，我们应该接受乌斯季诺夫的建议，我们应该派遣军队协助阿富汗军队克服目前的困难。"[①] 乌斯季诺夫已经要求一个苏军空降师处于战备状态，并将部队集结到苏联边境地区。

在苏联外交部的一次会议上，葛罗米柯异常坦率地指出："今天如果我们离开了阿富汗，明天我们就会在塔吉克斯坦或乌兹别克斯坦的边境线上抵抗蜂拥而至的穆斯林。"[②] 应当指出，葛罗米柯不喜欢也不了解穆斯林，并把宗教激进主义同蒙昧主义等同起来。

---

① *Брутенц К. Н. Указ. соч. С.* 464.
② *Гриневский О. Указ. соч. С.* 146.

3月18日，星期天的上午，安德罗波夫、乌斯季诺夫和葛罗米柯在莫斯科郊外扎雷切伊的一处乡间别墅会面，坦率地讨论了这一关键性决定的利与弊。坏处太多了。当天他们可能联系了勃列日涅夫，那个周日勃列日涅夫正在扎维多沃（Zavidovo）的猎场休息。这位向来耐心和谨慎的总书记似乎不支持采取任何决定性步骤。

在苏共政治局的另一次会议上，安德罗波夫的另一番话成为会议的主调："只有刺刀才能挽救阿富汗的革命，但这是我们不能接受的，我们不能冒这个险。"葛罗米柯强调，一旦苏联介入，原本缓和的美苏关系将化为乌有。乌斯季诺夫也反对介入。3月19日，会议继续，勃列日涅夫本人亲自参加，他拿着笔记本发言，特别强调说："目前（作者特别用斜体强调了这个词）我们不应该被拖入战争。"[1] 第二天，柯西金向刚抵达莫斯科的塔拉基重申了这一观点。勃列日涅夫抱病接见了塔拉基，在短暂会谈中勃列日涅夫再次重申了这一政策。

做出这个决定命运的决定被推迟了，不过"目前"这个词值得记住。

4月，在安德罗波夫、葛罗米柯、乌斯季诺夫和波诺马廖夫四人备忘录的基础上，苏共中央政治局通过了 P/149（HIU）号决议，它确认了不派苏军进入阿富汗的决定："我们拒绝阿富汗民主共和国政府的请求，不向赫拉特部署苏联军队的决定是绝对正确的。在发生新的反政府抗议活动时，我们将遵循这一方针，这种可能性不能排除。"

这份备忘录对阿富汗局势做了清醒的分析，批评了阿富汗领导层犯下的错误，详细列出了军事干涉阿富汗的负面后果。[2]

与此同时，阿富汗人民民主党内部的矛盾加剧，反对派也加紧活动。苏联对此的反应很简单——阿富汗领导人必须携起手来，实现和平，和睦相处。莫斯科只是不知道该怎么去做到这一点。

1979年初夏，苏共中央政治局成立了阿富汗事务委员会，很正式地由葛罗米柯担任领导，成员包括安德罗波夫、葛罗米柯、乌斯季诺夫和波诺马廖夫。不过，葛罗米柯不想参与阿富汗事务。

"不要让我参与这些事情，"他曾对自己身边人这样说，"革命会连自己的下一代都吞噬掉。这是18世纪法国人确立的一条公理。阻止这些事情毫无

---

① *Гриневский О. Указ. соч. С.* 247.
② Там же. С. 466—467.

意义。"

正因如此，葛罗米柯只是形式上领导这个委员会。阿富汗问题都是闭门讨论的。安德罗波夫和乌斯季诺夫，安德罗波夫和波诺马廖夫，一对一地讨论。对他们决定的事情，葛罗米柯几乎都点头同意。随后这些决定又得到了委员会的批准。[①]

波诺马廖夫曾两次飞往喀布尔，国防部副部长巴甫洛夫斯克将军（I. G. Pavlovsk）在阿富汗待了两个月。

1979 年 9 月 12 日，塔拉基在哈瓦那出席完第六届不结盟国家领导人会议后，回国途中在莫斯科短暂停留，受到了勃列日涅夫的热情接待。

在塔拉基回到喀布尔时，阿富汗的双重领导体制已走到了尽头。主要依靠阿富汗军队和安全力量，阿明的影响力大幅提升。苏联大使以及其他机构的代表们试图使这两位领导人和解，却遭到他们的回避。事实上，塔拉基放弃了自己手下的四位支持者——四位部长，其中一位在阿明的坚持下被迫辞职并被捕，另外三位部长逃入了苏联使馆避难。

9 月 14 日，塔拉基打电话邀请阿明来他的官邸会谈。阿明担心有诈拒绝了邀请。塔拉基告诉他苏联大使普扎诺夫（A. M. Puzanov）和其他几位苏联官员也在他的办公室。普扎诺夫也与阿明通话证实了这一点，这基本上算是与塔拉基对阿明的联合邀请。在场的苏联代表还包括克格勃的伊万诺夫中将（B. S. Ivanov）、首席军事顾问格雷洛夫中将（L. P. Gorelov）以及翻译留里科夫（D. Ryurikov）。

塔拉基的助手塔伦上校在院子里迎接阿明，他走在前面将客人带上二楼。阿明和他的警卫走在塔伦身后。就在阿明即将走到塔拉基办公室时，站在门口的卫兵突然向他们开火，走在最前面的塔伦被打成筛子，阿明的警卫受伤，但阿明侥幸逃脱了。

谁策划了这场袭击？会是塔拉基吗？这位一向优柔寡断且有点懦弱的总统会突然走得那么远吗？有可能。其副官塔伦是阿明的私人朋友，也是安插在总统身边的代理人。或许，塔拉基知道这一点，并决定牺牲他？

会不会是阿明通过自己安插在塔拉基身边的卧底自导自演了这场袭击？有可能。阿明让塔伦走在最前面，而他自己走在了卫队的后面。

也有可能是塔拉基的支持者自行导演了这次袭击。他们知道自己已经没有退路了，阿明已经下令要逮捕他们。他们决定通过总统的卫队来实施。这种可能性也不能排除。

但是，所有这些问题永远也不会有答案。

而这一事件的直接影响是可以预料得到的。在阿明的指挥下，军队包围了总统官邸。总统卫队没有做任何抵抗，塔拉基的两位贴身警卫放下了武器，不知所踪。塔拉基被软禁，他与外界的一切联系都被切断了。

第二天，阿富汗人民民主党中央委员会举行会议，会议"一致"同意将塔拉基开除出党，并免去其全部职务。阿明成了新总统。

苏联政府官方表达了对阿明的祝贺，不过勃列日涅夫要求不能处死塔拉基。然而，几天后，塔拉基被绞死，他的家人被投入监狱。

这不过是东方专制主义传统的又一次上演……

阿富汗一份官方文件宣布，苏联驻阿富汗大使普扎诺夫是企图暗杀阿明的同谋。普扎诺夫不得不返回莫斯科，并被迫退休。接替他的是苏共中央委员、鞑靼自治共和国前书记塔巴耶夫（F. A. Tabeev），他在这个岗位上已干了多年。

不到四个月后，阿明就死了。

成为绝对独裁者之后，阿明继续在军队、安全部队、内务部和党内对塔拉基的支持者无情地进行清洗，包括旗帜派和人民派。内战继续进行，没有任何一方获胜。阿明清楚，"苏联同志"并不信任他，他非常期待着能去莫斯科当面说服"勃列日涅夫同志"，并表明自己完全忠诚于苏联。莫斯科不断接到阿富汗的新请求，希望苏联军队能够增派部队。苏联一步步落进阿富汗陷阱：12月，苏联向阿富汗派遣了一个"穆斯林营"来"保护"新总统，部署了一个营保护巴格拉姆空军基地。

阿明（随便提一下，是根据苏联同志的建议）开始与巴基斯坦达成谅解，拒绝极端民族主义者的诉求。他同时争取美国增加对阿经济援助，缓和与华盛顿的紧张关系。在一些问题上，他和他的班子抵制了苏联顾问对阿富汗事务相当不明智的干涉。阿明还开始主动与一些部落领袖、宗教头面人物接触。阿明并不知道，他的这些做法让苏联领导层坚定了对他的猜疑——"表里不一""虚伪"，更重要的是，他或许干脆就是一名美国特工。此外，阿明本人曾经在美国留学，因而有可能被美国招募。

1979年10月31日的苏共中央政治局会议纪要如下：

苏联驻喀布尔大使馆、苏联国家安全委员会（克格勃）、国防部、苏共中央国际部应该研究阿明及其随从关于阿富汗国际主义者、阿富汗的爱国者、曾在苏联和其他社会主义国家接受培训人员、反动的穆斯林教士和部落领导人的政策和实践，要研究阿富汗与西方的关系，尤其是与美国的关系、与中国的关系。现有的证据表明，阿明已经转向反苏的方向。我们需要提出新的行动建议。[①]

莫斯科对阿明进行了政治宣判。不过如何执行这一判决？莫斯科开始收拢反对阿明的力量——莫斯科称之为"人民民主党内的健康力量"，包括幸存下来的卡尔迈勒领导的旗帜派，以及被排除在权力之外的人民派。这项工作由克格勃负责执行。然而这些反对力量无法对阿明构成真正的威胁。为了误导阿明，莫斯科还决定邀请阿明访问莫斯科，但没有给出具体日期。

"历史没有给出答案"

乌斯季诺夫、安德罗波夫和葛罗米柯一致同意出兵阿富汗以支持政变。问题是苏军总参谋长奥加科夫元帅（N. V. Ogarkov）、副总参谋长阿赫罗梅耶夫（S. F. Akhromeyev）、国防部副部长帕夫洛夫斯基（I. G. Pavlovsky）反对出兵，他们为自己的观点进行了充分的辩护，一直坚持到最后。但最终苏共中央政治局做出了政治决议，他们有义务服从决定。

1979 年 12 月 12 日，政治局批准了苏共中央委员会通过的第 176/125 号决议。决议听起来很神秘。

勃列日涅夫同志主持了会议。

参加会议的有苏斯洛夫、格里申、基里连科、佩尔谢、乌斯季诺夫、契尔年科、安德罗波夫、葛罗米柯、吉洪诺夫、波诺马廖夫。

苏共中央委员会第 176/125 号决议集中讨论了 A 国的形势。

1. 批准了乌斯季诺夫、安德罗波夫和葛罗米柯对形势的评估和提出

---

① Выписка из протокола № 172 заседания политбюро ЦК КПСС от 31 октября 1979 года—ht-tp://www.coldwar.ru/conflicts/afgan/sovposol.php.

的建议；

授权他们在执行过程中对政策的非核心部分进行修改；

需要中央委员会做出决定的问题应迅速提交政治局。所有这些政策将委托安德罗波夫、乌斯季诺夫和葛罗米柯三位同志负责执行。

2. 委托安德罗波夫、乌斯季诺夫和葛罗米柯三位同志随时向政治局汇报。

中央委员会总书记（签字）勃列日涅夫

本决议由契尔年科手写①

"但是有意思的是，"格林诺夫斯基说，"我发现，22人参加了由强大的三驾马车所建议的会议的讨论，但是他们每个人究竟说了什么，会议纪要完全没有提及。很多年后，总书记的秘书亚历山大罗夫（A. M. Alexandrov）要求我必须严格保密后告诉我，这些措施包括三个部分：

"——在克格勃特种部队协助下，消灭阿明。这是最笼统的说法，没有做出详细说明；报告没有具体说明是逮捕阿明还是杀死他；

"——为确保行动顺利，苏联军队将进入阿富汗，以防效忠于阿明的阿富汗特种部队抵抗，为此苏联军队将部署到阿富汗主要城市，以防阿富汗军队打击叛军；

"——开展对这两项行动的宣传活动。

"我问格林诺夫斯基是否可以公开这三点内容，他断然拒绝。

"——为什么？我感到很奇怪。

"——你不理解吗？他们会杀了我。安德烈·米哈伊洛维奇（Andrei Mikhailovich）已经死了，我曾保证在有生之年不写下这些回忆。"②

在这次历史性的会议上，虚弱的勃列日涅夫几乎站不起来，决议一做出，他就立刻离开了会议室。所有政治局委员都要签字，有一些人是事后补签，柯西金没有签名，他因病缺席了这场会议。

克里延科如此评价这份政治局决议：

我尽可能地还原了政治局的决策过程，三驾马车在是否出兵的问题

---

① *Гриневский О. Указ. соч. С.* 314.

② *Там же. С.* 315.

上备受煎熬，这种煎熬从 10 月一直持续到 11 月，直到 12 月上旬。1979 年 12 月 10 日，乌斯季诺夫向总参谋部下达了口头指令，要求准备好空投 1 个空降师和 5 个运输机师，提高部署在突厥斯坦军区的两个机械化步兵师的战备状态，建立一个舟桥团，但没有下达具体作战指示。

不过，1979 年 12 月 12 日下午，少数几个苏联领导人做出了出兵阿富汗的最终政治决定：勃列日涅夫、苏斯洛夫、安德罗波夫、乌斯季诺夫和葛罗米柯（尽管有些书里提到柯西金也参与了这次会议，但据我所知，柯西金当天因为住院缺席了会议）。苏军总参谋长奥加科夫元帅在隔壁房间等了两个小时，但没有人征求他的意见。乌斯季诺夫走出会场告诉他："决定已经做出。我们一起去总参谋部下达命令吧。"奥加科夫本人向我讲述了这一切。

因此，决定命运的决定甚至不是由政治局全体成员做出的，尽管政治局的一份手写决议包含了几乎所有委员的签名，是有追溯力的。不过，柯西金的签名并没有出现在上面。我认为，这有助于勃列日涅夫在第一个适当的时机摆脱柯西金而做出决定。

我也相信，苏斯洛夫的支持对勃列日涅夫批准由三巨头提出的出兵阿富汗的建议非常关键。[1]

我们会了解到当时的真相吗？这个问题的最佳答案是曾任克格勃主席的列昂尼德·舍巴尔申（L. N. Shebarshin）给出的：

克格勃没有关于推翻阿明政权、建立卡尔迈勒政府和出兵阿富汗的决策过程的任何秘密档案。从我朋友告诉我的情况来看，现存的为数不多的文件都是手写的，已被安德罗波夫亲自下令销毁了。我不知道安德罗波夫为何要这么做。研究阿富汗政治和军事行动的历史学家将不得不接受最不可信的材料——官方文件和目击者的描述。

苏联国防部的档案中也没有任何相关文件保留下来。当参与寻找档案的人将这一情况汇报给新任国防部部长亚佐夫时，他无法相信这个事实。然而，这是一个事实，除了一份关于乌斯季诺夫要求限制苏联驻阿富汗部队的薪资待遇的文件外，国防委员会的档案上没有任何相关的

---

[1] *Корниенко Г. Указ. соч. С. 381—382.*

文件。

同样令人怀疑的是，这些文件能否保存在外交部。即使当时文件确实送到了外交部，但也只会供葛罗米柯个人阅读，并且很快就被收回。不管怎么样，谢瓦尔德纳泽也曾试图寻找这些文件，但他同样一无所获。历史没有留下任何痕迹，保持了沉默。[①]

曾经在克格勃工作多年的克普琴科中将（V. A. Kirpichenko）后来写道："1979 年 12 月 27 日喀布尔政权更迭之后，所有参与行动的人都被要求忘记一切，销毁全部文件。我也销毁了所有秘密录音，它记录了 1979 年 12 月在阿富汗行动的每一分钟。"[②]

进入 1979 年 12 月之后，事情快速发展。很多当事人在回忆录中提及了大量细节，我们这里只做简单概述。

克格勃组建了两支特别部队"天穹"（Zenith）和"惊雷"（Thunder）并部署到了喀布尔，大约有 100 人。格鲁乌组织了大约 500 人的"穆斯林营"，成员大多来自中亚，他们穿着阿富汗军装。特种部队驻扎在喀布尔郊外阿明新官邸（Taj Beck）的附近，名义上是与总统卫队一道保护总统。总统卫队有2500 人。官邸内部由阿明的近亲和其信任的保镖来警卫。此外，官邸周围还部署了一个防空团和步兵团。喀布尔市内还有 2 个步兵师和 1 个坦克旅。

军事政变的准备工作秘密进行着，以至于苏联驻阿富汗的军事总顾问马格梅托夫上将（S. K. Magometov）仅仅是在行动前几天才知悉决定。苏联驻阿富汗大使甚至是在政变当天才知道。阿明官邸区域苏军与阿富汗的力量对比是 1∶15。行动取得成功需要突袭与协作，以及阿富汗通信系统的瘫痪。一旦行动失败，苏军将面临灭顶之灾。

12 月 23 日，阿明接到通知，苏军将部署到阿富汗，他向苏联领导层表达了谢意，并要求阿富汗军队总参谋部配合苏军部署。

12 月 25 日中午，苏军接到苏联国防部部长乌斯季诺夫的命令，它要求苏联军队于 1979 年 12 月 25 日下午 3 时（莫斯科时间）越过边界进入阿富汗境内。同一天，苏军空降兵部队抵达巴格拉姆空军基地。地面部队渡过界河。12 月 27 日，苏军接管了保卫喀布尔市内最重要目标的工作。

---

① Корниенко Г. Указ. соч. С. 330—331.
② Кирпиченко В. Разведка: лица и личности. М., 1998. С. 349.

同一天，阿明在官邸盛宴款待人民民主党政治局委员、各政府部长及其夫人们。阿明在宴会上庄严宣布："苏联军队已经进入阿富汗，一切都会好起来。"

不过很快，阿明和他的贵宾们将发现情况不对了。隐藏在总统官邸厨房的一名苏联特工，在饭菜中混入了特殊药物。药物本来要在晚上才起作用。但药物很快就起了作用，阿明昏倒在地，不省人事。苏联医生很快被派过来进行急救，他们丝毫未受怀疑。这些医生尽一切所能挽救这位"友好国家"首脑的生命。但他只得救了……几分钟。

19 时 15 分，克格勃的"天穹"部队在喀布尔北部制造了大爆炸，炸毁了一座通信站。喀布尔与外界的通信联络完全中断，阿富汗总参谋部与下级部队的通信也完全中断。

紧接着，由总统个人卫队保卫的总统官邸也遭到攻击，总统卫队进行了绝望的抵抗。克格勃特种部队冲了进来，而"穆斯林营"则在大楼周围筑起了一道难以穿透的火力网。这次进攻得到了一个伞兵连的支援。

阿明的尸体被裹入一条毯子带走。枪战中，阿明的小儿子不幸中弹身亡，阿明的女儿受伤。一位苏联医生也被误伤。在攻占总统官邸的战斗中，克格勃特种部队 5 人死亡、17 人受伤，"穆斯林营"有 5 人死亡、35 人受伤，伞兵连有 9 人死亡、35 人受伤。阿富汗军队则有数百人死亡，1700 人投降。

当晚，安德罗波夫致电躲在苏军巴格拉姆空军基地的卡尔迈勒，祝贺他被任命为阿富汗民主共和国革命委员会主席。

苏军以极小的损失占领了喀布尔的其他重要目标。阿富汗总参谋长雅库布投降，不过他还是被参加政变的旗帜派成员射杀。

政权易手后，原本被关在普勒查尔希（Pul-e-Charkhi）监狱的政治犯们获释，回到了政权的最高层。

次日，苏联《真理报》发布了卡尔迈勒致阿富汗人民的公开信——《告全国人民书》："在经受了严重痛苦和折磨之后，阿富汗所有兄弟民族终于重获自由和新生。今天，阿明——野蛮的刽子手、篡权者和杀人犯——及其随从的酷刑机器被摧毁了。嗜血的阿明及其支持者的专制王朝堡垒是美帝国主义领导的世界帝国主义链条中的一环，现在已经被推翻了。"[1]

---

[1] *Гриневский О. Указ. соч.* С. 328.

这场战斗取得了胜利。苏联官兵进行了一次出色的行动，履行了军人的职责。他们相信，他们把阿富汗人民从暴君和美国特工手中解放出来，并期待很快回国。

不过，苏联领导人投入的这场战争却持续了将近十年。按照苏联官方数据，苏联人民为此付出了超过 1.3 万人的生命。

"许多年后，我们才慢慢发现我们在阿富汗做出的全部牺牲最终都是无效的。"曾任克格勃副局长的克普琴科中将这样写道。

1979 年 12 月 27 日中午 12 时，克格勃第一总局局长、安德罗波夫的助手克留奇科夫打电话给克格勃驻阿富汗安全机构的代表波格达诺夫（L. P. Bogdanov）："我们应该把所有的痕迹都抹去。"①

于是，所有的行动计划文件和行动日志全部被销毁了。

致命决策的逻辑

做出干涉阿富汗决策的逻辑大概有几个层次。首先，军事与战略考量。在美苏全球对抗的背景下，遵循着非我即他的逻辑：如果阿富汗不是我们的盟友，如果阿富汗的反对派获胜，那么他们将倒向美国。在失去伊朗之后，苏联人猜想美国将会亲自上阵或通过其盟友巴基斯坦来争夺阿富汗。苏联人的军事干涉逻辑，也被称为苏联的"防御性侵略"②，是阻止西方在阿富汗建立军事基地，特别是导弹基地。

西方已有在西欧部署射程足以覆盖苏联欧洲部分的中程导弹计划（是对苏联在西方部署 SS – 20 弹道导弹的正式回应），如果西方再在阿富汗建立这些导弹基地，苏联该怎么办？潘兴 2 型（Pershing II）导弹只需 6 ~ 8 分钟就能命中目标。如果在爆发核冲突时使用这些导弹，苏联的政治和军事领导人甚至没有时间钻进坚固的地下核掩体，必须拯救对人类社会至关重要的生命。如果西方在阿富汗部署了这样的导弹，苏联领导人即便在西伯利亚也找不到安全的避难所。

---

① *Кирпиченко В. Указ. соч. С.* 358.
② The Times. 02. 01. 1980.

　　然而，这一逻辑既没有考虑到阿富汗自身的基础设施条件，也没有考虑到任何阿富汗领导人都不可能接纳美国在阿富汗军事存在的事实，更没有考虑美国的实际决策程序。对克里姆林宫的老人们而言，这种妄想早已盘踞在他们的大脑中，并养成了这种思维方式模式，在他们眼里，那种威胁正在变成一个政治现实。

　　"1941 年 6 月 22 日综合征"，即苏联遭到纳粹德国偷袭的惨痛记忆，当时依然停留在苏联领导人的脑海中。

　　其次，非敌即友的概念与由美苏对抗激发的另一种想法交织在一起，尽管它涉及的是完全不同的军事方面。"我们落后于美国两场战争。美国打了朝鲜战争和越南战争，而苏联没有。"笔者不止一次听到军队高层人士这么讲。"我们必须在战斗中考验我们的部队，特别是军官，看他们如何抵抗敌人的炮火。我们必须要在战斗中检验我们的作战装备和新型武器。我们的下一任国防部长应该是一位具有战斗经验，得过战争勋章的将军。"在这样的讨论过程中，我常常想起在洛桑为一位瑞士将军修建的纪念碑，这位将军的英雄主义表现在他从未参加过战争。

　　"至于这场军事行动的成功，我们不是美国人，他们需要把现烤的牛排送到战壕里。我们在捷克斯洛伐克的军事行动，让西方的战略家们大吃一惊。他们声嘶力竭地叫喊了几个星期，然后平息下来。没有人会是赢家。毕竟，我们经济上较弱，既然军事力量是我们唯一拥有的东西，我们就应该利用它。

　　"我们认识到可以通过军事手段来改变政治局势——我们刚刚在安哥拉和埃塞俄比亚实现了这一点，我们向那里派遣了由我们训练的古巴人以及运送了我们的武器和装备。帝国主义者和他们的雇佣兵什么也没做。因此，为何不派我们的小伙子们去把后院阿富汗收拾好，然后载誉而归呢？

　　"我知道，并不是所有人都这样想，但是很多人确实这样想。甘科夫斯基曾描述过类似的观点：当然，我们是应阿富汗领导人的请求出兵阿富汗的。有一些高级将领反对这样做，但给我留下很深印象的是，很明显有一些人认为，应该将阿富汗变成试验场，在那里我们的硬件和人员都可以在战斗条件下得到检验。"①

---

① 与甘科夫斯基的谈话（1990 年 1 月）。

最后，在笔者看来，关于苏联军队所肩负的"国际责任"的宣传并非完全没有诚意。假如在阿富汗建立起一个资产阶级军事独裁政权，即便它是一个"反帝的"（反西方）和"进步的"政权，那么派苏联军队来保卫它以应对其国内的反对派将是很荒谬的。但是，如果它是在马列主义旗帜下夺取了政权，由"献身社会主义思想的追随者"和"热诚的革命者"组成的"一个兄弟党"，那么它就属于"我们的"。因此，这种"国际义务"代表了苏联对"阶级兄弟"的支持，他们准备用"老大哥"所确定的模式来塑造阿富汗。

杰出的外交家，也是实用主义者克里延科也持这种观点："很多细微的事情让我能感受到，不仅苏斯洛夫，某种程度上也包括安德罗波夫、乌斯季诺夫和葛罗米柯是受一种意识形态错误观点影响的，即所担心的不仅仅是失去一个邻国，而是失去一个'几乎是社会主义'国家的风险，不仅仅是由于他们非常真切地担忧，如果阿富汗的亲苏政权被亲美政权取代，那么苏联国家安全将面临威胁。"他继续写道："从这个角度看，我认为，向阿富汗派遣苏联部队的决定是 1978 年 4 月以来我们对阿富汗的有缺陷和过于意识形态化的政策的高潮，而非开端。"① 尽管苏共中央国际部除了领导层以外，没有人主张干预，但没有人征求他们的意见。

苏联对阿富汗马克思主义者的这一次"援助"，也许是被当作神话的外交政策的最后一次痉挛，是将苏联建国之初确立的救世主主义理念做最后一次尝试的企图。它似乎不是对阿富汗革命者的请求而做出的回应，或是苏联领导人的决策，而是历史唯物主义法则所规定的一种选择，该法则规定，社会主义形态必然会取代资本主义形态，就如白天要取代黑夜这个规律一样。阿富汗的社会发展可能较为落后，没有经历过资本主义，但是在"苏联兄弟的帮助"下，阿富汗完全可以跨越资本主义直接进入社会主义发展阶段。社会主义将在这个星球上大踏步地迈进，而且确实如此，阿富汗只不过是胜利行军的新阶段……

有关苏联出兵决策的意识形态因素可以再多说几句。1979 年 3 月 14 日，赫拉特省发生武装起义后，苏联派驻阿富汗政府的军事顾问格雷洛夫中将曾向乌斯季诺夫做过汇报。元帅给他下了命令："发动和武装阿富汗工人阶级。"格雷洛夫回答："是。"②

① *Корниенко Г.* Указ. соч. С. 388.
② *Богданов Л.* Афганская тетрадь. М., 2008. С. 218.

这段话是老迈的乌斯季诺夫在政治和文化上无知的一个缩影，也许不仅仅是老乌斯季诺夫，其实他头脑清醒，能够战略性地思考许多问题。笔者深信，乌斯季诺夫和勃列日涅夫、苏斯洛夫、安德罗波夫和葛罗米柯一样，他们在潜意识中都深受斯大林的影响，他们的世界观其实都植根于《苏联共产党（布尔什维克）简史》一书。

事实上，不只是阿富汗没有工人阶级，在其他国家工人阶级出于某些原因也没有特别迫切希望团结在苏联共产主义大旗下。这是有关天真、狭隘的世界观的问题。这种世界观客观地存在着，并未从根本上发生改变，按自身逻辑发展着，僵化的教条和信仰仍然在很大程度上决定着克里姆林宫老人们的行为。为此，他们将付出高昂的代价。

没有一个苏联最高领导人了解阿富汗的军事行动，不知道阿富汗人民可能做出的反应，也不知道该国当时的社会状况。他们中间甚至没有人打开过《苏联军事大百科全书》的第一卷，看看有关阿富汗的章节，上面提到了阿富汗的复杂地形，以及之前英国军队在该地遭遇的失败。

也没有人翻一下俄罗斯的历史书，回想一下当年沙俄为征服一个小小的达吉斯坦花了多少年时间，在那里沙俄遭到了沙米尔（Shamil）领导的强力抵抗。阿富汗相当于15个达吉斯坦大小，其高耸广袤的山脉有效地降低了进攻一方在坦克和大炮方面所拥有的优势，甚至战斗机和直升机亦然。在阿富汗，能够决定战争胜负的是双方地面部队的交锋，通常是使用传统武器的小规模武装的角色更加重要。他们中也没有人记得当年沙俄对北高加索地区的征服，在那里大部分人都敌视信奉基督教的俄罗斯以及"白沙皇"，那次征服导致数十万沙俄军人伤亡。

当年参与出兵决策的克里姆林宫老人们——勃列日涅夫、乌斯季诺夫、苏斯洛夫、安德罗波夫和葛罗米柯，都已经过世了，他们无法再说话了。相关的文件要么已经被销毁，要么还在保密期。没有出版关于那段时间驻阿大使馆向莫斯科汇报以及彼此之间通信记录的白皮书。1989年12月24日，苏联人民代表大会通过的第982－1号决议已经相当开诚布公，但依然在很多议题上保持沉默。不过，有一些苏联媒体，尤其是《苏联共青团真理报》，曾经做了一些报道，提供了一些线索。

1990年底，《苏联共青团真理报》刊发了苏联战斗英雄、全国人民代表大会代表、上校瓦列里·奥切洛夫（Valery Ochirov）撰写的文章，他曾在阿富汗的一个空军混合团的直升机中队服役。[1]

奥切洛夫列举了 1979 年 9～12 月阿富汗领导人向苏联领导人发来的请求。

他提到一条密码电报的内容，不顾驻阿富汗"代表们"的请求，中央要求他们尽量避免冒险行动。这条密码令是葛罗米柯于 1979 年 9 月 15 日签发给驻阿富汗代表的，主要内容如下。其一，鉴于目前阿富汗的局势，继续与阿明以及其他领导层打交道只是权宜之计；有必要阻止阿明政府镇压塔拉基的支持者以及其他不喜欢阿明的人，除非他们是反革命者。同时，通过与阿明的接触了解他的政治观和意图。其二，苏联驻阿富汗的军事顾问以及驻在其安全机构、内政部的顾问继续留任是有利的。他们应履行准备并开展针对阿富汗叛乱武装和反革命武装的战斗相关的直接职能。毋庸置疑，他们不应该参加镇压反对阿明者的行动，如果阿明政府要求那么做的话。

1979 年 12 月的一份克格勃报告显示，阿富汗领导人和苏联驻喀布尔的代表们给莫斯科施加的压力越来越大，因为他们丝毫不怀疑莫斯科已经下定决心干涉阿富汗局势。12 月 12 日和 17 日，一名克格勃代表与阿明进行了会谈，阿明的表态很有意思。阿明一再重申，苏军的介入是打击阿富汗北部地区"盗匪"叛乱的必要手段，确认阿富汗领导层欢迎苏军部署到阿富汗北部省份的各个战略要地；苏联军事援助的形式和方法由苏方自行决定；苏军可以在阿富汗境内自行选择驻军地点，苏联援助的项目或在建的项目也由苏军保护；苏军负责掌管阿富汗的通信系统。

根本没有相关专家参与讨论是否应该向阿富汗派遣军队。笔者在对各个党和政府机构的人员采访后得出结论，所有专家一致反对出兵决定，他们也从未被要求对之进行过评估。

苏联宣布出兵阿富汗的当天，笔者恰好在《真理报》办公室与同事格卢霍夫（Yu. Glukhov）一起值班。格卢霍夫曾经在苏联驻阿富汗大使馆工作多年。尽管我们两人此前并没有讨论过此事，但我们两个人几乎预测到了事情随后发展的每一步，这不是因为我们两人有多聪明，而是因为这些事情对专家而言都是再明显不过的。一个人不一定非有千里眼。

当天晚上，我在走廊里与《真理报》总编辑阿法纳西耶夫（V. G. Afanasyev）

---

[1] См.: Комсомольская правда. 27.12.1990.

分享了我的关切，并试图进行解释。"你最好把它们闷在肚子里。"他冷静地弹掉了烟灰告诉我。这不过是友善的提醒方式。

两年后，《真理报》驻阿富汗记者列奥尼德·米罗诺夫（Leonid Mironov）被报社开除了，因为他在一个小型的外国记者聚会期间对苏联的阿富汗政策表达了保留意见——尽管不是书面的或在报纸上发表的。是也参加了此次聚会的一位《真理报》前雇员告的密。《真理报》管理层被迫将其开除，理由是"政治上不成熟"。颇具嘲讽意味的是，在那个时代，有另一类人，他们能够毫不犹豫地证明黑人是白人，他们撒谎而不受惩罚。

当时苏联领导层的决策权力集中掌握在克里姆林宫的几位老人手中，甚至连最高苏维埃和苏共中央委员都没有机会参与决策。

勃列日涅夫本人发挥了决定性作用。把他推到那个方向的核心问题并不限于客观条件或虚假信息。作为一个善良的老人，塔拉基的死让他受到了极大的侮辱和打击（怎么会发生这样的事情？塔拉基被阿明杀害了。他刚刚在莫斯科受到了勃列日涅夫的亲切接见和热烈拥抱，塔拉基和勃列日涅夫本人一样正在致力于列宁的伟大事业。懦弱的阿明怎么敢杀掉塔拉基？他这是在侮辱苏联人民爱戴的伟大领袖、在侮辱国际共产主义和工人运动的杰出代表，他在所有社会主义和面向社会主义的国家中享有最高荣誉。他获得的奖章和勋章数量可以达到三位数。阿明到底是什么人？他与中情局有什么关系？这意味着他是美国的代理人。那么就让我们派军队过去几周，恢复秩序后就回国）。

有意思的是，我在本书的前一版，也就是25年前所做的假设如今获得了越来越多的证明。最近一些年，我采访了多位当年决策者身边的人，他们透露的信息证明了我的假设。

克里姆林宫首席医生查佐夫（E. I. Chazov）的回忆录已经出版，书中写道："尽管勃列日涅夫的批判性思考能力下降，但他依然对发生的事情感到不安。最令他怨恨的是，就在事件发生前不久，他于9月10日接见了塔拉基，答应给予他帮助和支持，并向他保证苏联完全信任他。勃列日涅夫在会议上说，'这个阿明是什么样的人渣？他居然敢杀害与他一起搞革命的战友。现在谁来领导阿富汗的革命？''其他国家的人会怎么说？如果勃列日涅夫的话都不能信，勃列日涅夫所做的支持和保护的保证都是空话，那么我们还能相信谁？'"

正如安德罗波夫告诉我的，勃列日涅夫在他和乌斯季诺夫面前也差不多以同样的语气说了这个话。虽然勃列日涅夫的这些言论不太可能是苏军入侵阿富汗的导火索，但毋庸置疑，塔拉基的被杀和勃列日涅夫及其同僚不再信任阿明，在苏军出兵决策中发挥了作用。此后，就开始准备入侵阿富汗了。①

克里姆林宫的其他人发挥了什么作用呢？

我不认为谨慎的葛罗米柯会赞成出兵决定，但他不可能违反克里姆林宫里的基本原则——与老板要保持一致。毕竟，苏联此前在捷克斯洛伐克和埃塞俄比亚不是成功了吗？阿富汗的山难道比捷克斯洛伐克的山更高吗？（虽然事实上确实如此，但他几乎不会静下来思考这个事实。）

切尔尼亚科夫：葛罗米柯看起来很清楚阿富汗战争的后果是什么。毫无疑问，如果他有能力的话，他会反对出兵的。然而，他很清楚，第二天他就会变成无名之辈，别人就会坐在他的椅子上。葛罗米柯私下反对这么做。②

皮林：据我所知，确实是乌斯季诺夫推动勃列日涅夫做出干涉阿富汗决定的。国防部有很多人认为，军队需要经受实战的考验。当索科洛夫（Sokolov）成为国防部部长后，他坚持认为阿富汗战争是一件幸事，他希望所有军队都能去阿富汗轮战以获得战斗经验。葛罗米柯从不反驳勃列日涅夫，每当勃列日涅夫做出决定时，他就开始拍马屁。此外，葛罗米柯已经垂垂老矣。在捷克斯洛伐克，一切都进展顺利。不过，这和阿富汗有什么关系呢？③

An. A. 葛罗米柯：人们应该查阅那个时期的档案，以确定那些做出这一决策的每一个人的责任。无论如何，任何外交机构的本质任务都是避免发生军事冲突。塔拉基被阿明处决让勃列日涅夫从个人情感上很难接受。此外，还有提交给苏共中央委员会以及克格勃、国防部的报告。我认为，第二次世界大战的教训对我们在阿富汗采取行动的影响是非常明显的，我的意思是我们非常担心在邻国出现一个敌对国家。根据从我父亲那儿听到的，我得出的明确结论是，伊朗巴列维国王垮台后，出现了美国将主要军事基地转移到阿富汗的新威胁，势必将其变为打击我国在南部地区军事设施行动的先锋。

① *Чазов Е.* Здоровье и власть. Воспоминания кремлевского врача. М. , 1992. С. 153.
② 与切尔尼亚科夫的谈话（1990 年 3 月）。
③ 与皮林的谈话（1990 年 5 月）。

笔者：我想澄清一下，在伊朗根本不存在美国的空军、导弹或其他基地。伊朗北部有大型电子侦察基地和大型武器库，还有 4 万多名美军顾问。有现成的军事设施可供美军部署，但伊朗当时确实没有美国基地。

An. A. 葛罗米柯：无论如何，这些军事顾问是一个借口，这可被视为美国大规模军事的存在。它们威胁苏联南部边界的安全。美国在伊朗有强大的基地存在。美国人失去了这些基地。在很长一段时间里，苏联不愿意在阿富汗使用武力，这也许是因为它不愿意卷入阿富汗的冲突。勃列日涅夫的个人情绪在这一事件的前因后果中发挥了很大作用。当然，勃列日涅夫并不是一个人做出这个决定的。所有证据都表明，这是集体意见，是当时外交决策最高机构达成的一个共识。

笔者：我想阿富汗的教训阻止了我们在 80 年代初军事干涉波兰内政。

An. A. 葛罗米柯：确实是，阿富汗的惨痛教训给莫斯科所有人都带来了寒意，我个人认为。

鲁萨科夫：事实并非如此。是安德波罗夫，特别是雅鲁泽尔斯基（W. Jaruzelski）让我们避免了灾难。他们意识到波兰军队会进行抵抗。此外，北约就在围墙的背后。这儿不是喀布尔的阿明和他的保镖所躲藏的宫殿。①

笔者：你是否认为阿富汗问题以及其他事务的专家们的意见被决策者束之高阁了呢？

An. A. 葛罗米柯：一方面，确实如此；另一方面我们的专家无论如何也不太热衷于向国家领导人汇报。学术机构进行了形势研讨，总的结论是阿富汗可能成为美国的导弹基地。②

聪明的安德罗波夫在其中发挥了什么作用，迄今还是个谜。难道他没有预测到莫斯科下的这盘棋接下来两三步该怎么走吗？波诺马廖夫在接受笔者采访时，随意地说了几句，但确实有助于解释安德罗波夫的行为："你看，卡尔迈勒被克格勃勾住了。当卡尔迈勒被流放到捷克斯洛伐克做大使时，他给在卢布扬卡（克格勃在莫斯科总部所在大街）的安德罗波夫打了

---

① 与鲁萨科夫的谈话（2013 年 12 月）。
② 与葛罗米柯的谈话（1990 年 5 月）。

电话。"①

还有一个可能性不能排除，即1956年安德罗波夫参与处理匈牙利事件影响着他，当时匈牙利爆发了反共反苏起义。在成功镇压起义后，一个强大而灵活的人物——亚诺斯·卡达尔（Janos Kadar）——被选为领导人，在当时看来，他将确保匈牙利成为相对自由的共产主义政权，并且忠于苏联。

与安德罗波夫共事过的克格勃官员和苏联外交官都称赞他是一位杰出人物。正因为如此，安德罗波夫（在掌权之前）不得不扮演一个小心翼翼的朝臣的角色，在政治局里不愿当出头鸟。1973年，他与乌斯季诺夫和葛罗米柯一起当选为政治局委员。

安德罗波夫应该不会引起日益衰老的勃列日涅夫以及其他迟钝老迈的政治局成员（在作者看来，这些其他人不包括乌斯季诺夫和葛罗米柯）对他的怀疑。否则，他就会被党和政府内的同志"吃掉"。或许，他会成为"俄罗斯的邓小平"的角色，但"为时过晚"了：他自己也病倒了，做不了这个事情，而且……

多年来，安德罗波夫一直站在与美国对抗的前线，收到了各种虚虚实实的情报。他坚信，阿明的下台和苏联对阿富汗的入侵将确保阿富汗不会变成美国的盟友。毫无疑问，他个人对出兵决定负有责任。

鲁萨科夫：1939年，丘吉尔把斯大林时代的苏联称为"包裹在谜团中的谜中谜"。这一说法也可应用到苏联出兵阿富汗的决策中。不过，我们知道"谜团"中的主要角色：勃列日涅夫、安德罗波夫、乌斯季诺夫、葛罗米柯、苏斯洛夫。除了总参谋部的官员外，谁反对这一决定并不重要。事后看来，几乎所有人都反对它。正如美国人所说："成功有很多父母，但失败是一个孤儿。"正如美国谚语说的："成功人人争，失败无人理。"最初，苏联领导层一再拒绝阿富汗领导人提出的派遣军队的请求。后来发生了什么事？为什么高层的决策会改变？最有可能的是各种因素形成了累积效应。

笔者：那就是说，你同意下述因素交织成为一体：（错误地）担心阿明会投靠美国人，并"从我们身边带走阿富汗"，阿富汗将变成美国的盟友，而美国将在那里建立导弹基地；勃列日涅夫因塔拉基被杀受到的个人侮辱；这是

———————
① 与波诺马廖夫的谈话（1990年7月）。

个锻炼军队的好机会；深信行动时间不会太长。

鲁萨科夫：总体上是这样的。不过，专家认为阿明背叛苏联的证据是确凿的。但即便如此也不能消除找到另一种解决办法的可能性，这种办法不会产生那么深远的影响。比如，"重新招募"阿明，让其向勃列日涅夫悔过并表示会改过自新。至于在阿富汗的导弹基地，事实上美国人更感兴趣在德国部署潘兴 II 型导弹（据我所知，他们不关心西伯利亚）。[①]

笔者：你对苏联出兵阿富汗的决定有何看法？

叶戈雷切夫：我认为，这是一个仓促而冲动的、没有进行适当准备的决定，我们完全相信自己的军队有能力恢复阿富汗的秩序。但事实证明，一切都要复杂得多。为什么会做出这样冲动的决定？我认为总书记的野心是主要原因。当时他年老多病，人已经有点糊涂了。你可能还记得塔拉基从哈瓦那回国途中在莫斯科停留的那一晚。电视和新闻上都是他与勃列日涅夫亲切会面、热情拥抱和问候的报道。塔拉基回到阿富汗后就被废黜，并被杀害。勃列日涅夫认为这是对他个人的侮辱。它是怎么发生的？可怜的阿明竟然无视我勃列日涅夫这样一个伟大的人物。我们在那里的人都干什么去呢？我们在那里支持谁？我们需要多少人？五万？乌斯季诺夫！去吧，让那里一切恢复正常。但是乌斯季诺夫和勃列日涅夫一样，对阿富汗一无所知。尽管如此，他们已决定出兵干涉，只是在他们达成一致之后，他们才试图找到老套的政治理由来为这个决定辩护。

笔者：我们驻喀布尔的大使馆做何反应？

叶戈雷切夫：我们的外交官们熟悉情况，并反对出兵干涉，但是没有人征求过他们的意见。

笔者：我们确实在阿富汗有一些熟悉当地情况的专家，我本人就认识一些。

叶戈雷切夫：我在阿富汗工作时，曾和他们密切合作过。他们中许多人在那里已经是第二个或第三个任期。我和他们就我们的政策有过长时间的深入交谈，我相信那些家伙确实明白，出兵阿富汗是不必要的。但是，他们的意见没有人愿意听。至于体制里其他部门的作用，据我所知，军方对出兵的决定也不满意。

我指的是严肃的军人，首先是总参谋部军官。我不认为乌斯季诺夫算个

---

① 与鲁萨科夫的谈话（2013 年 12 月）。

军人。作为国防部部长，他就是军队里的外来人。他更像个政客，而且是很肤浅的政客。安德罗波夫是个非常谨慎的人，葛罗米柯也是，但他从不敢逆流而行，或许那是他的错误之处。不过，他可能还有其他锦囊妙计。现在我很难对此做出判断。我不相信他会如此肆无忌惮地加入这场赌博，但我仍然不能完全理解他的立场。

苏联最高苏维埃委员会仍然没有弄清楚事情的真相；我们将不得不等着瞧，看当所有文件都被解密后历史学家会说些什么……现在我们把所有责难都推到军队身上。我不同意这么做。军队完成了赋予他们的主要任务。他们保护通信设施、道路和机场，在所有主要的城镇驻扎。他们设法创造条件，让新政权获得力量。他们帮助建设阿富汗军队并对其进行培训。我们不能再要求他们做得更多了。但我们不能指望苏联军队去巩固一个政权。你不能依赖刺刀的尖端。至于政客们，他们没干应该做的事情。每个人都在空谈"革命形势"，以及如何推进革命。那样的讨论在波诺马廖夫的手下尤其流行，但它造成了巨大的破坏。我们在阿富汗试图使用在我们国内都不灵的方法。根据我们的建议，他们着手消灭阿富汗的小资本家和小商人，但后来他们不得不开始修改自己的政策。我们这里也有顾问。其中一些人诚实、高效、聪明和勇敢。即便如此，他们不了解情况。

笔者： 假设一位诚实的苏共地方党委第二书记作为顾问去了阿富汗的一个省，并提出了建议——他可能造成了一些伤害，但除此之外别无他法。你同意吗？

叶戈雷切夫： 不能完全这么说，不全是这样。我们一直警告他们：请不要干涉。我们要求他们不要提建议，而是敦促他们把各省的准确情况传递给大使馆。阿富汗人在处理宗教问题时吃了不少苦头。后来，纳吉布拉同志曾建议修建一座清真寺来纪念阿富汗宇航员的太空飞行，这是一个好主意。但阿富汗政府负担不起，他们要求我们提供援助。即使是这样的想法当以谨慎的方式传到中央以后，从来没有收到过答复。①

苏联领导人没有预先考虑阿富汗局势将如何发展，也没有预见到西方、伊斯兰世界和中国将做何种反应。西方不信任苏联领导人，同时右翼的新保

---

① 与叶戈雷切夫的谈话（1990 年 1 月）。

守派接连在西方多个国家掌权，他们主张对苏联采取强硬态度。由于伊朗革命和苏联在非洲的行动，美国总统卡特的地位遭到削弱，美国政治生活的轴心出于内部原因正转向右翼保守主义。甚至在阿富汗战争爆发前，美苏原本的缓和局面就已脱离轨道，在欧洲部署中程导弹的决定已经做出。阿富汗本身并不是特别重要。但是，如果苏联明天就能突围到波斯湾呢？

在苏联第 40 军被部署到阿富汗后的第二天，卡特总统的国家安全顾问兹比格涅夫·布热津斯基在他老板的办公桌上放了一份备忘录。它的基本思想是，苏联即将进入"南方海域"（South Seas），即进入石油储备丰富的波斯湾。备忘录建议用一切可能的手段来帮助阿富汗武装反对派。虽然"在南方海域取得突破"是宣传上的无稽之谈，但把苏联拖入自己的"越南"并让它为此付出沉重代价的想法，唉，那是非常现实的。

"有没有向温暖的印度洋前进的意图呢？"甘科夫斯基教授思考着："任何通向印度洋的道路都只能通过俾路支斯坦来实现，但我们受限于俾路支人。从我所掌握的信息以及我所能做的评估来判断，所有关于有着向印度洋推进目标的讨论都是毫无根据的。"①

笔者：当莫斯科决定出兵阿富汗时，有向波斯湾推进的考虑背景吗？

叶戈雷切夫：我在任何地方都没有发现支持这种想法的证据——无论是在文件、书面或口头上，还是在我与苏联和阿富汗领导人的会谈中。

笔者：在政治上存在着一种危险的现象——我们没做任何计划，我们没有那样的意图，但是我们的行动会被其他人以另外一种方式来解释——正如外部观察家看问题那样。你知道欧洲的例子。如果当时我们不打算把坦克开到大西洋边上，那么我们在欧洲拥有 3 倍坦克的优势又有何意义？你明白我的逻辑吗？

叶戈雷切夫：是的，我确实明白。

笔者：阿富汗也是这个道理。意味着我们向波斯湾方向进军。波斯湾意味着石油，这是整个西方经济的基础。如果我们说：不，我们不需要波斯湾。如果你是美国人、英国人或日本人，你会如何解读我们在阿富汗的动机？

叶戈雷切夫：美国人以及其他人可能认为苏联是永久的敌人，但我没有

---

① 与甘科夫斯基的谈话（1990 年 1 月）。

发现我们有这样计划的任何证据。

笔者：是的，但如果你是一名政治家，你应该预见到别人将对你的行动做出什么样的反应。

叶戈雷切夫：从我们向阿富汗出兵的第一天起，西方就开始兜售针对我们的这一观点。当时，我们没有确立任何像这样的政治和军事目标。不过，客观上讲，我们的行动可能会吓到其他人。这是有充分理由的。

笔者：你是否同意这一观点，在苏联军队进入阿富汗前夕，美国可能会在阿富汗部署导弹这一设想对苏联构成了威胁？

叶戈雷切夫：不，我不同意那个理论。首先，越南战争结束后，美国人已经不想入侵任何地区。其次，作为实用主义者，美国不会在阿富汗这样的国家投入任何金钱和政治资本。我们也不应该这样做。

笔者：我仍然相信，在阿富汗的军事冒险确实在我们的历史上发挥了悲剧性的但非常重要的作用。虽然据称在阿富汗的冒险行动是受到了 1968 年成功干涉捷克斯洛伐克的影响，但苏联在阿富汗面临的困难使我们日后免于在波兰发生更大的悲剧。①

对伊斯兰世界而言，苏联这个信奉无神论的大国在阿富汗的行动，意味着对一个靠近波斯湾的伊斯兰国家的侵略。在波斯湾的下腹部是沙特阿拉伯，它特别珍贵，不仅石油储备丰富，而且拥有伊斯兰教最神圣的两个地方——麦加和麦地那。在阿拉伯半岛南部一个马克思主义的政权已经建立起了军事力量。"共产主义者"在埃塞俄比亚也上了台。利雅得和其他伊斯兰国家就是这样看待局势的，它们对苏联的行动做出了消极的政治反应，他们在大众媒体上进行反苏动员并向阿富汗反对派武装提供财政和军事援助，这都是意料之中的事。

寻找解决方案

在阿富汗，苏军发现自己置身于当地人的深深敌意之中。当地人已准备

---

① 与叶戈雷切夫的谈话（1990 年 1 月）。

好开展长期的游击战，并从世界各地得到了物资、金钱和其他形式的援助。苏联领导层中的一些人开始明白，在军事上打败阿富汗反政府武装是不现实的。但是，如果撤军的话，那么就等于承认了自己的误判、无能和失败，这就是他们只能选择顺其自然的原因。甘科夫斯基说：

> 当人们发觉苏联军队在阿富汗驻扎的时间拖得太久时，人们开始试图研判局势。1980年，苏联著名军事指挥官相继访问阿富汗，他们得出了一致结论，军事解决阿富汗冲突没有出路。乌斯季诺夫做了什么？1981年初，他向政治局提交了一份备忘录，强调军事手段不可能解决阿富汗问题，但该文件没有获得任何评论。我读过这份文件。"石头太湿滑了，无法在上面行走。"这份备忘录被归档保存起来，就好像它从来不存在一样。①

"在第一年，我们就坚信，我们在阿富汗部署军队和开展军事行动既不利于阿富汗的稳定，也不利于巩固我们的友好政权，我们应该从阿富汗撤军，"克普琴科中将这样写道，"尽管我们一些军方领导人和政治家很清楚这一形势，但是苏联领导层在此问题上没有表现出清醒的头脑、勇气或远见。在我参加的一次有关阿富汗局势的例行会议上，阿赫罗梅耶夫（S. F. Akhromeyev）元帅，他现在已经病了，和瓦连尼科夫（V. I. Varennikov）将军一起低声说道：'你必须明白，我们苏联军队正在和阿富汗人民打仗，所以是不可能取得胜利的。'"②

克里姆林宫的老人们在做出一个等同于犯罪的错误决定后，他们希望让事情顺其自然发展。他们不愿采取任何新的行动，继续重申他们的标准公式——调换。与此同时，他们养成了一个习惯，即不断派遣新入伍的年轻人去阿富汗参加一场对苏联来说完全不必要的战争，它浪费了数十亿卢布，但克里姆林宫的老人们从来不在意这些钱。

事实证明卡尔迈勒是个软弱的领导人。"多年来，我见过他很多次，"查佐夫写道，"他是一个和蔼可亲的聪明的好人，知识丰富，和他谈话很有趣，尤其是他学会讲英语之后。但他只是一个文雅的知识分子，缺乏组织才能，

① 与甘科夫斯基的谈话（1990年1月）。
② *Кирпиченко В. Указ. соч. С. 348—349.*

不能领导人民或给他们宣传思想信念。每次我见到他，他看起来都很困惑，肩上的责任压得他喘不过气来。给我的印象是，他在宫殿里很孤立，不知道该怎么办，不知道如何摆脱这一局面。他开始酗酒，这影响了他的肝脏，所以我们警告他必须戒酒。卡尔迈勒同意了，但在我看来，他继续过着以前的生活。我警告过安德罗波夫，他庇护并支持卡尔迈勒，如果卡尔迈勒不听从我们的建议，那么一切都可能以糟糕的方式结束。"①

人民民主党内部旗帜派和人民派之间的斗争继续破坏着党和军队的团结。与此同时，反政府武装在得到了来自数十个伊斯兰国家的资金、武器以及伊斯兰志愿者的支持后，力量不断增强，控制的领土越来越大。

在采取了所有预防措施后，安德罗波夫亲自飞往喀布尔。

让我们稍微超前一点，应该注意的是，在 1986 年之后苏联和阿富汗的空中损失有所增加，当时美国开始公开向"圣战者"提供先进的地对空"毒刺"（Stinger）导弹，它们可以从肩膀上向直升机和飞机发射。

苏联领导层似乎清醒过来，开始寻求政治解决方案。但是在撤出苏联军队的同时要保住阿富汗亲苏政权——要么以相同的形式，要么至少以联合政府的形式——并不现实。美国希望苏联继续深陷在阿富汗。因此，所有与巴基斯坦或联合国达成的协议，其中 95% 已经准备就绪，但只停留在纸面上。然而，有必要从阿富汗撤军。

克里延科写道："我推测，1982 年 11 月安德罗波夫成为苏联党和国家元首，做出撤军决定的时机已经成熟。特别是从他在 1983 年 3 月 28 日与联合国秘书长哈维尔·佩雷斯·德奎利亚尔的谈话中可以判断。""苏联领导人不只告诉他希望和平解决阿富汗问题，还坦率地列举了五个必要的理由。数着自己的手指头，安德罗波夫表示，第一，局势严重损害了苏联与西方的关系；第二，损害了与社会主义国家的关系；第三，损害了与伊斯兰世界的关系；第四，损害了与'第三世界'其他国家的关系；第五，它给苏联国内局势、苏联的经济和社会带来了痛苦。"②

这都是完全正确的。但当年我们这位"杰出的"领导人在投票支持做出这项注定失败的决定时，难道不知道所有这些后果吗？

---

① Чазов Е. Указ. соч. С. 154.
② Корниенко Г. Указ. соч. С. 392—393.

安德罗波夫于 1984 年 2 月 9 日去世后，解决阿富汗问题的工作继续在幕后推进。

阿赫罗梅耶夫元帅和第一副外长克里延科坚持迅速撤军。他们认为，如果没有苏联的军事支持，人民民主党就没有能力继续掌权，因此需要在撤军前成立一个联合政府。外长谢瓦尔德纳泽（E. A. Shevardnadze）和克留奇科夫则坚持，要加强人民民主党的力量，以便它能够在苏联撤军后继续与反政府武装抗衡。戈尔巴乔夫有些犹豫。克里延科与谢瓦尔德纳泽关系不好，他被从外交部调到多勃雷宁（A. F. Dobrynin）领导的苏共中央国际部工作，担任第一副部长。但没过多久，克里延科和总参谋长阿赫罗梅耶夫元帅被迫辞职，戈尔巴乔夫和谢瓦尔德纳泽对他们两人过于独立而感到不满。

在 1986 年戈尔巴乔夫向苏共第二十七大所做的工作报告中承认，阿富汗已成为"流血的伤口"，他希望"应阿富汗政府要求部署在阿富汗的苏联军队在不久的将来能够回到祖国"。[①] 然而，他花了四年时间才将苏联从阿富汗解救出来。

戈尔巴乔夫政府当然想要"挽回面子"，并找到一个解决方案，建立一个让人民民主党一些领导人参加的联合政府。莫斯科得出结论，以一个灵活而又强大的人物替换软弱的卡尔迈勒的时机已经成熟。1986 年 5 月 4 日，阿富汗秘密警察（KHAD）前负责人穆罕默德·纳吉布拉（Mohammad Najibullah）取代卡尔迈勒成为人民民主党的总书记。纳吉布拉试图加强党的团结，对反政府武装发动进攻，同时试图扩大其权力的社会政治基础。戈尔巴乔夫也在国际社会寻求解决方案。1986 年 11 月下旬，他在对印度进行国事访问期间，戈尔巴乔夫呼吁巴基斯坦参与解决阿富汗问题。[②] 莫斯科和伊斯兰堡进行了高级别接触[③]，并同不结盟运动的领导人——津巴布韦的穆加贝[④]、印度的拉吉夫·甘地[⑤]、阿尔及利亚的杰迪德[⑥]进行了接触，希望他们能够进行斡旋，并

---

① *Материалы* XXVII съезда КПСС. С. 69.

② См.: Визит генерального секретаря ЦК КПСС М. С. Горбачева в Индию 25—28 ноября 1986. С. 71—74.

③ См.: *Внешняя политика СССР и международные отношения*: Сб. док - тов. 1986. М., 1987. С. 302.

④ См.: Визит в Советский Союз премьер - министра Республики Зимбабве Р. Г. Мугабе. 2—4 декабря 1985 г. М., 1986. С. 19.

⑤ См. *Горбачев М. С.* Избранные речи и статьи. Т. 4. М., 1987. С. 256.

⑥ См.: *Шведов А. А.*, *Подзоров А. Б.* Советско - алжирские отношения. М., 1986. С. 7.

在联合国创造更有利的气氛。1987年1月1日，纳吉布拉呼吁全国和解，宣布从1月15日起停火六个月①，但他的提议遭到反对派武装的拒绝，战争仍在继续。

在1987年12月的华盛顿首脑会议上，戈尔巴乔夫自己宣称，里根先生已经准备好在苏联无条件地、不可逆转地从阿富汗撤军的基础上与苏联达成解决方案。很明显，戈尔巴乔夫和他的顾问们已做出了将于1988年初从阿富汗无条件撤军的最终决定。1988年2月，在由联合国主持的巴基斯坦和阿富汗新一轮日内瓦谈判前夕，戈尔巴乔夫正式宣布苏联准备于1988年5月15日开始撤军，并在9个月内完成全部撤军，但条件是为此要签署一项协定。戈尔巴乔夫宣布，苏联将致力于推动邻国阿富汗成为一个"独立、不结盟、中立"的国家。②

1988年4月6日，纳吉布拉在塔什干与戈尔巴乔夫举行会晤，两天后两国政府发表了联合公报，公报的八点内容重申了戈尔巴乔夫2月8日的声明。4月14日，有关各方在日内瓦签署了一揽子协议，其中最重要的是明确规定了苏联从阿富汗撤军的义务。美国人没有同意停止对反对派的援助，也不愿向其他方面（比如巴基斯坦和沙特）施压要求它们停止支持反喀布尔的组织。领导反政府武装的"七方联盟"不愿执行日内瓦协议。这意味着苏联只能单方面撤军。此外，协议中还有一些隐藏的条款。因为里根将于1988年5月29日至6月1日访问莫斯科，在此之前，莫斯科和华盛顿已准备在全球问题上各让一步，并竭力在里根访问之前消除阿富汗问题这一障碍。因此美国实际上是给苏联一个机会，让它在从阿富汗撤军期间挽回面子，同时避免把撤军变成像美国从越南撤军时那样可耻的慌乱一团。的确，莫斯科从波斯湾的大门口和南亚撤军，这对美国来说是一个巨大的成功。1988年5月15日，苏联正式开始撤军，并明智地在冬季完成了全部进程，冬季恶劣的天气削弱了反对派的活动。

1989年5月25日，苏联政府公布了苏军在阿富汗的伤亡数字。国防部总政治部负责人阿列克谢·利兹切夫将军（Alexei Lizichev）在新闻发布会上说，苏军总共有13310人阵亡，35478人受伤，311人失踪。对一场持续九年的战

---

① См. : Правда. 02.01.1988.

② Там же. 02.09.1988.

争而言，这些数字太低了，很少有人相信这个数字，但是没有公布其他数据。我和叶戈雷切夫讨论了这个问题。

笔者： 你为什么被任命为驻阿富汗大使？任命你的理由是什么？

叶戈雷切夫： 政治局有十几个候选人，我被选中是因为我在外交、党务和经济方面经验丰富，所有这些都是去阿富汗担任大使所需的，尽管我对阿富汗一无所知，对此我也毫不隐瞒。但大使的工作是提高使馆的权威性。我们在那里的将军们非常独立，还有一支来自克格勃军官和内政部的强大队伍，所以大使馆只是扮演了一个微不足道的角色。我与纳吉布拉建立了非常密切的关系——不是个人关系，纯粹是职业和工作关系，但他明白我在帮他解决那些他提交给我们领导人的问题。我离开喀布尔的时候，纳吉布拉给我颁发了"四月革命勋章"——他们的最高荣誉勋章，上面镶满了宝石。他们几乎不颁给任何人，因为它太昂贵了。我尽了最大努力来度过我军撤出阿富汗的困难时期。我们在大使馆里修建了一个大掩体，可以容纳100人在里面工作，还在大使馆周围修了一道围墙，我们还安装了一个信号系统，并挖了一条壕沟，如果我们遭到攻击，人们可以跳进壕沟。我们疏散了大约8000名苏联公民，他们大部分没有和家人一起生活在这里。我们签署了"优化我们的存在"的协议，并将我们一直负责的职责移交给阿富汗人。

笔者： 你如何评价我们对阿富汗的援助？

叶戈雷切夫： 我们撤军的时候，我就在阿富汗。我们不能就那么离开，而让这个国家听任命运摆布，所以我们问阿富汗领导人他们需要什么，他们所有的要求都得到了满足，没有例外。不用列举数据，我可以举个例子：根据人事表，阿富汗军队的人数远超过其实际数量。他们要求我们根据人事表提供设备、武器和弹药，我们正是这么做的。[1]

当笔者进行这些采访时，纳吉布拉政权仍然在苟延残喘。苏联提供的武器、燃料和粮食延长了三年的痛苦。然而，在苏联解体之后，无论是新生的俄罗斯还是中亚国家，都不承认对这个陌生的政府负有任何政治或道德义务。1992年4月，这一事件达到高潮。在付出了巨大的人员牺牲和物质损失后，共产主义试验最终以彻底失败而告终，而且未来也不太可能卷土重来。

---

① 与叶戈雷切夫的谈话（1990年1月）。

1989 年 2 月 15 日，当苏军第 40 军司令官鲍里斯·格罗莫夫上将（Boris Gromov）最后一个跨过阿姆河（Amu Darya）跨界大桥时，苏联完成了撤军。没有一个苏联领导人过来迎接自己的军队。得到苏联支持的纳吉布拉政权一直坚持到 1992 年。1992 年 1 月 1 日，叶利钦（B. N. Yeltsin）完全断绝了对纳吉布拉政权的援助。当"圣战者"占领喀布尔时，纳吉布拉躲进了联合国驻喀布尔的机构中避难，并一直在那里待了数年之久。

反政府武装不同派别之间随即又开始了战斗。俄罗斯外交官再也不可能留在喀布尔。炮弹不停地落在俄罗斯大使馆内。三架伊尔 - 76 军用运输机抵达喀布尔，计划将俄罗斯外交官和俄罗斯公民全部撤出阿富汗。前两架飞机在阿富汗的炮火下成功起飞，搭载了 167 名俄罗斯公民，包括妇女以及数十名其他使馆的雇员。奥斯特罗文科（E. D. Ostrovenko）大使夫妇与大多数外交官计划乘坐第三架军用运输机，但他们还没上飞机前，飞机被一枚导弹击中并起火。机组人员和伞兵卫队有时间离开燃烧的飞机。空无一人的飞机爆炸了，66 人在机场掩体里躲了一夜。奥斯特罗文科大使回到正在燃烧、激战中的喀布尔，与阿富汗代理总统布哈努丁·拉巴尼（Burhanuddin Rabbani）和外交部部长举行了会谈，得到了毫无价值的安全保证。来自阿富汗伊斯兰民族运动的乌孜别克族领导人杜斯塔姆（Abdurrashid Dostum）的一位代表提供了三架安 - 36 型飞机。8 月 29 日，它们载着大使夫妇等 66 人飞往马扎里沙里夫。从那里，他们再乘公共汽车前往乌兹别克斯坦。①

1996 年，激进的伊斯兰组织塔利班夺取了政权。塔利班武装分子无视联合国使团的国际地位，闯入机构驻地，抓住了纳吉布拉，对其进行了折磨并最终杀害了他。他的尸体被吊在广场上。

这个陷入困境的国家将要经历新的悲剧。

---

① См.: *Островенко Е. Д.* 30 лет с Афганистаном и Ираном. М., 2011. С. 101—104.

第八章

弥赛亚主义的衰落：戈尔巴乔夫时代

我不断攀登，并跌落深渊，
为建造一座通往社会主义的大桥。
我累了。而且，我的设计出了错。
我的桥还没完工，而我却喝着红酒。

——弗拉基米尔·马雅可夫斯基

1985 年 3 月戈尔巴乔夫掌权时，苏联的中东政策正陷入危机之中。首先也是最重要的原因是苏联入侵阿富汗，其次是苏联社会内部的衰退（表现之一是国家领导层瘫痪），最后是苏联在与西方的军事、战略竞争中处于下风。这一超级大国在中东这片广阔区域的政策是多维度的，含有多个要素。在某些情况下，早些时候建立的机制会继续自动运行。根据当时国际政策的评价标准，这产生了一定影响，有时还是"成功的"。

苏联中东政策的主要任务依然是预防或至少减弱来自南面的军事或战略威胁，削弱西方在该地区的地位。在这一大框架下，苏联支持反美政府或政治力量，至少努力增加它们对西方的政治独立性。因而，苏联支持在"反帝"原则基础上将阿拉伯国家团结起来的努力，支持以反西方为基调的"阿拉伯团结"的口号，支持土耳其和伊朗以反西方为主要目标的民族主义运动。在阿以冲突中，苏联无条件地支持阿拉伯国家，为开展真正的政治合作提供了基础，并为发表一系列政治声明提供了一个平台。以色列对阿拉伯国家土地的占领和巴勒斯坦人民民族权利的丧失从国际法角度为苏联的政策提供了合法性，掩盖了苏联无意解决阿以冲突的事实。支持巴勒斯坦民族运动成为苏联地区政策不可或缺的一部分。

但是，戴维营谈判证明苏联没有能力影响中东的关键国家：与埃及，关系转冷；与以色列，关系破裂；与沙特，苏联还未设立使馆。当然，苏联可以通过中东舞台上不那么重要，但又不至于微不足道的其他角色——叙利亚、巴勒斯坦，在一些事务上还有伊拉克、阿尔及利亚、利比亚和南也门——来破坏美国在中东的政治策略，阻止美国达成政治目标。但是，对于中东局势，苏联已无法做出积极贡献，至少不能单独左右局面。

支持"革命民主"政权和"社会主义"国家的想法开始逐渐变弱，尽管这仍是苏联领导层政治教义的规范方针，而且直到 20 世纪 80 年代都是苏联的政治实践之一。经济合作是苏联同伊拉克、叙利亚、利比亚、南也门、埃及、土耳其、伊朗等国双边关系的重要工具，但军事合作才是所有同苏联建立紧密政治联系国家的最优先事务。大量武器被运往伊拉克、叙利亚、利比亚和南北也门，并通过索马里运往埃塞俄比亚。这无疑破坏了地区稳定，尽管这不是运输武器的直接目的。其实美国也采取了类似的行动，所以很难分清苏联的行为是出于本意还是出于对美国行为的回应。苏联愈加频繁地将武器供应作为政治施压手段，与其说它表现出强硬，不如说这体现了它的脆弱。这种方式产生的影响既短暂又值得怀疑。地区安全水平不断下降，而苏联的风险在增加。主要问题是，地区国家更需要经济合作和新技术，而不是新型武器供应，可这些是苏联不具备的。然而，当时的苏联领导人并没有意识到这一点。

20世纪80年代，很少有西方专业分析人士用"帝国""蓄意侵略""进攻性"等词语形容苏联的地区政策。这些词在20世纪50年代经常出现。在苏军进入阿富汗以及在苏联支持下，埃塞俄比亚、安哥拉和莫桑比克的革命政权取得暂时军事胜利后，这些词语被大量使用。随着南也门和埃塞俄比亚建立起亲苏政权、曼德海峡被苏联及亲苏国家实际控制、苏联占领阿富汗并向海湾和印度洋扩张，对注视着苏联在该地区政策的西方来说，苏联的影响力"大大"扩张了。伊朗革命打击了西方，苏联由此获得了额外的好处。以色列对阿拉伯国家的打击将阿拉伯国家推向了苏联。在许多西方政治家和政治分析家眼中，在苏联霸权下，中东国家"芬兰化"的威胁日益突出，苏联似乎即将建立对海湾的控制，从而破坏依赖石油的西欧和日本的经济以及北约的力量。

但是，严肃客观的分析人士越来越不认同上述观点中的意识形态导向。他们关于苏联是"不满足于现状的政权"的说法变得相对普遍。根据他们的评估，苏联对世界政治的影响主要是颠覆性的，其目的是致力于建立一个与超级大国身份相适应的新国际秩序，以扩大其政治统治和影响力范围。为实现这一目标，苏联故意制造局势不稳定，引发混乱，创造一种不安全的氛围，以便从现行体系的瓦解中获益。中东就是最好的例子。苏联将中东视为第三世界中最重要的部分。这些分析有一半是对的。"将我们时代的三股革命力量团结起来"的意识形态号召，意味着要颠覆帝国主义在中东的地位。不过，这一分析的主要错误在于，从20世纪60年代末开始，苏联不再是不断上升的大国，而是国力在下降，并快速走向下坡路。苏联在地区的影响力一开始是缓慢下降，现在是加速衰落。事实上，苏联比美国更乐于保持现状。即使是入侵阿富汗也是出于"防御性侵略"，其失败只是验证了衰落的大趋势。

但这不是唯一的错误之处。正是中东发展的内在动力导致了动荡、冲突和反西方情绪，因为这里正在经历旧结构的痛苦解体和资本主义的现代化。事实上，"不满足于现状"的域外势力的参与不一定会制造引发地区不稳定和动乱的条件。殖民时代的记忆，不满的、非理性的、具有破坏性的野心，种族和宗教的冲突，国家内部和不同国家间的贫富差距，等等，这些都是打破现状的客观条件。几乎从西方照搬而来的很难适应当地情况和传统的脆弱的政治结构，以及不可避免地走向腐败和暴政的精英阶层的上升，最终导致了内部的不稳定、冲突和动荡。未能从资本主义现代化中受益的普通大众拒绝西方社会的价值观。政治伊斯兰主义吸引了底层民众和部分上层精英，引发了遭到政府镇压却受民众欢迎的广泛运动，并引起知识分子精英的热议，而这意味着巨大的政治风暴，无论西方或苏联制定了什么样的具体政策。

在这种情况下，即使是实行改革前的苏联也与美国一样，都想阻止地区局势爆炸，否则后果难以预料。举个例子，虽然苏联欢迎伊朗发生革命，因为它是反美的，但革命给苏联造成了严重的经济困难（比如来自伊朗的汽油供应中断）和巨大损失。伊朗革命还推动了苏联中亚和外高加索地区的伊斯兰复兴主义浪潮。阿以冲突不止一次地威胁到苏联，使其陷入超级大国的对抗中，而这一直是苏联竭力避免的，同时阿以冲突也导致了巨大的经济损失。两伊战争给苏联同双方的关系都制造了困难，致使美国海军加强了在印度洋的存在，同时苏联与两国合作受阻再次导致苏联蒙受经济损失。政治上，中东冲突的重心两次从阿以冲突范围转向海湾地区，第一次为1980～1988年，是由于两伊战争和苏联入侵阿富汗；第二次是1990年8月之后，当时伊拉克入侵了科威特。只有巴勒斯坦大起义（intifada，巴勒斯坦人民在被占领土上举行的和平起义）和苏联犹太人大量移民以色列问题背离了这一趋势，使阿以关系问题再次成为焦点。

尽管如此，关于苏联不是一个"帝国的"或"侵略的"政权，只是一个"不满足于现状"的政权的看法，依然是西方政治分析人士的主流看法，很少有人对此提出质疑。美国学者内申（R. Nation）挑战了这一主流观点，他提出的观点多少有点离经叛道。他认为，美国在中东的单边政策不符合美国的利益，如果允许苏联建设性地参与地区事务，那么美苏是有机会达成彼此都能接受的协议的。① 的确，直到海湾危机爆发，都很难找到美国政府试图理解

① *Kauppi M.*, *Nation R.* (eds). The Soviet Union and the Middle East in the 1980s. Lexington, 1983. C. 103.

并考虑苏联在该地区的合法利益并采取措施减少苏联疑虑的例子，尽管合作而不是对抗的条件已经开始形成。美国倾向于在危机时刻同苏联进行合作，就像 1956 年、1967 年、1969～1970 年和 1973 年危机时那样。一位苏联外交官也是一名阿拉伯问题专家指出："中东局势越恶化、越具有爆炸性，美国越愿意寻找美苏都能够接受的解决具体问题的方法。"①

苏联在中东的大部分外交行动都是坦率的和有建设性的。苏联提出了总体安全方案，给出了解决阿以冲突的方式和途径，提出了确保海湾、印度洋和地中海安全的方案。所有这些都被华盛顿以"外交把戏"为借口而拒绝，结果这确实成了外交和宣传的游戏。然而，如果不是美国坚持排斥苏联参与地区事务并否认苏联在中东的利益这一消极目标，这本可以成为严肃政治讨论的基础，可双方都有对抗的冲动。看来，在苏联改革和世界秩序重组时期，新的可能性都不会出现。苏联的改革带来了新的全球环境，终结了冷战，海湾危机爆发，一些旧模式被摧毁，随后中东地区形势的发展实际上是苏联社会内部发生剧烈变动的一种反映或一种投射。

1985 年 3 月 11 日，戈尔巴乔夫就任苏共中央委员会总书记。他和他的支持者都清楚，斯大林—勃列日涅夫式的社会组织模式已经破产。苏联尝试进行了一系列影响深远的改革措施，但领导层没有人预料到国家将要面临的复杂情况。外交上的紧急任务是，结束花费巨大且非常危险的军备竞赛，裁减军备，改善同美国等西方国家的关系，从对抗走向合作；弥合同中国、日本的分歧并实现关系正常化；探索同当时仍被认为属于"社会主义阵营"的东欧国家建立新型的联盟关系；最后但并非不重要的是从第三世界的冲突中特别是从阿富汗脱身。戈尔巴乔夫及其团队的很多理念并不新鲜。但是，他们准备做出让步和妥协，准备在国际关系及其他领域放弃一些苏联践行的原则、方法和意识形态。

戈尔巴乔夫一开始就谈到全人类的共同原则要优先于阶级原则，谈到国际关系中应去意识形态化，灌输利益均衡而不是实力均衡的概念，谈到国际法原则和标准至高无上，谈论"相互依赖"意味着共同利益和彼此紧密联系，为此全人类利益的重要性要高于某个国家或阶级的利益。在他看来，大规模杀伤性武器、国际经济秩序、环境、自然资源和人口等全球性问题，不可能在不同社

---

① *Турдиев Р.* Советско - американские отношения на Ближнем Востоке в современной американской историографии//Арабские страны. История и современность. М., 1961. С. 168.

会制度或意识形态对抗的环境下得到解决。在这些问题面前，没有敌人，所有人都是盟友。不再提为了"全人类美好的未来"而奋斗，不再提共产主义，认为苏联、西方和东方应该寻找一个共同目标，并团结一致，由此自然得出结论：社会主义不需要再同资本主义进行竞争。这些想法有点感性理想主义，甚至蕴含着新的弥赛亚主义，但总的说来，这相当于承认了苏联和"国际社会主义大家庭"社会主义试验的失败，承认了社会主义没能证明它比资本主义更优越，而资本主义反倒展示了内在活力和自我更新能力。弥赛亚思想自十月革命后就一直是苏联国家意识形态的内核，深刻影响着苏联的外交政策，如今它走向了终点。

"充足防御"（defence sufficiency）理论的出现迎合了结束毁灭性军备竞赛的需求。这一理论意味着苏联的军事力量应集中在使针对苏联和/或（华沙条约终止前的）盟友的直接侵略变得不可能这一任务上。新任外交部部长谢瓦尔德纳泽强调，应由常识，而不是意识形态来决定外交政策。在第三世界中，苏联开始放弃同所谓的"社会主义国家"的优先合作，主动扩展同更加温和的保守政权的关系。阿富汗的教训和结束对阿军事干预的必要性，使得苏联不太可能再向第三世界国家派兵。无疑，冷战有自己的游戏规则，其中之一是苏美对地区冲突的参与不能上升为可能导致局势紧张升级的直接对抗。之前苏联一直顽固地认为，使用包括暴力在内的各种手段支持破坏第三世界现状的行为不会影响欧洲局势缓和与裁军所取得的成果，但现在思路变了，相互依赖的思想以及地区冲突会影响整个东西方互动关系体系的思想得到了承认。

但是，不要认为这些观点已被苏联完全接受。直到1986年1月，在党内有一定影响力并担任苏共中央委员会国际部副部长的布鲁腾斯写道："在发现不可能像过去那样重画世界政治版图后，帝国主义便试图通过迂回的方式，特别是积极使用经济杠杆来损害已获得解放的国家的主权……帝国主义的新殖民主义政策是所谓的地区冲突产生并无法获得解决的主要原因之一。"[1] 后来，在他的回忆录里，布鲁腾斯将表达非常不一样的观点。布鲁腾斯之前的话反映了当时仍占主导地位的观点，且作为一种习惯而被不断重复着。

第三世界和中东（浸在鲜血中的阿富汗除外）显然不是戈尔巴乔夫的兴趣所在，尽管他的前任们很可能也是如此。尽管，很可能，他对第三世界的问题和与之建立新关系的方法一无所知，但他明白旧方式已不可行。早在

---

[1] Правда. 10.01.1986.

1987年11月，他在纪念十月革命七十周年活动上就表示，虽然现代世界国家间存在着巨大差异，但是一场影响着每个人的包罗万象的"科技革命"已经发生。这使我们不禁要问"资本主义能否摆脱军国主义……（和）没有新殖民主义，资本主义体系还能否存在"？也就是，没有同第三世界的不等价交换，资本主义体系还能否运转？① 戈尔巴乔夫实际上是在敦促苏联的政治家和社会科学家重新思考他们对"帝国主义"和"新殖民主义"的评价，以及早期对第三世界的所有看法。的确，此后不久，很多苏联政治学家和政治家突然开始忏悔、自我鞭挞、抹黑自己。他们将第三世界的所有问题都归咎于苏联，同时开始粉饰西方。

但是，西方对"新思维"的反应却很谨慎。苏联向第三世界"投放力量"能力的不断增长和70年代末80年代初的经历，导致西方对苏联的真实意图和它这样做的潜力产生了一种扭曲的看法。直到1989年，一位美国政治学者也是苏联外交政策问题专家还写道：

> 干预已经成为苏联第三世界政策不可或缺的一部分。强大的兵力投放能力使苏军能够向任何需要保证设施的地方提供援助……70年代席卷第三世界的苏联干预浪潮似乎已经达到高潮，但这并不能排除90年代再次出现高潮的可能性。除了苏联可能发展更强大的投放能力外，苏联的代理人也可能去苏联不愿去的地方替苏联冒险，而且大部分以维系统治为主要目标的第三世界政权都比较脆弱。这些都增加了苏联作为未来赞助人和保护人的吸引力，都使苏联在第三世界被持续看好。②

但是世界变化太快，昨天的评价才过一天就完全过时了。在我们继续叙述之前，必须指出这一点。"社会主义大家庭"在1989～1990年连同"华沙条约组织"一起崩溃，苏联领导人没有做出任何停止这一进程的姿态。德意志民主共和国消失了，成为统一的德国的一部分。欧洲的整个战后关系框架变了。冷战无果而终，并于1990年11月在巴黎正式寿终正寝。美国和苏联宣布不再是对手，并开始迈出了第一小步——达成销毁短程和中程导弹的协议，双方坐下来讨论大幅削减其战略核导弹武库的条款。

---

① Правда. 03. 11. 1987.

② *Rubinstein A.* Op. cit. P. 162, 168.

美苏关系变化对中东的影响到很晚才显现出来。美苏之间积累了太多不信任。美国不相信苏联愿在中东扮演有限的建设性角色不是某种形式的欺骗，不相信苏联在任何情况下都不会与美国的全球和地区利益发生冲突。苏联在改革前曾声明，苏联在与苏联毗邻地区拥有合法利益是对现实的反应，而不是要进行扩张。这一声明完全超出了美国的理解能力。为改变地区氛围，需要采取实际行动证明其新思路，或者，直言不讳地说，苏联要进行让步。然而，直到几年之后，戈尔巴乔夫政府才腾出手来处理中东事务。解决中东问题的最重要的标志性事件就是苏联从阿富汗撤军。

笔者无法找到莫斯科是何时和如何做出从阿富汗撤军这个明确决定的。在此问题上，苏联领导人曾多次同专家磋商，并现场研究那里的形势。战争已经拖了五年，明显胜利无望，阿富汗人民民主党的分裂无法挽回。战争在苏联国内也日益不受欢迎。苏联中亚裔的军人尤其不愿前往阿富汗作战，重担落在了苏联军队中斯拉夫军人的身上，他们看不到牺牲的意义和目标，对战争的普遍不满在苏联社会各个阶层弥漫。苏联的入侵成为苏联与美国、西欧、中国、部分伊斯兰国家，特别是巴基斯坦、伊朗和沙特关系的障碍，需要搬开这些绊脚石了。从阿富汗撤军似乎有助于达成这些目标。

苏联政治失败的重大影响被苏联社会自身开始抨击其社会—政治模式这一事实所遮盖，而在苏联帮助下，阿富汗领导人曾试图将这一社会—政治模式照搬过去。

或许值得一提的是，苏联同中东北部另一个重要国家——土耳其——的关系也按照戈尔巴乔夫政府确立的战略目标所制定的公式和方法发展着。1987年，苏联开始向土耳其出口天然气，两国贸易额迅猛增长。到1990年初，年贸易额达13亿美元，是1986年的4倍。土耳其向苏联提供3亿美元银行信贷用于购买生活消费品，提供3.5亿美元贷款支持苏联食品和轻工业企业的建设和现代化，一批合资企业成立。1990年，两国签署文化合作、预防毒品走私、渔业合作、法律援助和投资保护协议。1990年12月，苏联外长谢瓦尔德纳泽访问土耳其。1991年3月，土耳其总统图尔古特·厄扎尔（Turgut Ozal）访问苏联，签署《苏联与土耳其友好、睦邻和合作条约》，在泛欧进程的大框架和精神下将苏土双边关系置于新的法律基础之上。[①]

---

① См.: Международная жизнь. 1991. No 3. C. 94.

尽管阿富汗战争仍未结束，但随着穆巴拉克掌权，苏联和埃及的关系在戈尔巴乔夫时代不断缓和。其中的重要标志是 1985 年两国互派大使。双方都在寻求妥协和互谅，两国就埃及偿还萨达特冻结的为期二十五年的军债达成协议，这为未来的经济合作铺平了道路。当然，埃及不准备改变亲美政策，但同苏联关系正常化使穆巴拉克在处理对美和对其他阿拉伯国家关系时有了更大一点的回旋空间。

苏联和埃及议会之间进行了互访。埃及副总理兼外长阿卜杜勒·马吉德（Abd al-Meguid）访问苏联。1990 年 5 月，穆巴拉克总统访问苏联。时任苏联驻埃及大使波利亚科夫写道：

> 苏埃联合声明奠定了苏埃关系未来发展的法律和政治基础，这是一份扎实的、综合的文件，阐明了两国对国际和地区问题的看法。这一声明将很可能成为苏联与所有阿拉伯国家发展关系的样板。我们签署了一份有效期到 2000 年的经济、贸易、技术和文化合作的声明。①

随后的事情表明，这位资深外交官似乎高兴得太早了。

苏联同约旦的合作也取得了进展，苏联向其出口防空装备。虽然约旦与苏联签署协议令美国不悦，但约旦同美国的紧密关系并没有改变。遵循先前的政策路线，苏联对 1985 年在与以色列谈判框架下签署的《侯赛因—阿拉法特协议》表达了谨慎不满。但苏联欢迎侯赛因国王在叙利亚和伊拉克之间扮演调解人的努力。侯赛因国王高度赞赏苏联参与中东国际会议，让苏联在政治上得了不少分。1967 年 4 月，《侯赛因—阿拉法特协议》作废，使美国的斡旋努力失败。这就如同在玩拉橡皮筋游戏，似乎一直在动，但实际上又回到原点。

1985 年 6 月，叙利亚总统阿萨德访问苏联，与戈尔巴乔夫会面，协调两国在中东事务上的政策。阿萨德也非常想打探苏联新任领导人的想法。像往常一样，他再次要求增加武器供应。1985 年底，苏联向叙利亚出口了先进的导弹发射器（advanced war launches），1986 年初运送了几百辆新型 T-80 坦克，年底又运去了 SS-23 导弹。这些导弹射程超过 500 公里，可以严重削弱

---

① 与波利亚科夫的谈话（1990 年 7 月）。

以色列的空中打击能力。① 然而，这些武器出口可能都是早就计划好的，并非阿萨德的访问成果。

1987 年 4 月，叙利亚总统再次访问苏联，戈尔巴乔夫告诉阿萨德，苏联与以色列没有建立外交关系"不能被视为正常的"。这一说法并不新鲜，但它向叙利亚传递了明确的信号。经验丰富且敏感的叙利亚领导人马上明白，苏联自身及其政策正在发生变化，苏联将不会再像从前那样充当叙利亚利益的保护人。有鉴于此，叙利亚开始让自己适应新的国际现实，逐渐转向美国和西方，这一立场的转变在海湾危机中表现得更明显。1988 年 5 月，叙利亚副总统访问苏联，虽然公报提及"两国领导人相互信任"②，但在叙利亚对黎巴嫩的政策和叙利亚曾声明与以色列"战略平等"这两个问题上，能明显看到两国的分歧。根据西方的数据，苏联向叙利亚出口的武器逐年减少。米格 - 29 飞机首先供应给印度，随后是伊拉克，直到 1987 年 8 月才轮到叙利亚。③在 1988 年 3 月苏联国防部部长德米特里·亚佐夫（Dimitri Yazov）访问叙利亚之后，分歧似乎依然存在。虽然叙利亚仍在向苏联偿还商业债务，但它推迟了军事债务的偿还。④

戈尔巴乔夫时代，苏联没有改变对黎巴嫩危机的态度。苏联媒体仍然支持左翼力量。苏联不赞成得到叙利亚支持的组织开展的暴力行为，不希望叙利亚独占黎巴嫩。苏联对叙利亚和以色列可能在黎巴嫩爆发冲突表示关切，但是叙以双方有自己的游戏规则，行动上都表现得比较克制。我同一位外交官讨论了叙利亚的情况。

外交官：我感觉，只要阿萨德还在位，就什么事情都可能发生。叙利亚永远不会像萨达特那样对苏联的政策做出紧张的反应。政治上，叙利亚假借苏联的影响力，将自己打扮成中东头号玩家。苏联不是叙利亚真正意义上的盟友，我们只是具体政治游戏中的伙伴。现在游戏变了，规则和参与者也变了。这没什么奇怪的。无论如何，西方在叙利亚的经济关系中占主导地位。我们与叙利亚的贸易额还不到叙美贸易额的 2%，是一个微不足道的数字。

---

① См.：*Golan G*. The Soviet Union and National Liberation Movements in the Third World, Unwin and Human. L., 1988. C. 278.

② Правда. 22. 05. 1988.

③ См.：*Golan G*. The Soviet Union and National Liberation Movements. C. 279.

④ Ibid.

每当涉及与纳赛尔、萨达特或阿萨德的军事合作问题时，我们都能感到他们过分要求的压力。我们认为我们在发展双边关系、帮助他们，但实际上，迫使其一批一批地从我们这里购买武器的政策激怒了他们，这种愤怒逐渐积累起来并损害了个人之间关系。更正确的做法应该是向伙伴表明我们的立场，并向他们解释我们的武器供应战略，事实上我们现在已经开始这样做。然而，在此之前，我们似乎对自己的战略一无所知。

笔者：那现在呢？现在情况怎么样？

外交官：我们已经开始越来越多地坦率谈论充足的防御原则，无论对我们还是对他们这种防御都应是充足的。总比每次因为他们施加了压力，我们都要给其一些对我们的需求有害的东西要好。

笔者：美国会回报阿萨德在海湾危机中的表现吗？

外交官：阿萨德对美的姿态表明，叙利亚已经接受了国际博弈的新战略。当然，叙利亚在 1987～1988 年反思对外政策时经历了巨大困难，但这确实体现了阿萨德具有采取谨慎、平衡行动的政治智慧和能力。

笔者：你认为他是一个政治强人吗？

外交官：当然。他是一个老谋深算的战术家，能够预先计算自己的行动。他有很好的政治直觉。

笔者：叙利亚在偿还其商业债务吗？

外交官：在的，埃及也在偿还，部分用石油，部分用消费品。

笔者：那么军事债务呢？

外交官：非常多。没有人确切地知道叙利亚人欠了我们多少钱。尽管他们在一点一点地还。

苏联新外交政策还要处理的另一个"雷场"（不仅是在地区层面上）是利比亚的卡扎菲政权。在苏美全球对抗大背景下，卡扎菲的纳赛尔主义、"反帝国主义"和坚定的反美主义给苏联领导人留下了深刻印象。尽管当时卡扎菲的一些做法损害了苏联的利益，但大部分都更不利于美国的利益。比如，人们可以忽略他在中东问题上的极端立场——反正最后也不会由利比亚来决定阿以冲突的过程和结果。对利比亚的大量军售充盈了苏联国库。苏利关系的负责人曾说，作为与利比亚合作的报酬，苏联共收到 140 亿～160 亿美元的硬通货或石油，其中只有很小一部分与军售无关。

然而，当苏联开始寻求同美国和谐共处并希望自己由美国的敌人逐渐转变为美国的伙伴时，苏联便不再需要利比亚的反美主义了。而且，如果苏联表现出对卡扎菲的某种"友爱"，美国政府和民众对卡扎菲完全负面的评价可能会让苏联处于尴尬境地。此外，军售也成为一个危险的政治游戏，因为卡扎菲可能使用苏联武器对付美国或其邻国，而它的邻国大部分都是美国的朋友。就像向叙利亚出售萨姆－5地对空导弹被视为叙利亚和以色列军事对抗持续升级的新步骤一样，向利比亚出售该武器也被视为直接针对美国空军的反美行为。

1986年4月，美国空军轰炸了的黎波里的军事目标和卡扎菲的私人官邸以及班加西的军事目标，局势紧张达到了新高度。美国指控利比亚曾向锡德拉湾上的美国飞机开火，为美国军人经常光顾的西柏林一家夜总会遭恐怖爆炸袭击活动开了"绿灯"。卡扎菲宣布锡德拉湾属利比亚领海，但美国不承认，坚持认为锡德拉湾是公海和公空。苏联尽力避免卷入其中。在美空袭前夕，苏联的地中海舰队"丢失"了美国的第六舰队，苏联的卫星监测系统也"没能侦察"到从英国飞过去轰炸利比亚的美国机群。然而，苏联政府仍然对美国轰炸一个对苏友好的主权国家表示了抗议，同时苏联媒体掀起了一场宣传运动，反对美国再次奉行"新全球主义"。尽管如此，苏联同利比亚的关系开始转冷，特别是当利比亚拖延支付武器费用时，当然我们再一次缺乏这方面的公开数据。尴尬的苏联盟友非常尖锐地批评了1989年戈尔巴乔夫与布什在马耳他的会晤，利比亚认为这是对周边国家的挑战。然而，苏联并没打算放弃与利比亚业已建立起来的合作基础。我采访了两位苏联驻利比亚大使。

佩列瑟普金：在担任苏联驻利比亚大使两年时间内，我见过卡扎菲。我完全不认同那种认为他不懂政治的说法。我举一个简单的事实：一个傻子是无法统治像利比亚这样充满问题的国家二十年之久的。当然，卡扎菲的行为方式和方法不同于我们已经熟悉的其他阿拉伯国家政治家，更不要说苏联自己的政治家了。

笔者：但是，利比亚本可以凭借石油收入和其他条件取得更大的发展。

佩列瑟普金：就像我们知道的，历史没有假设。很自然，卡扎菲为自己制定了雄伟的目标，但在很多方面都失败了。卡扎菲很情绪化。但我们衡量每个国家要用统一的标准，我认为卡扎菲在阿拉伯世界是独一无二的。面对不断变化的形势，他表现得多么灵活！他与所有敌人和所有对他不怀好意的人都恢复了关系：叙利亚、伊拉克、阿尔及利亚、突尼斯，甚至是交战八年的乍得。他宣布，他已经准备好承认国际法院对利比亚和乍得领土争端的判决。卡扎菲是一个非常独特且矛盾的人物。他的"世界第三理论"和《绿皮书》说明，二十年来他一直在思考某些东西，并试图将思考结果付诸实践。七十年来，我们也一直在实践着我们的理论，看看现在的结果。

笔者：未来苏联在利比亚的任务是什么？

佩列瑟普金：进一步发展双边关系，开展新形式的经济合作。如果双边关系和合作没有获得发展，那是双方的责任，但我们的责任更大一些。更准确地说，这既是失败也是不幸。利比亚人用硬通货购买现代技术。在同我们接触之后，他们转向了法国、意大利和美国。诚然，我们在利比亚建有大型军事体系，我们向利比亚供应大量武器并训练他们的军官。但我们的专家生活在铁丝网里，他们在利比亚工作，然后拿钱走人。他们私下不同利比亚人接触。利比亚人不认识我们，我们也一点不了解他们。我们适应不了利比亚人独特的柏柏尔人性格。他们没有认识我们，我们也没知晓他们，在各个层面都是如此。卡扎菲强调，在他统治期间，他没关押过一个共产党员，并且还帮助过苏丹共产党人。卡扎菲试图以此来取悦我们。不过，反过来想，他这么做也许是因为利比亚并没有共产党员可以被关押。①

亚库辛：在我出任驻利比亚大使的七年时间里，我看着卡扎菲从最坚决的反苏反共领导人变成我们的朋友。1977年，他正式宣布，与苏联优先发展合作是利比亚外交政策的基本方针。

笔者：是什么促成了卡扎菲在这方面的转变？接受苏联武器是首要因素吗？

亚库辛：基本上是的。很少有人相信，他是个可靠的伙伴。

笔者：我知道卡扎菲是如何批评我们的。他声称我们把他当成一头奶牛，只会生产金钱和石油，看不到他其他方面的价值。

亚库辛：这一批评现在也有。他们习惯因为各种事情指责我们。但如果我们与利比亚的大型项目合作没有取得进展，那这不仅是他们的错，也是我

---

① 与佩列瑟普金的谈话（1990年2月）。

们的错。①

某外交官：卡扎菲是阿拉伯世界最后的堂吉诃德。他拜倒在纳赛尔的思想和人格魅力之下，是纳赛尔最后的盲从者。如果说世界上还有哪个国家仍然信仰纳赛尔主义，仍然将纳赛尔主义的"永恒真理"奉为圭臬，那一定是利比亚。世界已经几经变换，但利比亚仍然以纳赛尔时代的标准看待国际和地区局势。然而矛盾的是，在我看来，苏联对利比亚政策在当时之所以能算来正确，正因为苏联政策是教条主义的。反而如果你是纳赛尔主义者，特别是像卡扎菲一样的左翼纳赛尔主义者，那么你要么是我们的盟友，要么是我们的追随者。利比亚社会试验的很多方面，不仅不同于我们，甚至带有反苏、反共倾向。有一段时间，反共主义消失了，但因为苏联实施改革，反共主义卷土重来，并有了新的特征，卡扎菲提出了一个理论：戈尔巴乔夫是"老二"，没做任何事情，除了抄袭他的"世界第三理论"。说来奇怪，我们现在确实有些地方像他。

值得赞扬的也是我认为必须指出的是，自1985年以来，我们不再把卡扎菲和其他阿拉伯国家领导人视为圣牛，必须按照某些规定的动作、姿势和教条来随和他们。我们开始使用另一套语言，那是真实且常常不留情面的。1986年4月，当利比亚和美国关系再度紧张时，苏联向卡扎菲和杰路德（Jellood）非常明确地表示，必须马上停止任何形式的支持恐怖组织的行为。现实主义和实用主义已经主导了我们的政策。

为了圆满结束这一问题，值得指出的是，利比亚对1991年8月在苏联发生的未遂政变表示欢迎，这大大降低了双边关系的水平。

俄罗斯领导人或多或少忽略了利比亚，尤其是在1992年初利比亚停止偿还军事债务之后。1992年4月，安理会对利比亚实施制裁，原因是其拒绝引渡两名利比亚情报官员，他们涉嫌策划泛美航空公司客机在苏格兰上空的爆炸案。莫斯科多少有些勉强地支持制裁。现在，俄罗斯同利比亚或同其他阿拉伯国家之间的"特殊关系"已荡然无存。

---

① 与亚库辛的谈话（1990年3月）。

第九章

外交与内政：苏联、以色列和巴勒斯坦人

我感觉自己被两种矛盾的友好感情撕裂。
今天，当阿拉伯世界和以色列面对面时，
我们就好像精分了。
阿以冲突就像是我们个人的悲剧，令人耿耿于怀。

——让·保罗·萨特

1989 年 2 月，苏联军队刚从阿富汗全部撤出，苏联外长谢瓦尔德纳泽就动身访问大马士革、开罗、巴格达和德黑兰。从阿富汗泥潭脱身后，苏联领导人认为可以与美国、中东冲突各方以及所有伊斯兰国家达成某种程度的谅解了。任何在中东发展的现实路径都需要摆脱"敌人的敌人即朋友"的理念，并摆脱反美反帝需要结成"社会主义阵营"的意识形态束缚。在美苏关系转圜的大背景下，作为美苏对抗一部分的阿以冲突在苏联领导人眼中便不再具有任何意义。因此，苏联准备参与阿以问题的解决，只要阿以双方能够达成妥协。

但是一开始，苏联的态度并没有赢得美国或以色列的理解或信任。为在中东的博弈中取胜，美国的政策是让苏联尽可能远离中东事务，逐渐削弱它的地位，甚至不允许苏联成为一个象征性的玩家。苏联想要通过武器换取硬通货和石油，两大国的龃龉使得萨达姆·侯赛因的伊拉克被过度武装。此外，也向叙利亚运送了小规模的苏联武器。

美国偏向以色列的政策的主要弱点在于，它忽略了巴勒斯坦人（及其他阿拉伯国家）的诉求，忽视了巴勒斯坦唯一有影响力的政治组织——巴勒斯坦解放组织——的诉求。苏联打巴勒斯坦牌打得相当成功，但同时它也要求巴解组织接受联合国安理会第 242 号决议和第 338 号决议并承认以色列。苏联领导人真心希望政治解决阿以冲突取得进展，但是冲突各方并没有为此做好准备。以色列坚决抵制苏联方案，认为苏联的任何方案都只是为了以某种方法解决巴勒斯坦问题。1989 年 3 月，谢瓦尔德纳泽外长在维也纳同美国国务卿詹姆斯·贝克会谈。谢在谈话中将美苏关系、军备竞赛与地区冲突，特别是与中东形势联系起来，指出，中东的导弹扩散在增长，苏美关系应成为解决冲突的典范，苏美开展新的合作有助于解决冲突。但在以色列看来，"新思维"没能带来解决中东问题的新思路，对以方而言，唯一的理由是新的方法并不比旧的方法更接近以方立场。

为什么苏联要坚持召开和平会议？原因很多：第一，苏联的出现能阻止任何不利于苏联的方案；第二，参与会议并扮演和平缔造者的角色有助于提高苏联的国际声誉；第三，作为和平协议的联合担保人，能够确保苏联在中东的政治存在。尽管莫斯科展现了一定的外交灵活性，但苏联对会议主题、邀请人数、日程的设计过于强调外在形式。苏联办会无意针对美国，但华盛顿一心想将苏联"赶出"中东，对苏联的意图十分怀疑，不支持召开和平会议。包括苏联外交部中东北非司司长弗拉基米尔·波利亚科夫与美国助理国务卿理查德·墨菲（Richard Murphy）参加的苏美专家会晤也都未能在办会问题上达成谅解。

从阿富汗撤军一年以后，苏美仍未在中东议题上达成谅解。1990 年 4 月，戈尔巴乔夫和叙利亚总统阿萨德一致认为，美现政府立场倒退，阻碍了和平进程和国际会议的举办。"结果使以色列领导人无意打破僵局并继续挑衅和侵犯行为。"① 笔者就此采访了谢瓦尔德纳泽外长。

笔者：对于美苏仍未就中东问题达成共识，您有何看法？

谢瓦尔德纳泽：我们感觉现状很难改变，而且缺乏互信。我们不得不在第三世界其他地区，比如中南美洲，建立互信氛围和伙伴关系，这有助于推动我们在中东地区的合作。显然，为在中东和平进程中发挥更积极作用，苏联应该与以色列重新建立外交关系。与以断交明显是个错误。②

以色列政府在这一问题上存在分歧。外长西蒙·佩雷斯（Shimon Perez，1984～1986 年任总理）总体上似乎不反对某种形式的和平会议，特别是由于约旦国王侯赛因的坚持。然而，因为不愿放弃吞并占领土地的计划，利库德集团及其党首伊扎克·沙米尔（Itzhak Shamir）对此表示明确反对。1987 年以来，苏联提出了一系列建议，内容包括以色列边界问题、在约旦河西岸和加沙建立巴勒斯坦国问题以及东耶路撒冷问题。出现的新问题是，除非苏联有意要扩展自身在地区的军事和战略利益，否则它不能对某种方案表现出偏好。苏联的立场有三个要点是相关联的：以色列从 1967 年阿拉伯被占领土上撤军，承认巴勒斯坦人的民族权利，保障包括以色列在内的各方安全。这一立场是如此有利，以至于苏联不能为了与美国和以色列增进了解而放弃这一立场。

---

① Известия. 26.04.1990.

② 与谢瓦尔德纳泽的谈话（1991 年 8 月）。

　　与以色列正式外交关系的缺乏使苏联的中东外交受到一定制约。早在1973年，苏联外长安德烈·葛罗米柯就曾在日内瓦会议上向以色列外长阿巴·埃班（Abba Eban）表示，和平进程取得进步将最终导致苏以正式复交。①十四年后的1987年4月，戈尔巴乔夫在阿萨德总统在场的时候表示，同以色列缺少外交关系是"不正常的"②。这一说法不是第一次在苏联声明中出现，重要的是对于这一观点的重申。但是直到1991年苏以才恢复外交关系。苏联（及后来的俄罗斯）驻以大使向笔者谈及此事。

　　博文（A. E. Bovin）：苏联同以色列断交的目的是什么？仅仅是为了安抚我们的朋友？我不认为这是一个恰当的借口。苏联在中东有稳定的国家利益，应维持苏阿关系和苏以关系的平衡。与以断交打破了平衡，使苏联变得十分脆弱，特别反映在对美关系上。为此，我们承受了巨大的政治损失，而且就我了解，在20世纪70年代我们的领导人就清楚地知道需要修复与以色列的关系。

　　笔者：或许在20世纪70年代初就知道了？

　　博文：也许吧。但在70年代中期，我和勃列日涅夫谈过。他没有特别的反应，他确实说了几条倾向于复交的理由。葛罗米柯在这个问题上似乎采取强硬态度。我的印象非常零碎，但情况似乎就是这样。当谢瓦尔德纳泽就任时，问题已经摆在那里了，谢将其正式提上日程。然而，政治局明确反对。

　　笔者：你知道具体是谁反对吗？

　　博文：我不知道。当我被任命为驻以大使时，我直接去找谢瓦尔德纳泽并问了他。他没有提任何人的名字，他说他一直面临着阻力。戈尔巴乔夫告诉他："不要着急，因为有人会反对。"

　　笔者：这背后另有原因，对吗？

　　博文：两个原因。一是最高领导层的反犹主义很可能反映在了国家对外政策上。我清楚一些政治局委员对某些特定犹太裔个体的态度。我不能点名，因为他们还在世。二是我们的阿拉伯兄弟。他们是我们的盟友、朋友，所以我们怎么可能反对他们？

---

① См.：*Golan* G. Yom Kippur and After: Soviet Union and the Middle East Crisis. New York, Cambridge, 1977. C. 47.

② См.：Труд. 18. 04. 1987.

笔者：也许还有第三个原因，军方和经济界人士受惠于同阿拉伯人的合作而施加了压力。

博文：在我看来，与以色列的外交关系不会损害我们在阿拉伯国家中的地位或影响苏阿贸易和军售。①

关于以色列的积极报道开始出现在苏联媒体上，不是因为政府的新思路，而是因为媒体受到的限制变少了。一些期刊和自媒体可以表达它们对以色列的同情并对中东冲突发表不同于官方立场的声音。90年代初，大部分媒体都对以色列相当友好，而之前对巴勒斯坦人和阿拉伯人的热情则消失了。同时，俄罗斯民族主义报纸加强了对反以主义和反锡安主义的批评。1985年7月，苏以两国驻法大使在巴黎会晤，关于复交的传闻四起。以色列总理佩雷斯对出席在耶路撒冷举行的世界犹太人大会代表们表示："当苏联同以色列复交并开设使馆时……将没有任何理由否定苏联在中东和平进程中的地位。"② 这之后，两国政府为先复交还是先推进中东和平进程或以色列先参加和平会议争论了六年。很多学者认为建交与否意义重大，但在笔者看来，这并不重要，重要的是对话的实际内容和具体的政治行动。

对话一直在紧密进行。1985年10月26日，佩雷斯和谢瓦尔德纳泽在纽约联合国总部会面。1986年8月18日，两国外交官在赫尔辛基会面。但两国并没有谈拢，以方关心的是苏联犹太移民，苏方更愿意讨论"领事问题"。1987年4月在罗马，时任以色列外长佩雷斯和苏共中央委员会国际部副部长卡文·布鲁腾斯及国际部顾问、中东问题专家亚历山大·佐托夫（Alexander Zotov，后成为苏联驻叙利亚代表）会面。1989年1月，谢瓦尔德纳泽在法国同以新任外长摩西·阿伦斯（Moshe Arens）会面。一个月后，在谢瓦尔德纳泽访问中东期间，两人再次在开罗会面。在此次会面中，谢表示以色列有必要同巴解组织进行对话。这一表态被以媒解读为苏以复交的前提。

1987年7月，一个苏联领事代表团来到以色列处理在以的苏联公民和财产事务，并非正式地常驻下来。除领事官员外，代表团还包括一名外交部的政治代表。1988年，一个以色列领事小组到达莫斯科。1988年底，以色列向苏联引渡了劫持苏联飞机的罪犯，并向亚美尼亚大地震受害者提供援助，两

---

① 与博文的谈话（1992年4月）。
② См.：*Golan G.* Soviet Policies in the Middle East. Cambridge, New York, 1990.

国合作达到前所未有的高度。两国开始恢复文化联系。然而，还有一个问题没有解决，这一问题比互设使馆更加重要，就是苏联犹太人向以色列移民问题。这一问题可能比其他所有事情都要重要。因为民主进程的发展，苏联取消了对犹太文化活动的限制并禁止了反犹主义。有 1 万～1.2 万人拿到了移民许可。1987 年，约 8000 犹太人拿到了签证。1988 年这一数字几乎翻了一倍，之后再次激增，大约每月都有 1 万～1.2 万人移民。1990 年 12 月，移民人数达到峰值 3.5 万人，1991 年 2 月回落到 4000 人。从 1990 年到 1992 年春，有 40 万人离开苏联前往以色列。[①]

在国内，两个问题相互交织，威胁着以色列的安全和未来。一个是巴勒斯坦大起义，即在被占领土上进行和平起义，被占领土实际上已成为以色列的殖民地。另一个是人口形势。由于以色列及被占领土上犹太人和阿拉伯人在出生死亡率上的差距，预计到 21 世纪第一个十年末，约旦河西岸的犹太人和阿拉伯人人口将会基本持平。来自苏联的犹太移民潮将在很大程度上打破这种均衡。如果可以选择，80%～90% 的苏联犹太人可能更愿意移民美国，但美国和以色列努力将移民潮引向以色列。苏联不遗余力地使以色列接受在阿拉伯被占领土以外安置苏联犹太人的义务，据称事实上美国政府在一定程度上也提出了同样的要求。不过，莫斯科并没有实际的机制就此事向以色列施压。

对以关系及在中东冲突中的立场成为苏联内政外交中一个敏感且重要的话题。要理解苏联的真正角色，必须回到历史中去，尽管很多专家认为这已被彻底研究过了。在 20 世纪早期，全世界超过三分之二的犹太人生活在沙俄，包括波兰。大约在 1990 年，苏联犹太群体是仅次于美国和以色列的世界第三大犹太群体，一项官方数字表明苏联有约 220 万犹太人。[②] 一些人认为，这一数字只包含在护照上登记为犹太人的人，而一些犹太人可能已经被同化，认为自己是俄罗斯人、乌克兰人、白俄罗斯人等，未在护照上登记为犹太人。那么问题就自然产生了：在苏联如何判断一个人是犹太人？比如，在法国，法国人（French）或英国人（English）的首字母大写就表明了国籍身份，而"犹太人"和"基督徒"的首字母不需要大写，因为它表示宗教倾向。这说

---

① См.：Правда. 14.03.1992；Известия. 06.11.1989，27.01.1991 и 20.01.1992.

② См.：Большая Советская Энциклопедия. Т. 9. М.，1972. С. 16.

明一个法国人可以是基督徒、穆斯林或犹太人。在沙俄，犹太人如果信仰了基督教，便不再被视为犹太人，而被视为同信仰基督教的斯拉夫人一样。根据苏联的模糊界定，犹太人不仅包括大部分在家说意第绪语的阿什肯纳齐犹太人（Ashkenazis，德国犹太人后裔），也包括山地犹太人（Tats，塔特人）和中亚犹太人（Bukharan，布哈拉）。当然，阿什肯纳齐犹太人是苏联犹太人的主体，也是我们最关注的群体。

自 1880 年第一批犹太人从欧洲出发到 1948 年，巴勒斯坦见证了六次大规模移民潮，最后一次（1939~1948 年）是由于纳粹的反犹政策和二战大屠杀。前三次移民潮几乎都来自沙俄，包括波兰和波罗的海沿岸。受复兴以色列思想影响，犹太人纷纷来到巴勒斯坦地区。然而，矛盾的是，他们中的很多人也受到苏联革命理论的影响，锡安运动主要在苏联和波兰形成。很多杰出的锡安运动领导人和理论家来自俄罗斯帝国。犹太知识分子和政治家的行为举止深受俄罗斯知识分子生活的影响。正如拉克尔所写：

> 世纪之交的俄罗斯和东欧的犹太人在思维方式、习惯、举止和品位方面都特别相像……轻快、理想主义、粗犷、易于情绪化的争论和冗长的演讲，易受外部因素和他人言语的影响——所有这些特质，还有其他许多特质，都是俄罗斯知识分子和俄罗斯犹太人的共同点。[①]

拉克尔的观察现在已被广泛接受，笔者的个人经历也印证了这一点。我想起曾在洛桑与以色列政治学院及政治科学的自由派和中左派精英对话。尽管我们说的是英语，但我们的对话让我有一种在莫斯科郊区度假营地同苏联犹太知识分子对话的强烈错觉。另一个例子是笔者邀请一名以色列记者来家做客，他非常喜欢晚餐的肉冻，说这让他想起在文尼察（乌克兰）出生的姑姑。他姑姑曾做过一模一样的菜。这种情愫、念想无疑会影响以色列领导人，便利他们同"亲戚"——苏联阿什肯纳齐犹太人的交往。在苏联改革和开放的初年，这种亲密关系也发挥了作用，苏联犹太人被允许自由表达对以色列的感情。

还有一个问题：为什么在沙俄，犹太人中革命者的比例比其他民族的要高？原因可能很多：剧烈的社会变动导致俄罗斯帝国向资本主义转型，影响

---

① *Laqueur W*. A History of Zionism. L.，1972. C. 241.

了西部地区大量犹太人；犹太人社会自觉意识的觉醒和社会对其在民族和宗教信仰上的压迫；犹太人在俄罗斯没有基本人权（尽管其他 100 个民族也一样）。19 世纪末，在被关押的政治犯中，犹太人占 13%，有时一度占 18%，甚至达到 24%。[1] 列宁曾提及统一大会后的俄罗斯社会民主工人党（即后来的布尔什维克）的组织数据，指出有 3.1 万名党员是俄罗斯人和来自俄罗斯地区的非俄罗斯人，2.6 万名党员是波兰人，1.4 万名是立陶宛人，3.3 万名是犹太人。[2]

俄罗斯革命者（和自由主义者）的信条是"所有国家、民族和人民"或所有民族、种族和宗教团体之间的合作与权利平等。俄罗斯知识分子中悠久的宽容传统和使不同种族、信仰和平共处并相互尊重的能力使得俄罗斯不仅反对大屠杀这样的极端反犹主义，也反对任何形式的对俄罗斯犹太人的歧视。很多人大声疾呼，为犹太人辩护，比如作家和诗人马克西姆·高尔基、亚历山大·布洛克、亚历山大·库普林、弗拉基米尔·柯罗连科，生物学家伊万·巴甫洛夫、马克西姆·柯瓦勒斯基，历史学家、地质学家和哲学家弗拉基米尔·韦尔纳德斯基，以及上百名科学、文化和政治领域的杰出人物。俄罗斯帝国里有很多犹太人支持锡安运动，但是列宁认为马克思主义与民族主义是不可调和的，不管民族主义可能多么公正、"干净"、文雅和文明。[3] 马克思主义支持国际主义和所有民族大融合，而不是民族主义。布尔什维克否定锡安主义，认为它代表民族主义。

随着革命的到来，应许之地的神话被建设"社会主义社会"、将沙俄变成人间天堂的神话所代替。一些犹太人既是新神话的创造者，也是其受害者（企业家和中上层说俄语的知识分子）。后来，他们中的一些人变成了刽子手，一些人成了阶下囚，这两者的比例都很高。20 世纪 20 年代和 30 年代，在苏联官方层面上，平等取代了民族、宗教和种族歧视。反犹主义和其他所有形式的种族主义一样，不仅在官方层面消失，而且被列为违法犯罪行为。1927年，俄罗斯联邦刑法规定，"以煽动民族和宗教仇恨为目的进行宣传和鼓动"，

---

[1] Cm.：Les Juives Sovietiques depuis 1917. Sous la direction de Leonel Kochan. P.，1971. C. 118.

[2] Cm.：*Ленин В. И.* ПСС. Т. 12. С. 347, 351.

[3] Там же. С. 351.

处二年以上有期徒刑。[①]

苏联社会使犹太人获得了前所未有的流动性。很多犹太人是十月革命的领导者。列夫·托洛茨基任彼得格勒军事革命委员会主席，后在新一代领导集体中成为仅次于列宁的二号人物，任外交人民委员（即外交部部长），并担任陆海军人民委员。雅可夫·斯维尔德洛夫也是军事革命委员会成员，1917年11月起任苏俄中央执行委员会主席（名义上的国家元首），直到1919年去世。列夫·加米涅夫曾任人民委员会副主席（副总理）。在20世纪20年代，国际共产主义的创建者和领导者格里戈里·季诺维也夫领导列宁格勒党，当时这在全国范围内是一支非常重要的力量。法国记者亨利·阿莱格写道："在西方社会，犹太人早被同化，享受所有公民权利，布鲁姆还领导了人民阵线政府（但也发生了德雷福斯事件）。但犹太人在苏联取得的成就，即使是在最文明的西方国家甚至是法国都是不可想象的。"[②]

从20世纪20年代到1941年，40万～50万乌克兰和白俄罗斯犹太人从犹太聚集区搬到大城镇开始新生活，并接受了俄罗斯人、乌克兰人和白俄罗斯人的生活方式。公职人员中犹太人的比例高于犹太人占总人口的比例。1927年，犹太人占苏联总人口的1.8%，占乌克兰人口的5.4%，占白俄罗斯人口的8.2%，而莫斯科的行政人员中，犹太人占10.3%，这一数字在乌克兰达到22.6%，在白俄罗斯达到30.6%。[③] 尽管这一比例在各地区随后都稍有下降。

1929年，9%的红军委员是犹太人。最高司令像伊欧那·雅基尔、费尔德曼、罗伯特·爱德曼、彦·伽马瑞克等都来自犹太社区。即使在1939年大清洗之后，布尔什维克中央委员会的139名委员中仍有15名犹太人（占总数的11%）。[④] 很多犹太人与斯大林关系匪浅。斯大林女儿斯维特兰娜的第一任丈夫格里戈里·莫洛佐夫是个犹太人。斯大林儿子雅可夫也娶了一个犹太人。斯大林早逝且死因成谜的第一任妻子的哥哥也娶了一名犹太人。在20世纪20年代和30年代，斯大林和很多犹太人合作，且从未被指责存在反犹主义。笔

---

① См.: Люблинский Л. И., Полянский Н. Н. Уголовно-процессуальный кодекс РСФСР. М., 1928. С. 124.

② *Alleg H.* L'URSS et les juifs. P., 1989. С. 168.

③ CM.: Les Juives Sovietiques… S. 150.

④ См.: *Национальная* политика ВКП（6）в цифрах. М., 1929. С. 89. См.: *Rabinovich S.* Les Juifs en Union Sovietique. М., 1982. С. 26.

者认为斯大林不在乎民族感情，只把民族感情和所有民族当成夺取马克思列宁主义胜利和个人绝对权力的工具。

从20世纪20年代开始，犹太人热衷于教育事业，成为苏联国内受教育程度最高的民族。各年龄段的犹太人接受高等教育的比例是俄罗斯人的5倍、乌克兰人和哈萨克人的7倍、爱沙尼亚人的6倍。1966年（之后这些数据变化不大），15%的苏联医生，8%的记者，10%的法官和律师，8%的演员、音乐家和艺术家是犹太人。每1000名犹太人中，就有22名科学家和学者，而在俄罗斯人和乌克兰人中这个数字分别只有4名和2名。1941～1981年，1347人获列宁奖，其中142人为犹太人。[①] 以上所有数据仅仅统计了被官方登记为犹太人的犹太人。

非知识分子和行政精英的犹太人的生活方式也发生了巨大变化。建立了3个犹太自治区，其中2个在克里米亚。但此后农村地区犹太人口增长陷入停滞。[②] 革命前大部分犹太人说意第绪语。希伯来语没有广泛传播，只有一小部分高等宗教人士掌握希伯来语，锡安主义的传播对希伯来语的推动作用不大。

在苏维埃政权建立的头二十年，一方面犹太文化发展没有受到任何限制，另一方面同化进程在快速进行。1926年人口普查显示，30%的犹太人不认为意第绪语是母语，尽管大概三十年前它被大部分犹太人使用。意第绪语中小学数量在20世纪30年代前持续增长，之后断崖式下跌。[③] 1933年，伟大的犹太诗人佩列茨·马尔基什抱怨："我们的读者正在离我们远去。一本意第绪语书不再是必需品。"当时的一名苏联作家、记者所罗门·拉宾诺维奇写到，很多犹太人想要融入主流社会："从犹太社区走出的这一代犹太人正在逐渐被主流民族消解。自然，他们的孩子在不同的环境中接受教育。俄语、乌克兰语或白俄罗斯语不可避免地成为这些犹太家庭的日常语言……"[④]

苏联犹太人比法国或德国犹太人更快地放弃了犹太传统。革命胜利后，他们仍然保持着与犹太教会堂的联系，但是苏联这个无神论国家就像毁掉教堂和清真寺一样毁掉了犹太圣殿。

移居到大城市的犹太人希望完全融入苏联生活。自觉或非自觉地，他们

---

① Cм.: *Rabinovich S.* Les Juifs en Union Sovietique. M., 1982. C. 26.

② Cм.: *Robin R.* L' Amour du Yiddish. P., 1984.

③ Ibid. S. 112.

④ *Rabinovich S.* Op. cit. S. 27.

放弃了"犹太社区意识"这一古老传统。这一意识将世界分成两个对立阵营：犹太人和异教徒。大部分苏联犹太人并没有担忧新生活将加速犹太身份消失的事实。尽管他们仍然保持着与意第绪文化的某些联系，对犹太歌曲和儿时的旋律感到亲切，在某种程度上仍然尊重古老传统，但他们不再关心拥挤破烂的犹太社区，转身拥抱这个国家的新未来。在这个国家里，民族和宗教信仰被认为是不重要的。犹太人积极支持布尔什维克所宣传的民族融合和国际主义理论。这不是一个新立场。1789 年法国大革命期间，法国犹太代表曾要求享有"融入法兰西民族成为法国公民的荣誉"①。

大屠杀的恐惧唤醒了犹太人沉睡的民族情感。1942 年 4 月 6 日，斯大林建立了一个委员会，来团结各种力量打败敌人并争取西方同情。随后这个委员会被命名为犹太人反法西斯委员会，知名演员所罗门·米霍埃尔斯任主席，委员会成员包括很多知名犹太知识分子和政治家。二战结束后，米霍埃尔斯给斯大林写了一封信，希望将幸存犹太人集中到克里米亚并在此建立犹太自治共和国。多年后这一计划被视为政治犯罪。一名苏军总参谋部情报总局官员回忆战后斯大林如何打俄罗斯民族牌，正是这张牌在战争中救了他。"我听说斯大林在米霍埃尔斯的信上做了批示：'太多俄罗斯人因克里米亚而牺牲，克里米亚不应被赐予其他任何人。''任何人'被加了下划线。写完这句话，斯大林折断了笔。"

战争中，34 万犹太人得到嘉奖，其中 157 人被授予苏联英雄，72 人成为社会主义劳模。② 看上去，斯大林体制并没有质疑苏联犹太人在战争中和战后对苏联的忠诚。苏联及其盟友从纳粹手中解放了大片苏联土地及东欧国家，打败了德国法西斯，挽救了大屠杀中幸存的犹太人。苏联各民族公民为此做出了巨大牺牲。在 1945 年 2 月雅尔塔会议上，斯大林、罗斯福和丘吉尔一致同意在巴勒斯坦建立一个犹太民族家园，并允许犹太人向巴勒斯坦移民。

巴勒斯坦问题不是苏联地区政策的重点。在莫斯科看来，阿拉伯国家是被"大英帝国"统治的区域。莫斯科乐见阿拉伯力量被削弱。1946 年，苏联要求结束英国在巴勒斯坦的委任统治，要求英国撤军，并建立"独立的巴勒斯坦国"。随后一度出现建立"犹太—阿拉伯双民族国家"的可能性。但

---

① См.: *Alleg H.* Op. cit. S. 191.
② См.: *Советские евреи: мифы и действительность.* M., 1972. C. 20.

"支持英国的阿拉伯保守政权"对巴勒斯坦阿拉伯人的支持、锡安主义者的反英态度和与巴勒斯坦地区犹太左翼人士的历史联系促成了苏联政策的巨大转变。

巴勒斯坦地区锡安主义者争取独立建国的斗争引起了斯大林的关注。斯大林决定支持他们。斯大林的逻辑很简单：阿拉伯世界有英国军队和基地，是支持英国和法国的保守政权；巴勒斯坦地区锡安主义的胜利可能打击英国及其代理人，并结束英国在这一地区的存在。因此，苏联有必要支持锡安主义者，拥有战斗经验的犹太军人和武器被从东欧运往巴勒斯坦。斯大林错误地估计了形势，就像他在土耳其和伊朗犯的错误一样，但苏联的立场由一系列清晰鲜明的政治声明所规范，非常权威且具有说服力，以至于即使半个世纪后，其主要观点都不需要修改。

1947 年 11 月，联合国大会期间，由葛罗米柯率领的苏联代表团第一个提议建立一个联合犹太的国家，其中犹太人和阿拉伯人享有同等权利。但冲突各方均反对这一方案，苏联转而支持两国方案，认为这是"最能被接受的方案"。葛罗米柯表示将巴勒斯坦分成两个独立自治国家的提议不是为了反对阿拉伯人。"这一决议不反对巴勒斯坦地区两大民族的任何一方。恰恰相反，苏联代表团认为这一决议符合犹太人民和巴勒斯坦人民双方的根本利益……"[1]

苏联理解两个民族的建国诉求，同情他们为民族解放所做的努力。葛罗米柯认为巴勒斯坦地区两个民族有着深刻的历史联系，同时强调由于希特勒德国发动的战争，犹太人遭受了比其他民族更多的苦难。因此，他表示："以两国方案为基础解决巴勒斯坦问题将具有重大历史意义，因为这符合犹太民族的合法诉求，成千上万的犹太人至今流离失所。"[2] 阿拉伯人认为这一提议无耻、无礼、不能接受，是让阿拉伯人来承担希特勒德国对犹太人的"历史性不公"。

苏联是第一个承认以色列的大国。1948 年 5 月 14 日，以色列发表独立宣言，48 小时内，苏联承认了以色列，并在第一次中东战争中帮助以色列对抗阿拉伯人和阿拉伯军队。战后划定了"停火线"（直到 1967 年）。[3] 苏联延续

---

① Правда. 30. 11. 1947.

② *Громыко А. А.* Борьба СССР в ООН за мир, безопасность, сотрудничество. М., 1986. С. 5051.

③ Звягельская, часть 4, сн. 1, 2.

了其在联合国的立场。

对于经历战争灾难、从大屠杀和集中营中幸存并同其他苏联人民并肩战斗反抗纳粹的苏联犹太人来说，以色列国的建立就好像是对纳粹和历史上所有迫害屠杀犹太行为的惩罚。他们认为作为犹太人和苏联公民这都是值得骄傲的。对于即将降临在巴勒斯坦人和犹太人身上的苦难，他们毫无察觉。很多苏联犹太人想要移民以色列。

1948 年 9 月，果尔达·梅耶松大使率领以色列第一个官方代表团到达莫斯科。梅耶松大使就是后来的梅厄夫人。几周之后，她在莫斯科最大的犹太教会堂参加赎罪日纪念活动。苏联犹太作家尤里·科列斯尼科夫回忆道：

> 犹太教会堂位于狭窄的阿尔希波夫街道，整个街区被人围得水泄不通。莫斯科和其他城市的犹太人都聚集到这里，导致交通瘫痪了几个小时……最后，梅厄夫人走出犹太教会堂，出现在街道上，人群中爆发出雷鸣般的致意。人们依习俗相互拥抱、庆祝、祝福……人群中高喊着传统的问候语："明年！明年！"梅厄夫人，很清楚自己在做什么，回应道"明年在耶路撒冷！"人们听到她的回应，以为党和政府将很快号召苏联犹太人前往苏联的新朋友——以色列国，去帮助它建设社会主义。没有人怀疑梅厄夫人所做和所说的一切是得到了斯大林的同意……[1]

对于在乌克兰出生的梅厄夫人来说，她很清楚苏联的现实，知道她同苏联犹太人的亲近关系可能带来危险。[2] 正如一位作家记录的：

> 她毫不犹豫地去煽动民众。她同斯大林亲近人士的犹太妻子们建立了密切联系……在一次官方招待会上，她同儿时的朋友波利娜·热姆邱任娜（莫洛托夫的妻子）聊天，她问："发生了什么？人们说你为自己是犹太人感到耻辱。"对斯大林来说，一位苏联名人和一名外交官如此亲密完全不能接受，威胁了国家安全，即使没有任何确凿的叛国证据，莫洛托夫夫人还是被流放到了哈萨克斯坦的偏远地区。同样的命运也降临在米哈伊尔·加里宁妻子姐姐的身上，她也是犹太人，嫁给了负责工程和军队补给的喀洛夫将军……喀洛夫夫人同梅厄夫人走得太近了。在电话

① Цит. по: *Alleg H.* Op. cit. S. 246—247.
② См.: *Rabin I.* The Rabin Memoirs. L., 1979. S. 74—75.

里，她称梅厄夫人为"果尔达娃"（我亲爱的果尔达）。自然地，斯大林知道了这件事，对此非常生气和怀疑。①

在斯大林统治的国家里，斯大林是唯一的神。各民族、各宗教信仰的人民都只能忠于他、他的党、他的国家、他的思想和他的国际主义。如果一群苏联人的憧憬和理想是在苏联之外，他们的处境将十分不利。这就是犹太人面临的压制。犹太人反法西斯委员会解散了。米霍埃尔斯死于"车祸"。1952年7月，几十名知名犹太知识分子被逮捕并被秘密处决。除了"反苏宣传、民族主义、世界主义和间谍罪"，案卷中还有重要的一点是在帝国主义支持下参加将克里米亚从苏联分裂出去的阴谋活动。米霍埃尔斯给斯大林的信被作为证据。1952年夏，20多名与犹太人反法西斯委员会活动相关的知识分子被处以死刑。

"古拉格群岛"上大概有上万名犹太人。第一批来到这里的人是被体制抛弃的人——艺术家、政治人物、社会学家——幸亏他们中的一些人是软骨头，才得以幸存。自然和物理学家很少被捕，特别是原子弹和氢弹相关工作人员。犹太期刊被停刊，大部分意第绪语剧场甚至犹太博物馆也被关闭。一场运动似乎正在进行，将销毁所有犹太痕迹和绵延了几个世纪的犹太文化。镇压波及远东的犹太自治区，那里所有的意第绪语中学都被关闭了。事情的发展被一种歇斯底里的战争氛围所笼罩，好像整个世界正快速滑向一场新的世界大战。朝鲜战争在进行，每天死亡数千人。美国出现了反共恐慌，罗森堡夫妇被指控向苏联提供原子弹情报，受到政治迫害，最终被电椅电死。

"社会主义阵营"出现了第一次破裂。苏联与铁托决裂，1948年6月，南斯拉夫共产党被共产党和工人党情报局开除。"人民民主政权"开始清洗犯有"铁托主义"和与美国情报部门有勾结的领导人。1951年底，几名捷克斯洛伐克共产党领导人被捕受审。在公开审判的14名囚犯中，11名是犹太人，包括党的总书记鲁道夫·斯兰斯基。他们被判犯有"犹太民族主义罪"和与国际锡安主义勾结。那个时代的标志性事件是"医生案件"（或称"白衣杀手"）。几位为苏联领导人治病的名医（主要是犹太人）被指控"用药"杀死安德烈·日丹诺夫，并按照美国中情局的指示策划一系列杀人案。尼基塔·

① Цит. по: *Alleg H.* Op. cit. S. 247.

赫鲁晓夫表示斯大林亲自负责调查，要求国家安全部部长伊格纳季耶夫运用"各种手段"尽快破案，让犯人认罪。[①] 斯大林 1953 年 3 月去世，"医生案件"也随之结束。被告们于 4 月初被释放。自 1952 年被中断的同以色列的外交关系于 1953 年 7 月恢复。

无论是对于仍然保持着犹太民族文化特征的犹太知识分子，还是对于在很大程度上已被同化但又感觉自己与其他非犹太同胞关系恶化的"普通人"来说，这一时期都是残酷和悲剧性的。无处不在的怀疑被描绘成"革命警觉"，并成为招聘人员时的规范。很多犹太人被捕、被流放或被解雇。很多政治界、商界精英仅仅因为犹太身份被离职，不再受到信任。但同时，上万名犹太人仍像往常一样工作、学习和生活，面临着和其他苏联同胞一样的问题，并仍然相信斯大林是不会犯错的。亨利·阿莱格说："犹太人没有被边缘化，从苏共党员数量上就可以看出。1979 年，每 100 名苏联公民中有 7 名党员，而每 100 名犹太人中有 14 名党员。"[②]

斯大林死后，官方反犹主义消失了。官方强调"苏联民族问题已经被最终且彻底解决了"，然而苏联正在走向瓦解，走向民族—宗教分裂。犹太问题被假装不存在。政府并不关心犹太文化和意第绪语文学的衰微。然而，斯大林晚年种下的仇恨开始生根发芽，对苏联犹太公民的不信任导致他们在政治和国家安全领域受到歧视。很多或自愿或被动被同化为俄罗斯人、乌克兰人和白俄罗斯人的犹太知识分子和工人经常会感到一定程度的异化。他们中很多人同情以色列，但并不准备学习希伯来语或回到已经是异国他乡的犹太文化、宗教和民族的发源地。从 1945 年到 1987 年，苏联的犹太移民增长到约 30 万人，但只有一部分人定居以色列。20 世纪 70 年代和 80 年代，对于大多数人而言，移居以色列的意向声明仅仅是他们离开苏联前往美国或其他西方国家的工具。

苏联在阿以冲突中的态度加剧了它的国内问题。1954 年 1 月，联合国安理会审议以色列企图单方面改变约旦河河道议题，苏联第一次行使否决权，支持阿拉伯国家。两个月后，苏联又否决了要求埃及向以色列船只开放苏伊士运河的决议草案。苏联领导人意识到以色列不会成为苏联的势力范围，以

---

① Вопросы истории. 1991. № 1. С. 54.

② *Alleg H.* Op. cit. S. 258.

色列对苏联失去了价值。同时，在 20 世纪 50 年代，阿拉伯世界反西方势头正盛，为苏联和某些阿拉伯国家紧密合作创造了前提条件。一开始，苏联不愿卷入阿以冲突，但对以斗争是阿拉伯国家的首要关切，支持阿拉伯事业将无疑打开合作的新可能性。

以色列领导人认为苏联向阿拉伯国家提供武器威胁了以色列的安全，因为这些武器很可能最终（或已经）被用于对抗以色列而不是对抗"西方帝国主义"。苏联的一边倒政策不利于左翼势力在以色列开展活动，左翼最终下台。但作为整体，以色列人清楚以苏关系的主要目标应该是帮助苏联犹太人移民。要想发展壮大，以色列需要成千上万的移民，而苏联是唯一的人才市场。苏联在 20 世纪 20 年代停止了移民。鉴于官方反对锡安主义和与阿拉伯国家的合作，苏联对犹太人关闭了边境。此外，苏联认为允许犹太人大规模移民相当于承认苏联民族政策失败，将带来前所未有的危险。

一些西方和俄罗斯分析人士认为苏联对以政策深受反犹主义影响。关于锡安主义的苏联文学作品数量多且不断发展，其中或多或少含有反犹倾向。但如果认为苏联对以政策就是反犹主义则过于简单。苏联始终支持以色列的生存权，打击主张消灭以色列、将以色列"扔到海里去"的阿拉伯极端主义者。莫斯科对以色列的批评仅仅局限在以色列的扩张政策、以色列与西方的合作、以色列在被占领土上的政策和以色列与阿拉伯世界"进步"趋势的对抗。苏联对以持消极、敌意的政策另有他因。阿拉伯世界清楚苏联有自己的长期利益。苏联将以色列描绘成美帝国主义的爪牙、对中东和平与稳定的威胁和国际保守主义大本营，而苏联则契合阿拉伯人，至少是阿拉伯普通民众的民族希望。

以色列虽奉行民主制，但经济上同很多军事高压政权保持着密切联系，特别是在军火贸易领域。军队在以内政中拥有巨大影响。1982 年夏，以色列入侵黎巴嫩，美国作为贝京政府的唯一支持者，受到国际社会孤立。而且以色列屠杀被占领土萨布拉和夏蒂拉的巴勒斯坦难民，在国际上产生了恶劣影响。受一贯宣传政策影响，苏联将其政治利益理解为莫斯科要扮演一个永远的反对者角色，不是反对以色列，而是反对以色列的政策。苏联对以色列生存权的真心支持是出于对以色列实力和未来形势发展所有可能性的现实评估。同时，以色列的孤立、不受欢迎和对美国支持的完全依赖、与美国的紧密合作和以色列自身的地区雄心都使它成为苏联批评的对象。

苏联的反锡安主义、反以宣传基于几个假设。苏联认为以色列是美帝国主义阴谋颠覆阿拉伯世界进步政权的"工具"。基于"犹太院外集团操控美国"假设，美以关系被描述成"尾巴摇狗"。同时，以色列被描绘成傀儡、小帝国主义国家。涉及边境冲突，只报道来自开罗和大马士革的消息。但编辑们忽略了一个事实：苏联读者们习惯于探寻文字背后的含义并经常从反面解读媒体报道。绝大多数苏联犹太人不满 1956 年以色列同英法共谋苏伊士运河事件，但他们也不认同苏联对 1967 年阿以战争的官方报道。以军的胜利激发了苏联犹太人的自豪感，同时导致了新一轮的苏联官方对犹太公民的不信任。媒体发起的反锡安主义运动符合官方意识形态，但因为太过频繁而且非常像 20 世纪 50 年代初的反世界主义运动，所以很多人认为这是新形式的反犹宣传。在苏联的"宣传鼓动"中，"布拉格之春"和波兰形势的发展都同锡安活动有关。宣传是存在惯性的。当在埃及部署防空设施和人员需要宣传时，反以和反锡安的主题已经在手边了。尽管梅厄夫人"重返家园"的号召没有引起苏联大多数犹太人的关注，但让苏联犹太人反对这一号召的恰当理由已经有了。反锡安运动如火如荼。每个人都发誓忠于社会主义祖国，谴责以色列。一些人只是发自内心，一些人想要保住地位，一些人是被迫的。这种报道越多，越没人相信，人们越想移民。反锡安运动最终导致人们认为犹太社群是苏联社会中特殊的、可疑的群体。

基于个人印象（尽管这应被调查证实），笔者认为政治宣传运动和现实社会关系毫无关联。日常生活中确实存在反犹主义，一些工作岗位也确实有特殊要求。但正常的共同生活仍是主流，在几乎所有领域，包括在相当高的政治层面，大多数苏联犹太人享受着日常工作和"财富"（当然，以苏联的标准）。犹太人在文学、电影和媒体领域拥有举足轻重的地位。苏联犹太人仍面对一些不正常情况。官方上，他们是少数民族，但是他们没有享受其他少数民族享有的真正的政治和文化自治权。一方面，他们被假设已经完全融入社会，因此不再需要专门的犹太教会堂、学校、剧院和报纸，当然也不想移民；另一方面，党和国家领导人不相信犹太人会对苏联完全忠诚，因此在政治、军事甚至科学领域对犹太人做出了特殊限制。也许这种不信任的表现并不明显，但也会引发犹太人的进一步异化。

在苏联改革的第三个、第四个特别是第五个年头，一股新的移民潮"突然"出现。不是因为苏联犹太人想去某个地方，而是他们都在努力离开苏联。

苏联犹太人能够离开，仅仅是因为他们有处可去，不像大多数苏联人，眼看着自己的国家被一场历时四代人的社会试验所摧毁，陷入历史上最严重的危机。犹太人曾积极参与这场试验，如今用脚投票，成为衡量一个社会态度、希望、政治导向和同情心的风向标。在 20 世纪二三十年代，他们曾积极融入社会，参与社会改造，建设"社会主义"。尽管在这一过程中他们有所损失，但仍然保持着对未来的憧憬。但是现在，他们感觉苏联社会已误入歧途，留下来已毫无希望。

在某一历史时刻，苏联的国内形势反映到外交政策上，成为影响未来国际关系、世界秩序和中东局势的关键因素。总体上，莫斯科试图同美国合作，便利犹太移民被视为表达苏联诚意的可靠证明。要同以色列接触并逐步实现关系正常化，苏联就必须放弃单边支持阿拉伯的政策。在这些关系的大框架中，移民问题最为重要。内政对外交政策的影响改变了局势。如果苏联社会要走向民主和尊重人权，那公民的移民事宜也应民主化。当然，苏联领导人希望通过赢得有影响力的犹太社群，特别是美国犹太社群的信任，来改善同西方的关系也是原因之一。苏以的接触与交流愈加频繁。1991 年 1 月 3 日，以色列驻莫斯科办事处和苏联驻特拉维夫办事处同时升级为总领馆。

1991 年 4 月 16 日，海湾战争后，苏联总理帕夫洛夫同以色列总理沙米尔在伦敦会面。5 月，苏联外长亚历山大·别斯梅尔特内赫访问以色列。从 6 月到 8 月，以色列商会会长兹维·阿米特、农业部部长拉斐尔·埃坦、交通部部长卡苏尔先后访苏。1991 年 10 月 1 日，莫斯科—特拉维夫航线开通。以色列航空和俄罗斯航空签署了以色列同莫斯科和圣彼得堡的直飞协议。然而，虽然从 1989 年苏联就放宽了对犹太移民的限制，但是直到 1991 年 10 月苏以才复交。两个月后，苏联解体。

1967 年以前，苏联认为巴勒斯坦问题只是关于难民的人道主义问题。1948 年以后，以色列境内的巴勒斯坦人成为以色列公民，虽然不享有完全的民事和政治权利；居住在西岸的巴勒斯坦人成为约旦人；居住在加沙的人口身份未定，受埃及保护。1967 年以前，这些问题完全在苏联的政治利益之外。1967 年战争刚结束时，苏联仍然认为阿以冲突是国家间的冲突。在联合国安理会第 242 号决议中，巴勒斯坦问题再次被简化成难民问题。然而，以色列对巴勒斯坦土地的占领加速了巴勒斯坦人争取民族自决权的进程。共同的命运和遭遇使巴勒斯坦人成为一个民族，具有自身的特征和共同的政治诉求。

1964 年，巴勒斯坦解放组织成立。巴解组织的活动尽管形式、立场极端，曲折持久，但有其正当性。笔者采访了扎索霍夫：

> 巴勒斯坦地区的阿拉伯人民和巴解组织已经完全抛弃了极端计划和口号。1967 年以后，巴解组织的观点和理念开始成熟。这有利于国际社会和苏联同其进行合作。在一定程度上，巴勒斯坦问题已上升为民族解放运动，尽管巴解组织从本质上讲同反殖民的组织不一样。说实话，很多人怀疑巴勒斯坦抵抗运动是否能被描述成民族解放运动。[①]

针对地区局势的不断变化，苏联同巴解组织的关系表现出少有的灵活性和现实性。然而，在勃列日涅夫时期，由于根本原则大框架正在逐渐失去灵活性和现实性，苏巴关系也失去了活力。和巴解组织的关系成为苏联外交的重要工具，用以钳制美国和以色列。那时，美国和苏联的对抗决定着中东舞台上所有人的行为方式。当纳赛尔意识到可以利用巴解组织向以色列施压时，他试图说服苏联领导人接受他的政策。1968 年夏，纳赛尔带领埃及代表团访问苏联，亚西尔·阿拉法特是代表团成员之一。自此，通过苏联亚非国家团结委员会，苏联同巴解组织建立了政治联系。扎索霍夫告诉笔者，1968 年阿拉法特跟随纳赛尔第一次来莫斯科时，苏联部长会议第一副主席马祖罗夫和苏共中央书记波诺马廖夫接见了他。就是从那时起苏联政治局决定通过亚非国家团结委员会保持同巴解组织的关系。

笔者：能形容一下我们面对巴勒斯坦人的犹豫和分歧吗？

扎索霍夫：当巴勒斯坦人表现出极端主义并诉诸恐怖手段时，苏巴关系就会转冷。几乎每次一发生这种事情，巴勒斯坦领导人就要解释他们的行为。另一个问题是巴勒斯坦人的立场与其他阿拉伯国家的立场相互作用，为中东问题的解决提供了建设性方法。

笔者：我们同巴勒斯坦人的关系会使苏以关系复杂化吗？

扎索霍夫：当然会，但我们同巴勒斯坦人的联系不能说是个错误。我认为即使没有他们，以色列的立场也很难有实质改变。[②]

---

① 与扎索霍夫的谈话（1992 年 4 月）。
② 与扎索霍夫的谈话（1992 年 4 月）。

巴解组织接受苏联的武器和弹药，军官被送到苏联培训，但苏联从不对此进行官方报道。鉴于信息仍属机密，尽管西方资料显示苏巴之间广泛的军事合作始于 1972 年，但笔者无法就此断言。① 也许它们的合作开始得更早一点。1973 年阿以战争后，埃及"叛变"，苏联不得不寻求由一系列"弱国"比如叙利亚、伊拉克、南也门和巴解组织等组成的"反帝"联盟的支持。利比亚和阿尔及利亚有时也参与"反帝"联盟。在这种情况下，苏联和巴解组织的关系进一步发展。

1974 年秋，苏联第一次官方表示支持建立巴勒斯坦国。巴勒斯坦问题自此成为阿以冲突的关键，在约旦河西岸和加沙建立巴勒斯坦国的想法得到了大多数阿拉伯国家的支持，没有几个国家再坚持"摧毁犹太实体"（以色列）。在美国和以色列看来，阿拉伯国家和苏联对巴勒斯坦建国方案的一致支持会阻碍中东问题的解决。随着苏埃关系转冷，美国在地区影响力上升，苏联加大了对巴解组织的支持力度。1982 年拉巴特阿拉伯峰会同意支持在约旦河西岸和加沙地带建立巴勒斯坦国。巴勒斯坦全国委员会对此表示原则同意，尽管一些巴解组织派别反对。对苏联来说，这一立场为它处理与阿拉伯国家的关系提供了新的操作空间。

自 1976 年起，巴解组织驻苏联办事处（技术上和亚非国家团结委员会在一起）扮演了同其他民族解放运动办事处一样的角色，比如非洲国民大会和纳米比亚西南非洲人民组织。1978 年 11 月戴维营会议后，苏联承认巴解组织是"巴勒斯坦人民的唯一合法代表"。1981 年 10 月，巴解组织办事处取得使馆地位，并在 1988 年巴勒斯坦国宣布成立时成为完全意义上的使馆。苏巴关系也不是一直一帆风顺。双方的分歧始终存在：一方面，巴勒斯坦对苏联抱有不切实际的幻想，希望苏联完全站在巴方一侧；另一方面，苏联希望巴解组织领导人在中东问题和其他国际议题上的立场能够向苏联靠拢。巴解组织对苏联阿富汗政策的谨慎支持对勃列日涅夫来说如同雪中送炭，尽管在了解了巴解组织当时的金主——沙特阿拉伯和整个伊斯兰世界的立场后，阿拉法特逐渐采取了更加平衡的立场。对于中东和平进程，苏联和巴解组织同样存在分歧。有时，苏联强调巴解组织必须从一开始参加和平会议，但有时，苏联也会退而求其次，允许巴解组织在特定阶段参与谈判。

---

① См.：*Golan G.* Gorbachev's Middle East Strategy. Foreign Affairs. 1987. № 1. C. 41—49.

巴解组织的内部派系斗争不利于它同苏联的关系。巴不同派别之间经常发生交火和流血冲突，这也反映了阿拉伯世界的分裂。尽管同乔治·哈巴什领导的人民阵线和纳伊夫·哈瓦特迈赫领导的民主阵线在意识形态上更加亲近，但因不认同其极端主义思想，苏联仍然偏爱巴解组织的最主要派别——阿拉法特的法塔赫。然而，当这些左派团体支持苏联在阿富汗的行动时，苏联在一定程度上缓和了对它们的态度。

扎索霍夫说："我们同巴勒斯坦的问题之一是，我们更喜欢激进派和左派，但法塔赫是最能代表巴勒斯坦人民的。可以说，与 7～13 个不同政治派别的复杂联系束缚了我们同巴解组织的关系。"① 出于政治正确，关于法塔赫"同情资本主义"、"同保守伊斯兰政权走得太近"、支持沙特的抱怨非常之多。

苏联也关注了其他巴勒斯坦组织，比如闪电游击队、人民斗争阵线、巴勒斯坦解放阵线和阿拉伯解放阵线等。对于任何同巴解组织有关的人来说，这都不是秘密，这些组织都受控于其他阿拉伯国家。1981 年，独立的巴勒斯坦共产党成立，这并不意味着苏联领导人正在巴解组织内部寻找法塔赫的"替代者"。这仅仅说明当时苏联在巴解组织内部有了一个既不会被阿拉伯国家左右也不会走"资本主义"错误路线的可靠盟友。苏联的改革和去意识形态化、"社会主义团结"的瓦解、国内问题特别是大量苏联犹太人移民以色列都使西岸的巴共面临极端复杂的局面，尽管苏联的其他左翼盟友和跟随者的处境也不容乐观。

黎巴嫩形势的发展为苏巴关系埋下了隐患。叙利亚一度支持右翼基督教势力发动对巴勒斯坦人的军事行动，巴方为此指责苏联没对叙施压。1982 年夏以色列入侵黎巴嫩，苏联也未积极干预。巴解组织领导人在中东问题上的立场演变促进了苏巴关系的发展。1974 年，法塔赫和巴勒斯坦全国委员会（流亡议会）呼吁在所有解放领土上建立巴勒斯坦"政权"，这意味着他们同意以 1967 年边界为基础建立巴勒斯坦国，也就是包括西岸和加沙，当然还有东耶路撒冷的巴勒斯坦国。

戈尔巴乔夫个人对巴勒斯坦抵抗运动没有兴趣。苏联对巴勒斯坦的态度随着苏联中东政策的演变不断变化。1988 年，在巴勒斯坦大起义的影响下，巴勒斯坦全国委员会宣布成立巴勒斯坦国并承认自 1947 年以来所有涉巴勒斯

① 与扎索霍夫的谈话（1992 年 4 月）。

坦问题的联合国决议。苏联和巴解组织的立场更加接近。当然，东耶路撒冷和作为整体的耶路撒冷仍然是未来任何解决方案中的难点，但是苏联倾向于搁置这一争议。1981 年后，勃列日涅夫宣布的中东问题解决方案中没有提及东耶路撒冷问题。

1988 年，戈尔巴乔夫邀请阿拉法特访问莫斯科。苏方要求巴方保持克制，原因之一是世界范围内的和解进程正在进行，中东不应例外。双方指出巴勒斯坦问题是阿以冲突的核心，但不是苏美对抗的一部分。在谈及参加和平会议时，苏联并没有像之前一样强烈要求巴解组织从最开始参加，而是建议如其他参与者同意，参与方式也可灵活多样。自决原则不意味着马上建立巴勒斯坦国，"巴勒斯坦国"的提法既没出现在戈尔巴乔夫—阿拉法特谈话公报上，也没出现在谢瓦尔德纳泽在开罗的声明中。莫斯科欢迎美国和巴勒斯坦代表在突尼斯开展对话，并对其结束表示遗憾。

苏联支持通过谈判解决中东冲突，但巴解组织内的一些派别主张进行武装斗争，莫斯科予以反对。布尔什维克始终认为用恐怖手段进行斗争适得其反。克格勃可能同一些极端组织保持联系，正如西方大量讨论的，但人们很难找到苏联参与恐怖主义的证据。我们可以假想克格勃同巴解组织情报部门交换信息，但是这种合作应该没有超越不同国家间情报合作的正常范畴。

直到在 20 世纪 80 年代末，苏联同巴解组织的合作基础都十分广阔。巴解组织接受苏联的政治和舆论支持，以及很有可能的军事帮助。但因为没有官方数据，笔者不确定苏联武器是被卖给了巴解组织，还是作为对民族解放运动的援助"无偿"地提供给巴解组织的。此外，巴勒斯坦还接受苏联的医疗援助和苏联高等学院的奖学金。苏联驻黎巴嫩大使馆以及巴解组织总部迁往突尼斯后的苏联驻突尼斯大使馆，都同巴解组织保持着稳定联系。对巴解组织来说，苏联既不是唯一的也不是不可替代的武器供应商。巴解组织拥有大量资金，从包括西方在内的多国购买武器，有时也从第三方购买苏联武器。

虽然巴解组织重视苏联的观点和外交原则，但它保持着政治独立性，没有完全依赖苏联；同时，苏联也无意让巴解组织成为自己的附庸。两者的共同点很多，合作十分高效；尽管改革后，苏联试图同西方合作、结束冷战并解决犹太移民问题，这使苏巴关系变得复杂，巴解组织的反西方倾向不再被苏联看重，不过，只要苏联在中东问题上的立场仍然基于前面提到的三点，苏联就仍是巴解组织的合作伙伴。

　　海湾危机中，巴解组织支持伊拉克，这削弱了它在阿拉伯国家、西方和苏联的影响。也许是为了避免被支持伊拉克的势力扫地出门，它不得不这么做，但结果显而易见。苏联外交不再特别关注巴勒斯坦和巴解组织，尽管也没放弃它们。对苏联来说，对以关系和对巴关系不再在一个重量级上了。平衡被打破了。

▶ 第十章

"沙漠风暴"

有什么比得上一项已经兑现的服务？

——罗马谚语

红绿相间的巴勒斯坦国旗在科威特上空飘扬。成千上万的巴勒斯坦难民获得了新成立的科威特人民民主共和国的公民身份,他们组织了盛大的游行,庆祝伊拉克和科威特联邦的诞生。在莫斯科,一群人包围美国大使馆长达数小时,抗议帝国主义干涉海湾地区,而这一地区紧邻苏联的南部边境。苏联政府宣称,它不会容忍对友好的伊拉克革命民主政权的封锁,并派遣了一支海军舰队前往海湾,同时在外高加索军区举行军演。华盛顿开始使用惯常的宣传伎俩,指责莫斯科试图将伊拉克培植为代理人,从而把共产主义统治扩大到海湾地区,并妄图通过切断全球石油供应链扼住西方国家的脖颈。恐慌因此蔓延到东京、伦敦和纽约的证券交易所。

如果伊拉克不是在 1990 年占领科威特,而是在 1975 年或 1980 年,那么上述报道可能就会出现在《真理报》上。但是 1990 年时的情况已经完全不同。在海湾地区正在发生的悲剧中,苏联、美国和地区国家扮演的角色已经与最初被分配的角色大相径庭。但是,没有任何一个角色的行为是完全自由的。在冷战结束后的首场重大国际危机中,每个参与者对各自利益的理解以及近期事件和历史的记忆等,都在其行为上留下了印记。

科威特危机爆发时,苏联在海湾地区多少有点像个新手。然而,此时它在全球舞台上扮演的新角色以及苏美关系出现的新特点,都决定了它无法像在两伊战争期间那样保持中立。

两伊战争始于 1980 年 9 月,持续了将近八年。这在某种程度上分散了伊朗对阿富汗的注意力,这或许符合莫斯科的目的;但总的来说,这场冲突有损苏联的利益。一方面,苏联与伊拉克签订过友好条约,两国间有着密切的军事和经济合作;另一方面,苏联又与伊朗联系紧密,编织了一个相互依存的复杂网络。但这两个"反帝国主义政权"非但没有起到打击"帝国主义和犹太复国主义阴谋"的作用,反而互相残杀,不仅牺牲了成千上万人的生命,而且在经济上两败俱伤。这场冲突还加剧了阿拉伯世界的不和。在战争的头两年,苏联严格限制了对伊拉克的武器供应;但是当战场转移到伊拉克境内时，苏联又开始恢复向伊拉克提供武器。

华盛顿方面并不反对伊拉克给伊朗"上一课"，同时对伊拉克本身也没有丝毫同情。但这些都不妨碍其秘密向伊朗出售武器，以至于后来爆出臭名昭著的"伊朗门"事件。随着冲突向阿拉伯半岛国家蔓延的可能性加大，美国增强了在海湾及其附近海域的海军力量，毫无意外，这一举动引起了莫斯科方面的紧张。1984 年 3 月 8 日，苏联通过塔斯社发表声明谴责"美国的非法行为"，并宣布绝不承认"美国对公海自由航行和相应空中航线所施加的随意限制"。① 然而，双方除了惯常的"打嘴仗"之外都没有采取进一步行动，尽管美苏互不信任，但它们在这场冲突中采取了并行不悖的路线，而且归根到底还是要致力于结束危机。

两伊战争伊始，苏联就呼吁双方立即停止敌对行动，通过谈判和平解决争端。这场冲突被认为是"毫无意义的悲剧"，违背了两国的基本利益。② 在战争的各个阶段，苏联都遵循这一立场，即使在战争形势发生逆转、伊朗军队占领了伊拉克部分领土时，也没有改变，这有时会导致莫斯科与巴格达和德黑兰的关系出现摩擦。从一开始，莫斯科就明确支持联合国、伊斯兰会议组织（ICO）、海湾合作委员会（GCC）等所做的一切调解努力，并一再呼吁交战各方停止敌对行动、撤回到 1975 年《阿尔及尔协议》规定的边界，并开启谈判以达成解决争端的最终办法。同时，苏联外交也支持了其他逐步缓和紧张局势的倡议，包括限制战场范围、停止轰炸非军事目标、禁止袭击经过波斯湾的商船等。1985 年 12 月，伊拉克总统萨达姆·侯赛因访问莫斯科，苏联方面与之讨论了上述所有观点。1987 年 2 月，伊拉克外长塔里克·阿齐兹与伊朗外交部部长韦拉亚提（A. Velyati）、副外长阿德比利（H. Kazempur – Arde-bili）同时访苏，苏联领导人重申了苏联的一贯立场。在联合国安理会有关两伊战争的各项决议提出和生效过程中，苏联与美国都发挥了同等重要的作用，其中第 598 号决议最终为 1988 年的停火奠定了基础。领导人的频繁更迭并没有改变苏联对两伊战争的基本态度，但米哈伊尔·戈尔巴乔夫推行缓和路线，增进与美国的理解，进一步强化了苏联寻求冲突解决方案的兴趣。

苏联推行平衡、谨慎的外交政策，成果之一就是设法改善了与伊朗的关

---

① Правда. 08. 03. 1984.

② Международная жизнь. 1987. № 3. С. 83.

系，尽管后者向阿富汗反对派提供了援助。有报道称，伊朗外长韦拉亚提访问莫斯科之后，苏联和伊朗的天然气管道重启，苏联技术专家重新出现在伊斯法罕钢铁厂及其他大型项目中，苏联—伊朗商会也在莫斯科重新开放。[1] 1987 年，苏联第一副外长尤里·沃龙佐夫在德黑兰签署了苏伊关于"互利经济合作大型项目"的若干协议。[2]

1989 年，伊朗伊斯兰委员会（Islamic Council）主席兼伊朗武装部队代总司令阿克巴尔·哈什米·拉夫桑贾尼访苏，开启了苏伊关系正常化的新阶段。苏联领导人正确地预测了他未来会成为国家的最高统治者，给予其超高规格接待。拉夫桑贾尼和戈尔巴乔夫在克里姆林宫签署了一份关于苏伊友好合作的原则性声明，显示出现实政治和实用主义在两国决策层中占据了上风。

莫斯科还承诺要与伊朗合作加强防务能力，虽然军事协议的细节没有披露，但是双方的和解趋势已经相当明显。此外，双方还初步商谈了一项截至 2000 年的长期经济合作方案。如果该方案得以实现，两国将同意"通过禁用和消灭最具灾难性的战争手段，即核武器、化学武器和其他大规模杀伤性武器等，使世界免于战争或战争威胁"[3]。值得注意的是双方对海湾局势的看法：海湾和印度洋将成为一个和平稳定的区域，该区域内不应存在包括核武器和化学武器在内的任何大规模杀伤性武器。为实现这一目标，第一步是让所有外国海军从该地区撤出，由沿岸国家负责确保地区内的安全和稳定。考虑到科威特危机和 1990～1991 年的海湾战争，这些想法可能看上去太过幼稚，但事实上它反映了两国长期利益的本质，这一本质不受任何当前政治环境的影响。

在两伊战争期间，苏联和美国采取了互不干扰的平行策略，但未能消除相互间的不信任感，双方对彼此在该地区的战略意图仍心存疑虑。苏联在海湾地区有其正当利益，主要是防止任何来自南部边界的安全威胁。它确实真心实意地想要在海湾地区创建稳定局面，主张地区事务应由该地区国家自己处理，然而两伊战争和后来伊拉克入侵科威特的事件表明，这种高尚的想法显然带着伤感的理想主义色彩。苏联有意与美国达成某种程度的谅解，以减

---

① 见：*Внешняя политика СССР и международные отношения*: Сб. доктов. 1981. М., 1982. С. 108.

② *Известия*. 29. 08. 1987.

③ *Политика и экономика*: Международный ежегодник. М., 1990. С. 191.

少双方在印度洋的军事行动，甚至希望在缓和两国全球竞争的过程中实现印度洋的非军事化。虽然苏联的建议总体上是公平合理的，但西方阵营却将其视为战略阴谋，旨在削弱美国在该地区的影响力，同时以实现力量平衡为借口，建立苏联自己的地区存在。此前，苏联也曾提出有关地中海地区的建议，但收获的仍是来自西方的相同偏见。一名美国观察员评论说：

> 这恰恰说明了为什么苏联总是热衷于将这种讨论和印度洋的"非军事化"联系起来……地理上的不对等使苏联占有明显的军事优势，西方必须想办法弥补这种差距。此外，应当指出的是，任何承认苏联在该地区享有"平等"利益的方案，如果不能同时确保美苏军事力量平衡，都将会助长苏联的优势。[1]

美国政策的优先选择是维持该地区现状。当然，任何地区的发展史都充斥着旧平衡的消解和新平衡的出现。伊朗爆发的反君主制和反美革命以颇具戏剧性的方式提醒人们注意这一事实。尽管这场革命的内部因素显而易见，但事实上"莫斯科之手"隐藏在该地区发生的每一事件背后。

通常来说，苏联关于海湾和印度洋地区的整体安全倡议虽然并非完全没有宣传方面的考虑，但基本上是合理且理性的。早在1977年，苏联就曾向美国建议通过双边谈判限制在印度洋地区的军事行动。谈判随后进行了四轮，美苏之间就若干问题，包括在该区域逐步实现缓和等达成谅解，双边协议初具雏形。但就在第四轮会谈结束后，美国单方面终止了谈判。

1980年，勃列日涅夫在访问印度期间，提出应由苏联、美国等西方国家、中国和其他所有利益相关方共同承担义务，实现波斯湾地区的普遍安全。建议还特别提到，海湾国家应当充分且平等地参与制定相关协议，这"符合其切身利益"。[2] 但华盛顿方面再次拒绝了这些倡议。

1980年12月11日，美国国务院发言人称，当前印度洋的局势不利于美苏就这一问题继续谈判，并指出苏联军队在阿富汗的存在使得美苏恢复谈判的可能性更加渺茫。[3] 这实际上否决了苏联的提议。此外，中国对苏联倡议的

① 9 *Chubin Sh.* U. S. Security Interest in the Persian Gulf in 1980's. —Dedallus. 1980, Fall. C. 52.
② Ibid.
③ Washington Post. 12. 12. 1980.

反应也不甚积极。①

1982 年，苏联又向美国提议，约束各自海军的行动，将弹道导弹核潜艇从双方共同巡逻的大片海域中撤离，并将巡逻路线限制在商定的区域内。但美国方面没有给予任何回应。

当时，美国、西欧国家、中国和地区相关国家都对苏联缺乏信心，苏联随后提出的所有倡议，包括戈尔巴乔夫的倡议在内，均悬而未决。除了少数例外，西方国家通常都会忽略苏联对其南部边境安全的天然关注，并以同样武断和对抗的角度来解读苏联对石油问题的态度。美国国会的一份研究报告列举了可能会"引发"美国干涉的因素，其中一个是：海湾产油国被该地区独立国家、或苏联代理人、或苏联自己、或这些势力联合入侵或占领；其他因素还包括产油国试图把石油当作政治武器，石油价格急剧上涨导致西方国家承受通货膨胀压力，以及任何形式的石油减产等。② 应对苏联可能会对石油施加的威胁成为美国在海湾地区的政策支点。1980 年夏天，当时还是美国总统候选人的罗纳德·里根写道：不管表面上怎么说，美国在中东的主要关切应当是阻止苏联在该地区建立主导权；如果苏联或其激进的地区盟友主导了中东地区，或者控制了西方的石油供应（无论是控制了石油的储藏区还是控制了石油运输路线的某个关键点），都将危害大型工业国家的经济，也将严重削弱北约和日本对抗苏联压力的能力。从本质上讲，如果任何一届美国政府坐视其盟友的石油供应受到威胁，几乎必然导致西欧国家和日本中立化、中国被包围，最终将造成美国政府自身的孤立。③

20 世纪 70 年代末 80 年代初，中央情报局的分析师和美国著名的政治科学家普遍开始预测苏联将出现石油短缺，而且由于缺乏进口石油的渠道，莫斯科将不遗余力地在海湾地区扩张影响力。④ 这与 60 年代的评估结果大相径庭，当时认为苏联将向西方倾销廉价石油，进而摧毁其经济。

苏联和西方国家对石油问题的态度具有明显的差异性。第二次世界大战之后，西方国家经济的正常运转基本上都依赖于海湾盆地和北非地区的常规

① См. : Правда. 16.01.1980.

② См. : Journal of the Royal United Services Institute for Defence Studies. 1981. № 2. C. 23.

③ Washington Post. 15.08.1980.

④ См. : Prospects for the Soviet Oil Production. C. I. A. Development and Analysis Center, July 1977. —Foreign Affairs, America and the World. [Б. м.] 1979. C. 558.

石油供应（有些国家的依赖程度高一些，有些国家依赖程度低一些）。在整个20世纪，苏联则一直是石油出口国。尤其是50年代末60年代初，其石油出口增长极为迅速，以至于西方国家开始讨论"苏联倾销的危险"，一些石油公司甚至以此为借口压低油价、减少向石油生产国的支付等。这种行为引发的混乱直接导致了石油输出国组织（欧佩克）的成立。欧佩克是一个行业垄断联盟，一度成为其成员国提高原油价格、重新分配收入的有效工具，但是以牺牲西方石油公司的利益为代价。

西方国家的石油特许权问题被苏联当作"反帝国主义"宣传的一部分，且相当成功，甚至在西方也获得了一定的认同。毕竟，保留西方对石油的控制，是导致伊朗温和资产阶级改革派摩萨台政府被推翻的原因之一。西方石油公司和政府自私、短视的政策亦变相鼓励了该地区的反西方运动。根据当时苏联有关中东地区的官方宣传和学术著作的可靠估计，石油特许权支撑着整个西方在该地区的政治影响力。这一观点无疑符合冷战时期的刻板思维，也与"侵略集团"和"为石油巨头的利益"发起军事政变的观念一致。尽管如此，这种观点仍然是正确的，而且同苏联20世纪50~60年代的反西方的政策和宣传一样，总体上符合该地区人民的愿望。西方公司逐渐退出、放弃特许权制度、与产油国发展新形式的合作，都证明了产油国的要求合乎情理。莫斯科对产油国的支持强化了苏联在中东地区的影响力。

无论是西方国家领导人还是西方的宣传都无法让中东本地民众和政治家们相信，西方在石油问题上没有私心，或者至少是不带偏见的。从伊朗革命到伊拉克入侵科威特、美国发起反伊（拉克）战争这段时间，石油供应本身从来都不是关键问题。所有人都知道，石油生产国"可以利用石油做任何事，就是不能喝掉它"，这也就是说，产油国想要出售石油的愿望和西方想要购买石油的愿望同样强烈。关键问题是供应条件和价格。然而，石油的重要性使得商业行为转变为区域和全球政治以及战略问题，并且三番五次地引起美国对地区事务的政治和军事干涉，并且最终导致了对伊拉克的战争。

人们不能排除一种可能，即在美苏全球对抗期间，苏联行为的政治逻辑就是对美国造成尽可能多的伤害。然而有一些观点似乎能证明，"夺取"中东石油既不是苏联的长期政策目标，也不是其政治和军事行动的短期目的。首先，即便是昏庸的政治家也能理解，任何朝向这一目标的举措都将被视为对美国和整个西方关键利益的威胁，亦将被视为战争行为，其后果不堪设想。

首先应当牢记的一点是，避免与美国人爆发"热战"是历届苏联政府制定区域和全球政策的主要原则。其次，苏联领导人的教条主义思维决定了他们厌恶对现存经济体系进行任何可能或事实上的改变和操纵，而这种经济体系恰恰由中东地区丰富的石油产出所决定。原因很简单，苏联无法取代西方成为该地区的经济伙伴，它既不能消化中东巨额的石油产量，也无力向其提供设备、消费品和食物。最后，尽管苏联致力于在"苏维埃联盟"甚或"社会主义阵营"内实现经济自给自足，但事实上它正日益融入全球经济，并越来越依赖于进口先进技术、食品和部分消费品。此外，苏联与中东的贸易也在增长。中东国家只有获得出口石油的稳定收入，才能持续购买苏联的武器和工业设备。从这个意义上说，苏联也不想破坏西方经济或拆散该地区与西方的经济联系。

那么真实情况是什么？首先，苏联有意支持海湾产油国争取更多自由处置资源的权利，进而获得更多政治独立性。出于这一原因，苏联在宣传和外交方面都热情赞誉特许权的终结、对西方石油公司财产的强制国有化，以及欧佩克的成立。其次，在主流的意识形态中，欧佩克被描述为一个"客观上的反帝组织"，该组织的成功被视为社会主义在全球的发展壮大，苏联大众媒体也高度赞扬阿拉伯国家对"石油武器"的使用。欧佩克倾向于提高油气价格，这符合苏联的利益，会使其出口石油和天然气的收入大幅增加。事实上，随后的事态发展表明，在现存的"成本导向的经济机制"下，苏联将1973年后额外挣到的数十亿美元都花在了消费品上，没能更有效地使用这笔收入；与此同时，其国内能源消耗挥霍无度，与西方当时的经济措施相比尤其如此。苏联在西方石油供应中所占的份额，虽然对于个别国家来说相当可观，但整体上仍然处于边缘地位。苏联的石油储量既不够大，也不易于开采，并不能取代海湾成为西方的"其他选项"。随着西伯利亚几个主要油田的开采工作继续进行，石油开采的成本也变得越来越高，石油出口和国内消费同时出现困难；1990~1991年全球爆发严重经济危机，苏联石油出口也遭遇了灾难性下滑，年出口量从1亿吨跌至4000万吨。除出口外，苏联也成了部分石油进口国，有时接受石油冲抵武器或工业设备的支付款，然后再把这些石油出口到东欧、西欧或发展中国家。

1966年1月，苏联与伊朗达成了一项天然气供应协议，使其得以利用伊朗的天然气资源。伊朗天然气输入外高加索地区，苏联则增加了对西欧的天然气供应。事实表明，这是一种不可靠的安排。1979 年，伊朗停止向苏联供应天然气，外高加索因此遭遇严重的天然气短缺，不得不接入苏联的主要供应网络，尽管后来伊朗又恢复了供应。苏联还开始参与叙利亚、埃及、南也门和伊拉克等国的油田勘探开发工作。在苏联的援助下，叙利亚每年石油开采量达到 100 万吨；苏联专家还协助伊拉克勘探了鲁迈拉北部储量巨大的油田，并发现了其他一些新油田。尽管取得了这些成功，但整个中东地区的石油生产和贸易仍然由西方主导，苏联还是处于边缘地位。

对于苏联领导人来说，阿拉伯半岛除也门之外长期都是一片"处女地"。他们认为阿拉伯半岛被"美帝国主义"（沙特阿拉伯）和"英帝国主义"（沙特之外的国家）以及石油垄断公司主导。阿拉伯半岛的国家都处于"封建政权"的统治下，它们是帝国主义的盟友甚或傀儡。自然，那些推翻这些政权并代之以"革命民主主义"的、"反帝国主义"的，从而"亲苏联"的政府，符合苏联救世主式的世界观和对抗式的地区政治模式。苏联在北也门支持旨在推翻君主政权的共和党人（1962 年之后），在南也门支持左派激进分子和后来的马克思主义政权，在阿曼支持游击队力量，在沙特等海湾君主国中与左翼反对运动保持接触。这些做法引起了阿拉伯半岛国家普遍的疑虑和恐惧，使其对苏联意图高度警惕。尤其是苏联与阿曼国内左翼极端分子之间短暂而亲密的关系，更是让阿拉伯君主制国家极为紧张。①

由于英国推迟撤出阿曼，阿曼苏丹赛义德·本·泰穆尔又极力阻止哪怕是最基本的现代化改革，导致一场反对苏丹和反对英国的武装斗争从佐法尔省开始蔓延。这场斗争的领导者是脱胎于左翼激进阿拉伯民族主义运动的"佐法尔解放阵线"。该组织的前身是活跃在海湾被占领区的"人民解放阵线"，1971 年 12 月与阿曼其他两个类似组织合并，并于 1974 年组建"阿曼人民解放阵线"。20 世纪 70 年代初，"阿曼人民解放阵线"控制了佐法尔省的大部分地区，主要依靠或经由南也门获得援助。一些武装分子曾在中国接受

---

① См. : *Васильев А. М.* Путешествие в《Арабиа Феликс》. М., 1974; *Воробьев Н. Н.* Программа и деятельность НФОО//Вестник МГУ. Сер. 13《Востоковедение》. 1980. № 3. С. 13—22; *Он же.* Роль племен в социально - политической жизни Омана（1950—1980 гг.）: государственная власть и общественно - политические структуры в арабских странах. История и современность. М., 1984. С. 172—187; *Мелихов И. А.* Оманское патриотическое движение（60 - е—середина 70 - х годов）. Арабские страны. История и современность（социальные, экономические и политические проблемы）. М., 1981. С. 194—202.

训练，并带回武器。1979 年，"阿曼人民解放阵线"与"苏联亚非国家团结委员会"建立了联系，开始接受苏联的军事援助和一些食品供给。同时，苏联也开始对"阿曼人民解放阵线"的成员进行军事培训，但事实上对这支反政府武装取得胜利并未抱过多希望。阿曼战略位置重要，扼守进出海湾的咽喉之地，西方不会容忍这里出现一个亲苏联的革命政权。1970 年，毕业于英国桑德霍斯特军事学校的卡布斯·本·赛义德上台成为阿曼苏丹，开始大刀阔斧地进行各种改革。为了平息佐法尔省的叛乱，卡布斯不得不在 1973 年到 1976 年之间向伊朗借兵，最终成功招安了部分叛乱分子，将其纳入该国现有的权力结构。阿曼内部叛乱平息后，苏联敦促南也门与阿曼实现关系正常化，并且不再反对阿曼苏丹国加入联合国组织。

阿拉伯君主国的传统反共立场，以及它们对苏联官方意识形态中无神论的天然厌恶，加深了它们对苏联的不信任。当然，西方领导人也持有反苏的刻板腔调，认为苏联在该地区的意图是"遵循彼得大帝的遗愿（伪造的——笔者注）向温暖的水域进军""推翻西方的主导地位"，控制海湾石油以"迫使西欧和日本屈服"，进而改变"全球权力平衡"。正因为如此，西方和阿拉伯君主国同心协力阻止"苏联向该地区渗透"。然而，苏联在阿拉伯世界的政策更多含有救世主情结，远非采取实质行动反对自 20 世纪 60 年代以来就高度稳定的海湾君主政权。即便是苏联对佐法尔（阿曼南部地区）反政府武装的支持，包括提供武器等，也只是建立在反英（亦即"反帝国主义"）的基础上，并不意味着要干涉阿曼的内政。英国在阿拉伯地区的领地相继宣布独立，"阿曼人民解放阵线"在军事上失败，这些因素都促使莫斯科开始与所有阿拉伯国家在国家层面开展务实合作，无一例外。

在合作的可能性方面，苏联与科威特的关系提供了一种成功的范例。由于伊拉克的强烈要求，苏联拖延了两年才承认科威特独立，两国于 1963 年建立了正式外交关系，随后苏联开始协助科威特加入联合国。虽然两国在一些国际事务如阿富汗问题上存在分歧，但迄今为止双方几乎没有产生过摩擦。"弱小但富裕"的科威特强邻环伺，在任何方面都非常需要朋友，并且对苏联没有在其境内进行"颠覆活动"感到满意，其统治者寻求与莫斯科建立互利互惠的关系。双方领导人多次互访并在经济、文化领域以及有限的军事问题上达成了多项合作协议。在两伊冲突、强化海湾国家主权以及中东问题的解决方案上，苏联和科威特持有共同立场。1987 年，两伊冲突威胁到科威特的航运安全，苏联遂派战舰保护科威特油轮，导致华盛顿方面极度紧张。1989年，科威特向苏联提供了 3 亿美元的大额贷款，这不仅增加了科威特自身金融投资的多样化程度，而且还代表着与苏联的合作向新形式过渡。但无论如何，科威特已经几乎把所有的"鸡蛋"都放在了"西方"这个篮子里，所以即便与苏联的关系进展良好，也很难与其和西方大量的、稳定的合作项目相提并论，更重要的是，对苏关系在任何情况下都不会影响科威特与西方的关系。

1971 年，巴林、卡塔尔和阿联酋相继宣布独立后，苏联立即予以承认。然而，由于受到英国、美国和沙特的抵制，以及新独立的阿拉伯国家领导人自身的紧张情绪，苏联与这些国家建立正式外交关系的进程被延迟。苏联入侵阿富汗并不是主要障碍。正如巴林王储谢赫哈马德·哈利法所说："对我们而言，耶路撒冷永远比喀布尔更重要。"[①] 阿联酋总统也做过类似的公开表态。[②] 最终，科威特的例子展示了多元化外交关系的好处，也证明了与苏联建立稳定的对话、磋商渠道有其必要性，这推动了海湾国家与苏联建立正式的外交关系。1985 年，苏联和阿联酋达成互换大使的协议，1986 年 10 月，第一位苏联大使抵达阿布扎比。同样在 1985 年，苏联与阿曼签署类似协议，苏联驻约旦大使同时兼任驻阿曼大使，并在阿曼首都马斯喀特设立了外交办事处。1989 年，苏联任命了驻卡塔尔大使；1991 年，又任命了驻巴林大使。莫斯科认为阿拉伯国家应该继续留在西方的轨道内。对于苏联领导人来说，海合会六国究竟是出于军事原因结盟，还是纯粹出于政治目的而组建的协商和咨询机制，都无关紧要。在经历了初期的犹豫之后，苏联对海合会的行动采取了大体上宽容的态度。

1937 年，苏联驻沙特大使哈基莫夫（K. A. Hakimov）被召回莫斯科，随后他被处决，苏联与沙特阿拉伯的外交关系事实上已中止，之后相当长时间里两国间都没有官方联系。虽然两国也互致例行的礼节性问候，且双方代表也能在联合国总部会面，但这远远不能代替正式的官方关系。苏联从 20 世纪 50 年代开始尝试恢复与沙特的大使级外交关系（虽然双方外交关系没有正式破裂），但没有取得任何成果。沙特方面不愿对莫斯科做出让步的原因在于其

---

① The Time. 22.09.1980. C. 8.

② См.: Аль – Мустакбаль. 1981. Июнь.

当权者的反共立场，他们认为任何来自苏联的外交代表都可能是克格勃特工，从事破坏活动来削弱王国根基，他们坚信苏联是其政权的敌人，苏联大使馆可能会成为骚乱的策源地。

南也门和埃塞俄比亚出现的左翼激进政权、苏联在阿富汗的军事行动以及来自伊朗和伊拉克的威胁等，都促使沙特统治者依赖华盛顿作为其唯一的外部安全保障以求生存，而美国本身也乐见沙特远离苏联。

阿拉伯世界保守趋势普遍增强，加上反西方的"革命民主"试验遭遇危机，致使苏联领导人寻求与包括沙特在内的保守政权达成谅解。1982 年 9 月，阿拉伯国家联盟在菲斯（Fez，摩洛哥城市）举行峰会，各国在沙特国王法赫德（Fahd）建议的基础上通过了一项致力于解决中东问题的方案，得到了苏联的支持。沙特政府也越来越有兴趣与苏联就地区问题进行对话，尤其是两伊冲突，沙特担心该冲突会进一步升级。1982 年 12 月，沙特外交大臣费萨尔（Saud Al‑Faisal）与在菲斯峰会上成立的七国委员会（Committee of Seven）成员一道访问了莫斯科。他在莫斯科受到了热情接待，与尤里·安德罗波夫会面，并协商启动了两国驻联合国大使的永久磋商机制。1985 年 8 月至 9 月，沙特法赫德国王的长子费萨尔亲王对莫斯科进行了非正式访问；1987 年 1 月，石油大臣纳齐尔（H. Nazir）又访问了莫斯科。1988 年 1 月，沙特外交大臣费萨尔以海湾国家合作委员会主席的身份向苏联转达了法赫德国王的口信。1988 年，苏联第一副外长尤里·沃龙佐夫（Yuri Vorontsov）访问利雅得并就阿富汗问题与沙特一同商讨解决之道。然而，苏联和沙特的关系在此后的数年内仍然处于半冻结状态，直到 1990 年 8 月科威特危机爆发。

危机和随之而来的海湾战争是对新出现的国际关系体系的严峻考验，在这个新体系中，美苏合作正在成为一个引人注目的新因素。尽管伊拉克建造了中东阿拉伯世界中最强大的战争机器，但是美国和苏联都没有预料到它会对科威特发起侵略。事实上，没有任何人预测到伊拉克入侵科威特并声称要吞并它，这对美国乃至整个国际社会都构成了重大挑战。在危机爆发前不久，两伊战争才刚刚以艰难的僵局告终，而这场战争似乎已将萨达姆政权推向了崩溃的边缘。国际政治气候看起来正转向合作和非暴力解决争端。诚然，华盛顿为某些阿拉伯领导人的冒险主义开的"绿灯"要远多于莫斯科，但即便是华盛顿也没能准确评估萨达姆·侯赛因对新的美苏关系现状缺乏理解所带来的后果和影响。

对于美苏两个超级大国来说，这是自冷战结束以来的第一个国际危机，考验着它们将合作与互谅制度化的能力，也考验着这种合作的局限性。1990年8月3日，苏联外交部部长爱德华·谢瓦尔德纳泽（Eduard Shevardnadze）和美国国务卿詹姆斯·贝克（James Baker）在莫斯科附近的乌努科沃机场进行了首次会晤，以此为契机，确定了两国在持续数月的危机期间将要遵循的若干原则。当然，危机表明，在面对这种国际和平与安全的重大挑战时，美苏之间的互动不能仅仅停留在口头层面。美苏联合起来反对伊拉克对科威特的侵略，在必须承担起责任的情况下，双方使用了不同但最适合的方法来应对截然不同的情况。美国冻结了伊拉克和科威特的银行资产；苏联则应美国要求，冻结了对伊拉克的武器供应，伊拉克的武器装备中约五分之四是苏联制造。另外两家主要的武器供应商——法国和中国——也相继效仿。莫斯科的这一行动具有现实的和政治的价值。尽管苏联和伊拉克签有友好合作条约（全球对抗时期的遗留物），而且两国间还存在广泛的经济联系以及大量的经济合作项目，但苏联仍然站在了侵略的受害者一方。考虑到莫斯科和伊拉克关系的历史属性，苏联走出这一步实属难能可贵，詹姆斯·贝克对此高度赞赏。美苏联合声明谴责"伊拉克武装部队对科威特的野蛮和非法入侵"，要求伊拉克无条件撤军，重申必须彻底恢复和保障科威特的主权、民族独立、合法政权和领土完整。①

当美国开始以空前的规模和范围向海湾地区运送军事力量、准备对伊拉克进行军事行动时，与苏联的合作被证明是不可或缺的，即便苏联正处在衰弱不堪的状态。如果没有这种合作，反对伊拉克侵略的国际共识就无法达成；而如果没有这种共识，联合国安理会也就无法通过 12 项决议，这些决议又是后续一系列措施的基础。正是由于与苏联的新关系，美国才可以暂时不必过分担忧欧洲和东亚部分地区的战略脆弱性，得以在这些地区迅速撤离武器装备和作战人员、削减潜在的增援部队，从而快速在海湾地区建立起华盛顿方面认为必需的军事能力。当危机进入军事阶段后，这种新关系也使得美国能够在伊拉克迅速展开行动，而无须担心外界会向对手提供援助，避免像 15～20 年前越南战争时那样。对于苏联而言，其领导层并不认为在海湾地区集结的强大美军会对苏维埃政权构成南线的威胁，但是军方从一开始就表达了

① Известия. 04. 08. 1990.

担忧。

从《红星报》① 等出版物中可以听到苏联军方的声音。"从'沙漠之盾'行动的规模来看,华盛顿正在考虑在波斯湾地区建立长期军事存在。……人们会认为,华盛顿最终关心的不是'保护'沙特阿拉伯的具体军事措施,而是在该地区的长远军事计划。难道不应当明确国际社会利益与美国及其部分盟友所谓战略利益之间的界限吗?要知道,美西方最终是要寻求改变在中东和波斯湾地区的力量平衡。真的有必要在这个地区集结规模如此庞大的军队和武器装备吗?"②

他们直言不讳地表示,美国只是假装要扮演世界警察,这种观点并非空穴来风。"毫无疑问美国是一个强大的国家,尽管全世界都能感受到它的傲慢与力量,但这也并不意味着它有权耀武扬威从而把自己的意愿强加于人。"③

战争开始以后,美国在该地区部署的核武器又引发了苏联将军们的新一波忧虑。一些将军似乎希望越南战争能够重演。但是,冷战的旧模式和全球对抗的规则已不再起作用,国际局势中已经出现了关键的全新因素。

美苏两国领导人 1990 年 9 月 9 日在赫尔辛基的会谈成为两个超级大国政策的分水岭。虽然两国的官方立场较此前并没有改变,但已具有全新的政治意义。戈尔巴乔夫支持美国采取的一切与解决危机相关的行动,这使得华盛顿在军事问题上进一步放开手脚,双方还重申了对侵略行为零容忍的政治共识,确认了会在联合国采取共同立场。与此同时,美苏两国在解放科威特的共同目标之外,还存在一些重要分歧,包括行动的意图以及解决危机的方式和手段。这种分歧源于两国在地缘战略形势、历史经验、与地区国家关系以及各自国内形势等方面的差异。

在危机爆发的最初几周,苏联媒体就已非常清楚地总结了这些分歧。双方并没有寻找到"对称"的方式。苏联强调只有在联合国主导的框架内,实施经济制裁、建立多国部队的措施才可被接受。华盛顿的看法则不同。美国政府只是利用安理会提供的机会实施制裁,在其他问题上,则坚持要在联合国授权之外自由行动。向冲突地区空运军事力量并未获得联合国的同意,美国只是和沙特阿拉伯达成了共识。随着埃及、叙利亚和摩洛哥的军队相继加

---

① Красная звезда. 17.08.1990.
② Там же. 17.08.1990.
③ Там же. 25.08.1990.

入战场，协调联军军事压力及行动的想法越来越朝着美国乐于接受的方向发展。英国和法国也以北约成员而非联合国成员的身份向沙特派遣了军队，尽管它们的决策也没有经过任何北约机制的授权。对伊拉克进行的有效的海上封锁看起来也更像是美国和北约的联合行动。《消息报》（Izvestia）对此评论称："美国的政策结合了反侵略的原则及其现实的、强烈的地区和全球利益……华盛顿更多考虑的不是惩罚侵略者的行为，而是维护和强化其在中东地区的影响力……美国在沙漠地带投放陆军、在附近海域集结舰队，都是为了支持其'朋友'和盟友沙特阿拉伯，帮助其对抗宿敌伊拉克。相比之下，苏联公开反对自己的'朋友'，支持亲美的君主制政权，这实际上是对美国行动的授权和支持。"①

通过牺牲与另一个独裁政权的关系，苏联重申了它对新道路的承诺——放弃与西方的对抗。这打乱了苏联决策层一直以来内外政策的优先项，成为苏联社会爆发历史性危机的深层原因。新的合作与互动关系，尤其是与美国的关系，看起来似乎是能够帮助苏联走出危机的关键因素。按照苏联决策层的想法，新道路带来的长期政治和现实利益将弥补与萨达姆·侯赛因"友谊"破裂的损失。为了寻求一种新的伙伴关系，苏联不仅放弃了与美国的全球对抗，而且被迫在实践中做出了一次又一次让步。它迫切需要减轻军备竞赛的负担，与西方建立更广泛的经济合作，并尽可能减少西方国家对"社会主义阵营"和苏联自身解体进程的干预。如果莫斯科站在在劫难逃的萨达姆这一边，甚或只是在支持国际社会反对伊拉克侵略的问题上略有迟疑，那么它与美国建立的新关系体系就会分崩离析。与此同时，在实际外交层面，美国宣称它保留对"什么是和平与稳定"的全部解释权。尽管美国和苏联之间的互动程度很高，但它们的政策既没有也不可能有任何相似之处。这场危机的戏剧性场面已清楚表明：谁才是最强大的，谁才是真正能够阻止和惩罚侵略者的超级大国。在中东，苏联已经告别了超级大国政治，当然，这是一个痛苦的过程。苏联内部的全面危机决定了它的政策，却没能同时清除其具体的目标和利益。

随着危机的发展，美国越来越倾向于军事解决方案。然而，如果萨达姆·侯赛因在 1991 年 1 月 15 日之前退兵的话，那么军事解决方案就不可能出

---

① Известия. 14. 08. 1990.

现。苏联自始至终都在寻求政治解决危机的途径。美苏两国在危机相关的优先项上存在巨大差异，反映出它们利益的高度不对称性。对于美国而言，地区利益可以归结为"石油和解放科威特"。很明显，正是由于美国和西方的石油利益受到威胁，反对侵略和惩罚侵略者的原则才得以践行。如果一个非洲国家被另一个国家占领，恐怕不会触发这样一种机制（甚至一个小得多的机制）付诸行动（在美国援助乍得对抗利比亚的例子中，其真实意图是惩罚卡扎菲政权，而不是保卫乍得）。伊拉克和科威特两国的石油财富加起来，总量大致与沙特差不多；而且危机有可能会外溢，蔓延至沙特阿拉伯的东方省（石油富集地区），这将会对以美国为首的西方形成威胁，即一支不可预知的、敌视西方的力量将夺取对中东大部分石油的控制权。至于这支力量并"不亲苏"的事实，反而并不十分重要。

在战争的准备期和进程中，美国其他的政策优先项开始浮出水面。在某种程度上，这是介于"石油"和"解放科威特"两者之间的目标。具体而言，是要摧毁伊拉克的战争机器，包括其尚处于萌芽状态的大规模杀伤性武器；广泛地说，是要确保美国的军事力量在该地区持续存在，且规模要比危机前有所增加。在战争期间，萨达姆·侯赛因对以色列发动了导弹袭击，试图扩大军事行动范围，这使得摧毁伊拉克战争机器的目标变得势在必行。以色列领导人在政治上保持了克制并因此得到了回报：伊拉克被美国和盟国联军彻底摧毁，以色列清除了在阿拉伯世界中最强大、最危险的敌人。

反过来，对于苏联而言，通过政治手段解放科威特至关重要。莫斯科需要现实的证据来佐证用新方法处理国际关系的有效性。所谓"新政治思想"包括"利益平衡"而非"力量均衡"，强调全人类共有的价值观，呼吁在国际关系中输入道德理念，承认国际法无条件至上的地位等。不用说，衰落的苏联比美国更有兴趣将这种哲学应用于国际实践。对这一理念的反对首先来自伊拉克，然后——在某种程度上——来自美国（美国采取的实际行动超出了联合国的授权范围），这损害了苏联的国家利益和苏联领导人的声望。即使是在冷战时期，苏联也表现出对西方石油利益的理解。尽管苏联支持将特许经营权和外国公司国有化，但它也意识到西方国家无法接受不稳定的石油供应（这种情况也意味着危险）。莫斯科并不关心伊拉克到底控制了中东石油的多大份额，作为一个石油出口国，它对高油价更感兴趣，尽管全面的经济危机已经造成苏联石油生产和出口短缺。但即便如此，油价因素也没有对苏联的立场起到显著影响。

中东危机的政治解决将使苏联得以恢复与伊拉克的经济合作。事实上，与伊拉克的经济联系可能是苏联在第三世界中最有利可图的伙伴关系，直到双方因禁运而中断合作。这场危机还中断了苏联与科威特的合作发展进程，而科威特曾向苏联提供了大量贷款。莫斯科方面对摧毁伊拉克战争机器的态度也是矛盾的，事实上，伊拉克的战争机器在很大程度上由苏联一手缔造。而且尽管伊拉克发展了导弹、化学武器和生物武器，破坏了地区局势稳定并引发了苏联的担忧，但对苏联及其盟国并没有构成威胁。苏联从不怀疑伊拉克将在军事上失败，但这将对苏联的军事能力和武器声誉造成又一次打击。进一步说，伊拉克在军事上衰弱，就意味着伊朗将变得更加强大，这将造成不可预测的局面。最后，苏联的立场也受到内部一些重要因素的影响，特别是苏联境内7000万穆斯林人口的感情。苏联领导人必须考虑到，美国及其盟友对伊拉克这个伊斯兰国家采取军事行动，势必引起这一群体的消极反应。

将苏联和美国在危机期间的立场进行比较，可以看出它们既不是相互矛盾的，也不是相互排斥的，但它们是不同的。正是这一点决定了莫斯科和华盛顿在危机中的不同行为，甚至是分歧。其中一个重要差别在于，一个大国已经在这场危机中赌上了自己的军事、政治和经济利益，而另一个大国仍在冷眼旁观；一个大国已经做好了军事介入的准备，而另一个大国还冀望通过道德说教或寻求共识来解决问题。

抛开联合国安理会在原则上谴责侵略的第一个决议不谈，其第十二个决议（第678号决议）在苏联和第三世界国家中引起了广泛的争议。它批准对侵略者使用武力，并使得美国及其盟国对伊拉克的战争行为合法化。很多人质疑并将持续质疑，苏联对这项决议的投票是否与其寻求政治解决的真诚愿望相抵触。苏联外交部在一份有关海湾危机的声明中做出了以下解释："11月29日，联合国安理会通过了第678号决议，对伊拉克发出最后警告，称伊拉克不能进一步无视国际社会的意愿。无论形式上还是实质上，该决议为防止事态最终恶化至爆发全面军事行动，提供了一个真正的机会。安理会决议设置了具体的时限，在这一时限内，寻求和平与政治解决冲突是可能的，也是必要的。必须尽一切努力抓住这一机会，使局势朝着非军事的方向扭转。苏联相信现在决定权在伊拉克手中。波斯湾地区能否实现和平完全取决于伊拉克领导人。伊拉克必须冷静评估国际社会关于在该地区重建国际法秩序和安全的决心，以及由此显示出的共识和充分的理由。巴格达必须认识到，进一步拖延履行安理会决议是不可接受的，因为这将对伊拉克尤其是对伊拉克人民构成严重威胁。"①

谢瓦尔德纳泽也发表评论称："第 678 号决议的通过，再加上截至 1991 年 1 月 15 日的'善意停火'，表明了希望政治解决的强烈意愿。其目的就是要让萨达姆·侯赛因明白，如果他不从科威特撤军，国际社会将联合起来反对他，战争将不可避免。从莫斯科的立场来看，授权使用武力的决议不是迈向战争的一步，而应是阻止战争的最后一个机会。"② 但是萨达姆并没有被说服。

与此同时，苏联本可以像中国一样避免卷入其中，但是苏联与美国的合作已经进展到一定程度，以至于如果苏方真的采取"不干涉"政策，那么非但不能获得美国的理解，而且还将使美苏关系在其他全球政策领域中变得极为复杂，而这些领域对苏联来说远比中东更重要。此外，苏联国内正在进行的斗争演变为对谢瓦尔德纳泽的批评，质问苏联对美国军事行动的支持将扩大到何种地步，这些军事行动要么是打着联合国的旗号，要么是美国及其盟友直接的单边行动。如果第 678 号决议没有通过，那么美国及其盟友势必抛开联合国单独采取行动，并且为了挽回颜面，也势必会把苏联排除在外。这将直接违背苏联政府对美、欧政策的主要目标。

然而，美国及其盟友的军事行动获得了联合国授权，苏联却断然拒绝参与其中。就此问题，苏联外长谢瓦尔德纳泽于 12 月 12 日提交最高苏维埃代表团的报告表明：

> 我们在国际舞台上的任何行动、我们在外交中采取的任何举措，都不意味着，也不可能意味着，苏联将会军事介入波斯湾地区。苏联的军队、后勤部队以及其他任何形式的战斗人员在任何情况下都不会参与该地区的军事行动。对此意图的猜测毫无依据。我们过去和现在都没有干涉该地区军事冲突的计划。
>
> 我认为一些人的指责过于天真（因为我不愿意认为他们是恶意的），

---

① Правда. 04. 12. 1990.

② 与谢瓦尔德纳泽的谈话（1991 年 8 月）。

他们把事情描述得好像我们外交部甚至部长本人正积极投身于一场中东战争一样。我们甚至一刻都不会让这样的想法进入头脑。我们完全排除了这种可能性。但是我认为我有责任告诉最高苏维埃，作为外交部部长，我能够并将在任何其他可能的情况下，在苏联重大利益需要的时间和地点，提请议会授权使用武力。当然，最终将由最高苏维埃和苏联总统来决定。

的确，我在接受采访时有意提到，最高苏维埃被迫采取极端措施（事实上可能没有时间这么做）的紧急情况是有可能出现的。当苏联公民的生命和安全处于危险之中时，如果需要采取紧急措施来拯救他们，那么毫无疑问我们将这么做。①

苏联在海湾危机期间的外交政策使谢瓦尔德纳泽受到严厉批评。在极大的压力下，他不得不于1990年12月20日辞职。但是，新任外交部部长亚历山大·别斯梅尔特内赫（Bessmertnykh）继承了他的外交路线，在危机中继续与美国国务院合作。

即使在授权对伊拉克使用武力之后，苏联决策层也从未放弃寻找政治解决方案的努力。它动用了与阿拉伯世界部分地区的"特殊关系"，包括与伊拉克残存的"相互信任"以及通过私人接触获得的渠道等。在这种背景下，总统特使叶夫根尼·普里马科夫被派往巴格达一事尤其值得一提。但是，美国和苏联对这些外交活动显然还是有不同的看法。谢瓦尔德纳泽暗示，萨达姆·侯赛因曾把这些外交活动误读为美国让步或可能妥协的信号。笔者曾对谢瓦尔德纳泽进行过访谈，他在访谈中进一步公开表达了自己的观点：

对付萨达姆·侯赛因唯一正确的方式就是诚实地、公开地、强硬地表达观点。他必须无条件从科威特撤出。这也是为什么在我看来普里马科夫的出访毫无用处。他让萨达姆心存幻想，认为自己还能讨价还价，比如索要一块土地、一笔经济收益，甚至有可能挑拨反伊拉克联盟，制造分裂，或者仅仅就是为了争取时间。第678号决议于11月29日通过后不久，我会见了塔里克·阿齐兹（Tariq Aziz，伊拉克外长）并向其说明

---

① Известия. 12.12.1990.

伊拉克将在两三天内被击败，而戈尔巴乔夫则用简单粗暴的方式告诉他：
"马上滚出科威特！"萨达姆·侯赛因根本听不进任何理性的声音。①

或许谢瓦尔德纳泽对普里马科夫出访行动的评价受到了当时所谓"亲西
方政客"和"俄罗斯政治家"两派观点分歧的影响，但也不能排除受到这两
人之间个人恩怨的影响。

普里马科夫访问伊拉克也产生了一些积极作用，向萨达姆·侯赛因施加
了某种压力，促使他释放了滞留在伊拉克的苏联公民。这或许也暗示着苏联
可能会扮演一个诚实可靠的中间人。此外，苏联对阿拉伯人、伊拉克朋友和
前盟友的道德义务也要求其尽力调解。尽管许多阿拉伯人天真地希望苏联重
新回到与美国对抗的状态，至少能阻止地面战争爆发，但苏联决策层直到最
后都在坚持寻求政治解决方案。

虽然苏联尝试阻止空袭的政治倡议失败，责任完全在于萨达姆·侯赛因
的严重误判，但其阻止地面战争的尝试未能成功则要归咎于布什总统精明又
准确的算计。美国总统需要的是一场纯粹的、志在必得的军事胜利，这不仅
意味着战胜并击溃伊拉克，而且意味着对萨达姆·侯赛因的胜利、其在美国
国内的个人胜利以及履行对以色列的义务。这就是为什么美国对苏联在战争
爆发前寻求政治解决方案的努力报之以微笑，却有些暴躁和恼火。戈尔巴乔
夫和萨达姆在最后一刻就伊拉克从科威特撤军达成了协议，但遭到了美国的
拒绝；而美国提出的最后通牒对于伊拉克来说则是不可接受的，地面战争不
可避免。几天后，心灰意冷的戈尔巴乔夫甚至在谈到美苏关系时使用了"脆
弱"这个词。"从波斯湾吹来的'热战'之风唤醒了冷战的幽灵。不信任、
怀疑和疏远的裂痕又开始扩大，"《真理报》上的一篇评论这样写道。②

苏联媒体引用英国《星期日电讯》的一篇文章来说明美国对苏联政府和
平政策的态度。它提到一名专家在接受美国政府咨询时说，克里姆林宫的
"虚伪的调停努力令人恼火"，俄罗斯人的"恶意干预"将"瓦解"联合国对
美国的支持。苏联的和平政策引发了媒体和国会议员的恶意批评，其规模和
范围之大是自戈尔巴乔夫上台以来前所未有的。③ 苏联媒体针锋相对，指责华

---

① 与谢瓦尔德纳泽的谈话（1991 年 8 月）。

② Правда. 08.03.1991.

③ Там же.

盛顿的帝国主义行径，指控其战争行为是军国主义情绪的爆发，并且迫切想要克服"越战综合征"。

和性急的记者不同，外交官们还是保持了冷静和理性。联合国安理会继续采取统一行动，在停火之后通过了一项决议，表达了应对侵略者的全面策略。为了弥补美国媒体"在外交上不专业"的言论，美国国务卿詹姆斯·贝克在接受全美广播公司（NBC）采访时表示，在他看来，8月2日之后苏联在海湾地区局势发展中仍然发挥着极为重要的政治作用。他强调说："这几个月来如果没有苏联的合作与努力，我们很难在规定的时间内完成我们所做的工作。"① 《真理报》称，很可能正是由于苏联与巴格达保持着谈判的渠道，所以才避免了伊拉克政府使用化学武器或其他大规模杀伤性武器的最坏结果，从而为各方都保留了选择余地。② 从积极的方面说，苏联的外交努力也有助于减少死伤、营救包括美国记者在内的人质和囚犯等，同时也促使伊拉克放弃了曾在科威特发生过的惨烈巷战。

令人遗憾的是，苏联的和平倡议在危机时刻总是姗姗来迟，而美国又似乎有意加速军事决策制造"越位"局面，迫使苏联接受既成事实。1991年1月17日晚间，在战争开始前一个小时，苏联外长别斯梅尔特内赫才从美国国务卿詹姆斯·贝克那里获悉美国的军事行动即将开始的消息。战争的车轮旋转不停，同样的情况再次发生。当苏联与伊拉克就占领军撤出科威特达成协议并提交联合国安理会时，美国及其盟军发起了陆地行动，使得该协议灰飞烟灭。很显然，美国和苏联虽然一再宣称美苏关系已提升到新的水平，但双方仍需要有更多的信任和协调。

在危机和战争过程中，阿拉伯世界与以色列的冲突从未停息，这成为美苏之间摩擦的一个明确根源。为了进一步推动伊拉克—科威特问题的政治解决，苏联提出要积极寻求阿拉伯国家与以色列之间的和解，但在华盛顿看来，以色列绝不会同意把这两个问题联系在一起。莫斯科方面明智地指出，应当避免萨达姆·侯赛因把巴勒斯坦问题作为宣传的工具，但美国政府更重视以色列的立场，在这方面，"贝克—别斯梅尔特内赫联合声明"的悲剧命运很能说明问题。③ 在这份文件中，美苏宣称如果伊拉克明确承诺从科威特撤军并立

---

① Правда. 08.03.1991.

② Там же.

③ Там же. 30.01.1991.

即采取相关具体行动，海湾地区的敌对行动将会结束，并将对消除包括阿—以对抗在内的地区动荡与冲突的根源具有"特殊的重要性"。但如果没有一个全面的和平进程通向正义与安全，不能实现以色列与阿拉伯国家和巴勒斯坦之间的真正和解，就无法消除动乱之源。双方确信克服海湾危机将极大促进并鼓舞美苏之间的合作，从而与该地区其他各方一起为实现阿拉伯—以色列之间的和平与区域稳定而努力。① "贝克—别斯梅尔特内赫联合声明"得到英国外交部的支持，称该声明也反映了英国政府的意见；法国外交部的一名官员也声称，法国完全支持美苏联合声明。②

特拉维夫方面认为，考虑把巴以问题的解决方案与结束海湾战争"打包"意味着要召集一场国际会议，以色列政府对此表示反对。反过来，华盛顿方面非常重视以色列人的想法，并企图阻止他们对伊拉克导弹袭击采取报复行动、打击巴格达，因为这可能会导致反伊拉克联盟解体。因此，面对以色列的不满，美国白宫和国务院尝试贬低联合声明的价值。布什总统发表了与国务卿截然不同的观点，他重申美国的海湾政策没有改变。美国国务院发言人玛格丽特·塔特怀勒（Tutweiler Margaret）在记者招待会上宣称，这一声明出乎所有人的意料，政府中的多数人认为声明措辞不当，做出了过多不切实际的承诺。③

这是一个非常典型的事件。问题的关键不在于苏联和美国在中东问题上的立场可以更接近甚或是达成一致，因为这份声明措辞含糊，而且只表达了形式上的善意，重点是以色列拒绝接受苏联参与解决中东事务，也拒绝接受华盛顿在地区问题上与以色列立场相左的任何可能性。

如果要确定苏联在危机期间行为的主要动机，那么就不应优先考虑其外交政策的原则，也不应考虑苏联在中东或近东地区的利益，甚至与苏联总统的个人声望也没有太大关系。事实上，这可能是苏联历史上决策层第一次认真考虑公众舆论、国内的实际氛围以及不断加深的经济、社会和政治危机等因素。他们首要的关切是保护在科威特和伊拉克的苏联公民的生命和安全，并为此设置了特别工作组，由当时的苏联部长会议副主席别诺索夫（I. S. Belousov）领导，同时在外交部开通了公民热线。苏联领导人对滞留在

---

① Правда. 01. 02. 1991.

② Там же.

③ Там же.

伊拉克和科威特的公民的真实处境不抱任何幻想——他们中的绝大多数都沦为人质，这决定了苏联政府在对待萨达姆·侯赛因时不得不采取谨慎和平衡的态度。至于这些侨民多数不愿意离开伊拉克，这一点并不重要（前往海外被这些人视为改善其物质条件的机会，他们真诚地希望战争不会爆发）。苏联谨慎的外交行动——包括派代表前往巴格达——取得了成效：在危机开始时有 882 名苏联公民在科威特生活，这些人在 1990 年 8 月 25 日之前全部撤离；1990 年 8 月 2 日之前滞留在伊拉克的苏联公民有 7791 名，其中 7673 人撤回了苏联。截至 1991 年 1 月 15 日，仍留在伊拉克的苏联公民只有 118 人，[1] 后来这一数字进一步减少。

虽然苏联社会舆论在这些人质的命运问题上并无分歧，但对海湾危机和对伊拉克战争的看法则两极分化。人们可能会争论，这场危机究竟是加深了苏联社会的分裂，还是仅仅暴露了它们？事实上，这种意见的分化和对立是前所未有的，至少此前从未以如此公开的形式表现出来。当然，对于这个辽阔的、饱经苦难的国家中的大多数人来说，科威特、伊拉克和萨达姆政权的命运是一个遥远且无关紧要的话题。但分歧仍然存在，虽然有很多苏联人赞同对萨达姆·侯赛因施以惩戒，但几乎也有同样多的人对他评价甚高。在穆斯林地区和俄罗斯本土，人们自愿帮助这位伊拉克独裁者。《消息报》编辑部收到的大部分信件，在涉及海湾局势发展的问题上，都对苏联改革前和现行的对伊拉克政策持怀疑态度。值得补充的是，关注苏联对伊拉克政策的人主要分两类：一类认为苏联做了错误的选择，背弃了"友好的阿拉伯国家"；另一类则更为激进，坚持主张苏联应当在美军抵达阿拉伯半岛沙漠时就加入其行动。[2]

有人认为，美国故意要将苏联拖入一场"反对我们盟友伊拉克的运动"。来自莫斯科的读者 A. 古倍科写道："这样我们就会失去所有的朋友，只剩下美国的军事基地包围着我们并不断逼近。这对我们毫无益处。人们的怀疑很有道理，难道我们不正是在漫不经心地把优势让给美国人，同时却在削弱我们自己的力量吗？"[3] 这种"授人以柄"的观点绝非玩笑，国防部发言人在最高苏维埃国际事务委员会于 8 月下旬召开的一次会议上也宣称，美国计划在

---

① Правда. 18.01.1991.

② Известия. 15.01.1991.

③ Там же.

海湾地区建立军事存在，这严重威胁到苏联的安全。① 其他的一些读者认为，苏联和安理会其他常任理事国在科威特被占领的问题上采取了双重标准。另一名同样来自莫斯科的读者称："我谴责伊拉克对科威特的侵略，但是我也同样谴责以色列长期以来对巴勒斯坦人民的侵略。"② 苏联的"大西洋主义者"会要求向海湾地区派遣苏联军队以支持美国，但也有人反对这种观点，比如来自雅罗斯拉尔夫（苏联西部城市）的 A. 丹东诺夫在来信中写道："我密切关注着波斯湾局势的发展。按照美国的指示，包括我国在内的所有国家几乎一致地对萨达姆总统的行动进行了严厉镇压。可是当以色列占领巴勒斯坦、对叙利亚和埃及发动战争时——这种事情不仅在之前而且现在仍在发生——国际社会为什么没有团结一致地采取行动呢？"③ 来自杜尚别（现塔吉克斯坦首都）的读者 S. 阿卡梅多夫说："亲爱的编辑们，我不同意《真理报》有关伊拉克行动的看法和相关报道；伊拉克是一个友好的国家，我们应当记住这一点。"④

在苏联，几乎没有人真的会自愿前往伊拉克参战。但是这些表达出来的观点反映了大多数人的情绪。这是长期以来根深蒂固的反美宣传产生的效果，也是对伊拉克这个伊斯兰国家遭受基督教大国美国的打击而产生的深切同情。从这个意义上说，苏联穆斯林的情绪与第三世界普遍存在的情绪并没有太大不同。然而，正如"穆斯林因素"在当时的整个伊斯兰世界被过分夸大一样，在海湾局势发展过程中，这一因素在苏联也未能成为一股真正的力量。由这场危机引发的苏联社会差异也以另外一种方式显现出来。苏联共产党和军队中的保守（应当注意，笔者使用"保守"这个词既无褒义亦无贬义）势力拒绝在地区危机中支持美国。《红星报》明确地表达了对伊拉克的同情，并质疑美军能否取得成功，尽管这种怀疑不具备任何现实的基础。强硬派反对苏联领导人的做法，认为他们赋予了美国在海湾地区自由行动的权力，而美国以自我为中心的政策恰好为其观点提供了例证。《真理报》发表评论说：

带来死亡和毁灭的"魔女之夜"（即"瓦尔帕吉斯之夜"，被基督徒视为

① Известия. 15.01.1991.
② Там же.
③ Правда. 23.09.1990.
④ Там же.

魔鬼的狂欢节——译者注）在波斯湾已经持续了一月有余。战争的致命毒素已经渗透海湾的水域和整个国际局势。这场战争的一个危险之处在于，该地区正在悄无声息地变成军事装备的试验场。那些经过数年甚至数十年发展的武器装备正在接受实战的检验。可想而知，那些将军、武器设计师，还有众多军工企业的主管，都会变得异常活跃……本来，在近年世界发生的积极变化的影响下，军工企业已被边缘化，不得不限制自身业务发展。但如今，无论在地位上还是在业务上，它们都要卷土重来。爱国者导弹被成功投入使用，更是为一度衰落的星球大战注入了新的活力。①

这种情绪成为 1990～1991 年秋冬苏联强硬派发动反攻的一部分。他们试图利用海湾地区的局势发展做掩护，在波罗的海共和国中实施近似于接管的控制，并为在莫斯科发动可能的政变做准备。1991 年上半年，局势陷入了僵持：没有任何一方力量能够占据上风。然而，在苏联国内保守派的圈子里，煽动反美情绪已经成为一种时尚。

1991 年 3 月，《真理报》评论文章称：

我们有些人认为苏联与美国合作打击伊拉克侵略是背叛了我们的原则。他们更希望我们在"反对帝国主义的斗争"中支持伊拉克。毫无疑问，苏联的路线符合国际法和基本的正义原则，同时也符合我们自己的重大利益。但令人遗憾的是，美国未能充分利用苏联的外交努力，而这种外交努力本来可以为联合国决议的早日实施铺平道路，而无须发动地面攻击。美国人遵循了拳击手的本能，谋求在对手尚未站稳时将他击倒，结果却造成了更多的受害者、更严重的破坏和痛苦。未来美国的政治领袖是否能展现出足够的现实主义态度来抵制新全球主义的诱惑呢？②

《真理报》援引布什总统的一份声明称，他对美苏在中东地区的合作前景抱有信心。

苏联领导人在设法阻止海湾地区的敌对行动和后来的地面战争时，确实考虑了国内的因素。但除了国内因素外，还有国际现实。美国的胜利——没有一位苏联领导人对此表示过怀疑——将会导致而且也确实导致了"武力的

---

① Правда. 12.02.1991.
② Там же. 12.03.1991.

傲慢"。在这场胜利之后,美国可能会更少考虑苏联的作用,会认为"苏联的努力毫无价值"。但是莫斯科拒绝接受"单极世界"的概念。决策层认为,海湾危机验证了美苏两国在极端情况下合作的可能性和局限性,正如它验证了全球意识形态上的东西分裂已经过时,而北半球发达国家间的东西分裂正成为新的趋势。两极世界正在被多极世界取代,而不是单极世界。在这种情况下,多极化意味着即便没有对抗和冲突,世界上也不可能只有一个主导力量。国际格局将由在军事、经济、人口和领土方面占优势的国家塑造,它们之间的关系虽然不一定是对立的,但也不会是互补的。两极世界格局的瓦解过程是不均衡的。尽管华沙条约组织已经解体,但北约集团仍然存在并保持活跃。美国在海湾战争中崛起,成为无可争议的军事赢家,并领导着由 29 个国家组成的联盟。而苏联缔造和平的努力被弃如敝屣。

海湾危机之后,苏联在中东和近东地区的地位发生了变化。此前的"意识形态盟友"诸如叙利亚等国,要么开始寻找与苏联合作的新基础,要么开始寻求美国作为自己新的"保护者"。苏联与沙特阿拉伯恢复外交关系,成为其"去意识形态政策"的典型例证。不管怎么说,莫斯科和华盛顿似乎在随后创建近东和中东地区安全体系的过程中获得了更多合作自由,但是很明显,美国将在地区合作的"二重唱"中扮演首席角色。

美苏外交机构负责人之间建立了永久性的、公开的磋商机制,再加上美国承诺不再增加在该地区的军事存在,这在获取苏联对美国的支持方面起到了决定性作用。苏联与美国和阿拉伯国家就美国驻阿拉伯半岛的军事基地、美阿联合军演以及相对小规模的海上军事存在等问题上进行了争论。但从苏联领导人的立场看,这并不意味着杜勒斯的"条约癖"(Pactomania,指热衷于在各地区订立集体安全条约,组建军事集团——译者注)借尸还魂、使苏联陷入美国军事基地的包围之中,也不会严重损害苏联的安全,尽管美国军队在苏联南部边境低调地集结也确实可能会造成局势紧张。

从根本上说,苏联在中东问题上的立场发生了原则性转变,这表明阿拉伯—以色列之间的冲突已不再是全球对抗中不可或缺的组成部分。一方面,这可能会影响到华盛顿对以色列的态度;另一方面,莫斯科也不需要继续在该地区维持"不战不和"的状态,能够欣然接受任何解决方案,当然前提是冲突各方达成一致。目前,在冲突的关键问题即巴勒斯坦问题上,没有取得任何进展。以色列领导层拒绝了贝克从阿拉伯人手中接过来的"土地换和平"

方案，却没有提出任何新的想法。

1991 年 3 月 15 日，苏联外交部向詹姆斯·贝克移交了有关危机后海湾地区相关安排的审议意见。该文件涉及从地区安全基础到限制武器贸易等多方面的若干问题，[①] 阐明了一些一般性的意见，如互不干涉内政、互不使用武力或以武力相威胁等。更多具体的建议包括：抑制该地区的军备竞赛，降低军事制衡的水平，确保化学武器、核武器和其他大规模杀伤性武器不扩散成为地区和平进程的重要组成部分。同时还提出考虑采取联合措施，限制向该地区输送导弹等。外国在该地区的军事存在不应超过 1990 年 8 月 1 日（伊拉克入侵科威特）之前的水平，派遣任何增援部队都须经联合国同意，且必须包括阿拉伯和穆斯林特遣队。此外，再次提出以联合国名义组建海军、激活联合国军事参谋团等想法。该文件还强调，必须做出努力来解决阿拉伯—以色列之间的冲突，必须在海湾地区建立面向未来的安全体系，使之成为更广泛的防务安排的一部分。

苏联还再次提议要均衡地削减向该地区输送的武器，其中首要的是攻击性武器，尤其是导弹和导弹技术。

根据苏联领导人的建议，外国在海湾的驻军不应超过 1990 年 8 月 1 日以前的水平。任何时候如果需要外部军事支持，应当由联合国维和部队、联合国观察员或是二者联合发挥作用，且需要有来自伊斯兰国家或其他相关国家的特遣队参与行动。

联合国应当在海湾地区危机后的和平进程中发挥重要的外部支持作用。

苏联还再次提议以联合国的名义建立一支海军，以应对波斯湾航运受到威胁的情况，并讨论了联合国军事参谋团在危机局势下的作用。该文件还提出了"将新建立的波斯湾地区安全体系纳入更广泛的区域结构"的构想。

在以冷战结束为标志的新的国际形势下，苏联的这些建议几乎没有包含与美国利益和计划相悖的内容。问题在于，美国在多大程度上愿意让苏联参与中东事务，在美国究竟是僵化的、过时的思维方式占据主导地位，还是新型的伙伴关系能够占据上风？

数周之内，答案就已揭晓。苏联雪崩式地解体，日益加剧的社会经济危机动摇了其根本，莫斯科在中东地区的地位和作用迅速减弱。苏联尚存时，

---

① Известия. 15.03.1991.

其外交已开始逐渐被迫跟随美国的倡议和进程，被迫放弃仅存的权利以满足美国的需求。苏联外交部部长别斯梅尔特内赫于 1991 年 4 月 16 日在基兹洛沃茨克（Kislovodsk）与乔治·贝克会面，并于 5 月访问了约旦、叙利亚、以色列、埃及和沙特等国，都准确地展现了当时苏联外交所扮演的角色。其中，对以色列的访问是苏联史上首次，访问埃及期间，苏联外长再次与贝克进行了会谈。美国的外交努力和苏联的合作意愿促使两国总统于 1991 年 7 月 31 日在莫斯科签署了一项联合宣言，呼吁在当年 10 月召开一次有关近东和中东地区和平的国际大会。8 月会晤之后，苏联总统的巡回大使普里马科夫花费了近一个月的时间访问中东地区，足迹遍及埃及、沙特阿拉伯、科威特、阿联酋、伊朗和土耳其。普里马科夫的主要目的是发展双边政治和经济合作，包括提供贷款等具体事项。他的访问没有丝毫与美国外交努力相悖之处。

10 月，苏联新任外交部部长潘金（B. M. Pankin）访问了以色列，在以色列会见了乔治·贝克并与以色列外长戴维·利维（David Levi）就恢复苏、以两国外交关系签署了一项联合声明。这一问题经过了充分的甚至是过度充分的酝酿，最终解决方案并没有引起任何轰动。此外，潘金还访问了叙利亚、约旦和埃及。

在 1991 年 3 月到 10 月期间，华盛顿和莫斯科与阿拉伯国家和以色列进行了频繁的接触，并设法争取到直接参与冲突的各方如以色列、叙利亚、约旦、黎巴嫩和巴勒斯坦等同意，准备召开国际和平大会。该会议将由美苏双方共同主持，以色列和阿拉伯国家都做出了部分让步。最初以色列方面反对召开和平大会，坚持要与阿拉伯国家直接谈判；而阿拉伯国家则要求在联合国的支持下召开由所有安理会常任理事国参与的国际会议，以解决冲突。各方同意，会议不会就直接双边谈判中达成的谅解强加任何解决方案或享有任何否决权。

和平大会定于 1991 年 10 月 30 日在西班牙首都马德里举行。10 月 19 日，冲突各方收到了以美国和苏联总统名义发出的邀请。以色列—阿拉伯国家之间的谈判将以联合国安理会第 242 号和第 338 号决议为基础，这两份决议规定了解决方案的主要原则，即不允许以武力获取领土。以色列政府虽然接受了邀请，但是拒不同意"土地换和平"的方案。沙米尔（Shamir）政府坚持另一种解决方案，即"和平换和平"。10 月 30 日至 31 日，和平大会在马德里如期举行，直接参与冲突的所有各方，包括以色列、叙利亚、约旦、黎巴嫩、巴勒斯坦（与约旦组成联合代表团）和埃及都派代表参加了会议。其中埃及已经与以色列单独签订了和平条约。同时参会的还有海湾国家合作委员会、阿拉伯马格里布联盟和欧洲共同体的代表们。但是由于以色列方面的强烈反对，联合国的作用仅限于派出秘书长特使出席。

戈尔巴乔夫在马德里的主要任务不是调解阿拉伯世界与以色列的关系，而是最后一次与乔治·布什以会议联合主席的身份平起平坐。但这已是不可能的。《消息报》评论文章写道：

> 这似乎是戈尔巴乔夫的最后一曲探戈。我们的下一场舞会将是另外一番景象。我们和美国不再是近期的合作伙伴，也不再是长久以来的竞争对手。坦率地说，美国已经成为我们的保护者……我们不再扮演"超级大国"的角色，不再趾高气扬，不再吹嘘自己的力量，我们开始减少自己在国际舞台上的戏份……国家内部的混乱、联邦的解体以及相互关联的经济和社会政治危机，这些都没有增强我们的力量、影响力或权威，反而使我们的经济潜力化为乌有。我们被自己内部的问题缠住无法脱身。[1]

在美国广播公司（ABC）驻莫斯科记者的笔下，戈尔巴乔夫已经是一位低人一等的政治家，作为一个已经破产和崩溃国家的总统已逐渐退至幕后。这名记者还指出，苏联在中东的影响力急剧下降，这清楚地反映在一些细节当中，比如美国自愿承担了马德里会议的所有费用（根据其他消息来源，西班牙作为东道国支付了马德里会议期间的所有酒店费用——笔者注）。他认为，戈尔巴乔夫之所以能担任这次会议的联合主席，是布什总统为了答谢苏联在一年半前在美伊冲突中对美国的支持。[2]

在苏联最终解体和独联体（the Commonwealth of Independent States，CIS）成立之后，俄罗斯接过了苏联外交的接力棒，参与到中东和平进程中来。在美国的明显压力下，俄罗斯领导人同意于 1992 年 1 月 28～29 日在莫斯科举行一次会议，以筹备有关中东问题的多边谈判。最终有 30 多个国家参加了会议，包括联合会议主席国（俄罗斯和美国）、大多数中东国家、欧共体、中国、土耳其、日本和一些独联体国家。但是，叙利亚和黎巴嫩以双边关系未

---

① Известия. 15.11.1991.

② Там же.

取得实质性进展为由，抵制了这场会议。此外，巴勒斯坦代表也来到了莫斯科，却因代表权问题与以色列发生争执，未能出席全体大会，以色列坚决反对巴勒斯坦将代表权扩大至犹太人定居点和东耶路撒冷地区。

在莫斯科会议期间，俄罗斯总统鲍里斯·叶利钦（Boris Yeltsin）从政治家和大众媒体的视野中消失了，甚至连总统办公室和政府机构的工作人员也看不到他的踪迹。有消息称他去了新罗西斯克（Novorossiysk，西伯利亚地区），忙于处理有关独联体的问题。很明显，中东问题已经不在俄罗斯领导人的优先考虑之列。

第十一章

被诅咒的 90 年代

任何国家都必须认真保护政治和公民生活中所有健康可行的事情……并且，应该禁止由现实需求引发的任何改革，以免造成过往和现实之间的突然断裂。为了便于民众的理解，改革必须是渐进的。不能给民众留下这样的印象，即改革就是一场充满各种冒险行为的试验。

——俄罗斯帝国外交部部长（1910～1916 年） 谢尔盖·萨佐诺夫

苏联解体是 20 世纪下半叶最严重的地缘政治灾难。在前超级大国领土上出现了俄罗斯和 14 个新的国家。关于这一历史事件的出版物已有千余本。虽然这场灾难的成因和过程不是本书的研究范围，但我想强调的是，从我的角度来看，尽管之前的行政边界已经成为国家间边界（这导致了许多迄今为止尚未解决的问题），但是，俄罗斯就是苏联，她领导着由 14 个独立国家组成的联邦——苏维埃共和国。而如今，俄罗斯发现自己实际上已经重回 17 世纪的国家边界，并且进入了一个经济、社会、军事和人口都普遍衰退的时期。因此，我们绝对不能忽视俄罗斯国内局势变化对其总体外交政策的影响，尤其是对俄罗斯中东和北非政策的影响。

普里马科夫通常喜欢对事件进行权衡和评价，他不同意我的苛刻评论。他说："20 世纪 90 年代对俄罗斯来说是一场灾难，这很清楚。20 世纪 90 年代，我们在经济和科学方面的损失比第二次世界大战期间还要大。这一时期诞生了寡头组织。原本我们应该把继承和摒弃两者有机地结合起来，继承苏联时期好的东西，同时摒弃那些不好的东西。但是，我们却彻彻底底地毁掉了一切。对美国的关系成为最重要的外交关系，中东地区已经跳出了我们的视野。显而易见，中东是无法引起俄罗斯特别关注的，一方面，那里没有发生冷战；另一方面，俄罗斯也不稳定，并且糟糕的是，俄罗斯当权者已经失去了俄罗斯应该是一个强国的信念。"①

在国家内部，分散的、尚未形成的政治力量正在为恢复资本主义而不懈努力，包括市场经济、民主政治体制和自由以及西欧和美国的道德价值观。同时，也彻底摧毁了苏联时期的遗产。俄罗斯的外交政策目标是融入西方体系，包括经济体系、金融体系和政治体系。许多人甚至还说，军事体系也应该与西方融为一体，不应该独立于西方体系之外。

戈尔巴乔夫关于"普世价值"和"新政治思维"的论述依然大行其道。

---

① 与普里马科夫的谈话（2014 年 1 月）。

美国和欧洲的政治家、西方的电子媒体和纸质媒体都断言冷战没有赢家，仅仅是"极权主义"的彻底失败。这些论调被俄罗斯媒体不断引用和报道，并对迷失了方向的民众，尤其是对那些正在崛起的、亲西方的新政治精英产生了极大的吸引力。然而，希望变成了失望。西方领导人及其政治、金融和其他方面的精英人士根本不会接纳俄罗斯，更不会让其成为他们世界的一个组成部分。

俄罗斯似乎正陷入更加混乱的局面并不断走弱。与此同时，美国经济蒸蒸日上，其国民生产总值占到世界 GDP 总额的四分之一，军费开支占到世界的一半。

俄罗斯无法适应残酷的自由市场竞争，无力抵抗西方的冲击。自上而下的腐败导致俄罗斯被那些新兴暴发户及其西方伙伴掠夺。二十五年以来，通过黑色的、灰色的和合法的三种途径，俄罗斯一万亿至两万亿美元的资金被输出国外。这是俄罗斯为冷战失败所付出的巨额代价。俄罗斯许多最先进的工业部门没落了，整个国家沦落为世界市场的商品，而且是石油和天然气的副产品。军事工业处于崩溃的边缘，科研工作只有部分幸存下来，其他的则陷入停滞。军队越来越羸弱并滋生腐败，只有核弹综合体系始终处于战备状态。

在令人意想不到的完全的胜利喜悦中，西方领导人只专注于攫取苏联遗留下来的所有东西，而不考虑基于共同的安全利益需要，在新的世界秩序的战略和稳定方面与俄罗斯建立伙伴关系。正如法国外交部部长休伯特·韦德林（Hubert Védrine）所写："西方自认为自己是第三次世界大战的胜利者，即冷战的胜利者，认为凭借技术优势，自己的能力无限巨大。并且，他们没有发现无法把自己的观点强加给别人的原因。"[1] 为何要考虑削弱俄罗斯呢？

笔者将这一章的标题定为"被诅咒的90年代"，是借用伊万·布宁（Ivan Bunin）在革命和内战时期撰写的名著——《被诅咒的日子》中的"cursed"一词，这个词隐含"挑战"的意思。即使是在俄罗斯内部稳定和经济发展开始之前，尤其是在转向加强国防能力之前，俄罗斯已"突然"不再总是"附和美国"。即使是中东地区，莫斯科也并没有忘记……

---

[1]　Цит. по: Иванов И. Новая российская дипломатия. Десять лет внешней политики страны. М.: ОЛМА－ПРЕСС, 2001. С. 4.

I. S. 伊万诺夫（I. S. Ivanov）①：一个强大的政权被深刻的内部变革所湮没。这是一场充满危机和混乱的变革，在外交政策上不可能没有反映。实际上，俄罗斯一夜之间发现自己陷入了一个全新的地缘政治局面。像整个俄罗斯社会一样，我们的外交政策也必然是在经历了一段时间的"革命兴奋"后，才开始逐步克服一些"幼稚病"。

笔者：重要的是俄罗斯的千年传统依然存在，俄罗斯的国家利益依然存在。

I. S. 伊万诺夫：在民众心目中，人们对未来充满希望和欣喜……

笔者：而所有这一切都是在"西方将会帮助我们的"的主要口号下由媒体创造和推动的。

I. S. 伊万诺夫：不仅仅是媒体。20世纪90年代早期许多人认为西方已从"敌人"变为"朋友"。因此，一旦政治取向改变了，所有问题都将迎刃而解。人们希望价格的大幅放开和市场机制的运行能够立即改善经济，创造出积极的发展动力，希望与西方的和解将带来大规模的经济支持。

笔者：我记得20世纪80年代，当叶戈尔·盖达尔（Yegor Gaidar）被任命为《真理报》经济版负责人时，他说："我们不得不闭上眼睛跳入市场经济。"结果，我们跳了。

I. S. 伊万诺夫：是的，这些过高的期望也出现在1993年的俄罗斯外交政策中。20世纪90年代初，我们期望俄罗斯加速融入欧洲—大西洋结构。我们谈到了与西方建立"盟友关系"的问题。但俄罗斯和西方国家都没有为此做好准备。我们和他们对"联盟关系"的含义有不同的理解。美国和一些西欧国家都对冷战的胜利狂喜不已。他们并不认为新俄罗斯是一个平等的盟友，充其量它只是一个初级合作伙伴的角色。俄罗斯任何独立的表现都立刻被认定为苏联"帝国"政策的"复发"。

笔者：北约的军事机构正在靠近俄罗斯边境。新任俄罗斯外交部部长安德烈·科济列夫（Kozyrev）并不反对这一点，并且对华盛顿大大小小的路线亦步亦趋紧紧跟随。很明显，他反映了鲍里斯·叶利钦的观点。西方领导人

---

① 伊戈尔·谢尔盖耶维奇·伊万诺夫，生于1945年9月23日，俄罗斯政治家和外交官，俄罗斯科学通讯院士。自2011年起担任俄罗斯国际事务委员会主席。1998~2004年，任俄罗斯外交部部长；2004~2007年，任俄罗斯联邦安全会议秘书。1999年获"俄罗斯英雄"称号。——译者注

向米哈伊尔·戈尔巴乔夫承诺的不会将北约扩张到东方的话语已被遗忘。西方对进一步肢解俄罗斯的进程加以鼓励，认为叶利钦总统对自己的议会和后来被操纵的选举进行军事打击是恰当的。

I. S. 伊万诺夫：我反对这么明确的判断。但是，当然了，北约扩张到俄罗斯的边界显然忽视了俄罗斯的国家利益，这使得许多人感到不安。俄罗斯外交政策迅速从中吸取了教训。我国外交政策中明确的"亲西方"时期的做法是短暂的，也是浅薄的。

笔者：您能否界定一下"国家利益"的概念？

I. S. 伊万诺夫：在那些年里，这是一个充满活力、有过激烈争论的话题。毕竟，我们在世界上的行为取决于对这个问题的回答。超级大国的心理是不可接受的。内部资源的极度短缺使苏联分崩离析。常识告诉我们，外交政策的目的在于"服务"国内发展的切身利益。国家利益首先就是要有安全的环境，为经济可持续发展创造有利条件，提高民众生活水平，加强国家的统一和完整，建立宪法秩序的基础，巩固公民社会，保护公民和海外侨胞的权利。[①]

（笔者在会议期间没有对尊贵的政治家和俄罗斯外交部前负责人的定义进行评论。但是，我应该在括号中注明：这些都是美丽而真诚的语言，笔者将这些语言用第一人称引入。这些叙述与那些对自身利益格外关切的新精英们的自私和掠夺性是不同的，并且也忽视了一些关乎整个国家和社会的重要和必要的内容）。

政治学也具有国际性，它是由人来实施的。因此，我们应该请戈尔巴乔夫时期苏联驻科威特、土耳其和以色列大使来评价一下苏联时期的外交政策。

P. V. 斯蒂格尼：1991 年政变后的头几天，布尔布里斯（Burbulis）和外交部部长科济列夫来到外交部。布尔布里斯在会议大厅发表了讲话，并表示我们正在进入俄罗斯外交工作的新时期。首先，新的俄罗斯外交部只需要十分之一的现有工作人员。其次，所有事情都必须遵循五点原则"友善，正直……"等新的方式，并且要沿着新的路线开展工作。我们对他的讲话感到很吃惊，显然，他不知道他在说什么。他说俄罗斯国徽中双头鹰的两个头将朝

---

① 与 И. С. 伊万诺夫的谈话（2014 年 9 月）。

向同一个方向——西方。然后，他问是否有人想表达自己的想法，有人举手了。举手的人是我们当时的人力资源部领导人亚历山大·阿夫杰耶夫①。

他说：在座的各位中，有许多人都是20世纪的杰出人物，他们中没有一个人来外交部工作是无所追求的。在这里就座的是最高级别的专业人士，他们为了国家利益而工作，而不是为了共产主义理想而奋斗。布尔布里斯脸红了，会议很快就结束了。这是我们都记忆犹新的公民行为。

笔者：外交部如何看待政治经济改革和后戈尔巴乔夫时期？

P. V. 斯蒂格尼：大多数外交官，特别是初级和中级外交官，都是戈尔巴乔夫改革的热心支持者。虽然戈尔巴乔夫的讲话缺乏文采，并且有斯塔夫罗波尔（Stavropol）口音，但他的想法很新。一位讲话时不看讲稿的国家首脑，对我们来说似乎是外星人……我们当然认为民主是目前最好的社会形式，也是未来可接受的最佳选择，民主不仅可以避免冲突，也会创造一定的利益和谐。但人们很快就清楚地认识到，现实政治依然是受个人和团体利益支配的。

笔者：20世纪90年代的主旋律是什么？

P. V. 斯蒂格尼：90年代是一条艰难曲折的道路，但显然必须坚持走下去。那时西方的双重标准在我们面前开始暴露了，1993年是我国现代历史的决定性转折时期，西方一致支持对议会的打击。然后到了1996年，当时叶利钦的连任是以战略性产业——采掘业的私有化为代价的。之后出现了1998年的危机，当时国际货币基金组织的团队一直在强调，如果不接受他们对经济改革的指导，他们就不会对盖达尔任职时期的错误承担任何责任。这最终消除了我们有可能顺利融入全球市场经济体系的错觉。我们意识到我们的"狂热资本主义"走错了方向，民主只不过是一种工具，西方正在玩双重标准。接下来，我们继续遵循民主化的发展道路，努力适应全球化趋势。

笔者：如何看待在这些观点影响下的中东地区的挑战和机遇？具体而言，对恢复与以色列的关系有何预期？我们到底得到了什么？

---

① 亚历山大·阿列克谢维奇·阿夫杰耶夫，生于1946年9月8日，1987~1990年，任苏联驻卢森堡大使；1991~1992年，任苏联外交部副部长；1992~1996年，任俄罗斯驻保加利亚大使；1996~1998年，任俄罗斯外交部副部长。1998年10月至2002年，任俄罗斯外交部第一副部长；2002~2008年，任俄罗斯驻法国大使；2008~2012年，任俄罗斯联邦文化部长。自2013年以来，任俄罗斯驻梵蒂冈特命全权大使。——译者注

P. V. 斯蒂格尼：首先，俄罗斯的自由派认为，恢复与以色列的关系是非常必要的，甚至是向"普世价值"方向转变的一个象征，这也是整个新自由主义的谎言。我们已经花了二十年的时间进行探寻，最终明白了哪里有苍蝇，哪里有肉饼。在某种程度上这是具有象征意义的一步。1967 年以后，当时两国还没有建立外交关系，我们采取了国家层面的非常严肃的反犹太复国主义行动，并建立了反犹太复国主义委员会。这不仅是与以色列意识形态的对抗，而且也是同整个西方金字塔的对抗，而金字塔的基础就是犹太金融界参与的世界经济体系，还包括大众媒体，犹太人的影响一直非常强大。看起来好像是我们自己要求把我们纳入西方政治领域，我们执行严格的财政制度，即重回国际社会。

笔者：据我所知，戈尔巴乔夫的随从试图说服他，犹太复国主义和共济会背后都有一股强大的力量。因此，他为了获得美国和西欧的认可而与他们眉来眼去，减少了反犹太复国主义活动，允许犹太复国主义者和共济会在苏联开设分支机构，随后是在俄罗斯开设分支机构。1988 年，戈尔巴乔夫的第一个私人命令就是解除对犹太国际服务组织（B'nai B'rith）的禁令，其他国家和组织很快跟进。联合国撤销了著名的《1975 年联合国大会决议》，该决议认为犹太复国主义是种族主义和种族歧视的一种形式。虽然 1992 年 6 月就撤销了 M. S. 戈尔巴乔夫的所有职务，但以色列依然认为他是最高级别的人物。我们希望这是一种打开另一个渠道的路径，我们希望通过这个渠道成为西方的一部分，成为它的一个组成部分并受到尊重，以便我们的利益得到考虑，尽管我们自己并不了解我们当时的利益所在。这是您的解释吗？

P. V. 斯蒂格尼：是的，我相信我们当时对利益的理解是相当模糊的，并且是绝对的苏联理解方式。我们曾经是有过冲突，但我们现在可以实现和平。我们相信我们仍将是国际社会的两位天然领导者之一，尽管别洛韦日森林①（Bialowieza Forestry）已宣告了苏联的毁灭。

笔者：或许，通过恢复与以色列的关系，我们希望恢复与国际犹太精英的关系，将其从我们的敌人，即使成不了盟友，也可变成合作伙伴。在 20 世纪 20 年代后期曾发生这种情况，第二次世界大战中也是一样。这是一个天真

---

① 1991 年 12 月 8 日，在白俄罗斯别洛韦日森林公园的一个小村庄里，叶利钦、克拉夫丘克和舒什科维奇签署了废除苏联的条约，宣告了苏联的解体。——译者注

的幻想吗？我们想利用他们，而他们想利用我们……

P. V. 斯蒂格尼：也许，这样的观点有些道理。但主要是我们对西方和我们的以色列合作伙伴感到失望，因为我们不愿意讨价还价。他们期待我们让步，但我们仍然处于融入西方思想的束缚之中。我们认为冷战打了个平局，仿佛每个人都是战胜极权主义和共产主义意识形态的受益者。

笔者：那么，这是当时流行的一种表述。

P. V. 斯蒂格尼：这是非常严肃的、深刻的想法。我的下一阶段的总体观点是清晰的，从20世纪90年代中期到21世纪初期发生的一切严酷现实都是为了适应美国领导下的单极世界。

笔者：这是一个非常痛苦的过程。

P. V. 斯蒂格尼：是的，所以从2000年，更确切地说，是从2007年开始，普京在慕尼黑演讲时说，俄罗斯将开启另一个时代。我们赞成创建新的世界秩序，并将其置于多极化的、合作的世界之中，同时消除双重标准。

笔者：这是一种宏大的气魄。但是，声明和寄予希望是一回事，而现实是另一回事。

P. V. 斯蒂格尼：如果我们能回到20世纪90年代初期……当时我们已经意识到冷战造成了我们经济和金融资源的枯竭。平等条件下战争不是解决方案。新的游戏规则是大国不能也不被允许进行直接对抗。代理人战争开始广泛流行。这就是整个20世纪90年代美国人和我们在中东所做的事情。但在1991年之后，世界秩序正是在模糊和沉默的情况下形成了，别洛韦日森林式的沉默。发生了什么事情？为什么会发生地缘政治灾难？为什么一个大国如此迅速地就分裂了？关键因素是什么呢？外部影响？内部矛盾？还是第五纵队？……这是一个悬而未决的问题。当时包括以色列在内的西方国家并没有对抗我们，也没有谈到冷战的胜利。

1991年时尚未产生对这一时期的专有称谓。我们成为弗朗西斯·福山的《历史终结者》一书的囚徒，这是一种新的向人类共有品质的过渡，也是对人类普遍面临的威胁的一种反抗。所以，我们带着这种态度回到了中东。我们对以色列的期望很低。以色列本身正在经历从浪漫的犹太复国主义到严酷现实的艰难过渡。

但我们很快就意识到，这个曾在全球政治棋盘上被认为既不是国王也不是王后的以色列（布热津斯基非常喜欢用这个比喻），是一个"相"或者是一个"马"，是一种平衡权力的象征。我们在恢复两国关系的最初阶段有这种感觉。如果离开了对地区和全球政治的这种理解，就很难理解我们对中东政策的进一步转变。

笔者：当然，我同意这个观点。这也是我们的现状。但当时人们对全球犹太社团的分量估计过高，对以色列力量和重要性的评估夸大了。马德里会议是"戈尔巴乔夫最后的探戈"。当这个摇摇欲坠的国家竭尽全力踮起脚尖，将自己塑造成一个超级大国时，以色列做出了怎样的回报呢？解决中东问题了吗？远非如此。我们在这个过程中的角色不是纯粹的徒有其表吗？除了我们的言论、倡议，直到我们后来参与的"四方会谈"以及定期的重复式的有关应该做什么或不应该做什么的想法之外，还做过什么实际的事情吗？

P.V. 斯蒂格尼：我完全不同意这个观点。通过恢复与以色列的关系，当然并不意味着增强了我们的地位，而是要在"新思维"和"全球人类社会的新质量"这些乐观的语境中协调我们的立场。我将单独把这一点列为主导因素来谈。我们指望着与其融合。

笔者：我们在马德里会议和之后的作用如何？我们是无足轻重的吗？

P.V. 斯蒂格尼：我们是与美国相媲美的领导角色。

笔者：看来，您太乐观了。

P.V. 斯蒂格尼：不，我是一个现实主义者。无论如何，1991年是马德里会议的逻辑起点。这是戈尔巴乔夫所做的最后一件事，也是一个共同赞助的联合计划。这是在世界最复杂的中东地区，协调各方关系的一次非常认真而有益的尝试。我们真诚且非常敬业地工作着，但在90年代早期，我们的办公效率变得越来越低下。电脑时代已经开始了，我们甚至没有电脑设备。

我们和美国人之间的信任程度处于完全不同的理解水平。我们不是跟随者，他们也不是领导者。整个过程表明我们还没有形成成熟的苏联模式。世界变成单极了。只有一个超级大国，只有一种美国（或西方）的生活方式和具有很多双重标准的西方民主形式。世界没有哪个国家能取而代之。这当然影响了我们在中东外交中的表现。

笔者：您有点自相矛盾。一方面，我们似乎是共同的援助商。我们和美国人之间有一定程度的信任；另一方面，这也是现实，您是技艺高超和忠诚的外交官，但在您身后站着的是一个摇摇欲坠、经济不断恶化并且正在被新势力撕裂和掠夺的国家。这个国家还将数千亿美元转移到西方，使其社会从上到下都遭受严重损失。这不能不影响您的角色。我们的办公设备糟糕……但这些设备又能起什么作用呢？美国的设备也可能糟糕（虽然他们的设备精良），但他们背后有庞大的力量。您的背后有什么呢？那是一个应该被诅咒的年代。

P. V. 斯蒂格尼：我认为我们对90年代的看法存在很大差异。我是身处过程之中，而您是这个过程的观察者，虽然您非常靠近它，但您毕竟身处决策机制之外。20世纪90年代我们从未有过灾难的感觉。有大量的可以参与的事情需要去做，这激发着我们的工作热情。

笔者：那些是假象。

P. V. 斯蒂格尼：对您这样既聪明又非常自信的人来说，在事件发生二十五年之后很容易看清事实真相，但是，对于那些想在苏联解体后第二天就看清真相的人来说，这绝非易事。

笔者：当时我说过并写过同样的文章。有一个例子，科济列夫在外交部的一次会议上赞美西方。我站起来说，我们在非洲和中东没有西方朋友和盟友，只有竞争对手。科济列夫接着说："这就是旧的政治思维的例证。"之后，一些非常注重礼节的外交部官员为了谨慎起见，与我见面时都不再跟我打招呼。

P. V. 斯蒂格尼：我不能说我自己也是一样。在90年代的大部分时间里，直到1996年，我都没有感觉到灾难，只是觉得越来越困难。当普里马科夫成为科济列夫的继任者，成为外交部部长时，我们的乐观情绪增强了，因为我们对普里马科夫信任有加……

笔者：这是另一回事。即使我们国家的社会政治发生了本质变化，但社会的基础——一些齿轮和杠杆依然在继续运作。外交部和军队中有很多人，对他们来说，国家利益仍然占据首位。他们按照这些信念行事。您的立场也是一样的。同样地，普里马科夫也起着极其重要的作用。他没有贪腐，他为公共利益考虑，做了很多事情，并试图做得更多。但在你们的背后，你们身后是一个被精英出卖的崩溃的国家、崩溃的社会，中东地区在俄罗斯的国家利益中甚至排不到前十位。这是当时局势的悲剧。是像你们这些身处其中，还有那些身处边缘的学者们的共同悲剧，但他们仍然忙碌着，努力为国家利益提出一些想法和建议、但那些真正具有影响力和权力的人并没有对你们所有的这些想法和建议、我们的和其他人的想法和建议给予重视。您试图通过这种方式来释放自己，有这样想法的人不仅仅是您自己，而是你们整整一代人。

P. V. 斯蒂格尼：我想解释一下，我们从来没有感觉到领导层是叛徒，我们对西方的友善感到非常惊慌和不信任，正如我们几乎清楚地看到的那样，在中东的特定情况下，他们正在玩双人、三人、四人的游戏。但是我们从来没有将这种不舒服的心理状态演化成一些背叛的观点。即使科济列夫，这样一个具有显明时代特征的人物，（如果总结他在外交部工作期间所带来的所有利弊）也会得到中立的评价。

笔者：因为在伊朗和伊拉克问题上，为了取悦美国人，他尽管希望放弃过去的做法，但也不得不考虑国家利益。也就是说，俄罗斯还是俄罗斯，他提出要采取一些行动。

P. V. 斯蒂格尼：我相信外交部如果不是因为科济列夫，可能只保留十分之一的人员。他与叶利钦进行了一场漫长而带有羞辱性的讨论，他主张保留专业外交人员。我认为这是在当时非常特殊的情况下外交部的首要任务。

笔者：就是为了生存？作为一个组织？

P. V. 斯蒂格尼：不！

笔者：就像普里马科夫对情报机构所做的那样？为了生存？

P. V. 斯蒂格尼：不，听着。这有根本性的区别。您使用动词"生存"时，我使用动词"挽救"。为了挽救我们在苏联时期取得的所有积极成果，以及在某些阶段某些权力集团试图摧毁的东西。但是他们缺乏自信，所有的决策都走中间路线，并且从未落实到底。要感谢普里马科夫，他挽救了外交部的工作，他坚定地改变了外交政策，从根本上明确了我们在另一个方向上的自我认识。所有这些，他都想尽一切办法去挽救。

笔者：我看不出这些细微差别。您现在可以称这些集团为"破坏者"吗？或者我们应该把它放在幕后，而不像已经出版的那本书的第一部分，在这本书中我能够详细地了解外交部、国际中央委员会、克格勃、一些部委和军队。也就是说，这本书给出了一个客观的画面。例如，海湾国家对我们的债务情况。

P. V. 斯蒂格尼：我认为这还不应该讨论，因为……

笔者：因为那些人还都活着？

P. V. 斯蒂格尼：不仅如此。我原则上尊重那些处于权力顶端的人。我明白他们每天必须做出数次妥协，甚至牺牲他们自己的正直品质。社会经济结构发生了根本性的变化。并且，由于关注和强调私人部门的主动性，很难区分什么是理性的，什么是非理性的。这是一场自上而下的革命……对于任何事情来说，有太多不道德的空间，我认为到现在为止要下结论仍然为时过早。有些人在某些情况下表现得很合理，而在其他情况下，其合理意图的纯粹性就被怀疑。当我们进入资本主义时期，对我们来说就产生了一些全新的东西，例如佣金问题，这些都对国家机器造成破坏。我们现在公开讨论"回扣"和黑钱问题。而在西方，这些东西以其他的形式早已存在。采用古老而传统的方式呈送包裹在玻璃纸中的钱。所以，我认为此时此地我们讨论此事还不能够做到全面公正。

　　笔者：好的。顺便说一下，普里马科夫在他的著作——《十字路口的会面》中对腐败状况进行了非常严格和坦率的评论，并谈到了他试图限制这种情况的尝试。这也许就是他很快就遭到叶利钦解雇的主要原因。①

忽略而不干涉

　　与美国和西方的关系主宰着俄罗斯领导层的外交思想和活动。同时，与独联体国家的官方关系享有优先权。随着时间的推移，这些外交思想也表现出成功和失败的双重属性。20 世纪 90 年代初期，中东似乎并没有引起俄罗斯领导层的兴趣，但它在世界上的重要性以及潜在的冲突促使俄罗斯更多地参与该地区的事务，开始是有限参与，然后参与的规模越来越大。

　　诚然，俄罗斯当时的局势不利于其在中东国家保持良好的声誉。穆斯林没有对过去所犯错误改过自新的心态。自我揭露、对过去的否认、对苏联时期所做的一切的诋毁被视为意识形态的脱衣舞。对于冷战时期的左派和反西方民族主义势力来说，这意味着他们已有原则和未来希望的崩溃，而对于那些站在对立面的国家领导人来说，意味着需要吞下美国霸权主义的苦果。

　　该地区的混乱状况为俄罗斯不断增强其在该地区的现实存在提供了机会。但莫斯科明白，美国仍然是 20 世纪 90 年代和 21 世纪中东地区的主导力量，

---

　　①　与斯蒂格尼的谈话（2014 年 9 月）。

尽管其强大的影响力存在局限。

"在那里（在中东）发生的一切对我们至关重要，"外交部副部长弗拉基米尔·波苏瓦柳克对《世界报》主编 A. 格雷申说，"事实上，我们处于弱势，我们的财政资源有限。我们不能再为我们的盟友发放无限信贷。没有俄罗斯人民授权我们无法提供武器。但我们有许多优势。[①]——其中一个优势是，俄罗斯不再受 20 世纪 80 年代意识形态框架的束缚。它也不再被视为一个破坏世界稳定的因素，因为它没有宣扬革命和无神论。"因此，即使在有限的程度上，俄罗斯正在与该地区的所有国家建立合作网，从沙特阿拉伯到埃及，包括以色列。

另一个因素是，穆斯林在俄罗斯中东政策中变得越来越重要。中东和波斯湾事务对俄罗斯本身（特别是北高加索地区——车臣、印古什和达吉斯坦）和中亚各国产生了影响。正如一名专家对 A. 格雷申所说："我们认为我们可以为了我们的利益离开中亚，同时，我们也可以为了同样的利益回到中亚，因为那里正在发生的冲突需要我们关注。"[②]

北高加索地区伊斯兰主义的发展，特别是其极端主义形式被莫斯科许多人视为"威胁"，特别是考虑到那些决策者以及充当政治学家的人的无能。例如，什叶派有时甚至被称为"瓦哈比派"，更不用说那些拒绝塔里卡斯（苏菲派）的逊尼派。沙特和土耳其向分裂主义分子提供的资金和武器损害了莫斯科与利雅得和安卡拉之间的关系氛围。

但与此同时，北高加索地区的俄罗斯穆斯林与其他地区穆斯林之间的关系仍在继续"正常"发展。

笔者：您与穆斯林合作伙伴间的关系怎样？

拉尔·盖奈敦[③]：愿安拉的平安，怜悯和祝福与你同在！（Assalamu alaikum wa rahmatullahi wa barakatuh）。众所周知，伊斯兰教的宗教由先知穆罕默

---

① Alain Gresh. *Russia's Return to the Middle East.* Journal of Palestine Studies. Vol. 28，№ 1（Autumn，1998）. P. 70.

② Ibid. P. 76.

③ 拉尔·盖奈敦（Rawil Ismagilovich Gaynetdin）又称沙赫·给奈敦（Shaikh Gaynutdin），生于1959 年 8 月 25 日，欧洲穆斯林宗教管理委员会俄罗斯分部主席团主席，俄罗斯穆夫提委员会主席，莫斯科大清真寺创建人之一，世界伊斯兰学会论坛成员，莫斯科伊斯兰大学和国际斯拉夫学院教授，俄罗斯联邦总统宗教协会合作委员会委员。——译者注

德（愿他安息）的同伴传到杰尔宾特（达吉斯坦）。早在公元 8 世纪，伊斯兰教已在伏尔加地区广泛传播。几个世纪以来，伏尔加地区的土耳其人和乌拉尔人是在最北部信奉伊斯兰教的民众，尽管地理位置偏远，但他们从未失去与希贾兹（汉志）福地的精神联系。

我们感到自豪的是，1926 年穆夫提里泽特丁·法拉帝率领苏联穆斯林乌莱玛代表团参加了由沙特阿拉伯王国创始人——伊本·沙特在麦加举办的世界伊斯兰大会，并当选为大会的第一副总裁。这要归功于苏联外交的努力，苏联驻阿拉伯世界首席全权代表克里姆·哈奇莫夫为年轻的苏维埃共和国和希贾兹之间建立良好关系做出了重大贡献。我国是世界上第一个承认沙特阿拉伯王国的国家。

笔者：然后中断了很长时间。

拉尔·盖奈敦：我们已知的历史原因，使两个民族之间的关系几乎停滞了几十年。20 世纪 90 年代初，俄罗斯人民恢复了宗教自由。俄罗斯穆夫提委员会和欧洲穆斯林宗教事务管理委员会俄罗斯分部创建了莫斯科伊斯兰大学和俄罗斯喀山伊斯兰大学两所伊斯兰教高等学校。

笔者：您能告诉我有关俄罗斯朝觐（Hajj）的历史和特点吗？

拉尔·盖奈敦：几个世纪以来，尽管距离遥远、费用高昂且困难重重，居住在俄罗斯的穆斯林一直都在坚持朝觐并以此纯净他们的灵魂。他们有意或无意地为我们国家与中东阿拉伯世界的国家和人民的和睦相处做出了贡献。19 世纪末，每年朝觐的俄罗斯穆斯林人数达到 2000 ～ 5000 人次。20 世纪初，每年朝觐的人数超过 1 万人次。研究朝觐的学者认为，在共产主义制度存在的七十多年时间里，只有约 900 名穆斯林进行了朝觐。最著名的是 1945 年的朝觐，它标志着苏维埃人民在卫国战争中的胜利，并且是 20 世纪 20 年代后期禁止朝觐以来的首次朝觐。苏联解体后，朝觐的人数大量增加。20 世纪 90 年代和 21 世纪初期，每年参加朝觐的人数从 1500 人次增加到 10000 人次。

阿拉伯国家和俄罗斯穆斯林之间有数千公里的距离，我们生活在不同的气候和社会政治条件下，但宗教和道德价值观使我们团结在一起。伊斯兰教是全能者最大的怜悯，因为它有能力将人们聚集在一起，在国家、大陆和文明之间架起桥梁。在两国关系发展过程中，我们必须遵守《古兰经》中的一句话："牢牢抓住安拉的绳索，不要分离。"这一点应该特别体现在对年轻一代穆斯林的教育方法上。我们需要按照虔诚、人道、正义和守法原则教育穆斯林青年。21 世纪的穆斯林应该是和平者和创造者![①]

1990 年，俄罗斯通过了一项有关宗教自由的法律，允许建立宗教组织、修建清真寺和建立伊斯兰教教派，并出版宗教文献。宗教，无论是基督教还是伊斯兰教，都部分弥补了共产主义信仰崩溃所留下的意识形态真空。俄罗斯领导层不得不考虑大约 1700 万穆斯林同胞的感受。另一个危险是媒体中反伊斯兰情绪较强。媒体报道的阿尔及利亚、埃及和波斯尼亚的事件以及宗教激进主义分子在俄罗斯的出现，增强了俄罗斯人民的反穆斯林情绪，尽管这些情绪并不普遍。

1991 年后，华盛顿决定中东地区的事务必须符合美国对战略挑战的理解，这需要了解该地区每个国家的内外政策。冷战胜利的乐观情绪以及俄罗斯外交与华盛顿冲突中的准备不足，似乎让俄罗斯无视中东事务。与苏联不同，俄罗斯不能也不想利用美国的错误，不想再参与"零和游戏"。

中东的整体局势对美国来说是有利的。被击败的伊拉克几乎退出博弈，阿拉伯石油国家和美国友好国家埃及的地位得到加强，巴勒斯坦抵抗运动陷入内部斗争，亚西尔·阿拉法特支持萨达姆·侯赛因在科威特的侵略削弱了巴解组织的国际地位。美国和北约的信誉在不断增强，同时也强化了美国的主导作用。

美国人展示的军事力量表明，他们克服了"越南综合征"，转而采用新的战争形式和方法，即新武器和信息化战争。军事力量伴随着信息、经济、教育和文化"软实力"进入中东，似乎没有人可以做出与这种力量抗衡的事情。未经华盛顿同意或没有考虑到华盛顿的利益，那就不能有任何决策。

然而，事物发展的内部变化是由其自身规律决定的，这往往与美国利益背道而驰。中东发生了新冲突，出现了新的权力中心，并未出现"美国神话"。伊朗藐视美国，在军事、经济、技术和宗教领域推进自己的利益。独裁者萨达姆·侯赛因仍然统治着伊拉克。按照华盛顿的说法，利比亚和叙利亚是"流氓国家"。恐怖主义从美国在阿富汗的盟友转变为美国在全球的敌人。正是在 20 世纪 90 年代，"基地"组织的领导层及其国际组织结构才得以形

---

① 与俄罗斯穆夫提委员会主席拉尔·盖奈敦的谈话（2013 年 6 月）。

成。然而，军队和作战方式的革命性变化有其局限性，事实证明，战争和武力无法解决地区和全球问题，也不能决定被美国"打败"国家的内部结构。显然，21世纪没有一场由美国发动的战争能够建立起符合美国救世主思想的稳定的政治体系。

俄罗斯不能也不会利用华盛顿在该地区的众多错误。经过几年的"摇摆"，在俄罗斯与地区国家双边关系中占主导地位的是经济。与此同时，日益增长的群众性反美情绪和阿拉伯领导人对俄罗斯的兴趣显然对俄罗斯有利，至少也是对美国的一种象征性对抗。

"零和游戏"的确走到了尽头。俄罗斯外交官开始谈论"双赢方案"，这对美国和俄罗斯都意味着积极的成果。但华盛顿不愿意这么做，因为它在中东不需要俄罗斯。

然而，共同发起的正式的马德里会议给了"双赢方案"以希望，即共同参与解决"所有冲突之源"——中东地区的冲突。

"马德里进程"和"所有冲突之源"的命运

马德里会议，更确切地说是马德里进程（由美国和苏联联合发起），几年来进展缓慢。从技术角度来看，该会议分成几个小组，分别讨论双边和多边关系问题，希望陷入僵局的中东和平进程能够取得突破。从以色列领导层的角度来看，唯一的解决办法是阿拉伯国家根据其自身的要求，认同以色列的现状。在以色列政府首脑会议开幕时，"伊斯兰国"代表沙米尔（Ishaq Shamir）是"大以色列"概念的狂热支持者。

看来，特拉维夫政府对以色列的主要诉求没有改变。以色列具有阿拉伯人不能对抗的军事力量，并且还有世界唯一的超级大国——美国作为保护人和战略合作伙伴，反对以色列的阿拉伯人已经失去潜能。苏联曾经是该地区真正的赞助人，而现在取而代之的是一个疲惫不堪的俄罗斯，如果不从官方来看，它实际上正在远离中东。唯一有希望进行对话和谈判的伙伴应该是由巴解组织代表的巴勒斯坦人。但这个组织仍被以色列视为"恐怖组织"，当时就连与巴解组织直接谈判对以色列人都意味着是"不可接受"的让步。虽然来自约旦巴勒斯坦代表团的巴勒斯坦人参加了谈判，由他们具体协调与巴解组织领导层的关系，但从技术上讲，他们只代表他们自己，无权签署任何协议。

很明显，俄罗斯新领导层对中东和平进程以及该地区其他事务根本不感兴趣。外交部部长科济列夫曾公开拒绝解决所有苏联时期遗留问题的努力和尝试，不仅是中东问题，而且建议他的外交官一味遵从华盛顿的路线。这种态度适得其反，因为美国政府也不知道下一步该做什么，马德里进程的最终目标是什么。但是，以色列作为华盛顿在该地区的主要盟友，在马德里进程的内部政治斗争中扮演了重要角色，尤其是在1992年总统选举前夕。华盛顿希望达成全面和平的解决方案，以维持其在该地区的统治地位，但阿拉伯人和以色列人对对方的要求都不肯让步。

一方面，在西方政治学和后来的俄罗斯政策中，中东冲突被称为"不对称"。以色列的实力和能力与被国际上大多数国家正式承认的巴勒斯坦阿拉伯人民的合法代表——巴解组织的力量太不对称了。另一方面，必须以某种方式确定数百万巴勒斯坦人的命运。从国际社会、阿拉伯国家和美国的角度来看，他们无处安身也是不可接受的。多数以色列领导人同意建立一个半自治的巴勒斯坦行政机构，而耶路撒冷的命运、巴勒斯坦国家的建立、边界问题、难民的命运等主要问题依然没有解决。

然而，巴解组织和以色列领导层，无论哪个政党及后来的领导人都开始将对方视为直接谈判的缔约方。马德里进程帮助他们更好地理解了彼此的立场，并制定了"土地换和平"的举措。1993年1月以来，在马德里会议期间，他们在挪威科学家和外交官的协助下，在奥斯陆举行了不受媒体干扰的秘密会议。俄罗斯了解这一切，但没有任何形式的参与。

1992年5月以色列的选举之后，由伊扎克·拉宾领导的工党上台并组成一个不稳定的联盟。他需要的是成功，即使只是象征性的。1993年1月至8月，在奥斯陆的谈判继续进行。

伊扎克·拉宾总理和巴解组织主席亚西尔·阿拉法特于1993年9月在华盛顿的白宫草坪上握手。双方进行了大量的沟通，无论是公开的还是秘密的，都为这个象征性的姿态做足了准备。为了营造和谐的气氛，俄罗斯也参与其中，但在这次会议中没有发挥任何作用。

以色列外交部部长佩雷斯和巴解组织执行委员会成员马哈茂德·阿巴斯分别代表双方签署了原则声明，规定在西岸和加沙地带进行选举，以色列军队撤出一些被占领土，并开始针对西岸和加沙地带永久性地位的谈判。这些谈判持续了两年，耶路撒冷的永久性地位、难民、以色列定居点、边界和安全措施等问题有望在未来三年内确定下来。

宣言签署之前做出的让步是非常不对称的。首先，拉宾给亚西尔·阿拉法特的信息只是简单地承认巴解组织是巴勒斯坦人民的代表，而阿拉法特在他的回应中承认了以色列的生存权、联合国安理会第 242 号和第 348 号决议，并且同意履行其义务。废除了国家宪章的有关条款，这些条款拒绝承认以色列的存在权。

能够回到巴勒斯坦领土对巴解组织来说太诱人了。巴勒斯坦人，包括笔者作为在 1996 年的巴勒斯坦立法委选举中的观察员，都对此抱有乐观的期望。但最终有关巴勒斯坦地位的主要问题推迟了二十多年，至 2017 年仍未解决。

在美国人的协助下以色列和约旦的关系得到解决。侯赛因国王作为一个具有战略头脑的小国的领导人意识到，他必须告别西岸和东耶路撒冷。1994 年 7 月，在华盛顿特区，他与以色列总理拉宾签署了和平协议，美国总统克林顿也在场，结束了约以两国之间的战争状态，并于同年 10 月 26 日正式签署和平条约。

在拉宾被以色列右翼极端主义分子暗杀后，1996 年右翼领导人本雅明·内塔尼亚胡掌权，谈判进程停滞。被占领土的"发展"和新定居点的建设在继续进行，再加上以色列的压制，所有这些导致了伊斯兰组织哈马斯和法塔赫极端派别的崛起。

如果说俄罗斯有作用的话，在这个过程中其作用仍然是微不足道的。俄罗斯参与中东和平进程与普里马科夫有关。我相信，其中很大一部分原因是他个人的主动性。由于他 1996 年 1 月担任俄罗斯外交部部长，这也就成了俄罗斯的政策。1996 年 3 月，俄罗斯总统鲍里斯·叶利钦甚至参加了在沙姆沙伊赫举行的国际会议，并提议恢复马德里进程。

至少可以说，普里马科夫的新角色并没有激起华盛顿的任何热情。理查德·珀尔是新保守主义的支持者之一，是入侵伊拉克的支持者，也是莫斯科认为的坚定的"俄罗斯人"。他写道："普里马科夫把我们带回格罗莫科时代，他是个男人。他仍然否认苏联在冷战中失败的事实，我们必须向克里姆林宫明确表示，他被任命为外交部部长是时代的退步。"[1] 一旦俄罗斯表现出某种

---

[1] *Alain Gresh.* Op. cit. P. 68.

独立性，美国评论员就开始评论，认为回到了冷战时期。

从美国政府的角度来看，其仍对 Y. 普里马科夫在科威特危机期间的活动记忆犹新。他不遗余力地通过政治手段促使萨达姆·侯赛因从科威特撤军，希望能够阻止华盛顿战胜伊拉克的战略目标，随后美国采取了军事行动。

1996～1997 年，外交部部长叶夫根尼·普里马科夫三次访问中东。他不仅会见了阿拉伯人，还会见了以色列领导人。当时工党领导人西蒙·佩雷斯对俄罗斯高级代表说："我们只需要一名调解员，这就是美国。"普里马科夫表达了立场——遵守马德里会议"土地换和平"的原则和建立巴勒斯坦国。这没有引起以色列领导层的任何热情。但普里马科夫在会谈中提到的关于振兴叙利亚的方针，出乎意料地传到了华盛顿和特拉维夫，并引起了美国和以色列的关注。虽然单靠叙利亚政府无法签署双边协定，但肯定可以阻止以色列在与巴勒斯坦人的谈判中取得成功。普里马科夫建议满足叙利亚逐步返回被占领的戈兰高地的要求。普里马科夫的想法很多，包括在中东与美国合作建立安全体系，但是都没有实施。①

内塔尼亚胡于 1996 年赢得选举，他反对奥斯陆和平进程达成的协议，但他表现出更大的灵活性，同意俄罗斯参与中东和平进程。他访问了莫斯科。这使俄罗斯外交在该地区发挥了某种作用。但当时俄罗斯真正关注的不是中东，而是巴尔干地区。阿拉法特于 1997 年、1998 年和 2000 年三次访问莫斯科，以色列一些高层人士也访问了俄罗斯首都，成立了俄罗斯、以色列和巴勒斯坦副外长级别的委员会。该委员会于 1996～1999 年举行了五次会议。这些会议澄清了各自的立场，但没有取得任何进展。

与此同时，美国外交在台前和幕后都非常活跃。1998 年 12 月 14 日，在加沙，美国总统克林顿见证了巴勒斯坦全国委员会投票废除了不承认以色列存在权的国家宪章的相应条款，不承认将巴勒斯坦分裂为两个国家的联合国大会第 181 号决议以及把犹太复国主义当作帝国主义的工具等。在获得这些以后，内塔尼亚胡立即提出新的要求并暂停执行以前的承诺。1999 年 5 月，工党领袖埃胡德·巴拉克赢得了早期选举，他试图通过美国调解恢复与巴勒斯坦人的谈判。2000 年 7 月，克林顿参加的戴维营会议失败，尽管以色列人

---

① См. подробнее: *Звягельская И.* Ближневосточный клинч. Конфликты на Ближнем Востоке и политика России. М.: ЗАО Издательство《Аспект Пресс》, 2014. С. 176—177.

认为他们做出了让步。

2000 年 9 月 26 日，阿里尔·沙龙访问圣殿山引发了一场新的巴勒斯坦人的暴乱，巴勒斯坦人企图以个人恐怖主义和不合作的手段，诉诸武力和其他暴力手段对付以色列。沙龙赢得了 2001 年 2 月的又一届选举。

2000 年 12 月，克林顿总统提出了解决计划，该计划为巴勒斯坦人在领土问题、耶路撒冷地位问题和难民问题等方面提供了很多权利。同年 12 月 25 日，埃胡德·巴拉克表示，如果巴勒斯坦人接受，他会接受这一计划。但是，阿拉法特在其内部极端分子和一些阿拉伯国家的压力下拒绝了这一计划。巴勒斯坦人从来没有看到过比此方案更有利的方案了，但是，如果他们同意克林顿的计划，现实一些来说，在计划的执行上仍然有太多的陷阱。[①]

笔者并没有看到俄罗斯在中东进程中发挥有意义的作用。但我们的一些外交官，包括 P. V. 斯蒂格尼，强烈表示不同意此看法。

P. V. 斯蒂格尼： 我们结束了苏联时期的"土地换和平"马德里进程。与此同时，一段时间后，奥斯陆开始了以色列—巴勒斯坦谈判。原工作结构并没有被破坏，只是又建立了基于其他现实的新结构。一个带有说明性的例子就是 G7 的出现，然后有一段时间是 G8，然后是 G20 以及运作良好的联合国组织。中东地区大致相同。马德里会议的机制继续运作，但在挪威方面，出现了另外一些渠道。我认为，他们与左派有关，即与以色列社会的边缘部分有关，这是有充分原因的，但他们达成了非常严肃的协议。他们使以色列和巴勒斯坦的立场更紧密地联系在一起，所有这一切都以克林顿在世纪之交进行的创造性工作而告终。在此期间，直到内塔尼亚胡第二次当选。内塔尼亚胡上台后，以色列将我们在中东和平进程中的作用与多边机制联系起来。我们在启动双边关系正常化进程中发挥着关键作用，这是我从那些在以色列和阿拉伯世界中非常严肃的人口中反复听到的话语。

笔者： 很高兴听到。但这些只是说说而已……

P. V. 斯蒂格尼： 不只是说说而已。我们认真制订了计划，在莫斯科筹备举办了多边谈判的会议。这些并不总是出现在报纸上，这是非常认真、专业的工作。但随后的失败难以解释。自那时起出版的回忆录中没有对它们进行

---

① См. подробнее: *Звягельская И.* Ближневосточный клинч. Конфликты на Ближнем Востоке и политика России. М. : ЗАО Издательство《Аспект Пресс》, 2014. С. 177.

解释。我非常希望巴拉克在退出政坛时会写点东西。以色列可以很好地保护国际公认的边界，允许建立一个有效的非军事化的巴勒斯坦国，保持其在约旦边界的存在，并象征性地解决难民返回问题。那时以色列精英阶层有一定的把东耶路撒冷交给巴勒斯坦人的概念。

笔者： 是东耶路撒冷还是一些地区？

P. V. 斯蒂格尼： 当然是一些地区，但从旧城出发，老城和圣殿山的问题当然是不可解决的。所有的谈判尝试都宣告失败。这是一个绝对关键的问题，无论如何也可以这样说。因为以色列人与其他人的不同之处在于，对他们来说，民族和宗教是一回事，这两个因素是密不可分的。

笔者： 美国犹太人是不同的。不止这些还有其他的。

P. V. 斯蒂格尼： 这是非常复杂的过程。①

笔者私下问普里马科夫有关俄罗斯在中东和平进程中的立场。

笔者： 您肯定比其他人更有资格谈论中东和平进程。说我们实际上对这个过程没有影响的观点是否正确？我们没有一点儿影响力吗？

Y. M. 普里马科夫： 您指的是哪个时期？

笔者： 任何时期。在 20 世纪 90 年代，在 21 世纪的第一个十年，甚至在最近几年。是的，有和平路线图，有中东四方会谈。但是，我们被以色列人和美国人排斥在这一进程之外。

Y. M. 普里马科夫： 没错，真正的杠杆是在美国人手中。如果他们迫使以色列妥协，因为阿拉伯人同意采取一种严肃的妥协方式，可能已经会有结果了。但是美国人并没有越过某条"红线"。②

鉴于中东和平进程在 2000 年到 2010 年间仍然停滞不前，让我们评估巴以关系时跳越一下。2001 年 2 月，沙龙成为总理，并采取强硬手段镇压巴勒斯坦起义。这导致以色列取得了一些成功，却将巴勒斯坦人的一大部分推向了极端主义和个人恐怖主义阵营。双方的仇恨是相互的，日积月累逐渐形成规模。

奥斯陆和平进程以流血方式告终，新的接触方式是必要的。2002 年 5 月

---

① 对斯蒂格尼的访谈（2014 年 9 月）。
② 对普里马科夫的访谈（2014 年 1 月）。

至6月，美国与俄罗斯、联合国和欧盟一起创建了所谓的中东四方会谈——中东和平进程的四个调解人，并通过了主要由美国人倡导的和平发展蓝图。这一进程最终确定建立巴勒斯坦国，但没有确定其范围、边界和权力。

同时，以色列领导层根据自己的逻辑行事。它决定从加沙占领区和一些约旦河西岸定居点撤出，并在约旦河西岸以色列和巴勒斯坦人之间建立隔离墙，从而与巴勒斯坦人分离。

2004年6月，以色列内阁批准了总理沙龙撤出加沙的计划，从那里撤离8000名定居者，并撤出约旦河西岸北部的四个定居点。这样做的阻力甚至来自右翼政党沙龙的支持者。奥尔默特总理继续执行"单方面分离"政策。该政策表明，以色列领导层拒绝"消化"1967年占领的领土及阿拉伯人口。但是，以色列人并未打算放弃已占领土，以色列定居点的建设仍在继续，这使得巴勒斯坦人无法参加正在变成闹剧的谈判。

P. V. 斯蒂格尼：有可能对中东问题的解决方案进行一些协调。它的实施不仅仅是以色列和倾向它的强大的全球结构，巴勒斯坦人也犯了很多错误。他们未能签署克林顿在2000年和2001年提出的文件。作为以色列总理的奥尔默特提出解决中东解决方案的四个关键问题，这些问题现在看来是理想的。奥斯陆会谈结束了。奥尔默特和马哈茂德·阿巴斯之间已经在2009年举行过会谈。但奥斯陆和平进程确实产生了一定的冲击，其中包括沙龙有关与约旦河西岸的"分离"以及从加沙地带撤离的政策。可是巴勒斯坦人没有利用这些机会。我问过马哈茂德·阿巴斯和其他巴勒斯坦领导人：你为什么这么做？每当你拒绝签署美国人以及他们与国际社会提供的方案时，每个后续版本都会变得对你们更糟。很明显，更糟糕的提议随之而来。你发现了吗？奥尔默特准备放弃5%~6%的领土，如果没有足够的补偿，你会放弃吗？我亲眼看到过地图。①

我们的故事有点儿超前，我们应该注意到，热衷于"传播民主"的美国，必须解决该地区的所有问题。它提出了在阿拉伯国家实施的"大中东"计划，后来被称为"新中东计划"。其结果可以在包括加沙地带在内的巴勒斯坦领土的2006年民主选举中看到，胜出者是激进的哈马斯运动。承诺要在"阿拉伯菲特纳"（"阿拉伯之春"的另一个名称）中更加严重地击败"民主化"。这

---

① 对斯蒂格尼的访谈（2014年9月）。

将在后面讨论。我们应该指出，哈马斯组织本身是在 1987 年创建的，是在以色列秘密组织的鼓励下成立的，其目的在于破坏法塔赫和巴解组织的主导作用。传统巴解组织领导层的腐败、谈判缺乏进展、起义框架内的流血事件，所有这些都促成了哈马斯的成功。然而，由于控制了加沙，哈马斯成员多次用火箭和地雷袭击以色列领土，这导致以色列军队的残酷报复。

在政治上，哈马斯不承认以色列的存在权，拒绝巴解组织以前的所有协议。巴勒斯坦人分裂成两个阵营，挑战巴解组织及在 2004 年接替了已故的亚西尔·阿拉法特的领导人——穆罕默德·阿巴斯的任何行动和协议的合法性。

俄罗斯原则上是对中东和平进程感兴趣的，与包括哈马斯在内的冲突各方保持联系。整个中东局势对世界事件的影响促使俄罗斯领导人访问了该地区。2005 年，俄罗斯总统弗拉基米尔·普京访问了以色列。

在与阿里尔·沙龙的会面中，普京问道："我是中东的新人，您能给我的第一个建议是什么？"答案是："永远不要相信任何人。"这个插曲似乎是一个历史趣闻，在笔者与谢尔盖·拉夫罗夫的一次谈话中，后者说："确实是这样，我出席了那次会议，我听到了这个问题和答案。"

2011 年 1 月，梅德韦杰夫总统访问约旦和约旦河西岸。2012 年 6 月，弗拉基米尔·普京总统访问了以色列、约旦河西岸和约旦。没有人对这些访问寄予特别希望。这更多的是关于加强双边关系的访问。

哈马斯领导人哈立德·马沙尔几次到访莫斯科，甚至会见了俄外交部部长谢尔盖·拉夫罗夫。但是，俄罗斯试图调和哈马斯和法塔赫的关系是徒劳的。诚然，哈马斯和法塔赫多次签署了建立民族统一政府的协议，但从来没有实际进展。

华盛顿在中东地区的行动受到限制。由于美国在阿富汗、巴基斯坦、伊拉克和伊朗的行动，中东和伊斯兰世界的反美情绪正在加剧。在 2009 年 7 月 4 日的开罗讲话中，美国总统奥巴马呼吁建立一个巴勒斯坦国，但没有具体说明界限，并称以色列非法建造定居点。他赞同美国与伊斯兰世界在共同价值观基础上的合作。这造成美国和以色列之间的关系变冷。

有保留的"友谊"

20 世纪 90 年代初期，恢复苏联或俄罗斯和以色列外交关系的问题已经时机成熟，而且已经是"熟透了"。

我想重申我之前的观察。从政治体制改革开始的第三、四年，特别是第五年开始，一批苏联犹太人"突然"大规模地开始移民，原因并不是苏联犹太人想要去以色列。他们只想离开俄罗斯，所以他们去了。他们不像大多数分裂国家的公民，他们只是受没有其他地方可去的影响。

莫斯科不仅在区域政策方面，而且在更广泛的背景下考虑恢复以色列和苏联之间的外交关系。希望融入整个西方社会结构。而犹太复国主义和西方与以色列的关系是西方经纬结构的重要组成部分。我们的假设是，在苏联官方宣传中等同于"种族主义"和"服务于帝国主义"的犹太复国主义的意识形态差异将被历史遗忘。事实上，犹太复国主义在其各种表现形式中仍然是一种有效的意识形态和政治实践，而俄罗斯和欧洲版本的共产主义正在迅速接近崩溃。

尽管如此，在20世纪80年代后期，苏联和以色列正朝着恢复外交关系努力：苏联取消移民禁令，在科威特危机中所持的立场及与美国的合作；1991年10月开始的马德里会议为互换大使打开了大门，恢复外交关系的技术步骤早已开始了。

1991年12月23日，苏联驻以色列大使博文先生出示了他的全权委托证书。他很快就变成了俄罗斯的大使。

他的工作是在大多数俄罗斯媒体拒绝苏联在中东的所有遗产，以及反伊斯兰主义、反阿拉伯并接纳以色列的情况下进行的。博文本人是一名专业的记者和政治分析家、"亲西方的民主人士"，对以色列非常友好。巴勒斯坦阿拉伯人的感情、悲剧、目标和希望对他来说是陌生的。这正是他持不同立场的原因。

A. E. 博文[①]：俄罗斯在中东的主要利益关切是防止战争，避免面临痛苦的选择，这是第一。第二，面临的挑战是利用以色列的知识和技术能力来促进我国经济向市场经济转型。第三，我们的关切是到20世纪末，以色列将拥有100万俄罗斯人。世界上没有其他国家会出现这种情况。这是一个相当特

---

① A. E. 博文（Alexander Evgenyevich Bovin, 1930—2004），苏联/俄罗斯记者、散文家、政治学家、外交官。1972～1991年任俄罗斯《消息报》政治专栏作家；1981～1986年任苏共中央审计委员会委员；1991～1997年，任俄罗斯驻以色列大使。——译者注

殊的情况，一个悖论。三十年来，我们轻视以色列，对其颐指气使。在联盟内部，我们制定了反犹太主义政策，尽可能多地压制和限制犹太人。三十年来，我们称那些离开我们的犹太人是叛徒，但相反的是他们爱我们。俄罗斯文化的遗产比那些可怕的三十年更为强大。从这个意义上讲，我可以说，我没有提到军事方面，而是说与以色列建立战略联盟。在以色列，有完全独特的有意义的工作机会。此外，这些不仅是犹太人的机会，也是对来自全世界的移民的机会。与以色列的良好关系意味着与整个世界移民团体的良好关系。这意味着进入主要金融市场。因此，我们的国家利益是：中东的和平、以色列的技术潜力以及与世界犹太团体的关系。

笔者：在这种背景下您如何看待我们在中东政策的原则？

A. E. 博文：他们经常在阿拉伯媒体上报道我是亲以色列人。就这个问题我在以色列曾多次说过："我不是亲以色列人，而是亲俄罗斯人。"如果我们的利益与以色列的利益一致，那么我就支持以色列的立场。在我们的利益与阿拉伯人的利益重合的地方，我就采取支持阿拉伯的立场。因为我代表了俄罗斯利益。一个悖论是从特拉维夫到莫斯科，我写的都是要更多地关注阿拉伯人的必要性。

笔者：您是否注意到国内关于我们应该与以色列建立何种关系的争论？还有一个问题：以色列是否影响了我们的企业？

A. E. 博文：我现在不认为莫斯科会考虑以色列。莫斯科专注于自己的事务，欧洲方向的内外政策，更确切地说是对美国的政策。以色列提供了很多合作机会，但是我们没有这种合作的组织。我国在以色列没有重要的合作伙伴。不幸的是，以色列对我们也没有影响力。我设法改变这一现状。我写信给莫斯科说只要我们保持反犹太主义，就不可能考虑与以色列建立稳定关系。我们必须制止反犹太主义，恢复犹太文化、剧院和报纸。

笔者：现在有没有什么障碍？

A. E. 博文：没有障碍，但也没有什么帮助，这也很重要。

笔者：您如何看待我们在以色列和巴勒斯坦关系中的角色？

A. E. 博文：和平进程是中心任务。我们的工作（就像美国人一样）是为以色列人与邻国阿拉伯巴勒斯坦人直接谈判创造政治条件。他们必须在他们之间达成一致意见，在我们参与并为此创造良好氛围的条件下他们必须寻求妥协。如果威胁以色列的安全，整个和平进程就会失败；如果巴勒斯坦人的权利受到侵犯，它也将会失败。这是主要问题：悲剧是以色列和巴勒斯坦双方都认为自己是对的。因此，解决这个问题非常困难。对我这代人来说，和平进程不会有结果。以色列人和阿拉伯人都必须调整心态。①

1997 年 3 月，M. L. 波格丹诺夫大使接替 A. E. 博文任以色列大使。2002 年 2 月，G. P. 塔拉索夫又成为前者的继任者。这两位都是职业外交官。

在他们之后，职业外交官 P. V. 斯蒂格尼从 2007 年 1 月 31 日至 2011 年 7 月 8 日担任该职位。

俄罗斯与以色列的双边关系发展顺利。

笔者：我们是否放弃了犹太人移民和从俄罗斯移民的禁令？

Y. M. 普里马科夫：当然，这对俄美关系和俄罗斯与以色列的关系都很重要。在美国有一项法律——《杰克逊—瓦尼克修正案》对我国的经济关系构成打击。向以色列开放移民的可能性改变了这一情况。同时它改善了俄罗斯与以色列之间的关系。阿拉伯人坚决反对这一政策，主要是因为它增强了以色列的实力。

笔者：但以色列新增的百万居民并未扮演重要角色。

Y. M. 普里马科夫：我不完全同意。有必要区分数量和质量。从到以色列的大多数人的素质来看，他们对提升以色列的实力是有帮助的。

笔者：来了超过 100 万人。但以前阿拉伯人对此并没有限制，而是鼓励从阿拉伯国家移民到以色列。现在有更多来自阿拉伯国家的犹太移民或他们的后代，比来自俄罗斯和独联体的犹太移民还多。

Y. M. 普里马科夫：一方面，情况属实；另一方面，有必要牢记我们与阿拉伯人的关系。在我看来，总的来说，犹太人的移民，甚至从俄罗斯的移民应该停止。这完全取决于我们的社会和经济状况。②

20 世纪 80 ~ 90 年代，来自俄罗斯和其他原苏联加盟共和国的大规模移民使以色列出现了一个稳定的说俄语的少数民族，约有 100 万人。最初，得到以色列签证成为许多来自苏联或俄罗斯的人能够移民美国的机遇。后来，在以色列政府的压力下，美国于 1989 年 10 月 1 日实行签证制度，移民们情愿或

① 对博文的访谈（1992 年 4 月）。
② 对普里马科夫的访谈（2014 年 1 月）。

不情愿地在以色列境内找到自己的居所。其中，俄罗斯族裔中的家庭成员或者伪造旅行证件的人比例非常高。起初来自俄罗斯或独联体的犹太人的地位低于土著以色列人（sabra）或来自西方国家的移民，但他们很快就适应了环境并创建了自己颇有影响力的政党，其中几乎没有任何"左"派分子。

俄罗斯通过说俄语的以色列公民发挥的政治影响力很弱。反而，俄罗斯犹太人对俄罗斯政治进程的影响非常显著。通过与他们的沟通，以色列人获得了大量优质和翔实的有关俄罗斯社会政治和经济的信息，这使美国情报机构非常嫉妒。俄罗斯领导人不得不在财经界和媒体上对以色列表示同情。

在一些国际问题上，特别是在打击恐怖主义方面，以色列似乎站在俄罗斯一边。如果不涉及以色列本身的利益或其地区政策，那么以色列的领导层至少不会激怒俄罗斯。在巴尔干地区，特别是在科索沃问题上，特拉维夫和莫斯科的立场接近。2008 年 8 月南奥塞梯发生冲突时，以色列人并没有效仿西方媒体的反俄罗斯路线，尽管此时格鲁吉亚的国防部部长大卫·科泽拉什维利（David Kezerashvili）是以色列人，格鲁吉亚军队中也有一些以色列武器。[①]

进一步说，我们应该注意到，在联合国举行克里米亚问题投票时，以色列代表的缺席可视为以色列对我国支持的高峰。但严格来说，当时是以色列外交部员工在罢工，所以特拉维夫没有参与投票。

稍后我们会谈谈伊朗核问题。

美国是以色列的首要战略伙伴和支持者，以色列与俄罗斯的合作水平无法与美国相比。但是，以色列与俄罗斯的关系具有一种自给自足的天然重要性。两国之间的文化联系非常广泛。俄罗斯最著名的戏剧和音乐团体访问以色列时，引起了广泛和强烈的反响。以色列有各种学习俄语和俄罗斯文化的友好社团和组织。由于东正教社区的兴起，俄罗斯成为重要的东正教圣地。

2008 年，用耶路撒冷帝国东正教巴勒斯坦协会资金修建的圣·塞尔吉乌斯·梅托基翁大教堂（St. Sergius Metochion）的土地和建筑物被归还俄罗斯。尽管由于一些以色列机构的抵制，谈判耗时很长。

笔者：在您担任大使期间，推动了圣·塞尔吉乌斯·梅托基翁大教堂的回归。还有任何有争议的财产吗？

---

① Аргументы недели. 04. 09. 2008 г.

P. V. 斯蒂格尼：1964 年，作为"橙子交易"的一部分，我们出售了 22 块"俄罗斯巴勒斯坦"土地。这是事实。

笔者：蠢行无法逆转。

P. V. 斯蒂格尼：错误已经铸就，那是在某些特定历史条件下形成的。这是一个长期的话题。"俄罗斯巴勒斯坦"是由天才和犯了很多错误的人共同造成的。第一次世界大战结束后，在英国托管期间，我们的债务已经达到 14 万卢布。然后债务继续增加。20 世纪 60 年代对我们来说是艰难的时刻，当时我们不得不卖土地换水果。①

1994 年 4 月 27 日，俄罗斯与以色列签署了经贸关系协定。双方相互给予最惠国待遇，并成立了联合委员会。合作范围广泛。从独联体和俄罗斯移民的许多工程师现在成了以色列公民，他们很容易与俄罗斯同行找到共同的语言和技术解决方案。俄罗斯的火箭也发射了一些以色列卫星。2010 年初，俄罗斯公司进入了以色列的地中海海上天然气生产项目。2013 年，莫斯米特罗斯特里（Mosmetrostroy）公司与以色列公司合作为特拉维夫到耶路撒冷的高速铁路支线建造了两条隧道。2010 年两国的贸易额超过 30 亿美元。

俄以关系中的一个新现象是军事领域的合作。20 世纪 90 年代中期已经签署了关于将以色列的经验和现代武器转移给俄罗斯用于反恐行动的协议。2003 年，在保护知识产权协议的框架内，以色列承诺让俄罗斯公司参与第三国的"俄制装备现代化"（实际上是军事装备）。

2010 年，俄罗斯与以色列签署了有史以来第一个长期的军事技术合作协议。俄罗斯开始根据以色列授权生产无人机。但在 2013 年为了国家安全的利益，除了特殊情况外，俄罗斯军工企业完全承担了全部生产任务，避免了依赖外国供应商，实现了所有武器国产化。并且，在向第三国出口武器方面，俄罗斯与以色列的合作仍在继续。

笔者：我们与以色列有着看似良好的关系。这基于什么？移民实际上已经很少。每年 30 亿美元的贸易额虽然可观，但增长空间有限。我们的公司希望开发海上天然气，但这也不能与伊拉克的石油潜力相比较。在政治上，我们经常激怒他们。

---

① 对斯蒂格尼的访谈（2014 年 9 月）。

P.V. 斯蒂格尼：我认为我们需要讨论和以色列关系中的其他一些具体问题。历史上我们的联系太紧密了。内塔尼亚胡曾经直言，如果没有俄罗斯侨民，以色列就不会存在。这是普遍接受的官方观点。从某种意义上说，我们可以说以色列对我们心存感激。他们记得 1948 年以色列老兵的口号——"没有 1945 年就没有 1948 年"。

笔者：没错，如果没有战胜纳粹德国，今天就不会有以色列了。

P.V. 斯蒂格尼：他们记得解放了奥斯威辛的人。在地中海沿岸的内坦亚（Netanya），以色列人完全用自己的资金在以色列自愿建造了唯一一座红军纪念碑。顺便说一下，它是为 2012 年普京访问而建的。有个真实的例子。在戈兰高地，我遇见了一位名叫亚沙的以色列人，他是一位来自维申斯卡娅（Veshenskaia）哥萨克村庄肖罗霍夫（Sholokhov）的私人医生的儿子。这个曾在阿富汗作战的老兵穿着水手衫和军装，头戴贝雷帽，这个典型的"苏联哥萨克犹太裔"开始在戈兰养殖鲟鱼，并制作优质的鱼子酱。我记得他告诉我肖罗霍夫的幽默流行语，并解释了纯正的尤什卡汤（yushka soup）是什么样的。我们与以色列关系的潜力在于这些人。

笔者：还有潜力吗？

P.V. 斯蒂格尼：这种潜力正在增长。

笔者：难道他们的孩子不会成为以色列美国人吗？

P.V. 斯蒂格尼：不，他们学习俄语。在家庭和学校的课程中学习。这是一种发展。在不同的领域。6 月 6 日是亚历山大·普希金的生日。我被邀请参加至少六项活动。当我到达某个省的镇上时，乡村俱乐部的舞台上身着晚礼服的演员正在演奏小提琴合奏。他们很好地诠释了柴可夫斯基的作品，你永远都听不够。俱乐部的墙壁上覆盖着照片壁纸，描绘了雪中的圣诞树。所以没有统一的标准！当你和知识分子坐在一起时，当他们在雪地里看到一棵圣诞树时，他们会责骂所有人和所有的事儿并开始哭泣。他们的青春是一样的。这里的犹太人有近 150 名是荣获过苏联英雄称号的。你能想象他们每个人的名字都刻在纪念碑上吗？每一个人。我们到了基布兹，那里有一个老年妇女合唱团开始唱歌。我觉得这些是我们的歌曲：《蓝色围巾》《道路》。我说："这是我们的歌。"一位老太太对我说："不，这些是我们的歌，我们首先把它们翻译成希伯来文，然后在 1948 年为这些歌而战。"我正在谈论那些超出政治科学家视野的东西。这是构成我们关系的"沙拉"。

笔者：与以色列的特殊关系会持续很久吗？

P.V. 斯蒂格尼：现代以色列主要是俄罗斯文化的产物，或者说是俄罗斯文化和犹太文化两种文化的产物。这个神秘的斯拉夫灵魂与犹太人同样神秘的灵魂并存。一种新的形式出现了。我不是说以色列正在被"俄罗斯化"，顺便说一句，他们非常尊重俄语和俄罗斯文化。与我们的乌克兰兄弟相比，没有自卑感。一个熔炉正在工作，但没有人在操纵这个过程，这很自然。有些融合在另一种文化中，但并不排斥俄罗斯的根源。此外，一些人为俄罗斯感到自豪。①

雷区

在击败萨达姆的伊拉克之后，美国采取措施阻止其武装部队的复兴，特别是摧毁其生产大规模杀伤性武器的能力。所有联合国安理会成员都同意这一点。安理会通过的国际制裁禁止伊拉克进口武器并限制其石油销售量和被带入伊拉克的货物清单。1991年4月3日安理会第687号决议要求彻底拆除伊拉克的核武器、细菌武器和化学武器以及远程导弹设施。在实现所有这些目标之前，所有经济制裁都应保持到位。联合国特别委员会核查人员观察了1991年至1998年伊拉克解除武装的情况。在他们的监督下，销毁了伊拉克生产的化学和生物武器以及导弹和工厂内的库存。原子能机构委员会与联合国特派团一道，摧毁了可用于生产核武器和裂变材料的所有基础设施。

联合国安理会制订的石油换食品计划允许伊拉克进口用于人道主义目的的产品。1995年，可进口产品范围扩大了；1999年，允许其出口更多的石油。虽然禁止进口武器绝对有效，但是，石油却以最大的折扣价偷运到土耳其和约旦，或与伊朗石油混合并作为伊朗产品出口。

伊拉克没有人挨饿，但是，进口限制，例如对药物进口的限制，影响了人口增长并导致婴儿死亡率上升。

作为消除大规模杀伤性武器和导弹生产的交换条件，伊拉克领导层寻求

---

① 对斯蒂格尼的访谈（2014年9月）。

放宽或取消制裁。伊拉克与联合国特别委员会的关系立即变得对抗起来。检察官要求进入伊拉克境内的任何设施，包括军事基地和总统府。萨达姆·侯赛因认为这些要求不仅是对他个人的侮辱，而且他坚定地认为联合国委员会中有英国和美国的情报官员正在收集未来打击伊拉克的情报。联合国特别委员会负责人理查德·巴特勒，一个澳大利亚人，事实上执行了华盛顿制定的任务。

华盛顿希望萨达姆·侯赛因在科威特冒险事件的失败以及对其制裁的严重后果，会增强和激励伊拉克国内反对派的力量，并使复兴党政权垮台。这将改变整个中东的政治架构，使之朝着美国希望的正确的方向发展，同时也可以控制伊拉克的石油。然而，复兴党政权幸免于难，政权本身暂时保持稳定。拔河比赛开始了。多年来，美国军事胜利的形象开始变得黯淡。伊拉克力量的削弱意味着伊朗在该地区的影响力增长，这引发了对于华盛顿政策有效性的许多质疑。

萨达姆·侯赛因试图恢复他在国内的声望，并通过实施对美国的挑衅行为来削弱制裁的影响。1994年，他将伊拉克军队的精英部队推进到科威特边境，希望通过军事示威取消或减轻制裁。这给了美国展示谁是该地区主要力量的机会，并借此"惩罚"伊拉克。

当第二次科威特危机成为真正的危险时，俄罗斯外长科济列夫访问了巴格达。他敦促伊拉克领导人撤回驻扎在科威特边境的部队，并承认该国的独立。安理会通过了第949号决议，重申俄罗斯和伊拉克联合公报中的一些俄罗斯和伊拉克措辞："伊拉克承认联合国安理会第833号决议，并愿意积极解决科威特主权及其边界的问题。"[①] 总的来说，俄罗斯在中国和法国的支持下，试图缓和对伊拉克的制裁。但是，美国顽固坚持立场。

科济列夫在评论他的行为时说："从一开始我们就表示，对于这个问题的军事解决方案应该只被视为当其演变成波斯湾战争时的最后手段，我们反对军事手段，并提倡用政治手段。这是我代表俄罗斯总统访问该地区的意义。"他立即对美国做出了妥协，这只是"误解了局势"。[②]

美国对其忠实的伙伴科济列夫并不满意，因为他的行为限制了攻打伊拉克的时间选择和能用的借口。但沙特阿拉伯和阿拉伯联合酋长国支持俄罗斯的

---

① Цит. по: Олимпиев А. Ю., Хазанов А. М. Международные проблемы Ближнего Востока, 1960-е—2013. М.: ЮНИТИ-ДАНА, 2013. С. 104.
② Там же. С. 151—152.

倡议。

值得注意的是，科济列夫的行为在国内引起了激烈的争论。一些媒体对此表示认可，而另一些主要是亲西方的媒体却对此进行谴责。例如，《莫斯科共青团报》（*Moskovsky Komsomolets*）写道："莫斯科再一次剥夺了华盛顿对敌人实施有效军事打击的权力，而俄罗斯的'外交胜利'再次成为新鲜事物。政治成果值得怀疑。"①

国家杜马国际事务委员会主席弗拉基米尔·卢金（Vladimir Lukin），曾任新"民主"俄罗斯驻华盛顿大使，以及前持不同政见者和"亲西方民主主义者"，则对科济列夫提出批评："我们再一次梦想着维护世界的桂冠，别人毁坏我们的家园是由于其对窗户装饰的热情，即'波将金村'综合征。结果，我们破坏了我们必须格外谨慎对待的与美国政府的工作关系。斯摩棱斯克广场的目的是激怒最强大和最富有的国家，这一目的达到了。"②

另一场与联合国特别委员会的关系危机爆发于1997年。那时，普里马科夫是外交部部长，他断定美国人需要为自己新的军事打击寻找借口。萨达姆·侯赛因要求美国检察官立即离开伊拉克。为了向萨达姆·侯赛因表明情况的严重性，俄罗斯支持安理会一致通过谴责伊拉克的决议。

此外，叶利钦11月17日致电萨达姆·侯赛因："我们正在尽全力阻止对伊拉克的打击，今天10点我再次与克林顿总统通过电话谈到此事……我要求你，不仅要公开确认伊拉克不仅不会拒绝与特别委员会合作，而且还会让它的观察员返回伊拉克并继续他们的正常工作，这当然意味着他们会有同样的回报……我请你们认真对待我的信息。"③ 在协商之后，塔里克·阿齐兹（1979～2003年任伊拉克副总理）飞往莫斯科。会谈于11月17日至19日举行。特别委员会于11月20日返回伊拉克。冲突在俄罗斯的调解下得以解决。但第二年又爆发了新冲突，导致美国发动了对伊拉克的军事打击。

俄罗斯认为，如果已经证实伊拉克彻底消除了生产大规模杀伤性武器的可能性，就必须相应地减少或放松一系列制裁。法国和中国支持这一立场。但

---

① Цит. по: *Олимпиев А. Ю.*, *Хазанов А. М.* Международные проблемы Ближнего Востока, 1960 – e—2013. М. : ЮНИТИ – ДАНА, 2013. С. 152.

② Там же. С. 153.

③ *Примаков Е. М.* Конфиденциально: Ближний Восток на сцене и за кулисами（вторая половина XX—начало XXI века）. 2 - е изд., доп. и перераб. М. : Российская газета, 2012. С. 326.

是，美国和英国认为，只有在销毁所有大规模杀伤性武器和导弹的情况下才能废除或放松制裁。

萨达姆·侯赛因的挑衅行为给美国和英国对伊拉克施加军事和政治压力提供了新的依据。

作为回报，伊拉克人为俄罗斯食品出口公司和非军事物资出口公司提供了大量的机会。而这对俄罗斯的经济影响是非常有限的，颇具讽刺意味的是，因为俄罗斯本身无法生产许多出口商品，"俄罗斯公司"只是充当了其他国家出口公司的中介机构。

伊拉克政府与俄罗斯公司签署了开发西古尔纳油田的合同。但它的生效取决于制裁的完全取消。与此同时，俄罗斯的外交并未考虑美国的军事热情和萨达姆·侯赛因对美国的挑衅行为。

联合国特别委员会于1998年几乎停止了工作。2000~2002年，伊拉克不允许联合国核查人员进入该国，并要求取消经济制裁。

有特权的贸易伙伴 ①

20世纪90年代，除了以色列之外，俄罗斯与中东其他国家的经济合作迅速下降。在此期间，只有土耳其脱颖而出。双方相信彼此经济的互补性，两国官方贸易额达到50亿美元，还有大量的"手提箱"贸易。据估计，2000年俄罗斯小批量进口的土耳其消费品总额上升至50亿美元，这为成千上万的俄罗斯和土耳其商人提供了收入。俄罗斯游客也很快熟悉了土耳其的度假胜地，到20世纪90年代末，到土耳其的俄罗斯游客数量急剧增长，并在2000年后进一步增加。土耳其承包公司在俄罗斯承包工程的规模和种类也日益扩大。

俄罗斯作为一个能源盈余国家，俄土两国间重要的合作项目为土耳其不断增长的经济发展提供了能源。

20世纪90年代两国建立了在经济和政治领域合作的法律基础。

1992年5月，俄罗斯联邦政府和土耳其政府签署了《关于建立政府间经贸合作委员会的协定》。几天后，签署了《关于俄罗斯联邦与土耳其共和国关

---

① 这部分使用了霍杜诺夫搜集的资料。

系的基本原则条约》。双方确定维持和加强历史上的睦邻友好关系，促进地区稳定。

1994年4月，两国签署了《军事技术和国防工业合作协议》。双方同意在一些重要领域进行军事技术合作，包括训练。俄罗斯同意向土耳其提供直升机。

随后两国签署了《文化科学合作协议》《旅游合作协议》《海关事务协议》。

1997年12月俄罗斯总理维克多·切尔诺梅尔金（Viktor Chernomyrdin）访问安卡拉期间，双方共签署了七项政府间协定、协议和草案，其中包括《关于避免所得税双重征税协议》《双边投资保护协定》《能源领域合作协议》等。

毫无疑问，最为关键的协议是《关于向土耳其黑海沿岸输送俄罗斯天然气的协议》。双方确定了俄罗斯同意供应的天然气数量和土耳其购买的天然气数量。该数量将从2000年的0.5亿立方米逐渐增加，到2007年增长至16亿立方米并一直持续到2025年。双方还同意建造一条连接两国的天然气管道，俄罗斯负责其领土段和黑海海底段的建造，土耳其负责其领土段的建造。1999年11月，双方确定了天然气管道"蓝溪"（Blue Stream）的线路——从俄罗斯的伊扎比尔诺耶（Izobilnoye）村到土耳其的萨姆松。

2000年4月，双方签署了《关于保护黑海海域合作的协定》。

俄罗斯与土耳其的关系发展并不平衡。政治分歧经常与经济逻辑相冲突。分歧之一就是巴库—第比利斯—杰伊汉输油管道，这是美国和西欧呼吁建设的。土耳其支持建设这条管道并希望获得更多的影响力和收益。该管道旨在绕过俄罗斯，由里海地区直接供应石油。这是一条政治化的管道，从未达到规定的能力。

笔者： 我们对巴库—第比利斯—杰伊汉输油管道的立场是否有所改变？管道在实施还是仍然是只"白象"？

P.V. 斯蒂格尼： 这是一条"政治管道"。众所周知，这条管道已经建了三分之一。从短期来看，除非与土库曼斯坦的管道连接，否则一切都是老样子。阿塞拜疆的石油储量比当时宣称的要少许多。但是，我们在21世纪初对"管道外交"的争辩似乎从来都不合乎逻辑。卢克石油从一开始就在国际石油公司中占有一席之地，它有 7.5% 的股份。而当美国人开始运营连接东西部的石油和天然气管道时，我们撤回了卢克石油公司，而不是选择在那儿站稳脚跟。这是一个错误。①

还有许多其他的不同意见和激怒双方的观点。莫斯科谴责土耳其对伊拉克北部库尔德工人党基地的入侵，导致土耳其库尔德人与中央政府的武装对抗。我们不喜欢安卡拉和特拉维夫之间的紧密合作。安卡拉也对俄罗斯打算向塞浦路斯出售 S-300 导弹感到恼火。莫斯科和安卡拉对波斯尼亚和科索沃的立场也不同。

安卡拉在亚美尼亚和阿塞拜疆冲突中站在巴库一边。莫斯科呼吁采取政治解决方案，仿佛采取了一种客观主义立场，土耳其人将其解释为"偏袒亚美尼亚"。实际上，俄罗斯和亚美尼亚之间的合作是增强了。

俄土关系也受到土耳其针对中亚国家反俄行动和对车臣事件过度反应的不良影响。

笔者：德米雷尔执政时期（1991~1992 年任总理，1993~2000 年任总统），出现了泛突厥主义的野心，"我们将成为从俄罗斯分裂出来的突厥人的领导（土耳其语中土耳其人和突厥人之间没有区别）"。土耳其人开始在中亚投资学校和大学，邀请企业家到土耳其访问。他们试图在中亚进行投资。但随着时间的推移，事实证明这个空间太大了。这件事慢慢平静了下来。然而，与俄罗斯的关系则相反，投资越来越多。为什么不同政治倾向的土耳其人普遍对突厥人都有这样的认识？为什么会出现对俄罗斯的某种善意？如何解释土耳其的这些波动？

P.V. 斯蒂格尼：1991 年苏联解体后，土耳其人一时还无法理解发生了什么。苏联是表面上崩溃了，还是实际上崩溃了呢？他们不了解我们与中亚——当时的中亚以及我们与东欧和今天的中欧的关系。他们不知道这种关系是否会持久。因此，在德米雷尔和他的"新东方政策"（Ostpolitik）指导下，他们的反应是为了填补真空尽最大可能开展宣传。但这很快就过去了。

他们没想到中亚和高加索地区的一切会如此迅速地崩溃。对他们来说，中亚和高加索问题是苏联内部制度问题只是苏联时期的陈词滥调。他们没想

---

① 对斯蒂格尼的访谈（2015 年 3 月）。

到，当纪律的磁场（包括党纪）被废止时，一切都会坍塌。当然有西方的幻想和一些民族主义情绪，这些幻想扭曲了现实。总的来说，他们意识到在中亚不会取得成功。土耳其人只是在经济合作方面取得了积极成果。一旦踏进中亚和高加索地区，他们突然发现重要的事情就是尽快攫取资源。土耳其人和我们一样，没有准备好面对这样一个事实，即这些国家是直接跳入资本主义或社会主义的，同时，他们也会再跳回去，回到部落时期或封建主义时期，并且会感觉良好。至少在心理层面。土耳其人一直被钳制着，在格鲁吉亚如此，在中亚也如此。

土耳其人来找我并抱怨。的确，我们和土耳其人也相互钳制。例如，就拿雷姆斯托（Ramstor）连锁超市来说。土耳其人创建了22家连锁百货公司，有些是开在自建的建筑物里，有些是租用的场地。然后，有一天租金上涨了3倍。他们跑来找我……我在他们的要求下写道，一切都进入了黑洞。但是，奇怪的是，在我们国家秩序建立得更快。我们的"资本家"对土耳其人理解得非常到位，土耳其人总在你需要的东西上抹上棕榈油，就像我们做的那样。

笔者： 土耳其难道没有足够的经济基础来增强其在中亚的作用？

P. V. 斯蒂格尼： 这种关系没有稳定性，但是在文化领域仍然存在一些联系。

笔者： 土耳其人没能实现他们宏大的中亚计划。但他们对包括北高加索在内的高加索人的态度如何？毕竟，在车臣战争期间，土耳其的车臣社团非常积极地反对俄罗斯，而土耳其政府对此视而不见。

P. V. 斯蒂格尼： 当然，这一切都已经发生了……问题不仅始于车臣战争，而且与格鲁吉亚、乌克兰、乌兹别克斯坦、阿塞拜疆和摩尔多瓦的亲美"联盟"（古阿姆）有关。美国人试图用这种形式在后苏联空间建立赞成"改革"和"民主"的国家。土耳其人最初支持这个想法，但古阿姆流产了。高加索地区是一个特例。土耳其境内有700万包括格鲁吉亚人在内的高加索移民后裔。

笔者： 他们往往认为自己是土耳其人，但不要忘记他们的根。

P. V. 斯蒂格尼： 他们在车臣建立了通往土耳其亲戚的路径，他们在过去的一个世纪曾在那里居住过。车臣人在土耳其学习和接受治疗。那里也是伊斯坦布尔附近的无国籍人士营地。埃尔多安执政后，土耳其人改变了态度。他认为车臣"不是我们（即不是土耳其人）的问题"。他带来了自己的议程。这已经是 21 世纪了。①

但在 20 世纪 90 年代，两个国家的合作领域不断扩大。1998 年 5 月，土耳其总参谋长伊斯梅尔·卡拉代将军访问莫斯科，双方就军事合作达成了协议，包括训练、联合演习和购买一些军事装备。② 对于北约成员来说，这是一个惊人的举动。

如果我们评价两国在 20 世纪 90 年代双边关系的本质，可以简单地概括为：扩大相互合作的范围，缩小分歧或忽视分歧。

这为 21 世纪两国合作的迅速增强提供了前提条件。

艰难前行③

新俄罗斯不再被伊朗称为"第二个大撒旦"。双边关系的加强始于苏联时期，1989 年 6 月，拉夫桑贾尼议长在访问苏联时，双方签署了《双边关系与军事合作原则的宣言》，然后签署了一系列关于宣言的详细方案。

新形势下，两国之间存在着许多联系和共同利益，尽管仍存在一些分歧。伊朗领导人由于对伊朗多民族团结问题的担心，采取不支持车臣分离主义分子的政策。德黑兰并没有忘记，例如，伊朗的阿塞拜疆人的数量比新独立的阿塞拜疆人口还要多 2 倍，而库尔德人或俾路支人可以重申他们的民族愿望。然而，在评论车臣事件时，伊朗人向俄罗斯表达了善意。在亚美尼亚与阿塞拜疆的冲突中，德黑兰强烈支持亚美尼亚，该目标客观上有助于俄罗斯的立场，俄罗斯的立场是中立的，旨在达成政治解决。

两国在阿富汗反对塔利班，支持北方的塔吉克斯坦和乌兹别克斯坦反对塔利班，直到 1998 年 8 月塔利班攻占了马扎里沙里夫、其所占领土已与乌兹别克斯坦和塔吉克斯坦接壤时为止。双方努力促进在伊斯兰武装反对派和塔吉

---

① 对斯蒂格尼的访谈（2015 年 3 月）。
② The Middle East, Russia and the New States, a monthly report, June 1998, European Press Agency, Brussels.
③ 这部分材料由菲林、拉万迪 - 法代、霍杜诺夫搜集。

克斯坦世俗政府之间达成妥协。莫斯科知道，负责与独联体伊斯兰国家关系的伊朗革命卫队在财政和军事上帮助塔吉克斯坦的伊斯兰主义者（尽管他们是逊尼派）。塔吉克斯坦反对派的武装人员在伊朗基地接受了训练，他们的总部设在伊朗。但双方都有保持塔吉克斯坦局势稳定的愿望，莫斯科和德黑兰的努力取得了成功。

在一段时间内，双方的利益与里海的石油和天然气资源相吻合。首先，莫斯科和德黑兰联合声明，1982 年的《联合国海洋法公约》不适用于封闭的里海。考虑到哈萨克斯坦、阿塞拜疆和土库曼斯坦三个沿里海国家可能提出新的诉求，双方将苏联时期莫斯科和德黑兰分别于 1921 年和 1940 年签署的条约内容作为划分里海水域及其资源的法律依据。20 世纪 90 年代初，新独立的三个国家希望利用该公约绕开莫斯科和德黑兰对里海进行划分。1998 年 7 月 6 日，俄罗斯与哈萨克斯坦签署关于划分里海资源的协定，在莫斯科与德黑兰之间造成一定程度的紧张。但它创造了一个既成事实，并在俄罗斯和阿塞拜疆的关系中开创了先例。

2001 年 3 月，伊朗总统穆罕默德·哈塔米正式访问俄罗斯，双方签署了关于里海法律地位的联合声明，其中重申了 1921 年和 1940 年协议的权力。双方还表示："直到里海的法律制度实现现代化，这条海上的界限才会得到承认。"哈塔米说，伊朗只会同意按照里海沿岸国家的数目将海洋分成五个部分。在这份联合声明中，双方反对任何跨越里海的油气管道建设。[1]

20 世纪 90 年代，俄罗斯与伊朗的双边贸易迅速增长。虽然比俄罗斯和土耳其的贸易量小，但其潜力很大，而且非常显著。根据苏联和伊朗之间的旧协议，俄罗斯同意向里海以外的邻国提供米格 - 29 和苏 - 24 型飞机（交付费用不包括在营业额中）。

但是，考虑到美国的立场，俄罗斯与伊朗在军事领域的合作表现得非常谨慎。1995 年，美国副总统戈尔与俄罗斯总理切尔诺梅尔金达成协议。俄罗斯承诺不与伊朗缔结新的武器合同，但保留执行苏联时期合同的权利。

1998 年 2 月伊朗外交部部长卡迈勒·哈拉齐访问俄罗斯时，俄外交部部长伊万诺夫·普里马科夫说，尽管他会执行旧合同，但俄罗斯不会讨论向伊

---

① См.: *Дунаева Е. В.* Новые повороты каспийской дипломатии（об измении позиций каспийских государств по вопросу правового статуса Каспийского моря）. *Ближний Восток и современность*: Сб. статей. Вып. 11. М., 2000. С. 87.

朗交付新式武器。俄罗斯对伊朗要求购买俄罗斯承诺向塞浦路斯提供的 S－300 地对空导弹系统也没有做出回应。

1995 年 1 月，经过几年的谈判并签订了几项初步协议后，俄罗斯与伊朗签署了在布什尔建造核电站的合同，其容量为 1000 兆瓦，耗资 12 亿美元。形式上，这是西门子公司废弃的原建设项目的延续。电站的一些设施已被伊拉克的轰炸摧毁。事实上，这是一个新项目。该合同于 1996 年 1 月生效。

美国试图通过外交和商业渠道破坏此项协议。

莫斯科对美国批评俄罗斯参与伊朗和平利用核能的计划表示惊讶。"确实，我们正在帮助伊朗人在布什尔建造一座核电站，"波索瓦力尤克（Posova-lyuk）在接受格雷什采访时说，"但是这项工程是在国际原子能机构（IAEA）的严格监督下进行的，我们将遵守所有的国际义务。"①

20 世纪 90 年代，两国签署了一系列协议，包括《民事和刑事司法协助协议》《市场经济合作协议》《经贸合作协议》《避免双重征税协议》等。2000 年 9 月 11 日，俄罗斯、印度和伊朗签署了关于南北国际运输走廊的协议，该走廊的建设是为从欧洲运往波斯湾和印度洋的货物提供运输通道。

2001 年 3 月 12 日，在哈塔米总统访问期间，两国签署了《俄罗斯联邦与伊朗伊斯兰共和国关系原则和合作原则协定》，其中规定了在政治、贸易、技术、经济、科学和文化领域建立长期双边关系的法律基础。

两国承诺在相互关系中不使用武力或威胁，不得利用其领土进行针对对方国家的侵略、颠覆和分裂活动。如果其中一国遭到任何第三国的侵略，另一个国家将不得向侵略者提供任何有利于继续侵略的军事或其他援助，并鼓励依据联合国宪章和国际法来解决冲突。②

俄罗斯外交和俄罗斯领导层一再表示，绝不希望看到在其边界出现另一个拥有大规模杀伤性武器的国家。俄罗斯在建立伊朗导弹计划方面没有提供任何援助，尽管有可能在政府控制之外发生了一些非法交易。1997 年 11 月，一名试图获得导弹技术的伊朗公民被俄罗斯驱逐出境。

1998 年 5 月，莫斯科加强了对所有核技术和导弹技术领域公司的出口管

---

① *Alain Gresh*. Op. cit. P. 72.

② Договор об основах взаимоотношений и принципах сотрудничества между Российской Федерацией и Исламской Республикой Иран. 12.03.2001. Действует//http：//www. mid. ru/bdomp/spd_ md. nsf/0/ A3B11AE8762B343257E75004897F4.

制。叶利钦总统的一位正式代表说："核武器和其他大规模杀伤性武器及其生产技术和运载工具的扩散，特别是与俄罗斯接壤或靠近的国家，都被认为是对俄罗斯安全的严重威胁。"①

尽管叶利钦发表了声明，但美国国会两院都通过了制裁这些公司的议案，说是有"可靠的证据"表明它们对伊朗的导弹计划提供了帮助。虽然这个决定被克林顿总统否决了，但总统同意国会对9家涉嫌对伊朗导弹计划提供帮助的俄罗斯公司和机构实施制裁。莫斯科宣布将仔细审查这些公司的活动。

在"被诅咒的90年代"，俄罗斯庞大的导弹工业内部有些人可能试图协助伊朗。但是这种违法行为得到了有效的控制。

自1997年5月相对温和的穆罕默德·哈塔米当选伊朗总统以来，克林顿政府对伊朗"变得更加友好"。1998年5月，华盛顿停止对道达尔（法国）、俄罗斯天然气工业股份公司和马来西亚国家石油公司采取法律行动，这些公司已与伊朗签署关于开发大型天然气田的协议。这表明美国人放弃了对伊朗的强硬立场。

莫斯科认为美国和伊朗之间的关系缓和既具有讽刺意味又令人忧虑。具有讽刺意味的是两国之间的旧账未了就宣布缓和关系，而伊朗与美国广泛的经济合作又使俄罗斯担心自己会被边缘化。

但是，当2005年强硬派内贾德当选伊朗总统后，伊朗与美国关系的正常化延缓了许多年。

理想的合作伙伴②

20世纪70年代，两个冷战时期的盟友苏联/俄罗斯和埃及发现彼此处于对立面，到20世纪90年代才逐渐接近对方。这似乎是由戈尔巴乔夫转而与美国合作和冷战结束推动的。苏联/俄罗斯和埃及的国家利益并没有相互矛盾，但是不管怎样，对苏联/俄罗斯和埃及的相互关系和经济困境进行"重新格式化"的复杂性，使两国实现睦邻友好状态的过程非常缓慢。因此，穆巴拉克

---

① International Herald Tribune 15. 05. 1998.

② Главка сделана на основе рукописи М. Л. Богданова 《Трансформация отношений между Россией и Египтом（1991—2011）》, диссертация на соискание ученой степени кандидата исторических наук.

总统 1990 年对莫斯科的访问变得毫无意义，他与戈尔巴乔夫的会谈实际上也没有取得任何成果。

埃及的外交政策和经济利益倾向于西方和美国。该国在 1990～1991 年加入反萨达姆联盟并获得可观的回报。西方国家取消了埃及将近 500 亿美元的债务，其中包括军事债务。

"重启"莫斯科和开罗双边关系失败的原因是两国贸易和经济关系日渐衰退，两国贸易量迅速下降，从 1980 年底的 12 亿美元减少到 1991 年的 3.5 亿美元。到苏联解体时，苏联参与埃及社会经济的项目建设已经停止。①

埃及仍然处于中东和北非政治生活的中心，客观上保留了对俄罗斯的战略重要性，但俄罗斯领导人暂时对埃及失去了兴趣。

20 世纪 90 年代初期，俄罗斯与阿拉伯国家的关系，尤其是与埃及关系的降温尤为明显。这种关系的相对短暂性和衰退在很大程度上是由其基本性质决定的。苏联和阿拉伯国家，尤其是与埃及之间建立的人道主义的文化和经济关系开始于 20 世纪 50 年代中期。

虽然商业关系并未完全结束，但只是零星的合作。例如，1992 年 11 月，埃及能源部和俄罗斯技术产品出口公司（Technopromexport）签订了两份合同，即阿斯旺水电站的若干项目的现代化改造和 130 公里高压输电线建设，合同金额为 3800 万美元。②

政治交往也仍在继续，虽然在过去的几年中，它们经历了严重的损害，但由于双方客观上存在建立合作伙伴关系的兴趣和积极性，恢复双边关系就相对容易。

20 世纪 90 年代中期，双方有一些代表团互动。这些都是双方精心准备的，标志着在政治和经济领域恢复双边关系及其法律基础的愿望。解决埃及对苏联的债务问题以及从 20 世纪 70 年代到 80 年代积压的问题也非常必要。1994 年底，俄罗斯副总理 O. D. 达维多夫在开罗签署了一揽子重要文件——经济技术合作协议、能源部门合作协议以及就解决相互债务达成的"零选择"协议。签署的文件规定，俄罗斯参与建设和重建一些埃及工业设施，特别是

---

① *Россия* на Ближнем Востоке и в Северной Африке в эпоху глобализации. М.，2011. ПМЛ ИАфРАН. С. 74.

② *Российско - египетские* отношения. Экономика//Африка. Энциклопедия. М.：ООО Издательство《Энциклопедия》. 2011. С. 814—818.

赫勒万（Helwan）钢铁厂、铁合金厂和磷酸盐矿开采。1995 年 2 月，埃及国际合作国务大臣优素福·布特罗斯·加利访问了莫斯科（他的叔叔布特罗斯·布特罗斯·加利在苏联的支持下于 1990 年当选为联合国秘书长），他继续与欧洲联盟谈判。在 1995 年 3 月达维多夫访问开罗期间，胡斯尼·穆巴拉克总统接见了俄罗斯外交部部长 A. V. 科济列夫。他们讨论了影响俄罗斯和埃及利益的关键问题——中东和平进程和双边关系。

政治和经济合作逐渐恢复之后，双方开始尝试恢复军事技术合作。1996 年 7 月，俄罗斯国防部第一副部长 A. A. 科科申访问了开罗，然后访问了苏联技术援助建造的亚历山大海军基地。

1996 年 3 月，开罗主持召开 "俄罗斯和阿拉伯世界：商业合作的前景" 会议，俄罗斯代表团由成立于 1993 年的对外经济关系部副部长 V. P. 卡莱斯廷（Karastin）率领，参加了大会。代表团成员包括 120 名俄罗斯商人，并且大部分来自莫斯科地区。埃及代表团由埃及供应和内贸部部长阿梅德·阿古埃利（Ahmed Al－Goueli）率领，包括数百名当地企业家。会议直接由总统胡斯尼·穆巴拉克和总理卡迈勒·詹祖里主持。笔者是会议的组织者，会议对消除阻碍并且建立商业伙伴关系机制，包括贷款事务、保险、运输和其他重要议题进行了制度设计。

这些年里，俄罗斯旅游业成为与 "金字塔所在地" 合作的新渠道。1995 年，有 11.1 万名俄罗斯游客访问了埃及。[①]当然，与二十年后的数据相比，这不算什么，但在当时，这是个令人鼓舞的开始。

1996 年，随着经贸关系的发展，政治关系更加紧密。1996 年 4 月，俄罗斯外交部部长 Y. M. 普里马科夫在他的中东之行中访问了开罗。他说："我对中东的访问，是渴望加强和促进俄罗斯在中东和平进程中的作用，我们向埃及保证，俄罗斯会继续一项旨在延续以往所有决定的政策，并会尽一切努力……按照协调一致的方法并贯彻到底。"[②]

俄罗斯和埃及之间的文化和精神联系从未停止。其中一个例子是开罗著名的爱资哈尔伊斯兰大学学术委员会决定批准由俄罗斯阿拉伯人瓦勒利亚·普罗柯洛瓦（Valeria Prokhorova）翻译《古兰经》。爱资哈尔大学的专家在谈到

---

① См. : Пульс планеты. 20. 11. 1996 г.
② ИТАР－ТАСС. 31. 10. 1996 г.

新的《古兰经》俄文译本时说："这是圣书的第一本标准的俄文译本。"① 在 V. 普罗柯洛瓦之前，《古兰经》曾两次被翻译成俄文，一次是在 19 世纪，由俄罗斯东方主义者戈迪·萨布鲁科夫翻译，另一次是在 20 世纪，由著名的苏联东方主义者伊格蒂·克拉奇科夫斯基翻译。

1996 年 9 月，俄罗斯驻埃及大使 V. V. 古德夫向俄罗斯档案馆捐赠了 1958~1970 年间埃及与苏联关系的 16 份文件，以及总统阿卜杜勒·纳赛尔在阿赫莱姆（Al - Ahram）中心的战略和政治调研活动的资料。②

埃及媒体评论莫斯科大剧院在开罗的演出时说："2000 年的戏剧节再次证明了，俄罗斯人是世界芭蕾舞的黄金这一不可否认的事实。"③

传统上，教育领域在双边合作框架内占有特殊地位，主要是职业教育领域。2001 年初，埃及首都举办了"俄罗斯高等教育"研讨会。由俄罗斯教育部部长菲利波夫率领的一批俄罗斯大学校长参加了此次活动。

1997 年，俄罗斯与埃及合作的新机遇已经成熟，埃及总统穆巴拉克访问了俄罗斯。谈判结束后，双方签署了大批文件，其中包括《关于避免双重征税协议》《鼓励和保护投资协议》《海上运输合作协议》《民事、商业和家庭事务中司法协助和司法关系协议》《预防自然灾害和紧急情况合作备忘录》《俄罗斯—埃及经济和科技合作委员会第一次会议议定书》。

英文《阿赫勒姆周刊》写道："穆巴拉克到莫斯科，不仅希望把双边经济关系提高到一个新的水平，也希望俄罗斯明白，俄罗斯应该作为中东和平进程中负责任的共同参与者，并警告说，如果莫斯科继续忽略与阿拉伯世界的关系，后者反过来会逐渐忘记俄罗斯。"④

"埃及人仍然记得苏联向埃及提供的援助，他们建造了阿斯旺大坝、赫尔旺钢铁厂和在哈马迪村（Nag Hammadi）的一座铝合金厂等大型工业项目，"有影响力的英语杂志《埃及人公报》报道说，"现在，在彻底消除了意识形态障碍并且开始经济政治变革的环境下，两国有必要在新的基础上建立双边

---

① Пульс планеты. 12. 09. 1996 г.

② ИТАР - ТАСС. 16. 09. 1996 г.

③ Пульс планеты. 03. 08. 2000 г.

④ Пульс планеты. 24. 09. 1997；The Jamestown Foundation. September 11, 1997. Egyptian President to visit Moscow；www. egypt. mid. ru/arab/hist/Index. html.

关系。"①

政治对话获得了永久保密性——这是采取负责任态度增强双边关系的重要指标。20 世纪 90 年代后半期，双边政府间协定得以延续，这有助于扩大贸易。埃及支持俄罗斯加入世贸组织。

俄罗斯外长 I. S. 伊万诺夫于 2001 年访问了开罗。在与埃及总统的会谈中，伊万诺夫称埃及的立场是"经过考验的，也是绝对正确的"，目的是实现该地区的公正和永久和平。俄罗斯外长指出，俄罗斯支持《埃及—约旦和平倡议》以及以乔治·米切尔为首的国际委员会的报告。伊万诺夫说："我们相信，上述两个文件如果得到执行，将会改变这种状况，如果一国对和平谈判进行垄断将会使局势陷入死胡同，俄罗斯应该发挥更积极的作用……"②

2002 年 5 月，埃及外交部部长艾哈迈德·马赫访问了俄罗斯。莫斯科会谈的主要议题之一是建立贸易和经济关系，因其数量"既不能满足莫斯科也不能满足开罗的需要"。当然，还讨论了传统议题中东和平进程，主要是如何通过政治和外交手段解决该地区的巴以问题，以及伊拉克、黎巴嫩和苏丹等问题。

自 20 世纪 90 年代中期以来，俄罗斯与阿拉伯伊斯兰世界之间，特别是与埃及的政治对话中一个特殊的焦点就是强调北高加索问题，重点是车臣问题。

开罗在车臣问题上持"积极中立态度"立场。归根结底，鉴于埃及在伊斯兰世界的国际地位，一方面，开罗有与俄罗斯发展友好关系的愿望，另一方面，埃及领导层试图促使解决"高加索结"（Caucasian Knot）。开罗主张和平政治解决积累的问题，这将有利于高加索人民的利益最大化，同时承认车臣冲突是俄罗斯的内部事务。虽然当地媒体在评估北高加索事件时保持沉默，但他们报道了从西方国家收集的信息，这些信息对埃及穆斯林反俄情绪的增长产生影响。

在 20 世纪 90 年代，俄罗斯与埃及的关系经历了两个演变阶段，从 90 年

① *Российско - африканские отношения. История//Африка. Энциклопедия. М.: ООО Издательство《Энциклопедия》. 2011. С. 125—127.*

② www. mid. ru/bdomp/dip - vest. nsf/99b2ddc4f717c733c325678700 42ee43/b954a8e/; ИТАР - ТАСС. 31 мая 2001 г.

代初的"停滞"到复兴。通过莫斯科和开罗的共同努力，克服了双边关系的衰落并消除了重新合作的阻碍，顺应了世界全球化的现实。自20世纪90年代中期以来，一个更加安全的经济和政治环境开始形成，这对双方来讲都是急迫的。

到21世纪初，国际和地区议程已成为两国关系的核心内容。一致的观点促使双方加深合作。但俄罗斯的经济衰弱，埃及依赖美国援助以及与西方的经贸关系决定了其外交政策。埃及是俄罗斯的理想合作伙伴。但在当时那种情况下，它不能成为俄罗斯重返中东的主要门户。

▶ 第十二章

重返中东，路在何方？

随着现代国际关系体系的变化，意识形态因素的地位逐渐弱化……从政治上看，俄罗斯过去和现在都是中东和平进程的重要参与者，考虑到它和阿拉伯世界稳定和友好的关系以及它和以色列不断改善的关系，俄罗斯可以为稳定地区局势做出真正的贡献。

——阿姆鲁·穆萨（Amr Moussa）
埃及外交部部长，后任阿盟秘书长

在 21 世纪的第一个十年里，全球局势发展相互矛盾的趋势日渐清晰，这势必影响俄罗斯对中东和北非的政策。

一方面，全球化不断发展，世界经济社会结构因信息技术而改变，媒体和互联网的影响力不断增强，跨境资本、商品和劳动力的流动规模日益扩大。亚太地区国家发展迅猛，一个多极的世界体系正在形成。经历了 20 世纪 90 年代危机后的俄罗斯，国家地位和经济实力得以不断恢复，坚持执行融入全球的政策，但作为其多重目标之一，俄罗斯也要求其他国家重视其国家优先目标和安全需要。

另一方面，美国力图通过军事、金融、经济、信息和创新优势来加强它的领导地位——换句话说也就是全球霸主地位。这反映在北约的东扩和它试图通过军事力量解决新出现的危机上。美国一度遵循新保守主义的理论和实践。新保守主义者公开声称美国全球领导地位的必要性、美国社会和政治制度的优越性以及强调全世界有遵循美国典范的义务。他们宣称应该向全世界输出包括民主在内的美国价值观，必要的话可以诉诸武力。

值得注意的是，新保守主义的创始人中有一些是前托洛茨基分子。他们将过去输出社会主义革命的信念转变为救世主式的呼吁，以通过包括军事手段在内的一切手段输出美国的资产阶级价值观。

2001 年的 "9·11" 袭击事件为他们将自己的意识形态转变为美国政府的政策，尤其是中东政策提供了有利时机。主要的新保守主义分子如拉姆斯菲尔德、保罗·沃尔福威茨、理查德·珀尔等人纷纷占据了小布什政府的关键岗位。

"美国自认为有权判定哪个国家是国际社会的安全威胁，也有权在不经过联合国安理会许可的情况下采取先发制人打击行动，包括实行单边行动，"普里马科夫说，"这一说法是新保守派提出的。"[1]

俄罗斯与美国关系的升温和 "9·11" 事件后俄罗斯准备在国际反恐领域

---

[1] *Примаков Е. М. Конфиденциально… С. 332.*

加强与美国合作只带来一些有限的成果。两国的情报机构增加了信息交流。俄罗斯支持美国在阿富汗的军事行动。不止如此，俄罗斯和伊朗在军事上支援的北方联盟军队攻克了首都喀布尔。美国也开始能够使用俄罗斯领土为其在阿富汗的军队提供物资补给。但双方的合作未能走得更远。华盛顿始终将所谓的合作看作："我们比任何人都知道该做什么和如何去做。你的职责就是追随左右。最好不要提问题，这样才会有进一步的合作，甚至联盟关系。而你也必须要按照民主和道德的最高标准规范自己的行为。"

2003年，美国无视联合国安理会的决定，以虚假罪名为由出兵侵略和占领伊拉克。在没有找到大规模杀伤性武器后，美国政府又开始编织一个新的发动战争和占领伊拉克的理由，即在伊拉克建设民主，并向中东地区推广"年轻的民主"的经验。

到2003年底，小布什政府将针对中东和北非的"大中东"（Greater Middle East）计划公之于众，随后国务卿康多莉扎·赖斯（Condoleezza Rice）做了细微调整，命名为"新中东"（New Middle East）计划。这些计划的本质就是按照美国标准在中东推行政权更迭并实施民主原则。

毫无疑问，中东确实需要改革。中东地区国家的特点就是长期由专制、压迫，或者说老人政权把持，缺少对人权的尊重，腐败盛行进而腐蚀经济社会和政治结构，同时民众又处于贫困之中，知识精英一直要求变革。但是应该进行哪一种改革呢？如何实施？在什么时间合适？由谁来实施？第一次按西方民主原则进行尝试的是巴勒斯坦的自由和民主选举，结果导致被美国视为极端组织和恐怖组织的哈马斯赢得大选。

没过多久，伊拉克局势渐趋失控并滑向内战，美国的军事胜利变成实际上的失败。为此，小布什总统被迫将新保守主义分子剔除出政府，并想法从伊拉克这个泥潭中抽身。但这个想法最终还是由他的继任者奥巴马总统实现的，尽管不是完全抽身。

2009年，奥巴马总统在开罗发表了著名的演讲，强调美国需要和伊斯兰世界加强合作，需要尊重其价值观，需要努力通过巴以间的妥协来解决中东冲突，但他的演讲也只被看成一种宣传。事实上，奥巴马的演讲标志着美国的中东政策由新保守主义意识形态转向现实主义，在此之前他已宣称拒绝在危机情况下使用美国地面部队，并打算从伊拉克和阿富汗撤军。

在21世纪的第一个十年里，俄罗斯努力避免和美国发生哪怕只是口头上的对抗，并努力与美国和整个北约建立对话机制。不过，即便是俄罗斯为保护自身利益而采取的非对抗性、纯粹竞争性的行动（包括在中东地区），也引发华盛顿和一些西方国家越来越多的愤怒，西方媒体对俄外交政策和俄罗斯的报道更是恶语相向。

不仅如此，北约的扩张一直在向俄罗斯边境推进，例如它试图将乌克兰发展成为北约成员国，使用软实力影响乌克兰民众，塑造对俄罗斯的恐惧症。而北约尝试建立导弹防御体系的计划在俄罗斯看来就是公开削弱俄的军事和战略潜力。

俄罗斯与美国政策的分歧几乎被华盛顿看成回归冷战。2006年，在圣彼得堡G8峰会前，美国副总统迪克·切尼在维尔纽斯发表了直言不讳的讲话：俄罗斯或者"重归民主"，例如解除武装和遵循美国提出的路线，或者"成为敌人"。① 莫斯科对此做出谨慎的口头抗议。

但一年后，我们听到俄罗斯发出更强烈的声音，普京总统在慕尼黑发表演讲时直言不讳地进行点名批驳，并称这就是双重标准。同时，他在演讲中仍表达了俄罗斯准备与西方展开最广泛的合作……如果西方能够显示出足够的政治意愿的话。② 重要的是，在发表完演讲之后，普京就前往中东访问，特别是访问了沙特。

鉴于这些国际关系现实，我们试图对20世纪以及21世纪第一个十年初期俄国与中东国家的关系进行梳理，其中包括阿拉伯世界发生的大规模政治和社会动荡，即"阿拉伯之春"或"阿拉伯动荡"。

让伊拉克作为伙伴的尝试

在俄罗斯看来，20世纪90年代和21世纪初，美国对伊拉克采取军事行动，是有意忽视寻找政治解决方案的可能性，加重了伊拉克的危机。不仅如此，美英两国对伊拉克的轰炸还削弱了国际安全体系，开创了危险的先例。俄罗斯的意见和外交努力被简单地忽视了，使得本已不稳定的俄美关系更加

---

① www. newsru. co. il. 6. 05. 2006.
② https：//ru. wikipedia. org/wiki/Мюнхенская_ речь_ Владимира_ Путина.

恶化。

1999 年 5 月，俄罗斯、中国和法国在联合国安理会上提出一项决议，要求以联合国监视、核查、视察委员会替代联合国特别委员会（联合国为控制伊拉克裁军进程专设的委员会），以换取伊拉克的妥协。监委会成立后，萨达姆·侯赛因拒绝接受其代表的简报。随后他开始拖延允许联合国调查员入境，为他们开展调查设置了一大堆障碍，这刺激美英两国对其发动军事打击。很难说萨达姆究竟想干什么。

经历了严重经济危机打击后的俄罗斯，不愿卷入与美国及其盟友的对抗，哪怕是言辞上的对抗，但俄罗斯仍努力阻止美国入侵伊拉克。普京和继续获得留任的外长伊戈尔·伊万诺夫在伊拉克问题上延续了俄罗斯原有的政策，但考虑到俄罗斯当下的虚弱现状，因而表现得更为谨慎。所以，俄罗斯在外交上一贯坚持伊拉克应该与监委会合作。①

俄罗斯在伊拉克也有着自己重要的经济利益。伊拉克承诺，只有在制裁解除后，它才会开始偿还数十亿美元债务中的一部分。俄罗斯也想在伊拉克最丰富的油田方面分得一杯羹，并签订了相应的临时协定。

20 世纪 90 年代末，伊拉克石油出口总量的 40% 销往俄罗斯。然后俄罗斯再转卖出去。然而，这些收入大部分并没有进入国库，而是流向海外。俄罗斯毫不怀疑，美国打算将伊拉克拉进自己的阵营，推翻萨达姆·侯赛因政权，以便控制伊拉克和它的石油。

伊拉克和俄罗斯之间保持着包括议会层面在内的密集外交互访。实际上，俄罗斯无力推动解除引发巴格达不满的制裁，因此很多大型经济项目和巨额债务偿还都被推迟，只能等到制裁解除之后。

2001 年 2 月，美英两国再次针对伊拉克雷达和防空系统发起打击。与此同时，俄罗斯杜马提出要求俄罗斯单方面取消对伊制裁。但实力尚弱的俄罗斯没有做好采取决定性行动的准备，以与美国对抗，它必须忍受政治和经济现实。或许，莫斯科有些人想以放弃对伊拉克的支持来换取改善美俄关系。然而，美国对此并无兴趣，甚至在 2001 年 "9·11" 恐怖袭击发生之后也是如此。

布什正在准备 2004 年大选，需要一场高调的军事胜利。伊拉克似乎就是

---

① Дипломатический вестник. 2009. № 10. С. 57.

最合适的目标。① 美国领导人坚持，伊拉克拥有化学、生物武器甚至核武器，威胁其周边邻国以及美国在中东的利益，并和"基地"组织有联系，因此可能是"9·11"恐袭的同谋。

2001 年 11 月 26 日，布什总统公开向萨达姆下达最后通牒，要求他必须允许联合国核查人员重返伊拉克或者"面临后果"。② 此时，阿富汗战争似乎已经结束，美国可以腾出手来发动一场新的战争。

俄罗斯外交官通过外交渠道和官方表态反复强调，不存在伊拉克拥有大规模杀伤性武器和伊与"基地"组织相勾结以及伊拉克参与针对美国恐怖行动的证据。然而，推翻萨达姆的目标已经开始主导美国的日程。

在 2002 年 1 月 29 日布什向国会所做的国情咨文中，他重申对伊拉克的威胁，还间接威胁了伊拉克的支持者。很清楚，萨达姆必须屈服。另一场海湾战争已经迫在眉睫，这将对俄罗斯的利益造成新的打击。但是，俄罗斯既没有实力也没有能力阻止美国单方面侵略伊拉克。③ 俄罗斯所能做的只是口头评论和建议。

2002 年 7 月 16 日，俄罗斯谴责了美英两国在伊拉克国庆期间对伊拉克目标的空袭。普京总统向萨达姆发去电报，祝贺伊拉克国庆节，同时建议萨达姆要尽最大可能阻止军事入侵，为此需要邀请联合国核查人员重返伊拉克。④

2002 年 7 月 17 日，俄罗斯外交部部长伊万诺夫表示，俄罗斯不支持美国推翻萨达姆·侯赛因的行动。⑤ 俄罗斯再次警告，军事行动升级会危及整个地区的安全体系。美国对俄罗斯的警告置之不理，认为俄罗斯除了发表声明以外，不会采取任何实际行动。

2002 年 10 月 10 ~ 11 日，美国众议院和参议院先后通过决议，允许总统可以不经联合国许可发动对伊拉克的战争。

2002 年 10 月初，美英两国在联合国安理会提交新的伊拉克决议草案，内容包括在萨达姆拒绝与联合国监委会合作的情况下可以对其采取军事行动。俄罗斯、中国和法国都反对这一草案。经过漫长的讨论，安理会于 2002 年 11

---

① Politiken (on – line). Copenhagen. July 18. 2002.

② Iraq Report//RFE/RL. Vol. 4. № 40 (December 7. 2001).

③ См.: *Peterson Scott*. Russia rethinks its longtime support for Iraq//Christian Science Monitor. March 13. 2002.

④ RFE/RL Newsline. Vol. 6. № 132 (July 17. 2002).

⑤ Интерфакс. 17. 07. 2002.

月 8 日通过了第 1441 号决议，这份决议虽然非常严厉，但没有包含可以自动对伊采取军事行动的条款。

战争的阴云依然不断逼近，萨达姆最终允许监委会代表恢复核查工作。过了一段时间，该委员会发布报告称没有在伊拉克发现存在或研发大规模杀伤性武器的证据。而华盛顿仍无视这一结果，继续坚持自己的观点，同时加强了军事准备。

在美国国内，影响公众舆论的工作也在开展。2003 年 2 月 5 日，时任国务卿科林·鲍威尔（Colin Powell）在安理会作证，展示了一个装有炭疽菌的小瓶，作为指控伊拉克开展大规模杀伤性武器秘密活动的"证据"。他的举证不能被严肃看待。俄、中、法三国代表不认同他的举证。到 2004 年的时候，鲍威尔自己也承认他的举证从很多角度上看都是不准确的，甚至是欺骗性的。

还是在 2002 年 9 月 18 日的时候，中央情报局局长乔治·特尼特（George Tenet）就告诉布什，根据来自萨达姆圈内人士的情报，伊拉克并没有大规模杀伤性武器。[①]

这一情报没有被告知国会，也未能公布于世。

美国公共诚信中心与独立新闻基金会联合进行了一项研究，据统计，从 2001 年 9 月到 2003 年 9 月，美国领导人就伊拉克问题发表了 935 项虚假声明，涉及撒谎和伪造证据。[②] 美国总统候选人唐纳德·特朗普在竞选中称，布什总统通过撒谎来为发动伊拉克战争辩护。[③]

尽管如此，美国舆论和国会还是支持发动战争。

俄罗斯认为，萨达姆·侯赛因必须屈服。第二次海湾战争日益逼近。

2002 年 11 月 24 日，布什总统访问圣彼得堡，普京劝说他不要在没有安理会授权的情况下发动战争。俄罗斯的立场没有改变：在安理会范围内寻找政治解决方案。虽然俄罗斯已经认识到战争难以避免，但仍不愿意与美国和西方发生对抗。

2003 年 2 月 7 日，联合国安理会以 3 票否决了旨在为军事入侵伊拉克铺平道路的决议。美国和英国公开准备战争，并决定择机而行。

就在美国发动侵略伊拉克战争前，普京总统做了最后一次努力，派普里

---

① https：//ru. wikipedia. org/wiki/Иракская_ война.

② Там же.

③ www. svoboda. org/content/article/27551236. html.

马科夫前往伊拉克面见萨达姆本人。"在 2003 年美国开战前三周……在和普京总统晚间长谈后，我飞往巴格达，普京总统指示我立即向萨达姆转达他的个人建议，"普里马科夫写道，"普京总统的建议是萨达姆辞去总统职务，并向议会提出举行民主选举的建议。由于担心萨达姆的辞职会导致伊拉克国内不稳定，普京指示我告诉萨达姆，他可以保留党内职务……我们举行了一对一的会谈。会谈结束后，萨达姆邀请了一些政府要员来参与讨论，听取普京的建议并测试他们的反映……萨达姆默默地拍了拍我的肩膀就离开了会场。当萨达姆离开时，塔里克·阿齐兹（Tariq Aziz）用萨达姆可以听到的嗓门大声说：'十年后我们会知道谁是对的。到底是我们敬爱的总统还是普里马科夫。'"①

很明显，萨达姆·侯赛因完全脱离了现实。在评价萨达姆的命运和死亡时，普里马科夫写道："萨达姆的另一个特点就是他不寻求客观的信息……由于担心引起可能的不满，萨达姆的随从主要向他通报那些能够突出'领袖的睿智、远见和才华'的事件、过程和趋势，而有意避免向他提供负面的但准确的信息。"② 因此，他的命运早已注定。

2003 年 3 月 19 日，伊拉克战争爆发。从英国到乌克兰和格鲁吉亚，从拉脱维亚到韩国，美国拼凑了一个包括 49 个国家的联盟。值得指出的是，阿拉伯国家中只有科威特加入了联盟。大部分的"盟友"没有向伊拉克派遣作战部队，土耳其拒绝美国军队进入其领土。因此，军事行动只能从南部开始，并花了更长的时间。在这场战争中只有 140 名美国军人丧生。③

战争开始三周后，联军部队到达巴格达。4 月 9 日，被视为伊拉克军队中战斗力最强的共和国卫队未发一枪就放弃了这座城市。

美国及其盟友控制了伊拉克的各个主要城市，人员伤亡微乎其微。伊拉克军队轰然垮塌，无力抵抗有着最新武器装备的美军和英军。盟军控制着制空权。伊拉克指挥官要么逃跑，要么投降。据信许多将军早已被收买。大多数人员在联军到达之前就放弃了阵地。

2003 年 5 月前，联军总司令汤米·弗兰克斯（Tommy Franks）接管了伊拉克。但是，伊拉克不再拥有军队、警察和国家机构。伊拉克国内出现了大

---

① *Примаков Е. М.* Конфиденциально⋯ С. 328—329.

② Там же. С. 329.

③ https：//ru. wikipedia. org/wiki/Международные_ коалиционные_ силы_ в_ Ираке.

规模抢劫。数以万计的古代苏美尔和巴比伦文明的纪念碑和艺术作品遭到破坏或盗窃。

2003 年 5 月 1 日，布什总统在停泊在波斯湾的"亚伯拉罕·林肯"号航空母舰甲板上宣布："军事行动已经结束。"在胜利真正变成失败之前，还要经历多年的挫折和流血，但在那一刻，美国完成了对伊拉克的军事占领是一个毋庸置疑的事实。

俄罗斯非常不满美英发动的战争，却也无能为力。当穆斯林中央精神委员会（the Central Spiritual Board of Muslims）的主席塔尔加特·塔杰丁（Talgat Tajuddin）宣布对美国发动"圣战"时，克里姆林宫并没有给予支持。全俄穆夫提委员会主席兼俄罗斯欧洲地区穆斯林精神管理委员会主席拉威尔·盖努丁（Ravil Gainutdin）公开谴责他的号召。[①]

但俄罗斯又能有什么办法？一个具有讽刺意味的英国谚语提供了出路："如果你不能打败他们，那就加入他们吧。"那样的行为与俄罗斯的外交政策、俄罗斯外交传统以及俄国人的精神完全不相符。但俄罗斯也只能面对现实。

2003 年 4 月 2 日，普京表示，俄罗斯"不希望美国在伊拉克失败"。[②]

2003 年 4 月 11 日，普京总统在圣彼得堡会见法国总统希拉克（Jacques Chirac）和德国总理施罗德（Gerhard Schroeder）。他们讨论了伊拉克战后局势和重建问题，呼吁联合国在重建进程中发挥主导作用。他们的呼吁引起了美国的不快。据说布什总统在宣布赢得战争胜利后做出下列决定："惩罚法国，忽略德国，原谅俄罗斯。"[③] 无论如何，他们发出这些呼吁旨在安抚和引导本国的公众舆论。很明显，美国及其盟国在伊拉克的政治和经济上占据了主导地位。

从地缘政治和经济的角度来看，俄罗斯利益受到的打击是显而易见的。但是需要挽回颜面，俄罗斯声称在伊拉克危机上的分歧不应影响国际反恐联盟的行动。[④]

布什总统前往圣彼得堡参加庆祝该市建城 300 周年，在 2003 年 6 月埃维

---

① http：/www. ural. ru/business/press/783. html.

② Hong Kong Te Kung Pao (Internet Version) //FBIS – SOV – 2003 – 0407.

③ Иванов Павел. Саммит в Эвиане：будущее России и G – 8//Национальный интерес. 28. 05. 2003.

④ Интерфакс. 24. 04. 2003.

昂 G8 峰会上他称其与普京有着"良好关系"。

反恐联盟是西方与俄罗斯合作打击宗教极端主义的联盟。在美国入侵阿富汗和伊拉克后，恐怖活动急剧增加。对"绿祸"的总体关注使得美俄两国关系靠近，但这无法加强双边合作。

俄罗斯务实地承认，美国在伊拉克占据着主导地位，美国的胜利意味着俄罗斯遭受了严重的经济和政治损失，俄只能在既成事实的基础上制定政策。

俄罗斯在安理会投票支持承认美国占领当局的合法地位，随后又承认了伊拉克临时政府。俄罗斯还有所保留地承认了伊拉克临时宪法。2004 年 12 月，伊拉克临时政府总理阿拉维（Ayad Allawi）甚至访问了俄罗斯。俄伊的双边会谈主要集中在取消伊拉克对俄债务问题上，作为回报，俄罗斯坚持俄国公司和萨达姆政权签署的油田开发合作协议应仍将有效。

俄罗斯对伊拉克问题的官方立场是，联合国必须介入伊拉克事务，维护伊拉克的领土完整，在考虑到少数民族和宗教派别的利益基础上实现公共生活的民主化，并结束美国的占领。就美国而言，尽管取得军事胜利和完全占据主导地位，但它需要通过联合国使其地位合法化，而且无论如何都需要俄罗斯的口头支持。

几乎是在占领伊拉克的同时，游击战就开始了。只有库尔德地区例外，在那儿库尔德政府与美国关系良好，并希望与美国开展合作。自 2004 年春以来，伊拉克中部和南部的什叶派城市以及"逊尼派三角地区"爆发了战斗，特别是在逊尼派极端分子控制的费卢杰市。

冲突缓慢加剧。不过，在 2004 年 8 ~ 9 月，反对美军占领的抵抗活动似乎减少了。临时政府与什叶派极端势力达成了协议。2005 年 1 月 30 日，伊拉克举行多党派议会选举，什叶派的伊拉克统一联盟以 48% 的得票率取胜。俄罗斯和新政府恢复了外交关系。

掌权的什叶派随后开始歧视逊尼派，加深了社会的分裂。

2005 年春天和秋天，爆发了大量针对占领军和当地军队、宗教领袖的恐怖袭击活动。

到了 2006 年，局势实际上已演化为什叶派和逊尼派之间的内战。两派武装力量不断轰炸清真寺，绑架和屠杀平民，折磨俘虏。美国占领军和伊拉克政府都不能控制安巴尔省以及巴格达大部分地区，"基地"组织乘虚而入填补真空。显而易见，伊拉克已经失控，亟须采取决定性行动。

　　布什胜利者的形象已烟消云散，共和党失去民心，2006年11月7日还失去两院多数党席位。在这种情况下，布什不得不解雇国防部部长拉姆斯菲尔德（Donald Rumsfeld）和其他新保守派官员。

　　2006年成立的跨党派的贝克尔—汉密尔顿特别委员会宣布，伊拉克局势正处于危机状态，提出立即减少驻伊美军并缩短驻防时间。该委员会同时建议，美国应当与对伊拉克局势有影响的伊朗和叙利亚开展对话。布什总统事实上完全无视该委员会的政策建议。[①]

　　2006年最后的轰动性事件就是处死已被捕数月的萨达姆。萨达姆被判犯有大量罪行，但审判进程提速了。很显然，法庭上的美国审判长不希望他说得太多。2006年12月30日，萨达姆被绞死。

　　为扭转伊拉克局势，美国决定再增兵2.1万人，使得伊政府在2007年暂时恢复了对"逊尼派三角"和首都大部分地区的控制权。很多对"基地"组织不满的游牧和定居部落的酋长们被美国收买。因此，情势看起来得到缓解。但是，社会的分裂并没有停止。各种极端分子取代"基地"组织，在伊拉克获得了影响力。不久他们就创造了自己的组织——"伊拉克和黎凡特伊斯兰国"。

　　2010年，伊拉克举行了新一届议会选举。前总理阿拉维领导的"伊拉克名单"获得多数选票。但在什叶派各宗教政党的支持下，总理马利基（Nuri al‐Maliki）还是保住了自己的位置。两大宗教派系中都存在着分裂和混乱。伊朗在伊拉克的影响力不断增长。

　　与此同时，"逊尼派三角"的临时"和平"使得美国国防部部长莱昂·帕内塔（Leon Panetta）于2011年12月15日在巴格达降下美军旗帜，宣布美国在伊拉克的军事行动结束。此前一天，奥巴马总统在北卡罗来纳州的一个军事基地发表演讲，宣布美国将"留下一个拥有独立主权的稳定而自立的伊拉克"。

　　在伊拉克持续数年的战事中，美国有4423名士兵阵亡，31942人受伤。有9000人开小差。另外，私人军事公司死亡650多人，美军失去了933名国籍不明的承包商。[②]英国阵亡179人，意大利阵亡33人，波兰阵亡23人，乌

---

①　www. golos‐ameriki/content/a‐33‐2006‐12‐07…/637716. html.

②　https：//ru. wikipedia. org/wiki/Человеческие_ жертвы_ в_ Ирак‐ской_ войне.

克兰阵亡 18 人，格鲁吉亚阵亡 5 人，拉脱维亚阵亡 3 人，爱沙尼亚阵亡 2 人。[1]

在"伊拉克自由行动"结束后，又有数十名美国军人阵亡。

在美国占领的九年里，逊尼派和什叶派的矛盾演变为经常性的流血冲突，实际上是内战。有 25 万 ~ 100 万名伊拉克平民死于相互残杀。伊拉克的基督徒人口从 100 多万减少到 25 万。大约有 500 万人流亡国外。伊拉克中央政府由什叶派把持，并在中西部的三个省份与逊尼派为敌。伊拉克事实上分裂成为三个部分：库尔德人、逊尼派和什叶派。库尔德人在伊拉克北部建立了一个几乎独立的库尔德区。

去复兴党政策瓦解了伊拉克国家机器，摧毁了军队和警察系统。那些被安置在国家元首位置上的前政治流亡者缺乏社会和政治基础，陷入争吵之中，被迫依靠什叶派宗教党派。

那些经验丰富、受过训练的前阿拉伯复兴社会党官员们被抛弃，失去了工作和赖以谋生的手段，成了包括 ISIS 在内的伊斯兰恐怖组织的军事骨干。

俄罗斯寻求与伊拉克政府保持工作关系，希望两国旧有关系和伊拉克人民的利益可以在某种程度上维持之前的两国经济和军事领域的合作。确实，虽然巴格达在任何时候都必须看美国人眼色行事，但一些机会之窗还是为俄罗斯打开了。

债务问题的谈判延续了数年。最终，俄罗斯于 2008 年 2 月同意立即取消伊拉克所欠的 111 亿美元债务，几年后又减免 9 亿美元，重组了另外 9 亿美元债务，它们将在未来十七年内偿还。这就为俄罗斯石油公司重返伊拉克提供了机会。

2009 年 12 月 12 日，俄罗斯的卢克石油公司和挪威国家石油公司（Statoil）以及伊拉克人三方组成的财团赢得了西古尔纳 2 号油田的开采权。[2] 它是世界上最大的未开发油田之一。

后来，挪威国家石油公司将其拥有的份额卖给卢克石油公司，使得后者拥有了 75% 的股权；剩余 25% 的股权归伊拉克北方石油公司。美国和其他竞争者都畏惧该项目的高风险，但卢克石油公司知道这是怎么回事。

---

[1] Там же；http：//ru. wikipedia. org/wiki/Иракская_ война.

[2] См.：*Касаев Э. О.* Российский нефтяной бизнес в Ираке//Азия и Африка сегодня. 2013. No 5. С. 37.

1973 年，苏联地质学家在巴士拉西北 65 公里处发现了西古尔纳 2 号油田。20 世纪 70～80 年代，他们在这里进行地质勘探，探测到的储量为 130亿～140 亿桶。[1] 开发协议合同时长二十年，并有权延长五年。相比之下，这份协议的条款没有萨达姆时代那么优惠。

卢克石油公司投资近 50 亿美元开发这个油田。油田的产量增长迅速，到2015 年时收回成本 23 亿美元。公司总裁瓦吉特·阿列克佩罗夫称，到 2016年上半年，公司已经全部收回投资成本。虽然油价下跌延长了投资回收期，但很明显这是商业上的巨大成功。根据计划，该油田未来十三年里年产量将达到 9500 万吨。这一数字还可以依据需要进行调整。

巴什石油公司（Bashneft）、俄罗斯石油公司（Rosneft）、俄罗斯天然气石油公司（Gazpromneft）也都寻求进入伊拉克市场。卢克石油海外公司和日本国际石油株式会社（Inpex Corporation）合作赢得了西古尔纳 2 号油田附近的第 10 区块的开发权。

库尔德地区的石油开发则面临许多问题。巴格达反复强调，所有未获得中央政府许可而参与库区石油开发的国际公司都将受到制裁。俄国公司也不例外。不过，问题还是得到了解决。

俄罗斯维持了在伊拉克牢固的经济地位。巴格达对购买俄罗斯武器感兴趣。不过，俄罗斯在伊拉克既没有强大的政治影响力，也没有任何社会政治基础。

伊拉克的事态正在完全不可预测的轨道上发展。美国必须从它所犯的许多错误中汲取经验教训，甚至在某种程度上恢复它在伊拉克的军事存在，更不用说以持续轰炸攻击的形式进行干预。但这将在另一章中讨论。

俄罗斯与土耳其的关系：真正实用主义的岁月和成果[2]

在 21 世纪第一个十年，俄土关系在各个领域都取得重要进展：经济、贸易、政治、军事、技术和文化等。虽然仍有一些争议，但即使在某些敏感的

---

① http：//www. lukoil‑overseas. ru/press‑centre/3999. php.

② 这部分使用了俄罗斯科学院东方学所霍杜诺夫搜集的事实材料。

政治和军事问题上，由于相互了解的加深，这些争议已被搁置一边。俄土之间的经济合作达到了新的层次。土耳其经济迅速发展。俄罗斯同样走出经济危机——在一定程度上应归因于高油价和国家的总体稳定。两国都需要对方。安卡拉采取的某些政治步骤也促进了友好关系的发展。

P. V. 斯蒂格尼：2003年，埃尔多安不允许美国借道土耳其进攻伊拉克。当时我国领导人坚信土耳其人会允许这样做，而我从一开始就报告他们说不会。他们责备我，说我看起来很可笑。但碰巧的是，我当时与埃尔多安的一位亲密朋友私人关系很好。当然，他没有直接说什么，但我们的非正式接触给我留下印象，让我得出绝对肯定的结论。当时我们相互信任。

笔者：之后，俄土关系不断改善。

斯蒂格尼：是的。2004年，土耳其外交部下属安全司负责人找到我说："老伙计，让我们签署一项协议吧，禁止这个横冲直撞的北约在我们的黑海活动。"我以同样幽默的方式问他："那你怎么办？土耳其脱离北约吗？我不这么认为。"他回答说："我们支持反恐行动，但我们可以与你们，还有沿海国家一起行动，也可以我们自己来。为什么我们要在这里建立一个'动物园'，让非沿海国家的各种军舰都来炫耀？如果我们打破蒙特勒逻辑①，我们永远不会再恢复它。"我回答他："我可以提前告诉你，我们将需要全面了解对这一问题的新提法。但你们要给我书面的东西，因为没有人会相信我。"他确实这样做了。我转发了建议，但没有收到任何回应。后来，国内指示我准备《黑海和谐协议》。我们最终开始明白，我们开始相信土耳其人。我们的关系就是这样突飞猛进发展起来的。两三个月后，我们原则上同意在《黑海和谐协议》框架下开展合作，2006年我们正式签署协议，就像北约在黑海的行动一样：监测情况，交换黑海地区有关恐怖、犯罪活动以及大规模杀伤性武器的信息。我们必须与北约的监测系统直接联系起来。

笔者：有没有提到《蒙特勒公约》？

斯蒂格尼：我们确认我们遵守《蒙特勒公约》。有8个国家确认，包括日本。就此事我可以多说几句。在2008年格鲁吉亚事件中，土耳其人不允许美

---

① 《关于海峡的蒙特勒公约》（简称《蒙特勒公约》）恢复了土耳其对博斯普鲁斯海峡和达达尼尔海峡的主权。1936年6月22日至7月21日在瑞士蒙特勒举行的黑海海峡国际会议通过了这项决议。该公约限制非黑海国家军舰的吨位、数量和停留时间。——译者注

国的大型军舰通过海峡，尽管他们受到了美国人的巨大压力。他们只允许那些遵守《蒙特勒公约》的国家的军舰进入黑海并在有限的时间内滞留。

笔者：这是有先决条件的。

斯蒂格尼：俄土关系在 21 世纪升温的主要先决条件之一是海峡和黑海问题已被从两国的议程上删除，这两个问题在过去几个世纪中一直是我们两国之间最大的"逆鳞"。我说的是黑海的控制权。我们当时的海岸线与其他国家相比已经减少到象征性的水平。罗马尼亚和保加利亚加入了北约。局势和力量平衡发生了巨大变化，特别是土耳其从未离开北约。土耳其改变了它在北约内的政策，但它一直是北约的侧翼国家。2004 年 12 月，普京访问土耳其。一切从此开始。他与埃尔多安建立了个人信任关系。[①]

值得注意的是，我们的对话时间是 2015 年 3 月。无论是我的同伴，还是我本人，都没有预料到 2015 年底会发生如此戏剧性的变化。后面我们会回到这个话题。

2004 年 12 月，俄罗斯总统普京抵达土耳其，签署了多项政府间协议以及《关于增进友谊和多维伙伴关系的联合宣言》。它特别指出："俄罗斯联邦和土耳其共和国，作为两个友好邻邦，满意地注意到双边关系的政治、经济和社会基础以及相互信任和团结的气氛得到了进一步发展和加深……俄罗斯联邦和土耳其共和国满意地注意到，它们在许多地区和国际问题上的做法和政策有相似之处。"[②]

2005 年 1 月，土耳其总理埃尔多安对俄罗斯联邦进行工作访问。2008 年 8 月，他再次访问俄罗斯，会见了俄罗斯总统德米特里·梅德韦杰夫和总理普京。2008 年 7 月和 9 月，俄罗斯外长拉夫罗夫访问土耳其，而 2009 年 7 月土耳其外长达武特奥卢访问俄罗斯。[③]

两国议会之间的关系也得到了发展。2008 年 11 月 3～4 日，俄罗斯议会代表团访土，并举行了建设性会谈。同年，土耳其议会友好小组代表团和土议会外交事务委员会代表团访问莫斯科。土耳其议员表示，他们反对 2008 年

---

① 与斯蒂格尼的谈话（2015 年 3 月）。

② http：//www. mid. ru/maps/tr/-/asset_ publisher/Fn23Klb76LY2/content/id/432284/pop_ up?_ 101_ INSTANCE_ Fn23Klb76LY2_ viewMode =tv&_ 101_ INSTANCE_ Fn23Klb76LY2_ qrIndex =0.

③ См.：История российско - турецких отношений. Справка//РИА Новости. 13. 01. 2010：http：//ria. ru/politics/20100113/204301523. html.

8 月对格鲁吉亚的侵略。①

2010 年 5 月 12 日，梅德韦杰夫总统访问安卡拉，两国成立高级别合作委员会，使两国可能就战略伙伴关系进行深入会谈；与此同时，该委员会举行了第一次会议。委员会由经济事务委员会、由两国外长主持的战略规划小组、聚焦于文化和宗教合作的社会论坛组成。②

军事和安全领域的关系也有相当大的进展。2007 年 6 月，土耳其空军司令法鲁克·科默尔特（Faruk Cömert）访问俄罗斯。2008 年 6 月和 2008 年 11 月，俄罗斯海军总司令弗拉基米尔·维索茨基（Vladimir Vysotsky）和国防部部长阿纳托利·谢尔久科夫（Anatoly Serdyukov）访土。2009 年 1 月，俄罗斯联邦安全局第一副局长弗拉基米尔·普洛涅切夫（Vladimir Pronichev）访问土耳其。③

俄罗斯和土耳其两国海军在黑海建立了合作关系，以保障该地区的安全。人们应该记住，如果不考虑俄罗斯的核导弹潜力，21 世纪头十年俄罗斯和土耳其海军在黑海的力量平衡是倾向土耳其的。

2009 年 1 月，俄罗斯海军和土耳其海军共同举行演习。由于土耳其对俄罗斯最新军事技术感兴趣，而土耳其的北约盟国始终不能或不愿意提供这些技术，俄罗斯公司开始向土耳其供应武器。俄罗斯和土耳其的政治和军事合作因此成为现实。它似乎正在成为该区域稳定的一个重要因素。④

俄罗斯对库尔德工人党（PKK）采取的谨慎态度也推动了俄土两国关系变暖，因为土耳其视该组织为恐怖主义组织。另外在双边关系中，高加索仍然是一个相当困难的问题。土耳其传统上支持阿塞拜疆，而俄罗斯则试图扮演与亚美尼亚和阿塞拜疆等距离的伙伴角色，并希望和平解决纳卡冲突。土耳其支持格鲁吉亚加入北约的愿望，而俄罗斯对此表示反对。然而，2008 年俄格冲突期间，土耳其阻碍了美国向格鲁吉亚运送援助物资，不允许美国舰

① См.: *Гурьев А. А.* Ситуация в Турции: ноябрь 2008//Институт Ближнего Востока. 14.12.2008—http://www.iimes.ru/rus/stat/2008/14 - 12 - 08b.htm.

② См.: *Кудряшова Ю. С.* Активизация российско - турецких отношений: сущность и перспективы//Вестник МГИМО - Университета. 2012. № 5. С. 38.

③ См.: *История* российско - турецких отношений. Справка//РИА Новости…

④ См.: *Пылев А. И.* Новые горизонты российско - турецкого взаимодействия（начало XXI в.）//Ближний Восток и современность: Сб. ст. Вып. 40. М.: ИВ РАН, Институт Ближнего Востока. 2009. С. 214—216.

队通过海峡。

埃尔多安总理宣布土耳其将坚定地与俄罗斯站在一起。2008 年 8 月，安卡拉甚至试图承担高加索地区的维和任务，提议建立由所有区域国家参加的高加索稳定与合作论坛。土耳其和俄罗斯甚至达成共同立场，宣布非区域大国干涉高加索事务是不可接受的。俄土两国还在伊朗核问题上有相同立场，认为只能通过政治方式解决。①

在 21 世纪头十年的下半期，俄罗斯成为土耳其的第二大贸易伙伴，仅次于德国。俄罗斯的主要出口产品包括石油、天然气和金属。土耳其向俄出售机械设备、纺织品、食品和化工产品。2008 年，俄土双边贸易额达到 379 亿美元。2009 年金融危机期间，贸易额暴跌至 226 亿美元，但随后很快开始回升，2012 年达到 333 亿美元。②

能源领域是经济合作的关键所在。2005 年开通的"蓝溪"天然气管道是这一领域的核心。土耳其通过巴尔干半岛接收一部分俄罗斯天然气。作为供气方，俄罗斯天然气石油工业股份公司完美地履行了自己的义务，得到了土耳其方面的信任。③ 这种贸易关系是不平衡的：俄罗斯对土的出口额是从土进口额的数倍。

具有重要战略意义的是：俄罗斯原子能电力公司（Atomenergoproekt）获得建设土耳其阿库尤核电站的协议，合作金额为 200 亿美元。2010 年 5 月，两国签署 5 项有关核能合作的政府间协议，包括合作建设和运营一座核电站的协议。俄土双方同意，将在核电站的设计和建造、必要的基础设施的设计与建造、核电站管理、核电站投产、确保安全的科技支持以及其他技术措施、核电站运营的经验和信息的交流等方面开展合作。④ 阿库尤核电站将包括四个

---

① См.: Кудряшова Ю. С. Указ. соч. С. 39—40.

② См.: *Шангарев Р. Н.* Взаимодействие России и Турции в сфере энергетики//Турция: новые реалии во внутренней политике и участие в региональных геополитических процессах (материалы международной конференции. Москва. 2 апреля 2014 г.). М.: МГИМО - Университет. 2014. С. 246.

③ См.: *Калашников А. М.* 《Голубой поток》 как важный фактор развития российско - турецких отношений//Власть. 2013. № 2. С. 100—101.

④ См.: *Соглашение* между правительством Российской Федерации и правительством Турецкой Республики о сотрудничестве в сфере строительства и эксплуатации атомной электростанции на площадке Аккую в Турецкой Республике. 12. 05. 2010—http: //archive. mid. ru/ bdomp/spd_ md. nsf/0/698FD49D7286689B43257F5F 00206FC1.

发电机组，每个机组的发电能力为 1200 兆瓦。

阿库尤核电站应该是全球第一座按照建造、拥有和运营模式（BOO）实施的核电站。2011 年，不顾土耳其公众自发或精心策划的抗议，对厂址的全面工程勘察工作开始启动。

土耳其的核电站建设不限于阿库尤核电站：土耳其还和中国、法国与美国公司谈判，计划在黑海海岸和西北部地区建设其他核电站。

2005 年，俄罗斯阿尔法集团（Alfa Group）收购了土耳其丘库罗瓦电信控股集团（Cukurova Telecom Holding）49% 的股份，该公司是土耳其电信（Turkcell）的最大移动运营商。2009 年，卢克石油公司的分公司收购阿卡皮特（Akpet）的天然气站网络，该加气站网络占据土耳其石油产品零售市场 5% 的份额。

旅游业也在迅速发展。2010 年有 300 万人次的俄罗斯游客访问土耳其。他们在那里消费了 30 多亿美元。为进一步推动旅游业发展，2010 年 10 月，双方签署了互免签证协议。[1]

包括宗教方面在内的俄土文化交流也取得重要进展。2007 年，俄罗斯文化年在土耳其举行，2008 年，土耳其文化年在俄罗斯举行（包括莫斯科、圣彼得堡、喀山和其他主要城市）。[2] 两国宗教领袖间的合作日益紧密。2008 年 11 月，土耳其国家宗教事务管理局主席阿里·巴尔达科格鲁（Ali Bardako-glu）出席"俄罗斯和世界的伊斯兰神学和宗教教育的发展"国际论坛。在论坛上，他与全俄穆夫提委员会主席拉威尔·加纳丁举行了会谈。

双方签署了宗教领域合作议定书。巴尔达科格鲁称赞俄罗斯是宗教宽容、相互尊重以及不同信仰间不存在冲突的"典范"。他还会见了莫斯科主教区大主教基里尔。[3]

2009 年 2 月 12～15 日，土耳其总统阿卜杜拉·居尔（Abdullah Gul）对俄罗斯进行首次国事访问。代表团成员包括能源和自然资源部部长、贸易部部长以及土耳其商界精英，显示经济事务是两国合作的最优先方向。访问期间，双方讨论了"蓝溪"二期天然气管道项目。居尔还访问了鞑靼斯坦共和国，并与总统沙伊米耶夫（Shaimiev）举行会谈，这反映了土耳其希望与俄联

---

① См.: *Кудряшова Ю. С.* Указ. соч. С. 43.

② *Пылев А. И.* Указ. соч. С. 218.

③ *Гурьев А. А.* Указ. соч.

邦突厥语地区合作的历史倾向。

居尔访俄的一项成果就是签署《关于推动俄罗斯和土耳其关系进入新阶段、继续发展友谊和多方面伙伴关系的联合宣言》。俄罗斯总统德米特里·梅德韦杰夫表示，该宣言是"朝着不仅是政治、贸易和经济关系发展，也是朝人道主义合作方向迈出的新一步"。①

加强互利合作也需要改进现有的法律框架。

2001 年，双方签署《俄土联合行动合作计划》。② 2002 年，签署《关于军事领域和军事人员培训的合作协定》。2004 年，两国签署《关于黑海海上搜救合作的协议》，③ 以及其他一系列文件。

双方还承诺在打击恐怖主义、有组织犯罪和防止大规模杀伤性武器扩散方面进行合作。

2009 年 2 月，两国总统签署《关于推动俄罗斯和土耳其关系进入新阶段、继续发展友谊和多方面伙伴关系的联合宣言》。宣言特别指出，"土耳其共和国和俄罗斯联邦，作为友好邻国，满意地注意到，按照 2004 年 12 月 6 日联合声明的目标，两国关系和合作朝着加强多层面伙伴关系的方向取得了重要进展"。

2009 年 8 月，俄土签署五项协议和议定书，包括《和平利用核能领域合作协议》《核事故早期通报与核设施信息交换协定》《俄联邦海关与土耳其共和国海关部关于海关程序的谅解备忘录》《石油领域合作议定书》《天然气领域合作议定书》。④

除此之外，还有《海上运输协定》《关于经由高加索（俄罗斯）和萨姆松（土耳其）港口间建立火车—轮船联运协定》《俄罗斯和土耳其公民互访的协定》《航空运输协定》。⑤

因此，在 21 世纪第一个十年，俄土两国在关键领域的关系发展非常成功。不管在数量上还是在多样性方面，俄罗斯与中东或北约的任何其他国家都未达到如此级别的合作。

俄罗斯和土耳其缔结的一系列基本协议和两项联合声明确定了双方共同

---

① Пылев А. И. Указ. соч. С. 209, 221.
② Turkey's Political Relations with Russian Federation//Republic of Turkey. Ministry of Foreign Affairs—http://www. mfa. gov. tr/turkey_ s – political – relations – with – russian – federation. en. mfa.
③ Эти и другие документы см. на сайте МИД РФ—http://archive. mid. ru.
④ Там же.
⑤ Там же.

利益的范围。政治、军事和文化联系得到了扩大。然而，土耳其全面参与北约，土与美国、欧洲主要国家业已建立的关系，以及土耳其外交政策中新奥斯曼主义倾向的复兴，成为阻碍俄土关系发展的力量，威胁甚至可能会使双边关系逆转。但这将在后面讨论。

俄罗斯与伊朗：一个好邻居，但不能选择的邻居

在 20 世纪和 21 世纪头一个十年，俄罗斯和伊朗的合作起起伏伏。德黑兰和莫斯科都对彼此有过积极和消极的评价。但积极的因素占了上风，促进了两国的和解。

伊朗总统哈桑·鲁哈尼（Hassan Rouhani）表示："我希望伊朗和俄罗斯之间的历史联系和合作能够继续得到发展。俄罗斯联邦在伊朗外交政策中占有特殊地位，新政府将优先考虑这一领域。"① 俄罗斯总统普京也乐观地表示："我们知道世界事务中好多事情都与伊朗核问题有关，但我们也知道，伊朗是我们的好邻居，而邻居是不能选择的。我们过去、现在和将来都会有非常广泛的合作。"②

21 世纪初，阿富汗的塔利班和伊拉克的萨达姆·侯赛因政权的失败客观上使伊朗成为最强大的地区力量。什叶派主导的巴格达政府成为德黑兰的盟友。伊朗拥有地区内规模最大的武装力量—— 54 万 ~ 90 万兵力的军队，以及不断发展的军事工业。③

俄罗斯和伊朗都寻求确保南高加索和中亚地区的稳定，避免任何非区域大国特别是美国主导这些地区，致力于将两国经贸合作提高到新的水平，并共同打击毒品贩运。而伊朗核问题和美国及其他西方国家以及以色列等国在伊朗问题上对俄罗斯在政治、经济和媒体上的施压，阻碍着两国合作。

俄罗斯对伊朗核计划的态度很复杂。尽管俄罗斯无条件地承认伊朗拥有和平利用和发展核能和其他工业的权利，并不顾西方压力参加建造布什尔核

---

① Хамшахри. 25.06.2013（на перс. яз.）.

② REGNUM. 13.09.2013—http：//www. regnum. ru/ntws/polit/ 1707429. html.

③ См.：*Сажин В. И.* Ракетно - ядерный потенциал Исламской Республики Иран. М.：МГУ. 2011. С. 33—34.

电站，但是俄罗斯也无条件地坚决反对伊朗发展核武器。莫斯科认为，伊朗最终制造出原子弹是对俄罗斯的安全以及整个中东地区和平与稳定的不可接受的威胁。如果伊朗获得这种武器，那么沙特阿拉伯、土耳其和埃及将紧随其后。

伊朗政府是否真的有制造核武器的计划？这个问题不太可能在未来几年得到回答。笔者认为并不能排除这种可能性，尤其是在萨达姆领导的伊拉克在两伊战争中对伊朗使用毒气以及朝鲜获得了核武器之后，伊朗领导层可能已经决定采取我们称其为"午夜时刻"（five to midnight）的方针。

如果使用常规军事手段不能确保国家和政治政权的安全，那么就会倾向于发展制造核武器的科学和技术能力。为此，伊朗重启了伊斯兰革命后冻结的核研究项目，并从巴基斯坦"原子弹之父"阿卜杜勒·卡迪尔·汗（Abdul Qadeer Khan）那里购买了第一批用于铀浓缩的离心机以及生产这些离心机的图纸。

到 2015 年，伊朗离心机数量已达到约 19000 台，数量增加了 100 倍，而且第二代离心机的生产能力也有了显著提高。旧的研究中心被恢复，新的核研究中心秘密建立起来，许多移居海外的核科学家纷纷返回伊朗。

当时，伊朗领导层行事谨慎，因为即便是有关伊拉克拥有大规模杀伤性武器（WMD）的指控是捏造的，也成为 2003 年美国及其盟友入侵伊拉克的正式借口。他们还得考虑美国、其他西方国家以及以色列针对伊朗发动的媒体和网络战。

总的说来，伊朗并不打算退出《不扩散核武器条约》或违反其规定。但在某些情况下，它的行动未公之于众，的确引起了国际原子能机构的怀疑和质疑。起初，伊朗不愿意将核档案移交给联合国安理会，但最终还是那么做了，显然是迫于美国和以色列的压力。

俄罗斯科学院院士 A. G. 阿巴托夫（A. G. Arbatov）是当代安全问题的著名专家。他认为伊朗早期建立的大型处理设施是用于和平用途的说法并不合理，特别是因为新核电站的燃料按规定将由俄罗斯供应，并且反应堆整个生命周期都将由俄方提供燃料。伊朗秘密建造铀浓缩设施自然会引起严重的猜疑。[①]

自 2006 年以来，俄罗斯和安理会其他常任理事国已经四次投票赞成联合

---

① См. : *Арбатов А.* Ядерное соглашение с Ираном: феномен или прецедент? //Мировая экономика и международные отношения. 2016. № 3. C. 6.

国制裁伊朗的决议。2002～2005 年，围绕德黑兰核计划的危机不断升级。2005 年，马哈茂德·内贾德（Mahmoud Ahmadi Nejad）赢得总统选举。这位新总统的政治立场、反以色列和反美言论导致西方国家对伊朗的怨恨不断加深，阻碍了俄罗斯寻求政治解决伊朗问题的努力。

俄罗斯国际事务委员会出版物上的一篇评论写道："围绕伊朗核计划的紧张局势数次逼近临界点，这使得以色列和美国发动对伊朗的军事行动成为可能。"[①] 在当时那种歇斯底里的气氛中，人们开始认真讨论以色列或美国对伊朗进行军事打击的可能性，甚至是一场地区战争的可能性。

P. 弗拉基米尔·斯蒂格尼：现在的情况是以色列准备轰炸伊朗。

笔者：但是美国人劝阻了以色列。尽管美国向以色列提供钻地炸弹，但它们丝毫没有兴趣开启一场新的中东战争。

P. 弗拉基米尔·斯蒂格尼：我们也始终努力劝阻战争。

笔者：好吧，他们可以听我们说完，然后就不理我们。但他们不得不听美国人的。

P. 弗拉基米尔·斯蒂格尼：事实上，以色列对我们的劝说很重视。我们甚至向以色列派出过一个由 30 多位专家组成的伊朗核计划研究小组。我从没想到国内会有这么多这方面的专家。这些专业人士确切地知道伊朗人有多少毫克核材料以及他们处于何种发展阶段。他们坦率地告诉以色列人："当你们说伊朗明天将会拥有一枚核弹时，我们都笑了。事实上，一切都处于非常早期的阶段。"

笔者：然而美国人并不打算袭击伊朗。这不仅仅在于担心伊朗可能的回击……这还有可能倒逼伊朗将发展核武器作为国家战略目标。那样伊朗人将不惜一切代价，尽一切可能在核武器无法攻击的大山中深挖洞，以便 3～5 年内研发出核弹。

P. 弗拉基米尔·斯蒂格尼：以奥巴马为代表的当权派不希望发动战争。但有其他人希望出现战争。[②]

---

① *Современные российско - иранские отношения: вызовы и возможности. Рабочая тетрадь//Российский совет по международным делам* (РСМД). М.: Спецкнига. 2014. № XIV. С. 12.
② 与斯蒂格尼的谈话（2014 年 9 月）。

I. S. 伊万诺夫则持不同的观点。

笔者：你觉得以色列准备发动袭击了吗？

I. S. 伊万诺夫：有可能，但我表示怀疑。

笔者：你觉得值得怀疑？

I. S. 伊万诺夫：是的。我认为，以色列这个话题被人为夸大了，就像伊朗人夸大反以色列的言论，威胁要"把以色列从地球上抹去"。这更多是为了满足国内政治需要的宣传。在我看来，这是在美国大选期间以色列所必须表现的歇斯底里。对他们来说，最重要的是让两位候选人向以色列保证，无论谁当选美国都会帮助以色列。正如我们现在所看到的，现在以色列的宣传已经减弱。①

一直以来，俄罗斯始终努力阻止美国及其盟友对伊朗实施严厉制裁。这项任务很艰巨：俄罗斯的政策在华盛顿和德黑兰都引起不满。与此同时，俄罗斯坚持认为伊朗应该与国际社会进行建设性对话，但伊朗不太可能采取任何重大的互惠步骤来帮助俄罗斯。俄罗斯向西方伙伴保证伊朗的核研究项目中没有未申报的内容，而伊朗却在大山中一座深达 80 米的山洞里秘密建造可以容纳 3000 台离心机的核设施。

伊朗人一再破坏已经达成的国际浓缩铀交换协议。这让俄罗斯处于尴尬境地。也许正是如此才影响了俄罗斯在 2010 年支持联合国安理会关于制裁伊朗的第 1929 号决议。根据这项决议，德米特里·梅德韦杰夫总统下令禁止向伊朗交付伊朗已经付款的 S–300 导弹防空系统。

I. S. 伊万诺夫：这也激怒了伊朗人，他们对俄罗斯提起诉讼。然而，俄罗斯的这一举措可能是促使伊朗和 P5＋1 之间达成妥协协议的一个重要因素。

笔者：我们综合考虑了美国和以色列的立场，拒绝向伊朗提供 S–300 导弹还有其他先进防空武器，你对此有何评价？伊朗对此事强烈不满，甚至试图惩罚我们，但就俄罗斯而言，这是一个重大的政治决定。

I. S. 伊万诺夫：我不认为这与美国或以色列的立场有关。最可能的考量是，这些武器有可能使该地区局势更加不稳定。我相信，如果我们交付了 S–300 导弹，那么解除制裁的谈判很可能就不会成功。如果伊朗拥有 S–300 导

---

① 与伊万诺夫的谈话（2014 年 9 月）。

弹，那么其就有可能面临制裁，那样一来，目前正取得进展的核问题谈判
（指 2014 年）也将陷入停滞。

俄罗斯不支持美国、欧盟和其他几个国家在联合国之外单方面实施国际
制裁，这会对伊朗经济造成毁灭性打击。

俄罗斯每次都反对这样的行动。莫斯科一再强调伊朗拥有和平利用核能
的权利，这与伊朗最高精神领袖阿亚图拉哈梅内伊（Ayatollah Khamenei）的
观点一致。他认为，核计划体现了革命的主要思想：为独立而斗争，挑战外
国的不公平压迫，稳步追求自给自足，以及尊重科学的伊斯兰传统。[①]

在严厉的经济制裁的背景下，这些想法的实现需要伊朗能够稳定经济并
确保经济增长。2013 年当选的伊朗总统哈桑·鲁哈尼将解决核问题作为他外
交政策的优先事项。解决这个问题需要妥协。

对美国和伊朗来说情况都很艰难。这两个国家内部都有人反对这项协议。
在美国，除了咄咄逼人的共和党人，以色列的游说团体也非常积极地反对它。

经过十多年的艰难曲折和重点调整，2015 年伊核协议终于达成。俄罗斯
赞成通过和平手段找到一个折中的解决办法。在维也纳签署的最终协议中反
映了俄罗斯的许多提议。谈判成功应该特别归功于俄罗斯外交官提出的"分
阶段和互惠的概念"。它的意思是，伊朗方面采取每一步骤，P5 + 1 和联合国
方面也必须采取对应的步骤，以减轻制裁。

我们可以假定，在 P5 + 1 与伊朗进行令人筋疲力尽的谈判的同时，华盛
顿与德黑兰之间也在进行秘密的、非公开的双边接触，目的是协调双方的立
场。然而，方法没有结果重要。

I. S. 伊万诺夫： 如果我们现在在（指 2014 年）能够确认伊朗和美国在打击
宗教极端主义方面进行了接触，这将意味着美伊两国在 P5 + 1 谈判的同时也
在进行双边接触。事情如果真发展到这一步，那它可能成为中东稳定的另一
个重要因素。

笔者： *他们是在就美国人愿意做什么，伊朗人作为回应将愿意做什么而
进行讨价还价？*

I. S. 伊万诺夫： 很明显，如果伊朗在地区内追求更为温和的政策，那么

---

① *Современные* российско – иранские отношения… C. 12.

将有利于黎巴嫩、伊拉克和巴勒斯坦的稳定。

笔者：但这也要看伊朗想要什么样的回报。

I. S. 伊万诺夫：至于这个，伊朗想要美国至少承认它的地位，至少是其在地区的地位。我认为这一要求是合理的。伊朗是地区大国，如果土耳其和埃及宣称在地区有特殊的作用，伊朗同样有权利得到认可。

笔者：伊朗在这一地区的作用有着上千年历史。但是伊朗人强烈要求（作为相应步骤）美国要减少在这一地区的军事存在。

I. S. 伊万诺夫：我认为这是伊朗的谈判立场。

笔者：确实如此。漫天要价，具体看情况。

I. S. 伊万诺夫：归根结底，这是那些为美国提供各种军事基地的国家自己的事情。①

2015 年 7 月 14 日，伊朗核问题全面协议签署，这意味着双方均做出了重大让步。

伊朗放弃所有制造核武器的努力。它承诺在十五年内不提炼浓度超过 3.67% 的铀；不拥有重量超过 300 公斤、浓度超过 3.67% 的铀；不在阿拉克反应堆生产钚；纳坦兹工厂中大约 19000 台离心机中只保留 6104 台第一代离心机，其他的全部拆除；福尔多工厂将保留 1044 台第一代离心机。协议中的其他条款封堵了伊朗拥有制造核弹所需钚的可能。

伊朗允许联合国核查人员进入伊朗的核设施，包括军事设施。原子能机构有权进行为期 25 年的监督。这意味着该机构大约 150 名代表将在伊朗停留半个世纪。此外，伊朗和 P5 + 1 将举行会议监督协议的执行情况，每两年至少举行一次部长级会议。作为回报，联合国安理会对伊朗的所有制裁、所有多边与单个国家对伊朗的制裁都将被取消，包括那些限制伊朗获取贸易、技术、金融和能源领域技术的制裁。该协议废除了欧盟在银行、保险和全球银行结算系统（SWIFT）的所有限制性制裁。

德黑兰同意，如果它违反协议条款，联合国有权在 65 天内重新实施所有制裁。

俄罗斯科学院院士 A. G. 阿巴托夫是这样评估联合全面行动计划

---

① 与 И. С. 伊万诺夫的谈话（2014 年 9 月）。

（JCPOA）的：

2015 年 7 月 14 日签署的 JCPOA 无疑将成为外交解决伊朗核问题和防止海湾地区爆发新战争的最重要的积极突破，战争肯定将对该地区和世界造成灾难性后果。它同时也对加强《不扩散核武器条约》以及整个核不扩散制度和机制做出历史性贡献。如果各方严格遵守协议并在实施过程中建设性地解决所有不可避免的争议的话，那这就是一个成功的案例。①

我对文件的评估是，尽管存有一些有争议的条款，但总的来说，这份协议在很大程度上限制、减少和改变了伊朗的核技术设施、发展项目、核材料的数量和质量，以及禁止可能具有军事性质的活动。特别应指出的是，透明制度和原子能机构的管制制度是前所未有的。客观上（不论德黑兰的主观意图如何），今后 10～15 年里，伊朗发展核武器或进行具有军事性质的重大秘密活动的任何可能性实际上都已消除。然而，需要强调的是，该协议对不扩散制度和制度的未来影响远不那么清楚。将 JCPOA 的限制性条款和透明制度作为《不扩散核武器条约》的准则加以推广，遭到了一些国家的反对，首先就是俄罗斯。俄罗斯坚持协议只适用于伊朗、不适用于其他国家的立场，这在协议中有明确规定。它显示，这个问题将成为核不扩散领域内有着重大国际分歧的一个主题。②

伊朗的核计划影响着双边关系的方方面面，这一关系对双方都具有重要战略意义。

穆罕默德·哈塔米（Mohammad Khatami）总统 2001 年访问莫斯科后，又于 2002 年 4 月在土库曼斯坦举行的里海峰会和 2003 年 10 月在马来西亚举行的伊斯兰会议组织峰会上与俄罗斯总统普京会面。

莫斯科和德黑兰在许多地区问题上有着共同立场。他们支持 2001 年以美国为首的联军在阿富汗打击塔利班的行动。2008 年 8 月俄格冲突期间，伊朗不愿谴责任何一方，这让俄罗斯更容易向国际社会解释其立场。2007 年在德黑兰举行的里海峰会上，普京与伊朗总统艾哈迈迪·内贾德举行了会谈，"双

① *Арбатов А. Указ. соч. С. 10.*

② Там же.

方都赞成彼此合作的目的是，建立一个更民主的世界秩序，以确保全球和地区安全，并为普遍发展创造条件"。① 这些宣言表明了双方的共同观点。

在里海地位问题上，俄罗斯与伊朗的立场在一定程度上是一致的，但也有分歧。差异比共性多。里海沿岸各国都在推迟制定一个共同的解决办法。主要的分歧在于，俄罗斯不承认里海不是海，而是一个独特的水域。

2014 年 9 月 29 日，由阿塞拜疆、伊朗、哈萨克斯坦、俄罗斯和土库曼斯坦国家元首参加的第四届里海峰会在阿斯特拉罕举行。会上签署了一系列文件：《里海水文气象领域的合作协定》《预防和处理里海紧急情况的协定》《保护和合理利用里海的水生物资源的协定》。联合声明还确定了与会各国首脑同意在里海开展活动的原则。②

首脑会议之前，各方同意禁止任何非沿岸国家的军队进入里海。俄罗斯和伊朗都赞同该提议，尽管哈萨克斯坦、阿塞拜疆和土库曼斯坦与美国和北约有军事合作。各方还赞同航海自由和水资源开发的原则，尊重各国沿岸 15 海里领海的国家主权以及各方在本国 10 海里范围内开发水和生物资源的专属权。

在此之前，俄罗斯与阿塞拜疆和哈萨克斯坦在双边基础上确定了里海的海上边界。③ 伊朗最初宣称拥有里海 50% 的主权，但随后又将其主张降至 20%。但争议仍未解决。现在谈论伊朗和邻国之间进行海床划界还为时过早，因为争议焦点是这个大陆架上可能蕴藏着碳氢化合物。

通过水下管道输送能源仍然是一个有争议的问题。所谓南部天然气走廊，就是从土库曼斯坦到阿塞拜疆、再到欧洲的里海天然气管道项目。俄罗斯和伊朗均表示反对，并以保护里海生态为由来为其立场辩护。但很明显，两国

---

① *Ютяев В. И.* Особенности и реализация внешней политики Исламской Республики Иран (1979—2010 гг.). М.: РУДН. 2012. С. 244.

② См. сайт Президента России—http://www. kremlin. ru/news/ 46686.

③ См.: Соглашение от 6 июля 1998 г. между Российской Федерацией и Республикой Казахстан о разграничении дна северной части Каспийского моря в целях осуществления суверенных прав на недропользование и Протокол к соглашению, фиксирующий прохождение модифицированной срединной линии, подписанный Президентом РФ 13 мая 2002 г.; подписанное 23. 09. 2002 Соглашение между Российской Федерацией и Азербайджанской Республикой о разграничении сопредельных участков дна Каспийского моря; Соглашение между Российской Федерацией, Азербайджанской Республикой и Республикой Казахстан о точке стыка линии разграничения сопредельных участков дна Каспийского моря》 от 14. 05. 2003.

都不希望土库曼斯坦的天然气成为它们在欧洲市场的竞争对手。

里海沿岸各国之间存在许多分歧。俄罗斯研究人员 A. M. 伊万诺夫写道："第四次里海峰会在主要问题上没有达成一致即没有同意并签署期待已久的关于分配里海水域、海床和资源权利的全面公约。"①

2005 年 7 月，在俄罗斯的支持下，伊朗获得上海合作组织观察员地位。德黑兰的主要目标是成为上海合作组织的正式成员国。他们寄希望于 2009 年 6 月在叶卡捷琳堡举行的上海合作组织峰会，当时俄罗斯担任上海合作组织轮值主席国。尽管新当选的总统内贾德出席了峰会，但这个提案被推迟了。

鉴于各方在维也纳谈判中接近达成一致，2012 ~ 2014 年俄伊双边关系取得很大进展。两国文化部部长和副外长进行了互访。俄罗斯外长谢尔盖·拉夫罗夫四年来首次访问伊朗。2012 年 2 月，伊朗内政部部长访问俄罗斯。

然而，两国的经济关系却经历了艰难时期。2012 ~ 2013 年伊朗国内生产总值下降。② 消费品价格大幅上涨，伊朗里亚尔贬值，失业率上升。据非官方统计，失业率达到 19% ~ 20%，年轻人失业率达到 40%。③ 通货膨胀加剧进一步导致许多公司破产或濒临破产。

由于石油制裁，伊朗的石油产量和出口量均大幅下降。每年损失 350 亿 ~ 500 亿美元。此外，伊朗与全球银行结算系统和海上运输保险公司的联系也被切断，④ 这给伊朗的外贸增加了巨大难度。

2011 年，俄伊的年贸易总额为 37.5 亿美元。2012 年，这个数字降到了 23.3 亿美元。

2006 年以来，俄罗斯在伊朗实施的唯一重大项目就是布什尔核电站的竣工和大不里士—阿扎尔沙赫铁路电气化改造。

2012 年，伊朗被全球银行结算系统隔离，这成为俄罗斯银行与伊朗合作的一个重大障碍。

2012 年，俄罗斯主要企业与伊朗当局围绕许多项目的谈判均以失败告终。

---

① *Иванов А. М.* Четвертый Каспийский саммит//Запад—Восток—Россия 2014. Ежегодник. М.: ИМЭМО РАН. 2015. С. 105.

② IMF. World Economic Outlook. October 2013. P. 75—http://www. imf. org/external/pubs/ft/weo/2013/02/pdf/text. pdf.

③ См.: *Касаев Э. О.* Иран: экономическая ситуация и торговые отношения с Россией//Институт Ближнего Востока (сайт). 24. 06. 2013—http://www. iimes. ru/? p = 17765.

④ Там же.

经过两年的谈判后，俄天然气工业石油公司拒绝开发阿扎尔（Azar）油田。

在维也纳签署的伊朗核协议既给俄罗斯带来风险，也带来机遇。伊朗对世界石油市场供应的增加可能给油价带来下行压力。但是，伊朗年久失修的石油工业需要注入大量资金和较长时间才能恢复。伊朗国内开采和运输天然气的基础设施情况更糟。俄罗斯在天然气领域有着丰富的经验，可以参与伊朗重大天然气项目。两国还计划在太空探索和航空器制造方面进行合作。俄罗斯铁路公司也宣布有意参与伊朗铁路的电气化项目。

另外，武器和军事装备的供应仍然是最有效和最有利可图的合作领域。

然而，俄罗斯与伊朗的合作也存在一些客观障碍。

俄罗斯在伊朗市场上的竞争力不强，因为所有的服务和项目都是由国家或大企业提供的。对伊朗感兴趣的俄罗斯公司包括俄罗斯国家原子能公司、俄罗斯天然气工业股份公司、俄罗斯天然气石油工业公司、卢克石油公司、扎鲁别日石油公司、塔特内特、俄罗斯天然气公司、俄罗斯铁路公司、卡马斯（Kamaz）汽车公司、嘎斯（GAZ）汽车公司。伊朗部分地区也出现类似的情况：俄罗斯的伊朗合作伙伴是国有公司或大型私人公司。俄罗斯中小企业无法在伊俄经贸合作中占据主要地位。

大多数俄罗斯工业产品在国际市场上不受欢迎，也落后于西方的标准，尽管在性价比上它们有时具有竞争力。另外还有不少其他障碍：缺乏信息交流，双方都有一个强大的官僚机构，民间只有一些人道主义的交流和小规模的旅游交往。

要在伊朗做生意是比较难的。根据世界银行2013年的数据，伊朗的投资者保护指数为147。相比之下，新西兰为1，美国为6，俄罗斯为115，阿富汗为189。[①]

商业合作也因伊朗思维的特殊性而受阻。必须要考虑塔奇亚原则（taqiya，谨慎原则），它是商业的道德基础。什叶派习惯于在由逊尼派主导的国家里隐藏自己的观点。

俄罗斯国际事务委员会的评论认为："大多数影响俄伊关系发展的消极因素都是客观存在的。这些包括伊朗伊斯兰共和国的国家政治和意识形态结构、伊朗的外交和国内政策、民族心理、风俗习惯。因此，有必要了解伊朗文化

---

① *Современные* российско - иранские отношения⋯ C. 33.

和宗教背景的知识，以便用于商业谈判和与伊朗商界发展关系。①

打击宗教极端分子和恐怖分子的联合行动成为俄罗斯和伊朗不断加强的政治和军事技术领域合作的基础。但这将在后面讨论。

让笔者引用伊朗学者卡汗·巴扎格尔（Kayhan Barzegar）的一段话吧："伊朗与P5＋1之间达成核协议以及德黑兰与华盛顿出现缓和的机会使一些人认为，在新形势下伊朗与俄罗斯关系不会像以前那样热烈和广泛。但与美国关系的缓和不一定要以放弃与莫斯科的传统关系为代价。相反，这可能会给它带来新的潜力……伊朗和俄罗斯之间的关系是基于战略逻辑，以及在安全领域保护两国利益的需要，而不是经济利益，后者是第二优先事项。与此同时，新形势下与美国缓和更有可能迎来美国发出的经济、政治和军事威胁，而非能像所希望的那样与美国建立起密切战略关系。……俄罗斯赞赏一个自信而强大的伊朗在俄罗斯南部边界发挥稳定之锚的作用。俄罗斯还认为有必要巩固该地区各国的国家地位。"②

阿富汗：远在天边，却也近在咫尺

阿富汗似乎已成为一个遥远的国度。俄罗斯与阿富汗之间相隔数千公里，中间需要跨越哈萨克斯坦、塔吉克斯坦和吉尔吉斯斯坦的广大领土。20世纪90年代塔利班占领阿富汗后，莫斯科试图忘记这个国家。但它没能做到。究其原因，甚至与那场战争给俄罗斯社会留下的伤口无关，而是来自阿富汗的威胁会破坏中亚各国的稳定，蔓延到哈萨克斯坦，再进入俄罗斯。因此，在2001年9月11日的恐怖袭击事件发生后，美国及其北约盟国对塔利班发起打击行动，莫斯科方面予以支持。

北方联盟的武装部队主要由塔吉克人和乌兹别克人组成，由俄罗斯和伊朗提供武器。他们在美国人到达之前占领了喀布尔。俄罗斯还为驻阿富汗的北约部队提供了运输走廊，帮助他们解决后勤问题。另外还有一些信息交换。但是，如前所述，合作没有进一步深入。事实证明，阿富汗的混乱局面是复

---

① *Современные* российско－иранские отношения… С. 36.

② *Барзегар Кайхан*. Стратегическая необходимость. Отношения Ирана и России после ядерной договоренности в Женеве//Россия в глобальной политике. № 1. Январь—февраль 2014.

杂、多层次的。因此，笔者选择由一位一流的阿富汗问题专家、外交官、东方学家、俄罗斯前驻喀布尔大使（2002～2004 年）来讲述这一问题。

M. A. 科纳洛夫斯基（M. A. Konarovsky）①：我曾就阿富汗局势接受过多次采访。我再重复一遍。

笔者：没关系，我们的读者不同。

M. A. 科纳洛夫斯基：我们可以将塔利班的统治看成僵化的神权独裁。它将这个国家拖入真正的中世纪。尽管如此，如果不是因为有"基地"组织存在，塔利班也许还能长期掌权。本·拉登决定在阿富汗山区建立他的主要基地。在我看来，美国人在很多方面是被迫进入阿富汗的。在某种程度上，华盛顿甚至倾向于承认塔利班政权，他们甚至试图说服我们。他们告诉我们："你为何这么担心，他们没有什么可怕的。"这一点我记得很清楚，因为那时我在华盛顿的驻美大使馆工作，负责阿富汗的事务。塔利班主要是巴基斯坦的产物。克林顿政府试图利用这一点为自己谋利。"9·11"恐怖袭击之后，美国人没有退路。他们自己掉进了陷阱。这种情况迫使他们越来越多地参与其中，承担更多的责任，包括按照西方的陈词滥调和模式重建所谓的"新阿富汗"。我们今天可以看到它导致的结果，美国和北约部队在没有解决该国任何一个问题、阿富汗依然持续不稳定并威胁邻国的情况下，却要完全地（或不完全地）撤出该国了。

笔者：进入 21 世纪以来，我们没有再延续 20 世纪 90 年代那种追随西方的政策。

M. A. 科纳洛夫斯基：正是如此。苏联解体后不久，俄罗斯的行为需要有一些不同。当时俄罗斯的最高政治领导层认为有必要把所有"苏联遗产"都清除掉，把它们视为绝对不必要的、有害的东西。他们不明白国家地缘政治利益不取决于意识形态。以任何方式"加入西方"的愿望和对世界秩序的简单理解导致了错误，并在很长一段时间内使我们痛苦不堪。因此，这些错误在 21 世纪初必须纠正，现在仍然在纠正中。看一看现在俄罗斯的外交政策与苏联的做法非常相似：改善与第三世界的关系，与前盟友建立战略伙伴关系，

---

① 科纳洛夫斯基是一名东方主义者和经验丰富的外交官，曾在外交部任职近 40 年（1970～2009年）。他以口译员的身份开始外交生涯，先后任俄罗斯驻斯里兰卡、马尔代夫（2001～2002年）和克罗地亚（2004～2009 年）大使。——译者注

与中国恢复关系。但挑战依然存在。目前俄罗斯和西方关系的恶化，可能是而且很可能是未来整个世界政治的新分水岭。

笔者： 你认为苏联解体后俄罗斯拒绝支持纳吉布拉政权是个错误吗？

M. A. 科纳洛夫斯基： 很难说。今天回过头来看很容易做出判断。"圣战者"和西方都不需要纳吉布拉，无论是作为一个政治家还是一个人。俄罗斯失去了这位前盟友，或者说抛弃了他。对其他前盟友国家也是采用如此模式。

笔者： 俄罗斯对塔利班的态度如何？

M. A. 科纳洛夫斯基： 负面的，事实上。当掌权的"圣战者"开始与塔利班作战时，他们毫不犹豫地向俄罗斯求助。我们提供了很多帮助……总的来说，历史是一件有趣的事情，很难想象它在某个特定时刻会如何演化发展。我们当时的任务是帮助拉巴尼（Burhanuddin Rabbani）政府，他主要依靠北方联盟的前"圣战者"武装。这样做是为了不让塔利班有机会占领整个国家并接近苏联的边界。我们和美国人合作，并劝说美国不要承认塔利班政权。毫不夸张地说，俄罗斯方面做了大量工作。

笔者： 你认为华盛顿不承认塔利班政权是俄罗斯外交的成就吗？

M. A. 科纳洛夫斯基： 当然。如果莫斯科没有采取任何行动，那么一切都会以非常不同的方式结束。1996 年底，美国国务院公开讨论承认塔利班的可能性。美国还就此积极做包括中亚国家在内的一些阿富汗邻国的工作。美国的计划是：首先，塔利班会得到一些邻国的承认，这就是巴基斯坦（以及一些最可恶的阿拉伯君主制国家）所做的，然后会发生连锁反应。

一般而言，我们应这样看：华盛顿根据其外交政策利益、偏见和意识形态假设来判定别人的民主水平，或缺乏民主。激进的弥赛亚主义是美国外交政策的基础，苏联解体后，它找到了过度膨胀的新形式，而苏联曾被它称为"邪恶帝国"。

请记住：苏联解体后，我们的外交政策是去意识形态化的，而美国的外交政策则相反，越来越多地基于救世主主义的思想。在当前的国际形势下，美国可能会考虑到一些国家的特殊性，同时更加公开地表现出帝国主义对其他国家历史特征的漠视。

这一切都取决于美国的意识形态、经济、军事—政治实用主义。它没有情感。在这种背景下，它往往鲜明地显示出缺乏逻辑，或仅仅是对特定领导人的心理厌恶。似乎阿萨德（既包括父亲，也包括儿子）政权的主要优点之一是大马士革没有给美国的中东战略盟友以色列制造麻烦，除此之外，以色列还占领着叙利亚戈兰高地。但如果伊斯兰主义者掌权，他们可以要求归还所有的东西，以色列和阿拉伯人之间就可能会爆发大规模的战争。支持那些似乎先天不会给你带来很多问题的人是非常短视的。可惜这就是现实。

指望美国人能理解我们的立场是不必要的，也是乌托邦的幻想。你只需要接受美国就是美国这一事实，并根据自己的利益做出适当的回应。最好是找到妥协的方法。要做到这一点就必须有力量，而不只是拥有"软"的力量。对此不应天真。正是"最后一波"的苏联领导人和苏联解体后最初几年的自由民主派幼稚的侵略性外交政策，使我们遭受了如此巨大的损失。

笔者：再回到2001年。我们的立场在多大程度上是由希望被视为真正的朋友或某些现实的利益来决定的？

M. A. 科纳洛夫斯基：现实利益是排第一位的。毕竟，恐怖主义对俄罗斯来说仍然是非常严重的威胁。我们采取足够谨慎的行动，没有直接参与阿富汗的军事行动。事实上，华盛顿希望我们加入联盟，但我们婉言谢绝了。这样做是对的。当他们开始将美国式民主强加于阿富汗时，政府中的那些积极代理人，我称之为"美国阿富汗人"，还有原本非常受喀布尔当局欢迎的外国驻军，开始引起当地居民的排斥，然后阿富汗当地局势开始迅速发生变化。

总之，美国人决定进入阿富汗并摧毁国际恐怖主义温床对俄罗斯是有利的，但他们随后试图"教会阿富汗人如何生活"则是犯了一个大错误。的确，阿富汗有一个年轻的精英阶层已经形成，但是根据我对这些代理人的观察，一个经典的说法是："（他们）离阿富汗人民和阿富汗的现实太远。"这就是阿富汗的悲剧。

笔者：美国接受我们的经验了吗？

M. A. 科纳洛夫斯基：美国人曾经考虑过我们的经验。他们做过研究，邀请退役的苏联军人，研究我们"阿富汗人"的书籍和回忆录，非常积极地与政治学家和科学专家进行交流，顺便说一下，包括俄方专家。但是在实践中，所有这一切都没有实现，尽管他们在某些领域执行了苏联在一些情况下也执行的组织和行政计划。例如，他们设立所谓"省级重建工作队"，其中包括具有军事、经济和政治等性质的单位。在这些"小分队"的帮助下，他们试图让中央和地方接轨。军队在努力打仗的同时也参与重建。在阿富汗，想推行任何新东西很难。阿富汗社会非常难以改造。部落忠诚与保守伊斯兰主义相结合，有力地阻碍着社会的发展。

笔者： 阿富汗的未来会是什么样？

M．A．科纳洛夫斯基： 老实说，我不是很乐观。要在一个东方社会取得突破就必须有一个非常稳固的权力结构，而不是一个欧洲化的民主国家。否则，这个国家可能再次陷入互相辱骂和摊牌的境地，在那种情况下，一些周边邻国会试图干预，或者有的会将其视为地区政策的战略纵深。另外，阿富汗舞台上的政治角色比20世纪80年代末要多得多。他们都有自己的利益。

笔者： 俄罗斯在阿富汗应该怎么办？

M．A．科纳洛夫斯基： 尽管俄罗斯在阿富汗的战略利益与苏联时代不同，但无论如何俄罗斯都无法从阿富汗完全退出。我们将继续与喀布尔建立建设性关系。主要有两个原因。首先，我们感兴趣的是打击恐怖主义，更具体地说，是激进的宗教极端主义。我相信俄罗斯会接受任何喀布尔政府，除了那些奉行旨在破坏我国南部腹地即中亚局势稳定政策的最令人厌恶的政府。其次，我们的目标是尽量减少阿富汗毒品的流通。因此，我们的主要目标是，在该国实现和平，并推动阿富汗转变为一个不会给邻国带来麻烦的国家。

然而，俄罗斯不应寻求在阿富汗发挥领导作用，特别是因为这将遭到其他国家的抵制。最好的办法是躲在幕后，按照我们自己的利益行事，设法避免做出具体的承诺，在阿富汗事务中，一些伙伴试图把某些承诺强加于我们，我不排除这一点。我们应该与我们的中亚邻国协调我们的政策，但仅此而已。在阿富汗问题上我们有不能越过的红线。

笔者： 目前阿富汗对俄罗斯的态度如何？

M．A．科纳洛夫斯基： 他们什么都没忘记，但对俄罗斯人表现出忠诚的态度。当然阿富汗人也是不一样的。那些来自美国并担任政府和其他职位的人仍然抱有反俄情绪。尽管他们的态度可能会随着时间的推移而改变。在推翻塔利班政权后的最初时期，他们中的许多人试图指控我们犯下了不可饶恕的罪行……一般来说，阿富汗人是非常理性的。如果把我们和美国人比较，他们可能会带着怀旧的心情回忆起俄国人。

笔者： 一场新的而有限的冷战的气氛对阿富汗局势有影响吗？

M．A．科纳洛夫斯基： 当然有影响。就像奥巴马承诺的那样，美国人会离开阿富汗。但很明显，他们会在那里保留军事基地。新上任的阿什拉夫·加尼（Ashraf Ghani）总统与美国签署了战略军事合作协议。他们为什么需要它？不久前，一位美国外交官对我说："为了以防万一。"华盛顿正在考虑在阿富汗问题上与中国开展合作，以平衡双方在亚太地区的紧张关系。他们也不会为阿富汗军队购买我国直升机买单。通过我国领土的货物过境已经关闭。虽然我也不清楚白宫接下来会做什么，但我确信，如果美国与中国建立合作关系，美国人的目标将是在中亚挑拨莫斯科与北京之间的关系。因此，我们必须保持警惕。然后可能会有更多的意外。塔利班正在许多省份扩大其存在。阿富汗的军队和政客都不可靠。军队开小差数量很大。民族和宗教冲突正在加剧。"伊斯兰国"已经开始在塔利班附近采取行动。美国和欧盟正在减少对阿富汗的经济和社会援助。在那里还有什么可以用于奖励忠诚呢？总的来说，阿富汗的未知数太多了。

作者：在当前环境下，美国将继续拒绝与俄罗斯在阿富汗事务上合作？

M. A. 科纳洛夫斯基：目前是这样的。俄罗斯的"柔软下腹部"是脆弱的。俄罗斯必须增强它。[1]

俄罗斯与阿拉伯半岛诸国：取得一些进展

在后戈尔巴乔夫时代，俄罗斯抛弃了无神论，不再对他国依照"反动的"和"进步的"进行分类，开始试图在富裕的海湾君主国中寻找经济伙伴。然而，寻找共同点是困难和缓慢的。

20世纪90年代，俄罗斯没有得到来自海湾国家的大规模投资。因不熟悉其法律和传统，忧虑俄罗斯的稳定，阿拉伯资本持谨慎态度，不敢对俄投资。正如沙特商人对我说的："资本在本质上是懦夫，它需要担保才能运作，而这种担保在俄罗斯是不存在的。"

在石油领域，俄罗斯和沙特阿拉伯的关系发展十分困难。当时两国是世界上最大的石油生产国和出口国。不过，沙特是石油输出国组织的成员国，对该组织其他成员国的政策有巨大影响力。俄罗斯经常在市场和价格方面与欧佩克展开竞争。沙特阿拉伯的主要目标是维持油价，它负担得起对产量和

---

① 与科纳洛夫斯基的谈话（2016年3月14日）。

出口进行限制。

20 世纪 90 年代，私有化进程使得俄罗斯石油生产落入 50 多家私人石油公司手中，这些公司在这个贫穷的国家获得了巨大的财富和政治影响力。① 而沙特对阿美石油公司（Aramco）实施国有化，变成了沙特阿美（Saudi Aramco），成为沙特重要的公共政策工具。在 20 世纪 90 年代和 21 世纪初俄罗斯增加石油出口，只是因为它别无其他选择。

Y. K. 沙夫兰尼克（Y. K. Shafranik）②：关于俄罗斯石油公司有权增加石油产量和出口的声明是骗人的。在我的倡议下，当时通过一项法律规定，我国所有的矿产资源皆为国有。国家有权和有能力限制石油的开采和出口。但在那个时代，考虑到巨大的经济需求，除了出口石油俄罗斯实在没有其他选择。如何利用这些收入来解决我们的经济问题值得单独讨论，而不是政治讨论。我只能说，在柯西金时期，我们做梦也没想到会有这么多收入，尽管当时我们开发了萨莫特洛尔油田、所有的秋明油田，航天工业和核舰队也得到了发展……③

从 2001 年秋季开始，沙特阿拉伯和其他欧佩克成员国试图说服俄罗斯减产以保持高油价。莫斯科拒绝这样做。④ 21 世纪头十年对居高不下的石油需求掩盖了这些分歧。

除了经济关系紧张，政治关系也紧张。沙特阿拉伯和其他海湾君主国，或者至少是各国的私人赞助者，资助了北高加索地区的伊斯兰组织。沙特裔的哈塔卜（Khattab）成为车臣战地指挥官之一。车臣恐怖分子的另一名头目沙米尔·巴萨耶夫（Shamil Basayev）得到了海湾国家的财政支持，还有来自海湾国家的志愿者加入该组织。

根据美国国务院一名代表的声明，1997～1999 年，海湾国家的慈善组织提供了 1 亿多美元支持车臣分裂分子。美国或海湾国家从未将这些组织定义为

---

① *Rubinstein Alvin A*. Red Star on the Nile: The Soviet – Egyptian Influence Relationship since the June War. Princeton, NJ: Princeton University Press. 1977. P. 147.
② 沙夫兰尼克曾任秋明地区行政长官（1991～1993 年）、燃料和能源部部长（1993～1996 年）。俄罗斯石油和天然气生产商联盟主席。2004 年，他当选俄罗斯联邦工商会能源战略与能源综合开发委员会主席。——译者注
③ 对沙夫兰尼克的访谈（2015 年 3 月）。
④ 9 См.: *Dawisha Karen*. Soviet Foreign Policy towards Egypt. London, Macmillan. 1979. P. 68.

"恐怖分子"。① 1997 年，车臣总统阿斯兰·马斯哈多夫（Aslan Maskhadov）访问沙特阿拉伯，并会见沙特和其他国家的穆斯林领导人。② 2000 年 6 月，在马来西亚吉隆坡举行的伊斯兰会议组织会议上，沙特代表称，俄罗斯的军事行动是"对车臣穆斯林的非人道行径"③。

然而，在政府层面，沙特阿拉伯和其他海湾君主国表现出克制态度，宣布不愿干涉俄罗斯内政。

俄罗斯和以色列关系的加强也对同沙特阿拉伯的关系产生消极影响。沙特阿拉伯和其他海湾国家已经习惯了美以合作，对此合作仅限于口头谴责，但俄罗斯和以色列之间关系的改善则激怒了它们。

2001 年 9 月 11 日的恐怖袭击对俄沙关系的影响是多方面的。美国与沙特的合作关系恶化，在这种情况下，沙特与俄罗斯的关系有可能得到象征性的改善。车臣冲突问题被推到幕后。莫斯科试图更接近伊斯兰世界，甚至想要参与伊斯兰会议组织的工作。走这条路势必要经过利雅得。

当时，华盛顿要求沙特控制和限制支持宗教恐怖分子的私人捐款。美国声称沙特阿拉伯已经成为中东的"邪恶中心"和美国的危险对手。④ 沙特的资本开始撤离美国，但从美国完全撤出沙特资本（据说有 2000 亿美元）实际上是不可能的。⑤

俄罗斯方面赞扬了沙特王国，强调了其政治和经济重要性。

2003 年 3 月美国入侵伊拉克进一步促成莫斯科和利雅得的和解，因为俄罗斯反对美国的这一举动，而沙特则因其建议未被美国采纳而拒绝加入反伊拉克联盟。与此同时，沙特不再批评俄罗斯的北高加索政策。

2003 年 9 月，沙特王储、事实上的统治者阿卜杜拉访问莫斯科，普京则受邀成为于 2003 年 10 月在马来西亚举行的伊斯兰会议组织会议的嘉宾，同时俄罗斯也获得了该组织的观察员地位。2004 年 1 月，车臣领导人卡德罗夫

---

① *Юрченко В. П.* Египет：проблемы национальной безопасности. М.：Институт изучения Израиля и Ближнего Востока. 2003. C. 65.

② Там же. C. 69.

③ *Dawisha Karen.* Op. cit. P. 68.

④ См.：*Добрынин А. Ф.* Сугубо доверительно. Посол в Вашингтоне при шести президентах США（1962—1986）. М.：Автор，1996. C. 434.

⑤ *Freedman Robert O.* Moscow and Middle East：Soviet Policy since the Invasion of Afghanistan. Cambridge：Cambridge University Press. 1991. P. 129.

（Akhmad Kadyrov）作为车臣人民的合法代表在沙特阿拉伯受到礼遇。此外，他还获得了最高荣誉：他与阿卜杜拉亲王一起出席了清洗天房克尔白的仪式。

阿卜杜拉亲王访问莫斯科期间，俄罗斯总统弗拉基米尔·普京向客人保证："我们始终认为，伊斯兰世界、阿拉伯世界是我们的伙伴和盟友。"[1] 王储回应说，俄罗斯的政策是"有原则的、平衡的和合理的"[2]。依照王储的说法，两国在中东和伊拉克问题上的立场是一致的。[3]

双方就油气领域合作签署了一些协议。两国在一些问题上仍存在分歧，但双方都希望恢复友好关系。沙特阿拉伯也越来越频繁地宣称，车臣问题是俄罗斯的内部问题。

2004年1月，卢克石油公司赢得在鲁卜哈利沙漠开发几个油气田的投标。[4] 3月17日，卢克石油公司与沙特阿美石油公司签订合同，成立卢沙公司（卢克石油公司占股80%，阿美石油公司占股20%）。这在沙特石油行业并非大买卖，却是两国和解迈出的象征性一步。几年后，卢克公司与沙特阿美公司发现大量凝析气藏。

双方还签署了几个关于俄罗斯可能向沙特出售武器的合同。[5] 2004年12月，为了表示声援，沙特政府向别斯兰恐怖袭击的受害者提供了10万美元援助[6]，这次恐怖袭击造成333人死亡，包括186名儿童[7]。

2005年8月，法赫德国王去世，阿卜杜拉国王继位。阿卜杜拉延续法赫德国王的对俄政策。

2007年2月，普京总统在发表著名的慕尼黑演讲后立即启程访问沙特。国王亲自前往机场迎接。访问期间，普京获得了沙特国家最高荣誉——阿卜杜勒·阿齐兹国王勋章。在合适的时机，普京总统还和国王一道观赏了阿拉伯剑舞。为表示对当地传统的尊重，陪同总统的俄罗斯女记者都戴着头巾。

[1] *Hinnebusch Raymond*. The Foreign Policy of Egypt//The Foreign Policies of Middle East States / R. Hinnebusch and A Ehteshami, eds. Boulder, CO: Lynne Reinner. 2002. P. 109.

[2] *Юрченко В. П.* Указ. соч. С. 97—98.

[3] См.: *Freedman Robert O.* Op. cit. P. 331.

[4] См.: Коммерсант. 11.12.1997. С. 4.

[5] См.: Интерфакс. 17.10.2005.

[6] См.: *Salama A. Salama*. Russia Re-visited//Al Ahram Weekly (on-line). No 693. June 3—4, 2004.

[7] https://ru.wikipedia.org/wiki/Террористический_ акт_ в_ Беслане.

两位领导人进行了亲切交谈，签署了十余项经济文化领域合作协议。①

私人赞助者向北高加索分离主义分子提供的援助也在不断减少。

2004 年，两国贸易额增加到 1.43 亿美元。② 2009 年，这一数字达到 3.638 亿美元。③ 这个数字无论对沙特还是对俄罗斯而言都是一个小数字，但这个趋势看起来很有希望。至于与西方媒体关系密切的沙特媒体，则还是定期发表反俄、反普京的文章。

2000 年以来，双方在外交部副部长和司局级层次上举行了多次双边政治磋商。上一轮会谈于 2011 年 2 月在利雅得举行，当时俄罗斯代表团由俄罗斯总统中东问题特别代表和副外长萨尔塔诺夫（A. V. Saltanov）率领。2007 年 11 月，时任王储、国防和航空大臣、武装部队监察长苏尔坦·本·阿卜杜勒·阿齐兹亲王（Sultan bin Abdul Aziz）访问了莫斯科。

空间是双方合作最成功的领域之一。自 2000 年 9 月以来，俄罗斯火箭发射了 14 颗沙特通信和遥感卫星。自 2008 年以来，俄罗斯航天局、俄罗斯外交部与沙特方面举行会谈，讨论双方在和平研究和利用外太空以及发展和共同使用俄罗斯全球导航卫星系统（GLONASS，格洛纳斯）两个领域开展合作建立法律基础问题。

在能源领域，双方进行了部长级互访。2002 年 10 月之后，俄罗斯—沙特政府间关于贸易经济和科学—技术合作的联合委员会分别在两国轮流举行。会议不太频繁。在俄罗斯—阿拉伯商业理事会框架下，成立了俄罗斯—沙特商业理事会。俄罗斯主要公司的代表访问了沙特阿拉伯，但没有取得多少成功。

沙特政府决定自 2008 年起开始减少自己的小麦产量，并在 2016 年完全停止生产。在沙特阿拉伯种植小麦的成本是国际价格的 7 倍。双方开始谈判成立合资企业在俄罗斯生产粮食。为此成立了一家公司，希望每年能在俄罗斯生产 400 万吨粮食。另外两国商业圈的代表也进行了互访，虽签署了一些协议，但成绩不大。

俄罗斯科学院和沙特最大的科学技术中心——阿卜杜勒·阿齐兹国王大

---

① http://ria.ru/trend/visit_ Putin_ Saudi_ Arabia_ 110206/.
② См.: *Касаев Э. О.* Россия и Саудовская Аравия: динамика энергетического партнерства и создание нормативной базы—http://www.iimes.ru/rus/stat/2010/07 – 09 – 10a.htm.
③ http://www.riyadh.mid.ru/torgov_ econ.html.

学之间建立了直接的交流渠道。最积极的科学合作是由俄罗斯科学院天文研究所开展的。2009 年 3 月，由俄罗斯文化部部长 A. 阿夫杰耶夫（A. Avdeev）率领的俄罗斯代表团应邀参加了沙特阿拉伯 2009 年国家文化遗产节。

2011 年 5 月和 9 月，国家遗产博物馆举办了沙特考古展"阿拉伯半岛之路"，展出了一些独特藏品。沙特旅游和文物委员会主席苏尔坦·本·萨勒曼亲王（Sultan bin Salman）出席开幕式，他是沙特历史上第一位宇航员。

2008 年 6 月，俄罗斯穆夫提委员会代表团在主席拉威尔·加纳丁带领下访问沙特，参加由沙特国王赞助的"全球挑战和我们时代的问题"国际会议。同年 10 月，双方又在吉达举行"俄罗斯—伊斯兰世界"战略愿景小组第四次会议。俄罗斯代表团由鞑靼斯坦共和国总统沙伊米耶夫（Tatarstan M. S. Shaimiev）率领。

自 20 世纪 90 年代到 21 世纪头十年，俄沙两国签署了许多协议和备忘录，包括两国外交部间双边磋商、体育合作、避免对收入和资本双重征税（2007 年）、航空运输（2007 年）协议等。

2008 年 1 月，俄罗斯铁路公司赢得价值 8 亿美元的 520 公里长铁路线的建设招标。但四个月后，沙特阿拉伯拒绝签署该合同。或许，这是来自俄罗斯竞争对手的压力，但也可能纯粹是政治原因。当时，美国总统布什访问了利雅得，这表明美沙两国关系正在回暖。①

作为石油和天然气建设领域最大的国际承包商之一，俄罗斯天然气运输公司取得了更大的成功。2007 年，该公司赢得沙特阿美公司的谢巴赫—布盖格的管道招标。这项耗资约 1 亿美元的工程按时完工。虽然俄天然气运输公司因此获得良好声誉，但没有继续签订新的重大合同。

莫斯科以现实的态度发展与沙特的关系。在沙特的政治和经济中美国占主导地位。两国通过军事合作、财政以及沙特文职和军事精英在美接受培训等方面紧密联系。但是，有关与俄罗斯修好的报道在沙特领导层耳里听起来令人愉快，而美国人则感到恼火。

海湾国家，尤其是阿联酋，成为俄罗斯武器的重要买家，也包括小规模的民用商品。2007 年，两国共同庆祝双边军事合作十五周年。

1993 年，阿联酋首都阿布扎比举办首届国际武器展，吸引了包括俄罗斯

---

① http://izvestia.ru/news/416315.

在内的许多国际武器制造商。① 在接下来的十年里，俄罗斯和阿联酋之间的军事技术合作超过 10 亿美元。② 此后，双方就一些国际问题中的共同立场发表了声明。

2007 年，普京总统对阿联酋进行了两国关系史上的首次访问。2009 年，阿联酋副总统兼总理、迪拜酋长马克图姆（M. Al Maktoum）访问了俄罗斯。阿布扎比王储阿勒－纳哈扬（M. Al－Nahyan）分别于 2009 年、2012 年、2013 年、2014 年访问俄罗斯，2015 年则两次访俄。

俄罗斯高级官员多次访问阿联酋。其中包括政府第一副总理舒瓦洛夫（I. I. Shuvalov）、政府副总理纳雷什金（S. E. Naryshkin，2008 年）、政府第一副总理谢钦（I. I. Sechin，2009 年和 2010 年）。包括部长级在内的外交部间沟通实现了常规化。其他部委也保持沟通交流。

2013 年，双边贸易额达到 25 亿美元。随后两年，由于金融和经济形势不利，贸易额下降到 12 亿美元，但随后又有所上升。1994 年成立的俄阿政府间贸易、经济和技术合作委员会定期举行会议。两国签署了一系列协议，以加强两国关系的法律框架。议会间的关系也在发展。

到 2010 年代中期，有 2.5 万名俄罗斯人居住在阿联酋。俄语社区人口超过 4 万人。2015 年，有 43 万名俄罗斯公民访问阿联酋。③

20 世纪 90 年代和 21 世纪头十年，阿联酋成为俄罗斯武器的第四大买家，仅次于中国、印度和伊朗。俄阿两国也曾认真讨论联合军事生产的可能性。

俄罗斯在武器市场的主要竞争对手是乌克兰和白俄罗斯，这两个国家一直努力压低产品和服务的价格。

海湾国家也很难忽视令人痛苦的车臣问题，接受俄罗斯对车臣分裂分子采取的行动。但所有海湾国家都承认车臣是俄罗斯的一部分，并谴责恐怖主义行为。2004 年 5 月 9 日，车臣总统卡德罗夫和他的随行人员在格罗兹尼体育场爆炸事件中身亡，卡塔尔外交大臣将该事件定义为"恐怖行动"，并表示卡塔尔谴责一切形式的恐怖主义，不管它从何而来。④

卡塔尔与莫斯科的关系相对良好。1998 年 4 月，两国签署了一项军事合

---

① См.: *Katz Mark N.* Will Russia and America be allies in Iraq? //Eurasia Insight. 02. 11. 2004.

② См.: Агентство военных новостей. 17. 02. 2005.

③ 材料由俄罗斯驻阿联酋大使馆提供。

④ ИТАР－ТАСС. 10. 05. 2004.

作协议，但没有得到执行。当时，卡塔尔外交大臣谢赫·哈马德·本·贾西姆·本·贾比尔·哈尼（Sheikh Hamad bin Jassim bin Jaber Al Thani）访俄，会见了俄罗斯外交部部长普里马科夫①。双方的会谈异常成功。②

2001 年 12 月，卡塔尔埃米尔谢赫·哈马德（Sheikh Hamad）访问莫斯科，表示希望开展尽可能广泛的合作。③ 双方讨论了与俄罗斯天然气工业股份公司的经济合作项目以及打击国际恐怖主义的联合行动。只是这些讨论未落到实处。

2004 年 2 月 13 日，车臣分裂主义领导人扬德巴耶夫（Zelimkhan Yandar-biyev）在多哈被谋杀，这损害了两国关系。两名俄罗斯情报官员被逮捕，并被控谋杀。他们都面临死刑。④ 2004 年 12 月，莫斯科保护本国公民的外交努力奏效，卡塔尔将这两人驱逐出境。⑤

得益于和海湾各国政府关系的加强，莫斯科遏制住了资助北高加索分裂分子的私人捐款活动。

苏联解体后，甚至在苏联解体前，俄罗斯已经不再关注也门问题。马克思主义的南也门在 1990 年 5 月 22 日被迫与北也门联合，新成立的也门共和国由北方人主导。南方人试图再次脱离联邦的军事企图并没有取得成功。新也门与俄罗斯保持着关系，但严格限制在务实基础上。2000 年 5 月，俄罗斯国防部部长谢尔盖耶夫访问也门首都萨那，并与阿里·阿卜杜拉·萨利赫（Ali Abdullah Saleh）总统就扩大双边关系举行会谈。⑥ 也门总统于 2002 年和 2004 年回访莫斯科。两国高层互访频繁。

21 世纪头十年，俄罗斯恢复了与也门的军事合作，向其提供坦克、战斗轰炸机和其他武器。⑦ 双边经济关系发展有限。在国际问题上，俄也两国立场相近。尽管在车臣发现一些也门籍恐怖分子，两国都谴责国际恐怖主义。

俄罗斯和也门的关系是友好的，但美国在该地区压倒一切的影响力显而易见。1990 年、2000 年、2001 年和 2004 年，萨利赫总统 4 次访问美国。与俄罗斯的传统关系被用来制衡美国在该地区的主导地位。

---

① Arabic News (on – line). 20.04.1998.
② Ibid.
③ ИТАР – ТАСС. 24.12.2001.
④ Там же. 26.02.2004.
⑤ Интерфакс. 23.12.2004.
⑥ www. stratfor. com. 24.05.2000.
⑦ The Current Digest of the Post Soviet Press. Vol. 56. No 21 (23.06.2004).

21 世纪头十年的俄罗斯与埃及关系：伙伴而非盟友

尽管仍有一些限制和阻碍，俄罗斯和埃及之间的友好关系在 21 世纪的第一个十年发展较好。两国相互靠近，在一系列国际问题上寻求并达成共识，例如中东和平进程、伊拉克问题、叙利亚问题、黎巴嫩问题及建立地区安全体系等问题。即使它们共同努力也不可能发挥决定性作用，例如中东和平问题。但是，这至少有助于寻找一种方法来摆脱看似无望的僵局，避免冲突蔓延。

埃及自认为是区域大国，是最大的非洲国家之一和不结盟运动的领导人之一。它的立场有时会与美国自以为是的救世主式要求发生冲突，这也成为埃俄修好的额外动力。开罗还希望未来在联合国安理会改革中获得常任理事国的地位。尽管联合国改革被推迟了，但俄罗斯还是面临着一个艰难的选择。南非和尼日利亚也希望代表非洲获得常任理事国的席位，它们与俄罗斯的关系也一直非常友好。

在外交政策和商业关系方面，开罗寻求与各国展开"全方位"合作，但主要目标还是加强与包括俄罗斯在内的世界大国的关系。俄罗斯以同样的原则为指导，以某种新的形式"重返中东"。这种契合使得莫斯科和开罗能够更新和扩大合作的形式和方法。

两国间政治互信的增强在解决地区问题上发挥了重要作用，俄罗斯可以通过埃及更巧妙地感受它和所有阿拉伯国家对伊朗核问题、叙利亚问题、黎巴嫩局势的态度。俄罗斯和埃及之间没有利益冲突，这对促进两国关系向更高水平发展意义重大。考虑到中东的冲突众多，俄罗斯和埃及深信它们的立场要么是重合或相近的，要么是平行发展的。

俄罗斯不要求埃及放弃与西方的联盟与合作，也不追求这样的目标。显然，俄罗斯不能取代西欧和美国在经济和人道主义领域与埃及进行更广泛多边的关系和合作。俄罗斯的经济无法在中东与西方竞争。俄罗斯的中央集权经济模式已经过时，当时的对外经济关系形式也已失效，甚至连军事技术合作的机会也急剧减少。

然而，与俄罗斯的合作使埃及在中东和整个国际舞台上更有信心。这使埃及能够更有效地捍卫其立场，特别是在地中海联盟以及其与北约的关系中。

开罗曾被北约的转型和扩张进程所困扰。它对该组织是否能成为一个全球警察心怀疑虑。埃及担心北约不会遵循国际法和只在联合国安理会决议的基础上采取行动。开罗还担心北约将突然开始在中东和平进程中发挥作用，这将使埃及的作用下降到第三位。这些担忧只限于埃及内部，北约和埃及之间的接触一直在进行，并进一步发展。此外，埃及寻求获得北约的技术能力及其训练设施，并与其合作打击恐怖主义。

考虑到俄罗斯—埃及合作的传统，包括在联合国的合作，埃及将与俄罗斯协调中东事务上的立场视为优先事项。

在21世纪的第一个十年，双方外交部磋商、代表团互访、举行会议等表明，埃及领导人和阿盟在重大地区问题上非常看重与俄罗斯的协调，特别是在中东和平进程问题，还有与以色列、巴勒斯坦和叙利亚的关系上。开罗还指望在中东问题四方会谈的活动上与俄罗斯协调一致。

这些关系的发展是在双边基础上和通过阿拉伯国家联盟进行的。俄罗斯是最早与阿盟建立战略伙伴关系的先驱之一。2003年9月，俄罗斯外交部就与阿盟秘书长签署了谅解备忘录。

2005年，普京总统访问开罗阿盟总部，委任俄罗斯驻埃及大使兼任驻阿盟首位外国代表，之后俄埃合作不断扩大。[1] 2009年12月，俄罗斯外交部部长拉夫罗夫和阿盟秘书长穆萨在开罗签署了一个新的谅解备忘录，进一步阐述了双方的合作内容。[2]

21世纪初，1993年《奥斯陆协议》的执行出现了严重倒退。长期艰苦谈判的成果在很大程度上遭到破坏。漫长和痛苦的谈判进程陷入僵局，以色列恢复定居点活动和巴勒斯坦极端分子对以色列平民发动恐怖袭击使得局势更加脆弱。2002年阿拉伯和平倡议[3]没有赢得以色列国内的赞同。所有这些都对地区局势产生消极影响，并给埃及带来非常严重的问题。

这就是为什么俄罗斯和埃及都希望恢复中东和平进程，支持华盛顿提议召开安纳波利斯国际会议（2007年11月）。然而，正如两国所预期的那样，

---

① www. egypt. mid. ru/rerlations/index. html.

② Там же.

③ 阿拉伯和平倡议是2002年3月28日阿拉伯联盟在贝鲁特制订和采用的阿拉伯国家官方计划，旨在与以色列实现全面和平和结束阿以冲突。它的主要条件是以色列撤出1967年占领的领土，承认巴勒斯坦在约旦河西岸和加沙地带的主权，承认东耶路撒冷为巴勒斯坦首都。——译者注

会议成果极其有限。

在美国 2003 年入侵伊拉克之后，开罗对伊拉克实现稳定的前景深表怀疑。但莫斯科和开罗都不能真正影响事态的发展。2006 年，4 名俄罗斯公民在伊拉克被捕①，埃及人准备协助释放他们。可惜所有的努力都白费了，人质最终被杀。埃及人自己也经历了一场悲剧：伊拉克极端分子在巴格达杀害了埃及大使。当黎巴嫩总理拉菲克·哈里里被暗杀、针对叙利亚的战争宣传如火如荼时，双方在这样非常困难的时刻找到了共同立场——都要防止叙利亚局势不稳定。在这一点上，埃及和俄罗斯的立场相同。

俄罗斯和埃及就不扩散核武器和伊朗核计划定期交换意见。在 21 世纪头十年的下半段，以色列或美国袭击伊朗核设施的危险似乎是真实存在的。埃及领导人对美国在伊朗核问题上的双重标准直言不讳，认为它有意放纵以色列拥有核武器。埃及指出，这种选择性的做法不仅违反国际法原则，也不符合阿拉伯国家把中东变成无大规模杀伤性武器地区的愿望。

伊朗获得军事核能力也将不可避免地促使中东许多国家发展自己的核计划，激化本已非常不稳定的地区局势。开罗的立场得到莫斯科的理解，并在俄罗斯处理伊朗核问题的过程中得到考虑。埃及方面提请注意一个事实，即以色列拒绝加入《不扩散核武器条约》，这也决定了其在参加《禁止化学武器公约》方面的立场。埃及主张在中东建立包括伊朗和以色列在内的无大规模杀伤性武器区。但这些提议一直止步不前，美国也只是简单地驳回了这一建议。

21 世纪初，在相互合作的框架内，俄伊成立双边反恐工作组。② 在那一时期，埃及强调，各国应遵守"了解你客户"规则，尤其是互联网提供商，这是缩小网络空间恐怖活动的先决条件。根据埃及的评估，互联网本质上已变成"恐怖百科全书"。俄罗斯也赞同这一观点，并参与制定了《联合国全球反恐战略》和欧安组织、欧洲理事会和八国集团的相关文件。

俄罗斯和埃及之间也有分歧。埃及反对俄罗斯将穆斯林兄弟会列入恐怖组织名单，指出该组织实际上是一个政治组织，在埃及议会中有其代表。但俄罗斯法院做出这一裁决是由于穆斯林兄弟会的激进分子参与了车臣冲突。

---

① http：/rg. ru/sujet/2574.

② www. mid. ru/maps/eg/-/asset_ publisher/g1lePFf60c7F…/402950.

也许这个决定是草率的，但多年来一直没有改变。双方还讨论了打击核恐怖主义问题。关于打击恐怖主义的措辞，两国也有一些分歧。但总的说来，莫斯科和开罗的立场是一致的。

两国关系迈上新台阶。这从双方高层互访中得到了反映。2001年，穆巴拉克总统访问莫斯科是朝这个方向迈出的重要一步。在与普京总统会谈后，双方签署了《友好关系和合作的原则宣言》，制订了两国开展贸易、经济、工业、科学和技术方面长期合作的计划。① 两国商业关系长期停滞的局面终于被打破了。

2005年4月，俄罗斯总统普京首次访问中东。埃及是他的首访国，离开开罗后他去了耶路撒冷和拉马拉。

普京的访问有助于克服业已停滞的相互投资困难。虽然规模不大，但两国建立了商业伙伴关系。俄罗斯参与了埃及拖拉机和汽车组装企业，还有专门从事市场研究的公司。这只是小规模的基础工作，展示了一种趋势。在俄罗斯，埃及商人开设了出售家具、衣服和鞋子的展厅和店面。由易卜拉欣·卡迈勒（Ibrahim Kamal）领导的一家埃及公司投资2.5亿美元生产图-204飞机，② 尽管该项目没有达到计划的产量。

埃及航空公司和埃及旅行社在俄罗斯建立了分支机构。双方讨论了在亚历山大港建立特殊的俄罗斯工业区的问题，这个项目最后也被推迟。政府间贸易、经济和科学技术合作委员会在这一阶段也相继成立。

文化合作也得到有力推动，如组织展览和节庆、音乐旅游和探险等。两国在服务、卫生、教育等领域进行合作。2006年，专门培训最新技术的埃及俄罗斯大学在开罗成立。来自俄罗斯的学生获得了在爱资哈尔大学学习的机会。在21世纪第一个十年末，大约有15000名俄罗斯人在埃及散居，其中包括混合家庭和俄罗斯公民。

20世纪90年代末，两国宗教领袖之间的精神信仰交流和接触在跨宗教机构和论坛的框架内发展起来。促进这一进程的主要人物包括莫斯科和全俄罗斯大牧首阿列克谢二世（2010年访问埃及）、亚历山大及全非洲牧首西奥多二世，以及俄罗斯东正教在埃及的代表海古门·莱昂尼德。科普特教会和最大的伊斯兰大学爱资哈尔大学的领导人均乐见双方关系的发展。他们都参加

① www.iimes.ru/rus/stat/2006/13-11-06f.htm.
② www.aviaport.ru.

了一年一度的世界公共论坛"文明对话"。

2008 年，埃及总理艾哈迈德·纳齐夫（Ahmed Nazif）访问莫斯科为两国关系增添了新的内容。双方讨论了开展军事技术合作的可能性，并开始建立相关双边机构，以进一步进行协商。由于埃及军队的大部分武器是苏联制造的，升级或修理的需求量很大。

埃及对军事和民用领域的空间合作也抱有希望。双方讨论了一系列问题，包括空运、海上直通以及俄罗斯公司参与埃及公路和铁路基础设施的开发和现代化改造等。

和平利用核能是 21 世纪头十年俄埃商业伙伴关系的优先事项。当时，埃及领导人做出政治决定，与俄罗斯签署关于这方面合作的政府间协定。但这执行起来并不容易：两国需要就未来核电站的选址、反应堆的容量以及财务和法律事务达成一致。2008 年 3 月，埃及与俄罗斯在莫斯科签署《俄罗斯联邦政府与阿拉伯埃及共和国政府关于和平利用原子能领域合作的协定》①。但是，因为核能领域的国际竞争不断加剧，具体合同的签订被推迟了。

两国放松了签证制度，最终埃及取消了签证制度，文件也通过司法部得到了协调。

21 世纪初，俄罗斯和埃及之间的贸易额从 2000 年的 4 亿美元增长到 21 亿美元。到第一个十年末，包括旅游业在内的服务业已达 40 亿美元。2010 年全年访问埃及的俄罗斯游客达到 250 万人次。

俄罗斯对埃及的出口主要是木材、小麦、有色金属、机械和设备。碳氢化合物不在贸易范围之列。俄罗斯商人在特别工业区的税收和利润汇出问题也在不断得到解决。然而，由于缺少有吸引力的项目，以及俄罗斯商业的潜力不明显，工业园建设最终还是被推迟了。

2009 年 3 月，穆巴拉克总统访问莫斯科，俄罗斯和埃及之间的高层接触从此成为常态。

2009 年 6 月 23 日，俄罗斯总统梅德韦杰夫访问埃及，签署了俄罗斯与埃及建立战略伙伴关系协定。② 尽管该文件在本书撰写期间尚未获得批准，但在实践中已成为和平合作的基础。双方认识到，有必要为共同投资基础设施创

---

① http://ria.ru/atomic/20150210/1046924336/html.

② http://docs.cntdl.ru/document/420218888.

造条件，特别是在传统能源和替代能源、公共工程、住房、运输、通信技术和旅游业方面。在"考虑到共同利益和国际义务"的同时，该协议还强调开展军事和军事技术合作的重要性。

科技合作被视为最有前途的领域之一。这包括高科技、核能、通信、商业卫星发射、医药和制药等。在油气和建筑领域的大型俄罗斯公司，还有银行、保险公司和运输公司，受到鼓励要进入埃及市场。

在 21 世纪头十年中，随着双边关系的扩大，两国间法律、金融、组织结构以及合作机制都在不断完善，其中包括签署关于避免双重征税和给予最惠国地位的政府间协定。

然而，相互投资的数额仍然很少，在一些投资领域甚至为零。商品和服务贸易量的增量远远小于埃及与主要发达国家的贸易额。这是有客观原因的——不少俄罗斯经济部门技术落后且缺乏竞争经验。因此尽管总体趋势是积极的，但许多因素仍阻碍着双边贸易的发展。

即使经历了 2008～2009 年全球金融危机的打击，俄埃关系仍在发展。但埃及领导人忽视了爆发一场社会政治风暴的不祥征兆，这场风暴改变了埃及和整个阿拉伯世界，也给俄罗斯与阿拉伯国家的关系打下了印记。俄罗斯外交部门、安全部门，甚至科学界都注意到了埃及和其他阿拉伯国家的危机现象，但断然拒绝给予暗示，认为这可能会被视为干涉阿拉伯国家的内政。

"俄罗斯在中东的主要王牌"

这个标题是安德烈·科鲁兹①在他研究俄罗斯—叙利亚关系中提出的。②很少有西方政治学家能如此准确地切中要害。值得注意的是，这篇文章发表于俄罗斯军事干预叙利亚的五年前。作者巧妙地没有指明"王牌"的级别。很明显，它不是老 A 或老 K。使用纸牌游戏术语，人们更应该称叙利亚为俄

---

① 安德烈·科鲁兹在波兰雅盖隆大学学习历史和法律，并在加拿大多伦多大学获得比较政治和国际关系学博士学位。主要著作有：《梵蒂冈对巴以冲突的政策：圣地之争》（1990）、《俄罗斯在中东：朋友还是敌人》（2007）。2010 年以前，他在加拿大皇室山学院和卡尔加里大学教授政治学和政治史。——译者注

② См.: *Крейц А.* Сирия: главный российский козырь на Ближнем Востоке. Russie. Nei. Visions. № 55. Ноябрь 2010 (IFRI, Центр Россия/ННГ).

罗斯在该地区政策的"宫内的仆人"（J）或"王后"（Q）。

在后戈尔巴乔夫时期，俄罗斯近二十年来一直在朝着这一方向发展。应当指出的是，叙利亚是继埃及之后第二个部署苏联常规部队的阿拉伯国家，20 世纪 80 年代，苏联大约有两个防空团①以及来自其他部门的军事顾问驻扎在那里。

苏联和叙利亚的亲密军事政治合作关系是在埃及放弃与以色列对抗、签署和平协议并投入美国的怀抱之后形成的。在没有足够能替代埃及国家的情况下，苏联开始与伊拉克、阿尔及利亚、南也门和叙利亚密切合作。我们应看到，在与叙利亚的关系中，经济从来都不是决定性因素。俄罗斯与伊拉克的贸易和经济合作规模就超过了俄罗斯与所有其他阿拉伯国家的总和。

在戈尔巴乔夫领导时期，叙利亚总统阿萨德三次访问莫斯科。在 1990 年 4 月的最后一次会晤中，阿萨德看到的是一个困惑的戈尔巴乔夫，这位领导人自己都无法清晰地阐明俄罗斯在中东地区政策的战略方向，这根本不像是一个超级大国的领导人。戈尔巴乔夫问阿萨德，他是如何在如此艰难的情况下管理国家的。

随后那些年，莫斯科忘记了叙利亚。20 世纪 90 年代初，失去 14 个加盟共和国的俄罗斯全神贯注于自己的国内事务，很难确定自己的社会、政治和国际身份。

这样一来，与叙利亚关系的发展也受到了制约。俄罗斯专家们纷纷离开叙利亚，叙利亚欠俄罗斯一大笔债务。俄罗斯既没有资源，也没有意愿在叙利亚投资。由于惯性的影响，在经济和文化领域合作的一些合作仍在继续。双方签署了有关贸易、经济、科技合作，以及避免双重征税、和平利用核能、石油和天然气勘探、灌溉等领域合作的诸多协定。前往俄罗斯大学学习的奖学金也恢复了。2001 年，两国贸易额达到 1.63 亿美元。

政治关系的回暖是在普里马科夫担任外交部部长期间，当时他试图将叙利亚—以色列纳入中东和平进程轨道。以色列对这一想法颇有兴趣，但最后没有产生实质性的效果。以色列于 1981 年正式吞并叙利亚的戈兰高地，并一直在积极开发戈兰高地。

1999 年 7 月，阿萨德总统抱病出访莫斯科，但是这次访问没有产生任何

---

① gruzdov.ru/wiki/советско – сирийское_ военное_ сотрудничество#.

重大的成果。双方的声明也没有什么新鲜的内容。

那个时候的叙利亚正面临自己的难题，那就是哈菲兹·阿萨德的政治遗产问题。他的兄弟里法特（Rifaat）在一次政变后被流放到国外。长子巴塞尔（Bassel）一直在为继承总统职位做准备，却在 1994 年死于一场车祸。此后，哈菲兹·阿萨德将在英格兰医学院学习眼科的次子巴沙尔（Bashar）召回，想把巴沙尔培养成为一名军事和政治领袖，并逐渐将权力移交给他。阿萨德在复兴党和军事精英集团内部的权力平衡方面处理得很好，子承父业的权力移交没有面临太多阻力。

巴沙尔·阿萨德试图让这个国家摆脱孤立，改善与西欧和美国以及邻国，特别是土耳其的关系。但与以色列之间悬而未决的问题才是首要挑战。事实上，无论是哈菲兹·阿萨德时期，还是巴沙尔·阿萨德时期，戈兰高地的停火线上从未发生过军事冲突，这对双方都有利。但是，任何叙利亚政府都不能同意以色列吞并这片领土。

与此同时，反以情绪，伴随着对以色列盟友和庇护者的尖锐批评，以及叙利亚与伊朗的密切关系，加剧了美国与西方国家对叙利亚复兴党政权的敌对态度。叙利亚军队根据 1989 年塔伊夫（沙特城市）协定，为结束黎巴嫩内战而部署在黎巴嫩，而美国和以色列则反对这种军事存在。叙利亚坚持其独立立场，一再重复使用"反帝国主义"（反西方）的言辞。

因此，在许多人看来，2003 年美国及其盟国占领伊拉克之后，叙利亚似乎就是其下一个目标。西方媒体也做了相应的宣传，但没有找到可以攻击叙利亚的借口。每个人都知道入侵伊拉克的借口根本就是谎言，而且伊拉克的局势在日益恶化。

莫斯科一贯向叙利亚提供外交支持。美国只是空谈中东"民主化"的目标，但不打算在任何地方动用其武装力量。当时，俄罗斯也开始调整其亲西方的政策，以保持其作为世界强国在国际事务中的影响力，决定重返美国完全占主导地位的中东。

唯一公开反对美国霸权地位的阿拉伯国家是叙利亚。美国国会通过了反叙利亚的决议。西方媒体的反叙利亚言论不断升级。这种局势把莫斯科和大马士革彼此推近。

为什么叙利亚需要俄罗斯联邦？这里有好几个因素在起作用，随着时间的推移，它们的重要性位次也在反复变换。

也许，我们应该把战略政策目标放在首位：俄罗斯在中东需要拥有一个事实上的盟友，应该加强这一关系，并在任何情况下防止外国军事干预。

叙利亚政权的世俗特征以及其与苏联/俄罗斯的传统关系是两国关系改善的基础。仅叙利亚俄罗斯大学校友会就有 3.5 万名会员。另有数万人在苏联/俄罗斯军事学校或学院学习。叙利亚军队装备的几乎全部是俄式武器。有超过 1.5 万名俄罗斯妇女嫁给了叙利亚人，因此，她们的孩子在混合家庭中长大。

俄罗斯还发现，叙利亚没有出现反俄罗斯的伊斯兰主义威胁，而当时北高加索地区有来自海湾国家的经济捐助和志愿人员。为了应对这种宗教极端主义的威胁，俄罗斯需要在国家层面加强与阿拉伯和伊斯兰国家的关系，而不管其政权性质如何，无论是沙特阿拉伯还是其他海湾国家，是世俗的叙利亚（在不同信仰之间保持着完美平衡）还是埃及（美国事实上的盟友）。

总的说来，那一时期俄罗斯的中东政策主要是对局势或其他国家行动的被动反应，所提建议也是宣示式的。这种评估也不全然准确。华盛顿的政策失误引发民众日益增长的反美情绪以及地区精英对自身利益的务实理解，也使得俄罗斯和一些中东国家采取主动行动，并相互靠拢。

叙利亚在东地中海的战略位置也吸引俄罗斯的兴趣。尽管塔尔图斯基地的修理厂和浮动码头已锈迹斑斑，但俄罗斯海军的复兴有可能对其产生需求。经济关系微不足道，不起决定性作用，但每个人都记得叙利亚过去的经济成功是和与苏联的合作密切相关的。当时有很多项目，比如，在幼发拉底河上建造水坝、水库和水电站，扩大灌溉农田面积等大型项目。

应该指出的是，通常而言，由于以色列和美国因素的影响，俄罗斯领导层发展与叙利亚关系的政策并不轻松。俄罗斯精英也没有在叙利亚问题上达成一致。左翼反对派和一些与叙利亚军方有着传统的、几乎是同盟关系的将军赞成与叙利亚以及其他阿拉伯国家合作。但也有许多人反对这种友好关系。

共产党议员 V. 泰特金（V. Tetekin）写道："近年来，在莫斯科的默许下，叙利亚被美国贴上了支持国际恐怖主义的标签。在俄罗斯媒体中，叙利亚通常在负面背景下被提及。俄罗斯媒体要么对叙利亚不闻不问，要么就将其描述得一无是处……阿萨德对俄罗斯的访问（2005 年）遇到了俄罗斯精英阶层的强烈抵制，他们已经与以色列建立了友谊。"①

2005 年 1 月，巴沙尔·阿萨德总统第一次访问莫斯科，成为两国恢复历史关系的推动力。阿萨德会见了普京总统，双方都认为这次访问是"成功的"。莫斯科取消了 73% 的叙利亚债务，金额达 134 亿美元。② 在声明中，普京隐晦地批评了美国和以色列，并支持叙利亚的立场。但这并不意味着克里姆林宫持反以立场。

鉴于以色列的政策不仅是要确保它在该地区的绝对军事主导地位，还要削弱叙利亚直至使其失去防御能力，2005 年 1 月巴沙尔·阿萨德的俄罗斯之行确实是一个历史性的里程碑。即便是退回到苏联时代，叙利亚也无望与以色列在军事上平起平坐。美国一直在用其军工联合体的最好产品武装以色列，而苏联做不到这种程度。现在，叙利亚希望可以加强自己的防御能力，而俄罗斯只能小心谨慎地给予帮助。

曾领导俄罗斯国防部国际军事合作总局的退役陆军上校雷奥尼·伊瓦绍夫说："我们与中东国家、阿拉伯世界和伊朗的军事技术合作都在特拉维夫的掌握之中。"③

俄罗斯没有同意向叙利亚人提供他们所需要的一切。"关于伊斯坎德尔 - E 型（Iskander - E）战术导弹，以色列坚决反对，"泰特金写道，"在阿萨德到访的同时，以色列外交部总司长阿布拉莫维奇（A. Abramovich）也匆忙赶来莫斯科。"④

2008 年 8 月，俄罗斯拒绝向叙利亚提供射程为 280～400 公里、可运载核弹头或常规弹头的伊斯坎德尔 - E 型固体助推单级战术导弹。

2005 年 1 月阿萨德访问莫斯科后，两国经济合作发展迅猛。年贸易额从 2005 年的 5.6 亿美元上升到 2008 年的近 20 亿美元。⑤ 2009 年全球金融危机期间有所下降，但很快又恢复涨势。

叙利亚开始进口俄罗斯的机电产品，尤其是石油和天然气工业产品、石

---

① *Тетёкин В. Н.* Почему Сирия объект давления со стороны Запада? //Советская Россия. 19. 12. 2006.

② *Москва списывает 73% долга Сирии//Интерфакс.* 25. 01. 2005.

③ Интерфакс. 07. 09. 2010.

④ *Тетёкин В. Н.* Указ. соч.

⑤ Интервью министра иностранных дел России С. В. Лаврова сирийскому информационному агентству САНА. МИД РФ. 4. 06. 2009.

化产品、发电站零配件、拖拉机、卡车、客车。俄罗斯地质学家开始在帕尔米拉地区勘探石油和天然气。两座天然气处理厂也开始建造。

自然，两国军事技术领域的合作也逐渐恢复。叙军队中有数十名俄罗斯军事顾问，俄罗斯教官也在叙利亚军事院校任教。直到 2006 年，俄罗斯没有向叙提供现代武器，但一直在帮助叙利亚实现军事装备的现代化和维修，并培训叙军官。2006 年之后，由于俄罗斯开始提供中程导弹系统，叙利亚的防空能力得到了加强。

总体而言，俄罗斯不愿意打破地区均势，所以与叙的军事合作是有限的。尽管叙利亚领导人要求俄方提供 S-300 导弹防御系统，但俄罗斯没有答应，也没有提供其他导弹。

与此同时，叙利亚开始面临新的威胁。2005 年 2 月，黎巴嫩总理拉菲克·哈里里在贝鲁特遭恐怖袭击身亡。哈里里反对叙利亚在黎巴嫩的存在。西方国家和一些阿拉伯媒体立即指责是叙利亚政权实施了这次暗杀。

在黎巴嫩，对政客实施肉体消灭并不少见。暗杀的原因可能是政治上的、宗派或教派的、商业的，也可能仅仅是个人的敌意。或许有叙利亚人参与暗杀，但所有指控都立即指向叙利亚政府，特别是巴沙尔总统。

由于哈里里家族与沙特王室合作密切，哈里里又是法国总统雅克·希拉克的私人朋友，而法国又在叙利亚和黎巴嫩拥有相当大的影响力，这些因素让局势变得更为紧张。

由德国人戴尔夫·梅利斯（D. Mehlis）领导的哈里里案联合国调查委员会，在西方反叙人士以及西方媒体的普遍压力下很难保持公正立场，为此遭到俄罗斯的谴责。但为了缓和局势，俄罗斯不得不同意安理会于 2005 年 11 月通过的第 1636 号决议，该决议要求叙利亚军队从黎巴嫩撤出，并随后得到实施。由于俄罗斯的外交努力，决议没有包括反叙利亚的制裁威胁。[①]

然而，叙利亚在黎巴嫩保留了一个强大的盟友——真主党，真主党是一个什叶派组织和政党，其在黎巴嫩的影响力日增，并拥有武装力量。它的作战潜能在 2006 年与以色列的战争中得到显示。在这场战争中，尽管以方的空袭摧毁了大量黎巴嫩目标并造成重大平民伤亡，但它的军队只深入黎巴嫩很小的一部分领土。为了解释这一失败，以色列领导人声称，真主党获得的是

---

① См.: *Сергеев В.* Резолюция 1636《устроила всех, кроме Сирии》//Gazeta. ru. 01.11.2015.

俄罗斯提供给叙利亚的武器。

在国际层面，叙利亚与俄罗斯保持一致。它是继白俄罗斯之后第二个支持俄罗斯对格鲁吉亚采取军事行动的国家。当时，萨卡什维利总统的军队袭击了俄罗斯维和部队，并试图在南奥塞梯进行种族清洗。格鲁吉亚的失败导致南奥塞梯和阿布哈兹宣布独立，并在美国和西方国家引发对俄罗斯的严厉批评。

2010 年 5 月，俄罗斯总统梅德韦杰夫访问叙利亚，这次访问对大马士革来说是一次重要的外交和政治鼓励，也印证了双方的特殊关系。俄罗斯赞同叙利亚对中东和平进程的看法，从而加强了叙利亚的立场和国际地位。此外，双方呼吁建设中东无核区，而以色列对这一建议置若罔闻。梅德韦杰夫还正式会见了哈马斯领导人哈立德·马沙尔。[1] 这些会晤在以色列和美国引起公众的愤怒，但实际上会谈只是为了相互交换信息。

对于务实的叙利亚领导人来说，俄罗斯的拥抱可能太过亲密。阿萨德试图找到与美国和西方国家沟通的渠道。

作为回应美国的倡议，叙利亚同意参加 2007 年 12 月在安纳波利斯举行的中东和平会议。这次会议无果而终，但叙利亚的姿态得到了西方国家的赞赏。2008 年 7 月，法国总统萨科齐邀请阿萨德参加在巴黎举行的地中海联盟成立仪式。2008 年 9 月，萨科齐访问大马士革，会见了叙利亚总统巴沙尔、土耳其总理埃尔多安和卡塔尔埃米尔哈马德·本·哈利法·萨尼。2010 年 5 月，空缺长达五年的美国驻叙利亚大使到任。之前，两国虽恢复了外交关系，美国还是在 2004 年 5 月对叙利亚实施了制裁，奥巴马总统在 2007 年又进一步加强了制裁。[2]

叙利亚与西方的关系原本存在改善的可能。西方国家本可以接受复兴党政权，因为它们希望在叙利亚的未来看到"自由化"改革。可惜这时"阿拉伯之春"运动开始了，对西方国家而言，这个摆脱反西方旧政权的机会实在太过诱人。

---

① Cм.: *Medvedev. Hamas' Mishaal discuss latest Palestinian state of affairs//KUNA online.* 11.05.2010.

② Obama renouvelle les sanctions amèricaines centre le règime syrien//France 24.05.04.2010.

第十三章

孩子们的革命

每一场革命的基本问题都是国家权力问题。如果不了解这个问题，就不可能理智地参与革命，更遑论指导革命了……在革命年代，只有底层民众不想过老一套的生活是不够的。同样有必要的是，上层不能以旧的方式统治和运作而不受惩罚。

——弗拉基米尔·列宁

一切革命都会引起连锁反应，这是不可避免的。这是一条铁律……革命越是疯狂和激烈，连锁反应就越强烈。革命和连锁反应的交替就像一个神奇的圆圈。

——尼古拉·贝耶夫

脸书革命还是一场"内战"？

2010 年 12 月 17 日，26 岁的失业了的突尼斯人穆罕默德·布阿齐兹（Mohamed Bouazizi），这位有着本科学位的年轻人，正推着车沿街兜售蔬菜和水果。一名女警官拿走他的货物，还侮辱了他。他提出的投诉无果而终，并被逐出了市政厅。这个年轻人备感羞辱、绝望，又失去了维持生存的活路，他往自己身上浇了易燃液体，自焚了。

布阿齐兹是在遭受极大痛苦后，于两个多星期后死亡的。他的悲惨命运被电视和互联网广为报道。因为自杀对穆斯林而言是一种大罪，这一事件瞬间引爆了突尼斯社会。成千上万的民众走上街头抗议总统本·阿里（Zine El Abidine Ben Ali）及其家族不人道政权的压迫、腐败和独裁。

尽管政府采取了严厉措施，甚至打死了数名示威者，警察最终还是在大批抗议者面前撤退了。军队未进行干预。本·阿里逃跑了（法国拒绝其入境后，沙特阿拉伯为他提供了庇护）。突尼斯陷入混乱。

在这些事件发生之前，突尼斯被视为徒步旅行者的天堂，一个凭借政治斗争而获得独立的稳定国家。自第一任总统哈比卜·布尔吉巴（Habib Bourguiba）执政以来，世俗化、教育水平高、中产阶级人数众多、性别平等（一夫多妻制被官方禁止，20% 的国会议员是女性）是突尼斯的显著特征。伊斯兰教法的作用相对较弱，知识分子阶层都说法语，他们对欧洲文化的接受度也很高。互联网在突尼斯得到广泛使用，它与欧洲和美国的关系也一直很稳定。突尼斯的经济状态良好而稳定，与欧盟合作也很深入。有 100 多万突尼斯人在欧洲生活，每年到访突尼斯的游客也有几百万人次。

本·阿里长达 23 年的独裁统治没能解决的一个主要问题是降低高失业率，尤其是年轻人的失业率。由于 2008～2009 年的全球金融和经济危机以及欧洲对移民的限制，突尼斯国内失业率猛涨。受过教育的年轻人对未来的期盼与就业机会的匮乏之间出现了尖锐矛盾。底层民众不想维持旧的生活方式，统治阶层也不能延续旧的统治模式。受过教育的年轻人通过互联网、社交网站脸书和推特进行协调行动，成功组织了抗议活动。

当局对媒体自由的政治垄断和限制，不仅使宗教激进主义思想在最贫穷阶层中传播，也使得一些中产阶级开始接受这种思想。以威权—警察体制镇压国内反对派，禁止伊斯兰政党活动，这些举措的确使得本·阿里获得了美国和法国人的同情，但突尼斯人从被镇压者身上看到的则是伊斯兰的英雄和受害者，他们是可憎的政权的敌人。

民众不满的一个根本原因是权力的腐败。对总统第二任妻子特拉贝尔西家族的仇恨最为强烈。特拉贝尔西家族几乎把持了突尼斯银行、房地产、贸易、旅游和其他行业中最好的资产。

星星之火，可以燎原。长期积累的愤怒在社会各处蔓延。不幸的水果小贩的自杀成为动乱的导火索。

突尼斯很快陷入了混乱，无政府状态和猖獗的犯罪加剧了经济危机。示威活动并未减弱，民众要求政府在新总统选举前立即将权力移交给反对派。数万名利比亚难民的涌入更是恶化了突尼斯的局势，但这是另一个需要单独讨论的话题。

突尼斯和平革命的全面成功激励埃及人采取同样的行动。2011年，阿拉伯世界已经形成了一个共同的互联网和媒体空间。一个国家发生的事件会立即传播到阿拉伯其他国家，"从大西洋到海湾"，鼓励"互联网青年"在其他国家组织类似的活动。当然各国的情况有所不同。埃及的大规模反政府示威是在1月25日，也门是在1月27日，巴林是在2月13日，利比亚是在2月15日。再往后，是叙利亚和其他国家。

20世纪，一些阿拉伯国家的内部危机通常是通过军事政变解决的，这些政变由一小撮军官秘密策划。在21世纪的第二个十年，在信息技术的帮助和卫星频道的推动下，权力移交则是在大规模抗议浪潮的高潮中进行的。

阿拉伯世界人口最多的国家，即有着8500万人口的埃及也爆发了抗议活动。2011年1月25日至2月11日，从北部的亚历山大到南部的阿修，从曼苏拉到西奈半岛，持续不断的大规模民众骚乱接连不断。参与者的数量从数十万人到数百万人不等。起义的中心、焦点和象征是开罗市中心的解放广场。这里示威不断，辩论激烈，人民朗诵诗歌，演唱歌曲。人们每天在这里祈祷五次，接受采访，在全球主要频道的摄像机前摆姿势。人们搭起帐篷住在里面，发誓不取得胜利就不会离开这个地方。这里有水、食物、药品和毛毯。抗议者中有身着黑袍的科普特牧师，也有爱资哈尔大学戴着头巾的乌莱玛。在与抗议者发生冲突后，警察撤离了广场（全国各地已有数百人丧生）。广场周围布置有坦克和装甲车，但军人没有干预示威活动。当时民众的要求就是让已统治埃及32年的穆巴拉克总统辞职。

在十八天的大规模民众骚乱之后，穆巴拉克总统于2月11日辞职，但仍留在埃及。

由国防部部长侯赛因·坦塔维（Hussein Tantawi）领导的武装部队最高委员会掌握了埃及的权力。它解散了议会，废除了旧宪法，宣布举行新的选举，还任命了一个委员会来起草新宪法，并相应地制定新的选举法。前执政党民族民主党（NDP）实际上已崩溃。穆巴拉克、他的儿子以及几位与腐败大案有牵连的部长相继被逮捕。

民众和平抗议的胜利并不限于这些看得见的成果。也许，起义的精神成果要比这种暂时的政治成果更为重要。人们克服了对国家镇压机器的持续恐惧，他们为来之不易的自由带来的喜悦所征服。抗议者认为，经过长期的独裁统治、屈辱和无能为力之后，他们终于获得了自己的人格尊严。

现在是有权有势的人，包括将军们，害怕民众的抗议和人民愤怒的时候了。

但接下来会发生什么呢？由什么来决定埃及的政治制度、经济结构、社会发展道路呢？哪些力量将在这个国家真正发挥作用，它们相互作用或碰撞又会将埃及带向何方？

事实上，即便有抗议和政权变更，军队仍是这个国家的支柱。

埃及军事政权的中坚力量一直是享有特权的将军和军官们。他们不仅享有各种各样的社会福利——高薪（与广大贫困人口相比）、良好的住房、医疗服务、俱乐部、体育设施，而且自萨达特时代以来，他们就被允许做生意了。他们管理着军工工业，而军工工业也早已开始进入民用品市场。退休之后，许多军官和将军在私营公司和银行的管理层和董事会中担任重要职位。埃及大多数省长都曾是将军。

在抗议活动如火如荼的时候，埃及的军队保持中立。它在对政权及其领袖穆巴拉克的忠诚与对民众骚乱的同情之间难以抉择。军队领导层明白，这个国家需要变革和改革。但问题是，如何在保持军队原有特权地位和政治影响力的同时进行改革？

埃及军方常年与美国关系密切，它每年接受美国 13 亿美元的军事援助。在穆巴拉克统治的这些年里，埃及军队被美国人重新武装起来，苏联制造的武器只有一小部分还在使用。军队领导人上台后签署的第一批命令之一，就是宣告埃及以前签署的所有国际协定，包括埃及和以色列之间的和平条约，仍然有效。

参与新的政治进程和国家结构的第二股主要力量是穆斯林兄弟会，它是埃及最具有凝聚力和最广泛的社会和政治组织。

穆兄会创建于 1928 年，主要依赖信教的群众，其思想与亲西方的统治阶级提倡的"情感游戏"以及"民主""自由""自由选举"等口号格格不入。这个组织宣扬回归"真正的伊斯兰价值观"，回归伊斯兰教法。它有一个广泛的慈善机构网络，拥有医院、学校和孤儿院。

穆兄会反对君主制。20 世纪 40 年代末，穆兄会的武装分子刺杀了当时的埃及总理，作为报复，政府处死了穆兄会领导人哈桑·班纳（Hasan al – Banna）。

在与纳赛尔政权短暂接触之后，穆斯林兄弟会组织了一次针对这位受人爱戴的总统的未遂暗杀活动。随后，该组织被取缔，该组织的成员和共产主义者、亲美自由主义者以及其他反对派一起被关进集中营。许多穆兄会成员被拷打、折磨和处决。

1971 年安瓦尔·萨达特总统上台后，该组织实际上已恢复了正常。但是，由于担心其力量，萨达特和他的继任者穆巴拉克总统都只允许穆兄会拥有半合法地位。

于是，穆兄会的领导开始把组织工作重点放在立法活动上。

作为独立候选人或各个反对党的代表，穆兄会开始参加议会选举。在 2005 年的选举中，即使在其受到镇压、选举存在欺诈的环境下，它仍赢得 88 个席位①——几乎占议会席位的 20%。但在 2010 年 11～12 月的选举中，由于政府大规模的欺诈、逮捕和施压，穆兄会失去了在议会的席位。

在抗议活动刚爆发时，穆兄会的领导层决定不参加，但允许其青年组织同人们一起走上街头。事实证明，最守纪律的就是这些年轻的穆斯林兄弟会成员。

---

① http：//ru. danielpipes. org/10440/falsifitsirovannye – vybory – v – egipte.

在抗议爆发之前，埃及生活的伊斯兰化变得越来越普遍和深入。早在1982年，伊斯兰教法就成为埃及法律的主要来源。

穆兄会参加了与当局的第一次对话。负责制定新宪法的律师委员会中有一名代表该组织的律师。虽然军方禁止穆兄会以及所有其他宗教组织在军队内活动，但军队官兵中一直有很多穆兄会的支持者。

抗议活动背后的主力是年龄为20～30岁、受过良好教育的年轻一代，他们反对现政权，宣扬民主原则——自由选举、自由媒体、人权和人类尊严，这些人并非来自最贫穷的家庭。他们通过互联网互相交流，在脸书、推特和YouTube等社交网络的帮助下，他们得以发动、组织和联合数万乃至数百万人参与抗议示威活动。他们过去不是现在也不是一个政党。由于政治观点五花八门，有时甚至相互矛盾，他们没能形成一个组织。

这些年轻人建立了相互联系，还与突尼斯的信息技术专家建立了联系，发展了一套群众抗议的战术策略，包括技术细节，事实证明这些是成功的。

与这些年轻人相对应的是软弱的、具有自由民主倾向的反对党，其中包括卡法亚党（Kifaya）、未来党（Al‐Gad）、4月6日青年运动，后者是由诺贝尔奖得主、国际原子能机构前总干事穆罕默德·巴拉迪建立起来的。

尽管有利比亚内战的阴影，接下来几个月里埃及的政治热情依旧高涨。政府的组成一再变化。许多人要求摧毁整个安全机构。不同诉求的支持者和反对者之间相互冲突，人员伤亡也在攀升。在开罗，秘密警察总部就像执政党民族民主党中央委员会大楼一样遭到纵火焚烧。在解放广场的反政府抗议活动中，红新月会和红十字会曾经相互团结，但现在街头上的敌对情绪再次使科普特基督徒和穆斯林发生分裂。不仅发生了流血冲突，许多教堂还被烧毁。

这个国家的权力仍然掌握在坦塔维领导的武装部队最高委员会手中。但只有少数人知道，在做出接管权力这一决定的前夕，埃及总参谋长萨米·阿南（Sami Anan）已经在华盛顿五角大楼待了数天，与美国人协调行动计划。他们决定牺牲穆巴拉克，由军方接管权力并启动改革。

民众并不知晓这些幕后故事，只为抗议取得胜利而欣喜若狂。

但革命遵循着自己的逻辑。它的内在逻辑就是变革需求的不断升级。

街头不只有尖叫和抗议，它取得了很多成果。军事委员会一步步退让。民族民主党被解散，资产被没收，穆巴拉克和他的儿子们受到了审判。几十名高官因贪污被关进监狱。群众要求血债血还。埃及的罗伯斯庇尔、托洛茨基或斯维尔德洛夫还没有出现。但谁知道接下来会发生什么……所有国家媒体的负责人都被替换。自由的媒体开始影响政策和官员任命。

不过，就如所有的革命那样，一切都是混乱和矛盾的。学生们罢课了，他们要求在考试中取得更高的分数。高年级的学生也罢课，提出把学校课程修改得更简单点。在社交网络上，年轻的活动人士向全国发出呼吁，要人们遵守交通规则，不要在大街上乱扔垃圾（记得马雅可夫斯基的诗句吧：有点文化吧/工人们/让它发生/不要在地板上吐痰——要把痰吐在痰盂里）。

有报道称，萨拉菲分子摧毁了苏菲派（神秘主义者）的圣人墓碑和坟墓。双方在墓地大打出手。数百名伊斯兰"圣战"组织（Al - Jihad al - Islami）和其他恐怖组织成员从阿富汗、巴基斯坦和西欧返回。据称这些人士曾是反抗穆巴拉克政权的斗士。有关经济形势的报道越来越令人担忧。人们期待生活水平立即得到改善，情况却变得越来越糟。旅游收入急剧下降。连锁反应影响到酒店员工、导游、商人和出租车司机的生计。外汇储备减少了几十亿美元。数十亿美元的私人投资逃离了埃及。

在开罗，我和那些利用互联网、脸书、推特和 YouTube 组织埃及革命的人进行了交谈。他们的名字并不重要：他们不会隐瞒，但也不允许引用他们的名字，这些名字对读者而言也没什么用处。瓦埃勒·古尼姆（W. Ghonim）是这些人的朋友，也成为这个组织的代言人，他每天忙于开会。事实上，这些年轻人受到过良好的教育，无拘无束，是完全真诚的爱国者和革命者。其中有一个人在解放广场失去了一只眼睛。他们很聪明，而且——请让他们原谅我吧——天真，被西方的口号和价值观冲昏了头脑。

我努力和他们进行交流。我打开我的书《埃及与埃及人》①，读了引言和结语。他们喜欢它。我说我是来学习的，来研究当前形势的，不是来教育他们的，这样我们才开始了坦率的谈话和激烈的辩论。②

笔者：你们什么时候决定革命的"X"时刻到来的？

穆兄会成员：我们对革命没有什么计划。尽管我们知道突尼斯兄弟获得了成功，但我们不打算组织一场革命。我们敦促人们举行示威，反对那些令

---

① *Васильев А. М.* Египет и египтяне. 3 - е изд., перераб. и доп. М., 2008.

② См.: *Васильев А. М.* Цунами революций не спадает//Азия и Африка сегодня. 2011. № 6. С. 4.

人厌恶的警察。我们想破坏 1 月 25 日 "警察日"。我们曾希望有 4 万人参加，但一下子来了 20 多万人。出现了人员伤亡。然后事情就清楚了：人们不想要穆巴拉克。1 月 28 日，星期五祈祷结束后，数以百万计的抗议者走上街头，另有数百万人涌向全国街头。仇恨爆发了。剩下来的事情是众所周知的。警察在几次试图驱散示威者行动失败后就逃跑了，军队也加入了示威人群。

笔者：你们的目标是什么？

穆兄会成员：民主、恢复人的尊严、恢复伟大的埃及、自由、自由选举。

笔者：你们知道所有的革命总会导致经济衰退吗？人们希望立即改善他们的处境和生活水平。而这将不会发生。

其中一个人回答说：

腐败官员将数百亿美元转移到了海外。我们将把它们追回来。

我回答说：

对不起。自从非洲独立 50 年以来，有将近 1 万亿美元被非法转移出非洲。你知道，经过这么多年努力有多少被追回吗？10 亿美元，仅仅是千分之一。

他们难过。但其中一个人接着说：

但民主的西方需要我们，西方国家将帮助我们。

……穆兄会的办公室位于开罗的一个偏远地区。这是一所简陋的破旧住宅。几乎没有任何安全措施，或表面上看不出来有什么安全措施。游客熙熙攘攘。领导人穿着熨烫过的西装，打着领带，胡须修剪得整整齐齐。穆兄会领导人之一萨阿德·胡塞尼（Saad Husseini）的讲话平静而平衡。我们说的是阿拉伯语，一位毕业于门捷列夫研究所、后来嫁给俄罗斯人的化学博士坐在旁边随时准备帮忙翻译。萨阿德·胡塞尼在 2006~2010 年担任国会议员，是穆兄会的官方代表。在随后一次议会选举中，穆巴拉克的追随者没有让穆兄会在选举中获胜。

我们的谈话既友好又坦率。俄罗斯的一家法院在 20 世纪 90 年代判定穆兄会是 "犯罪恐怖组织"。因此我们与穆兄会之间没有官方接触。俄罗斯总统梅德韦杰夫刚刚解除了笔者俄罗斯与非洲领导人关系代表的职务。因此，我可以作为一个自由学者与任何人见面。①

萨阿德·胡塞尼：你们终于来到穆兄会的总部了。我们一直希望与俄罗斯人会面，并进行公开对话。这符合俄罗斯、埃及和全人类的利益。我们记得你们如何帮助埃及和巴勒斯坦的，我们记得你们如何帮助建立我们的军队、修建阿斯旺大坝、建造工厂、培训人员的。我们不会忘记。苏联解体后，世界舞台出现了权力真空。过去，存在着权力平衡，这符合人类的利益，因而也符合阿拉伯世界的利益。现在平衡被打破了。俄罗斯是一个大国，它应该在全世界，包括我们这个地区，发挥重要作用。

笔者：穆兄会对具体事件的立场是什么？

萨阿德·胡塞尼：让我提醒你们，格鲁吉亚在奥塞梯打仗时，它的时任国防部部长是个以色列公民。当时穆兄会支持俄罗斯联邦，也支持俄罗斯对格鲁吉亚的战争。我们欢迎与俄罗斯进行任何形式的对话，无论是在官方层面还是在非政府组织层面，这符合两国的利益。但对话的障碍是俄罗斯方面造成的。俄罗斯仍然把我们列入恐怖分子和犯罪分子的"黑名单"，对此我们深表遗憾。我们的观点是：伊斯兰世界道德水平的下降意味着拒绝和谴责"他者"，这将导致极端主义和恐怖主义浪潮。我们理解这种暴力为什么会产生。但我们反对暴力，反对恐怖主义。我们谴责"9·11"恐怖袭击。穆兄会是伊斯兰世界遏制恐怖主义的力量，因此一些恐怖分子称我们为"异教徒"。就穆兄会而言，我们希望与俄罗斯加强沟通，也等着俄方解除对我们的恐怖主义指控。俄罗斯在这个问题上姗姗来迟，要知道如果再迟到，它就会失去它的位置。

笔者：穆兄会在革命中发挥作用了吗？

萨阿德·胡塞尼：我们的年轻人在脸书上保持联系，我们允许年轻人参加1月25日的示威，不仅是在开罗，还有全国各地，尤其是在马哈拉·库布拉工业中心。1月28日，我们决定所有成员都应该作为人民的一部分参加革命，但没有提出特殊要求。"自由！正义！民主！""穆巴拉克必须辞职！"这是每个人的口号，也是我们的口号。然而，我们反对暴力，甚至反对对警察

---

① См.：*Васильев А. М.* Цунами революций не спадает//Азия и Африка сегодня. 2011. № 6. С. 5 – 6.

施暴。如果没有我们的参与，就会有更多的伤亡。

笔者：你们计划成立自己的政党吗？

萨阿德·胡塞尼：先前，穆兄会创立了中间党（the al - Wasat Party）。现在我们正在着手建立自由和公正党，以便注册。我们还可能会办一个电视频道和报纸。我们不反对禁止以宗教界限为基础来组建政党的法律。我们将有一个世俗的政党。我们希望加强埃及的政治生活，而不是苛求垄断权力。在议会拥有20%～30%的席位就足够了。我们知道埃及将面临非常困难的时期，这是我们不包揽所有责任的原因之一。国内经济形势还在恶化。所谓的"饥饿革命"很可能会出现。只有积极打击腐败，才能防止这种情况的发生。许多人天真地希望把贪官污吏窃取和转移到西方银行的资金拿回来并进行重新分配。这是不现实的。我们必须为经济和谐发展创造条件。我们希望选举将是公平的，我们将能够在议会中捍卫我们的原则。

笔者：你对今后同以色列的关系有何看法？

（我们的主人萨阿德·胡塞尼把"犹太复国主义实体"和"以色列"互换着使用。）

萨阿德·胡塞尼：我们尊重埃及签署的和平条约。但"犹太复国主义实体"是一个特例。有三个选项。首先是废除和平条约；第二种选择是保持不变；我们所支持的第三种选择是，让人们有机会在选举后重新讨论条约的内容。大家可以畅所欲言。在那之后，我们可以进行公民投票或议会投票。我们将执行大多数人民的意志。如果人们决定修改条约，我们将进行谈判。

我们都知道本次会谈的内容将向俄罗斯领导层汇报。在其他情况下，表达方式可能会有所不同。

……大约六个月后，我们又见面了。2011年10月9日，在电视台附近发生了一场悲剧，我立即从沙特阿拉伯飞抵埃及。在利雅得一切似乎都很平静，而开罗却在沸腾。科普特人抗议阿斯旺地区一座教堂被毁坏，从而与军方发生冲突。20多名示威者和大约10名士兵被打死。埃及在战栗。电视屏幕和报纸上充斥着"防止国家分裂！不允许宗派冲突！"的呼吁。其中一家报纸刊登了一张图片，图片上是一个哭泣的母亲祖国，在她膝盖上躺着两个流血不止的儿子——一个是穆斯林，一个是基督徒。

晚上 11 点 30 分，我又在市里会见了萨阿德·胡塞尼。由于在集会和会议上夜以继日地忙碌，他看上去很疲惫，但似乎比上次会谈时更有信心。

萨阿德·胡塞尼：我们建立了由自由和公正党领导的联合民主联盟，它包括近 40 个其他政党和组织，赢得选举胜利是肯定的。

笔者：军队会交出权力吗？

萨阿德·胡塞尼：军队要保卫国家，不要插手政治。军人应该回到军营去。我们不会允许军方取消或推迟议会选举。

……现在我在金字塔政治和战略研究中心会见来自另一个阵营的分析师兼记者伊马德·盖德（Imad Gad）。从穆罕默德·哈萨宁·海卡尔（Mohamed Hassanein Heikal，埃及总统纳赛尔的朋友）时代起，金字塔中心就一直是接受西方教育的埃及知识分子的大本营。盖德本人是科普特人、民主党成员、自由派人士，他是"埃及人集团"（the Egyptian Bloc）的非官方代表，这个集团将自由主义者、世俗党派和左派的政党联合在一起。忧心未来旅游业的代表们、温和的伊斯兰主义者、苏菲派和萨拉菲派的反对者，还有一大批"网络青年"，都站在这个集团一边。

我的谈话对象强烈反对穆斯林兄弟会，并希望"埃及人集团"在选举中取得成功。但在告别时，他痛苦地说：

> 埃及要成为真正的民主国家，至少还需要 50 年。

是的，他是对的，——我想——但埃及人应该自主决定，他们应该尝尝伊斯兰主义政权的滋味。

之后，我又见了左翼政党全国进步工会党（Tagammu）的领导人拉法特·赛义德（Refaat El-Saeed）。他曾是一名共产主义者，在纳赛尔的监狱和集中营里待过十五年，在那里遭受了毒打和折磨。他曾指望埃及在与苏联合作后会转向左翼。他仍然是一名出色的分析师，也是一名悲观的怀疑论者。

拉法特·赛义德：萨拉菲派的影响正在急剧增加，特别是在文盲人口中。其得到沙特和其他海湾君主国的慷慨赞助。意识形态上他们是兄弟。为了不失去选民，穆兄会被迫转向右翼。我们不能指望开罗和亚历山大以外的开明知识分子会取得成功。即使在那里，他们也是少数。在埃及，几乎没有或根本没有民主和世俗的传统。埃及不是土耳其，甚至我们的军队里也充满了亲伊斯兰主义的情绪。

笔者：但是军队提供安全保障。

拉法特·赛义德：是的，国家的正常运作需要安全。但是，鉴于国家结构已经被破坏，目前没有这种安全，特别是在开罗以外。

笔者：军队会回到兵营吗？

拉法特·赛义德：我对此表示怀疑。谁会自愿放弃权力？也许情况会迫使军队这么做。

原因、驱动力、影响

北非和中东的革命浪潮不仅急剧改变了地区的地缘政治现实，而且影响了整个国际局势。动乱不仅席卷了位于苏伊士运河以东的阿拉伯国家，而且无论是撒哈拉以南的国家，还是中东北部国家，甚至是欧洲，都无法对这一波动乱免疫。有必要对此轮革命的原因、性质、动力、方法和结果进行严肃和公正的分析，希望能够准确地预测中东或者其他发展中国家的下一波历史发展。

阿拉伯世界的革命和抗议运动影响了全球能源市场，油价短暂上扬。的确，关键是沙特阿拉伯和伊朗——这两个最大的能源出口国——的局势保持了稳定。阿尔及利亚和利比亚的总出口量与伊朗的出口量相当，因此这些国家的冲突让人对全球能源行业担忧，虽然这些国家的能源并不起着关键性作用。阿拉伯动乱发生之时恰逢"页岩气革命"，加拿大和美国的页岩油、页岩气拉低了石油的价格，美国已经不再依赖从中东地区进口石油了。

俄罗斯、美国、其他北约国家，以及中国都制定了应对中东革命的战略，将之放在外交政策议程的重要位置。以色列的地缘战略地位和阿拉伯—以色列的和平进程也发生了巨大变化。

让我们来听听一位多年来掌管着俄罗斯与阿拉伯国家以及以色列关系的官员——俄罗斯副外长米哈伊尔·列奥尼多维奇·博格丹诺夫——的看法。

笔者： 我们对"阿拉伯之春"的政策是如何制定的？

M. L. 博格丹诺夫： 事实上，我们密切观察着阿拉伯国家的情况。至于俄罗斯的政策，这个问题没有明确的答案，因为局势依然非常复杂。我们的官方立场是，我们不干涉主权国家的内政。我们不对领导人和反对派进行评价，因为我们明白这一事实，即这些国家的社会经济和政治问题是长期积累的结果，许多统治者在总统职位上待的时间实在是太长了。具有爆炸性的事情正在不断积累。一些左派势力的代表认为，有必要更好地研究马克思和列宁的著作，他们都对革命形势有一个清晰的定义：当上层统治阶级无法以旧的方式进行统治、底层民众再也不能以旧的方式生活时，当越来越多的危险点爆发，革命就会在某一时刻发生，发生社会爆炸，进而导致社会秩序的变化。在这种情况下，社会秩序没有改变。我的意思是，总的来说这些事件只发生在共和国：君主政体幸存了下来，而共和政体却分崩离析。但如果我们让时光倒流一段时间，在几十年前埃及曾是君主国，利比亚和伊拉克也是如此，后来才成立了共和国。因此，一切都是相对的，做判断时很有必要回顾历史和展望未来。

但我想再次强调，我们的官方政策是：我们原则上不干涉其他国家的内政。我们反复强调应该由人民自己来决定自身的命运，我们理解阿拉伯人民对更美好的未来、更大的民主和更多的自由的渴望。当然，在许多国家，"民主"是相对的，政权依赖于安全部门和执法机构。但这一切都是各国人民自己的事，我们不加干涉。

笔者： 我们和阿拉伯国家就这些事情进行过对话吗？

M. L. 博格丹诺夫： 我们一直警告阿拉伯人，让这些进程超越宪法机制是非常危险的。我们一贯主张要遵守现行宪法。我们认为，人民应该通过选举来评价统治集团，无论这种评价是积极的还是消极的。当很多人聚集在解放广场或在突尼斯和叙利亚的城市大街上时，有人告诉我们，那代表了人民的呼声。这是有问题的，因为在某个城镇广场上举行示威活动的并不能代表所有人的愿望。此外，我们总是从假设出发，我们也是如此转告阿拉伯和西方伙伴的——原则上，主要问题不应是推翻一个现有政权，主要问题应该是下一个政权的性质如何。它可能更好，也可能更坏，所以人们需要向前看，并考虑后果。

以1979年伊朗革命为例。国王在位时间太长，他的政权已经腐烂，大量社会和政治力量批评该政权，甚至拒绝接受它。自由派、伊斯兰主义者和左派都对政权不满，反国王的情绪让所有人团结起来。但在革命的过程中，立即开始了一场基于完全不同的、完全相反的、相互排斥的社会和经济纲领的权力斗争。国王逃离之后，才开始真正的革命，在新形势下对各种力量的考验开始了。在埃及和突尼斯，前政权退出了历史舞台，伊斯兰主义者、自由派、左派和右派开始争夺权力。军队则被赋予一个特殊的角色，那就是它能稳定国家局势吗？它是想稳定局势，还是想做旁观者？这是非常重要的一点。

笔者：当然，各国国情不同，但问题大同小异。

M. L. 博格丹诺夫：很自然。当然，如果人们走上街头，那么就需要倾听他们的声音，那是反对派的想法，当局收到了信号：有地方出现了问题，那么就修好它。然而新的问题随之出现了：宪法是干什么用的？为什么还要等四五年才能选举？示威者随时都可以走上街头说："人民要求这个政权下台！"直到他们的要求得到满足他们才会离开。我甚至没有提到当地和国外"自由的"媒体对"人民"的影响。本质上，"颜色革命"都有如此雷同的模式。①

革命在中东蔓延并非因为这里有世界上最贫穷的国家。开罗的土坯贫民窟点缀着电视天线，房屋有电，通常也有自来水供应，几乎所有的孩子都去上学。突尼斯的情况甚至更好，利比亚的情况也更好。即使也门的情况也不是灾难性的。

革命蔓延不是由于饥饿。由于有面包、植物油和糖的补贴，一个普通埃及人摄入的卡路里也是高于正常水平的，尽管肉类、蔬菜、水果和牛奶的摄入量没有达到欧洲人的平均水平。

在过去二三十年里，所有阿拉伯国家的人均预期寿命都急剧提高，这表明人民的生活条件和卫生情况有了显著改善。

革命蔓延也不是因为这些国家的经济停滞。与此相反，21世纪埃及的GDP年均增长率为5%～7%（甚至在2009年的危机年也接近4%），尽管低于中国或印度，但高于世界平均水平。人均年收入水平达到约6000美元（按

---

① 与博格丹诺夫的谈话（2016年9月）。

照购买力平价计算）——看起来还不错。①

革命蔓延也不是因为阿拉伯国家有着世界上最独裁、最压迫的政权。在世界历史上，过去有，现在也仍然有比它们更糟糕、更可怕的政权。埃及和突尼斯的反对派媒体确实存活着，而律师们发挥着重要作用。不过，确实也存在着随意逮捕、在监狱和集中营里使用酷刑的现象。

根据普遍接受的观点，利比亚政权更加专制。一方面，这是真实的；另一方面，它更注重民众的社会支持。

此外，革命的蔓延也不是因为埃及、突尼斯、利比亚或其他国家的腐败程度高。这些国家确实存在猖獗的腐败现象，但它们在世界上腐败国家排行榜上只占据中间位置。不过，对这个榜的排名也有不同看法，因为不存在一个关于腐败程度的公认标准。

毫无疑问，全球粮价上涨加剧了社会紧张局势。粮食价格的上涨是由于主要粮食生产国的恶劣天气以及部分粮食作物被重新分配用于生物燃料生产。此外就是发展中大国中国和印度对高质量食品的需求不断上升。

但是，情况也不是灾难性的。

然而，贫富差距、独裁政权的专制性质、失业和腐败，加起来构成了一个巨大的隐患，即使不在整个地区爆发的话，它也是不稳定因素。但为什么革命和大规模骚乱恰好发生在2011年呢？

人口是这场危机的一个非常重要的成因。科学家称其为"青年膨胀"（youth bulge）。这是什么意思？归功于医学的进步和社会条件的改善，在二三十年前婴儿死亡率急剧下降。但是，妇女的生育率——也就是每个妇女生育的数量——在一段时间内保持不变。生育率是在下降，却慢于死亡率的下降。到21世纪第二个十年，阿拉伯国家40%～50%的人口是15～30岁的年轻人，其中处于20～29岁的往往是人口中最热情、最不耐烦、最果断的一部分人。人口的增长实际上抵消了人均收入的增长。②

美国学者J.戈德斯通（J. Goldstone）指出："年轻人比例的快速增长可能会破坏现有的政治联盟，从而导致不稳定。大量的年轻人往往容易接受新思想和异端宗教，挑战旧的权力形式。此外，由于大多数年轻人对家庭和事

---

① http：//www. tradingeconomics. com/syria/gni－per－capita－ppp－us－dollar－wb－data. html.

② См.：*Гринин Л. Е.*，*Исаев Л. М.*，*Коротаев А. В.* Революции и нестабильность на Ближнем Востоке. М.：Московская редакция издательства《Учитель》，2015. C. 25.

业的承诺较少，他们相对容易被动员起来参与社会或政治冲突。纵观历史记载，年轻人总是在政治暴力中发挥着关键作用。历史上'青年膨胀'（在整个成年人口中，年轻人的比例高得异乎寻常）的存在总是与政治危机相关联。大多数重大革命——包括20世纪发展中国家发生的大多数革命——都发生在年轻人特别多的国家。"①

拉丁美洲的"青年膨胀"发生在20世纪七八十年代，当时也是社会政治动荡的高峰期。在阿拉伯国家，"青年膨胀"将在未来5～7年内下降。爆发大规模抗议活动的风险在2009～2012年后会慢慢下降。

青年人口的迅速增长要求有大量新增就业机会，这是一项非常困难的任务。青年失业人数的激增具有特别强的破坏稳定的作用，它造就了一支潜在的参与政治、革命或暴乱的大军。

与前一个时代相比，许多年轻人是受过教育或受过高等教育的。虽然阿拉伯国家有数十万大学毕业生，但他们的受教育质量实际上下降了。他们有远大的社会抱负，但缺乏能力。阿拉伯语电视台——半岛电视台、阿拉伯电视台、胡里亚电视台——以阿拉伯的外壳来宣扬西方价值观，按照西方标准进行运作，展示它们对世界的看法。年轻人就算找到工作，薪酬也非常低，这些钱不足以应付婚嫁的需求。因此几乎在所有阿拉伯国家里，年轻人都做好了参与抗议的心理准备。

《中东的革命和不稳定》一书的作者写道："相对较高的教育水平（只有也门可能例外）驱动了阿拉伯革命这一因素，是在'阿拉伯之春'这一事件上留下印记的重要背景。埃及约有一半的失业者属于20～24岁的年龄段，其中许多人受过高等教育。可能正因为如此，这些事件相对来说没有太多的流血暴力。在埃及，只有几百人被杀。"②

相对快速的经济发展并不能保证稳定，因为与之相伴的是旧的社会结构遭到破坏，工人从一个部门转移到另一个地方，传统和非传统思维和行为发生冲突，还有来自西方的外来价值观的冲击。不断壮大的中产阶级和民族资产阶级对传统腐败官僚的统治感到不满。GDP增长本身并不意味着建立或加强了社会稳定。为了保持竞争力，现代经济部门需要发展新技术，需要更高

---

① *Goldstone J.* Population and Security: How Demographic Change Can Lead to Violent Conflict//Journal of International Affairs. 2002, 56/1. P. 11—12.

② *Гринин Л. Е.*, *Исаев Л. М.*, *Коротаев А. В.* Указ. соч. С. 42.

的技能和更少的人力。粗放型经济发展的潜力在不断枯竭，而集约型高科技却发展缓慢，来不及替代前者。

此外，剩余人口由传统的高出生率的村庄涌向城市。农业劳动生产率的提高又助推了人口的"过剩"。高失业率、社会不满和周边的贫民窟则助长了大城市里的紧张局势。

而政治体制在其发展过程中总是滞后于社会和经济结构的改革，这是一个规律。

各国国情不同

如果我们仔细考察被革命和动乱吞没的阿拉伯国家，我们就会发现每个国家都有其独特之处。

突尼斯的局势变动是以最"平静"的方式进行的。政治紧张局势在几个月后逐渐缓和了。突尼斯总工会领导人对暂停《宪法》某些条款和举行全国制宪会议（最高立法机构）选举的决定感到满意。海外流亡归来的伊斯兰主义者变得更加活跃。

国内安全部队在国家武装部队的支持下加紧逮捕从监狱逃跑的罪犯，没收民间的武器和弹药。

伊斯兰主义者充分利用了革命第一阶段的不稳定，他们原本就有广泛的社会基础。2011 年 10 月 23 日，他们在平静的气氛中赢得选举。随后与复兴党和另外两个政党联合组成政府。[①] 但是伊斯兰主义者没有能力解决社会问题：食品价格上升，失业率居高不下，成千上万的人想逃往欧洲，逼得欧洲不得不关闭边境，而极端分子也开始在持续混乱中诉诸恐怖主义。

伊斯兰主义者没有解决经济和社会问题，而是开始在法律体系中引入伊斯兰教法的元素，并推动公共生活的伊斯兰化，侵犯公民自由。

在伊斯兰主义者和世俗主义者之间爆发了冲突，双方各自的内部也发生了冲突。复兴运动（Ennahdha）明智地选择了放弃绝对权力，并对未来取得成功抱有希望。2014 年 1 月，在外界强制压力下，伊斯兰主义者和世俗反对

---

① http：//www. iimes. ru/？p = 13601.

派相互妥协，成立了由专业人士组成的政府，并建立了联盟。

埃及值得我们特别注意。贫富差距在这里已经存在 5000 年了。但当代埃及人知道，有些人是如何变得超级富有的：多亏了国有财产私有化，这些人几乎免费获得开发所需的土地，从国有银行获得优惠贷款，获得政府合同，并拥有与外国公司建立合资企业的权利。

埃及大约 40% 的人口日均消费为 1～2 美元[①]，每天只能吃面包和大豆，而"精英们"却住在带有高尔夫球场的别墅里，这些别墅的所有设施和服务与西方特权阶级享有的几乎一样，他们还在尼罗河、红海、地中海沿岸建造宫殿。埃及每年有 70 万新人进入劳动力市场，他们中大多数人找不到工作。

生活水平或是改善得很慢，或是停滞不前。

除此之外，腐败猖獗。最高级别的贿赂金额达数百万甚至数千万英镑。商人和官僚们在金融交易的帮助下"凭空"赚钱。巨额公共资金被挪用，被"肥猫"和政府官员瓜分。紧急状态持续长达三十多年，任何抗议活动都会被镇压。

由于社会网络和信息技术的发展，政府实施的逮捕和酷刑为公众所知。公然伪造选举结果被曝光后也给当局造成巨大压力。少数尚处于萌芽阶段的自由组织并没有发展成为大众政党，但它们的存在的确对受过教育的年轻人产生了影响。考虑到所有这些因素，人口中最活跃和最年轻那部分人群的心理情绪变得非常重要。

问题的关键是埃及人如何解读他们的处境。尽管"忍耐是最好的"这句格言体现了埃及人多年来的基本智慧，但现行的秩序已让人忍无可忍。忍受屈辱、失业、贫富差距，忍受法官、官员、警察的不公正和专横，忍受怀才不遇，不要抗争，等到了另一个世界，你的美德和耐心会得到回报。

但是，教育的覆盖面正在迅速提高，卫星电视频道展示出体面、美好和自由的生活，互联网和移动电话成为数百万人可以使用的工具。人们知道并看到非白人、非欧洲人——日本人、韩国人，然后是中国人——正在改善他们的生活，生活变得越来越好，但是阿拉伯的石油和天然气却在某处消失。

怎么会这样？我们有地球上最古老的文明！我们是世界之母（Umm al-

---

① См.: *Коротаев А. В.*, *Зинькина Ю. В.* Египетская революция 2011 года. Структурно-демографический анализ//Азия и Африка сегодня. 2011. № 6. С. 14.

Dunya)！我们有世界上最好的宗教——伊斯兰教。万能的安拉用我们的语言——阿拉伯语揭示了《古兰经》！

在他们的内心和脑海里响彻着这样的呼声——"够了!"只是暂时还没有说出来。现在他们喊出来了。人们走上街头和广场，警察造成的伤亡加剧了对政府的仇恨，要穆巴拉克总统"走开"的呼声传遍全国。

革命是完成了，或者只是看起来完成了。

M. L. 博格丹诺夫：俄罗斯的政策非常谨慎，我们不想冒犯任何人。此外，也不仅仅是外交部采取这一政策。通过不同来源和渠道的信息和研究成果蜂拥而至。特别是我们还要考虑到我们的伙伴——西方和阿拉伯国家的评价。因为这些反对派是由不同的社会和政治力量组成的。

笔者：我们和各国政府保持着联系吗？

M. L. 博格丹诺夫：联系没有中断过。在穆巴拉克辞职前夕，由 A. V. 绍特诺瓦（A. V. Saltanov）率领的跨部门代表团访问了开罗。他当时是总统的中东问题特别代表（正如你当时是非洲问题特别代表一样）和外交部副部长。有 4 位来自 4 个不同机构的将军随行，目的就是要评估埃及的形势和前景，了解谁将掌权。2 月 9 日，我安排了一次对穆巴拉克总统的拜访。但他只接见了绍特诺瓦，并说他打算继续掌权。然后，我和绍特诺瓦与前任情报总监奥马尔·苏莱曼（Omar Suleiman）、外交部部长艾哈迈德·阿布－盖特（Ahmed Aboul－Gheit）进行了交谈。前几天，穆巴拉克刚任命苏莱曼为副总统。苏莱曼说："我们需要保持对国家的控制。军方或穆斯林兄弟会将获得权力。后者是解放广场抗议活动的幕后黑手。但是其他力量……"根据总统的指示，我与各方进行了谈判。有 30 人参加：学生、穆斯林兄弟会、左翼分子和一些自由主义者，他们同时说着不同的政治语言。有些很刺耳，我不明白他们想要什么。他们相互矛盾，在我面前争吵。最后，他们只在一件事上达成一致：穆巴拉克必须辞职。

笔者：那么 2 月 9 日那天还没有最终决定？

M. L. 博格丹诺夫：显然没有。俄罗斯代表团飞赴大马士革。一切似乎都暂告一段落。

实际上，在那之前不久，在我个人的要求下，拉夫罗夫会见了巴拉迪先生，听取他对局势的个人评价。

　　事实上，就在那之前，在拉夫罗夫的个人指示下，我也会见了巴拉迪，转达了拉夫罗夫关于防止事态失控和发生暴力的呼吁，并听取了巴拉迪对局势的评估。我去了他位于亚历山大大街的相对简陋的别墅。我是开车去的，没有挂国旗——这应该是一次私人访问。我以为我会遇到"革命领袖"，会看到"斯莫尔尼宫"①，有卫兵、急匆匆的信使和参谋会议，但他只是独自一人。我们喝了茶和咖啡，交谈持续了 40 分钟，也没有什么明确的信息。只是几乎每隔 10~15 分钟，电话铃就会响。巴拉迪会去另一间屋子用英语打电话："是的，麦琪（美国驻埃及大使玛格丽特·史考比）……我正在与一名俄罗斯大使交谈。"他在解释什么，很明显，他在听取如何跟我们对话的指示。

　　2 月 9 日，俄罗斯代表团离开埃及，2 月 11 日，穆巴拉克宣布辞职。他将权力移交给了武装部队最高委员会。与突尼斯的本·阿里相比，总统辞职的方式很好，没有逃跑。他留在埃及并被逮捕。尽管他像本·阿里一样，曾得到过沙特和阿联酋提供的政治庇护。②

　　接管权力的埃及最高军事委员会宣布将进行议会选举。

　　无论选举结果如何，军方的职责是保证国家稳定，因而没有大规模改革政府的计划。即便经济问题日益严重、犯罪率不断上升、西方国家不断要求进行改革和民主化，军方也不愿承担全部责任。但是，发生经济混乱、安全局势恶化、社会动荡和宗教纷争的风险，是真实存在的。

　　来自底层的压力越来越大：人民希望从革命中迅速获得物质利益，但财政资源和民粹主义措施已经枯竭。国家的实际收入锐减。对面包、植物油和糖的补贴勉强维持着脆弱的社会稳定。

　　革命将尊严和自由归还给人民，但是，还有什么其他社会成就和变化呢？没有了，根本找不到。

　　在不断加剧的混乱、经济困难和期望值不断增高的情况下，群众感受到混乱和失序的压力，而改革并没有达到预期的目标。社会渴望一只强大有力的手，一个能够稳定局势的强有力的领导人。尽管国内没有出现这样的领导人，伊斯兰主义者的影响力却在不断增强。

　　在 2011 年 11 月至 2012 年 1 月的议会选举中，自由和正义党（穆斯林兄

---

① 列宁在这里发布命令，指挥十月革命。这座宫殿被称为十月革命的司令部。——译者注
② 与博格丹诺夫的谈话（2016 年 9 月）。

弟会）及其盟友获得了 47%（几乎半数）的选票，萨拉菲光明党和它的盟友以 24% 的得票率位列第二，新华夫脱党获得 9% 的选票，而埃及人集团仅取得 7% 的选票，"网络青年"没有获得席位。[①]

这就是现实。2013 年 6 月，军方设法让宪法法院宣布选举结果不合法，议会也没有召开。

然而，穆兄会的代表穆罕默德·穆尔西（Mohamed Morsi）在 2012 年 6 月赢得总统选举。也许，获胜的主要原因是穆尔西的竞争对手是艾哈迈德·穆罕默德·沙菲克（Ahmed Mohamed Shafik），他是穆巴拉克统治时期的前总理，选民们反对他竞选。也许，穆兄会最好是留在议会充当反对派，把克服社会经济困难这一不可能完成的任务交给别人去做。但是，如果已经品尝过权力的甜美之后，谁又会拒绝权力呢？

穆兄会没有治理国家的经验，犯了一个接一个的错误。他们开始以一种毫不妥协的方式实施伊斯兰教法，更换了所有官方媒体负责人，在各省任命自己的省长，包括前恐怖组织的成员。

当生活水平落后于许多人的期望时，就会出现期望过高的危险情况。在 1 月 25 日革命之后，人民的期望值迅速提高，正因为如此，满意度也在直线下降。

"阿拉伯世界的民主和革命之路迟早会出现分歧，事实也确实如此。"[②]

即便掌握了权力，穆兄会仍无法解决社会经济问题，无法巩固和扩大其在埃及的社会基础。在国际舞台上，他们开始得到了美国的支持，但也疏远了阿拉伯君主制国家（卡塔尔除外），因为他们在各国的分支胆大包天地到处谈论以"民主"程序进行政权更迭的可能性。为了摆脱政府中的穆兄会，文官和军人精英弥合了往日的分歧，鼓励人们参加反政府示威活动。反政府示威是由上天赐予的在社会经济生活中未实现的革命希望所推动的。

不断加剧的动荡使军方得以发动政变，"实现了人民的意愿"。穆尔西政权于 2013 年 7 月 3 日被推翻，穆尔西被逮捕。[③] 穆兄会反对政变的抗议活动被血腥镇压，他们的领导人锒铛入狱。

反对党发生了分裂。穆兄会沦为反对派，而光明党则支持新政府。[④] 世俗

---

① https: //ru. wikipedia. org/wiki/Парламентские_ выборы_ в_ Египте_ (2011 - 2012).

② Гринин Л. Е. , Исаев Л. М. , Коротаев А. В. Указ. соч. С. 69.

③ http://www. svoboda. org/a/25035847. html.

④ См. : Гринин Л. Е. , Исаев Л. М. , Коротаев А. В. Указ. соч. С. 79.

势力也分裂成左派和自由派。他们中的大多数人对穆兄会长达一年的统治深感畏惧，他们更倾向于支持军政权。①

阿拉伯革命浪潮到达利比亚，并演变为卡扎菲上校政权的支持者和反对派之间的内战，同时进行的还有外国军事干预和反卡扎菲的信息战。值得注意的是，"面包和黄油"并不在动乱的原因之内。利比亚并不贫困，政府建造了像样的低成本住房，教育、医疗和失业福利也得到了保障。这个国土辽阔的沙漠国家只有 650 万人口，公路纵横交错。以地下水源为基础，建设了一条完整的人工河。利比亚拥有非洲最大的石油储备，是非洲大陆第三大石油生产国，人均 GDP 约为 1.2 万美元（与俄罗斯相当）。②

由于人口迅速增长，利比亚年轻一代占总人口的 40% ~ 50%。他们几乎都住在城市里。据利比亚官方统计，该国 2009 年的失业率为 20.7%③，这是该地区官方统计数值最高的国家。年轻人接受了教育，却很难找到工作。无法满足的欲望、渴望、希望和野心都转变为社会压力。利比亚其实有足够多的工作机会，但这些工作不太体面，薪水太低。这些活儿都是由来自不同国家的 100 万 ~ 150 万移民干的，其中大部分人是埃及人。他们没有参加暴动——他们是来工作的——与不满的利比亚青年没有什么共同点。

年轻人——准确地说，他们中的大多数人——不相信政府的宣传，对日益增长的腐败感到愤怒，警察的专横和资讯的隔离使他们感到屈辱。卡扎菲的行为和统治方式不适合他们。

卡扎菲及其政权成为激烈信息战的目标：半岛电视台和阿拉伯电视台将其妖魔化，西方和阿拉伯国家的其他电子媒体也跟着兴风作浪。

当突尼斯和埃及成功推翻前统治者时，利比亚的年轻人在信息技术的帮助下走上街头。对卡扎菲世俗政权心怀不满的伊斯兰主义者高举革命旗帜，他们夺取了军火库。而后来成为武装组织核心的各个小组此时已经在海外活动。

起义的准备工作已经提前做好了。值得注意的是，叛军在该国东部的昔兰尼加取得了最大的胜利。昔兰尼加是反对政府的苏菲派据点。毕竟，42 年

---

① См.：*Гринин Л. Е.*，*Исаев Л. М.*，*Коротаев А. В.* Указ. соч. С. 80.

② https：//ru. wikipedia. org/wiki/ Список ＿ стран ＿ по ＿ ВВП ＿ （ППС） ＿ на ＿ душу ＿ населения.

③ www. tradingeconomics. com/libya/unemployment – rate.

前被推翻的利比亚国王曾是该组织的头目，因此叛乱分子挥舞着前皇家旗帜。

在班加西，全国过渡委员会（NTC）成立。

有人一再呼吁在昔兰尼加建立哈里发政权。

利比亚的内战终于爆发了。

卡扎菲动员他的支持者——军队、警察、忠诚于他的部落、雇佣军和值得信赖的民兵来回应反对派。在出现第一次伤亡后，叛乱分子开始用从警察局和军事基地缴获的武器武装自己。数以万计的人在冲突中丧生。

美国和北约指望埃及或突尼斯的一幕可以在利比亚重演。因此有意忽略反对派实际上是宗教极端主义者这一事实。但事实证明，卡扎菲政权的地位比埃及和突尼斯的政权要强大得多。因此，当卡扎菲的军队在不断升级的内战中有可能战胜反对派时，美国和北约同意通过空袭和导弹袭击的方式向反对派提供武装支持。这是在联合国安理会第 1973 号决议的基础上进行的，然而，该决议"排除了外国部队以任何形式占领利比亚任何领土"①。

北约部队在七个多月的时间里大约进行了 1 万次空袭，以此为叛军取得军事胜利扫清了道路。在北约空袭的同时，英国和法国的特种部队还进行了地面行动。②

阿联酋和卡塔尔同意参与针对利比亚的军事行动，也派出了部分战斗机。沙特阿拉伯和埃及则同意支持全国过渡委员会。

对卡扎菲的追捕在七个月后以他被谋杀而告终。卡扎菲在北约对他最后一个据点苏尔特市的空袭中受伤并被俘。2011 年 10 月 29 日，他在摄像机前被撕成碎片。

与此同时，宗教极端主义者主导的反对派借机夺取大量库存武器。

全国过渡委员会成为获得国际承认的利比亚政府。但许多人提出这样一个问题：在北约帮助下诞生的这个政治怪兽会不会连西方这些幕后赞助者都无法控制？

全国过渡委员会宣布将"建立法治""建立民主国家"，实行"政治多元化"，这得到了西方支持者的赞扬。③ 但在现实中，它既没有力量也没有愿望去实现这些目标。利比亚根本没有公民社会机制和可正常运转的国家机构。

---

① www. un. org/ru/documents/ods. asp？m = S/RES/1973（2011）.

② https：//lenta. ru/news/2016/09/14/cameron/.

③ www. dailykos. com/…/ – Libyan – Opposition – s – Transitional – Nat…

这些机构不可能靠颁布几十条法令来建立，这些法令只不过是将严格的伊斯兰律法引入司法体系而已。

卡扎菲的权力是建立在部落间合作基础上的，部落间的关系在很大程度上决定了国家的未来。各部落之间在权力、经济收入、奖学金分配等方面存在微妙的平衡。利比亚领导人不是通过选举上台的。在过去和现在都没有强大有效的国家机构的情况下，部落关系过去发挥过而且未来也将继续发挥关键作用。

利比亚沦为部落和宗族、伊斯兰主义者和少数民族，以及简单的武装团伙的混战之地。国家不复存在。

如果我们要探讨其他阿拉伯国家发生革命性变化的可能性，首先我们应该讨论叙利亚、阿尔及利亚和也门。

3月18日，革命的火焰蔓延到叙利亚，至今没有熄灭，但我们稍后再讨论叙利亚。

社会动乱蔓延到阿尔及利亚。人们需要工作、更好的工作条件和更高的工资。社会抗议演变成政治抗议的风险是切实存在的。阿尔及利亚也拥有一些民主因素。然而，二十多年前当阿尔及利亚面临着伊斯兰主义者通过投票箱接管政权的威胁时，曾发生过一场军事政变。20世纪90年代，阿尔及利亚政府军和伊斯兰主义者之间实际上发生了一场战争。据报道，在10~15年的阿尔及利亚内战中，有15万~20万人死亡。① 自那以后，该国事实上一直实行国家紧急状态。

与叙利亚不同，阿尔及利亚政权拥有更多的储备，主要是财政储备。布特弗利卡总统设法给军事当局披上民主的外衣。阿尔及利亚军队实际上仍然是铁板一块，是国家稳定的保障。而世俗的反对派则是分裂的。

阿尔及利亚当局对大规模动乱迅速做出反应，采取复杂的社会和政治措施，以平息由突尼斯和埃及"多米诺骨牌效应"所引起的抗议浪潮。1992年以来实行的国家紧急状态被取消，同时取消了获得独立的大众传播。政府实施了旨在提高生活水平、消除年轻人失业、防止基本商品价格上涨的计划。同时，国家武装部队的地位也得到提升。他们被赋予协调所有安全机构以稳定局势和打击恐怖主义的任务。

---

① http://dic.academic.ru/dic.nsf/ruwiki/631415.

所有这些措施，加上 20 世纪 90 年代内战的惨痛回忆，阻止了本可以推翻整个政权的不满情绪的蔓延，就像突尼斯和埃及那样。

从长期看，我们还是不应低估利比亚局势的负面影响，以及伊斯兰主义者在阿尔及利亚的势力增强。

在萨利赫（Ali Abdullah Saleh）总统独裁统治三十多年的也门，又是另一种情况。也门是最贫穷、最落后的阿拉伯国家之一，官僚机构僵化，腐败盛行。当局不得不同时应对北部的半游击队性质的宗教极端分子和南部的分裂分子。部落之间以及温和的什叶派（栽德派）和逊尼派之间的争端，在也门发挥着特殊的作用。[1] 最终，这些问题都需要由也门部落联盟来处理。然而，也门"索马里化"的可能性也是有的。

反对派以"民主"和"人权"为幌子，进行着不同派系之间的权力斗争。

北约对也门进行干预是不可能的——也门几乎没有石油。美国和西方国家将未来也门的责任移交给以沙特为首的海湾合作委员会。俄罗斯也只是呼吁以和平的政治方式解决也门问题，并从这个饱受战争蹂躏的国家撤出了一些公民（不仅是本国公民）。

2011 年 11 月 23 日，各方在沙特首都利雅得就如何结束也门危机达成一致，统治也门三十三年的总统阿里·阿卜杜拉·萨利赫辞职。[2] 根据与反对派达成的协议，萨利赫将权力移交给副总统曼苏尔·哈迪（Mansour Hadi），作为对豁免所有起诉的回报，另外还承诺在 2012 年 3 月举行新的选举。这个国家有了一个新的"准总统"，他仍然是"退休"了的萨利赫所属执政党的代表。萨利赫来自什叶派桑汗部落（Sanhan），属于哈希德（Hashid）部落联盟。国家是分裂的。南方人对他们在统一后也门的地位感到不满，他们有强烈的分离主义情绪。哈迪就是南方人。北部则按部落划分为好多块。萨利赫总统的部落和阿赫马尔（Al–Ahmar）部落之间的裂痕正在加深，阿赫马尔部落出任了一些"政府"所属武装部队的领导人，实际上控制着哈希德部落联盟。双方都开始使用西方媒体所青睐的民主辞令。

接下来的几年里，虽然盟友和口号都发生了改变，但这两个派别之间的

---

① 详细见 *Костелянец С. В.* Африканский фактор в йеменском конфликте//Азия и Африка сегодня. 2016. No 5.

② https://lenta.ru/lib/14208941/.

政治斗争仍在继续。引发 2011 年也门起义的所有问题都没有得到解决。

在这种情况下，什叶派胡塞武装被证明是最具纪律性和战斗力的武装力量。他们是以 2004 年被杀害的领导人侯赛因·巴德里丁·胡塞命名的。在 2014 年 9 月至 2015 年 2 月，他们成功地控制了几乎所有的北部以及部分南部地区。胡塞武装与前总统萨利赫的支持者（尽管此前萨利赫曾对胡塞武装发动过六次战争）联合，击败了阿赫马尔部落。

胡塞武装势力增强引起了沙特阿拉伯和其他海湾国家的反对，这些国家开始轰炸胡塞武装的阵地。整个形势由于 2009 年成立的阿拉伯半岛"基地"组织影响力越来越大而进一步复杂化，[①] 该组织在也门南部地区拥有大量支持者。

2015 年 1 月，哈迪丢失政权，[②] 并逃离也门。但后来在沙特和阿联酋军队的帮助下，他在亚丁获得了立足点，并试图从北部发动进攻。由此，也门全国范围的内战开始了，沙特和其他海湾国家进行了军事干预。

到 2015 年 8 月，哈迪与海湾国家的联盟取得一些胜利，他们的军队已经接近塔伊兹。2016 年，内战仍在继续，沙特和阿联酋的武装部队也已公开参与冲突。也门沿着此前南、北也门的边界线接近分裂。

摩洛哥和约旦这两个王国情况不同。它们都是由相对年轻、受过良好教育的国王统治，在"阿拉伯之春"运动发生前就开始自上而下地推行改革，扩大民众的代表权，并与穆斯林反对派进行对话。这两国的王室被认为是先知穆罕默德的直系后裔，受到信徒的尊敬。然而，贫困和资源匮乏，不能满足人民群众的需求，使得社会紧张局势加剧，尽管还没有引发反对国王的运动，但也只是现在还没有，未来局势仍存在很多变数。

摩洛哥是君主立宪制国家，有民选议会。2011 年 11 月，摩洛哥在一个相对自由的环境中举行了议会选举，结果是伊斯兰主义者赢得了选举。

我们认为，这两个国家的君主立宪制基础没有那么脆弱，如果经历重大的改革，王权也能够生存下来。

再回过头来看看阿拉伯半岛上的君主制国家（巴林除外），目前还没有出现能够对这些国家最高当局造成威胁的态势。根据政治制度的性质，这五个

---

① https：//lenta. ru/news/2015/06/16/aqap/.

② https：//lenta. ru/articles/2015/01/29/desert/.

国家可以分为两类。沙特阿拉伯本质上是一个传统的君主制国家，其统治原则是由王国的创始人阿卜杜勒·阿齐兹·伊本·沙特以及日后的费萨尔国王制定的。在科威特、阿联酋、卡塔尔和阿曼，统治家族采用威权主义，不过是更为温和的家长制方式。

问题是海湾国家是否拥有足够的潜力去承受一场革命性质的变革。在"阿拉伯之春"尚未演变成"阿拉伯之秋"时，它们显然没有这个能力。在海湾地区，转型过程可以是革命性的，可到目前为止，阿拉伯世界的这一地区的变革进程是渐进式发展的。沙特可能慢一些，其他君主制国家快一些。大多数国民并不认为自己是反君主制的。按照当地的标准，各国的自由派只不过是支持对国王的权力进行部分限制和引入君主立宪制。人为地套用埃及或突尼斯社会政治情况来分析海湾君主制各国的情况只会导致误判。

一场以突尼斯和埃及为榜样的反对王室的群众运动始于人口只有百万的岛国巴林。美国第五舰队和驻有几千名美军军人的基地和总部都设在巴林。[①]在巴林执政的是逊尼派，但该国 70% 的人口是什叶派。逊尼派掌控着政府、公司和经济命脉中的领导位置。因此，宗教抗议与社会抗议结合在了一起。巴林人的生活水平很高，甚至在什叶派中也是如此。然而，什叶派不甘沦为二等公民，奋而反抗。皇室在继续掌控军队和警察的情况下，接连做出一些让步。当然，伊朗的宣传助长了什叶派的气势。

巴林政府意识到局势不稳定，因此邀请沙特和阿联酋的部队来帮助控制局势。2011 年 3 月 14 日，来自沙特和阿联酋的大约 2000 名军人进入巴林，保护政府建筑和基础设施。[②] 起义以少量流血被镇压下去。

考虑到美国打算从伊拉克和阿富汗撤军，阿拉伯—伊朗和逊尼派—什叶派冲突成为海湾地区和整个中东普遍危机的重要组成部分，什叶派在伊拉克统治地位的确立和什叶派在巴林的反政府抗议引起海湾国家的极大关注。政治宣传和大众传媒的重点都聚焦在伊朗积极支持巴林的什叶派上。迄今为止也没有发现伊朗干预巴林事务的具体证据，但伊朗的言论却强硬而好战。

---

① http：//russian. irib. ir/tematicheskie - programi/palitika/ американские… - за - пределами - сша/item/252508 - американские - базы - в - бахрейне.

② https://en. wikipedia. org/wiki/Bahraini_protests_of_2011；http：//www. presstv. ir/detail/204568. html.

　　阿拉伯政权感受到了什叶派势力的增强和逊尼派势力的削弱，它们呼吁西方对伊朗采取强硬立场。考虑到本国国内就有相当一部分什叶派人口（据各种统计数据，约占总人口的10%），尤其是什叶派人口主要集中在东部石油最富庶的产油省，① 沙特在这方面做了相当大的努力。

　　伊朗的官方宣传试图将阿拉伯革命解释为1979年伊朗革命的延续。在21世纪的第二个十年里，德黑兰动用了它与黎巴嫩的真主党、加沙地带的哈马斯以及叙利亚的复兴党之间的老关系，加强了合作。

　　埃及的革命改变了整个中东逊尼派和什叶派的平衡关系。革命后，作为该地区关键的逊尼派大国，埃及制定了与伊朗关系正常化，并在任何情况下避免发生对抗的目标，同时，埃及还致力于恢复双边外交关系。

　　很明显，伊朗国内的运动得到了美国的情报、金钱和信息技术的支持。在一手摧毁萨达姆·侯赛因，一手削弱了塔利班在阿富汗的势力——这两个伊朗的敌人之后，美国受到了变得日益强大的伊朗的挑战。

　　伊朗国内对现政权的不满确实存在，产生抗议活动的原因也与埃及相似：参与者多是受过教育或半文盲的城市中产阶级。但是伊朗的统治集团更加强大和团结，并准备对抗议者使用武力。

　　2015年关于伊朗核计划的国际协议的达成缓解了伊朗与西方的紧张对峙，但并没有消除中东地区逊尼派与什叶派日益加剧的紧张关系。

　　沙特一些中产阶级的代表可能是埃及革命的支持者。但他们必须在已享有的物质福利和反叛的危险后果之间做出选择。皇室，或者更准确地说是一个超过5000人的家族，分布在王国的广大领土上。② 飞行员大多是皇室成员；皇室成员还遍布政府机构、军队、警察，并且领导着许多省份。沙特的宗教机构有着最深厚的根基。在沙特任何要求恢复伊斯兰教基础的呼吁听起来都非常荒谬，因为在沙特除了伊斯兰教法之外没有任何其他法律。当局不仅依靠强大的警察机构，还依靠由忠于王室的"贵族"部落组成的国民卫队。至于工人——来自巴基斯坦、孟加拉国、菲律宾和其他一些国家的七八百万移民，他们来沙特不是为了待在沙特和争取自己的权利，而是为了挣钱，然后离开。

---

① https://ru. wikipedia. org/wiki/% D0% A8% D0% B8% D0% B8% D1 % 82% D1% 8B.

② http://english. aljazeera. net/NR/exeres/FB4F0EBF – 6EED – 41C2 – 8BEE – B45147E25A69. htm.

  沙特积累了巨大的财政资源。投资的目的是使经济多样化，创造新的就业机会，改善社会服务和加强武装部队。

  沙特政府有相对广泛的手段来削弱反对派。它可以诉诸镇压、宣传、部落关系和社会资助。2011年，在接受治疗回国之前，年迈的阿卜杜拉国王（87岁）宣布了一项总额为370亿美元的社会计划，以帮助穷人、延迟还贷和建设住房。妇女的权利也有所扩大。[1] 应该指出的是，在沙特任何走向民主化的举动都只会使反西方的伊斯兰主义者更加强大，因此，即使对潜在的自由主义者来说，呼吁"自由"选举也是一个危险的口号。

  在沙特，大规模的抗议活动一般只发生在什叶派人口占多数的东方省。但当地什叶派宗教领袖非常谨慎。他们担心被指责为伊朗的"第五纵队"。当然，长者们可能已经失去了对街道的控制。

  但迄今为止，大多数沙特人不太可能愿意看到国家发生革命。沙特人希望看到的是改革和减少腐败。

  统治者们则忙于处理王位继承问题以及皇室年长成员健康不佳的问题。

  2015年1月，阿卜杜拉国王去世，他的同父异母兄弟萨勒曼·本·阿卜杜勒·阿齐兹（Salman bin Abdulaziz）继承王位。同年4月，他果断改变继承传统，任命穆罕默德·本·纳伊夫（Muhammad bin Nayef，56岁）担任内政部部长和王储，自己的儿子穆罕默德·伊本·萨勒曼（Muhammad ibn Salman，30岁）为副王储。[2]

充满个性的角色

  领导人的个人权力危机、年龄以及他们在权力金字塔顶端的长期统治，是威权政府在面对革命和抗议运动时软弱无力的重要原因。

  这些领导人统治的国家和社会发生了巨大的变化，而他们却和民众失去了联系。不管他们过去曾有过怎样的功绩，这种情况只能导致不同程度的政

---

① https://lenta. ru/lib/14182483/.

② http: //english. alarabiya. net/en/News/middle – east/2015/01/23/ Saudi – Prince – Mohammad – bin – Salman – appointed – defense – minister – head – of – Royal – Court. html; *Simeon Kerr*. Saudi king stamps his authority with staff shake – up and handouts//Financial Times. 30 January 2015.

治停滞，也使得政治精英无法了解和理解民众的情绪。

封闭的圈子和特权集团在改革缺位的情况下不断发展，其结果就是大环境一直在为日益严重的腐败创造条件，不管最高当局是否有变革的想法。这种结果不可避免地延伸到领导人自己和他们的家庭中。不同层级的权力和经济资源集中在统治集团手中，必然导致改革变得困难或不可能。对政府和公司人员流动的严格控制限制了青年就业和发展的机会。

本·阿里在突尼斯的统治是以公开的腐败和裙带关系为特征的。在他妻子的"帮助"下，他失去了与现实的联系，在他的宫殿里堆满了数百万欧元和美元现金、黄金和钻石。[①] 正因为如此，群众的愤怒日益高涨，最终走上街头。

穆巴拉克总统在他的最后一次讲话中说："这是一位父亲对他的儿子和女儿说的话。"也许他真的相信自己的话。他的演讲引起了人群的嘲笑和数百万人的呐喊："滚！！！"几个小时后他辞职了。

在录制最后一次全国讲话时，穆巴拉克晕过去两次。

这一切的背后实际上隐藏着一场个人的悲剧。他固执地对"儿女们"缺乏理解，而他的固执使国家处于毁灭的边缘，甚至很有可能引发一场内战。这位时年 82 岁的总统还认为自己是唯一能够拯救国家、免其陷入深渊的人。但在他三十二年的统治期内，这个国家的人民发生了多大的变化啊！

在恐怖分子杀害安瓦尔·萨达特之后，胡斯尼·穆巴拉克成为国家元首。他释放了监狱里的大部分囚犯，努力修复因埃以和平协议而与阿拉伯国家破损了的关系。尽管关于他和他的家人涉嫌窃取数十亿美元的谣言漫天乱飞，但在埃及的许多外交官都认为这是在夸大其词，而且法庭调查并没有发现所谓的数十亿美元。

在穆巴拉克统治期间，埃及的工业和旅游业得到较快发展，成千上万的人接受了大学教育，数百万人开始使用互联网，电视更是普及到每个家庭。但是穆巴拉克被阿谀奉承者包围着，没有意识到埃及发生了巨大的变化。他的妻子苏珊是这场家庭悲剧的主角，她想要培养自己的儿子来取代父亲的位置。

穆巴拉克的长子阿拉（Alaa）是一个商人和铁杆足球迷，他没有参与政治事务。

---

① См., например: http://www.rbc.ru/politics/30/03/2014/57041a4e9a794761c0ce86e3.

小儿子贾迈勒（Gamal）成为他父亲未公开宣布的继承人。贾迈勒和他的密友们谈论着政治王朝，例如美国的肯尼迪家族、布什家族和克林顿家族，更不用说法老王朝了。

但贾迈勒没有成为政治领袖的潜质，不具备领袖魅力。与此同时，渴望金钱和权力的"肥猫们"聚集在他周围。贾迈勒成了国家民主党的非正式领袖。这个国家的精英阶层被分为文官和军人。

到2010年春天，贾迈勒的明星地位已经确立，但将军们不希望他成为一个领袖。

穆巴拉克依靠军队，但为了平息抗议，将军们说服他辞职。这位在精神和肉体上都被压垮的老人，不得不屈服于他们的要求。据说穆巴拉克的随从不让他观看开罗街头百万人欢呼他辞职的电视节目。在"街头"的压力下，穆巴拉克、他的家人以及来自核心集团的数十人被逮捕并被绳之以法。在法庭上，当笼子里的穆巴拉克以一个躺在担架上体弱多病的老人形象出现在民众面前时，他的悲惨境地还是引起了部分人的同情。①

30岁的瓦埃勒·古尼姆是一名电脑专家，他是谷歌的中东市场总监，也是这次起义青年组织者的代言人和"品牌"。古尼姆毕业于开罗美国大学，是一名成功的经理。他有将包括民主在内的任何提案以脸书用户可以接受的模式进行商业化运作的经验和能力。② 谷歌和脸书就是与埃及政府进行斗争的有效工具。

2010年6月，亚历山大一位名叫哈立德·赛义德（Khaled Said）的年轻商人因发布了警察吸毒的照片而在光天化日之下被警方逮捕，并被打死。他的尸体上满是划痕和瘀青的照片在网上流传。随后，古尼姆在脸书上创建了一个新页面，名为"我们都是哈立德·赛义德"，成了反对警察暴行斗争的招牌，照片、视频和新闻源源不断地从这里流出。通过对材料的精心挑选和古尼姆的天才设计，它迅速成为埃及最受欢迎的反对派网站之一。

这位年轻的计算机专家向政权和整个警察体系发起挑战。他一直使用匿名，化名为"沙希德"（Al-Shahid，阿拉伯语意为烈士）。

在1月14日突尼斯的独裁者在抗议声中狼狈下台后，古尼姆宣布埃及也

---

① https：//books. google. ru/books？ isbn＝1317077431.
② См.：*Васильев А. М.* Цунами революций//Азия и Африка сегодня. 2011. № 3. С. 6—7.

可以有自己的革命。

古尼姆坚持说，他和他的同志都不是运动的领导人。他希望人们觉得他们自己也能掌权。起义没有领导人。

显然，他已经被跟踪。1 月 25 日之后他被逮捕。一条消息传开说，古尼姆就是"沙希德"。解放广场的反对派宣布他为象征领袖，并开始访问一个名为"我们都是古尼姆"的脸书页面。

真名的暴露挽救了古尼姆的生命。埃及政府不敢对他继续采取行动，最后在起义高潮时释放了他。[①]

古尼姆熟知"滚出去！""自由！""尊严！"这些口号，但他对如何革命并没有计划和安排。

想要真正了解革命期间利比亚的混乱局势，人们必须首先了解那个领导利比亚超过四十年的人——卡扎菲。早年，卡扎菲是一位年轻军官，也是1952 年埃及革命领袖贾迈勒·阿卜杜勒·纳赛尔的崇拜者。1969 年，卡扎菲成功组织政变推翻国王统治。随后他关闭了美国和英国的军事基地，将外国石油公司、银行、皇室财产和意大利殖民者的土地收归国有，并开始建立一个新的国家。和纳赛尔一样，他与苏联建立了密切的合作关系，开始购买大批苏联武器，引进大量苏联设备和建设工厂。

卡扎菲是一个梦想家。他梦想建立一个统一的阿拉伯国家。当努力失败后，他又开始梦想建立非洲合众国——这个梦想也只停留在纸面宣言上。他还梦想创造一个公平的社会。为此，他禁止私人贸易，不惜在利比亚这个比较富裕的国家制造商品短缺的局面。形式上，所有权力都掌握在人民委员会手中，但实际上它属于日益壮大的官僚机构、警察机构以及卡扎菲的核心圈子。

卡扎菲是一个危险的、无情的梦想家和独裁者。为了让人们"自由"和"快乐"，他随时可以消灭不同政见者和反对者。

他还是贝都因人的领袖，坚信自己就是救世主（马赫迪），并向人类提供"第三宇宙理论"。他的傲慢无礼让阿拉伯人和非洲人非常厌恶。但有利比亚石油和数十亿美元的支持，卡扎菲还是维持了自己的权威。

起义开始后，美国和欧盟国家面临着两难的境地。在反西方（反帝国主义）现实政治结束后，卡扎菲政权调整政策靠近西方。卡扎菲部分承认利比

---

① См.: *Васильев А. М.* Цунами революций//Азия и Африка сегодня. 2011. № 3. С. 8—9.

亚参与了洛克比空难，并向遇难者家属支付了 2 亿～25 亿美元（或 30 亿美元）的赔偿。[1] 他放弃了制造核武器，放弃了向他提供核技术的巴基斯坦人[2]（卡扎菲是一个现实主义者，他看到美国人以阻止生产原子弹为借口入侵伊拉克）。他邀请西方石油公司返回利比亚，不过，是以更有利于利比亚的条件。他与意大利、英国、美国、俄罗斯和中国达成价值数十亿美元的利润丰厚的交易。利比亚将巨额资金投资到西方国家的证券和房地产市场里。卡扎菲还开启贸易、工业和银行的私有化进程，他的核心集团和外国企业都从中获益。

所有人都不再关注他惯常的反西方和反以色列的言论。

2008 年 9 月，美国国务卿康多莉扎·赖斯（Condoleezza Rice）访问的黎波里。这是美国自 1957 年以来首次对利比亚的类似级别的访问。赖斯说："这是美国和利比亚建立建设性关系的好时机。"[3]

然而起义爆发后，北约把赌注压在卡扎菲的倒台上。卡扎菲的末日已成定局。

许多人将巴沙尔·阿萨德与叙利亚的可能改革联系在一起。他在伦敦学习眼科，直接了解西方的生活方式和西方的意识形态。他能说流利的英语和法语，他举止优雅的妻子是一个英国女人。

自 2006 年市场改革启动以来，巴沙尔·阿萨德的亲属及其同伙占据着所有领导岗位。总统的核心圈子与老一代复兴党人阻止进行任何政治改革。统治精英阶层担心会出现类似于苏联的颠覆性改革（阿萨德在他的演讲中对此也有所暗示）。但总统仍然是军队和更广泛社会阶层的权威。

在也门，萨利赫总统通过灵活的政治策略展示了生存的奇迹，同时保持了军队和一些部落的忠诚。萨利赫同意放弃权力，但反对派依旧对已达成的协议不满。内战开始了。而萨利赫再次出头，通过与叛军胡塞武装结成联盟，他依然是也门政局中的重量级政治人物。

"华盛顿省党委" 都干了什么?

华盛顿官员意识到阿拉伯国家日益加剧的社会政治紧张局势，并坚信有

① http：//sputnikipogrom. com/war/16613/lockerbie/#. WBebeo - LQps.
② Cм.，например：http：//newsru. co. il/press/01nov2011/times8222. html.
③ http：//www. infrance. su/forum/showthread. php? t = 45047.

必要进行改革，但这应该是从上而下的渐进改革，是和西方保持联盟关系的民主化改革。美国允许通过一些自由派的非政府组织从下层倒逼改革，但它既没有估算到伊斯兰主义者的影响，也没有奢望可以驯服他们。

可惜这些设想都失败了。不管精英阶层"紧抓不放"的旧方法是否变得日益僵化，不管他们是否记得曾努力迎合西方游戏规则而自我毁灭的共产主义者的例子，阿拉伯的精英们保持了沉默。阿拉伯领导人拒绝接受"美国式民主化"的形式和方法，得到美国和西欧支持的草根非政府组织一直处于边缘化位置，默默无闻。

阿拉伯世界的革命和抗议得到美国和西方有目的的煽动宣传，也得到以阿拉伯外壳伪装而宣言西方价值观的电视台的支持。在独联体一些国家的"颜色革命"取得成功后，阿拉伯国家成为新的目标。穆兄会以"民主是解决方案""人权是斗争口号""自由是目标"等新口号替换了"伊斯兰主义是解决方案""古兰经是我们的宪法"这样的旧口号。新口号着实令人兴奋、乐观和鼓舞，毫无疑问是为受过不同程度教育的年轻人设计的。没有人会在意这些口号是否忽略了千年文明和集体主义的传统，是否忽略了社会责任，那些应该全部被丢进垃圾桶！所有的传统都应该从现代化的航船上抛下去！

西方通过美国全国民主基金会密切关注阿拉伯国家的潜在新领导人，[①] 这个基金会每年有数千万美元的预算，有发达的非政府组织网络，还可以邀请有潜力的目标人去美国学习和参加研讨会。这些人学会了如何在政府关闭互联网的情况下采取行动，如何使用手机组织抗议活动，如何通过脸书分享观点，如何使用推特，如何与抗议组织沟通。教员中有一些人是奥巴马团队中负责社交网络的关键成员。非政府组织"青年运动联盟"（Alliance for Youth Movements）[②] 就是活动的组织者。

全国民主基金会参与过格鲁吉亚"玫瑰革命"的筹备工作。它还支持埃及的凯法雅（Kefaya）运动。[③] 但结果是，一方面亲西方的自由运动没有得到社会的支持；另一方面，它又受到强力机构的打击。

著名商人乔治·索罗斯创立的开放社会研究所中有中东北非研究项目，

---

① http：//www. ned. org/apply - for - grant/ru/.

② Об этом НПО см.：www. wow. com/Alliance + For + Youth + Movements.

③ *Овчинский В.* Мистерии арабских взрывов…—http：//zavtra. ru/blogs/2011 - 03 - 1541.

它为许多反对派组织提供财政支持。① 例如，它赞助的突尼斯卡里玛（Kali-ma）电台就成为革命青年的喉舌。

瑞典报纸《斯德哥尔摩日报》② 发表过一篇文章，文中称埃及和突尼斯的青年曾得到塞尔维亚青年组织奥特波（Otpor）开发的方法的培训，该组织在 2000 年推翻了斯洛博丹·米洛舍维奇政权。莫罕达斯·甘地的"非暴力抵抗主义"与马丁·路德·金反对种族隔离的经历也是学习的范本。在埃及组织大规模抗议活动的不少人都曾在塞尔维亚受过训。

哈佛大学毕业生吉恩·夏普（Gene Sharp）将通过非暴力运动实现社会和政治目标的战略系统化。他的著作《从独裁到民主》③ 以几十种语言刊印。这本书列出了 198 种"非暴力行动"的方法。

这些事实成为支持"阴谋论"的证据，不少分析家声称阿拉伯世界所有的革命事件都源自华盛顿，是美国想要在中东制造"可控制的混乱"，由美国来控制事件的进程。这种想法忽略了美国外交政策存有结构性矛盾、美国缺少单一控制中心、不同的组织机构之间也存在背道而驰的可能性（"阴谋论"在阿拉伯国家盛行，并传播到了俄罗斯。我们将回到这个问题上）。

人们总是愿意使用尖刻的字眼，而不是去做深刻的思考。将这些事件归因于华盛顿（"华盛顿省党委"）和特拉维夫（"以色列区委"）的阴谋诡计是最简单的答案。

美国的外交政策在意识形态上丝毫不亚于苏联。美国认真地"梦想以美国的方式实现全世界的民主化"，这样美国就可以自然地主导世界，并在这一任务上投入巨额资金，有时甚至让自己沦为意识形态的俘虏。然而，意识形态是与美国追求世界政治主导地位的政策相一致的。美国总是务实地优先考虑自身利益。因此，人们无法回避这样一个事实：华盛顿（以及北约）与阿拉伯专制政权结成了真正的政治和军事联盟。"他可能是狗娘养的，但他是我们这个狗娘养的。"西方领导人一遍又一遍地重复着这一看法（我见证了欧洲

---

① Подробнее см.：https：//books. google. ru/books? id＝6W3＿ AgAAQBAJ&pg＝PA72&dq＝George＋Soros＋－＋a＋founder＋of＋Open＋Society＋for＋Middle＋East＋and＋North＋Africa&hl＝ru&sa＝X&ved＝0 ahUKEwjIhYPthZnQAhUHiiwKHYPMALsQ6AEIHjAA#v＝onepage&q＝George％20Soros％20－％20a％20founder％20of％20Open％20 Society％20for％20Middle％20East％20and％20North％20 Africa&f＝false.

② russian－bazaar. com/ru/content/19071. htm.

③ https：//www. nonviolent－conflict. org/wp－content/uploads/2016/03/FDTD_Russian. pdf.

领导人在 2010 年 11 月黎波里举行的非盟—欧盟会议上是如何支持卡扎菲的）。西方与专制政权之间的合作是不可避免的，因为西方关心的是稳定、与以色列的和平、不受限制地获取这一广大地区的关键资源——石油和天然气，以及在打击恐怖主义和宗教极端主义方面的合作。

使用双重标准是实现这些目标的常用工具。美国一方面与政权领导人保持友谊，另一方面帮助非政府组织并向它们提供现代技术。它唯一没有考虑到的是，革命将遵循自己的轨道和逻辑，而不是美国人预定的设想。

阿拉伯的革命表明，政治斗争不仅发生在街道和广场上，也发生在信息和社交网络上。为此，各国政府寻找办法控制互联网，而互联网服务提供商则寻找办法规避这些限制。

摧毁地区的政治结构并不符合美国的利益。在巴拉克·奥巴马竞选期间，为从阿富汗和伊拉克撤军创造条件，或至少减少美国在该地区的军事存在，以及维持与以色列的战略伙伴关系，是更为重要的优先事项。

而突然间，突尼斯！埃及！利比亚！巴林！约旦！也门！叙利亚！有数万，数十万，数百万的示威者冒了出来。

中东地区如此重大而几乎同时发生的不稳定不期而来。在经历怀疑和犹豫之后，美国及其西方盟友花了好长一段时间才从支持友好的阿拉伯独裁政权转变为声援抗议运动。这一选择需要在维持相对可预期的现状和全然不可控的政治变革中做出取舍。他们考虑到了如下因素：大规模示威几乎没有任何反美口号，他们的诉求符合华盛顿传统上不顾政治变化而为阿拉伯政权设定的"民主化"要求。

美国根据不同国家的情况和重要性而采取了不同的行动。

在埃及，美国把赌注押在武装部队身上。武装部队在过渡期内接管了埃及，直到建立了新的权力基础。在突尼斯，情况几乎是一样的。在也门，由于军队自身是分裂的，美国只能躲在幕后，通过海合会的机制来采取行动。至于叙利亚和巴林，美国最初的反应仅限于谴责过度使用武力，尤其是对巴林，美国始终只是停留在口头发声上。

在 1 月 25 日埃及革命开始后，奥巴马政府的确犹豫不决。一方面，要支持忠实的老盟友胡斯尼·穆巴拉克；但另一方面，又要试图说服穆巴拉克紧急启动改革，并建议他在不违反秩序的情况下发展民主。

当革命浪潮席卷阿拉伯国家时，白宫、国务院和五角大楼的行动并不一致。五角大楼的行动最坚决。它充分利用同埃及军方各个层级的广泛接触，监控着局势并发挥了一定的影响。

　　然而在埃及的社会政治危机中，美国最终决定牺牲穆巴拉克总统和他的核心集团，给埃及反对派开出一张"空白支票"，同时让军队掌握住国家权力。

　　M. L. 博格丹诺夫：在埃及，当西方人开始公开表示穆巴拉克必须下台时，我问我们的美国伙伴为什么要这样做。他是你们的盟友，是埃及和以色列和平的保证人，是萨达特签署的《戴维营协议》的保证人。但他们说："不，奥巴马说他必须离开。"然后我们问，那又该由谁来掌权？随后发生的事情表明，要么是军队，要么是穆兄会，只不过这两个选项都与民主相去甚远。在整个事件的过程中，我们开始看到某些外部势力的目标、战术和战略。"阿拉伯之春"在很多方面警示我们在后苏联空间发生的"颜色革命"——吉尔吉斯斯坦、格鲁吉亚，以及现在的乌克兰，即使我们没有公开大声谈及它。

　　一切都很相似。这一切都始于开罗解放广场或基辅独立广场上的和平示威，然后大众社交媒体植入这样一种想法：全体人民要求政权更迭和总统必须下台。压力持续累积直到最终出现暴力。在埃及，军方可能从美国得到了如何行事的指导：一方面，放任不管，要让民众发泄愤怒；另一方面，要成为行动者，要控制整个进程。还有一件事，正如我们所预料的，现在整个事情过程也已证实了的，即这种形式的社会政治运动会削弱政府机构。它在埃及制造了权力和控制国家的危险真空。这个真空很快被混乱和极端主义填补上了。如果说到叙利亚、利比亚，则是被恐怖主义填补了真空。这是具有极端破坏性的现象……

　　笔者：但是我们在 2011 年讨论过这些前景……

　　M. L. 博格丹诺夫：我们从一开始就讨论过这个问题。有些人不懂，有些人假装不懂。或许其目的就是要破坏个别国家和整个地区的稳定，因为当出现"可控的危机""可控的混乱"时，它会给我们的一些西方伙伴一个机会，或者在任何情况下，给他们一个浑水摸鱼的机会和希望。

　　笔者：也就是说，他们鼓励这些活动……

　　M. L. 博格丹诺夫：这是毫无疑问的。这些都是有确凿证据的。参加示威活动的人把这件事告诉了我们。他们曾在美国参加过特殊课程，就像在南斯拉夫反对米洛舍维奇的人那样。

笔者：我已经写过相关的问题。但可能的情况是，美国认为变革是必要的，他们想通过底层对政权和精英施加压力，但他们不想把一切都变成混乱或无政府状态。

M. L. 博格丹诺夫：也许吧，他们想要的和他们得到的是两件不同的事情。很难说他们到底想要什么，期待什么。民主和人权——这些口号脱离了阿拉伯社会的特性、传统和思想。最终，当这些国家的中央权力被削弱时，就会出现普遍的动荡、不稳定、混乱和国家的崩溃。

笔者：但也许美国本想在中东实现最理想的结果，但犯了很多错误？

M. L. 博格丹诺夫：谁让他们去干涉的呢？

笔者：没有人请他们去。但在20世纪90年代和21世纪初，他们视自己为全球领袖和霸主。根据所有的指标——军事、金融、经济、创新、"软实力"，他们都是第一，所以他们自诩为领导者。

M. L. 博格丹诺夫：谁让他们自认为是这一地区的领导者？这是他们自封的。没有人要求他们。这就是问题所在。问题是他们教导每个人，将某些价值观、标准和理念强加给别人。没有人喜欢如此。他们的价值观在这一地区并不存在。它们只会导致毁灭和混乱。

笔者：我记得我们的"大西洋主义者"说过："美国人将入侵伊拉克，在那里建立秩序，就像在德国或日本一样，伊拉克将成为一个良好的民主国家。"

M. L. 博格丹诺夫：他们来到日本，把事情安排妥当。但在那之前，他们向和平的城市广岛和长崎投下了核弹。谁会这样做？在一分钟内，他们杀害了数十万绝对无辜的日本平民。这是在恐吓天皇吗？还是什么？

笔者：当然，这是对苏联的威胁姿态。

M. L. 博格丹诺夫：那是另一个问题。但他们为什么要杀害日本平民？

笔者：在原子弹爆炸前三四个月，他们联合英国人一起轰炸了德累斯顿，没动用原子弹就杀死近10万人。

M. L. 博格丹诺夫：但是使用原子弹是历史上独一无二的例子。没有人想到这一点。这不就是美国式"强制民主"的一个例子吗？

笔者：美国对把穆尔西赶下台非常不满，因为这违反了民主……

M. L. 博格丹诺夫：这不是第一次违反民主，也不是最后一次。这个问题的关键是什么？那些埃及人说，通过民主选举当选只是仗打了一半，另一半是你应该民主地离开。穆兄会不想如此退场。他们想民主地来，但不想民主地去。他们将社会进一步带入危机。军方将埃及从混乱和内战中解救出来。的确不是很"民主"，但埃及还能有什么办法呢？

过去，许多埃及人反对穆巴拉克，后来又反对穆尔西，现在，伊斯兰主义反对派又在反对现任总统塞西，当局不得不采取比穆巴拉克时期更为严厉的措施。

有时，我听到这样一种尖刻的评价：埃及有着两场革命，一场是反对穆巴拉克的，另一场是反对穆尔西的。首先，政权是军方的，然后军队在叛乱后掌握政权，接着是选举，然后穆兄会的铁腕人物穆尔西赢得选举，然后再次发生动荡，接着军队再出来保护国家免遭全面内战。这是一个巨大的成功。所有的赞扬和荣誉都给了那些使国家免于内战的人。但如果你回顾一下，在两次革命之后发生了什么？军队重新掌权，穆兄会再次入狱，穆罕默德·巴拉迪这个自由主义的代表人物现如今旅居维也纳。与此同时，整个国家的社会经济发展倒退了几十年。安全局势已经严重恶化。所有这一切，包括恐怖分子在西奈半岛上空袭击了一架俄罗斯客机，影响了投资环境和旅游业，苏伊士运河获得的收入远低于和平环境下它所能产生的收入。这就是发生的一切。国库空空如也。正因为此，埃及不得不仰赖外国援助。①

1月25日革命之后，美国政府迅速决定，接受将权力移交给穆兄会，只不过他们很快就失望了。

尽管美国中央情报局做出悲观的预测，但总统巴拉克·奥巴马仍坚持采取军事行动，旨在推翻卡扎菲政权。尽管美国和盟友发表了联合声明，但它们在利比亚局势问题上并没有达成一致意见，各方没有共同目标，对军事干预后果的看法也不尽相同。

很明显北约的行动超出了安理会的授权范围。萨科奇声称是法国在这次行动中发挥了领导作用，而英国则对此深感不满。德国从一开始就成为其他国家批评的对象，因为它拒绝参与行动。

---

① 与博格丹诺夫的谈话。

北约在利比亚的军事行动司令部声称，它遵循了联合国安理会第 1973 号决议的承诺，该份决议将行动的目标定义为保护平民。美国、法国和英国的领导人要求卡扎菲无条件辞职，这不是决议所要求的。俄罗斯总统也加入其中。忠于卡扎菲的军队败局已定。

由于卷入利比亚的冲突，白宫对叙利亚局势保持了一段时间的克制。美国明白，叙利亚的混乱可能给邻国带来浩劫。不过，华盛顿的立场很快发生了戏剧性的变化。

由于美国失去了作为波斯湾安全与稳定保证人的信誉，华盛顿开始利用阿拉伯君主国对伊朗扩张威胁的忧虑。[①]

即便发生了阿拉伯革命，巴以和解仍是中东局势的焦点，但华盛顿除了发表言论外，不打算采取任何实际行动。

2011 年，笔者在与美国同事会谈后，就美国的立场得出了以下结论。

中东和北非地区的抗议活动，直指地区权威政府，尤其是美国的盟友，而它的规模和力量令华盛顿官员感到意外。中东已经无法回归往昔的稳定，革命的结果也是未知的。

当时华盛顿的疑虑是：接下来会发生什么？这些阿拉伯国家将会有什么样的政府？是改革还是继续镇压？新政权将如何坚守阵地？

而对在美军撤出伊拉克和阿富汗后会发生什么，美国也不是很清楚。

美国不知道这些革命会有什么结果，也不知道是否会有第二次革命或反革命。因此，那个阶段美国所遇到的最大挑战是，要找到"正确的"人，找到合作的渠道。

美国对阿拉伯国家的示威活动与对苏联、东欧反政府示威的态度存在根本不同。美国支持、指导和鼓励苏联和东欧的"大街"抗议活动。在中东，美国起初是支持突尼斯和埃及领导人的，毕竟与他们有着深厚的情谊，但后来又背叛了他们。

鉴于中东的重要性，美国人不打算撤出中东，但他们希望以不同的方式保持在该地区的存在。从中长期看，成功合作的条件是出现自由派势力掌权的国家。与此同时，华盛顿也在寻求与温和的伊斯兰主义者接触。

美国仍然专注于伊拉克和阿富汗问题。他们不想干涉利比亚事务，宁愿

---

① Cм., например: http://www.vz.ru/world/2015/5/13/745005. print. html.

把利比亚的主要责任移交给北约。

就波斯湾和巴林的局势而言，巴林邀请沙特军队入境的决定并没有征询美国的许可。华盛顿认为："我们不能到处干涉，阿拉伯人应该自己做决定。"据说美国只是试图促成对话。"但我们不能对美国期望太高。"所有的会谈都伴随一套惯常的言辞，那就是宣称有必要警惕伊朗：它是巴林什叶派示威活动的幕后推手，它在叙利亚、伊拉克和巴勒斯坦实施危险的政策，它在发展导弹技术，可能还有核武器。

二十年前，苏联解体后，华盛顿认为自己可以做任何事情，肯定会主宰世界。但21世纪第二个十年伊始，美国国内和世界各地都出现了问题。中国的经济和军事实力正在增长。因此，华盛顿正在寻找新的合作伙伴，以建立一个新世界模式，并试图适应这个新世界。"美国不能为每个人做所有的事情。"因此有必要在保持美国主导地位的同时制定美国与中东和北非伙伴之间的新原则。

美国希望看到欧洲盟友能够帮助解决该地区的一些问题。但欧盟正经历严重的经济困难。

在阿拉伯国家有一个关于推动阿拉伯非石油生产国经济复苏的"马歇尔计划"① 的讨论。美国考虑到自身还没有克服与金融和经济危机有关的国内困难，同时已经并将继续在伊拉克和阿富汗付出巨大代价，因而对这些建议相当谨慎。任何分配重大援助的决定都必须通过由共和党人主导的美国国会。在美国看来，真正应该向阿拉伯国家提供援助的是富裕的海湾产油国和欧盟。但是，全球油价的下跌打破了这些希望。

奥巴马总统证明，为了他身后政治精英的利益，他可以不顾朋友和伙伴的利益。与此同时，他认识到，在阿拉伯伊斯兰世界反美情绪仍然存在。这主要与宗教极端主义的增强和尚未解决的阿以冲突有关。这里的问题是，在向新权力结构过渡期间，阿拉伯的政治进程摆脱了外部控制，而以自己的逻辑发展。

西方认识到宗教极端运动有可能掌权是一个负面因素。然而，西方相信，它可以通过与伊斯兰主义者的谈判来中立化这种"不便"。

西方政客希望利用伊斯兰主义者为自己谋利，伊斯兰主义者也想利用西

---

① http://www.inopressa.ru/article/27May2011/corriere/marshall.html.

方，希望在掌权之前巩固自己的地位。在 20 世纪 50 ~ 70 年代，西方和伊斯兰主义者有共同的敌人——共产主义、苏联和世俗的反西方政权。现在没有共同的敌人了，对以色列的态度成为伊斯兰主义者和西方世界的分界线。形势变化如此之快，以至于昨天的行动在今天看来是错误的，而明天它们可能就会被轻易地忘记了。

特拉维夫非常谨慎地看待这些政权的变化，尤其是埃及政权。与埃及和约旦长达数十年的"冷和平"，与叙利亚的"不和、不战"局面，让以色列可以游刃有余地对付巴勒斯坦人，也为国家稳定与安全提供了最低的保障。当埃及这个阿拉伯邻国政治不确定性日益增长，尤其是 2011 ~ 2013 年伊斯兰主义政党获得合法化、埃及政府与哈马斯的短暂和解、软化对伊朗的立场等，让以色列日益严肃地关注可能爆发的与阿拉伯人的新的敌对。在反对专制政权抗议活动的背景下，被占领土上巴勒斯坦人的悲惨地位引起了特别的注意，这些抗议活动正在世界上引起反以色列情绪的增长。

当回答"以色列如何应对周围迅速变化的环境"这一问题时，内塔尼亚胡总理和他的团队有一个明确的立场：增强以色列的力量，继续使西方确信"以色列是中东地区唯一的民主国家"，是狂暴敌意之海中的一个稳定岛，是西方在"文明冲突"中的前哨阵地。① 事实上，整个以色列政府和亲政府的阵营都持这个立场。

伊朗已被宣布为以色列在该地区的主要敌人，所有事件都是以同样的棱镜来考察：是增强还是削弱了伊朗的影响力。

俄罗斯的政策

有相当长一段时间，俄罗斯试图远离中东事务。它未能做到这一点。利比亚局势是对俄罗斯的第一次考验。

俄罗斯对阿拉伯革命的态度并非一次成型。动乱的发生出乎意料，它们的规模、力量和结果也无法预见。由于不同国家的革命遵循不同的路径，看

---

① *Нетаньяху Биньямин.* Место под солнцем. Борьба еврейского народа за обретение независимости, безопасное существование и установление мира. Иерусалим: Ассоциация 《Алия Эрец Исраэль》, 1996. С. 382.

似相同，但又有着暴力程度和国家情况的差别。因此，俄罗斯要对每一种情况制定不同的政策，但原则上莫斯科仍然是一个被动的旁观者，直到事态扩散到叙利亚之前，它都没有影响这些事件的进程。

"阿拉伯之春"运动之前，俄罗斯正在与当时的独裁政权建立工作关系。各方有着相当广泛的合作领域。俄罗斯不想也不可能成为大多数阿拉伯国家的主要伙伴，它没有提供政治模式，但合作的领域在不断扩大，这也符合双方的利益。新的挑战和威胁、新的不稳定和不确定性损害了俄罗斯企业和国家的利益。

俄罗斯政府和学界对阿拉伯革命有两种主要观点。第一个观点，强调内因，认为内因大于外部影响力，笔者在自己的著述中阐述过这一观点。普里马科夫的看法是："阿拉伯之春不是由外部组织起来的。美国及其盟友对这些政权感到满意，至少在突尼斯、埃及、也门和巴林。这些政权奉行打击宗教极端分子和恐怖主义的政策，并与美国密切合作。"[1]

S. V. 拉夫罗夫对阿拉伯世界的事件给予了高度平衡和现实的评估："阿拉伯世界的变化是由一系列潜在因素造成的，既有客观因素，也有主观因素。这些原因大多具有社会经济和政治的性质。前政权无法充分满足人民的眼前需要，他们没有及时准备好和察觉到要进行变革的需要。国家需要修改制度，使之朝着更大的民主和开放的方向前进。此外，还存在腐败、不平等和失业等长期问题。

"关于主观因素，这不是一个简单的问题，甚至有人可以说是一个哲学问题。全球化进程无疑发挥了作用。全球化的另一面是人民渴望维护其文化和文明特性。我们可以在世界各地观察到这一趋势的例子。

"事实上，阿拉伯之春并不是由'大中东'概念的创建者虚构出来的。此外，他们几乎没料到会有这样的发展。更重要的是，试图把自己的国家结构和发展模式'移植'到其他国家，把自己的价值观输出到其他国家，而忽视其他国家的传统、价值观和文化，这样做通常不会带来成功。俄罗斯深信，民主进程采取何种步伐和形式应由走上改革道路的各个社会自己来界定，而不应受到外来干预。

---

① *Примаков Е. М.* Конфиденциально. Ближний Восток на сцене и за кулисами. М.: Центрполиграф，2016. С. 380.

"俄罗斯从阿拉伯世界动乱的一开始就支持人民的正义呼声。我们承认埃及、突尼斯和利比亚的选举结果，这些选举基本是在自由和民主的氛围中举行的。因此，俄罗斯宣布准备同赢得选举的新的政治力量合作，不论它们的意识形态倾向如何。同时，我们认为，改革应以非暴力的方式，以全面内部对话为基础，还要考虑到所有政治、民族和宗教团体的利益。"①。

然而，第二个观点即"阴谋论"主导了俄罗斯媒体，还不仅是在媒体上。

"在'颜色革命'的影响下，许多俄罗斯人认为有人要削弱俄罗斯在后苏联空间（乌克兰、格鲁吉亚、吉尔吉斯斯坦）的影响力，缩小俄势力范围，从而打击俄罗斯的安全。因此就形成了一种观点：所有反政府示威活动都以这样或那样的方式得到了西方的支持。这些观点在某种程度上得到了政府高层的认可。"② 俄罗斯中东问题专家伊莲娜·兹维亚格利斯卡娅（I. Zvyagelskaya）这样写道。她引用了总统梅德韦杰夫的声明。2011 年 2 月，梅德韦杰夫在弗拉基高加索举行的国家反恐委员会会议上说："看看中东和阿拉伯世界现在的情况吧。太艰难了。他们面临着巨大的困难。在某些情况下，我们可能会看到人口众多的大国分崩离析，分裂成诸多小国。这些国家的问题非常复杂。中东很可能会发生一些很困难的事件，包括狂热分子掌权。这意味着将出现数十年的战火和极端主义的进一步蔓延。我们必须面对事实。他们以前也曾为我们设计过这样的场景……"③

伊莲娜·兹维亚格利斯卡娅说："2010～2011 年的阿拉伯风暴重新唤起了俄罗斯政治观察家对外部势力（一般指美国和西方国家）计划的恐惧。因此，许多人谈到美国在中东实施的'可控的混乱'理论。"④

梅德韦杰夫的最后一句话意义重大。这表明，甚至总统，至少在宣传层面，接受了这样的逻辑链条：美国支持反俄罗斯的"颜色革命"。根据同样的"脚本"，"阿拉伯之春"爆发了，然后是同样的"场景"，目的是削弱俄罗斯和推动俄罗斯可能的解体。

给俄罗斯软弱、分裂和右翼自由主义的反对派贴上西方傀儡的标签——

① *Лавров С.* О трансформациях в арабском мире//Иносми. 09. 11. 2012. Режим доступа：http：//inosmi. ru/world/20121109/ 201973659. html.

② *Звягельская И.* Ближневосточный клинч. Конфликты на Ближнем Востоке и политика России. М.：МГИМО（У）МИД России，ИВ РАН. Аспект – Пресс. 2014. С. 75.

③ kremlin. ru/events/president/news/10408.

④ *Звягельская И.* Указ. соч. С. 77.

参照阿拉伯世界的混乱和解体——是一种非常有效的方法。这种指责中也有一半是事实。公众舆论转向反美是因为美国没有考虑到俄罗斯的利益和安全。由华盛顿策划的"阿拉伯之春"具有巨大的破坏性影响，这可以为支持当前政府和其强硬政策的论点增加砝码。"冷战"这个词语也又一次以略微不同的形式回归俄罗斯媒体（尽管它从未从西方媒体中消失）。

伊莲娜·兹维亚格利斯卡娅正确地指出："与西方大国合作的负面经历仍然是俄罗斯公众意识的一部分，人们随时准备好在阴谋论框架里应对中东的结构性变化。"① 2014 年在乌克兰和克里米亚发生的事件，以及随之而来的信息战，痛苦地放大了这种担忧。

中东动荡发生的背景是，美国试图削弱俄罗斯的军事潜力，将导弹防御系统部署在俄罗斯西部边境沿线的盟友领土上，并希望将格鲁吉亚和乌克兰纳入北约。美国及其盟友通过各种基金，支持和煽动这些国家的反俄情绪。莫斯科相信，它们的目标就是要使俄罗斯的军事基地撤离克里米亚，并用北约基地取而代之，将北约的军事设施搬到俄罗斯的边境上。

"阿拉伯之春"是通过这样的棱镜来观察的。

在经济利益方面，或许莫斯科有人指望地区不稳定可以促成油价上涨，但阿拉伯革命始于油价达到最高点后开始逐渐下跌的转折点上。在石油收入的"丰年"里，俄罗斯工业发展缓慢，腐败猖獗，贫富差距拉大，能源成为外交政策的重要组成部分。这笔巨额收入主要用于满足社会需求、加强国家防御，或者是被盗窃，最终流入西方银行，比如美国佛罗里达或法国里维埃拉的房地产。俄罗斯对油价下跌的反应是非常痛苦的。

与此同时，美国的"页岩气革命"正在逼近。技术突破为加拿大油砂和深海开采创造了盈利的空间。中东作为美国能源供给地的价值正逐渐减弱。此外，美国成为世界上最大的石油和天然气生产国，并开始出口石油和天然气。这些客观变化扭曲了俄罗斯对该地区局势的政治评估，因为美国实际上已经不再依赖这里的石油，不会受到阿拉伯世界动荡的经济冲击，因此可以在中东推行政治试验了。

对阿拉伯革命很难做出评判的原因在于卫星频道所展示的"事实"往往是捏造的。最主要的是对观众的情感影响，当弄虚作假被揭露时，他们只是

---

① *Звягельская И.* Указ. соч. С. 83.

被"遗忘"了。信息战就是如此残酷。

2011年3月10日，法国第一个承认位于班加西的全国过渡委员会为"利比亚人民的合法代表"。它也得到了阿拉伯联盟大多数国家的支持。但忠于卡扎菲的坦克部队已经接近班加西，准备攻陷反对卡扎菲政权的反对派"大本营"。

3月17日，联合国安理会通过了关于利比亚的第1973号决议，允许在利比亚上空设立禁飞区，并设置了"保护平民"的任务。① 俄罗斯、德国、巴西、印度和中国投了弃权票。北约领导人扭曲决议的内容，认为决议允许对利比亚进行军事干预。卡扎菲立即宣布接受安理会关于在利比亚设立禁飞区的要求。但是，北约领导人像念咒语一样反复强调，他们的任务是"保护平民"，而同时却对该国进行了为期七个月的轰炸，为武装分子扫清了通往胜利的道路，最终推翻了卡扎菲政权。

笔者：当时我们这边甚至在总统和总理之间也有一些公开分歧。普京称北约在利比亚的行动是"十字军东征"……这只是一句尖刻的话吗？

M. L. 博格丹诺夫：当时，我们有多种看法。但最终外交政策是由总统决定的，他那时决定让这项决议通过并投弃权票。当时任总理的普京警告说，这是一个骗局。结果证明他是对的。我们期待决议将以不同的方式执行。但西方人说："不，它包括'一切必要措施'来'保护平民'。"他们辩称"一切必要的措施"赋予了他们派遣飞机和炸毁一切的权力。

笔者：但是我们已经从利比亚局势中得出了结论。顺便说一下，中国人也是。

M. L. 博格丹诺夫：这正是为什么中国人和我们一起一再使用否决权阻止安理会通过对叙利亚的决议——因为我们充分意识到，西方和一些地区的合作伙伴会重玩在利比亚的老把戏，用安理会的支持来使其军事干预合法化。尽管在南斯拉夫和伊拉克的轰炸行动都是美国干的，而且并没有得到安理会的支持。②

2011年10月23日，全国过渡委员会宣布全面"解放"利比亚。③ 西方领导人和媒体为"民主力量"在利比亚取得的胜利感到高兴。在最初几个月

---

① www. un. org/ru/documents/ods. asp？m = S/RES/1973 (2011).

② 与博格丹诺夫的谈话。

③ cyclowiki. org/wiki/Война_ в_ Ливии_ после_ 23_ октября_ 2011_ года.

里，他们试图无视利比亚的真相：数十个武装组织分裂着国家，伊斯兰主义者的力量得到壮大，强硬的伊斯兰教法被引入，暴力和屠杀随处可见。

2012 年 9 月 11 日，美国驻班加西大使和使馆其他工作人员被杀后，美国人才开始冷静下来。

伊莲娜·兹维亚格利斯卡娅写道："随着军事行动的延长，国内对军事干预利比亚的态度变得越来越负面和严厉，对西方真实意图的怀疑和对卡扎菲毫不掩饰的支持不仅在记者群体里常见，许多外交部人员也是如此。"①

俄罗斯前驻利比亚大使 V. V. 查莫夫（V. V. Chamov）写道："让我提醒你们，利比亚领导人一直强烈反对北约，批评北约在塞尔维亚、科索沃、阿富汗的行动，批评北约东扩，批评北约将后苏联国家纳入其轨道。大西洋主义者既不喜欢卡扎菲公开批评乌克兰和格鲁吉亚加入北约的计划，也不喜欢他关于这个话题的有趣而尖锐的文章。最后，他公开支持俄罗斯 2008 年 8 月以保护南奥塞梯人免于格鲁吉亚种族屠杀而采取的军事行动。"② 伊莲娜·兹维亚格利斯卡娅用明显的讽刺口吻对这些话做了评论，但并没什么用。她称卡扎菲是一个"可憎的"领导人。可是一两年之后，宗教极端主义者的"可憎"又达到何种程度？

身为大使，V. V. 查莫夫只是陈述了事实。他在联合国安理会第 1973 号决议投票前夕被解职。与西方合作的期望，尽管此前遭遇了失败，还是超过了与卡扎菲这种棘手合作伙伴发展关系的愿望。俄罗斯大使成了形势发展的牺牲品。俄罗斯开始称卡扎菲为"非法统治者"，并要求他辞职（我们应该注意到，外交部对"不舒服的"大使采取了温和态度，因此查莫夫没有受到"惩罚"，在普京出任总统后，他被派往毛里塔尼亚担任大使）③。

M. L. 博格丹诺夫谈到了通过第 1973 号决议的一些不为人知的细节。

M. L. 博格丹诺夫： 我们追问阿拉伯人很多次：我们该如何帮助你们？我们将不强加于人，如果我们可以提供一些帮助，我们随时愿意出手。因为我们和阿拉伯人有着传统的友好关系。但在某些时刻，我们的立场被用于我们

① *Звягельская И.* Указ. соч. С. 91.
② *Чамов В. В.* Ливийская драма; видение российского дипломата//Ближний Восток, 《арабское пробуждение》и Россия: что дальше?: Сб. ст. / Отв. ред.: В. В. Наумкин, В. В. Попов, В. А. Кузнецов. М.: ИВ РАН, 2012. С. 574.
③ Указ Президента Российской Федерации от 11. 11. 2014 г. № 715.

怀疑和绝对不喜欢的目的。利比亚事件就是一个开始。班加西的起义、革命、卡扎菲——一个独裁者，一会儿这样，一会儿又那样，一场战争最后开始了。当时我是驻埃及和阿盟的大使。阿盟秘书长穆萨对我说："米哈伊尔，如果你是阿拉伯人的朋友，你就必须在安理会支持反对卡扎菲的决议，这个决议要求允许建立禁飞区。"我回答说："美国人支持设立禁飞区。它使轰炸地面上的所有军事设施成为可能。如果这意味着卡扎菲的飞机不应该飞行，他会同意的。如果你相信卡扎菲向班加西派了坦克，那么也可以像南非总统雅各布·祖马和非盟的调停团队所建议的那样，要去推动谈判。"但是阿拉伯联盟说："不，没有必要。阿盟希望安理会来做出这一决定。""俄罗斯作为安理会常任理事国应该支持我们，而不是使用否决权。""为什么？""因为你们总说是我们的朋友。你们会自动支持我们的立场，那么作为朋友，我们请求你们支持我们的立场。"我问道："你们考虑清楚了吗？""考虑好了。这就是我们需要的。"所以我们当时在安理会投了弃权票。事实上，西方欺骗了我们。他们把这项决议解读为只有北约才能执行，北约借机轰炸利比亚并摧毁了卡扎菲政权。事情就是这样的。

笔者：西方人怎么能如此不计后果？

M. L. 博格丹诺夫：让我们记住伊拉克。当萨达姆被推翻时，一切都崩溃了，因为没有任何建设性的预案来取代萨达姆政权。同样的事情也发生在利比亚。当政府垮台时，他们不想或无法在原地创造任何东西。①

普京和梅德韦杰夫都从利比亚的事件中吸取了教训。这不仅关系到俄罗斯的经济损失，更严重的问题是：在人道主义口号下进行军事干预可能成为打击不受欢迎政权的普遍工具。美国及西方国家还试图在叙利亚重演利比亚那一幕。关于叙利亚的问题下一章再讨论。

与埃及的特殊关系

穆尔西政权被推翻后，埃及的社会经济状况备受争议。一方面，经济增

_____

① 与博格丹诺夫的谈话。

长确实可见。部分要归因于沙特阿拉伯、阿联酋和科威特提供的 120 亿美元财政援助。这稳定了过渡时期的局势。① 尽管埃及在这段时间内设法改善经济状态，特别是在创纪录的时间内修建了第二条苏伊士运河，但援助很快就减少了。为了从国际货币基金组织获得 120 亿美元的援助，开罗引入浮动汇率制，埃镑贬值，物价上涨，这导致了更多的社会紧张。

穆兄会里的极端分子组织了抗议活动，后来又演变成暴力事件。与穆兄会有联系的卡塔尔半岛电视台鼓励新的反政府示威活动。在西奈半岛，极端分子和埃及军队之间也爆发了战争。埃及的很多年轻人既对伊斯兰主义者的统治感到失望，也不相信新政府。但问题是国家稳定的趋势是否能够得以维持。

穆兄会没有消失，只是被排除在国家政治进程之外。2015 年 10 月，众议院举行选举。亲政府的党派和持有相似观点的独立代表占据多数。而穆兄会被宣布为非法组织，没有出现在议会中。在这些独立议员中或许有穆兄会的成员。这次民选的议会多少解决了新政府的合法性问题。

埃及和利比亚极端组织之间的紧张局势仍在持续。这些极端组织处决了 21 名科普特人，② 导致埃及对利比亚极端分子的设施发动空袭。

2011 年 2 月之后，莫斯科对埃及国内事件的态度主要是实用主义和国家独立。俄埃两国没有根本的利害冲突，两国从国家利益出发在 21 世纪初恢复了友好合作。尽管埃及的政治局势这些年曲折多变，但这些因素仍然很重要。穆兄会在其执政期间认真寻求与俄罗斯和解，并得到谅解。军队掌权时也规划了许多具体的合作目标。

2013 年 3 月和 4 月，穆尔西总统在南非德班的金砖国家峰会和在索契举行的索契峰会上两次会见普京。由于埃及社会仍不稳定，加上穆兄会在外交事务上缺乏经验，因此没有启动重大项目。

2013 年 6～7 月发生的事件和 7 月 3 日阿卜杜勒·法塔赫·塞西领导的军方推翻穆尔西政权，激怒了华盛顿和其他西方国家：他们如此珍视的"民主"不起作用，而驯服"温和伊斯兰分子"的希望破灭了。美国暂停了三十多年来从未受过干扰的对埃军事援助。

---

① http：//webground. su/topic/2013/07/10/t82.
② www.vz.ru/news/2015/2/15/729768.html.

阿德利·曼苏尔成为临时总统，阿卜杜勒·法塔赫·塞西就任国防部部长和最高指挥官。

局势的新进展为俄罗斯和埃及进一步恢复友好关系开辟了道路。这一点体现在两国以"2+2"形式举行的国防和外交部长联席会议上（S. 绍伊古和 S. 拉夫罗夫代表俄罗斯，塞西和纳比尔·法赫梅代表埃及）。

第一次"2+2"会议于 2013 年 11 月在开罗举行。会议举行前一天，俄罗斯巡洋舰"瓦良格"号在亚历山大港停泊，这也是二十年来俄罗斯军舰首访埃及。2014 年 2 月，两国国防部和外交部的部长在莫斯科再次举行会谈。

双方同意扩大在海空军事领域的合作。据几位消息人士透露，双方就供应米格-29M 型战斗机、米-35 型直升机、岸防导弹系统和防空系统达成协议。[1] 穆尔西总统下台后，华盛顿暂停了军事供应，埃俄军事合作也是在向美国展示两国的友好关系。[2]

2014 年 3 月，绍伊古和塞西代表各自政府签署军事技术合作协议，这是两国在苏联解体后达成的首个此类协议。

在军事技术合作领域，开罗想获得先进武器，莫斯科想推广其军事装备。在非洲，俄罗斯的主要合作伙伴是阿尔及利亚，但这个市场已经枯竭。考虑到埃及军事工业的发展水平，双方计划在颁发许可证的基础上合作生产若干种军事装备，并建立合资企业。

中国本可以成为俄罗斯在埃及的竞争对手，因为它提供的武器和设备与俄罗斯相似，且价格更便宜，而且质量提高相对较快。例如，中国已经成为埃塞俄比亚武器的主要供应国。不过，俄罗斯在防空和航空领域的竞争力很强。

2014 年 5 月选举后，阿卜杜勒·法塔赫·塞西于 6 月就任埃及总统。

2014 年 8 月，他以总统身份访问阿拉伯世界以外的第一个国家就是俄罗斯。此后他两次访问俄罗斯，并在 2016 年 9 月在中国杭州举行的 G20 峰会期间会见了普京。

2015 年 2 月 10 日，普京访问埃及，签署了 3 项协议，确定了新的合作领域。这其中包括关于在埃及推动建设核电站的协定、参与投资埃及国内基础

---

[1]　Ведомости. 5.09.2014.

[2]　www.rbc.ru/rbcfreenews/20130820142436.shtml.

设施建设的谅解备忘录以及投资领域合作的谅解备忘录。俄罗斯国家原子能公司宣布，它准备采用一种新的、后福岛技术在埃及北部建设四个核电机组。①

政府间委员会于 2015 年 2 月恢复工作。会议开始讨论交通基础设施、工程和化工领域的优先投资项目。埃及仍然是俄罗斯产品（包括农产品，尤其是小麦）和高附加值产品的一个很有前景的市场。俄罗斯是埃及各种农产品的进口大国。2013 年，贸易额出现大幅下降——从 42.6 亿美元降至 21.4 亿美元，但 2014 年，贸易额升至 55 亿美元，主要原因是饲料小麦出口增加。② 未来几年的任务是使双边贸易额达到 100 亿美元。③ 俄罗斯旅游业也发展迅速。2015 年 10 月 31 日，恐怖分子在西奈半岛上空炸毁俄罗斯空客 A320 客机，造成包括机组人员在内的 224 人死亡，赴埃及旅游业受到重创。俄罗斯前往埃及的旅游被叫停。这对两国旅游领域的合作造成了明显的损害。虽然双方通过谈判恢复了旅游合作，但安全问题依然是悬而未决的重大难题。

2015 ~ 2016 年，两国在包括军事在内的所有领域的合作都呈上升趋势。两国还在埃及境内举行了联合军事演习。④

笔者：我们可以假定，俄罗斯现在准备和任何政权合作吗？

M.L. 博格丹诺夫：我们不能一概而论地谈论问题。选择何种治理形式是一国人民的主权。如果总统出逃，比如说，正常的爱国力量夺取了权力，即使他们有不同的社会经济目标，只要他们支持独立，保护国家主权，那么在这些问题上和我们就有相同的立场，我们就是伙伴，是盟友，俄罗斯随时可以提供帮助。这种关系和选择是在几十年传统友好关系和合作的基础上建立起来的。我们不和个人或党派，或者一些非政府组织建立关系，我们只和被国际社会认可的国家政权建立关系。

笔者：对我们来说，决定俄罗斯对叙利亚立场的主要因素是什么？

M.L. 博格丹诺夫：不干涉内政原则。改革迟滞了吗？当然，我们同意这

---

① www. seogan. ru.

② https：//ria. ru/interview/20151116/1321889721. html.

③ http：//www. ved. gov. ru/exportcountries/eg_ry_relations/eg_ru_trade/.

④ См.：*Ситдиков Д. Р.* Защитники дружбы – 2016//Азия и Африка сегодня. 2017. № 1. С. 64—65.

一点。在这方面，我们与巴沙尔·阿萨德有过讨论。但是，实现社会经济进步和实行民主改革需要有安全与和平的环境，因为如果真的发生了战争，就不要指望会有什么民主改革或社会经济发展。

我们与叙利亚及其人民建立了数十年的友好合作关系。叙利亚刚获得独立时，复兴党上台之前和之后，我们都给予非常积极的支持。我们始终在与叙利亚政府及其人民发展关系。叙利亚人民最终应该通过透明和广为接受的民主程序，最好是全国选举，来决定政府的形式，并选择其领导人。我们的政策不是机会主义的，这是俄罗斯一贯和根本的政策。最近土耳其发生一次政变。当时我们和埃尔多安的关系非常紧张，关系恶化。但我们仍然站出来支持他作为一个合法的总统，不支持通过武力发动违反宪法的政变来推翻合法政权。[1]

叙利亚问题是一场巨大的悲剧，也非常复杂，它在俄罗斯的地区和全球政策中所起的作用非常巨大，因此需要详细的事实和分析。

---

① 与博格丹诺夫的谈话。

▶ 第十四章

叙利亚的悲剧与恶魔降临

理性沉睡，恶魔丛生。

——西班牙谚语，西班牙画家弗朗西斯科·戈雅（Francisco Goya）

当"基地"组织的扎瓦希里跳出来支持叙利亚反对派时，你们应该问问自己，如果我们对其进行武装，那么我们武装的是谁……

——美国前国务卿（2009～2013年）、
2016年民主党总统候选人希拉里·克林顿

引发突尼斯和埃及示威浪潮的社会政治与心理条件也在叙利亚出现了，并早已酝酿成熟。腐败的国家机关和社会上层、威权政治、安全部门的压迫引发了一部分下层阶级的反感。复兴党三位一体的意识形态——统一、自由和社会主义早已过时，失去了吸引力。对于与世界接轨并有着相当高教育水平的叙利亚民众而言，复兴党对社会权力的垄断已经显得不合时宜。

叙利亚社会的一个特点就是宗教和民族多样化。叙利亚人口的主体是穆斯林（86%），基督徒次之（10%，其中一半是东正教徒），还有德鲁兹派（3%）以及其他教派（1%）。在穆斯林人口中，有82%的人信奉逊尼派，其他则信奉阿拉维派、伊斯玛仪派和什叶派。据信，阿拉维派信徒占全国总人口的1/10，有200万～250万人。但是，这些数据并不精确，只能反映叙利亚不同教派间的大致比例。

长期以来，逊尼派工商业阶层在经济上占主导地位；阿拉维派则成为军队中的主力和复兴党的骨干，经过数次政变后又成为军队、情报机构、安全部门和国家机关的领导力量。在东方的传统中，权力可以带来财富。叙利亚的逊尼派工商业资产阶级和阿拉维派一起分享经济利益以及影响力。

据库尔德人自己统计，当前共有3000万～4000万库尔德人，他们分散在土耳其、伊朗、伊拉克和叙利亚。在叙利亚境内的库尔德人超过200万，占叙总人口的10%～12%。此外，还有数以万计的库尔德人从土耳其移居到叙利亚。大部分库尔德人聚居在叙利亚的东北部，或者将范围说得更窄一点，他们主要居住在阿勒颇省北部的飞地、叙土边界和阿勒颇省内的一些地方。在叙利亚，库尔德人反对民族主义的复兴党政权，这样的情感是受土耳其库尔德人反抗安卡拉的斗争和伊拉克战争中库尔德人反抗巴格达的斗争所影响的，后者实现了库尔德人在伊拉克近乎独立的自治。叙利亚库尔德人与该国的执法部队有时会发生一些冲突，但没有引发重要动乱。

叙利亚不像埃及那样极度贫困，但是，精英和社会大众间的鸿沟却在不断扩大。

2006~2011 年，叙利亚遭受了前所未有的干旱。在一些地区，超过 75%
的农作物和 80%~85% 的牲畜受损，威胁到约 100 万民众的生计。因此，大
批农民和游牧民开始迁入城市，2011 年有 20 万人迁到阿勒颇。此外，在 21
世纪的头十年，数十万伊拉克难民在美国入侵伊拉克后移居叙利亚。① 这些都
破坏了叙社会局势的稳定。

经济发展在 21 世纪头十年的后期还在继续，但是人口的高速增长摊薄了
人均收入。和其他阿拉伯国家一样，"青年膨胀"已然在叙利亚形成。失业率
攀升，特别是包括大学毕业生在内的青年人口的失业率正不断上升。

年轻一代开始显露出部分去政治化的势头。在黎巴嫩以及伊拉克的血腥
战争似乎使得一些年轻人坚信，稳定和安全是不应该被破坏的。叙利亚学生
联盟持支持政府的立场。然而，年轻人的情绪又被泛阿拉伯电视台所左右。
巴沙尔·阿萨德总统比较年轻，2011 年的时候他只有 45 岁。他将自己定位为
反西方和反以色列的领导人，但同时又对改革持开放态度。在叙利亚，有不
少人认为埃及总统穆巴拉克的倒台就是那些与以色列联手的亲西方领导人必
将垮台的证据。

在 21 世纪第一个十年结束的时候，叙利亚试图进行制度改革和民主化进
程。包括穆斯林兄弟会成员在内的一些反对派代表被释放出狱。当局希望强
化与青年商业精英以及知识分子之间的关系，也包括他们之中的逊尼派穆
斯林。

改革计划遭到保守势力的反对，他们担心急剧变化会打破政治局势的稳
定，并会削弱他们之前的影响力和特权。②

然而，复兴党的党章曾在 2009 年修订过，在其中增加了一些关于民主改
革、人权和多元化的条款。复兴党对国家机构的影响减弱了。③ 在叙利亚，相
当广泛的反对派被允许存在，他们支持通过和平政治斗争实现民主变革。

当局采取一系列措施，引进市场关系，减少国家在经济中的作用，在大
马士革开办私人银行和外汇兑换点，废除对面包、食物和燃油的补贴等。这

---

① https://ru.wikipedia.org/wiki/Гражданская_война_в_Сирии.

② См.: *Юрченко В. П.* Сирия: проблемы национальной безопасности (военная политика и
военное строительство в период правления ПАСВ 1963—2004 гг.). М.: Институт изучения
Израиля и Ближнего Востока. 2004. С. 166.

③ См.: Аль-Хаят. 17.01.15.

开辟了发展更健康的经济的可能性，然而这也降低了人民的生活水平，进而影响了社会形势。

巴沙尔政权设法维持了军队和安全部门的忠诚，其中不仅是阿拉维派，还包括基督徒和一些逊尼派的忠诚。美国研究员菲利普斯写道："阿拉维派和逊尼派之间的分歧不应该被夸大。尽管一些逊尼派民众对阿拉维派存在着宗派怨恨，阿拉维派也会对此进行报复，但这并不能准确地说明这种对立情绪在两大群体中是普遍和突出的……并非所有的阿拉维派都是政权的支持者，并非所有的逊尼派都站在巴沙尔政权的对立面，也并非所有的叙利亚人都会受民族—教派问题的驱使。"①

到目前为止，世俗民族主义政权的支撑基础仍然非常强大：安全部门、复兴党的党纪、复兴党与国家机构之间的联系，以及叙利亚被公认的宗教宽容。但紧张局势正不断加剧。

尽管在三四十年前曾出现过暴力事件，叙利亚这个世俗国家一直致力于确保宗教宽容以及各种信仰的和平共处，但是这样一个世俗国家如今却受到了威胁。尽管在国家和党的领导层中遭到保守势力的反对，叙利亚当局没有用尽改革和转型的潜力——当然在和平的条件下，不过，改革也不是反对派优先考虑的事情，他们的首要任务是推翻这个难以对付的政权。

暴力的恶性循环

叙利亚的反政府示威最早开始于 2011 年 1 月 26 日，规模并不大。3 月 15 日，大规模游行在位于从大马士革通向约旦安曼公路上的德拉省省会的市中心爆发。参加示威游行的民众提出了改革、民主自由和解除国家紧急状态等要求。示威者和警察发生了冲突，据反对派和外部消息源称，警察逮捕和殴打了在墙上涂鸦反政府标语的青少年。政府当局则称他们找到了武器仓库，并且第一次有执法官员在平息示威活动的过程中身亡。② 与此同时，反对派的阵营中迅速出现了武装挑衅——反对派的狙击手，他们朝自己人开枪。尽管

① *Phillips Christopher*. The Battle for Syria. International Rivalry in the New Middle East. Yale University Press. 2016. P. 48.

② Demonstrations erupt across Syria as unrest sweeps on//The Scotsman. 18 March 2011.

如此，反政府示威的浪潮还是吞没了越来越多的城市，叙利亚军队也开始进行镇压。

一些研究人员认为，巴沙尔总统的改革来得太迟了。过了几年后才来批评叙利亚领导层是一件容易的事情。这些得到外国大力支持的抗议活动有一个鲜明的特征，那就是要求不断加码：在第一次妥协以后，他们就会提出新的要求。叙利亚总统巴沙尔·阿萨德亲自向遇难者家属道歉。3月底，阿萨德解散了自2003年以来一直在任的政府，并解除了紧急状态。5月末，阿萨德宣布赦免一些政治犯，并开始更换各省省长。① 其间，约有20万库尔德人获得了叙利亚公民身份。

在叙利亚出现了一个恶性循环：抗议，暴力，新的抗议，反对派和政权支持者之间的武装冲突升级。

西方国家、海湾君主国和土耳其站在了反对派这边。2011年夏天，当西方国家还无暇顾及叙利亚时，它们派驻在大马士革的大使就已经表现出相当挑衅的态度：他们直接和反对派沟通，并鼓励其反对巴沙尔政权。②

叙利亚的失序有着其自身的逻辑和推动力。叙利亚的伊斯兰主义者并没有忘记1982年哈菲兹·阿萨德（巴沙尔总统的父亲）用成千上万遇难者的血液浇灭了在哈马爆发的起义，以此作为对穆兄会发动恐怖袭击的回应。这场起义的后继者对于阿拉维派、阿萨德家族以及其亲信有着自己的一本账。在外国的支持下，他们开始迅速武装自己。自此就很清楚，在埃及和突尼斯几乎不流血的变革将不会在叙利亚重演。

让我援引一位不涉足政治的人士的话吧。莫斯科大牧首派往安条克东正教会的牧首代表大司祭亚历山大（Archimandrite Alexander）认为，叙利亚动乱的根源在于内部问题，他们已经成为从外部挑起动乱的基础："叙利亚政治生活的停滞在国家内部产生了许多消极影响：腐败，公职人员粗鲁无礼，人们与国家机关打交道时权利得不到保障，等等，这些都激起了中产阶级和低收入群体的不满。我认为，这为叙利亚的动乱创造了合适的条件。然而，灯芯是从外部被点燃的。在利比亚战争的活跃期结束后，叙利亚的军事骚乱开

① *Правительство* Сирии ушло в отставку//РБК. 29.03.2011；*В Сирии* отменен режим чрезвычайного положения//Новая политика，20.04.2011；https://ru.wikipedia.org/wiki/Гражданская_война_в_Сирии.

② *Phillips Christopher*, Op. cit. P. 65.

始愈演愈烈。"①

在骚乱的开始阶段，没有领导人或者机构反对政府。但是"灯芯被从外部点燃"，巴沙尔·阿萨德政权成为无情的信息战争攻击的目标。这是由西方电视台、半岛电视台和阿拉比亚电视台发起的信息战争，为全部阿拉伯国家的电视台和出版媒体所支持，目的在于反对复兴党政权。这些媒体一直在煽风点火，从叙利亚开始动乱之时起，这场信息战争就不断升级。

叙利亚也举行了一些支持政府的大型游行活动，支持者们往往和反对派发生冲突，而且冲突越来越激烈，伤亡人数不断增加。2012 年 1 月，大马士革的郊区爆发战斗，拉斯坦市（Rastan）也几度易手，霍姆斯省的战果则令政府喜忧参半。

在笔者设定的任务框架内，几乎不可能对已经持续 6 年的叙利亚内战做一个详细的描述。因此，我们只讨论一些关键事件来突出我们的主题——俄罗斯在叙利亚的立场。

2011 年 7 月，军方叛逃者和武装反叛分子，其中多数是穆兄会成员，宣布建立所谓的叙利亚自由军（FSA）。叙利亚自由军事实上没有一个联合的指挥部，尽管一些境外的叙利亚组织试图假装有这样一个指挥部，它们只在土耳其境内靠近土叙边境的哈塔伊省找到了容身之所。叙境内的反对派武装拒绝服从来自境外的命令并独自行动。尽管政府军中大部分军人是逊尼派而非阿拉维派，军队总体上还是忠诚于巴沙尔政权的。

反对派分散、杂乱、缺乏统一领导，这貌似对巴沙尔政权有利。反对派由 1000 多个团体组成，他们或围绕着某个当地领导人或围绕着某个共同意识形态而形成。个人和意识形态上的分歧，特别是在伊斯兰主义和"圣战"主义的角色问题上以及在对外部干涉的接受程度等问题上的分歧，加剧了反对派的分裂。2013 年，美国卡特中心确认，叙利亚有 1050 个武装反对派团体和3250 个团体下属组织。②

2011 年 10 月初，由巴黎和多哈发起，数十名海外人士在伊斯坦布尔成立了所谓的"叙利亚全国委员会"（SNC，以下简称"全国委员会"），据称其

---

① Интервью представителя патриарха Московского при патриархе Антиохийском архимандрита Александра（Елисова）порталу《Интерфакс – Религия》—www. patriarchia. ru/. 29. 02. 2012.

② См.: *Phillips Christopher*, Op. cit. P. 127.

本质上是一个世俗组织。然而，叙利亚穆兄会在其中发挥着重要作用。

安卡拉错误地估计了"全国委员会"在叙利亚的影响力，并开始积极地支持它们。叙利亚国内的反对派，不管是反对派武装还是温和反对派，在很大程度上都忽略了"全国委员会"的存在，而它的组织者也只能从一家豪华酒店搬到另一家豪华酒店，从一个国家的首都辗转到另一个国家的首都，假装其将来会成为叙利亚的政府，以此获得经济支持。"叙利亚全国委员会"主张实行"利比亚方案"，即通过外国军事干预推翻巴沙尔政权。他们还打算取得对"叙利亚自由军"的政治领导权，但没有得到回应。

在国际舞台上，阿萨德政权的反对者成立了"叙利亚之友"组织。该组织由美国和法国倡议成立，并得到了阿盟秘书长的支持，因为卡塔尔在阿盟中的影响力越来越大。"叙利亚之友"于2012年2月在突尼斯成立后，就前往各个有意对叙利亚政府施加最大压力并支持反对派的国家，与它们的官员举行会谈。一度有114个国家成为反对派的"朋友"，也就是巴沙尔政权的"敌人"；但其中只有11个最"持久"的"朋友"（包括美国、英国、卡塔尔、土耳其）参加了2014年5月在伦敦举行的会议。"叙利亚之友"公开讨论武装叙利亚反对派的问题，不过这些国家早就在背后为反对派提供了武器，现在主要是决定给哪些反对派团体提供援助和武器。

整个"叙利亚之友"组织都是在联合国范围之外行动的，它还经常试图修改已经达成的协议，包括美俄之间达成的协议。

2012年4月1日，在伊斯坦布尔举行的"叙利亚之友"会议上，"叙利亚全国委员会"被承认为叙利亚人民的"合法代表"和各反对派的"保护伞"组织。这可以理解为"全国委员会"将"指导"推翻巴沙尔政权的斗争。但是，"全国委员会"在叙利亚国内进程中的作用微乎其微，很快西方国家就不再信任它了。

2012年11月11日，在法国和卡塔尔的倡议下，所谓的"叙利亚反对派和革命力量全国联盟"（以下简称"全国联盟"）在多哈宣布成立，和其他境外反对派组织一样，它主要由叙利亚移民组成。"全国联盟"的主要立场包括拒绝和当局对话、要求推翻巴沙尔·阿萨德本人[①]和当前的叙利亚政权，但其

---

① *Дохийское* соглашение о формировании Национальной ко - алиции сирийских оппозиционных и революционных сил. 11 ноября 2012 г. （на араб. яз.）.

未来的行动方案仍是十分模糊。"全国委员会"也加入了"全国联盟",并在60个席位中获得了22个席位;但它在2014年1月因为在后者与叙利亚政府谈判过程中被忽视而离开了"全国联盟"。

"全国联盟"在成立大会上就宣布拒绝极端主义,并致力于防止各反对派做出侵害人权或犯罪的行为。

在"全国联盟"内部也开始了争夺权力的斗争,亲卡塔尔派和亲沙特派之间发生了龃龉。利雅得与多哈在阿拉伯世界,特别是在叙利亚,一直相互竞争。① 沙特阿拉伯也成为"全国联盟"的主要资助者。

让西方大国感到意外的是,"全国联盟"并没有被叙利亚境内多数的反对派承认。2013年9月底,13个主要的反对派组织拒绝接受"全国联盟"的领导,并退出了"叙利亚自由军"。它们随后成立了名为"伊斯兰联盟"(the Islamic Coalition)的激进"圣战"分子军事联盟,② 其中很多成员都曾接受过美国的军事援助。③

反对派武装接收到的援助规模不断扩大。早在2011年12月,美国中情局前反恐专家和军事情报官员菲利普·吉拉尔迪(Philip Giraldi)就曾经透露:"北约没有任何标识的军用飞机降落在靠近土叙边境的土耳其军事基地内,将已故穆阿迈尔·卡扎菲军火库中的武器和利比亚全国过渡委员会的志愿者们运送到那里。来自英法特种部队的教官在帮助训练叙利亚反叛分子,美国中情局和特种部队则为反对派武装提供通信设备。"他还指出,中情局的分析师对叙政府军杀害平民的数据表示怀疑,因为这些信息是由反对派提供的且无法核实。④

2012年有报告称,美国实施了秘密行动,协助反对派武装对抗巴沙尔政府。⑤ 作为美国训练和装备计划的结果,被派往叙利亚的战士们或售卖武器或加入了"伊斯兰国"。⑥

---

① См.: *Ходынская - Голенищева М.* На правильной стороне истории. Сирийский кризис в контексте становления многополярного мироуст ройства. М.: ОЛМА Медиа Групп. 2015. С. 50.

② https://ru. wikipedia. org/wiki/Гражданская_ война_ в_ Сирии.

③ 9tv. co. il/ntws/2013/09/25/159457. html.

④ *Giraldi Philip.* NATO vs. Syria//The American Conservative. 19 December 2011.

⑤ "U. S. has secretly provided arms training Syria rebels since 2012", *Los Angeles Times*, June 21, 2013.

⑥ См.: *Phillips Christopher.* Op. cit. P. 208—209.

阿盟中的大多数国家在卡塔尔的领导下都对大马士革当局采取敌对的态度。2011 年 11 月，阿盟对叙利亚实施了经济制裁，并禁止一些叙利亚官员入境阿盟成员国。① 与此同时，欧盟也对叙利亚实施了额外制裁。

2013 年 3 月 6 日，阿盟为其成员国大开绿灯，敦促它们武装叙利亚的反对派。3 月 26 日，阿盟在多哈峰会上承认"全国联盟"为叙利亚人民的合法代表。②

然而，阿盟在危机第一阶段时曾试图表现出"客观性"。为了降低叙利亚国内冲突的紧张程度并打开谈判的大门，阿盟设立了由苏丹籍将军穆罕默德·达比（Mohammed al – Dabi）任团长的特别观察团，开始依据 2011 年 10 月阿盟和大马士革当局签署的议定书开展行动。不久之后，阿盟观察团提交了一份报告，相当客观地还原了叙利亚内部的情况，还提及了一些让叙利亚政府不高兴的事实。但是"叙利亚之友"并不喜欢这份文件，因为其客观地表明，叙利亚政府既有反对者也有支持者，指出国际媒体歪曲事实，记录了包括被西方展示为对抗"暴君政权"的"民主斗士"——"叙利亚自由军"在内的反对派武装在叙利亚犯下的罪行。这就是为什么联合国安理会中的西方国家拒绝了俄罗斯关于安理会审议和批准阿盟观察团报告的提案。

西方国家通过它们在海湾国家中的盟友要求达比将军辞职，以换上一个对它们而言更合适的人。据称它们曾试图贿赂达比将军，但是没有成功。然而就在这个时候，苏丹为了得到持续的援助，重新调整了与伊朗间的合作关系，并转向与沙特阿拉伯合作。因此，苏丹总统奥马尔·巴希尔将达比将军召回喀土穆。

2012 年初，阿盟观察团中止了在叙利亚的行动。因此，在叙利亚建立一个公正的监督机制以降低冲突紧张程度的首次尝试以失败告终。③

反对派武装与它们的资助者都不需要和谈。反对派武装从一开始就将赌注押在"利比亚方案"式的外国军事干预上，它们的资助者则希望巴沙尔政权迅速垮台。

另一种尝试是寻找一位中立的调解人。2012 年 2 月 23 日，联合国秘书长潘基文宣布任命联合国前秘书长科菲·安南为联合国与阿盟叙利亚问题联合

① www. rbc. ru. /politics/27/11/2011/5703ef6b9a79477633d3a774.
② http//arabic. rt. com/news. 26. 03. 2013.
③ См. : *Ходынская – Голенищева М.* Указ. соч. С. 236—240.

特使。此举得到俄罗斯的支持，旨在达成解决冲突的政治外交方案。2012 年 4 月 21 日，安理会通过了派遣 300 名非武装观察员前往叙利亚的决议。

安南提出了"六点和平计划"，其中包括停火、展开政治对话、在联合国的监督下稳定叙利亚国内局势等。2012 年 4 月 12 日宣布停火。尽管一开始叙利亚政府显得很脆弱，但复兴党阵营还是赢下了在政府控制地区举行的、以实行多党制为基础的议会选举。

叙利亚政府从人口稠密地区撤出了部分军队和重型设备。宣布停火后，联合国叙利亚监督团抵达叙利亚，该团团长、挪威少将罗伯特·穆德（Robert Mood）力求客观。在一些地区，地方性的停火已然达成，[①] 但双方仍爆发了一些暴力冲突。

"在与叙利亚反对派多次接触的过程中，俄罗斯外交官呼吁阿萨德的反对者们遵守安南提出的计划，"俄罗斯外交官兼研究人员 M. 霍德斯卡亚－戈列尼谢娃（M. Khodynskaya－Golenishcheva）写道，"但是反对派回答说，其他的域外参与者告诉他们完全相反的事情，即'不要放下你们的武器''外国会帮助你们的'。"[②]

C. 菲利普斯写道："在执行阿盟的计划和安南的计划期间，各种停火的尝试都失败了，部分原因是外部参与者几乎没有对其叙利亚盟友施压让它们遵守停火，甚至积极地支持它们破坏停火的行为。"[③]

监督团公正地报告了停火的破裂和反对派的许多犯罪行径。在大众媒体帮助下形成叙利亚局势的虚拟"现实"的过程也因此受到阻碍。

反叛武装分子开始攻击联合国监督团，并焚烧监督团的汽车，这使得监督团的任务变得几乎不可能完成。2012 年 7 月 29 日，安理会只将监督团的工作期限延长了 30 天。2012 年 8 月 2 日，安南辞去了特使一职，他说叙利亚危机没有军事解决方法，只有俄罗斯和美国可以找到摆脱僵局的方法。2012 年 9 月 1 日，阿尔及利亚外交官拉赫达尔·卜拉希米（Lakhdar Brahimi）接任联合国—阿盟叙利亚问题联合特别代表一职，他任职至 2014 年 5 月 31 日。

2012 年中，西方大国仍寄希望于通过军事手段使巴沙尔·阿萨德政权迅速倒台。

---

① Selon le Général Mood. Seuls les syrien ont la clé d'une issue pacifique//Le Mond. 2012, 28 Mai.

② *Ходынская－Голенищева М.* Указ. соч. С. 248.

③ *Phillips Christopher.* Op. cit. P. 229.

2012 年 6 月 22 日，叙利亚空军在叙领海上空击落了土耳其一架 F - 4 战斗机。叙当局不希望土耳其以此为借口直接介入叙利亚战争，巴沙尔总统就此事向土方公开致歉。北约为了展示与土耳其的团结，向土方提供了几批"爱国者"地对空导弹，美制防空系统也在稍后运抵了约旦。

2012 年的夏天，反对派武装暂时取得了优势，战斗蔓延到首都大马士革的居民区。[①] 2012 年 7 月 18 日，叙利亚国防部部长达乌德·拉杰哈（Dawoud Rajiha）和包括叙国家情报机构负责人在内的多位高级军官在一场恐怖袭击中身亡。[②] 2012 年 7 月，反对派武装被赶出大马士革中心地区，但是战斗在郊区继续进行。

与此同时，让我们将注意力转向阿勒颇。在那里战果喜忧参半，政府军只能夺回部分地区的控制权；反对派则占据了土叙边境的控制点，这使得它们能够畅通无阻地获取经土耳其运来的援助物资。

2012 年 10 月底，新任联合国—阿盟特别代表拉赫达尔·卜拉希米协调组织了一次宰牲节停火，但此次停火很快就被破坏了。

在冲突的头一个月，当时政府军还驻扎在库尔德地区，并与库尔德武装分子发生了冲突。虽然之后双方也发生过一些冲突，但是这种情况并不多。当反政府的伊斯兰组织也成为库尔德人真正的敌人时，情况变得复杂起来。

在政府军撤出库尔德地区后，当地的库尔德武装事实上已经变成了大马士革的盟友，特别是在叙利亚库尔德民主联盟党（PYD，即库尔德飞地的实际统治者）的武装分支和"库尔德人民保护部队"（YPG，拥有多达 15000 名战斗人员）[③] 开始发挥主要作用后。库尔德民主联盟党与库尔德工人党（PKK）之间合作密切，后者领导了土耳其库尔德人反抗安卡拉的武装斗争，这也注定了土耳其政府会对此采取严重消极的态度。"人民保护部队"成功抵抗了"圣战"分子，并像伊拉克库尔德人一样开始接受美国的援助。美国、土耳其、库尔德人和"圣战"分子之间的关系变得更加扑朔迷离。

除了松散的"叙利亚自由军"下属的组织外，还有越来越多的伊斯兰主

---

① См.: *Sherlock Ruth*, *Blomfield Adrian*. Syrian rebels launch campaign to 'liberate' Damascus//The Daily Telegraph. 17 July 2012.

② *Damien McElroy*. Assad's brother – in – law and top Syrian officials killed in Damascus suicide bomb//The Daily Telegraph. 18 July 2012.

③ https: //ru. wikipedia. org/wiki/Отряды_ народной_ самообороны_ (Сирия).

义者团体参与到战争中来，其中"努斯拉阵线"（Jabhat al-Nusra）非常突出。西方国家都避免支持这一武装团体，因为该组织公开宣称自己是"基地"组织的分支。"努斯拉阵线"的影响范围覆盖叙利亚东部、伊德利卜省和阿勒颇省的大部分地区。

2012年11月至2013年4月，叙利亚反对派武装在多个地区都取得了重大胜利，战斗又重回大马士革。反对派武装占领了雅尔穆克难民营，阿勒颇更加脱离于首都。"叙利亚自由军"经土耳其渗透沿海的拉塔基亚省。

2013年2月，当大马士革到黎巴嫩的运输线受到威胁时，黎巴嫩真主党武装担心失去叙利亚巴沙尔政权这一盟友和资助者，在伊朗的支持下介入叙利亚危机。它们与"叙利亚自由军"交战，并占领了霍姆斯的古赛尔镇，以确保政府军能够控制叙、黎两国间的大部分边界。

然而，叙利亚东部的情况却对巴沙尔政府不利。反对派武装攻占了拉卡省的省会和大部分油田。

2013年4~8月，政府军在包括伊德利卜省在内的一些地区取得了优势，他们从反对派武装手中夺回了首都的一些地区。在叙东北部和阿勒颇市的库尔德武装与伊斯兰分子发生了冲突。

当时还爆发了一场国际危机，在靠近大马士革的古塔（Ghouta）绿洲地区发生了使用化学武器事件。本书将对此次危机做进一步描述。

在2013年的最后几个月里，胜负的钟摆一直在交战各方间摇摆不定。

小恶魔和大恶魔

内战第一年，交战各方所经历的痛苦是不相称的。在古赛尔镇附近的战役中，一名反对派武装指挥官公然犯下了食人肉的恶行，他在镜头前吃下了一名阵亡政府军士兵的心脏和肝脏。他还鼓励反对派武装无情地杀死阿拉维派并吃掉他们的心脏。连西方那些反叙利亚的电视台都因这段食人肉的视频片段而感到难堪。

"努斯拉阵线"建立于2012年1月，来自沙特、伊拉克、巴基斯坦、黎巴嫩、土耳其、法国、英国和俄罗斯的志愿雇佣兵纷纷加入其中。"努斯拉阵线"控制了人口稠密的伊德利卜省中的大部分地区、叙利亚东部地区、阿勒颇省的部分地区、霍姆斯省、首都的一些居民区以及大马士革附近古塔绿洲的部分地区。此外，它还控制了戈兰高地的叙利亚控制区，并在那里扣押了联合国维和部队成员；虽然最后释放了他们，但是留下了他们的武器。①

2013 年 11 月，"基地"组织头目艾曼·扎瓦希里宣布，"努斯拉阵线"是"基地"组织在叙利亚的唯一"合法"代表。② "努斯拉阵线"被联合国、俄罗斯、美国和其他一些国家认定为恐怖组织。

该组织发动的袭击以自杀式炸弹袭击为主，他们实施了数十起恐怖袭击。有时它会（在阿勒颇）与"叙利亚自由军"的武装分子并肩作战，有时甚至还会与"叙利亚自由军"交战。

"努斯拉阵线"共有超过 6000 名战斗人员。2015 年，"努斯拉阵线"及其盟友控制了包括省会在内的整个伊德利卜省。来自俄罗斯和中亚的志愿战斗人员宣布效忠于它；它还得到了一些"叙利亚自由军"战士的支持。美国对其据点进行的空袭并没有造成太大的伤害，反而提高了其在伊斯兰分子中的知名度。

2013 年，在叙利亚反对派武装的行列中出现了一个更加强大、无情和超级狂热的组织——"伊拉克和黎凡特伊斯兰国"（ISIL）。

该组织起源于伊拉克反巴格达什叶派政府的"逊尼派三角地带"，主要基地也在那里。让我们提及一下，无须深入历史，在 2006 年，一些脱离了"基地"组织的极端分子建立了"伊拉克伊斯兰国"。在其始建者身亡后，该组织由一位自称阿布·伯克尔·巴格达迪（Abu Bakr al - Baghdadi）的"阿訇"领导。③

2013 年，该组织开始介入叙利亚内战，并在当年 4 月更名为"伊拉克和黎凡特伊斯兰国"（亦称"伊拉克和沙姆伊斯兰国"，音译为"达伊什"）。"黎凡特"是欧洲对历史上的大叙利亚地区的译名，范围包括今天的叙利亚、黎巴嫩、巴以地区和约旦的部分地区。我们将沿用"伊黎伊斯兰国"（ISIL）这一简称来避免混淆，因为这个组织后来又两度更名为"伊斯兰国"（Islamic State）及后来的"哈里发国"（Caliphate）。

---

① http：//newsru．co．il/arch/mideast/28aug2014/syria_ 115. html；https：//ru. wikipedia. org/wi-ki/Фронт_ан - Нусра.

② www．vestifinance．ru/articles/77123.

③ См．：*Шкаровский А.* Все грани《Исламского государства》. История о том，как и при чьей помощи террористическая организация стала такой большой силой//Независимое военное обозрение．15. 05. 2015.

在谢赫·拉维尔·盖努特丁（Sheikh Ravil Gainutdin）看来，我们应该使用阿拉伯语首字母缩写的"达伊什"（DAESH）这一简称，因为"伊斯兰国"这个名称在政治上是不正确的。① 在一些西方国家、土耳其和阿拉伯国家的媒体中，"达伊什"这一简称是被广泛使用的。在哈萨克斯坦的俄语媒体中也使用"达伊什"一词，但是俄罗斯媒体还是继续使用"伊黎伊斯兰国"这个简称。

据一些消息称，"努斯拉阵线"是"伊黎伊斯兰国"在叙利亚创建的分支，但是这两个组织很快就分道扬镳了。它们的领导层之间相互竞争，争夺资金和武器来源。在同样的意识形态背景下，它们的目标也存在着一些分歧："伊黎伊斯兰国"宣称其目标是至少要在原先奥斯曼帝国的疆域内建立一个"哈里发国家"，而"努斯拉阵线"则专注于先控制叙利亚。这些分歧导致它们在 2014 年 1~2 月发生冲突，双方约有 3300 名武装分子身亡。② "努斯拉阵线"宣布效忠"基地"组织，与"伊黎伊斯兰国"中断了关系。

2014 年，"伊黎伊斯兰国"在伊拉克取得了最重大的胜利：当年 6 月 10 日，该组织攻占了伊第二大城市摩苏尔。政府军（超过两个师的兵力）留下了自己的武器后仓皇撤退。极端分子在伊拉克中央银行摩苏尔分支机构中抢走了 5 亿~10 亿美元的现金。③ 之后，他们又攻下了拉马迪和费卢杰，逼近巴格达。笔者在伊拉克的消息源称，当时美国开始搁置为巴格达提供武器的计划，坚持要求与伊朗有联系的马利基总理辞职。短期的政治目标蒙蔽了美国人的战略眼光，他们没有意识到一个更严重的威胁已经迫在眉睫。俄罗斯积极和迅速地为伊拉克政府提供了武器，在成功保卫巴格达方面发挥了重要作用。2014 年 6 月 29 日，巴格达迪在摩苏尔宣布建立"哈里发国"，并自封"哈里发"。④

"伊黎伊斯兰国"对叙利亚发动了闪电般的攻势，占领了叙东部地区，然后攻占了拉卡并将该地作为"首都"，还占据了帕尔米拉、大马士革部分地区、阿勒颇和伊德利卜省。在黎巴嫩也出现"伊黎伊斯兰国"战斗人员的身影。2014 年 1 月，他们在伊德利卜市和阿勒颇市与"叙利亚自由军"以及

---

① islamreview. ru/video/fByAXSpl5r8/.

② См.: *Phillips Christopher*. Op. cit. P. 197.

③ См.: *Хвостик Евг*. 《Исламское государство》наращивает выручку//Коммерсантъ. 26. 11. 2014. С. 8.

④ ISIL renames itself 'Islamic State' and declares Caliphate in captured territory//Euronews. 30 June, 2014.

"努斯拉阵线"作战。

将"伊黎伊斯兰国"认定为恐怖组织后，美国于 2014 年 9 月建立了反恐联盟，开始空袭该组织在伊拉克和叙利亚的据点。但是，反恐联盟在叙利亚的军事行动并没有获得大马士革官方的同意。空袭并没有取得重大成效。美国开始向"叙利亚自由军"提供武器。在伊拉克和叙利亚的库尔德人成为打击"伊黎伊斯兰国"的有效力量，并开始接受美国的援助。2014 年末，"伊黎伊斯兰国"与库尔德民兵在叙土边境主要由库尔德人居住的城市科巴尼发生了激烈战斗。

2014 年底，"伊黎伊斯兰国"在伊拉克和叙利亚控制的领土总面积估计多达 4 万 ~ 9 万平方公里，占领区人口约 800 万。[①] 2015 年 12 月 11 日，俄罗斯国防部部长谢尔盖·绍伊古报告称，"伊黎伊斯兰国"已经攻占了叙利亚 70% 的领土，其中主要是沙漠地区，且该组织已经拥有 6 万名战斗人员。[②]

"伊黎伊斯兰国"为自己确定了一项超级任务——在原先属于奥斯曼帝国的领土上建立一个哈里发国家。[③] 还有一些其他目标，包括摧毁"哈马斯"和以色列、破坏中亚的稳定，等等。[④]

"伊黎伊斯兰国"武装的骨干成员是萨达姆·侯赛因时期的复兴党军官，他们在伊拉克失去了生计。[⑤]

2014 年 9 月，美国中情局估计该组织约有 20000 ~ 31500 名战斗人员。[⑥] 当月，俄罗斯联邦安全局高层称这个数字可能高达 3 万 ~ 5 万人。[⑦] 根据美国情报部门的数据，该组织中至少有 16000 名外国人。[⑧] 俄罗斯外交部指出，

---

① См.：*Тарасов Ст.* Ближний Восток：диагностика будущего года//Regnum. 27. 12. 2014.

② *Шойгу*：зона влияния《Исламского государства》растет，захвачено 70% территории Сирии// ТАСС. 11. 12. 2015；*Шойгу* оценил количество боевиков ИГ в 60 тыс. человек//РБК. 11. 12. 2015.

③ www. bbc. com/russian/international/2016/03/160311_ is_ full_ story.

④ *ИГ пообещало* уничтожить Израиль и объявило войну боевикам ХАМАС//Вести. ру. 01. 07. 2015；*Панфилова В.* ИГИЛ намерен открыть второй фронт в Центральной Азии// Независимая газета. 21. 01. 2015.

⑤ inosmi. ru/military/20151227/234929028. html.

⑥ *ЦРУ*：численность ИГИЛ—31，5 тысячи человек//Портал ISRAland—израильские новости. 12. 09. 2014.

⑦ *Патрушев* оценил численность 《Исламского государства》в 30—50 тысяч человек// Интерфакс. 26. 09. 2014.

⑧ Там же.

2015 年 11 月有超过 25000 名外国战斗人员在"伊黎伊斯兰国"麾下作战。①
美国方面的消息则认为，该组织有 3 万名外国战斗人员。②

各方对该组织的资金收入有不同的估算方法，但是从伊拉克和叙利亚的
占领区走私石油是其在一段时间内的主要收入来源。这些石油主要在土耳其
卖出去。据美国财政部估算，该组织一个月的石油收入约为 4000 万美元。③
还有上文提及的从银行抢来的 5 亿～10 亿美元。其他的收入来源包括抢劫、
赎金、阿拉伯半岛上富裕国家的资助、毒品走私和贩卖文物。值得注意的是，
资助者的资助虽然重要，但不是"伊黎伊斯兰国"预算的基础。

成千上万的雅兹迪妇女和儿童惨遭奴役，被当作性奴出售。"伊黎伊斯兰
国"甚至还颁布了一系列对待奴隶的规则。

"伊黎伊斯兰国"建立了一个强有力的宣传架构，包括多语种广播新闻、
通过网络招募支持者、制作电影等。

2015 年 3 月，联合国发布了一份报告，其中写道："'伊斯兰国'（即伊
黎伊斯兰国——笔者注）没有放过伊拉克境内任何一个群体。雅兹迪人、基
督徒、土库曼人、萨巴—曼达伊安人（Sabians - Mandaeans）、库尔德人、什
叶派教徒和包括逊尼派在内的其他群体都遭到了暴力袭击。"④ 报告称，"对
雅兹迪人的迫害可以构成种族灭绝罪"。2015 年的夏天，"伊黎伊斯兰国"武
装分子杀害了 500 名雅兹迪男性并俘虏了 300 名女性为奴。该组织犯下了大
规模处决、种族清洗、强征儿童入伍、强迫非穆斯林皈依伊斯兰教等罪行。
他们鼓励其他信仰的女性从事卖淫活动。地区内还有官方的奴隶市场。武装
分子摧毁了历史古迹、宗教圣地，并袭击基础设施。该报告的撰写者称，"伊
黎伊斯兰国"的行为可以构成种族灭绝罪、战争罪和反人类罪。⑤ 这份报告侧
重于伊拉克的情况，但叙利亚的情况也是大同小异。

"伊黎伊斯兰国"不仅在叙利亚和伊拉克实施恐怖袭击，还在土耳其、法
国、突尼斯、科威特、美国、俄罗斯、印度尼西亚、比利时、也门、孟加拉
国和德国发动了恐怖袭击。

---

① СМИ: ЦРУ недооценило число боевиков 《Исламского государства》 //РИА Новости.
16. 11. 2014.

② *Cм.: Phillips Christopher.* Op. cit. P. 130.

③ www. rbc. ru/rbcfreenews/55b19f769a7947fb93423ab4.

④ Cм.: http://asiarussia. ru/news/6554/.

⑤ Там же.

他们将处决数百名囚犯当作戏剧表演，并将视频上传到网上。妇女也同样被处决，其中甚至还有孕妇。在摩苏尔，两名同性恋者被直接从楼顶扔下摔死。[①] 他们还处决了观看足球比赛的青少年。"伊黎伊斯兰国"斩首了外国记者和人权工作者，并将过程拍摄下来。2015 年 7 月，该组织的青少年武装分子在帕尔米拉一处古代竞技场处决了 25 名被俘的叙利亚政府军士兵。[②] 人们被钉在十字架上、被绑在吉普车上拖行、被活生生地溶解在装满硫酸的容器中、被活生生肢解和烧死。囚犯遭受到了地狱般的非人折磨。

在占领区内，"伊黎伊斯兰国"建立了一套准国家架构，包括安全机构、军队、法庭、学校、医院和税收系统。尽管有着荒诞不经的计划和充满着中世纪的语言修辞，这仍是一个短暂但真实存在的架构。

笔者最概要地描述了叙利亚内战的情况，可能别的研究人员会关注其他一些事件。总的来说，叙利亚就像一床拼布床单。在一些地区、城市、乡村和绿洲里，权力数度易手，或者陷入无政府状态。

我们的关注点是俄罗斯对这些事件的看法。这一章考察了截至 2015 年 9 月 30 日之前发生的事件，因为此时，俄罗斯应叙利亚政府的请求，派驻空天军公开介入叙利亚问题中。尽管发生了一些事情，但俄罗斯之前还是根据俄叙已签署的协议为叙利亚政府提供了武器，甚至还履行了苏联时期签署的协议。俄罗斯还向叙利亚提供了经济、人道主义和财政援助，但目前并没有官方数据。我们将更多地关注俄罗斯在叙利亚问题上的政治外交。

我们将讨论俄罗斯在联合国和其他相关组织中的立场和提出的倡议，俄罗斯力求在叙利亚问题上找到与美国、其他西方伙伴和地区国家共同点的尝试，以及这些尝试的有限成功和失败。

但首先让我们分析一下叙利亚悲剧中的其他参与者。如果我们忽略了叙利亚内战中的地区和全球方面因素，我们的描述将不完整。

地区和全球参与者

可以理解为什么那些接受了西方自由价值观和渴求权力的叙利亚移民会

---

① www.gay.ru/news/rainbow/2015/01/17-30568.htm.

② www.interfax.ru/world/451640.

如此渴望推翻复兴党政权。也很清楚，为何美国及其包括以色列在内的盟友将巴沙尔·阿萨德视作敌人。据《华尔街日报》透露，美国已经与叙利亚权力机构以及国家机器建立了联系，企图在叙利亚发动一场军事政变以推翻阿萨德的统治。①

可以理解为什么沙特会如此积极地支持反对派，因为它害怕什叶派对手伊朗的崛起。但到底是什么遮蔽了土耳其和卡塔尔领导人的双眼？他们的家人都曾是阿萨德家族的好友。他们要求叙利亚进行"民主改革"的声音听起来非常奇怪。他们的立场已经被意识形态预先决定了，他们希望与其有关系的伊斯兰主义者能够提升权位，正如那段时间在埃及所上演的一样。笔者在叙利亚的消息源告诉笔者，时任土耳其总理埃尔多安和卡塔尔埃米尔塔米姆·本·哈马德·阿勒萨尼都曾劝说阿萨德将穆兄会纳入政府之中，这就意味着"改革和促进民主"。

事实上，多哈方面指望自己这个小而富的国家能在阿拉伯世界舞台上发挥更重要的作用。卡塔尔向利比亚派出了6架战斗机，并与"圣战"分子建立了联系。随着卡扎菲的死亡和反对派的"胜利"，卡塔尔领导层变得自负起来。

土耳其的领导层被新奥斯曼主义所吸引，希望在某种程度上将叙利亚变成土耳其的保护国。在那时，"阿拉伯之春"似乎对土耳其有利，特别是穆兄会在埃及获得影响力之后。就像西方国家领导人一样，雷杰普·埃尔多安也错误地相信叙利亚政权即将崩溃。安卡拉方面认为，"阿拉伯之春"将是土耳其在地区新秩序中增强影响力的良机。②

域内国家和西方大国都高估了叙利亚穆斯林兄弟会的政治能量；指望巴沙尔政权的迅速垮台，却没有考虑到其真实的稳定性；寄希望于可能进行的直接军事干预，即"利比亚方案"。2011年8月，美国、英国、法国、德国和加拿大联合要求阿萨德辞职。它们都低估了此举给叙利亚政府和叙整体局势带来的影响。很多地区国家都相信，下一步将会是对叙利亚采取军事行动，就像在利比亚发生的一模一样。一些地区和当地参与者——卡塔尔、土耳其、沙特和叙利亚反对派，都希望西方国家能够进行干预。但是，美国并不清楚也不理解叙利亚国内形势。③

---

① https：//russian. rt. com/article/138527.

② Cм.：*Phillips Christopher.* Op. cit. P. 74.

③ Ibid. P. 76.

对巴沙尔政权即将崩溃的错误估计，是促使各国向大马士革不断施加压力的一个主要原因。西方领导人成了他们自己对"阿拉伯之春"迅速发展态势所做言论和误判的俘虏，很明显要求阿萨德下台是他们及其地区盟友要采取的步骤。如果政权能够迅速垮台，为什么还要寻求妥协？如果巴沙尔政权继续掌权，西方的介入会将其推翻吗？

欧盟、阿盟、美国、土耳其、加拿大和澳大利亚扩大了对叙利亚的经济制裁。阿盟冻结了与叙利亚政府及央行的关系。[①] 卡塔尔埃米尔最先提出要武装叙反对派。[②]

但无论如何，联合起来反对叙利亚政府的力量出于政治和外交目的，在向不同的反对派提供资金和武器。

谁在帮助叙利亚反对派，怎么帮助它们，帮助哪些反对派都是公开的秘密，但我们很少能听到像时任美国副总统拜登那般直白的话语。

"我们最大的问题在于我们的盟友，"拜登副总统在 2014 年 10 月对哈佛大学肯尼迪政府学院的学生这样说道，"土耳其人、沙特人、阿联酋人等，他们在做什么？他们下定了决心要把叙利亚总统巴沙尔·阿萨德赶下台……实际上是要开打一场逊尼派和什叶派之间的代理人战争。他们做了什么？他们把几亿美元和数万吨的武器分给任何一个反对阿萨德的人。"他还说道："这些政策到头来帮助了那些跟'基地'组织和后来的'伊斯兰国'有关的激进分子。"[③]

一名英国广播公司的记者写道："问题并不在于他说了什么——奥巴马政府的官员有类似的抱怨已经很久了——但他这么公开表态，是在美国寻求地区国家支持打击'伊斯兰国'的联盟之际。他的评论暴露出了美国和叙利亚的邻国在关于谁应该为 IS 崛起负责这个问题上的分歧。"[④]

美国自称并没有武装反对派，但很快可耻的事实就被揭露出来了。原来，美国在土耳其训练和武装了叙利亚的"温和"反对派。2015 年 9 月 21 日，75 名由美国训练的武装人员携带机关枪和一批军事装备，分乘 12 辆皮卡越过土

① См.: *Phillips Christopher*. Op. cit. P. 78.
② См.: *Lesch David W*. Syria: The Fall of the House of Assad. London, Yale University Press. 2013. P. 188.
③ *Usher Barbara Plett*. Joe Biden apologised over IS remarks, but was he right? 7 October 2014—http://www.bbc.com/news/world-us-canada-29528482.
④ Ibid.

叙边境……并加入了"努斯拉阵线"。此外，美国还训练他们对"伊斯兰国"展开军事行动。他们原本计划要花费 5 亿美元训练超过 5000 名武装分子，但在挨了这一记响亮的耳光后缩减了该项目。①

那是在 2015 年 9 月，然而早在 2014 年拜登就因安卡拉方面的强烈反应和阿联酋的反对做出"澄清"，解释说他"没有说盟国故意促成'伊斯兰国'或其他暴力极端势力崛起这个意思"。②

他的"道歉"并没有改变事实。

但是安卡拉方面接受了拜登的致歉。2014 年秋天，土耳其议会批准在叙利亚使用武力，为土耳其在打击"伊黎伊斯兰国"的联盟中发挥更大的作用铺路。

毫无疑问，反对派武装的资金和武器是从拜登所提及的那些国家流入叙利亚的。美国官员和地区问题分析师很久之前就指出，来自海湾国家的资助者为极端组织提供了直接财政支持。在官方层面，沙特领导的海湾国家在冲突初期就公开宣布它们支持对反对派进行武装。其中某些国家还支持伊斯兰组织，在清真寺里布道时公开呼吁捐款和招募志愿者进入叙利亚境内战斗。

沙特卷入叙利亚内战当中，为不同的反对派组织提供武器和装备。③ 2012 年 12 月，沙特开始从克罗地亚购买南斯拉夫解体后留存下来的武器，并输送给叙利亚反对派。④ 2013 年夏天，沙特增强了输送武器的力度。据称，这些行动由沙特前驻美大使、时任沙特情报局局长班达尔·本·苏尔坦亲王运作。在反对派武装失败后，他也被解职了。

卡塔尔和土耳其向叙利亚穆兄会和其他伊斯兰武装组织提供支持。时任卡塔尔外交大臣哈立德·本·穆罕默德·阿提亚博士甚至在 2012 年国际安全研究所的一个论坛上说，他"非常反对在这个阶段将任何人排除在（推翻阿萨德政权的斗争）外，或者将他们划归为像'基地'组织一样的恐怖组织"。⑤

正如美国政府官员所声称的，美国提供的部分物资落入了"努斯拉阵线"

---

① Daily Telegraph. 22. 09. 2015；Associated Press. 23. 09. 2015.

② *Usher Barbara Plett*. Op. cit.

③ https://en. wikipedia. org/wiki/Saudi_Arabian_support_to_ Syrian_Opposition_in_the_Syrian_Civil_War.

④ lb. ua/world/2013/02/26/190716_saudovskaya_araviya_priobrela. Html.

⑤ *Usher Barbara Plett*. Op. cit.

手中。卡塔尔经常被点名是"伊黎伊斯兰国"的主要资金来源。2014年8月
22日，德国政治家杰尔哈德·穆勒（Gerhard Muller）直接指控卡塔尔做了这
种事情。① 卡塔尔当局声称，他们只为叙利亚的"温和"反对派提供了
资金。②

《金融时报》报道称，卡塔尔在叙利亚内战的头一两年为反对派提供了
10亿~30亿美元的资金。③ 叙利亚军队的叛逃者，每个家庭可以获得5万美
元。据斯德哥尔摩国际和平研究所称，卡塔尔为叙利亚反对派提供的武器比
其他任何国家都多。在2012年4月到2013年3月，共有70架次的飞机用于
运送武器。④

卡塔尔和美国军方在卡塔尔设立了一个训练营来教授为期三周的课程，
在一年内能训练约1200名战斗人员。卡塔尔既支持温和反对派，也支持那些
与"基地"组织有关联的、被称为"占领军"的反对派组织。⑤

随着时间的推移，海湾国家慑于"伊黎伊斯兰国"在伊拉克迅速推进并
攻占了大片领土，开始削减流向极端组织的资金。沙特阿拉伯大穆夫提谢
赫·阿卜杜·阿齐兹·本·阿卜杜拉·谢赫（Sheikh Abdul - Aziz ibn Abdallah
Al ash - Sheikh）发表声明称："极端主义、激进主义和恐怖主义的思想……
与伊斯兰教毫无关系，且（它们的支持者）是伊斯兰教的头号敌人。"他特别
点名了"伊黎伊斯兰国"和"基地"组织。⑥

与此同时，叙利亚反对派武装的地区资助者之间分歧不断。卡塔尔的雄
心壮志与沙特希望在地区发挥核心作用的愿望发生了冲突。沙特人在卡塔尔
人之前就开始支持"温和"的伊斯兰分子和"叙利亚自由军"。卡塔尔以资
助"努斯拉阵线"作为回应。半岛电视台批评了沙特统治家族，这引发了危
机，2014年3月，沙特、阿联酋和巴林三国从多哈召回大使。⑦

2014年9月，卡塔尔埃米尔塔米姆发表声明："卡塔尔从未支持将来也不

① www. reuters. com/…/us - iraq - security - germany - qatar - idUSKB.
② www. dailymail. co. uk/…/Cameron - uses - Downing - Street - talks…
③ CM.: *Roula Khalaf and Abigail Fielding Smith*. Qatar bankrolls Syrian revolt with cash and arms//Financial Times, 16 May 2013.
④ *Iidem*. How Qatar seized control of the Syrian revolution//Financial Times. 17 May 2013.
⑤ CM.: *Porter Gareth*. Gulf allies and 'Army of Conquest//AlAhram Weekly. 28 May 2015.
⑥ https：//vk. com/topic - 50879056_ 30306182.
⑦ CM.: *Phillips Christopher*. Op. cit. P. 194.

会支持恐怖组织。"① 但其援助其他组织的武器和装备实际上最终武装了"伊黎伊斯兰国"。

美国官方长期对向土耳其走私石油的兴隆生意视而不见。但关于包括外国极端分子在内的战斗人员越过土叙之间漫长而管控松散的边界源源不断地进入叙利亚的记录却十分翔实。西方记者多次报道,有成百上千人非法越过土叙边境。他们还碰见过一些在叙境内作战的外国武装分子,其中包括一些欧洲人,声称他们是经过土耳其来到叙利亚的。

美国战争研究中心资深海军分析人士克里斯托弗·哈默告诉 BBC 记者,"伊黎伊斯兰国"的武装分子被允许将土耳其"至少当作一个自由活动区",但安卡拉方面在叙内战期间为"努斯拉阵线"提供了更为直接的"后勤支援"。②

在 2011 年之前的十年间,土耳其和叙利亚之间的关系比历史上任何时期都要好。土耳其人还记得巴沙尔的父亲哈菲兹·阿萨德在 1998 年要求库尔德工人党领导人阿卜杜拉·奥贾兰离开叙利亚,之后两国间的关系升温,很多边界问题都得到了解决。③ 但是叙利亚内战爆发以后,两国政府间完全没有正式接触。叙利亚军队的叛逃者在土耳其境内接受训练;"叙利亚自由军"的指挥部也落户于此,受土方情报部门监管。④ 自 2011 年 10 月以来,土耳其与沙特和卡塔尔一道在土境内设立训练营,为反对派武装提供武器和其他军事装备。⑤

英国分析人士帕特里克·科伯恩在一份提交给中东地区特种作战官员的报告中称,"伊黎伊斯兰国"的武装分子乐见叙利亚反对派获得武器,因为最后他们总能得到这些武器。科伯恩总结道,美国、欧盟和它们的地区盟友为"伊黎伊斯兰国"的崛起创造了条件。⑥

要从逻辑上来解释土耳其的政策是很困难的。土耳其官方及领导人埃尔多安应该欢迎叙利亚专制政权带来的稳定:这能确保叙利亚国内和土叙边境地区的和平,不会允许叙利亚的库尔德人越过将近 400 公里长的、协防松散

---

① *Blanchard Christopher M.* Qatar: Background and US Relations//Congressional Research Service paper. 4. 11. 14—http: //www. fas. org/ sgp/crs/mideast/RL31718. pdf.

② Cм.: *Usher Barbara Plett.* Op. cit.

③ https://en. wikipedia. org/···/Turkish_involvement_in_the_ Syrian_Civil_War.

④ Cм.: *Manna Haytham.* Syria's opposition has been led astray by violence//The Guardian. 22 June 2012.

⑤ https://en. wikipedia. org/···/Turkish_ involvement···

⑥ kropfpolisci. com/isis. cockburn. pdf.

的边界来帮助土境内的库尔德人，也不会将恐怖分子输送到土耳其和其他国家。

对埃尔多安来说，最有利的立场是超脱于纷争之外，即不干涉叙利亚的内政。但是，由前土耳其外长、时任总理艾哈迈德·达武特奥卢（Akhmet Davutoglu）提出的新奥斯曼主义的幻象、将叙利亚变成土耳其的"保护国"、与伊斯兰组织在意识形态上的相似、希望这些政策得到美国支持——所有这些都将土耳其推向了别的方向。"巴沙尔必须下台"的咒语以及为此所使用的一切手段都是好的，在很长的一段时间里成为土耳其对叙利亚政策的信条。

2015 年 5 月，土耳其《共和报》揭发了一桩丑闻。该报刊登了一份照片报告，展示土情报部门是如何将武器输送给叙利亚的伊斯兰主义分子的。该报主编和超过 30 名参与调查的工作人员被指控违反《反恐法》、泄露国家机密、企图颠覆政府和从事间谍活动等。①

对土耳其当局的这些指控不止一次出现。在围攻科巴尼的过程中，据称土耳其曾允许"伊斯兰国"武装分子从土境内发动攻击，让他们的狙击手从土耳其境内向库尔德人射击。还有人声称，有身穿土耳其军装的人开车向"伊斯兰国"运送武器；在后者与库尔德人作战时，有土耳其的救护车将受伤的恐怖分子转运到土境内。②

安卡拉与库尔德人之间的关系是一个独立而广泛的问题。2013 年 3 月，库尔德工人党（简称"库工党"）和安卡拉当局宣布停火，库工党开始着手将其武装分子撤离到伊拉克北部，但双方频繁地违反停火。2014 年埃尔多安当选为土耳其总统。他希望废除土耳其的宪法并将土政体改为总统制，于是他开始与那些反库尔德人的极端民族主义者为伍。安卡拉强化与伊拉克北部库区主席巴尔扎尼之间的关系并开始购买库区的石油。巴尔扎尼也禁止在伊拉克库区为土耳其的库尔德人提供援助。

叙利亚国内事态的发展使得与库工党有关联的叙利亚库尔德人在该国东北部几乎处于自治的状态。"人民保护部队"进入与土耳其接壤的边境城市科巴尼。"伊斯兰国"武装分子正向那里推进，且遭到了美国的轰炸。③

① https：//en. wikipedia. org/…/2014_ National_ Intelligence_ Orga…
② Turkey resolute to clear Syria's Manbij of PYD/PKK//Anadolu Agency. 25 October 2016.
③ См.：*Phillips Christopher*. Op. cit. P. 210.

　　美国、土耳其、库尔德人和"圣战"分子四者间的关系错综复杂。土耳其人与受库工党领导的"本国"库尔德人作战，同时打击那些经土耳其获得援助并向土走私石油的"伊斯兰国""圣战"分子。美国在1997年宣布库工党是"恐怖组织"，现在却公开向其在叙利亚的下属机构——"人民保护部队"提供援助（提供武器和训练特种部队作战），后者实际上已经变成大马士革的盟友。美国还对"伊斯兰国"的据点实施打击。而"伊斯兰国"则与库尔德人、土耳其人、美国人、巴格达的"亲美"政府以及大马士革的"反美"政府为敌。久而久之，它们之间的关系愈加难解难分。

　　在美国和其他国家的重压下，安卡拉允许在科巴尼帮助库尔德人。巴尔扎尼的武装力量——"库尔德自由斗士"（Peshmerga）和"叙利亚自由军"前来支援。2015年1月，"伊斯兰国"武装分子被从科巴尼击退。但库工党和安卡拉之间的停火也结束了，反叛的库尔德人和土耳其军队在土耳其库区重新爆发战斗。美国曾在1997年将库工党划为恐怖组织，但现在它意识到库工党在叙利亚的分支是打击"伊斯兰国"的有效力量。①

　　帕特里克·科伯恩写道，"有强有力的证据显示，一定程度的合作"已在土耳其情报部门和"伊斯兰国"之间达成，尽管"对这段关系的确切定性……仍模糊不清"。② 西方研究人员和埃及官员不止一次支持关于土耳其与"伊黎伊斯兰国"进行广泛合作的言论。土耳其对库尔德人的空袭据称也是与"伊斯兰国"合作进行的，后者的伤员都被送往土耳其的医院进行救治。

　　土耳其人被指责将他们的领土变成了"圣战走廊"。③ 只需要给土耳其边境的警察一点小小的贿赂，他们就会让任何人前往叙利亚。美国天空新闻、英国《卫报》、新闻网站Al-Moniter以及哥伦比亚大学中一些来自美国、欧洲和土耳其的研究人员也提供了类似的消息。

　　2015年巴黎恐袭发生后，美国政府要求土耳其对"伊斯兰国"武装分子关闭边境。一位美方高级官员告诉《华尔街日报》："游戏的规则已经改变了，

---

① Ibid. P. 211.

② *Cockburn Patrick*. Whose side is Turkey on? //London Review of Books. Vol. 36. № 21：8—10. 6 November 2014.

③ http：//themillenniumreport. com/2015/11/columbia－u－research－paper－is－turkey－collaborating－with－the－islamic－state－isis/.

不能再这样下去，边境必须被关闭。"①

俄罗斯总理德米特里·梅德韦杰夫对局势评价道："土耳其的行为事实上保护了'伊斯兰国'。当我们接到情报说'伊斯兰国'控制的炼油厂的石油产品供应关系到一些土耳其官员的直接经济利益时，我们并不觉得惊讶。"② 从叙利亚掠夺来的文物也从土耳其走私出售。

土耳其反对党领袖凯末尔·齐力克达洛格鲁（Kemal Kilicdaroglu）说："在土耳其的领土上训练武装团体是不公平的。你把外国的武装分子带到土耳其，把钱放到他们的口袋，把枪交到他们手上，让他们去杀害叙利亚的穆斯林。"③ 2016 年 2 月 16 日，齐力克达洛格鲁再次指责土耳其政府向叙利亚的"圣战"组织输送武器，并在土耳其境内设训练营对他们进行培训。④

一份 2016 年 7 月从德国内政部泄露出来的文件显示，土耳其在中东地区到处资助恐怖组织。⑤ 美国特种部队也截获了一份文件，证实了土耳其官员与"伊斯兰国"领导层中的高级成员有直接联系。⑥

土耳其在叙利亚的利益是复杂的。奥斯曼帝国创立者奥斯曼一世（Osman I，1258 - 1326）的祖父苏莱曼·沙阿（Suleiman Shah，1178 - 1236）的陵墓就在叙利亚境内的幼发拉底河畔，由土耳其军队守卫。当时陵墓驻守的土耳其军人和文职人员的处境都十分危险。2015 年 2 月 21 日晚，土耳其的坦克和步兵进入科巴尼附近的叙利亚领土，撤离驻守陵墓的土耳其士兵，并迁移陵墓。土耳其军方和叙利亚库尔德人合作开展了此次行动。

可以确定地说，约旦国王阿卜杜拉二世早已意识到宗教极端主义的危险。但他贫弱的王国依赖于海湾富国的经济援助和美国的政治支持，因此，他允许在约旦设立训练武装分子（据称不是宗教极端分子）的营地。援助通过约

---

① U. S. Urges Turkey to Seal Border//The Wall Street Journal. 27 November 2015—https：//yandex. ru/yandsearch? text = US% 20 Urges% 20Turkey% 20to% 20Seal% 20Border% 20&lr = 213&clid = 2186617.

② https：//russian. rt. com/article/132488.

③ CHP leader accuses gov't of 'protecting' ISIL, laying ground for Ankara massacre//Hurriyet. 20 October 2015.

④ CHP head again accuses Turkish gov't of sending arms to jihadists//Hurriyet. 16 February 2016.

⑤ См.：*Hunter Isabel.* Turkey IS supporting terrorists and Islamist groups in Syria according to leaked German government report//MailOnLine. 16 August 2016.

⑥ https：//en. wikipedia. org/wiki/Turkish_ involvement_ in_ the_ Syrian_ Civil_ War#Related _ criticism_ of_ Turkey.

且输送到叙利亚南部的反对派手上。比如，在 2013 年夏天，大量武器和弹药，特别是其中还有十几辆现代化坦克，经过约旦运了过去。①

在 21 世纪的头十年，叙利亚和伊朗之间的合作更加密切，这是由美国在伊拉克的军事存在促成的。阿萨德总统是 2005 年内贾德总统上任后第一位到访伊朗的外国国家元首。两国在伊拉克问题、巴以关系和黎巴嫩局势等问题上有着相似的立场。叙利亚和伊朗都不希望在巴格达出现一个敌视它们的、亲美的政府。双方都反对在伊拉克北部建立一个事实上独立的库尔德国家。这些年来，大马士革和德黑兰扩大了在国防领域的合作。②

这样的政策惹恼了华盛顿和特拉维夫。这可能就是美国很快就支持叙利亚反政府力量的原因，而不管它们的意识形态为何。

在叙利亚危机前夕，伊朗和叙利亚的关系正在亲密盟友的合作框架中发展，这种盟友关系甚至可能是战略上的。双方还存在着一些分歧，比如叙利亚为了获得持续的经济援助，希望继续维持与阿拉伯逊尼派政权的友好关系。但自叙利亚内战爆发以来，同情和憎恶的结盟变得清晰起来。伊朗为叙利亚政府提供了后勤、技术和经济支持，还参与训练叙利亚军队。③ 据称，叙利亚接受了伊朗提供的武器。支持叙利亚政府符合伊朗的战略利益，但尚无具体和可靠的数据。

伊朗和叙利亚两国的情报部门开展了紧密合作。伊朗为叙利亚提供现代化设备监控手机通信和社交网络。④ 值得一提的是，伊朗的监控技术是世界上最先进的技术之一。

一些消息源声称，截至 2013 年底，已有超过 1 万名伊朗文职人员和包括作战部队在内的军事人员被派到叙利亚，报道的人员数字从几百人到 1 万人都有。

据称伊朗伊斯兰革命卫队"圣城旅"（the Quds Force）指挥官卡西姆·苏雷曼尼（Qasem Soleimani）不仅为叙利亚政府制定了军事战略，还协助重组了叙政府的武装力量和训练亲政府民兵。叙利亚反对派宣称，伊朗为叙政府提供了巨额经济援助。虽然这些数字根本不切实际，但伊朗确实为叙利亚提供了石油、燃料和食物。其中一些援助物资经过伊拉克直接运到叙利亚，

① https：//news2. ru/story/385831/.

② https：//en. wikipedia. org/wiki/Iranian_ involvement_ in_ the_ Syrian_ Civil_ War.

③ How Iran Keeps Assad in Power in Syria//Inside Iran. 5 September 2011.

④ Iran boosts support to Syria//Telegraph. 21 February 2014.

对伊朗和叙利亚友好的伊拉克什叶派政府无视华盛顿的不满，让伊朗的飞机一路畅通无阻。

据信正是因为伊朗和黎巴嫩真主党加入叙利亚内战之中，叙政府军才能在 2013 年夏天获得重大进展。

据未经证实的报道称，在 2013 年有超过 1100 名伊朗伊斯兰革命卫队成员在叙利亚丧生，其中 360 人是伊朗官员，其他则是雇佣兵，他们多数来自阿富汗，还有一些来自巴基斯坦，他们为金钱而战，还希望能够获得伊朗公民身份。在 2013 年，一些伊朗将领也在战斗中阵亡。[①] 据称在叙利亚作战的还有伊朗准军事民兵组织"巴斯基"（Basij）和伊拉克的什叶派民兵，一些报道认为他们的人数高达"数千"。[②] 据称在 2015 年有 121 名伊斯兰革命卫队士兵丧生，[③] 但其他的消息源提供了不同的数字。

2014 年 4 月，伊朗副外长侯赛因·阿米尔－阿卜杜拉希安（Hossein Amir - Abdolahian）说："我们并不是想看到巴沙尔·阿萨德永远在位执政，但我们也不希望由'极端主义势力'来代替他。"[④] 也许以下这句话能准确描绘伊朗对叙利亚的政策：德黑兰没有将赌注全都押在阿萨德一个人身上。但伊朗人在与笔者的交谈中多次提到，在这个时候只有阿萨德能保证政府军控制区的稳定，过渡期不能从他下台开始。

莫斯科与德黑兰之间也有合作，特别是从 2015 年上半年开始，当时巴沙尔政权正处于危急之中。[⑤]

以色列政府对叙利亚内战的态度取决于一个主要的问题：什么对以色列的安全有利？"圣战"分子的胜利将会是危险的：不只是一支小分队，而将会是一支极端狂热的、与以色列为敌的军队出现在戈兰高地的停火线上。那阿

---

① Iran buries Guards commander killed in Syria//BBC News. 5 November 2013；*Saeed Kamali Dehghan*. Elite Iranian general assassinated near Syria – Lebanon border//The Guardian. 14 February 2013.

② Iran boosts military support in Syria to bolster Assad//Reuters. 21 February 2014.

③ https：//en. wikipedia. org/···/Iranian_involvement_in_the_Syrian_ Civil_War.

④ Iran does not seek indefinite power for Assad, senior diplomat says//The Daily Star（Lebanon）. April 4，2014.

⑤ How Iranian general plotted out Syrian assault in Moscow//Reuters. 6 October 2015；*Jay Solomon*, *Sam Dagher*. Russia, Iran Seen Coordinating on Defense of Assad Regime in Syria//The Wall Street Journal. 21 September 2015；Israeli official：Iran mastermind went to Russia//Business Insider. 10 September 2015.

萨德胜利了呢？在过去阿萨德父子统治的数十年里，停火线上似乎一直相安无事。但复兴党内传统的反以言论、亲密的叙伊（朗）关系、叙利亚与黎巴嫩真主党的结盟，后者曾在 2006 年短暂的黎以冲突中击败以色列军队，这些因素导致以色列不希望阿萨德获胜或巩固政权。

这种逻辑决定了以色列领导层有意愿让叙利亚内战持续下去：让以色列的反对者们互相残杀吧。对复兴党的憎恶占了上风，一些报道显示以色列向叙反对派输送武器，以色列的医院救治了"叙利亚自由军"的伤员。2014 年9 月，以色列在戈兰高地以方控制区上空击落了一架叙利亚军方的苏－24 战斗轰炸机。[1]

以色列军机经常空袭阿萨德的盟友——黎巴嫩真主党的武装力量，同时还与"圣战"分子配合来打击叙利亚政府军的军事据点，但从不打击"圣战"分子。俄罗斯外交部表示，以色列针对叙利亚无端发起的行动"严重违反了《联合国宪章》，不管以色列有什么辩解的理由，这都是'不能接受的'"。

所以下一步会是什么？以色列的邻国叙利亚和伊拉克的未来会是怎样？2017 年 2 月 27 日，以色列前国防部部长摩西·亚阿隆（Moshe Ya'alon）在莫斯科参加瓦尔代国际辩论俱乐部的一场会议时，表达了以色列一部分重要统治精英的看法："叙利亚和伊拉克是人为制造出来的国家；在叙利亚那片土地上将会出现'阿拉维斯坦'（Alawistan）、库尔德斯坦、几个'逊尼派斯坦'（Sunni-stans），在伊拉克将会出现库尔德斯坦和'什叶派斯坦'（Shiastan），等等。"

俄罗斯与以色列之间的关系依然稳定不是一句空话。2013 年 5 月，以色列总理本雅明·内塔尼亚胡到访莫斯科。他此行的一个目的就是要说服俄罗斯领导层不要向叙利亚提供 S－300 防空导弹系统和其他导弹系统。

叙利亚内战爆发两三年后，一些欧盟国家内部开始讨论欧洲人是否支持了叙利亚冲突中"正确的"一方，以及怎么处理成百上千从"旧世界"前往叙利亚的"圣战"分子。

在叙利亚，恐怖主义活动是最有组织性的，而欧盟则拥有 1900 万穆斯林。与此同时，一些西方分析人士声称，与其让一直敌视欧洲文化和传统的"圣战"分子掌权，不如让中东地区那些一直打击伊斯兰主义分子的世俗民族主义政府继续留在台上对欧洲更有利。

---

[1] www.bbc.com/russian/international/2014/09/140923_israel_ downs_syrian_fighter.

欧洲人逐渐开始明白，鉴于中东地区激进分子与"基地"组织"欧洲分支"之间的紧密关系，很可能会使欧洲穆斯林青年反对西方。

英国政治学者 2014 年与笔者交谈时，坦率指出西方在叙利亚犯了三个错误。第一，巴沙尔·阿萨德原本就不是一个困惑的知识分子，而是一个强势的领导人；第二，叙利亚政权保持了军队和安全部门的忠诚，并没有发生大规模的叛逃；第三，巴沙尔政权维持了其在阿拉维派、基督徒，还有大部分逊尼派中的社会基础。不幸的是，这些"学识渊博"的研究人员，他们的聪明才智并没有改变西方国家的政治进程。毕竟，最重要的任务不仅仅是推翻叙利亚的复兴党政权（"将会发生什么，我们以后会明白的"），而是要击败俄罗斯和伊朗。西方政府的理性已然沉睡。

当海湾国家开始重新思考它们在叙利亚问题中所扮演的角色时，一定程度上对地区的政治气候造成了影响。有迹象表明，沙特及其地区伙伴在 2014 年 3 月于科威特城举行的阿盟峰会上听取了阿尔及利亚、埃及、伊拉克、黎巴嫩和苏丹的意见，放弃了将叙利亚在阿盟的席位转交给叙利亚反对派"全国联盟"的想法。此次峰会也是自 2011 年"阿拉伯之春"爆发以来首次邀请俄罗斯代表参加。这对所有阿拉伯人意识到日益混乱的局势将会带来毁灭性的后果奠定了基础。

同样，美国也被迫调整了自己的方针，至少公开承认了叙利亚恐怖分子是一股令人担心的力量，[1] 并最终开始谈论在打击"圣战"主义方面需要集体努力。美国和北约国家曾一度宣布为反对派提供武器和人道主义援助，之后又停止了军事援助。

俄罗斯要做什么？

在叙利亚危机达到高潮之际，2012 年 1 月，瓦尔代国际辩论俱乐部在索契召开会议讨论中东地区局势。笔者在会上评估俄罗斯对叙政策的目标时，提出了以下想法："第一，首先有必要制止流血事件；第二，叙利亚国内要通

---

① См.：Hubbard B. Al Qaeda Thrives in Syria's Chaos//International Herald Tribune. October 3, 2013.

过政治手段解决冲突，而非诉诸暴力；第三，不允许外国干涉叙利亚事务。"
这些观点得到了与会的俄罗斯副外长米哈伊尔·博格丹诺夫的支持。如果人
们去看看俄罗斯在叙利亚内战头两年提出的相关提案，尽管有着不同的版本、
基调和侧重点，还是能准确地概括出以上三点内容。但这并不代表这些政策
是笔者提出的，也并非笔者比其他人"更聪明"，更不是说笔者考虑的因素是
俄罗斯对外政策的基础。这些政策是由俄罗斯整体外交逻辑决定的，而非仅
局限于处理近东和中东事务。

随着时间的推移，俄罗斯对叙利亚政策出现了一些变化。除了上面提到
的三个目标外，还增加了维护叙利亚领土和主权完整、关注少数族裔和宗教
少数派的权利等要求。

而其中发生了根本性变化的是，俄罗斯对外部介入叙利亚问题的态度。
黎巴嫩真主党、伊拉克什叶派民兵、伊朗伊斯兰革命卫队在叙利亚协助政府
军作战，以此作为对外国"圣战"分子加入叙利亚内战的回应。最终，应叙
利亚政府的要求，俄罗斯空天军开始对最可恶的恐怖组织实施空袭。笔者将
在本章和下一章中试着解释俄罗斯展开空袭的原因和方式。

俄罗斯支持阿萨德政权，但同时也呼吁停止暴力行为和启动叙利亚内部
谈判。为什么俄罗斯不选择置身事外呢？莫斯科直接提出了一个问题：谁会
来代替复兴党政权？只可能是宗教极端分子或者是彻底的无政府状态。但这
正是俄罗斯的西方伙伴们不想去想的问题。他们行事的逻辑只限于：阿萨德
必须下台，然后他们也会从那里离开。他们陷入一个幻想的世界中，延长并
加剧了叙利亚的悲剧。

本书在俄罗斯外交官兼研究人员 M. 霍德斯卡娅－戈列尼谢娃的杰作
《站在历史正确的那一边》（*On the Right Side of History*）一书的基础上，概述
了俄罗斯在叙利亚内战爆发的头几年里为政治解决叙利亚问题所做的外交努
力。① 霍德斯卡娅－戈列尼谢娃曾经亲自参与俄罗斯的外交工作，并仔细研读
过相关文件。她在书中准确地确定了俄罗斯在安理会、人权理事会、联合国
和其他组织机构中的立场定位，讲述了俄罗斯与美国达成协议，并组织叙利
亚内部进行对话。

笔者并不总是认可这位年轻的研究人员的腔调。读者依然能感觉到外交

---

① Ходынская－Голенищева М. Указ. соч.

交锋的余温和一个年轻人对西方伙伴采取双重标准的愤怒。但她的思考和所展示的材料反映了俄罗斯领导层和外交部的态度，为该研究增添了价值。

笔者在研究国际政治方面有超过半个世纪的个人经验。我们怎么会忘记1956年英法以三方进攻埃及：当时英法两国民主政府与以色列合谋，以埃及在苏伊士运河的军事行动阻碍通航为借口，对埃及开展代号为"火枪手"的军事行动。不会忘记1964年发生的北部湾事件——美国一艘军舰声称在北部湾（又称东京湾）遭到越南鱼雷艇的攻击，这成为美国之后轰炸越南多年的借口。也不会忘记1999年西方轰炸塞尔维亚的借口。笔者在前面的章节中也提到了，时任美国国务卿科林·鲍威尔在安理会挥动着装满了据称是炭疽的瓶子，指控伊拉克生产了大规模杀伤性武器。因此，我们无须对西方外交官的行为及话语中的某些特性感到惊讶。但是在援引 M. 霍德斯卡娅－戈列尼谢娃的著作时，笔者也保留了其中的感情色彩。

笔者再对她的著作稍做评论。在一些案例中，霍德斯卡娅－戈列尼谢娃对美国及其他西方大国希望依据《联合国宪章》第七条对叙利亚采取措施的立场信以为真。她相信这些国家真的是要获得安理会的批准，然后合法地参与叙利亚的军事行动。然而，西方采取这样的立场后面还有两层考虑。当然，一方面西方并不反对给大马士革下最后通牒；另一方面，美国及其盟友都不是真的愿意直接干涉叙利亚内战。它们本就可以对叙利亚采取军事行动，无须安理会做决定，就像它们对塞尔维亚和伊拉克所做的那样。俄罗斯和中国在安理会投的否决票使避免对叙利亚进行直接干预变得可能，但同时两国也遭到指责和抹黑；这还成为美国在一些地区国家面前为自己辩护的理由，那些地区国家都寄希望于美国军事干预叙利亚。

有时这位年轻的研究人员喜欢相信"阴谋论"，认为该地区几乎所有的进程都是由西方主导的。当然，在莫斯科很多人都认同她的观点。

尽管如此，笔者的这些评论并没有减少对霍德斯卡娅－戈列尼谢娃这本著作的高度评价，她的著作也是本章第二部分的写作基础。

推动政治解决进程的尝试

俄罗斯多次提议召开一次叙利亚问题国际会议，旨在推动各方停火并寻求政治解决方案。而美国则更愿意采取无须与大马士革商谈就直接推翻现政权的计划，类似的政权更迭机制就像是利比亚战争的再现。

俄罗斯坚持叙利亚的未来应该由叙利亚人民决定，同时还不忘提及需要进行政治改革。2012 年 6 月 18 日，俄罗斯甚至在墨西哥城市洛斯卡沃斯（Los Cabos）举行的八国集团峰会上促使就叙利亚问题达成共识。他们意识到叙利亚人民应该独立决定自己的未来，在尊重阿拉伯叙利亚共和国主权、独立、统一和领土完整的框架内，由叙利亚人民主导政治体制向民主化、多元化过渡。①

2012 年 6 月底在日内瓦举行了叙利亚问题国际会议，俄罗斯、美国、中国、英国、法国、土耳其、伊拉克、卡塔尔、科威特和欧盟代表团出席会议。莫斯科曾建议邀请伊朗和沙特代表参会，但美国反对伊朗参加，因此这两个国家没有被邀请与会。

2012 年 6 月 30 日，叙利亚问题日内瓦会议通过了一份公报，表明"国际社会支持叙利亚人民为克服危机所做的努力"，计划组建拥有广泛权力的过渡政府。公报强调，外部参与国家应运用其对叙利亚各方的影响力，促成他们坐在谈判桌前对话。冲突中的各方必须停止武装暴力并采取人道主义措施。公报中没有出现《联合国宪章》第七条、开启谈判进程的先决条件和阿萨德总统辞职等字眼。

"国际社会设法制定一份最重要的文件，旨在将该文件作为政治解决进程的基础和解决叙利亚问题的合作范式，"霍德斯卡娅 - 戈列尼谢娃如此写道。②

事实上，美国和其他国家迅速开始用它们自己的方式来解读这份公报：仿佛任务只是简单地去选择一些人来代替阿萨德及其周围的人。西方国家相信，"向阿萨德施加压力"是必要的。华盛顿开始挑出公报中的某些与之利益相符的条款，美国建议反对派积极地挑选可以取代阿萨德的人物。叙利亚的未来应由叙利亚人民在谈判桌上决定的提法被丢弃了。

叙利亚政府对以后的任务拟定了一个自己的版本：建立停火监督机制，设置政治过渡期限，修订《国家宪章》，组建一个扩大到包括叙利亚社会各界

---

① Совместное заявление Президента Российской Федерации В. В. Путина и Президента Соединенных Штатов Америки Б. Обамы（Лос - Кабос）. 18 июня 2012 года—http://news. kremlin.ru/ref_ notes/1244.

② Ходынская - Голенищева М. Указ. соч. С. 259.

的政府，制定新宪法和举行选举。当时一场真正的自由选举可能会使复兴党得以继续执政。这样的情况在安哥拉和莫桑比克已有先例，尽管三个国家间存在着差异。

有一项任务是要将叙利亚人带到谈判桌前。然而，美国花费了好几个月的时间来"劝说"叙利亚反对派（或者说是让它们准备好合适的人选）与政府展开对话。

值得注意的是，反对派阵营内的形势在 2012 年就已经迅速发生了变化，极端分子的力量得到了增强。他们不仅拒绝与叙利亚政府谈判，还基本上拒绝了所有的谈判和除军事手段外任何结束冲突的方式，以及任何由西方提出的行为准则。

西方国家将希望寄托在与"全国联盟"关系密切的"叙利亚自由军"身上。但是到 2014 年中，对"叙利亚自由军"合法性的质疑变得越来越多。

之后西方承认"温和"伊斯兰团体属于反对派武装，特别是其中受沙特资助的"伊斯兰阵线"（Islamic Front）。这些团体都"签署"了西方大国可以接受的"行为准则"。接下来的任务就是将"温和"伊斯兰团体和为"全国联盟"所支持的亲西方世俗政治人士联合起来。

鉴于各反对派组织间存在的分歧，华盛顿尚未准备向叙利亚反对派大规模提供武器。[1] 中情局输送了一些装备，但没有达到全面军事援助的水平。而输送给反对派武装的武器迟早都会出现在"圣战"分子手中。

巴黎方面积极介入叙利亚问题。法国外长法比尤斯（L. Fabius）在 2014年 8 月 21 日接受法国《世界报》采访时承认，巴黎"在欧盟和美国知情的情况下"为叙利亚反对派提供了武器。法国先前帮助了利比亚反对派，这些反对派后来却在马里与法交战，显然这样的经历并没有给法国带来什么好处。

毒气事件

"主要的西方国家有着令人羡慕的能够预知未来的能力，让公众做好了在

---

[1] См. : Hubbard B. US Faces Dilemma in Support for Syria Rebels//International Herald Tribune. 29 April, 2013.

叙利亚危机期间'化学药剂'会被使用的'准备',"霍德斯卡娅-戈列尼谢娃写道,"他们的论点是,如果叙利亚当局感到他们已经走投无路并正在输掉这场战争时,他们将在当地使用化学武器。"①

考虑到可能会出现使用有毒物质的情况,2012年8月20日,时任美国总统巴拉克·奥巴马宣布为叙利亚规定了"化武红线",越过"红线"将迫使西方使用武力。② 当然,他们预先假定了大马士革当局使用化武。③ 美国总统将他的立场变为"国际社会"的态度,④ 并得到了当时的英国首相卡梅伦以及法国总统奥朗德的支持。

可能西方领导人真的担心化武会在叙利亚被使用。萨达姆·侯赛因在对库尔德人的战争中就这么做过。2012年8月,在他们看来,当时巴沙尔政权已经命不久矣,并准备为挽救自己而犯罪。但西方支持的反对派及其地区资助者一直在等待且迫不及待想要北约介入内战之中,以便像在利比亚一样用炮弹铺就通往权力之路。奥巴马的"红线"声明听起来就像是"如何帮助西方"开展军事行动的挑衅性暗示。

2013年3月19日,有毒物质真的在阿勒颇省的坎阿萨镇(Khan al-Assal)被使用了。⑤ 但怎么使用的?是谁使用的?

3月20日,叙利亚外长瓦利德·穆阿利姆(Walid al-Muallem)致信联合国秘书长,要求他对此次事件组织独立、公正的调查。潘基文决定派遣禁止化武组织(OPCW)和世界卫生组织(WHO)的专家前往叙利亚。然而,就在24小时后,潘基文再一次听从西方的建议,出乎意料地宣布还需要调查几个月前发生的两起使用化武的事件,正如先前对这两起事件保持沉默的英、法两国所要求的那样。基于它们的请求,联合国要求派出的专家可以无限制地进入叙利亚任何地方进行调查。这是伊拉克先例的重演,当时联合国的调查团被授权可以在伊拉克的任何地方搜寻化武实验室,甚至包括在萨达姆·

---

① *Ходынская-Голенищева М.* Указ. соч. С. 285.

② Remarks by the President to the White House Press Corps. The White House. Office of the Press Secretary. 20 August 2012——www. whitehouse. gov.

③ См.: *Finaud M.* Syria's Chemical Weapons: Force of Law or Law of Force? //GSCP Police Paper 2012/10.

④ *Kessler G.* President Obama and the 'red line' on Syria's chemical weapon//Washington Post. 6 September 2013.

⑤ tass. ru/mezhdunarodnaya-panorama/669066.

侯赛因的床底下。在坎阿萨镇的调查工作实际上开始了。

2013 年 6 月 21 日，叙利亚反对派武装占领了坎阿萨镇数日，并杀害了化武袭击事件的目击者和当地的医生。该地被解放后，俄罗斯专家在那里进行调查工作，并证实了手工制作且质量较差的沙林毒气和一枚自制的火箭弹曾被使用。

2013 年 8 月 21 日是联合国化武专家抵达叙利亚的日子，当天，在大马士革的郊区（东古塔地区）再次有化学武器被使用。① 媒体和西方领导人迅速指控是叙利亚当局犯下的罪行，尽管化武袭击的视频早在袭击发生前 19 个小时就被发布在网络上。

不同组织的专家对视频材料进行分析时，发现了许多造假之处。在这些视频中，同一个"死亡"的儿童在不同的地方出现，在下一个视频里却是活着的；② "被杀害的"儿童开始呼吸和移动；一些人将"死者"放在地板上。大多数独立专家都得出结论认为，视频是在化学袭击前拍摄和制作的。"古塔居民"随后将死者的照片发到 Facebook 上，但即便是当地人也没人能认出其中有自己的亲戚或熟人。③ 需要对此事件进行专业的调查。

但是时任美国国务卿约翰·克里在 8 月 26 日声称，是阿萨德政权实施了"对民众无差别的屠杀，对妇女儿童和无辜者的杀戮"。④ 他并没有援引任何经证实的事实，又或者是参考无国界医生的意见，不过后者拒绝支持他的说法。

华盛顿展示了其在使用毒气事件中掌握的"证明阿萨德参与其中的无法辩驳的证据"。这些证据展现在 4 页文本中，其中包含一些类似"美国政府高度自信认为"或者"我们认为"这样的语句。⑤ 美国参议员要求政府进行说

---

① Une attaque au gaz aurait tué 1300 syriens//Tribune de Genève. 22 août 2013.

② Mother Agnes Mariam of the Cross. The Chemical Attack on East Ghouta to Justify Military Right to Protect Intervention in Syria//International Institute of Peace, Justice and Human Rights. 2013 P. 23，30.

③ Ibid. P. 27.

④ Remarks. John Kerry. Secretary of State Press Briefing Room. Washington DC. August 26 2013—www. state. gov.

⑤ Government Assessment of the Syrian Government's Use of Chemical Weapons on August 21, 2013. The White House Office of the Press Secretary. August 30, 2013—http：//www. whitehouse. gov/the－press－office/2013/08/30/ government－assessment－syrian－government－s－use－chemical－weapons－august－21.

明，但并未得到回复。值得一提的是，美国研究人员菲利普斯在他的著作《叙利亚之战》（*The Battle for Syria*）一书中并没有断然指控阿萨德政权使用有毒物质。①

电子媒体和平面媒体的信息战争正在加剧。奥巴马谈到对叙利亚的"战略转变"。② 西方领导人说"红线"已经被跨越了，应该尽快做出反应。美国的航空母舰正在接近叙利亚，简而言之，轰炸即将开始。叙利亚问题联合国特别代表卜拉希米警告不要对叙利亚进行打击，他认为这只会让恐怖分子得利。但没有人注意到他的话。

如果你遵循信息战争的逻辑，那叙利亚的国家元首似乎不是一个疯子，就是一个傻子。为什么大马士革恰好在一组化武专家抵达叙利亚时要使用毒气呢？为什么阿萨德政权要在绝非走投无路时，甚至在政府军及其盟友在内战中还取得一些胜利的时候要越过臭名昭著的"红线"呢？为什么他要将自己置于不可避免会被打击的境地呢？不过"全国联盟"及其地区资助者都有意通过迅速的轰炸行动来打通前往大马士革的道路。③

叙利亚问题独立调查委员会成员卡拉·德尔庞特（Carla del Ponte）突然发布了一则声明，这位专家并不会被质疑是否对俄罗斯和巴沙尔政权怀有同情。她在 2013 年 5 月直截了当地表示，是叙利亚反对派首先使用了化武。④ 在西方国家的施压下，调查委员会主席保罗·皮涅罗（Paolo Pinheiro）否认自己与德尔庞特的声明有关。他从调查委员会所准备的有关叙利亚局势的报告草案中撤回了德尔庞特所提到的数据。⑤

"现在的政治和信息形势与当年美国入侵伊拉克前的状况类似，"霍德斯卡娅－戈列尼谢娃写道，"欺骗性的借口，挑衅，媒体和西方非政府人权组织歇斯底里、不分青红皂白地指责其中一方，而对诚实、公正的调查不感兴趣。与此同时，有人坚信应该要做出军事'反应'……华盛顿正在准备进行轰炸，但大多数美国人反对展开军事行动。数十名前美国高级军事情报官员联名致信奥巴马，信中声称阿萨德没有在叙利亚使用化武，这是反对派的挑衅。他

---

① *Phillips Christopher*. Op. cit. P. 175—179.

② *McGregor R*. Obama Signals shift in strategy//Financial Times. 27 August 2013.

③ См.：*Ходынская－Голенищева М*. Указ. соч. С. 298；*Phillips Christopher*. Op. cit. P. 179.

④ См.：*Allemand A*. Les rebels syriens ont utilize du gaz sarin//Tribune de Genève/ 7 mai 2013.

⑤ Press Release from the Commission of Inquiry on Syria（chemical weapons）. 6 May 2013—http：// orchr. org/EN/NewsEvents/Pages/ DisplayNews. aspx？NewsID = 13298＆LangID = E.

们认为，时任中情局局长约翰·布伦南（John Brennan）为国会、媒体、国际社会和总统犯下了一个'伊拉克战争式的欺诈'。"①

谁真的希望美国进行干涉？答案是参议员麦凯恩（John McCain）。② 他在越南被俘的那些经历显然影响了他的心态，使他确信中国人、越南人、共产主义者、俄罗斯人，或者总的来说，任何不与美国并肩作战的人，都是美国的敌人。奇怪的是，作为"社会主义者"的法国总统居然坚守着最"鹰派"的立场，③ 尽管法国已经先后卷入利比亚、马里和阿尔及利亚事件中。叙利亚当地的反对派领导人简直不知所措：为什么美国人在秀了几十年肌肉后却不对叙利亚进行干涉呢？

美国及其盟友成了自己宣传活动的受害者。它们确实不想直接介入叙利亚内战，但它们害怕没有面子。④ 2013 年 8 月末，英国议会通过了一项决议，拒绝对叙利亚使用武力。⑤

此时，俄罗斯总统普京在阿萨德同意后向美国总统抛出了"救生圈"，提议销毁叙利亚所有的化学武器。显然，这个选项是符合美国利益的，在更大程度上也符合以色列的利益，因为叙利亚获得化武是对以色列发展核武器的回应。

2013 年 9 月 12 日，叙利亚向联合国秘书处递交了叙申请加入《禁止化学武器公约》，并同意立即启动相关程序的总统令。两天之后（9 月 14 日），俄罗斯和美国就销毁叙利亚化学武器一事达成框架协议。⑥ 禁化武组织执行理事会制定了一项迅速销毁叙利亚化武，并进行严格核查的特别程序。联合国安理会通过第 2118 号决议（2013 年 9 月）支持这一决定。

从叙利亚移除化武的行动在 2014 年 6 月 23 日结束。总共有约 1200 吨化武原料和前体（可用作生产化学武器的物质，其中包括 20 吨随时可用的化学战剂芥子气）被移除。在禁化武组织的协同下，叙利亚在储存库销毁了约 120

---

① *Wroughton L*. As Syria war escalates, Americans cool to U. S. intervention//Reuters/Ispos poll. 24 August 2014—http：//www. reuters. com/article/ 2013/08/25/us - syria - crisis - usa - poll - idUSBRE97000E201130825.

② См.：*Phillips Christopher*. Op. cit. P. 170.

③ Ibid. P. 171.

④ Ibid.

⑤ См.：*Ходынская - Голенищева М*. Указ. соч. С. 316.

⑥ Российско - американская рамочная договоренность по уничтожению сирийского химического оружия. Женева, 14 сентября 2013 г. —www. mid. ru.

吨异丙醇。

"达成销毁叙利亚化学武器的协议成为俄罗斯主要的外交胜利，"霍德斯卡娅－戈列尼谢娃写道，"这些协议不仅使得叙利亚免遭军事打击。而且自美国主导国际政治这么多年以来，在复杂的国际事务中寻求妥协和进行集体外交努力来解决问题的需要，这是第一次超越了施压和进行单边干预的逻辑。"①

然而，克里米亚和乌克兰危机使得美国中止了与俄罗斯的所有合作，我们将在后文对此进行讨论。

叙利亚内部对话的尝试——叙利亚问题第二次日内瓦会议

叙利亚问题第二次日内瓦会议（简称"第二次日内瓦会议"）也称叙利亚问题国际会议，开启了叙利亚问题国际谈判。自2012年6月30日第一次日内瓦会议通过了公报后，又花了一年半的时间来启动政治进程。

第二次日内瓦会议的召开被一再延迟，主要是因为难以决定由谁来代表反对派。为了能更好地执行达成的协议，需要一个能够代表叙利亚各反对派力量的代表团。

2013年5月7日，美国国务卿克里和俄罗斯外交部部长拉夫罗夫宣布，美俄双方同意筹备叙利亚问题国际会议。② 其中透露出一种双方"分担任务"的意味：莫斯科将负责劝说大马士革派出代表团参加会谈，而美国则负责做反对派的工作。③

值得注意的是，当时那些不可调和的伊斯兰主义反对派还未得到广泛关注。反对派由各个不同的组织团体组成（顺便提一句，其中大部分都显现出了伊斯兰主义倾向），这些团体都要放在一个代表团里。在叙利亚有组织松散的"叙利亚自由军"，而在多哈则有"全国联盟"。俄罗斯处于一个有利的位置，因为其与包括"全国联盟"在内的所有反对派团体都进行过磋商；而美

---

① *Ходынская－Голенищева М.* Указ. соч. С. 326.

② О договоренности министра иностранных дел России С. В. Лаврова и госсекретаря США Дж. Керри по преодолению кризиса в Сирии. 7 мая 2013 г. —www. mid. ru.

③ См.: *Ходынская－Голенищева М.* Указ. соч. С. 263.

国至少是在公开层面上全面切断了与叙利亚政府之间的接触。①

"全国联盟"主要由海外移民组成，在叙利亚国内缺乏社会基础。很多反对派组织并不承认受其领导。因此，它无法确保所达成的决定能够被执行，无论是短暂停火，或是运送人道主义援助物资，还是组织打击恐怖主义。②

应美国的要求，此次会议推迟了六次。"全国联盟"的初步要求是要阿萨德辞职，因此其希望能重新审议会议的议程，至少要美国和俄罗斯在口头上同意该议程，并主要讨论大马士革"投降"和建立过渡管理机构等事宜。

美国表明了其是"全国联盟"的"保护伞"，即承认后者对叙利亚反对派的总体领导地位。但对很多反对派组织，特别是对叙利亚国内的反对派来说，"全国联盟"的领导权是不能接受的。它们之间的主要分歧不仅包括关于决定阿萨德命运的问题，还包括"全国联盟"为了按照利比亚的方式解决冲突而呼吁对叙利亚进行轰炸。再者，众所周知，"全国联盟"的资金全部来源于外国，因此其依赖于外部的资助者。③

叙利亚国内一些反对派的代表提出了让阿萨德政权开展政治转型的计划。但是，美国没有将他们囊括在参与对话的代表团之中，还宣称他们是"该政权的傀儡"。④

在更迭叙利亚政权的活动中，西方采用了那些经过试验的、可靠的方法。其政策的论点是，先声明"阿萨德已经失去了政治合法性"，再用"'全国联盟'是叙利亚人民的合法代表"这样的论据来增强说服力。⑤

尽管叙利亚问题联合国特别代表卜拉希米支持让广泛的反对派力量参加谈判，叙利亚各党派也应联合国秘书长要求派出代表参与对话，但美国组织的与会叙利亚反对派代表团里还是只有"全国联盟"的代表。事实上，反对派代表团在会谈前夕就分裂了。当"叙利亚全国委员会"主席乔治·萨布拉（George Sabra）宣布拒绝参加第二次日内瓦会议后，代表团中所谓的"亲卡塔尔派"公然离开了。⑥

因此，此次会议中反对派力量缺乏广泛代表性。所有叙利亚国内反对派都

---

① См.: *Ходынская-Голенищева М.* Указ. соч. С. 69.

② Там же. С. 264.

③ Там же. С. 266.

④ Там же. С. 65.

⑤ Там же. С. 71.

⑥ См.: *Perrin J. — P.* L'opposition syrienne se choisit un nouveau chef//Le Temps. 8 juillet 2013.

被排除在谈判桌之外，其中包括"叙利亚全国民主变革力量民族协调机构"
（"全国协调机构"）、"库尔德民主联盟党"、"变革和解放人民阵线"等，它们
在以官方反对派的身份获得足够广泛的民主权利条件下支持进行和平政治斗争。

会议细节由俄罗斯、美国和联合国的代表进行协调。

有 39 个国家和一些国际组织派出代表参加会议。在莫斯科看来，邀请伊
朗与会是合乎情理的。联合国秘书长潘基文向伊朗发出了邀请，但稍后就在
华盛顿的施压下撤回了邀请。① 此举显得不妥，不仅羞辱了伊朗，还又一次展
现了联合国秘书长对美国意志的依附。

尽管如此，会议还是于 2014 年 1 月 22 日在瑞士城市蒙特勒召开。各方的
致辞都有强烈的感情色彩。叙利亚外长瓦利德·穆阿利姆谈及恐怖分子的罪
行，而"全国联盟"代表团团长艾哈迈德·杰尔巴（Ahmad Jarba）则认为叙
利亚当局应对其罪行和叙利亚的动乱负责。一些西方国家和海湾国家的代表
助长了叙利亚与会反对派代表不妥协的态度。俄罗斯支持采取具有建设性的
措施，让叙利亚人民自己决定他们的未来。俄罗斯方面认为，外部参与者将
鼓励叙利亚人达成协议、避免预先确定最终协议的企图以及阻止各方做出干
扰谈判进程的举动。②

第二次日内瓦会议开幕后，分别在 2014 年 1 月 25～31 日和 2 月 10～15
日举行了两轮叙利亚问题国际磋商。各方没有达成任何协议。

美国自然将谈判失败归咎于大马士革当局，而俄罗斯则认为美国及其盟
友应该对此负责。

不过，其中还是有一些积极成果：各方在人道主义问题上达成了某种程
度上的一致，因此俄罗斯将第二次日内瓦会议看作其在外交上的成功。

与此同时，我们应该再次注意到，此次会议是在乌克兰和克里米亚危机
之前举行的，在当时未能参加日内瓦会议的伊斯兰"圣战"分子还没有在叙
利亚反对派中占据主导地位。

2014 年 6 月 3 日，叙利亚举行了历史上首次多党派差额总统选举。超过
1150 万叙利亚人参与投票，据称投票率超过 73%。巴沙尔·阿萨德赢得了

---

① tass. ru/mezhdunarodnaya‐panorama/1721384.

② Вступительное слово министра иностранных дел России С. В. Лаврова на открытии
международной конференции по Сирии, Монтрё（Швейцария），22 января 2014 г. —www.
mid. ru.

88.7%的选票。① 参加第二次日内瓦会议的玻利维亚、巴西、古巴、厄瓜多尔、印度、伊朗、伊拉克、尼加拉瓜、俄罗斯、南非和委内瑞拉代表团团长作为观察员监督叙利亚大选。伊朗观察员代表全体观察员宣读了一份声明，称此次选举是"自由、公正、公开、透明的"。海湾合作委员会、欧盟和美国则宣布此次选举非法，是一场闹剧。②

联合国安理会：四次否决和一些联合决议

联合国及其专门机构成为叙利亚问题外交和信息战争的战场。和苏联一样，俄罗斯面临的主要困难是，美国人及其盟友几乎总是能够通过游说或施压得到正式的多数票来支持他们的提案。这正是发生在联合国大会、人权理事会和其他机构当中的情况。只有在安理会，俄罗斯和中国拥有否决权，它们可以运用否决权来阻止那些威胁到其利益或将破坏国际和平与安全以及国际法治秩序基础的决议草案获得通过。

俄罗斯和中国（在2011～2015年）四次联手否决了西方起草的涉及叙利亚问题的决议草案。这些草案都或直接或变相地要求适用《联合国宪章》第七条中的"威胁和平的行为"条款，指责阿萨德政权做出了此类行为，而草案一旦通过，将为西方站在反对派一边对叙利亚进行军事干预提供法律依据。西方国家的狡猾和"双重考虑"之处在于它们仅仅是想从叙利亚危机中腾出手来，为可能对阿萨德政权开展的军事行动选择时间和方式，但实际上它们并不想直接介入叙利亚内战。

北约干预利比亚并推翻卡扎菲的直接结果是使利比亚陷入混乱和无序当中。只要利比亚陷得越深，叙利亚反对派武装中的狂热极端分子就会越得势，而美国及其盟友就越不愿意直接介入一场新的冲突之中。因此，西方政治人士在与笔者私下交谈时都表示，他们为俄罗斯和中国否决了西方的决议草案感到高兴。西方国家在看到俄美双方关于销毁叙利亚化武的协议时都松了一口气，安理会一致通过支持这一倡议。但是，当俄罗斯和中国每一次否决了

① www. rbc. ru/politics/04/06/2014/57041dea9a794761c0cea5f7.
② https://ru. wikipedia. org/wiki/Президентские_выборы_в_Сирии_ (2014).

它们的草案时，西方都要发动宣传攻势，妖魔化俄罗斯，指责其"支持血腥独裁者"和无视"国际社会"的要求。

这里以一些西方国家外交官的言论为例。

法国常驻联合国代表杰拉德·阿罗德（Gérard Araud）说："历史将会严厉审判那些阻止安理会支持阿盟为执行其计划做出勇敢努力的国家。它们这样做是毫无顾忌地与那个屠杀本国人民的政权为伍。它们这样做是断定它们在中东地区的存在取决于阿萨德的未来。这样的存在和这个政权将会承受同样的命运。"①

时任英国常驻联合国代表马克·莱尔·格兰特爵士（Sir Mark Lyall Grant）称："俄罗斯和中国今天行使了否决权，没有尽到它们作为安理会常任理事国的责任去帮助解决叙利亚问题。……这已经是它们第三次阻止受安理会多数赞成和受国际社会绝大多数支持的尝试新方法的努力。它们这样做将会保护一个残暴的政权。"②

让我们回顾一下，在安理会关于利比亚问题的辩论中，同样是格兰特爵士在当时也说过："利比亚的形势已经很清楚了。一个已经失去合法性的、暴力的、声名狼藉的政权正在使用武器来对付平民。……这个政权宣称它们决心继续迫害和屠杀那些只不过是想掌控自己未来的利比亚人。"③

2016年9月，在卡扎菲被推翻近5年后，英国议会下院外事委员会发布了一份报告，内容基于对英国全部关键决策者的访谈、相关文件审查和在非洲的实地调研。报告指出，利比亚战争是一场基于谎言的战争，摧毁了这个国家并使恐怖主义得以广泛传播。利比亚政府军对平民的威胁被严重夸大。"卡扎菲政权在2011年2月初从反对派武装手中重新夺回一些城镇时没有攻击平民。"④"大赦国际"对2011年6月发生的事件进行调查，无法证实卡扎菲政权的军队有大规模侵犯人权的行为，却发现有证据表明，反对派曾在班

---

① Совет Безопасности. Шестьдесят седьмой год. 6711 – е заседание. 4 февраля 2012 г. Нью – Йорк. Документ ООН S/PV. 6711.

② Совет Безопасности. Шестьдесят седьмой год. 6810 – е заседание. 19 июля 2012 г. Нью – Йорк. Документ ООН S/PV. 6810.

③ Совет Безопасности. Шестьдесят шестой год. 6498 – е заседание. 17 марта 2011 г. Нью – Йорк. Документ ООН S/PV. 6498.

④ См. полный текст доклада—http: //www. parliament. uk/ business/committees/committees – a – z/commons – select/foreign – affairs – committee/news – parliament – 2015/libya – report – published – 16 – 17/.

加西做虚假陈述和捏造证据。这份报告还证实了与"基地"组织有关联的恐怖分子参与了 2011 年 3 月在班加西的"起义"。

令人感兴趣的是，新一届英国议会下院外事委员会对有关叙利亚问题的结论会是什么？到那时格兰特又会怎么说呢？

与此同时，他在论及叙利亚时说："叙利亚人民勇敢地要求他们的普遍权利已经有 10 个月了，而这 10 个月来叙利亚政权以暴力镇压和杀害其人民作为回应。"①

前美国常驻联合国代表苏珊·赖斯也表达了同样的意思："毫无疑问：这无关军事干预，也无关利比亚，而是那些宁可向叙利亚政权售武，也不与叙利亚人民站在一起的人所使的拙劣的诡计。"②

需要重申的是，这些"冷战辞令"早在乌克兰和克里米亚危机之前就已经被使用了。

让我们回过头来讨论信息战的方式。

尽管在文本上有些差异，那些西方国家提交的却被中俄否决的决议草案，本质上都是单方面指责叙利亚政府犯下了所有罪行，而对反对派的责任闭口不谈，向大马士革发出最后通牒，并威胁将像对待利比亚一样对叙利亚展开军事行动。

霍德斯卡娅-戈列尼谢娃在书中提到，第一份决议草案（2011 年 10 月）是打着保护人权的幌子拟定的。但是，不仅俄罗斯和中国，巴西、印度、黎巴嫩和南非也拒绝支持这份文件。

2011 年 12 月 15 日，俄罗斯向安理会提交了一份决议草案，谴责"所有各方的暴力行为，包括叙利亚当局不当使用武力的行为"。但这份草案还触及了"非法向叙利亚武装团体提供武器"的问题，因此未获西方国家支持。③

第二份决议草案（2012 年 2 月）以人权和人道主义为由呼吁采取军事解决方案。当然，只有叙利亚政府受到了指控，而恐怖分子的罪行则被忽视。假如大马士革方面不能履行决议，草案中还提出将实施"进一步措施"（即使

---

① Совет Безопасности. Шестьдесят седьмой год. 6711 – е заседание. 4 февраля 2012 г. Нью – Йорк. Документ ООН S/PV. 6711.

② Explanation of Vote by Ambassador Susan E. Rice, U. S. Permanent Representative to the United Nations, at a Security Council Adoption on the Situation in the Middle East (Syria). New York, 2011, October 4—http://usun. state. gov/briefing/statements/2011/175027. htm.

③ www. vedomosti. ru/…/10/…/660135 – sovet – bezopasnosti – oon – otklonil – rossiiskii – proekt.

用武力）。①

俄罗斯提议在决议中增加包括要求反对派远离极端分子和呼吁武装团体停止攻击居民区等内容，但遭到西方外交官的拒绝。② 可能西方相信阿萨德政权即将倒台，因此乐见俄罗斯和中国否决该草案。

俄罗斯加紧寻求和平解决方案。俄外长拉夫罗夫和联邦对外情报局局长弗拉德科夫（M. Fradkov）在 2012 年 2 月初访问大马士革并与阿萨德总统举行会见。代表团宣称阿萨德是宪政和选举改革的支持者。拉夫罗夫和弗拉德科夫表示，只有叙利亚自身在没有外国干涉的情况下才能改变叙利亚人民的命运。③ 他们的声明遭到西方伙伴的忽视。

第三份决议草案（2012 年 7 月）具有"政治和人权"的性质。适用《联合国宪章》第七条的要求披上了联合国—阿盟叙利亚问题联合特使安南要求执行和平计划的外衣。大马士革将要停止敌对行为，但在这样做之前却遭指控；而反对派武装的责任则被模糊带过，且仅是威胁将对叙利亚政府进行制裁。这可以被理解为，如果叙利亚政府在十天之内不能遵守该决议的要求，将适用《联合国宪章》第七条自动授权对其使用武力。7 月 19 日，俄罗斯和中国联手否决了这一草案，巴基斯坦和南非也拒绝支持该草案。

2014 年 5 月，中俄第四次否决涉叙利亚问题决议草案。这一次否决的是由法国提出的将叙利亚问题提交国际刑事法院的草案。俄罗斯质疑该法院的公正性。毕竟没有任何一个利比亚"圣战"分子被追究法律责任，哪怕他从头到脚都沾满了鲜血。而起诉叙利亚反对派几乎是不可能，因为它们缺乏一个指挥中央。枪口只会再一次对准叙利亚政府。

尽管如此，联合国的工作仍有许多积极的意义。它成功地在人道主义问题上通过了去政治化的决定。在转运人道主义援助物资期间，叙利亚当局曾试图与反对派武装谈判进行短暂停火，联合国安理会在俄罗斯的坚持要求下也表态支持此类局部停火。④

在俄罗斯的倡议下，联合国安理会主席发表声明，不允许交易由"圣战"

① Security Council draft resolution. 4 February 2012. UN Document S/2012/77.

② Совет Безопасности. Шестьдесят седьмой год. 6711 – е заседание… Документ ООН S/PV. 6711.

③ https://ru. wikipedia. org/wiki/Роль_России_в_гражданской_ войне_в_Сирии.

④ См.: Ходынская – Голенищева М. Указ. соч. С. 149.

分子在占领区出产的石油。

联合国安理会第 2170 号决议（2014 年 8 月）、第 2178 号决议（2014 年 9 月）和第 2199 号决议（2015 年 2 月）在开展非政治化国际反恐合作平台和集体应对共同威胁需要方面取得重大成就。这些文件都意识到恐怖主义的跨国性质，强烈谴责叙利亚和伊拉克激进团体的行为。重要的是，这些文件要求所有国家都采取措施来阻止恐怖主义威胁升级，包括禁止资助"伊斯兰国"和"努斯拉阵线"，或者与该组织交易石油和石油制品；还有意识形态方面的措施（打击煽动极端主义行为和宗教不宽容的行为）；以及在国家范围内采取相应措施。这些决议鼓励各国在打击恐怖主义方面加深国际和次区域合作，包括交换外国恐怖主义武装分子的信息等。以上这些安理会决议都是由俄罗斯挑头或提议制定的。

然而三年来，俄罗斯的西方伙伴们都在避免讨论，特别是避免通过有关共同打击恐怖主义威胁的决议。当恐怖主义威胁变成恐怖主义行为时，俄罗斯和西方伙伴之间有时会达成谅解。尽管事实上世界已因乌克兰和克里米亚危机而再次滑向冷战，但安理会内并没有出现致命的分裂。

人权高专办与西方媒体：妖魔化巴沙尔·阿萨德

联合国人权事务高级专员办事处（OHCHR，简称"人权高专办"）主要由西方国家及其盟友派出的代表组成，为它们的利益行事，很难让人指望它会有公正性。因此其在利比亚和叙利亚问题上都展现了同样的偏见。

其总是将每件事都归咎于阿萨德政权。人权高专办反复通过决议谴责叙利亚政府，而且是在对罪行的调查开始之前就进行谴责，或是在犯罪分子已被确认后还在谴责叙利亚政府。这使西方国家根本不去留意反对派武装犯下的罪行。我们只要回顾一下 2013 年 6 月在古塞尔镇发生的杀戮事件就够了。当时反对大马士革的西方国家、海湾君主国和土耳其纷纷指控是阿萨德政权犯下了这样的罪行。但经过一年的调查，当结果显示凶手是伊斯兰主义分子后，人权高专办和西方媒体立刻就不再关注这个问题了。

通常，就算"偶然"提及反对派武装侵犯人权这一事实，美国及其盟友的代表仍会拒绝对反对派武装的行为做出充分的评估。反对派武装所犯罪行包括对平民施暴，处决宗教人士，将基督徒、库尔德人、雅兹迪人等从他们的家园驱赶出去，开设奴隶市场，杀害联合国人道主义工作者，等等。这些都是阿萨德政权常被指控的罪名。

自从人权高专办开始介入叙利亚问题的调查后，其人权事务高级专员发表的声明（由联合国秘书处内的西方代表准备），都是对"叙利亚政权的镇压行动"表示"深度关切"；人权高专办成员"关注相关情况"，要求采取紧急行动来"阻止血腥的独裁者"。通过人权高专办"推动"必要的决议并获联合国大会"盖章"后，"叙利亚的朋友们"开始"如风暴般地抨击"联合国安理会。与此同时，西方国家及其盟友国内的大众媒体也向它们的观众和读者灌输"俄罗斯和中国单独阻止了'全世界'都支持的决议"的观念，声称"全世界"都支持，只有俄罗斯和中国反对。

"俄罗斯代表反复强调，人权高专办选择性地批评一些国家却无视其他国家对人权的侵犯是达不到预期效果的，甚至是危险的，"霍德斯卡娅－戈列尼谢娃写道，"但是，安理会成员中包括了那些当时想要将安理会变为政治'棍棒'的国家，将安理会的行动纳入它们企图孤立个别政府的努力当中。在叙利亚问题中，无关保护人权，而是关乎特定政治目标的'人权支持'。人权高专办没有一个决定有助于制止叙利亚人权状况的恶化，也没有任何决议旨在支持叙利亚内部谈判或将国际社会统一于必须制止"圣战"分子暴行的平台中。人权高专办查看叙利亚人权档案的方式表明，该办事处正将有关人权文件变为诽谤不受欢迎政权的论坛。再加上媒体亢奋的宣传活动、对安理会施压、单边经济制裁和为反对派武装提供资金和武器，美国及其盟友相信，这样的政策最终会带来它们想要的结果——以人道主义和人权为借口从外部更迭一个政权。"[1]

必须强调的是，这是叙利亚冲突发生之初的形势。联合国人权高专办对叙利亚时局的评估时有变化。2014 年，来自约旦的扎伊德·拉阿德·侯赛因（Zeid Ra'ad Al Hussein）出任联合国人权事务高级专员，成为人权高专办的领导人。他不想对极端分子在叙利亚反对派武装中占主导的情况视而不见。

"那些旨在更迭叙利亚政权的国家，它们的媒体工作是按照既定计划进行的，"霍德斯卡亚－戈列尼谢娃写道，"这正是它们对 1999 年的南斯拉夫、

---

① См.：*Ходынская-Голенищева М*. Указ. соч. С. 173.

2003 年的伊拉克和 2011 年的利比亚进行报道的方式：片面、具有攻击性、带着些许歇斯底里和哗众取宠、伴随着带有偏见的指责。反对叙利亚政府的信息宣传活动与当时西方和阿拉伯媒体对利比亚政权所做的几乎完全一样。"①

　　它们的逻辑链可以归结如下："人民要求民主；血腥政权杀害那些要求民主的人民；帮助人民实现民主是必要的；因此必须要铲除独裁政权；'不民主的'俄罗斯阻碍文明的国际社会推翻暴君。"②

　　大众媒体被动员起来证明阿萨德是"不合法的"，并且应该尽快将其推翻。尽管巴沙尔·阿萨德在 2014 年 4 月 29 日举行的叙利亚首次多党派差额选举中再度当选为总统，但很少有人能够表达与这些大众媒体不同的意见。

　　叙利亚冲突表现为针对个人，反对派一遍又一遍地重复着"巴沙尔必须下台"的咒语。"似乎这样就可以解决所有的问题。让'不合法的'总统下台，然后一切就会'运转如常'，流血将会结束，民主将取得胜利。"没有人给出一个明智的答案来回答谁将取代阿萨德这个问题。俄罗斯反对"外部操纵"叙利亚政权变更，因而被西方媒体打入了阻碍"人民民主愿望"实现的国家之列，并将叙利亚所有的动乱都归咎于它。③ 它们制造了一种"全世界"或者"整个国际社会"都支持反对派，只有"孤立的俄罗斯"支持"血腥的独裁者"的错觉。

　　大众媒体建构了另一种现实，或者说是虚假的现实，其手法就是忽略一些事件，而强调其他一些事件，或用假消息来"证实"虚构的"事实"。为了抗议像舞台表演一样的新闻报道，一些记者离开了半岛电视台。

　　媒体不仅设法让大多数阿拉伯人反对阿萨德政权，还努力将一些领导人也拉入其中。然而，甚至在阿盟内部也出现了分裂：阿尔及利亚、埃及、伊拉克、黎巴嫩和苏丹不准备支持公开丑化阿盟一个成员国的宣传活动，并希望让大马士革当局保留其在阿盟的席位。④

　　成千上万的反对派武装被看作"被迫拿起武器保护自己免遭政府迫害的平民"，而且他们做出恐怖主义行径是因为"陷入绝望且没有其他方法来对抗

---

① См.: *Ходынская - Голенищева М.* Указ. соч. С. 335.
② Там же. С. 336.
③ Там же. С. 346.
④ См.: *Ходынская - Голенищева М.* Указ. соч. С. 352.

统治政权"。①

之后，当一些反对派武装分子的恐怖主义本质变得很明确时，西方和阿拉伯媒体又开始在其中分出"好与坏"。"叙利亚自由军"和"伊斯兰阵线"是"好"的，而"努斯拉阵线"（后更名为"征服沙姆阵线"）和"伊斯兰国"则是"坏"的。②

西方政客参与塑造媒体的言论，同时又变得依赖于它。即使现实需要被重新审视，他们也被迫重操旧业。

恐怖主义："极端派"与"温和派"

当谈到针对阿萨德政权的恐怖主义行为时，西方会使用这样的论点：是那些"绝望的"又没有其他方法可以反抗当局的人发动了袭击。"双重标准令人难以置信：联合国安理会里的西方国家曾有过同意谴责伊拉克恐怖袭击的先例，却拒绝对叙利亚采用同样的声明，哪怕发生在叙利亚和伊拉克恐怖袭击中的受害者都是妇女儿童，"霍德斯卡娅－戈列尼谢娃写道。③

久而久之，美国开始将反对派武装"分成""好"的和"坏"的、"极端派"和"温和派"。

到2013年底，"叙利亚自由军"已经分崩离析并消失于阴影之中。它由许多团体组成，其中大多数是伊斯兰主义者。之后美国人决定押注"伊斯兰阵线"，认为它在有伊斯兰主义倾向的组织中是最为温和的一个。④

大多数专家相信，创立于2013年11月的"伊斯兰阵线"，是利雅得为了强化其在叙利亚的地位和削弱亲卡塔尔以及亲土耳其的团体而组建的。⑤"伊斯兰阵线"被看作"伊斯兰国"的对手。"伊斯兰阵线"为了控制石油、势力范围和外国援助与"伊斯兰国"作战。"努斯拉阵线"和"伊斯兰阵线"有着同样的意识形态基础。"伊斯兰阵线"并未隐藏其反对与政府谈判的

---

① Там же. С. 353.
② Там же. С. 354.
③ Там же. С. 86.
④ Там же. С. 94.
⑤ Там же. С. 92.

立场。

"在与美国同行接触的过程中，俄罗斯外交官一再警告将恐怖分子分为'好与坏'的逻辑是有害的，并坚持西方不应该打击阿萨德，而应专注于制定有效措施来阻止形势变得更加激进，"霍德斯卡娅－戈列尼谢娃写道，"2013年6月17~18日在厄恩湖举行的八国集团首脑峰会上，普京总统提议在最后文件中添加包括呼吁叙利亚政府和反对派联合打击恐怖分子的内容。由于俄罗斯的外交努力，久而久之，在联合国安理会及其他专门机构的决议中包含谴责恐怖主义的内容变得有可能，并且还有可能在之后的阶段通过关于打击恐怖主义的'强有力的'安理会决议……"①

"圣战"分子对民众和宗教领袖的大规模处决激起了激进分子、少数族裔和宗教少数派的强烈反对，还引发了叙利亚民族和宗教团体代表的外逃。叙利亚历史上就是多民族、多种宗教信仰的国家，有着不同宗教团体相互尊重共存的独特模式，但现在情况发生了明显的变化。

在悲剧发生之前，民族色彩浓重的国家全景和宗教多样性曾让叙利亚人引以为豪。东正教徒、天主教雅各派、亚美尼亚人、基督教格里高利教会、基督教马龙派、基督教聂斯托利派、天主教麦勒卡派、叙利亚人、亚美尼亚天主教徒、迦勒底人、德鲁兹派、犹太人、雅兹迪人等和平、和谐地生活在这个国家里。外部国家试图利用极端分子来对抗阿萨德政权，就默许了极端分子的暴行，也摧毁了叙利亚之前和谐的生活方式。②

与此同时，俄罗斯和美国的外交官们谈判多时，以便就哪些反对派武装团体可以被视作温和派这一问题达成一致，拉夫罗夫和克里也亲自参与了谈判。经过几个月的讨论，俄罗斯同意不将"沙姆自由人伊斯兰运动"（Ahrar Al-Sham）划为恐怖组织。

"恶性肿瘤"及其转移扩散

叙利亚悲剧导致数十万人死伤、数百万人流离失所，还有数百万难

---

① См.: *Ходынская-Голенищева М.* Указ. соч. С. 98.
② Выступление министра иностранных дел России С. В. Лаврова в ходе мероприятия высокого уровня по проблематике защиты христиан. Женева, 2 марта 2015 г. —www.mid.ru.

民逃往邻国。这些数字是不准确的，但估计约有 300 万叙利亚人前往土耳其（虽然不清楚这个数字是否包括数十万甚至上百万前往欧洲的非法移民）；约有 150 万人进入约旦；还有超过 140 万人前往黎巴嫩。叙利亚已然千疮百孔，（如果和平随后将至）重建将耗费数年时间和数千亿美元。

叙利亚难民已经成为叙所有周边国家难以承受的负担，特别是对土耳其、约旦和黎巴嫩而言。当土耳其境内的难民人数在 2015 年达到临界点时，难民取道爱琴海上的希腊小岛涌入欧洲。土耳其政府并没有试图阻止这波难民潮，可能还故意将难民"推向"欧洲，然后开始与欧盟进行谈判，用土耳其想要的条件来换取土方拦截非法移民。非法移民的危机恶化了欧盟内部的关系，而主要经过利比亚然后穿过地中海到达欧洲的非洲移民也加深了此次危机。欧盟一些成员国拒绝接收难民，只有德国对他们敞开大门，但这也使得德国总理默克尔声望大跌。直至 2016 年中，德国已经接受了超过 100 万难民，其中大多数是叙利亚人。来自"伊斯兰国"和其他恐怖组织的恐怖分子轻而易举地混进移民当中，蛰伏于西欧各地以为将来的行动做准备。

如"恶性肿瘤"一般的极端主义和恐怖主义在伊拉克和叙利亚得以异常迅速地发展，并向多个国家转移。

"基地"组织、"伊斯兰国"、塔利班和其他极端组织在近东、中东和非洲地区的影响力迅速扩大。在一些国家，推翻了强有力的世俗政府后，再没有任何政府机构能够真正地阻碍"圣战"分子了。只有埃及在军队重新掌权后才让温和派感到了些许乐观。利比亚的动荡助长了极端主义的蔓延和恐怖主义的猖獗，撒哈拉—萨赫勒地区内武器贩卖、贩毒的情况以及移民过境人数激增，为尼日利亚的"博科圣地"（Boko Haram）、马格里布地区的"基地"组织和索马里"青年党"（Al-Shabab）提供了新动力。"伊斯兰国"的分支在阿富汗与塔利班展开竞争，其分支还出现在东南亚、中亚以及俄罗斯的北高加索地区。

中东地区，首先是伊拉克和叙利亚，在 2015 年凭借其军事、意识形态和经济吸引力，吸引着来自全世界的"圣战"分子。他们中有法国人、比利时人、英国人、美国人、突尼斯人、利比亚人、沙特人、俄罗斯人、乌兹别克斯坦人、哈萨克斯坦人和中国的维吾尔族人。菲利普斯认为在叙利亚有 3 万名外国"圣战"分子，① 与俄罗斯的估计大致相符。

叙利亚的拉卡被宣布为所谓的"哈里发国"的"首都"，那里的恐怖分子计划着"扩张"，将来要让麦加成为他们的"首都"。危险正步步迫近沙特的统治家族。

一年前曾计划对阿萨德政权进行空袭的美国在 2014 年 9 月组建了国际联盟来空袭"伊斯兰国"在伊拉克和叙利亚的据点。但结果未能达到预期的效果：在空袭的过程中也造成了平民死亡；恐怖分子的头领越来越受欢迎，呼吁组建联盟对抗它们的敌人——西方、美国、俄罗斯和中国。

黎巴嫩、土耳其、约旦、也门、马里、中非共和国、尼日利亚、索马里都遭受了恐怖袭击。恐怖分子不仅对中东和非洲地区构成威胁，还开始威胁到欧洲、俄罗斯和美国。

在设置了推翻另一个世俗政权的任务后，华盛顿和它的盟友开始尽力帮助反政府势力，无论后者信奉什么样的意识形态。它们的短期目标是一致的，因此华盛顿及其盟友试图先暂时"洗白"反政府武装，先依靠它们的成功，然后再"驯服"它们，虽然在利比亚和阿富汗的经验已经证明这是行不通的。它们还希望让国际人权机构打着"拯救平民免于饥饿和流行病"的旗号，向反对派武装占领区运送援助物资。而真正能够在某个特定国家促进民主化的知识分子和持不同政见者则被挤到政治进程的边缘。

"结果美国发现自己处于一个错误的坐标系中，并在一定程度上受到由其捏造的故事的影响，"霍德斯卡娅－戈列尼谢娃写道，"这证明了它们自己做出了错误的决定并实施了不合理的政策。人们不需要成为一名大专家就能明白，如果叙利亚的阿萨德政府倒台了，这个国家将被淹没于'圣战'的混乱之中；其国家地位将受到威胁，就像利比亚和伊拉克一样；而大马士革将没有能够有效打击恐怖分子的机构。事实上，军队和安全机构将会第一个被解散。一个意识形态化的新目标让人迷惑，过去的暴力行为是无罪的'记忆'将把人继续往错误的道路上推，导致新的错误：人们试图去洗白'圣战'分子，将他们分为'好的'和'坏的'，将他们的所作所为解释为是出于对独裁政权的'绝望'和'仇恨'——总而言之，就是去编造各种借口来'掩盖''圣战'分子与西方之间'暂时有着同样的目标'这一事实。这一切只

---

① См.: *Phillips Christopher*. Op. cit. P. 130.

会削弱国际社会打击恐怖主义并阻止其蔓延的潜力。"①

由西方和阿拉伯的媒体以及信息技术共同编造的虚假的现实，影响了西方和中东地区国家领导人的行为。他们不去考虑真正的威胁：如果叙利亚的国家机器崩溃，政府军被击败，叙利亚将建立起与利比亚同样的"圣战"权力体制（无政府状态），之后这种情况还会在黎巴嫩、约旦和沙特重演。

"西方领导人在危机之初就受'阿萨德必须下台'这样的话语引导，实际上它们（西方）将自己置于绝望的境地，"霍德斯卡娅－戈列尼谢娃写道，"在不丢面子的情况下撤退是不可能的。放弃立场将向全世界证明，西方国家只不过是在虚张声势，它们无法实现自己设定的地缘政治目标。'圣战'分子成了最有组织和装备最齐全的地面部队。"②

2014 年 12 月 29 日，俄罗斯联邦最高法院总检察长办公室裁定"伊斯兰国"（ISIL）是国际恐怖组织，并禁止该组织在俄罗斯境内活动。③

这里应对"伊斯兰国"现象有所保留，其意识形态和架构需要做专门的解释、分析和研究，这已超出了本书的范围。笔者认为"伊斯兰国"、"基地"组织、"努斯拉阵线"和"塔利班"都是非法的；都是全球化的，更准确地说，是用全球化的实现形式所产生的、令人反感的产物。宗教极端主义是一种极为偏激的并注定要反对西方政治、社会和道德价值观的意识形态，它甚至能在一个文明的环境中或软或硬地施加影响。

到现在为止，"圣战"分子已经挑战了包括俄罗斯在内的整个世界文明。

所有这一切都预先注定了俄罗斯对叙利亚的军事干预，必须切除恐怖主义这一癌细胞，防止或限制其扩散；同时，尽可能以改革的形式维护一个世俗政权，并实现政治解决。

---

① *Ходынская－Голенищева М.* Указ. соч. С. 78—79.

② Там же. С. 84.

③ Верховный суд признал ИГ и Джабхат ан－Нусру террористическими организациями//ТАСС. 23. 12. 2015.

第十五章

空天力量的试验

无休止的战斗！血腥与垃圾覆盖了
我们的和平之梦。
草原上野生的牝马拂过，掠过
羽毛般的嫩草……
无穷无尽！里程碑和悬崖上闪烁着……
停止！
恐怖的阴云蜷得愈密，愈厚，
落日是一团血污！

——亚历山大·布洛克

2015 年 9 月 30 日，巴格达时间下午 1 点，即莫斯科时间下午 2 点，俄罗斯总参谋部代表谢尔盖·库拉连科中将（Sergei Kuralenko）抵达美国驻伊拉克大使馆。库拉连科中将会见了美国驻伊拉克负责安全问题的武官哈迪·彼得罗上校（Hadi Petro），并通知他，俄罗斯将在一个小时后对叙利亚境内的"伊斯兰国"展开空袭。

彼时，在叙利亚赫梅米姆空军基地，满载弹药的俄罗斯轰炸机已经滑行至起飞跑道。

第二天，即 2015 年 10 月 1 日，俄罗斯国防部的官方发言人宣布，俄罗斯在叙利亚部署了超过 50 架战机，其中包括苏－34 重型战斗轰炸机。[①]

10 月 3 日，俄罗斯武装力量总参谋部作战总局局长安德烈·卡尔塔波洛夫（Andrei Kartapolov）告诉记者，空袭"伊斯兰国"的计划"已通过俄国防部和外交部的渠道知会了外国的相关人员"。在联系的过程中，俄罗斯方面建议美国人"撤出所有的教官和顾问以及那些用美国纳税人的钱训练出来的人"，并且"停止在俄军空中行动区域的飞行"。据他所说，美国方面告诉俄罗斯国防部，"那个地区除了恐怖分子没有其他人"。[②]

事态发展的转向出乎美国领导层及其西方盟友和阿拉伯媒体的意料。委婉地说，最初的评论如无头苍蝇般，是无的放矢的。俄罗斯人怎么敢这样做？应该如何回应俄罗斯此举？批准打击共同敌人的行动并开始协调行动？"小冷战"已经开始，与俄罗斯之间的所有联系将被切断。西方有着为乌克兰和克里米亚问题"惩罚"俄罗斯以及因俄太过独立而"孤立"俄罗斯的战略目标。谴责俄罗斯吗？但是俄罗斯空袭打击的那些人，是与当年撞毁纽约世贸大厦的恐怖分子同样的人，至少是他们的追随者。

很快，一些政治领导人和媒体开始发表令人费解的评论，他们指责俄罗斯轰炸了"错误的恐怖分子"或者是"温和"反对派、这种行为是"火上浇

---

① В Минобороны рассказали о численности авиагруппы ВВС РФ в Сирии—tvzvezda. ru/news/vstrane_i_mire/content/201510011459－7wyu. htm.

② В Минобороны рассказали о контактах с США перед началом бомбардировок Сирии—http://www. interfax. ru/world/471024.

油"，当然还有"导致平民死亡"。大西洋彼岸的众说纷纭是显而易见的，但并没有什么好奇怪的。

美国中情局可能还不知道，在叙利亚反对派武装取得重大胜利后，阿萨德总统曾于 2015 年 7 月向普京请求俄罗斯提供军事援助并获俄方同意。2015 年 8 月 26 日，俄罗斯与叙利亚签署协议，叙利亚允许俄方免费和无限期使用位于拉塔基亚省的赫梅米姆机场来部署空军部队，该机场及其基础设施和附近区域也无偿转交俄方使用，空军部队的规模由俄方决定。俄罗斯空军机队和军人享有豁免权和治外法权，并且不需要走海关和边境管理程序。俄罗斯可以独立计划使用空中力量进行打击，也可以与叙利亚当局配合行动（该协议在 2016 年 10 月获得俄议会批准）。

其实，美国人很清楚这一切，因为赫梅米姆空军基地自 8 月起就开始夜以继日地赶工，拓宽跑道、建造新的飞行控制塔、维修和扩建军营。然后俄罗斯的飞机、飞行员、直升机、军事人员、坦克和大炮开始进驻并守卫该基地。

2015 年 9 月，俄罗斯黑海舰队的战舰出现在东地中海。当月，俄罗斯、伊拉克、伊朗和叙利亚在巴格达建立了一个联合情报中心，以协调四国打击"伊斯兰国"的行动。之后在 2015 年 10 月中旬，拉夫罗夫表示，俄罗斯在叙利亚展开空袭行动之前曾邀请美国、英国和土耳其加入该中心，但收到了"不具建设性的"答复。①

2015 年 9 月 15 日，独联体集体安全条约组织（CSTO）集体安全委员会会议在杜尚别召开。普京在会上呼吁联合国际力量打击在叙利亚的"伊斯兰国"势力。他还提到叙利亚的阿萨德总统"准备和反对派中的健康部分共同治理国家"。②

2015 年 9 月 21 日，在以色列总理内塔尼亚胡紧急访问俄罗斯期间，俄武装力量总参谋长瓦列里·格拉西莫夫（Valery Gerasimov）和以色列国防军总参谋长加迪·埃森科特（Gadi Eisenkot）在莫斯科举行会晤。内塔尼亚胡本人在谈到访问和会晤的目的时表示："（是为了）避免以色列国防军（IDF）与

---

① Выступление и ответы на вопросы министра иностранных дел России С. В. Лаврова в рамках 《 правительственного часа 》 в Государственной думе Федерального собрания Российской Федерации, Москва, 14 октября 2015 года—www. mid. ru/foreign_ policy/ news/ –/asset_ publisher/cKNonkJE02Bw/···/1852611.

② Саммит ОДКБ—kremlin. ru/events/president/news/50291.

俄罗斯军事力量之间发生误解。"据内塔尼亚胡所说，他们同意普京总统提出的建立一个避免误解发生的机制。① 就在俄罗斯空天部队（VKS）开展行动前不久，以色列国防军与俄罗斯军方成立了一个联合工作小组，协调双方在叙利亚的海、空和电磁领域的相关活动。②

9月27日，普京总统在接受美国CBS和PBS电视台记者查理·罗斯（Charlie Rose）采访时说："我们确切地知道目前在叙利亚至少有2000名，甚至可能超过2000名来自俄罗斯和其他独联体国家的激进分子，他们回到俄罗斯将会是一种威胁。这也是为什么我们要帮助阿萨德在那里除掉他们，这要好过让他们回到这里。"③

9月初，俄罗斯国防部部长绍伊古与美国国防部部长卡特进行了一年来的首次通话。笔者并不知道他们在50分钟的通话中讨论了什么，但笔者估计绍伊古谈到了联合行动打击恐怖分子和开始政治进程的必要性；而美国国防部部长则重复了人们熟知的"巴沙尔·阿萨德必须下台，然后一切都会变好"的立场。

9月28日，在参加联合国大会期间，普京与奥巴马在纽约短暂会晤了15分钟。这也是两人一年来首次直接对话，内容围绕着同样的问题。普京在联合国大会演讲时呼吁组建国际联盟打击"伊斯兰国"。④ 他认为叙利亚内战中至少有一部分责任应由那些将叙利亚推向内战的国家来承担。

2015年9月30日，俄罗斯联邦委员会授权总统在叙利亚动用俄武装力量（但不包括地面部队）。⑤ 俄罗斯领导层在稍后加以说明：轰炸的对象不仅是"伊斯兰国"，还包括其他的武装"恐怖主义团体"。

一枚硬币的两面

笔者： 您可以谈谈，决定让俄罗斯空天部队参与叙利亚战争这一立场是

① Сирийский гамбит//Национальная оборона. 2017. № 2—www. nationaldefense. ru/includes/periodics/maintheme/2016/0328/···/ detail. shtml.

② Russia gave Israel advance notice of its airstrikes in Syria//The Jerusalem Post. 30. 09. 2015//JPost. com.

③ special. kremlin. ru/events/president/news/50380.

④ Владимир Путин провел ряд встреч на полях сессии Генассамблеи ООН—kremlin. ru/events/president/news/50390.

⑤ tass. ru/politika/2302922.

怎么形成的吗？

博格丹诺夫：2014 年，"伊斯兰国"的武装分子在伊拉克和叙利亚推进，受到两国合法政府的反对。打击极端分子的战争和增强伊、叙两国的军队对美国而言是一枚硬币的正反两面。毕竟美国和沙特对努里·马利基政府不满意，减少了对伊拉克政府军的军事援助，尽管"伊斯兰国"已经接近巴格达：如果马利基政府垮台了，美国和沙特就会出手解决。俄罗斯当时在没有公之于众的情况下向巴格达运送了大量武器，当然这不是免费的。"伊斯兰国"和它的盟友也在叙利亚境内推进。它们有时会和"努斯拉阵线"或者"沙姆自由人组织"爆发冲突，但从意识形态来看，它们全都是兄弟。库尔德人是打击"伊斯兰国"的另一股有效力量，但他们值得特别地去讨论。①

笔者：2014～2015 年是叙利亚政府控制领土快速减少的一个时期。

博格丹诺夫：不错，一开始政府控制了 60% 的领土，然后变成 30%，到 2015 年就只剩下 20% 了。但这些都是人口稠密的地区。这是由军事逻辑决定的：在没有前线的战争中，是不可能保护每一个村庄或绿洲的，军队需要关注那些主要的中心和交通线路。但是到 2015 年中，激进分子完全控制了叙东北部人口稠密的伊德利卜省和土叙边境，并且阻断了大马士革和拉塔基亚省之间的交通线，只有大马士革和阿勒颇省的一部分还在政府军控制之下。在南部，也有反对派武装的进攻，但是那里的德鲁兹人站在了政府这边。

笔者：让我们想象一下，如果"伊斯兰国"的黑旗悬挂到了大马士革的总统府，那么黎巴嫩和约旦也将随之陷落。我在黎巴嫩的所有联络人无一例外都是这么告诉我的。

博格丹诺夫：这是真的。"伊斯兰国"还会蔓延至沙特阿拉伯，对以色列也会构成威胁，但是以色列有着特别的立场。

笔者：形势非常严峻。叙利亚军队在 5 年前有 35 万人，在该地区它的规模仅次于土耳其，装备有很好的重武器、坦克、飞机和直升机，但到 2015 年夏天，它似乎已经处于最后的前沿阵地了。

博格丹诺夫：不全是那样。毕竟，武装部队总体上还是保持了对阿萨德以及政府的忠诚。出现过叛逃的情况，但没有重要的部队站到反对阿萨德派

---

① 与博格丹诺夫的谈话（2017 年 2 月）。

一边。当然，形势是危险的。事实上，这是一场地区代理人战争。成千上万的外国"圣战"分子参与了反对政权的战争。政府军损失惨重，军队疲惫不堪：毕竟人们不能在差不多五年的时间里每天都保持 24 个小时的战斗状态。

笔者：美国领导的联盟对"伊斯兰国"和"努斯拉阵线"的空袭有效吗？

博格丹诺夫：关于这点，我要从头开始说起。2014 年 9 月，在纽约，美国人跟我们接触说："我们将要在叙利亚轰炸'伊斯兰国'和'努斯拉阵线'。去告诉大马士革，我们将打击恐怖分子，而不是叙利亚政府军，请他们不要担心。同时，我们将不会和阿萨德政权协调行动，但我们也不会去碰他的军队。此外，你应该提醒阿萨德，不要让政府军出现在那些恐怖分子活动的区域。我们将为我们的人民解放这些地区。"我们回答美国人说："你们应该自己去通知叙利亚人，因为你们之间有直接对话的渠道，叙利亚外交部部长穆阿利姆就在纽约。"他们通知了叙利亚人之后，叙利亚人来跟我们说："美国人要在未经我们许可的情况下轰炸'伊斯兰国'。但是如果他们把恐怖分子从这些地区赶出去了，我们不能进驻这些地区，而是要让'温和反对派'进驻这些地区。美国人向我们保证我们将不会遭到袭击。但我们并不相信他们的保证……"

笔者：这样做是对的。一年之后，北约战机就"误炸"了位于代尔祖尔省的叙利亚政府阵地，造成超过 100 名叙利亚政府军人员死伤。

博格丹诺夫：不论是"误炸"还是故意的，不管他们怎么说，事情确实发生了，并且"伊斯兰国"也迅速袭击了叙利亚政府军的阵地。但是让我们回到 2014 年 9 月，当时美国在叙利亚采取的不痛不痒的行动使得很多"温和"反对派带着自己的武器加入了"伊斯兰国"或"努斯拉阵线"。美国人为了训练他们曾耗费了 5 亿美元，却产生了截然相反的效果。

笔者：是什么促使我们最终决定军事介入这场冲突呢？

博格丹诺夫：局势变得更加复杂了。不仅需要挽救政府，还需要挽救整个国家和数百万人民。否则大马士革的文化、文物和古迹将会变成什么样子？将变成一片血海和废墟。此外，我们向西方传递了一个明确的信息：你们不可以破坏国家机构。如果政府垮台了，叙利亚问题将不可能获得政治解决。只会让现叙利亚彻底崩溃，猖獗的恐怖主义和极端主义——兴风作浪，局势混乱不堪。看看利比亚吧。

"圣战"分子及其资助者的反应是可以预见的。战争是残酷无情的。"圣战"分子，一如既往，无所不在，发动着不讲规则的战争。包括"沙姆自由人组织"和"伊斯兰军"（Jaysh al - Islam）在内的40个极端主义团体发誓要攻击俄罗斯，以此回应莫斯科方面的空袭行动。①"努斯拉阵线"宣布凡俘虏一名俄罗斯士兵将得到13000美元的赏金。"伊斯兰国"上传了一段音乐片段到网上，歌词是"俄罗斯将血流成河"②。55位沙特乌莱玛呼吁"所有在叙利亚的健全穆斯林"去对抗俄罗斯"苏联共产主义者的继承人们"、"阿拉维派"（也称"Nusayris"）政权以及"萨法维人"（Safavids，即伊朗人）。

呼吁过后，立马就有人行动起来。2015年10月31日，"伊斯兰国"成员在一架从沙姆沙伊赫起飞的A321客机中安装了爆炸装置，机上满载俄罗斯游客。客机在西奈半岛上空爆炸，224名乘客和机组成员无一生还。普京总统说，绝不会放过那些对此次袭击俄罗斯公民乘坐的客机负责的恐怖分子。普京在俄罗斯联邦安全会议的一次会议中说："不管他们躲在哪个角落，我们都将找到他们，惩罚他们。"③

恐怖分子策划在俄罗斯本土和境外发动恐怖袭击。2016年12月19日，一名恐怖分子从背后枪杀了俄罗斯驻土耳其大使安德烈·卡尔洛夫（Andrei Karlov）。

在俄罗斯空天部队展开空袭行动的几个月后，战争仍然在继续。官方数据显示，自2015年9月30日开始的一年半多时间里，俄罗斯共有30名军事人员、护士和平民在叙利亚丧生；但根据非官方数据，这个数字可能更高。

美国和其他西方国家的宣传回应如期而至：需要找到借口去"谴责"俄罗斯空天部队的行动，指责他们打击"温和"反对派，杀害平民等。10月2日，奥巴马总统在一场新闻发布会中说，俄罗斯的行动迫使"温和"反对派"转入地下"，"俄罗斯的行动只是加强了'伊斯兰国'"。④ 英国首相卡梅伦也附和奥巴马的言论："他们（俄罗斯人）是在支持和帮助屠夫阿萨德。"⑤

① Syrian insurgent groups vow to attack Russian force//US News & World Report. 5 October 2015.

② Syria's Russian Jihadists Vow To Slaughter Putin's Invading Army—vocativ. com.

③ Путин: мы найдем взорвавших A321 в любой точке планеты и покараем—www. vesti. ru/doc. html? id = 2687675.

④ Syrian crisis: Russia air strikes 'strengthen IS'//BBC. 2 October 2015—http: //www. bbc. com/news/world - middle - east - 34431027.

⑤ www. bbc. com/russian/uk/2015/10/151004_ cameron_ uk_ drone_ fleet_ is_ fight.

北约"谴责俄罗斯在叙利亚的轰炸行动",并呼吁俄罗斯"停止支持阿萨德政权"。美国领导的联盟也呼吁俄罗斯:"立刻停止对叙利亚反对派和平民的袭击,集中精力打击'伊斯兰国'。"①

沙特也不甘落后,其驻联合国代表要求俄罗斯"停止对叙利亚的袭击",并重申俄罗斯是在袭击某些"温和"反政府组织而非"伊斯兰国"。② 但是,其他阿拉伯国家的评价与利雅得的发声并不一致。2015 年 10 月 3 日,埃及外交部部长萨迈赫·舒凯里(Sameh Shoukri)表示,俄罗斯介入叙利亚战争将"有效遏制和根除叙利亚的恐怖主义"。③

伊拉克支持俄罗斯的干预并允许俄罗斯战机飞越其领空。阿联酋最初没有对俄罗斯的介入发表评论,但之后表态支持。④ 2015 年 10 月 23 日,约旦同意在安曼建立特别工作机制,与俄罗斯协调在叙军事行动。⑤ 叙利亚库尔德领导人支持俄罗斯对"伊斯兰国""努斯拉阵线""沙姆自由人组织"的空袭行动;在他们看来,后者都是恐怖组织,与"伊斯兰国"没有差别。⑥

2015 年 10 月 9 日,奥巴马政府中止了训练和武装叙利亚境外新反对派团体去打击"伊斯兰国"的计划。他们意识到,这个价值 5 亿美元的项目是失败的:受过训练的战斗人员加入了"圣战"组织,或者将美国提供给他们的武器转交给"圣战"分子。⑦ 美国政府说,它们将用这些资金为那些已经在叙利亚境内行动的团体提供装备和武器。奥巴马总统授权向 25000 名叙利亚库尔德人和 5000 名反对派武装分子重新提供补给,以支持他们打击"伊斯兰国",并强调美国在俄罗斯介入冲突后仍将继续提供这种支持。⑧

---

① US, allies demand Russia to halt Syria airstrikes outside ISIS areas//Reuters. 02. 10. 2015.
② Saudi Arabia demands Russia end Syria raids, criticizes Iran//Reuters. 1 October 2015.
③ Egypt says Russia's intervention in Syria will counter terrorism//Reuters. 3 October 2015.
④ UAE Says Ready to Commit Troops to Fight Syria Jihadists//Defense News. 30 November 2015.
⑤ Russia, Jordan agree on military coordination on Syria//Reuters. 10 October 2015.
⑥ Cм.: *Gutman Roy*. US Kurdish allies welcome Russian airstrikes in Syria—www. mcclatchydc. com/news/nation···/article37394991. html.
⑦ Cooper Michael D. Shear, Cooper Helene, Schmitt Eric. Obama Administration Ends Effort to Train Syrians to Combat ISIS//The New York Times. 9. 10. 2015—https://www. nytimes. com/2015/10/10/ world/middleeast/pentagon – program – islamic – state – syria. html.
⑧ Obama authorizes resupply of Syrian opposition. 05. 10. 2015—www. cnn. com/2015/10/···/russia – ground – campaign – syria – isis···

战争之中的战争

在撰写本书时，俄罗斯在叙利亚的军事行动已经持续一年半了。有时行动强度会增大，偶尔也会出于人道主义或政治原因而暂停行动。战机大多数从赫梅米姆空军基地起飞。在征得伊朗和伊拉克政府同意后，俄罗斯从里海舰队的军舰上发射巡航导弹并部署远程战略轰炸机。包括潜艇在内的俄罗斯战舰从东地中海发射导弹。2016 年 10 月，俄罗斯从北摩尔斯克（Severomorsk）调来"库兹涅佐夫"（Admiral Kuznetsov）号航空母舰及护航编队，航母上的飞机加入了战斗。2016 年 8 月，俄军的图 - 22M3 远程轰炸机和苏 - 35 战斗机使用了伊朗哈马丹空军基地，伊朗当局允许俄军在短期内使用该空军基地。

2015 年 11 月巴黎遭遇恐怖袭击后，法国"戴高乐"号航母战斗群前往东地中海。普京指示俄军光荣级巡洋舰"莫斯科"号"像盟友一样"与之合作，① 但我们很难确定这种合作的形式是什么。

俄罗斯空天部队在哈马、霍姆斯、拉卡、阿勒颇、伊德利卜、代尔祖尔和叙利亚南部等地空袭了反对派武装的据点，有时是和叙利亚空军一起行动的。空袭目标包括"圣战"分子的指挥所、运输线、训练营、弹药库、制造和修理武器的工厂以及他们控制的石油生产场所，摧毁了超过 200 处石油井架和约 2000 辆油罐车。

"俄罗斯事先与它的伙伴们（即伊朗和伊拉克）就从里海西南部发射'口径'（Kalibr）巡航导弹打击在叙利亚的恐怖分子目标一事达成了协议，"俄军总参谋部作战总局局长卡尔塔波洛夫说，"所有的打击目标都经过仔细研究，通过卫星和无线电电子侦察、无人机侦察、无线电拦截获取的数据进行分析。我们还会使用叙利亚、伊朗和伊拉克情报部门提供的情报数据，其中包括个人提供的信息。在进行打击之前，我们还会为每个目标准备专门的打击方案。分析完全部有效信息后，我们会对即将展开的打击行动进行计算机模拟，在此之后才会最终决定摧毁这个或那个目标。识别空袭目标也是依据同一种算法。"同时，卡尔塔波洛夫强调，俄罗斯在叙利亚使用了现代高精度

---

① tass. ru/armiya - i - opk/2462963. 23. 11. 2015.

弹药,"与目标的最大偏差不会超过 5 米"。他还提请大家注意一个事实,那就是俄罗斯多次取消对反对派的打击计划:"原因很简单,因为恐怖分子通常会离开他们的基地和营地,而藏身到宗教机构附近的居民点避难。"卡尔塔波洛夫补充道:"我想声明,我们不会将位于人口稠密地区的物体作为有效打击目标,我可以对这一声明负全责。"①

苏联解体后,俄罗斯首次在远离本土的地区部署跨部门军事力量并展开行动,其中包括混合的空中力量、特种作战部队、海军、空降部队、地面部队、(海基和陆基)防空系统、装甲战车、炮兵、通信指挥综合体、电子战部队、情报部门和后勤支持。这展示了俄罗斯在必要时通过武力来支持政治行动的能力。

笔者并不认为自己是一名军事专家,但笔者相信,这同时也检验了硬件设备和人员的战备情况:检验了新型武器的性能,找到了武装部队的短处以及使之更具战斗力的方法。在"库兹涅佐夫"号航母因技术故障损失了两架战斗机后,军方也得出了相应的结论。俄罗斯自然也承担了行动的开支,但官方数据显示,这笔费用仍在军费开支的预算范围之内。此外,此次行动还提高了俄制军事装备和武器的声誉,增加了俄罗斯的武器出口。

让我们稍微看一下随后发生的事情。我们注意到,俄罗斯国防部在 2016年 7 月 15 日主办了一次军事科学会议,在会上总结了俄武装力量在叙利亚的作战经验。俄国防部部长绍伊古表示,通过对世界形势发展的分析可以预计,在不久的将来发生新军事冲突的可能性将长期存在,"像叙利亚一样的危机情况可能在任何一个国家爆发,包括后苏联空间的中亚和外高加索地区。在这种情况下,俄罗斯将对潜在的威胁做出充分反应"。研究俄军在叙利亚军事行动的经验,将"让(我们)制订出进一步发展武装力量的计划,增强他们的战斗力和开发……新一代的武器"。他还表示,在俄空天部队和炮兵力量的积极支持下,叙利亚政府军解放了 586 个居民点……和超过 12000 平方公里的领土。②

---

① Начальник Главного оперативного управления Генштаба РФ Андрей Картополов рассказал о результатах применения крылатых ракет по боевикам в Сирии—function. mil. ru/news_ page/country/more. htm? id = 12060062@ egNews.

② В Минобороны России прошла военно - научная конференция по обобщению опыта применения российской группировки в Сирии—function. mil. ru/news_ page/person/more. htm? id = 12089864@ egNews.

当俄罗斯开始轰炸时，美国及其盟友早已在叙利亚开展行动。俄方立刻采取措施避免发生任何事故，并与美国驻伊拉克联合指挥部、土耳其国防部以及以色列总参谋部建立了直接联系。①

早在 2015 年 10 月 20 日，俄罗斯国防部和美国国防部就签署了有关在阿拉伯叙利亚共和国领空展开行动期间预防飞行事故的谅解备忘录。② 该备忘录规定了飞机和无人机在叙利亚领空内的行为，以避免俄、美双方战机发生意外事故。俄罗斯还和美国设立了双方军事指挥机构间全天候运转的通信渠道，并确定了双方的合作机制，包括在发生危机的情况下双方相互协助。美国承诺会将双方商定的规则通报给美国所领导的联盟中的全部成员。俄罗斯和美国官员举行了视频会议。两国间的主要分歧还是那些问题：谁应该被认定为"恐怖分子"？美国认为谁是"朋友"，谁是"敌人"？

也许在叙利亚的俄罗斯空天部队并没有"与美方执行合作"的任务，如果我们使用"维护和平"（peace enforcement）这一术语的话。但这就是实际上所发生的事——俄罗斯和美国军方在此发生意外碰撞的风险太高了。因此两国迅速地勾勒出在军事战术层面进行对话与合作的轮廓，尽管双方之间并没有联合行动。

博格丹诺夫③：事实上，俄罗斯和美国军方之间立即开始接触，商定游戏规则，但是过程十分艰难。美国国务卿克里私下说我们需要互动，但在公开场合他不能这么说。五角大楼和中情局坚持不能与俄罗斯人建立联系或者进行任何谈判。这是一幅含糊不清的画面，是意识形态的、不切实际的，在我看来也是完全不合理的方法。这种状况持续了很长一段时间，最终才决定要一起工作。实质性的问题立刻就出现了：谁将被认定为"恐怖分子"？我们被告知，我们打击的不是恐怖分子而是联盟的朋友。

笔者：不过，我们确实使用了"打击'伊斯兰国'及其他恐怖组织"的提法。

博格丹诺夫：是这样。但我们告诉美国人的是："如果你们知道谁不该被

---

① Сирийский гамбит⋯
② Russian and US Defence Ministries signed Memorandum of Understanding on Prevention of Flight Safety Incidents in the course of operations in the Syrian Arab Republic—Syria. mil. ru/news/more. htm? id = 12061345@ egNews.
③ 与博格丹诺夫的谈话。

打击，那请告诉我们你们朋友的位置。如果你们不想明示你们朋友的位置，那么就告诉我们，在你们看来或者根据你们的情报，我们共同的敌人在哪里，让我们一起去打击他们。"

笔者： 那您说服美国人了吗？

博格丹诺夫： 我们被告知："很难确定哪个地方只有敌人，因为我们的朋友也在那里。"我们提出了一个建议："我们应该分开他们，叫你们的朋友到一边去。"美国人避免给出答复，他们说："我们的朋友在那里有家庭，他们是当地人。"之后他们承认，他们的朋友不会听他们的话，因为他们朋友所用的大部分钱和武器是从土耳其、卡塔尔和沙特那里获得的，而不是美国提供的。

笔者： 那我们跟美国中情局就这一问题有过任何沟通吗？

博格丹诺夫： 是的，确实有。2016 年 2 月，美国中情局局长到访俄罗斯：美国人开始考虑，他们必须要做一些事情了。

2015 年 11 月 17 日，可以被视为俄罗斯空天部队在叙利亚军事行动进入第二阶段的开端。这一阶段的特点是：加大空袭以及空射和海基巡航导弹打击的强度；使用从俄罗斯境内出发的远程战斗机；扩大了"打击目标的范围，将那些便于'伊斯兰国'开采和走私石油的基础设施及车辆也包括在内"。

11 月 17 日，俄罗斯武装力量总司令普京参加了在俄罗斯联邦国防控制中心举行的一场会议。俄国防部部长绍伊古在会上做报告说："作战的任务量已经翻倍，有可能会对叙利亚全境'伊斯兰国'目标进行有力而精准的打击。"① 空军部队的规模也有所增加。

2015 年 10 月《纽约时报》报道说："至少目前，俄罗斯的战斗机每天针对反巴沙尔·阿萨德政府的反对派武装进行空袭的次数，几乎相当于今年来美国领导的联盟每月对'伊斯兰国'进行打击的次数。"

2016 年 1 月 22 日，俄武装力量总参谋长兼国防部第一副部长瓦列里·格拉西莫夫大将表示："叙利亚军队已经后撤 4 年了。就在俄罗斯空天部队在叙利亚展开行动 2 周后，政府军在一些地区发动了攻势。这种趋势现在已经具有普遍性。在 15 个展开军事行动的地区中，已对 10 个地区发动了进攻行动，

---

① Совещание о действиях Вооруженных сил России в Сирии. 17. 11. 2015—kremlin. ru/events/president/news/50714.

正在准备对 3 个地区发动进攻，还有 2 个地区处于防御态势……对于作战动态，我想说的是，总的来说，战略主动权和在大部分地区的主动权现在已经掌握在政府军手上。叙利亚军队在近几个月已经发生了变化，他们现在希望能够取得优势，他们对自己有信心。"

纳乌姆金①：我们的空天部队直接打击了在俄罗斯被宣布为恐怖组织的"伊斯兰国"和"努斯拉阵线"，以及那些出于战术目的与它们为伍并作为其分支，或与它们协调行动从而协助这些恐怖分子的团体。既然我现在是以独立专家的个人身份说话，我可以说，就像一些观察家所指出的那样，我们不需要欺骗自己，说我们仅仅对"伊斯兰国"作战。我们在叙利亚是与所有的恐怖分子和他们的同谋作战。当今，恐怖分子的目标是要推翻合法政权，并建立恐怖国家，这个恐怖国家将保留中世纪以前的习俗，包括谋杀、虐待和大规模处决……

笔者：作为一名独立专家，您对叙利亚政权所获得的外部支持有什么看法呢？

纳乌姆金：（在叙利亚）有一些黎巴嫩真主党武装分队，还有一些其他国家的什叶派志愿者，他们主要来自伊拉克、阿富汗和巴基斯坦。目前，有很多人在谈论伊朗在叙利亚扩大军事力量问题。关于这件事，我们并没有完整的信息。有的人说他们的人数减少了，有的人说增加了。但如果没有伊朗的帮助，叙利亚的情况会更糟。②

胜利？不，谈判

当然，俄罗斯的军事干预改变了叙利亚内部的力量平衡和整体军事政治局势：增强了政府的地位并提升了政府军队的士气，"圣战"分子的处境则越发艰难，其控制的领土在减少，政府军及其盟友在向前推进，"圣战"分子则

---

① 维塔利·纳乌姆金，俄罗斯科学院院士，俄罗斯科学院东方学研究所科研主管，2016～2017年曾担任联合国叙利亚问题特使斯塔凡·德·米斯图拉（Staffan de Mistura）的高级顾问。——译者注
② 与纳乌姆金的谈话（2017 年 4 月）。

被削弱且不断后撤。所有这些对复兴党政权而言都不意味着"胜利"或"走向胜利",但这为开展具有建设性的谈判提供了机会。

阿萨德总统宣布,他打算将"圣战"分子从叙利亚全境清除出去,"直至最后一寸土地",但莫斯科将这一立场理解为与反对派展开政治谈判的起点。

2015年10月20日,俄罗斯在叙利亚展开空袭三周后,普京总统与阿萨德总统在莫斯科会晤,双方讨论了打击恐怖分子的联合行动以及实现"基于政治进程的长期解决"问题的步骤。普京表示,在"各种政治力量、民族和宗教团体参与政治进程"的基础上实现危机的解决是有可能的。①

不管是美国及其西方盟友,还是反对派的地区资助者,他们都不会直接干涉叙利亚内战。需要进行谈判,美国被迫同意恢复和平进程,以便叙利亚反对派能参与其中。2015年10月23日,克里和拉夫罗夫在维也纳举行了会谈。10月30日,土耳其和沙特两国的外交部部长加入了讨论,在俄罗斯的坚持下,伊朗外长也参与其中。②

当天,叙利亚国际支持小组(ISSG)就叙利亚局势发布了一份声明。该小组由美、俄担任联席主席国,其他成员包括中国、埃及、欧盟、法国、德国、伊朗、伊拉克、意大利、约旦、黎巴嫩、阿曼、卡塔尔、沙特、土耳其、阿联酋、英国以及联合国。它支持叙利亚的统一、独立、领土完整和世俗特性。该小组认为,这些原则是解决叙利亚问题的根本基础。目标包括维持叙利亚国家机构的完整、结束战争、启动由叙利亚主导和参与的政治进程。③该小组还支持2012年的日内瓦公报,以确保在叙利亚实现停火。

2015年11月14日,叙利亚国际支持小组维也纳会议发布了一份新的声明。声明"承认实现停火和依据2012年日内瓦公报开展平行政治进程之间的紧密联系"。④

2015年12月18日,联合国安理会一致通过第2254号决议,支持叙利亚国际支持小组在10月30日和11月14日发表的两份"维也纳声明",这意味

① Встреча с президентом Сирии Башаром Асадом—kremlin. ru/events/president/news/50533.
② *Rozen Laura*. On eve of Syria peace talks//Al – Monitor, 28. 10. 2015—http：//www. al – monitor. com/pulse/originals/2015/10/us – welcome – iran – syria – peace – talks – html# .
③ Final declaration on the results of the Syria Talks in Vienna as agreed by participants—http：//eeas. europa. eu/statements – eeas/2015/151030_06. htm.
④ Заявление международной группы поддержки Сирии, Вена, 14 ноября 2015 года—www. mid. ru/foreign_policy/news/ – /asset_ publisher/cKNonkJE02Bw/…/1941109.

着该小组的立场成为国际法的一部分。该决议设立了在 1 个月内开始和谈以及在 6 个月内组建过渡政府的任务。该决议还呼吁起草新的叙利亚宪法，并在 2017 年 7 月前在联合国的监督下举行自由、公正的选举，包括海外移民在内的所有叙利亚人都有参与选举的资格。应排除"伊斯兰国"和"努斯拉阵线"参加任何谈判和政治过渡进程。但决议没有具体说明阿萨德是否会参与 6 个月的过渡期，或是否可以参加 2017 年举行的大选。

在叙利亚战争持续 5 年后，各方意识到冲突的平息需要所有相关的国际行为体达成共识。甚至连英国都同意阿萨德可短暂留任叙利亚总统一职，期限为 3 个月。[1] 这意味着俄罗斯的西方伙伴们已经停止要求阿萨德立刻辞职。

2015 年 12 月 10~12 日，叙利亚反对派高级谈判委员会（HNS）在利雅得艰难地成立了，旨在联合各"温和"反对派武装和民间反对派团体。该委员会由 34 名成员组成，其中包括"全国联盟"和叙利亚穆斯林兄弟会的代表，叛逃到反对派一方的叙利亚前总理里亚德·希贾卜（Riyadh Hijab），以及一些叙利亚境内的反对派，如 2011 年在大马士革成立的"叙利亚全国民主变革力量民族协调机构"。该委员会的成员中还有一些独立人士，如前"全国联盟"领导人艾哈迈德·贾尔巴（Ahmad al-Jarba），以及反对派武装团体的代表，包括"伊斯兰军"和"沙姆自由人组织"的代表。但该委员会中没有被土耳其认定为恐怖组织的"库尔德民主联盟党"派出的代表，当然也没有"努斯拉阵线"和"伊斯兰国"的代表。

2016 年 2 月 1 日，在对"谁能代表反对派"这一问题进行了多番角力后，联合国叙利亚问题特使斯塔凡·德·米斯图拉（Staffan de Mistura）宣布叙利亚问题日内瓦和谈正式开始。

俄罗斯外长拉夫罗夫在这个由联合国举办的会谈中表示，俄罗斯不会停止空袭，直到击败"诸如'努斯拉阵线'和'伊斯兰国'这些恐怖组织"为止。[2]

2016 年 2 月，在俄罗斯密集的空袭行动协助下，叙利亚政府军及其盟友在阿勒颇西北部发动了攻势，切断了反政府武装通往土耳其的一条补给线。[3]

① Loveluck Louisa. Assad can stay in power《three months or longer》, says Hammond//Telegraph, 2.10.2015.

② Лавров назвал условия прекращения операции РФ в Сирии//NEWSru, 3.02.2016.

③ Backed By Russian Jets, Syrian Army Closes In On Aleppo//Reuters. 4 February 2016.

高级谈判委员会的代表拒绝参加谈判，直至阿勒颇恢复到先前的状态为止。反过来，大马士革指责该委员会听命于沙特、卡塔尔和土耳其，中断和谈并离开日内瓦。米斯图拉试图缓和这些矛盾。在俄美同意实施"维也纳声明"中的第二个目标——全面停火后，谈判进程得以挽救。2月22日，普京总统和奥巴马总统就叙利亚停火达成协议。2016年2月26日，联合国安理会一致通过第2268号决议，要求叙所有各方执行美俄之间的协议，停止敌对行为。①

该协议只适用于一些地区，"伊斯兰国"和"努斯拉阵线"控制的区域不包括在内。

问题在于"努斯拉阵线"与一些反对派武装之间有密切合作，特别是在伊德利卜省和阿勒颇省。

停止敌对行为的协议生效了，但绝不是完美的，却持续了足够长的时间。尽管出现了破坏停火的情况，但各方的死亡人数明显下降。② 在这脆弱的停火期间，联合国派出了数百辆卡车将人道主义援助物资运送到24万平民手中，尽管不是所有的地区都可以进入。

各方决定于2016年3月14日在日内瓦恢复会谈。就在同一天，普京表示俄空天部队在叙利亚行动的主要军事目标已经实现，并下令"从明天（3月15日）起"开始从叙利亚撤回俄军的"主要军事力量"。③ 俄罗斯从叙利亚撤军，一来可以对阿萨德施压，使其同意寻求妥协；二来可以向美国证明，俄罗斯对和平进程是认真的。

普京做出撤军决定是基于自2015年9月30日至2016年3月14日俄罗斯空天部队在叙利亚军事行动的结果，据俄罗斯国防部部长绍伊古的报告：

"在这段时间里，我们总共完成了9000架次的飞行任务，并且首次在1500公里外使用空射和海基导弹实施大规模袭击。在我们空军的支持下，叙利亚政府军总共解放了400个城镇和超过1万平方公里的领土。我们在打击恐怖主义的战斗中取得了重大胜利，局势已发生转折。"④

---

① Резолюция СБ ООН № 2268. Полный текст—https：//cont. ws/post/211701.

② AFP, 27. 03. 2016—http://news. yahoo. com/civilian – deaths – drop – four – low – syria – truce – monitor – 182900708. html.

③ Путин приказал начать вывод воинской группировки России из Сирии—www. interfax. ru/world/498433.

④ Сирийский гамбит.

撤军的命令影响了相当一部分军事力量和设备：所有的苏 - 25SM 和苏 -
25UB 强击机、苏 - 34 轰炸机和部分苏 - 24M 轰炸机离开了叙利亚。这些战斗
机在军事运输机伴随下从赫梅米姆空军基地返回它们在俄罗斯的常驻基地。
空军和支援部队则通过军事运输机和海上运输撤离。

俄军部署的防空系统的所有部件，包括铠甲 - F（Pantsir - F）近程防卫
系统和 S - 400 远程防空系统，仍在正常执勤。正如普京所说："我们同美国
方面一起制定了预防飞行事故的有效机制。但我们已告知我们的所有伙伴，
我们的防空系统将会对付我们认为会威胁到俄罗斯士兵的任何目标。我想强
调，是任何目标。"①

俄罗斯空天部队在叙利亚行动期间，其中一项最重要的任务就是监控停
火的实施情况以及为叙利亚内部政治对话创造条件，为此还增添了额外的侦
察设备。俄罗斯空天部队在叙利亚部署了约 70 架无人机。

俄罗斯驻叙利亚冲突各方调解中心在赫梅米姆军事基地全天候运作。该
中心与在约旦经美国授权的机构和在日内瓦的叙利亚国际支持小组停火中心
开展了具有建设性的合作，它们每天至少共享信息两次。

现在为俄罗斯空天部队在叙利亚的行动下结论还为时过早。它们的行动
还在继续，尽管飞机的工作范围已经大大缩小了。主要的工作重点是协助叙
利亚政府、政府军及其盟友。2016 年 3 月 17 日，普京总统表示："（对合法的
叙利亚政府的）帮助具有全面性，包括财政援助、提供装备和武器、协助训
练和加强叙利亚武装力量、提供侦察支持，以及协助总部规划行动。最后是
提供直接的支持，我的意思是，使用我们的空军力量和战斗机进行打击。留
在叙利亚的俄罗斯武装力量足以保证提供这些帮助。"②

俄罗斯对叙利亚的军事干预成了战争的转折点，打破了叙利亚的军事
政治局势。叙利亚政府军在北部、西部、中部和南部的一些前线地区发动
了攻势，夺回了通往阿勒颇和拉塔基亚的公路的控制权，笔者亲眼看到大
巴士从大马士革开往这些城市。2016 年 3 月底，政府军从"伊斯兰国"手
中解放了帕尔米拉，它有着重大的心理效应。为了凸显此次胜利，由瓦莱

① Встреча с военнослужащими Вооруженных сил России—special. kremlin. ru/events/president/ news/51526.

② Встреча с военнослужащими Вооруженных сил России—special. kremlin. ru/events/president/ news/51526.

里·捷杰耶夫（Valery Gergiev）带领的俄罗斯交响乐团在帕尔米拉的古代露天竞技场举办了一场古典音乐会，"伊斯兰国"曾在那里大规模处决囚犯。

俄罗斯武装力量的一支特别分队在城市及周边地区清除地雷，为了保护他们，还部署了一支特别防空分队。

然而，政治解决还没有实现。3月29日，高级谈判委员会指责大马士革破坏停火和拒绝讨论阿萨德总统辞职的事宜，并宣布暂停参加和谈。在阿勒颇的战斗实际上又恢复了。停火协议被破坏。

4月28日，米斯图拉敦促俄罗斯总统和美国总统采取措施，挽救仍然有效但已"奄奄一息"的停火协议。①

笔者：高级谈判委员会的强硬立场和对阿萨德命运的偏执态度是否反映了他们希望将美国和其他西方国家拖入战争呢？

博格丹诺夫：实际上，这个问题涉及面更大。很多对叙利亚局势的评价都是建立在意识形态差异和刻板印象之上。以色列人和沙特人提出了同样的问题。他们说，伊朗人利用革命输出什叶派教义、输出什叶派组织黎巴嫩真主党。在叙利亚，权力也掌握在与什叶派关系密切的阿拉维派手上（尽管我可以说出阿拉维派与什叶派之间的许多差异）。据沙特人和以色列人所说，伊朗人正在扩张，他们想要提高自己的地位，这是很危险的……我们这样回复他们：事实上，你们试图去读懂一个人的想法时可以想象任何东西。我们是基于官方立场和经国际社会商定的文件来工作的。联合国安理会第2254号决议是在叙利亚国际支持小组达成互相谅解的框架内和基于"维也纳声明"制定的。俄罗斯人、美国人、土耳其人、阿拉伯人和伊朗人，都曾参与其中。

笔者：叙利亚将要变成一个统一、世俗、民主的国家。

博格丹诺夫：没错。决议本身也要求建立一个"非政教合一"的世俗政权。因此，叙利亚不应该由阿拉维派、什叶派或逊尼派来统治，而应由人民选举出来的政治家进行统治，因为一个世俗国家应该有民主选举。但一些叙利亚问题的参与方对巴沙尔·阿萨德怀有执念。2015年底，举行了一场引人

---

① Де Мистура призвал Россию и США восстановить перемирие в Сирии—https://vz.ru/news/2016/4/28/807822.html. 28.04.2016.

瞩目的对话，有卡塔尔人、沙特人和伊朗人参加。时任卡塔尔外交大臣（现任卡塔尔国防国务大臣）哈立德·阿提亚（Khalid Al Attiyah）表示："我确信，只要巴沙尔·阿萨德不再掌权，80% 的叙利亚人都已做好了会死去的准备。"伊朗外长贾瓦德·扎里夫回应道："哈立德，你在说奇怪的事情。为什么他们应该去死？让这 80% 的人去投票站，投票支持巴沙尔·阿萨德。就这样，问题就能解决了。"卡塔尔外交大臣反驳说："什么投票站？战争还在进行。"所有人都开始争辩。他们承认虽然伊拉克有战争，阿富汗有战争，但在两国各地都举行了选举。米斯图拉打断说："作为联合国的代表，我对我所说的话负责。联合国将组织公平、透明的选举，难民也将参与。'穆哈巴拉特'（Mukhabarat，叙利亚安全机构——笔者注）不会干涉。联合国会在叙利亚境内外监督选举。数百万难民也将有机会参与投票。"

笔者：我们持相同的立场吗？

博格丹诺夫：是的。所有这些构想成为"维也纳声明"的基础并包含在联合国第 2254 号决议之中。我们同意，宪法和政权应该是民主和多元化的，各层级的选举应当在多党制的基础上进行，并尊重妇女、各教派和民族的权利。如果我们假设叙利亚的绝大多数人口是逊尼派，那他们就不会选一个阿拉维派的人。但是，这无关教派归属，而主要与一个人的公民身份和政治信念有关。这是解决问题的关键所在。我重申：所有这些都成了"维也纳声明"的基础并载入安理会第 2254 号决议之中。

笔者：但是反对派和他们的资助者显然害怕：如果阿萨德突然赢了选举将会怎样。他们已经被某些言论束缚住了自己，不得不在完全混乱的媒体框架内行事，事实上他们已经成了自己媒体的牺牲品。

博格丹诺夫：是的，的确。当一些阿拉伯人声称阿萨德"不合法"时，那就意味着叙利亚没有合法政权，从阿拉伯人的角度来看，这是很危险的。如果在叙利亚没有合法政权，那么，举个例子，在以色列人看来，它们就可以在叙利亚为所欲为，毫无顾忌地占领戈兰高地；对土耳其而言，同样地，在缺乏合法政权的情况下，有可能无须征求大马士革的意见就越过边界在叙境内开展行动。我们的立场如下：阿萨德可能犯下了很多错误，但现在的局势是什么样？如果没有合法政权、没有政府、没有总统，那有什么可供选择？有什么可以替代？你们的目标是什么？如果国家崩溃了，你们会发现情况将比现在更糟糕，因为由此产生的法律真空将会迅速地被恐怖分子、极端分子和动乱所填补。正是所有这些使得第2254号决议获得了通过。①

2016年6月，俄罗斯国防部部长绍伊古到访叙利亚，并与巴沙尔·阿萨德总统进行了会谈。他前往赫梅米姆空军基地视察了俄军。视察期间，绍伊古指示俄罗斯驻叙利亚反对派一方的冲突调解中心集中精力与地方政府和准军事力量的野战指挥官就参与全国调解进程以及停止敌对行动进行谈判。该中心在这一问题上取得了一些进展。数百个地区停战，并接受了人道主义援助。②

然而，2016年7月初，叙利亚全国各地的战斗重新开始。7月下旬，政府军及其盟友与伊斯兰反叛分子在阿勒颇及周边地区的冲突加剧。叙利亚政府军包围了阿勒颇东部。

俄罗斯、土耳其与库尔德人

叙利亚多维局势的一个特点是，内外部行为体都在追求自己的政治目标，并经常发动自己的战争。其中最引人注目的例子就是土耳其对叙利亚库尔德人地区的政策。

2016年8月12日，"叙利亚民主力量"联盟（即库尔德人及其盟友）从"伊斯兰国"手中解放了曼比季。美国为他们提供了支持和补给。尽管俄罗斯从中调解，库尔德武装还是和叙利亚政府军发生了冲突，但没有发展为严重的军事对抗。③

这一形势也受到了2015～2016年曲折发展的俄土关系的影响。

确实，俄罗斯和土耳其在叙利亚危机中是处于对立面的。根据俄罗斯（不仅是俄罗斯）的消息，"圣战"分子从土耳其或通过土耳其得到帮助。确实，走私石油到土耳其是"伊斯兰国"财政收入的主要来源之一。然而，这不是莫斯科和安卡拉第一次愿意搁置彼此的分歧，甚至是严重的分歧，妥协

---

① 与博格丹诺夫的谈话。

② syria. mil. ru/news/more. htm? id = 12087685@ egNews.

③ См.: *Курды* отвоевали Манбидж у ИГИЛ//ИА REGNUM—https://regnum. ru/news/polit/2166517. html.

并在非常广泛的共同利益框架内采取行动。

土耳其的精英阶层，乃至整个土耳其社会，正在被世俗与宗教倾向温和的伊斯兰正义与发展党的支持者与居住在美国的半共济会性质的、亲西方的费特胡拉·居伦（Fethullah Gülen）集团之间的斗争所撕裂。对土耳其（不仅在土耳其存在）的库尔德人问题，俄罗斯倾向于支持通过和平手段，进行政治解决的政策。2015 年夏天，土耳其军队与当地由库工党领导的（土耳其）库尔德人之间的战斗重新打响，但俄罗斯从来都没有干涉过土耳其的内政事务。2015 年 9 月 23 日，土耳其总统埃尔多安受邀与俄罗斯总统普京在莫斯科共同出席了大清真寺的开幕仪式。

然后，突然地，在 2015 年 11 月 24 日，土耳其一架 F－15 战斗机击落了俄罗斯一架正在叙利亚执行军事任务的苏－24M 轰炸机。战机在叙利亚境内距土边境 4 公里的地方坠毁，一名飞行员在跳伞逃生的过程中遭到由土耳其控制的土库曼武装分子射杀，另一名飞行员被叙利亚特种部队救起，但在救援过程中一名俄罗斯海军陆战队士兵和数名叙利亚士兵被打死，叙利亚军方一架米－8 直升机被击落。

普京在当天公开表示，土耳其的行为是在"背后捅刀子"①。莫斯科希望土耳其总统埃尔多安能就此事件立刻道歉。但土耳其—奥斯曼主义的傲慢以及军方的施压都不允许埃尔多安这样做。土耳其没有道歉，而是向北约总部求助，以寻求联盟支持。美国总统奥巴马发表了相应的"亲土耳其"的声明。

莫斯科指出，战机是在叙利亚境内坠毁的。安卡拉方面表示俄战机曾进入土耳其领空 17 秒，并声称曾三次向其发出警告（在 17 秒内！）。即便我们接受了土耳其方面的说法，但是一架正在返回赫梅米姆空军基地的俄罗斯战机不会在这 17 秒内威胁到土耳其的安全。

俄罗斯做出了强硬回应：限制俄罗斯游客前往土耳其，限制进口部分土耳其商品，暂停从俄罗斯飞往土耳其的航班，对土耳其公民取消免签政策，以及限制在俄土耳其建筑公司的活动。在接下来的一年里，土耳其遭受了约 100 亿美元的损失。先前蓬勃发展的旅游业受影响最大，俄罗斯的旅游禁令和一系列针对外国游客的恐怖袭击使得欧洲游客的数量也急剧减少。俄罗斯媒体中出现了反土耳其的宣传活动，土耳其媒体也同样在进行反俄宣传。

---

① tass. ru/politika/2467403.

俄罗斯在叙利亚大力加强空中防御，部署了最先进的 S – 400 地对空导弹系统。

但双方都展现出了理性克制：石油和天然气贸易没有受到影响，核电站建设没有中断，土耳其海峡的地位仍受《蒙特勒公约》约束。

最终，埃尔多安于 2016 年 6 月 27 日致信普京。他在信中表示，俄罗斯是土耳其的朋友和战略伙伴，土耳其当局不希望破坏两国之间的关系。埃尔多安对击落俄战机一事深表遗憾，表示他准备尽一切力量恢复土俄传统友好关系，并与俄共同面对地区危机形势和打击恐怖主义。"我们从未想过或故意去击落俄罗斯联邦的飞机。" 对于牺牲的俄罗斯飞行员的家属，埃尔多安在信中写道："抱歉。我对他们的伤痛感同身受。我们看待这位俄罗斯飞行员的家庭就像看待一个土耳其家庭一样。"[①] 土耳其方面为牺牲飞行员的家属提供了赔偿金和一栋在地中海沿岸的房子，但家属拒绝接受。

在土耳其发生未遂军事政变期间，俄罗斯坚定地支持埃尔多安的合法政府。在这场失败的政变之后，俄土关系再一次回到顶峰。安卡拉宣称居伦是这场政变的幕后主使，莫斯科并未对此做出评论。莫斯科欢迎土耳其空袭"伊斯兰国"，而不去关注土耳其对库尔德人展开的空袭。土耳其战机在叙利亚和伊拉克轰炸"伊斯兰国"和库尔德人，但主要还是袭击库尔德人。

库尔德民主联盟党充当了库尔德"人民保护部队"和一些叙利亚民兵或少数民族民兵的保护伞，它们将自己统称为"叙利亚民主力量"联盟。它们控制了叙利亚东北部的库尔德地区。库尔德人积极打击"伊斯兰国"，这促使美国直接向他们提供援助。美国声称库尔德民主联盟并不隶属于库尔德工人党。但是在土耳其的坚持下，库尔德人却被排除在和谈之外，尽管他们是叙利亚战争的主要参与者之一。

为了防止阿勒颇北部的库尔德自治区与库尔德"人民保护部队"在叙利亚东北部控制的大片领土连接起来，2016 年 8 月 24 日，土耳其发起代号为"幼发拉底河之盾"（Operation Euphrates Shield）的军事行动。经过几个月的战斗，土耳其与正式成为"叙利亚自由军"一部分的反对派武装一道攻占了巴卜镇（Al – Bab）。

---

① tass. ru/politika/3407975.

安卡拉方面声称，此次行动是针对"伊斯兰国"和库尔德人的。叙利亚政府谴责这样的侵略行为。美国副总统拜登当天在安卡拉发表讲话，间接支持土耳其的侵略行为。他表示，美国已经明确地告诉"人民保护部队"撤出幼发拉底河东岸地区，并且不要试图建立通道与阿勒颇北部的库尔德飞地相连，否则他们会失去美国的支持。① 库尔德人不得不将他们的精力放到袭击"伊斯兰国"的"首都"拉卡上；与此同时，美国也警告土耳其人一定不能攻击库尔德人的领土或者南下到曼比季。②

纳乌姆金：我们的土耳其同行告诉我们，他们的国家安全面临着新的威胁。费特胡拉·居伦的"志愿服务运动"（Hizmet movement）是第一大威胁；库尔德人是第二大威胁，其中包括库尔德工人党、叙利亚库尔德民主联盟党和库尔德"人民保护部队"，它们都被土耳其认定为恐怖组织。就库尔德民主联盟党和"人民保护部队"而言，我们不同意土耳其方面的看法，因为我们不认为叙利亚的这些库尔德人组织是恐怖组织。据土耳其学者说，"伊斯兰国"是第三大威胁，但我想很快就会有所变化；巴沙尔·阿萨德则排在第四位。土耳其只是最近才决定打击"努斯拉阵线"，虽然该组织不断变更名字，但一直都是一个恐怖组织，事实上它是"基地"组织的分支。该组织也遭到了破坏。如果土耳其改变对阿萨德的态度，视他为打击共同敌人的一支力量，那么将为土俄开展更加密切的合作铺平道路。③

土耳其原则上反对在叙利亚北部建立一个库尔德自治区，这与叙利亚政府的立场是一致的。复兴党人相信叙利亚不仅仅是一个统一的国家，而且还是一个"阿拉伯国家"。对于库尔德人来说，这是完全不能接受的。他们准备保留叙利亚公民身份，但他们要求在权力下放的框架内实现自治。

莫斯科、安卡拉和德黑兰取得了共识，都认为一份妥协的叙利亚冲突政治解决方案将有利于各自的利益，这一共识推动三方恢复了友好关系，使三方得以于2017年1月在阿斯塔纳举行会谈。这也是笔者接下来要讨论的内容。

---

① www.golos – ameriki. ru/a/3478828. html. 24. 08. 2016.

② Cм. : *Jones Dorian*. Tensions flare between Turkey, Kurds over Syria's Manbij. 13. 09. 2016—www. voanews. com/a/turkey – kurds – ypgmanbij/3505519. html.

③ 与纳乌姆金的谈话。

阿勒颇

2016 年 7 月，停火失败了。考虑到政府军与"伊斯兰国"和"努斯拉阵线"之间、库尔德人与"伊斯兰国"之间的战斗从未停止过，俄罗斯持续对恐怖分子进行空袭，美国领导的联盟也持续展开轰炸行动，叙利亚实际从来没有实现过全面停火。

各方都试图利用"停火"的几个星期和几个月来谋取自己的利益，这在任何一场内战中都是"常态"。政府军及其盟友确立并最终实现了一项重要的战略任务：包围阿勒颇东部地区，并经过数周的战斗后将反对派从这一地区赶了出去。

感受到在阿勒颇和其他地区的天平正在开始向政府一边倾斜，多个"圣战"派别在继续单打独斗的同时竭力推动它们的盟友，即反对派武装去破坏停火机制。

2016 年 9 月 9 日，俄罗斯外交部部长拉夫罗夫与美国国务卿克里在瑞士会面。他们就叙利亚问题多阶段解决计划达成了协议。特别应提到的是，该计划包括了实现为期 7 天的停火、将反对派与恐怖组织相分离、在卡斯特罗公路附近区域建立非军事区以确保通往阿勒颇的人道主义援助畅通无阻等内容。9 月 12 日，各方宣布停止敌对行动，但实际上停火只维持了一周。

9 月 19 日，叙利亚政府军宣布不再遵守该协议："恐怖主义团体没有遵守停火协议里的任何条款。它们破坏停火的行动已超过 300 次。"[1] 叙利亚情报部门预测，"努斯拉阵线"及其盟友将在阿勒颇西南部郊区发动进攻。

"考虑到武装分子没有满足（阿萨德）政权停止敌对行为的条件，我们认为叙利亚政府军单方面遵守停火协议是没有意义的，"俄罗斯武装力量总参谋部作战管理总局局长谢尔盖·鲁茨科伊（Sergey Rudskoy）上将说，"美国以及受其操控的、所谓的'健康反对派'（healthy opposition）没有履行它们在

---

① *Сирийская* армия заявила о выходе из режима прекращения огня—www. vz. ru/news/2016/9/19/833433. print. html.

日内瓦协议框架内做出的任何承诺。最重要的是，我们不仅没有看到'温和'反对派与'努斯拉阵线'分隔开来，而且亲眼见证了'温和'反对派武装力量与'努斯拉阵线'合并在一起为联合进攻行动做准备。"①

虽然没有公布官方文件，但可以非常肯定地说，阿勒颇一役的总体战略是由俄罗斯军事顾问与叙利亚人及其盟友共同制定的。

政府军及其盟友在阿勒颇东部发动了一波成功的攻势。夺取这座城市意味着阿萨德政权在内战中取得了最重大的一次胜利，这打破了西方、其地区盟友以及反对派武装在军事上打败叙利亚政府的希望。因此，在9月19日停止敌对行为的状态瓦解后，它们的媒体展开了最强烈的反俄宣传活动。西方媒体关注阿勒颇东部的"平民所遭受的苦难"，以及9月19日一支人道主义援助车队被炸事件，该车队进入了反对派控制的地区并被炸毁。袭击的方式和袭击者都不能确定，但西方还是一如既往地将此归咎于俄罗斯人。此外，俄罗斯还被指责轰炸了医院和学校。美国甚至威胁要切断与俄罗斯之间的所有联系。

据称，叙利亚军队的地面行动是由伊朗人指挥的。据一些报道称，伊朗伊斯兰革命卫队的士兵到达了塔尔图斯港和拉塔基亚。检查点据称是由俄罗斯海军陆战队和伊朗伊斯兰革命卫队的士兵驻守的。②

西方媒体和政客都加入反俄的抹黑活动。《纽约时报》表示，这是美国和俄罗斯之间的代理人战争，③ 毕竟是俄罗斯人轰炸了由美国人提供武器的反对派武装。俄罗斯媒体则满怀热情地报道了这一事件，还播放了沙俄时期的国歌《胜利的惊雷，响起来吧！》。与此同时，俄罗斯的政治学家却在紧张地推测，毕竟不值得为叙利亚打一场大战，虽然事态的发展不可预料。没有人（可能除了法国总统庞加莱）希望爆发第一次世界大战，但一战还是开始了，好像战争是"自己"爆发的一样。一战的爆发不仅是因为弗朗茨·斐迪南大公被刺杀，还是由一连串考虑不周的行动导致的。

当时有人向叙利亚人及其盟友建议，在被围困的阿勒颇东部地区开辟一

① tass.ru/politika/3634222/.19.09.2016.

② Iranian troops prepare to aid Russia with Syrian ground assault, officials say//Fox News. 4.10. 2015.

③ Barnard Anne and Shoumali Karam. U.S. Weaponry is turning Syria into Proxy War with Russia—www.nytimes.com/2015/10/13/world/middleeast/Syria-russia-airstrikes.html?_r=o.

条通道，不仅允许平民离开，如果反对派武装愿意的话，也可以让他们带着武器从通道离开。他们被允许前往由反对派武装控制的伊德利卜省。事后证明，这是一个正确的决定，也符合阿拉伯的传统。

2016年7月28日，在俄罗斯国防部举行了一次工作会议，由国防部部长绍伊古主持，主要讨论叙利亚局势。①

绍伊古说："考虑到美国方面没有向我们提供有关'努斯拉阵线'与'叙利亚自由军'分割开来的信息，我们将在阿勒颇北部开辟通往卡斯特罗公路方向的第四条通道，以供反对派武装安全撤离。需要强调的是，我们采取这样的特别措施是在为阿勒颇的民众提供安全保障。"绍伊古下令向当地民众空投食品、药物和生活必需品。他还表示，遵照俄罗斯总统普京的命令，也应美国国务卿克里的私人请求，俄军总参谋部作战管理总局副局长斯坦尼斯拉夫·哈吉穆罕默多夫（Stanislav Gadjimagomedov）少将与一组专家将前往日内瓦，以制定联合措施来稳定阿勒颇附近地区的局势。②

2016年10月18日，谢尔盖·绍伊古宣布停止对阿勒颇地区进行空袭，这对将在10月20日实施的"人道主义临时停火"至关重要。绍伊古称，停止空袭将能保证平民安全地从六条人道主义通道离开阿勒颇，并准备将伤病员撤出阿勒颇东部。他还表示，在"人道主义临时停火"开始后，叙利亚政府军将后撤，为反对派武装分子离开该地留出安全距离。③

叙利亚政府及其盟友打赢了阿勒颇一役。2016年12月22日，阿勒颇东部完全从反对派武装手中解放出来。这是一次重要的胜利，尽管被"伊斯兰国"对帕尔米拉的新一轮进攻打断了，帕尔米拉再度短暂落入"圣战"分子手中，直到2017年3月初才被解放。但莫斯科方面认为，在阿勒颇取得胜利，不是为了继续战争，而是为了推动谈判进程。形势变得复杂起来，因为美国方面出席的代表属于即将下台的政府，高级谈判委员会试图推迟谈判，他们寄希望于希拉里·克林顿能赢得美国总统大选，这将有利于高级谈判委

---

① Министр обороны России объявил о начале масштабной гуманитарной операции по оказанию помощи мирному населению сирийского города Алеппо—function. mil. ru/news_ page/ person/more. htm？id = 12091022@ egNews.

② https：//rns. online/···/SHoigu – rasporyadilsya – napravit – v – ZHenevu – na – peregovori – po – Si.

③ Шойгу объявил о прекращении ударов в районе Алеппо—www. rbcru/politics/18/10/2016/ 5805cb099a7947cf30346433.

员会的强硬立场。高级谈判委员会一再扰乱谈判，要求巴沙尔·阿萨德立即辞职，并以此作为谈判的前提条件。在这样的情况下，先前不可能出现的俄罗斯、土耳其、伊朗三国合作开始启动。

纳乌姆金： 根据 2016 年 9 月 9 日签署的协议，美国承诺将经过审查的所谓"温和派"团体及其盟友与那些由以安理会为代表的国际社会认定的恐怖主义团体分离开来。俄罗斯为了和平以及停止流血向它的伙伴们做出了重大让步。我们和那些在我们看来与恐怖组织几乎无异的反对派团体的代表一起坐在谈判桌前。举个例子，这些团体中包括了"伊斯兰军"。美国人不想向我们提供那些经审查的"温和派"团体的坐标，于是我们将它们排除在有效（打击）目标名单之外。现在看来已经朝这个方向迈出了第一步。但这发生在 2016 年 9 月 19 日在阿勒颇附近对人道主义援助车队的挑衅性袭击以及 12 月初美国战机在代尔祖尔轰炸叙利亚政府军之前。自此之后，局势升级了。执行俄罗斯和美国之间的协议并不容易，这是因为美国当局在这一问题上没有统一的立场。事实上，美国中情局一直支持伊斯兰团体，而五角大楼则支持世俗性团体。尽管有些团体是世俗的，有些团体是奉行伊斯兰主义的，但其中的战斗人员不断从一个团体向另一个团体"流动"。

如今，领导与叙利亚政府军进行武装斗争的反对派人士（我们通常将他们称为"健康的"而非"温和的"），更接近于雇佣军，而非受鼓舞（哪怕是受伊斯兰主义鼓舞）的领导人。这是他们在穷困和废墟之中的谋生之道。

反阿萨德的力量获得了大量的资金、武器和战斗训练。这些都是由沙特、土耳其、卡塔尔、美国和以法国为主的一些欧洲国家提供的。由于反对派武装团体之间的合作和战斗人员的持续"流动"，这些资金和武器最终会落入"努斯拉阵线"甚至是"伊斯兰国"的手中。

叙利亚反对派高级谈判委员会，或者说是所谓的"利雅得平台"（Riyadh Platform），极其明确地表明了他们对谈判的立场：拖延谈判进程，防止谈判重启，并等待希拉里·克林顿入主白宫。还应该了解的是，叙利亚政府军内部也有"鹰派"，他们寄希望于一场"以胜利而告终的战争"。

笔者： 但俄罗斯先前没有打算、将来也不会"战斗到最后"。我们有其他优先事项。

纳乌姆金： 除了政治进程外别无选择。叙利亚已经被严重毁坏到不能再遭破坏的程度了。双方都遭受了巨大的损失。俄罗斯的立场是，在叙利亚取得完全的军事上的胜利是不可能的，因此在任何情况下谈判进程都必须继续。

笔者：在 2016 年最后的几个月里，俄罗斯没有打算与美国合作，虽然双方在 9 月达成了一些协议。但俄罗斯与土耳其、伊朗之间的合作变得日益明显。

纳乌姆金：确实。俄美轨道中有很多让人失望的地方，双方在诸如分离"温和"反对派与恐怖分子、实施停火以及获得人道主义援助等问题上不断出现分歧，且这些分歧都是美国方面的原因造成的。然后就到了俄罗斯和土耳其关系升温并在叙利亚问题上进行具有建设性互动的时期。这使得谈判的重心暂时转到了"俄土伊（朗）"轨道上来……但人们不应该认为这取代了在日内瓦的联合国谈判平台，或者是取代了俄美之间的合作。阿斯塔纳是解决军事和安全问题的平台。如果俄罗斯和土耳其就一些问题达成一致，将有助于实现一些特定目标，当然伊朗也会参与其中。我们从阿勒颇撤出平民的例子就可以看出这一点：由于俄罗斯和土耳其合作，行动完全成功。毕竟，土耳其控制着叙利亚北部的大多数反对派武装团体。土耳其还同意加入对"伊斯兰国"和"努斯拉阵线"的积极斗争。我们不再有必要去指责安卡拉支持"努斯拉阵线"①。遗憾的是，阿拉伯国家没有参与"阿斯塔纳进程"，特别是为反对派武装提供大力支持的沙特和卡塔尔。

笔者：那叙利亚库尔德人在俄土合作中处于什么样的位置呢？

纳乌姆金：一个重要的问题是自治区的命运，库尔德人宣布建立了所谓的"罗贾瓦—北叙利亚民主联邦"（Democratic Federation of Rojava － Northern Syria）。阿萨德政府对其不予承认，坚决捍卫叙利亚的国家统一。土耳其认为，将叙利亚库尔德人的三个省合并成一个延伸的地带是不可接受的，这一地带将沿其边界从阿夫林延伸到贾兹拉。土耳其将不惜任何代价阻止建立这个"联邦区"或任何形式的自治区。鉴于叙利亚库尔德人和土耳其库尔德人之间关系密切，土耳其领导层相信这会引燃土耳其内部局势。

笔者：叙利亚反对派高级谈判委员会在新形势下扮演什么样的角色呢？

纳乌姆金：尽管很多在叙利亚国内有强大支持基础和影响力的团体确实

---

① 后来更名为"征服沙姆阵线"（Jabhat Fateh al－Sham）和"沙姆解放组织"（Hay'at Tahrir al－Sham）。——译者注

在高级谈判委员会中有自己的代表，但该委员会仍未获得所有武装团体和政治反对派的绝对信任。这个委员会从未百分之百地被反对派人士信任，特别是其中的世俗派。再加上叙利亚国内还有包括拒绝武装斗争的反对派在内的其他反对派团体，高级谈判委员会声称其为所有反对派的唯一代表是没有根据的。不过，该委员会得到了以沙特和卡塔尔为主的海湾国家提供的慷慨资助。

目前，只有高级谈判委员会还在要求和平进程开始后，阿萨德总统应立即辞职，尽管国际社会通过的任何一份官方文件从未包括这一要求。

如果在今天举行总统大选，叙利亚人民可能更愿意看到阿萨德再一次成为他们的总统。这完全取决于他们自己。外部参与者如今的主要任务就是停止流血以及创造条件让境内外的叙利亚人民能够自由地表达他们的意愿。为了实现这一目标，我们需要帮助叙利亚击败恐怖分子。①

2016 年 12 月 29 日，俄罗斯总统普京在与外交部部长和国防部部长举行会议时宣布已就叙利亚停火以及启动谈判达成了协议。② 叙利亚武装力量指挥部宣布将于当地时间 12 月 30 日零时开始在叙利亚全境停止敌对行动。

纳乌姆金：支持停火是出于现实考虑，因为绝大多数反对派团体都在土耳其的控制之下，由安卡拉作为莫斯科的伙伴来确保停火，也许是可以的。但土耳其并没有控制在叙利亚的所有武装团体。之后应启动下一阶段的日内瓦和谈，不过要成功推动这一进程就必须建立统一的反对派代表团，但要完成此任务仍极其困难。此外，至关重要的是，将和谈转变为政府与反对派之间的直接对话，这是一个更加具有挑战性的任务。

我认为，基于俄、土、伊（朗）三国的共同利益，以及它们在可接受的妥协范围内调整自身利益的能力，达成协议是可行的。事实上，任何一方都不会放弃自己眼中的关键利益，而且和平进程也不会消除土耳其和伊朗之间、俄罗斯和土耳其之间的深刻矛盾。

笔者：（有些人）已经试图在我们这些国家中挑起不和，将来也还会这样做。

---

① 与纳乌姆金的谈话。

② Путин заявил о подписании документов о прекращении огня в Сирии—www. interfax. ru/
world/543625.

纳乌姆金：是的。各种激进团体，最重要的是包括地区国家在内的外部参与者必然会设法削弱俄、土、伊三国的合作。问题是如何将沙特纳入具有建设性的合作之中，尽管沙特只控制着很少的叙武装团体，但它对许多其他武装团体有着巨大的影响力。这些团体中有很多组织准备参与停火，放下武器去过和平的生活。但他们将要怎么样生存下来？毕竟，他们因参加战斗而获得报酬，他们的家人也依靠这些钱生活。叙利亚战争变成了一场生意——反对派为钱而战，并非为了信念。

笔者：截至 2017 年初，俄罗斯在叙利亚取得了什么成就？什么方面不成功？

纳乌姆金：军事上获得了胜利，但和平进程是不成功的。同以往一样，我们仍在缓慢地走向和平进程。我们已经表明，我们不仅有兴趣，而且即使暂时不能跟美国合作，我们还能与土耳其和伊朗合作来推动叙利亚问题的解决。俄罗斯联邦关于在叙利亚不可能有军事解决办法的立场再次得到确认。俄罗斯的行动已经表明，我们的总统能够做出一些大胆的决定，这些决定有一定的风险，不总是能够得到我们的外国伙伴认可，有时甚至会遭到尖锐的批评。这些决定被我们的敌人利用来攻击我们，因为这些决定让那些想要看到我们软弱和无法实施独立外交政策的人害怕。我应该指出的是，除了协助叙利亚政府军事打击恐怖分子这一主要任务外，俄罗斯武装力量还在叙利亚开展了两项行动：第一，运送人道主义援助物资和保护人道主义通道；第二，为实现局部停火进行谈判并确保停火能够持续。①

任何人都无法决定将来进行政治解决的时间表。安理会第 2254 号决议规定的最后期限没有实现。美国新政府的行事方式尚不明确。它们不再要求阿萨德立即辞职，但在一起挑衅事件——2017 年 4 月据称在伊德利卜省发生化学武器袭击——发生后，美国重申了巴沙尔必须下台的要求。俄、土、伊"三个担保国"推动的阿斯塔纳会谈帮助维持了脆弱的停火，但日内瓦和谈陷入了僵局。

任何有关叙利亚局势的乐观言论都是一厢情愿。

---

① 与纳乌姆金的谈话。

结　论

到本书完稿时，叙利亚危机已进入第七个年头。地区和全球范围内的多个国家卷入其中。

俄罗斯干涉叙利亚要实现什么样的目标？第一个目标是双重的：削弱极端分子、恐怖组织"伊斯兰国""努斯拉阵线"及其盟友，并在实际上挽救合法的叙利亚政府。第二个目标是，尽管规模有限，测试和证明俄罗斯恢复了军事力量。第三个目标是（可能没有宣布），迫使美国及其盟友在叙利亚与俄罗斯进行合作，首先是在军事技术领域。最后一个目标，虽然从来没有公开表示过，即寻找一个与西方合作的目标，并证明这种合作对大家都是必要的，合作范围不仅限于近东和中东，还可能在欧洲乃至全世界。

很明显，俄罗斯的干预伴随着风险。其中一个风险是可能导致俄更深地卷入战争，它可能——已经——给俄罗斯带来伤亡，尽管伤亡有限。

另外一个风险是反俄恐怖主义的增长，首先是客机在西奈半岛上空爆炸，然后是企图组织针对俄罗斯境内的恐怖袭击。有可能这些恐怖活动与俄罗斯在叙利亚的军事行动没有直接关联，不管俄罗斯是否卷入叙利亚问题，这些恐怖袭击都会发生，并还将发生。有关俄罗斯在叙利亚行动所带来的财政和经济负担的规模官方数据尚未公布，但有理由认为，鉴于当前的经济危机，这一负担是相当重的。

最后一个风险，这并不是不合时宜的，考虑到反俄罗斯的西方媒体的强大影响力，它们获得了新的理由去制造一个虚拟现实，在其中俄罗斯被赋予帮助"血腥政权"屠杀其人民的角色。俄罗斯总统的形象被"暴君"化了，这对普通受众产生了影响，尽管俄罗斯在这场网络信息战中也实施了重大反击。

总体上，在2017年初，俄罗斯在叙利亚的军事行动取得了重大的军事和政治成功。人们不使用"胜利"这个词，是因为它包含了其他一系列标准：在全球，尤其是在近东和中东的不稳定形势下，什么才能算是"胜利"或者"失败"？对极端分子、恐怖组织采取军事行动，彻底摧毁它们，同时在政府和"健康的"反对派之间启动和平进程，组建过渡政府，起草宪法，在该国举行选举，所有这些都意味着俄罗斯政策的胜利。讽刺的是，如果人们从现实和国家利益的角度来看待这些，而不是出于羞辱和诽谤俄罗斯，把俄罗斯的朋友以外的任何人弄上台而不管叙利亚未来会发生什么，那么这些标准也是西方政策的胜利。

2016 年度《俄罗斯联邦外交政策概念》指出："俄罗斯支持叙利亚问题的政治解决，叙利亚的未来应在 2012 年 6 月 30 日的《日内瓦公报》、'叙利亚国际支持小组'的有关声明以及联合国安理会相关决议的基础之上由叙利亚人民自主决定。俄罗斯支持叙利亚的统一、独立和领土完整，支持一个世俗、民主和具有代表性的多元的阿拉伯叙利亚共和国，各民族和教派享有平等权利和机会，将和平而安全地共同生活在一起。"①

退出战略仍然是一个挑战。俄罗斯能够在叙利亚发挥决定性作用，但仅限于叙利亚。如果我们现实点，我们应该提前接受这一点，即总体上俄罗斯不能够在近东和中东保持领先地位。首先是由于经济环境。该地区的主要经济伙伴仍然是美国、西欧、中国和正在崛起的印度。从经济合作的角度看，俄罗斯将继续在该地区发挥支持作用。因此，希望找到与西方开展合作的共同基础仍然是俄罗斯政策的主要支柱。

叙利亚政策还一直受到另外一个因素的影响，莫斯科从未隐瞒过这一点，那就是，在俄罗斯以及后苏联空间的国家里有一部分有极端思想的穆斯林同情"伊斯兰国""努斯拉阵线"以及其他恐怖组织。

在俄罗斯空天军开展行动之初，叙利亚"圣战者"中有 2000 多人来自俄罗斯和中亚。一年半后，这个数字增加到 7000 人。② 虽然在战争中一些人被消灭，但也有一些有经验的、极端化的武装分子返回俄罗斯，或潜伏起来或

---

① См.：Концепция внешней политики России（утверждена Президентом Российской Федерации В. В. Путиным 30 ноября 2016 г.）—ww. mid. ru/foreign_policy/news/－/asset_publisher/cKNonkJE02Bw/···/ 2542248.

② Путин: в ИГ воюют от 5 до 7 тысяч выходцев из СНГ—www.bbc.com/russian/news/2015/10/151016_putin_cis_isis.

积极组建恐怖小组以发动恐怖袭击。保护国内安全、与忏悔者达成合作，以及继承俄罗斯宽容的传统也是议程上的优先事项。有必要在打击"圣战"分子和尊重伊斯兰教和穆斯林之间找到一条可行的道路，哪怕是一条狭窄的通道。

在叙利亚战争中，哪个地区或非区域行为体赢了？哪个又输了呢？我们将单独讨论一下美国。

土耳其，最初采取支持反对派的立场，包括伊斯兰主义分子，后来诸多复杂原因使其突然面临内部不稳定问题。在其边境地区又一个库尔德自治区（罗贾瓦，Rojava）的出现为库尔德工人党武装部队提供了另一个活动基地，后者正在领导一场反对安卡拉的武装斗争。与俄罗斯关系的短暂崩溃使土耳其付出巨大的经济损失，削弱了其地缘政治地位。总体上，在新奥斯曼主义幻想的旗帜下，土耳其卷入了叙利亚战争，从而击碎了它成为近东和中东领袖的希望。

伊朗呢？很明显，伊朗一开始联合黎巴嫩真主党为巴沙尔政权提供军事支持是下对了赌注。在伊拉克，伊朗与美国一起行动，鼓励伊拉克什叶派民兵打击"伊斯兰国"。通过在核计划上达成妥协，伊朗的制裁被取消，腾出手来积极开展地区行动。同时，伊朗卷入了什叶派与逊尼派之间日益扩大的冲突。"阿拉伯大街"，它已从反西方力量——因而也是受欢迎的，转向"什叶派轴心"（也称"抵抗轴心"），被指控是与逊尼派穆斯林为敌的。

通过与俄罗斯的合作，土耳其和伊朗成为停火与和平进程的共同支持者，这也提升了它们的地缘政治分量。

输家包括卡塔尔，该国因其在叙利亚内战中不成功地押注于伊斯兰主义分子而声誉扫地。事实证明，金钱在叙利亚和整个地区的严肃政治中发挥了重要的但绝不是决定性的作用。

沙特阿拉伯放弃了幕后玩家的角色，陷入了无法获胜的局面，而在 20 世纪 60 ~ 70 年代，费萨尔国王曾成功地扮演了这一角色。沙特直接参与了也门内战，间接参与了叙利亚内战。这两种情形都是其反伊朗战略的表现，这一战略在经济上耗尽了沙特的资源，但并未为其带来政治上的好处。诚然，利雅得在埃及取得了成功，押注于穆斯林兄弟会的垮台，但在叙利亚，沙特反阿萨德和反什叶派的言论使得它不能加入俄罗斯、伊朗和土耳其的阵营，不能成为和平缔造者之一。地区政治的失败与国内问题同时发生：油价下跌、军费开支不断增加导致了数百亿美元的预算赤字；还有沙特王室内部的矛盾。

对美国来说，它推翻复兴党政权和把阿萨德个人赶下台的目标的失败，只是其在中东一连串错误和失败中的一个环节。

半个世纪以前，似乎有一股未知的力量突然把近东和中东秩序的一个组成部分——苏联的影响——端了出去。苏联是中东力量平衡的因素之一，在某些情况下它可以起到稳定局势的作用。苏联被"端出去"之后，美国成为这一地区不受限制的支配力量。

乍一看，这幅图景变得面目全非，不再有"共产主义威胁"、苏美对抗，也不会再将阿以冲突视为苏美对抗的衍生品，或是将某个政权看作苏联意识形态上的亲密"朋友"。此外，苏联的一些组成部分，其高加索地区的共和国，现成为独立国家，并迅速成为这一地区戏剧中的演员，兼具主人和客人的双重身份。

在新的情况下，在20世纪90年代和21世纪头十年，本区域的战略力量平衡发生了变化。虽然美国和以色列之间的联盟仍然有效，但一些阿拉伯国家和苏联之间的友好合作协议化为乌有，这些协议本质上是半联盟性质的。

这就出现了对以色列和美国有利的巨大战略失衡。由于没有力量和手段来改变这种不平衡，伊斯兰国家社会感到屈辱、失望和无力，于是爆发了宗教激进主义和宗教极端主义。美国在近东和中东似乎确定了绝对的霸权。然而，伊朗对此发起了挑战，叙利亚和利比亚也采取了不同的立场。事实上，这三个国家也想与美国建立某种伙伴关系，但华盛顿还没有做好准备。

那么，莫斯科对中东的政策是否已经作为一件历史轶事而被遗忘了呢？事物并不总是沿着一条直线发展的。

在20世纪90年代和21世纪头十年，俄罗斯不能干涉华盛顿的行动，尽管它巧妙地指出了华盛顿在该地区政策上的不必要错误，但没有选择与之对抗，相反，还试图找到与其合作的方式。

最生动的例子就是俄罗斯在阿富汗为美国和其他北约国家的行动提供帮助：喀布尔本身不是被美国军队攻占的，而是被由俄罗斯和伊朗提供武器的北方联盟占领的。后来，美国得到后勤方面的支援，通过空中和陆地将其人员和货物由阿富汗运进运出。双方情报部门之间也有一些合作。

俄罗斯试图证明有必要制定一项新政策：敌人的敌人不一定是我的朋友，他可以成为一个共同的敌人，击败他意味着多赢。但这种立场遭到了美国的拒绝，因为当时美国是该地区的霸主。

经过一段时间的衰落和徘徊之后，俄罗斯的全球和地区利益得到扩展。鉴于其巨大潜力——核武器、人口、领土、科技，它仍然处于国际社会的上层。正因为如此，西方国家才不愿与俄和解。起初，这只是造成了一些紧张，但后来它演变成了某种新的冷战，尽管是在有限的范围内。

如果不从诸如在全球、欧洲、乌克兰和克里米亚所发生的事件此类更广阔的视角来评析西方和俄罗斯对中东的政策，结论恐怕会适得其反。当冷战以苏联的失败和崩溃而终结时，莫斯科曾一度希望与西方建立一种新的平等的互利关系。

然而，事实证明，西方领袖陶醉于冷战的结局，他们认为苏联虽然在经济、社会和宣传领域失败了，但在军事领域还没有失败，为此他们采取了一些只能被视为对俄罗斯怀有敌意的步骤。在经过适当的意识形态处理后，前华沙条约组织成员国和波罗的海三国被北约接纳，这使得北约在地理上更接近俄罗斯。此外，北约在东欧国家部署了导弹防御系统，希望借此削弱或消除俄罗斯战略部队进行报复性打击的潜在可能性。俄罗斯的安全和其他国家利益根本没有被他们考虑在内。他们的希望是俄罗斯会进一步崩溃。已经有人开始谈论西伯利亚不是俄罗斯的，而是"世界遗产"。

莫斯科实际上承认了苏联各加盟共和国之间曾经存在的行政边界。笔者本人从自己的渠道了解到，俄罗斯已经在同乌克兰进行谈判，以确定刻赤海峡（Kerch Strait）中的小岛及浅滩的归属。与此同时，莫斯科认为，俄罗斯对乌克兰的政策是建立在不言而喻的三项原则之上。

首先，乌克兰应保持友好和"永久中立的国家，不参加军事集团"（就如1990年乌克兰国家主权宣言所宣布的那样）[1]，不应成为任何威胁俄罗斯国家安全的来源地。

其次，俄罗斯在克里米亚的军事基地必须继续掌握在俄罗斯手中，它们能够确保俄罗斯南部的安全。

最后，俄语是乌克兰约一半人口的母语，应继续成为官方语言或族裔间交流的语言。

这就是全部！为了两个兄弟民族的利益，所有其他问题都可以通过谈判

---

[1] Декларация о государственном суверенитете Украины （1990）—https://ria. ru/spravka/20150716/1127839049. html.

解决，尽管这将是困难和漫长的。正如安德烈·安德烈耶维奇·葛罗米柯所言："十年的谈判胜过一天的战争。"

但乌克兰的政治越来越被激进的民族主义者所主导，他们心目中的英雄是在瓦莱尼亚与东加利西亚波兰人大屠杀中的凶手，或者是纳粹德国党卫军"加利西亚"师的老兵。恐俄情绪得到了众多西方基金会的支持。与之前的承诺相反，北约开始采取步骤接纳乌克兰。北约领导人在这方面发表了官方声明，这些声明被乌克兰民族主义者视为行动指南。俄罗斯在克里米亚军事基地的日常运作受到人为阻挠。此外，不顾当地民众的抗议，乌克兰开始与北约在克里米亚半岛举行联合演习。

面对叙利亚事件，面对乌克兰的亲欧盟示威，面对克里米亚公投，面对顿巴斯的流血事件，俄罗斯不可能无动于衷，冷战正在重新抬头。这些对俄罗斯和乌克兰的损害是显而易见的。

俄罗斯关于寻找共同立场、共同利益，或和平解决冲突，尤其在近东和中东地区的各种呼吁，都被西方歪曲、伤害和拒绝。西方领导人和媒体的这种行为合理吗？这是否反映了他们的国家利益，甚至是西方精英的自私利益？

这证明，作为苏联的继承人，俄罗斯不仅仅是他们的意识形态对手，苏联当年成为西方的对手似乎是因为它试图建立一种新的社会政治体系，它拒绝西方基于私人财产和个人主义的价值观。显然，不仅如此。如今的俄罗斯，简而言之，还"必须"服从西方，并依照西方选择的方向来"领导"俄罗斯，如果不是按照这一情形发展，俄罗斯就必然成为对手。

然而，莫斯科质疑西方在整个世界以及近东和中东地区的行为是否得当，其政策是否有效，是否给大家带来了负面后果。伊拉克战争以及之后对利比亚的军事干预所造成的后果，难道不支持这一质疑吗？实际上，世界正变得越来越复杂和多极化，但这并不符合华盛顿的思维和战略。

俄罗斯在这个地区需要得到什么呢？稳定和可预见性，贸易和经济合作，文化和旅游联系，空中和海上往来的安全。这些是已经公开的俄罗斯中东政策的任务。对俄罗斯、西方、中国和印度，这些要求是共同的。说真的，当今世界没有人能保证稳定和可预见性，即使在欧洲—大西洋地区，甚至中美关系中也不能做到，更甭提在中东了。伴随着发展不平衡、价值观念冲突等全球性矛盾日益突出，整个世界秩序发生混乱的风险不断增大。

与此同时，考虑到俄罗斯的主要经济指标，即使在一个多中心的世界，或在特定地区，俄罗斯也无法成为主要参与者，无论它在叙利亚扮演了多么重要的角色。然而，同地区国家和世界大国的合作可以包括广泛的主题：防止核武器及其他大规模杀伤性武器的扩散，防止不受控制的武器贸易、非法移民、贩卖人口、非法贩运毒品和精神药物；经济安全、气候变化和水资源获取等许多问题也只能通过合作来解决。

首先也是最重要的是打击恐怖主义，或者说反对宗教极端主义。《俄罗斯联邦外交政策概念》指出："俄罗斯认为，打击国际恐怖主义是政府的一项重要任务，是国际安全的一项关键优先事项。"[①]

就如最近打败了塔利班和"基地"组织一样，击败"伊斯兰国"和"努斯拉阵线"也是可能的。但是，这些极端组织会以新的面目重新冒出来。极端主义的意识形态对我们这个时代的复杂问题给出的答案（更精确地说，是伪答案）很简单。

只有在全球范围内的社会—政治、经济和心理关系发生急剧变化，即建立平等和相互尊重的关系的条件下，才有可能通过共同努力取得针对极端主义的彻底胜利。"伊斯兰国"的方案（在全球或某个区域的哈里发），本质上是中世纪的，实际上注定要走向失败。不过，这一思想可能会再度浮现，并吸引新的支持者。大多数伊斯兰国家与欧洲—大西洋地区的不平等关系助推了这种抗议，包括它们最丑陋的形式——恐怖主义。过去，现在，未来，恐怖主义都会存在。变化的是其规模的大小。

中东将会变化，但如何改变，朝哪个方向转变呢？在伊朗，什叶派伊斯兰的"民主"制度已行之有效。但能持续多久呢？在土耳其，使用类似于西方民主的框架在增强温和伊斯兰力量方面行之有效。但能持续多久呢？埃及的独裁政权和阿拉伯半岛的君主制将如何转型？……问题比答案要多得多。

俄罗斯不干涉这些进程，也不充当这些国家的教师爷，更不用说强加于人了。它对"阿拉伯之春"和"阿拉伯之冬"是中立友好的：理应由该地区国家自主选择本国的发展道路，只有宗教极端主义和恐怖主义的立场是绝对不可接受的。

其次，俄罗斯的资产包括与其南部近邻几个世纪的合作以及与阿拉伯世界数十年的合作。实际上，俄罗斯已经变得更务实。它的政策已经去掉了前

---

① Концепция внешней политики России…

缀 "亲 -"，既不 "亲阿拉伯"，也不 "亲以色列"，在原则上它试图只为俄罗斯的自身利益服务。在试图将俄罗斯在近东和中东的政策与华盛顿的政策等同看待之后，俄罗斯已经搞清楚，尽管有利益冲突，但美俄在该地区的利益是不同的。同样搞清楚的是，西方不会接受俄罗斯在中东或在欧洲的平等伙伴地位。俄罗斯的单方面让步被视为理所当然，在最好的情况下它也只能得到礼貌式的 "奖赏"。

"大国身份" 被拒绝，对抗和救世主思想，迫使俄罗斯重新考虑其对该地区冲突的态度。之前，关键的问题是谁的盟友（"朋友"）和谁的 "客户" 卷入了冲突，"敌人的敌人" 会成为朋友。在我们这个时代，把近中东转变为一个和平与稳定的地区符合俄罗斯、美国和整个西方的短期、长期利益。让我们重申："敌人的敌人" 可能成为共同的敌人。

俄罗斯的政策强调双边关系。这些国家的经济组成部分对俄罗斯摆脱危机和改善对外经济关系发挥着基础作用，并变得日益重要，但远未完善。核电站的建设和卫星发射表明，俄罗斯可以成为这一地区高科技领域的合作伙伴。地理位置的接近和经济上的互补可能使俄罗斯通过建立合资企业和共同资本投资找到有利可图的市场。

虽然俄罗斯的武器出口依然是其经济扩张的重要因素，但俄罗斯与近中东国家经济合作的大幅提升关系到未来。关于消除该地区核生化武器的各种倡议都涉及俄罗斯，这是一个与西方可能达成相互谅解的领域。然后，一些国家合法的防卫关切在俄罗斯这里受到了重视。短期内俄罗斯更愿意出售武器。没有人全额偿还了过去的军事债务，没有人会为消耗了的武器买单，特别是在子弹或炮弹没有击中目标的情况下。

因恐怖主义袭击、爆炸，甚至战争而加剧的地区动荡，将会在目前较低的混乱水平上持续下去。政治潮流以及促进多样发展的战略，将会寻找合适的模式——自由民主的、伊斯兰主义的或它们自己的模式。俄罗斯已经表明，它将既仁慈又中立地、一视同仁地看待该地区的社会—政治试验，除了极端主义和恐怖主义外，后者已经成为全球范围的威胁。

最后，俄罗斯外交政策将考虑到俄罗斯公众对某些社会、政治和宗教潮流，对某些国家和某些政权的舆论是同情还是反感。公众舆论将通过选票、媒体或网络空间对国家的领导层以及其外交政策产生影响。因而，以色列的政策、耶路撒冷伊斯兰和基督教圣地的命运、伊斯兰国家和西方世界的潜在冲突、该地区基督徒的命运，也都成为俄罗斯的国内政策问题。

俄罗斯和土耳其的关系将建立在共同利益和减少或无视矛盾的愿望基础之上。将考虑到非国家行为体因素，特别是土耳其和叙利亚的库尔德人。在不牺牲原则的情况下，莫斯科寻求与库尔德人生活的国家政府建立正常关系。但是，库尔德问题涉及伊拉克、土耳其、伊朗和叙利亚四国，是所有问题中最难解决的。在库尔德问题上，俄罗斯依然采取骑墙观望政策。这一立场令人很不舒服，却是最佳选择。

俄罗斯采取与伊朗伊斯兰共和国全面合作的政策。根据联合国安理会决议和国际原子能机构理事会的决定，俄罗斯还始终如一地执行《联合全面行动计划》（JCPOA），即伊朗核协议，并积极为这一进程提供便利。

俄罗斯与埃及有着特殊关系。两国在历史、文化、宗教、规模以及生活方式等方面确实有着天壤之别，地理上也相距遥远，双方的政权、意识形态和政策也发生了变化，但事实证明，两国的最高国家利益从未发生碰撞，而且还互补。这是它们建设共同未来的基础。

把近中东真正转变为一个和平与稳定地区，包括解决"一切冲突之母"——阿拉伯和以色列的冲突，将符合俄罗斯的短期和长期利益。

俄罗斯继续欢迎"以土地换和平"的巴以和平进程框架。但是，除非遵守某些原则，否则很难保证能达成协议。有些人公开宣布以前苏联对巴以和平进程的政策是僵化、被冻结和无效的，因为它太原则化了。但即使从苏联过渡到俄罗斯，政权发生了改变，这些原则也没有改变。在联合国安理会第242号决议（1967年）和第338号决议（1973年）①的框架下解决阿以问题，过去和现在都是俄罗斯政策的基础。

主权的范围、未来巴勒斯坦国的边界、巴勒斯坦领导层的性质、中立地位、非军事化、与约旦和以色列的关系、最难的耶路撒冷地位问题、难民的命运，所有这些都是可以谈判和妥协的。

但是，依照以色列的建议，承认解决问题的其他基础，则意味着俄罗斯的双重损失。第一，背离这些原则将决定性地削弱莫斯科在阿拉伯和伊斯兰世界的信誉。第二，无原则地"解决"，将意味着偏向更强大的一方——以色

---

① Резолюции Организаций Объединенных Наций № 242 и 338—jhistory. nfurman. com/teacher/ 06_166. htm.

列及其"战略盟友"美国——的命令,并播下在不远将来会引发更具破坏性冲突的种子。

本书的作者相信,当前形式的冲突还将持续一段时间。以色列将继续一块又一块地夺取巴勒斯坦人的土地,修建新的定居点,因为在以色列境内存在日益增多的人口。目前,世界上超过2/3的犹太人生活在以色列。因而,我们不应期望新一波移民潮的到来,尽管世界形势发生的不可预测的急剧变化有可能导致希望移民到"历史性祖国"的人数增加。

如果我们从声明的语言转到其他场景,我们可能会假设几个变量。

第一个变量是刚刚提及的。

第二个变量是基于对巴勒斯坦人进行种族清洗原则基础之上的"解决方案",即把巴勒斯坦人口最大可能地驱逐到以色列控制的停火线以外。这将是建制派极右一方采取的一个步骤,它将不仅挑战阿拉伯人和所有穆斯林,而且挑战国际社会。在某些极端情况下,以色列有可能逃脱惩罚。这种变量是极端的,也是困难的,因为如今是一个信息社会,仅仅把既成事实呈现给人类就是有风险的。更有甚者,历史经常见证因果报应的原则:如果我们播种邪恶,就会收获邪恶。

第三个变量是纯理论的、天真的、理想主义的,而且几乎是不可行的。它指的是建立一个阿拉伯—犹太人联合国家,其公民享有真正的平等权利。它涉及阿拉伯人与犹太人一样同等参与政治、军事、商业、教育和其他活动,以及他们获得土地和其他财产的同等权利。如果建立这样一个国家,它将成为中东的经济、金融、创新、科学和技术中心,对以色列—巴勒斯坦自身和整个地区的局势都会有积极影响。之前极端分子的反以言论将会消失。在发挥其聪明才智基础上,犹太人和巴勒斯坦人的繁荣都将面临巨大的机遇。

可以假设,如果自以色列建立和阿以战争爆发以来两个民族间形成的相互憎恨和不信任已成为一个固定的政治和心理因素,那么,这一选择会被绝大多数犹太人和相当一部分阿拉伯人拒绝。一代巴勒斯坦人,尤其是年轻人,已经长大,他们不仅憎恨以色列,还憎恨所有犹太人。如果他们手里没有自动武器使用,他们愿意削尖学校的塑料尺子,将它们变成一把原始的刀,然后用来刺杀犹太人。一个犹太士兵认为自己有权先射杀一个有嫌疑的阿拉伯人,然后再思考是否正确。

改变这一心理因素很困难。实践也证明,实现领土分割也很困难。以色列脱离加沙地带，不仅未必会使后者成为另一个繁荣的"香港"，反而会使其成为一个庞大的武装贫民窟，它不承认需要与以色列共存，尽管实际上是共存的。

谈论建立一个巴勒斯坦国仍将会是包括俄罗斯在内的国际政治话语的一部分，但仅此而已。终究，主要问题是"国家"这一词语的内涵是什么？如果"国家"意味着国旗、国歌，高官们所乘坐的豪华轿车、礼兵，等等，那么这个意义上的巴勒斯坦"国家"可能会诞生。

但是，在实践中，就如现在的巴勒斯坦自治实体那样，这个国家将扮演一个市政府的作用，处理水、卫生、学校、医院等事务。那么主权和领土呢？处于占领之下，行使主权是不可能的。巴勒斯坦人居住的领土构成了一个由微型"班图斯坦制度"构成的不同的区域，如果不清除相当大一部分犹太人定居点，就不能简单地宣布为一个真正的国家，而清除犹太人似乎根本不现实。

在这种情况下，俄罗斯将与以色列保持友好的政治、贸易和经济关系，偶尔也会找到政治接触点，就打击恐怖主义问题发表联合声明，甚至交换经验。俄罗斯将继续讨论承认巴勒斯坦人的权利，向他们提供一些帮助，与巴勒斯坦各派系保持联系。还有什么？自然，文化和家庭联系以及以色列的俄罗斯旅游业将得到发展。但以色列真正的战略伙伴、盟友和保护者是美国，以色列永远不会用这个朋友来与俄罗斯做交换。俄罗斯也不需要那样的亲密朋友关系。

到目前为止，还很少提及可能对俄罗斯、美国以及其他国家的中东政策决策起决定性作用的一个因素。在未来的20~30年内，石油可能成为世界经济的一种过剩资源。该地区此类资源丰富的国家可能会失去油气租金，它们也将影响这一区域的整体经济形势。

做出这一判断的理由是美国发生了"页岩气革命"。它受到了超高油价的驱动，当时所有人似乎都相信石油产量已达到峰值，由此将导致油价飙升。由于油价高企，美国开始积极发展页岩油产业。5~7年前，一桶页岩油的价格约为100美元，而现在处于20~50美元/桶的范围内，尽管通常更接近50美元/桶。采矿技术以及环保措施快速而成功的发展，导致了页岩油生产的繁荣。这意味着，保持在目前50美元/桶的价格水平上，市场可能会过度饱和，页岩油将占据越来越大的份额。

实际上，波斯湾地区石油生产的成本依然低于 10 美元/桶。该地区的产油国将能够在市场上占有重要的份额。但是，收入的灾难式下降将根本改变该地区的总体财政、经济和社会状况，俄罗斯也是如此。

同时，非传统的可再生能源，特别是太阳能和风能的产量迅速增加。所有这些降低了近中东资源对于美国和欧洲的重要性，尽管对中国、印度和日本来说并非如此。

在俄罗斯，关于石油生产成本的数据备受争议：有数据认为平均每桶成本只有 2 美元，但随后报表上显示的是，老油田平均成本是 6 美元/桶，新油田是 20 美元/桶。无论如何，俄罗斯的石油生产将转移到北冰洋，并将变得更加昂贵。最丰富的页岩油矿藏需要新技术，而俄罗斯尚未拥有这一新技术。在能源领域与欧佩克国家特别是近中东国家开展困难的合作仍然是俄罗斯政策的优先事项之一。

俄罗斯的地缘战略地位是独一无二的。从全球范围来看，俄罗斯是北半球唯一一个与新独立的伊斯兰国家拥有数千公里边界的国家，并且与其中很多国家相对邻近。问题是这一边界地区将会成为一个破坏性冲突日益增多的地区，还是会成为俄罗斯和邻国持续发展的共同生活和共存的区域，这是俄罗斯在"近邻"政策中原则性很强且大体上取得成功的方向之一。

在评估任何外交政策时，都会出现关于其成败标准的传统而神圣的问题。如果我们谈到外交政策在人类不同地区、不同文明关系中所处的位置，那么不管我们是否愿意，我们都不应该只考虑几年或几十年，而是要放在几个世纪的历史长河中去寻找答案。历史长剧中这个或那个主角的"成功"或"失利"、"胜利"或"失败"等概念，通常都会迷失在阻碍视角的沙尘暴中。俄罗斯、美国、欧洲和中国的中东政策，都只是伊斯兰世界和其他文明世界之间关系中有限时空中的历史片段，这一关系会伴随着痛苦和磨难、不断尝试成功或错误而走向彼此和谐共处吗？是的，因为别无他途，他途就是世界末日。

21 世纪人类面临的挑战，包括核生化战争的威胁、已经在进行中的网络战争、信息技术传播的未知影响、环境灾难、大规模移民、不断升级的恐怖主义扩散，等等，这些都是只有通过全球的共同努力才能得到解决的挑战。

一切好像还是昨天，由于欧洲—大西洋文明国家的技术和劳动生产率水平、智力资本、社会和政治结构以及价值观、新的通信手段的发展以及在使用互联网方面的领导作用，它们被视为世界模式中最完美的国家。但今天，这些旧幻想正在消失。一个新的世界文明必须以平等关系为基础。在这个平等的新世界中，它的每一个组成部分都将对全球文明做出自己独特的贡献，不仅在技术进步方面，而且还将以其文明的变革成果来丰富世界。

日本、"四小龙"、马来西亚，然后是伟大中国的经验表明，伊斯兰国家也有机会以自己的方式获得发展，取得真正的成就。这种情况何时发生以及如何发生还很难说。

苏联的社会、政治和经济模式是将脱胎于19世纪西欧资本主义社会的极端而激进的社会理论付诸实际的一个尝试。人类从社会主义国家积极和消极的经历中吸取了教训。如果没有这样的经历，西方和全人类都将有很大不同。的确，对俄罗斯人民来说，它为全球经验所做贡献的代价是惊人的巨大。

当前俄罗斯渴望复制某种西方发展形式，这是显而易见的。但是简单地复制是不可能的，而且注定会失败。庞大俄罗斯的历史、它独特的结构、俄罗斯民族和生活在这个国家的其他民族的心理，以及其价值观体系都表明，尽管从西方借鉴和向西方靠拢，但它仍将是自己。东方的崛起，打开了俄罗斯同东方国家合作的一扇窗，也是一扇敞开的门，使俄罗斯能够在吸收其他民族成果的同时，保持自身的发展。

一个实现复兴的俄罗斯可能会对组成世界文明的各个碎片的合成做出贡献。俄罗斯需要伊斯兰世界，正如伊斯兰世界需要俄罗斯一样。俄罗斯需要美国和中国，这两个巨人也需要俄罗斯。我将以乐观主义的态度来结束这本书。但是——唉——有太多令人担忧的迹象表明，无论是俄罗斯，还是它的远邻和近邻，经济上比俄罗斯发达和不发达的伙伴，都无法逃脱痛苦的审判。

译后记

    本书系俄罗斯科学院院士、俄罗斯著名中东问题专家阿列克谢·瓦西里耶夫教授最新著作《俄罗斯的中东政策：从列宁到普京》的中文译本。

    瓦西里耶夫是俄罗斯中东和非洲问题研究领域的泰斗，与普里马科夫（Yevgeny Maksimovich Primakov，1929—2015，曾任苏联科学院院士、苏联科学院东方学所所长、苏共中央政治局候补委员、苏联最高苏维埃联盟院主席、俄罗斯对外情报局局长、外交部部长和俄罗斯政府总理等职）和维塔利·纳乌姆金（Vitaly Naumkin，生于 1945 年，现任俄罗斯科学院院士、俄罗斯科学院东方学所所长）并称当代俄罗斯中东研究的"三驾马车"。瓦西里耶夫出生于 1939 年 4 月。1956 年考入苏联外交部下属的莫斯科国际关系学院东方学系学习。其间，他于 1960 ~ 1961 年被派往开罗大学进修一年。1962 年，瓦西里耶夫大学毕业后被分配到苏共中央机关报《真理报》工作。1967 年，他被派往越南担任战地记者。1969 ~ 1971 年，他回到《真理报》总部工作。1971 ~ 1975 年，瓦西里耶夫被派驻土耳其安卡拉，负责对土耳其、伊朗、阿富汗以及阿拉伯半岛的新闻报道。1975 ~ 1979 年，他又被派驻开罗，负责对埃及、利比亚、苏丹、埃塞俄比亚和也门等国的新闻报道。1979 ~ 1983 年，他回到莫斯科，在《真理报》国际新闻部工作。工作期间，他先后于苏联科学院东方学所获得硕士和博士学位。1983 年，瓦西里耶夫被任命为苏联科学院非洲研究所（简称"非洲所"）的副所长，结束了长达 21 年的新闻工作。1992 年，他被提拔为非洲所所长，2015 年后担任非洲所荣誉所长。2011 年，他当选俄罗斯科学院院士。除了新闻、学术研究工作，瓦西里耶夫还参与了俄罗斯对中东与非洲外交的决策。他曾在俄罗斯外交部政策规划司短暂工作，2006 ~ 2011 年任俄罗斯总统负责与非洲国家元首联络的特别代表，他也是俄罗斯联邦安全会议国际安全组成员。

瓦西里耶夫教授学识渊博，著作等身，出版著作上百部，发表论文 900 多篇。他的多部作品被广泛翻译成外语。瓦西里耶夫教授对中东的研究主要集中在两大领域：俄罗斯的中东外交、中东的社会—政治问题。他也是沙特研究的国际权威之一。作为苏联/俄罗斯的中东外交见证人、亲历者和参与者之一，瓦西里耶夫教授对苏联/俄罗斯的中东政策研究做出了突出贡献。1994 年，他出版了《俄罗斯的中东政策：从弥赛亚主义到实用主义》（*Russian Policy in the Middle East*：*From Messianism to Pragmatism*，Ithaca；1st English ed edition，March 1，1994）。2018 年，他又在前者基础上推出了《俄罗斯的中东政策：从列宁到普京》一书。

《俄罗斯的中东政策：从列宁到普京》一书集中体现了瓦西里耶夫对苏联/俄罗斯的中东政策的研究成果，对我们研究苏联/俄罗斯的中东政策非常有参考价值。该书历史跨度大，内容极其丰富，作者对 1917 年十月革命以来苏联/俄罗斯与中东国家的关系发展进行了全面而深入的梳理，揭秘了苏联/俄罗斯中东外交政策的制定过程。本书具有以下几个特点。其一，历史跨度大。作者对苏联/俄罗斯与中东长达百年的关系进行了全景式扫描。其二，历史与现实相结合，现实感强，对百年来中东重大事件皆有涉及。其三，个性鲜明，观点尖锐，思想深刻，敢于点评重大历史事件，臧否人物。其四，文献丰富，既有《真理报》等公开资料，也有大量未公开的资料，特别是作者采访并收录了诸多曾参与苏联/俄罗斯中东政策制定或实施的重要当事人，这也是本书的一个鲜明特点。

最后要指出的是，综观全书，瓦西里耶夫先生对苏联和叶利钦时代的对外政策颇多批评，对戈尔巴乔夫和普京的外交政策则给予很多褒扬，这在一定程度上也反映了作者的意识形态认知。翻译和出版此书并不代表译者认可这一点。

本团队有幸翻译这部巨著，首先要感谢瓦西里耶夫先生的信任，还要感谢社会科学文献出版社高明秀女士的鼎力相助。需要声明的是，由于本团队英文水平有限，对苏联/俄罗斯的外交了解甚少，影响了本书的翻译质量，敬请读者谅解。最后还要感谢参与本书翻译的团队所有成员，感谢大家的辛苦付出！

本书各章节译者：

前言　唐志超

第一章　李明波

第二章　李子昕

第三章　李子昕

第四章　姚惠娜 秦政

第五章　姚惠娜 秦政

第六章　唐恬波

第七章　李明波

第八章　张馨心

第九章　张馨心

第十章　李亚男

第十一章　魏敏

第十二章　魏亮

第十三章　魏亮

第十四章　余国庆 陈瑶

第十五章　余国庆 陈瑶

结论　唐志超

全书统稿　唐志超

唐志超

2019 年 2 月 25 日

图书在版编目（CIP）数据

俄罗斯的中东政策：从列宁到普京 /（俄罗斯）阿
列克谢·瓦西里耶夫著；唐志超等译 . -- 北京：社会
科学文献出版社，2021.10 （2023.4 重印）
（中东观察）
ISBN 978 - 7 - 5201 - 8978 - 1

Ⅰ.①俄…　Ⅱ.①阿…②唐…　Ⅲ.①对外政策 - 中
东问题 - 研究 - 俄罗斯　Ⅳ.①D851.20 ②D815.4

中国版本图书馆 CIP 数据核字（2021）第 178901 号

·中东观察·
俄罗斯的中东政策：从列宁到普京

著　　者 /　〔俄〕阿列克谢·瓦西里耶夫
译　　者 /　唐志超　等

出 版 人 /　王利民
组稿编辑 /　高明秀
责任编辑 /　许玉燕
文稿编辑 /　张苏琴
责任印制 /　王京美

出　　版 /　社会科学文献出版社·国别区域分社（010）59367078
　　　　　　地址：北京市北三环中路甲 29 号院华龙大厦　邮编：100029
　　　　　　网址：www.ssap.com.cn
发　　行 /　社会科学文献出版社（010）59367028
印　　装 /　三河市东方印刷有限公司

规　　格 /　开本：787mm × 1092mm　1/16
　　　　　　印张：37.75　字数：618 千字
版　　次 /　2021 年 10 月第 1 版　2023 年 4 月第 2 次印刷
书　　号 /　ISBN 978 - 7 - 5201 - 8978 - 1
著作权合同
登 记 号 /　图字 01 - 2018 - 8518 号
定　　价 /　168.00 元

读者服务电话：4008918866